2017
铜仁年鉴

TONGREN NIANJIAN

《铜仁年鉴》编辑部　编

方志出版社
Publishing House of Local Records

图书在版编目(CIP)数据

铜仁年鉴. 2017 / 铜仁市地方志编纂委员会编. —北京：方志出版社，2018. 3

ISBN 978－7－5144－3039－4

Ⅰ. ①铜… Ⅱ. ①铜… Ⅲ. ①铜仁—2017—年鉴 Ⅳ. ①Z527. 33

中国版本图书馆CIP数据核字(2018)第059176号

铜仁年鉴(2017)

编　　者：铜仁市地方志编纂委员会

责任编辑：黄　彦

出 版 人：冀祥德

出 版 者：方志出版社

地址　北京市朝阳区潘家园东里9号(国家方志馆4层)

邮编　100021

网址　http://www.fzph.org

发　　行：方志出版社图书经销中心

电话　(010) 67110500

经　　销：各地新华书店

印　　刷：重庆中汉古籍印刷有限公司

开　　本：889×1194　　1/16

印　　张：25.375

字　　数：708千字

版　　次：2018年3月第1版　　2018年3月第1次印刷

印　　数：0001—1400册

ISBN　978－7－5144－3039－4　　定价：280.00元

《铜仁年鉴》编辑委员会

《铜仁年鉴》编辑部

编　辑　说　明

一、《铜仁年鉴》是中共铜仁市委市人民政府主办、《铜仁年鉴》编辑部编辑、方志出版社出版发行的地方综合性、权威性的大型信息资料工具书。本书以马列主义、毛泽东思想、邓小平理论、“三个代表”重要思想、科学发展观、习近平新时代中国特色社会主义思想为指导，坚持为地方经济社会更好更快地发展服务。

二、《铜仁年鉴》创刊于1998年，每年一卷，2017年卷《铜仁年鉴》是第20卷。本卷严格遵循“立足全市，记录昨天，启示明天”的原则，坚持“资政、存史、教化”的辑录方针，全面系统、翔实地记录2016年度全市国民经济和社会发展的状况、新成就、新经验及存在的问题，为社会各界人士和海外人士了解、研究铜仁提供基本地情资料，同时也为政府编修地方史志储存资料。

三、《铜仁年鉴》着力反映铜仁市在中共十八大精神的指导下，2016年全市各个方面深化改革、扩大开放、全面建设和谐幸福铜仁，向全面小康社会迈进的新进展、新举措；集中反映全市发展提速、转型加快、结构向优、活力增强、民生改善的新局面；并用图片专辑，从多方面、多角度形象地反映全市经济社会发展与时俱进新面貌。

四、《铜仁年鉴》本着从实际情况出发、框架结构相对稳定、个别调整和增强实用性的原则，本卷在上卷的基础上保持相对稳定的内容和结构。本卷共设27个部类，即：特载、大事记、铜仁市概况、名录、中国共产党铜仁市委员会、铜仁市人民代表大会及其常务委员会、铜仁市人民政府、中国人民政治协商会议铜仁市委员会、民主党派·工商联·社会团体、军事、法治、经济管理与监督、财政·税收·商务、金融·保险、农业·气象·水务·扶贫、工业·能源·供电、规划·住建·城市管理、环保·旅游、交通·邮政·通信、教育、科学技术、社会科学、文化·体育·广播电视、卫生·计生·老龄·食药品管理、区·县概况、国民经济社会统计表、图片专辑。

五、本卷所用稿件，均由市直各部门、各区（县）政府，军分区、各民主党派和群众团体及有关单位提供，并经单位领导审核。“统计资料”和各区（县）的统计表由市和各区（县）部门提供，各部门提供的数据经过认真核对，翔实可靠。全书除按原文登载的报告、文件及个别行业外，均使用国家法定计量单位。但由于统计口径、统计时限、资料来源的不同，有的数字不尽一致，使用时请以统计部门的数据为准。

六、《铜仁年鉴》在撰、编、印、发行过程中，得到各级领导、有关部门和社会各界的热情关心和支持，在此谨表谢忱。由于年鉴时效性强，编辑成书时间短，加之编者能力有限，错漏之处在所难免，恳请读者提出宝贵意见，我们虚心听取，认真采纳，使《铜仁年鉴》质量不断提高。

《铜仁年鉴》编辑部

2018年1月

2016年7月23日，贵州省委书记陈敏尔（前排中）到玉屏自治县实地调研脱贫攻坚工作和农业农村发展情况。（黄晓青　摄）

2016年10月5日，贵州省委副书记、省人民政府省长孙志刚（右二）在市委书记陈昌旭（前排右三）、市人民政府市长陈晏（前排右四）的陪同下到印江土家族苗族自治县调研（李枫　摄）

2016年12月22日，中国共产党铜仁市第二次代表大会在铜仁人民会堂开幕（铜仁网站冷晓意　摄）

2016年12月22日，中共铜仁市委书记陈昌旭代表中国共产党铜仁市第一届委员会向大会作出题为《奋力创建绿色发展先行示范区 阔步迈向社会主义生态文明新时代》的报告（铜仁网站冷晓意　摄）

2016年1月12日，市一届人大五次会议开幕（铜仁日报社罗奥　摄）

2016年 1月11日，市政协一届五次会议开幕（铜仁日报社罗灿　摄）

2016年11月28日，市委书记陈昌旭（前排左二）到滑石乡调研留守儿童情况。（铜仁网站冷晓意 摄）

2016年3月1日，市委副书记、市人民政府市长陈晏（前排右二）到松桃苗族自治县盘石镇调研教育扶贫情况（中共松桃苗族自治县委宣传部李恬 摄）

2016年10月28日下午，铜仁市召开大扶贫战略行动推进大会。（铜仁网站冷晓意 摄）

2016年9月29日，“铜城仁者”2015年度人物颁奖典礼在铜仁人民会堂举行。（铜仁网站刘怡珉 摄）

2016年9月30日，铜仁市举行“五馆三中心”项目开工仪式。“五馆三中心”即市级图书馆、城市规划展示馆、档案方志馆、博物馆、科技馆、青少年活动中心、妇女儿童活动中心、文化艺术中心（铜仁网站冷晓意 摄）

2016年6月28日，铜仁奥体中心建设工程开工（铜仁网站刘雅 摄）

2016年7月10日，2016年中国梵净山生态文明与佛教文化论坛在铜仁梵净山开幕

2016年 12月24日，苏州市“水乡缘 山乡情”文艺精品走进铜仁文艺演出在铜仁大剧院举行举行。（铜仁网站冷晓意 摄）

2016年7月28日，铜仁市第一家风电场——石阡县大顶山风电场首台机组正式并网投产（铜仁市发展和改革委员会供）

2016年4月10日，纳米比亚人组党总书记、国民议会议员南戈洛·姆奔巴（左二）一行参观万山九丰农业园（铜仁网站冷晓意 张人文 摄）

2016年8月18日，铜仁市第三届体育运动会在印江土家族苗族自治县开幕。全市12个区县（高新区、开发区）、2个市直机关和6所学校共20支代表团、4404名运动员参赛，运动会产生奖牌960枚。（铜仁网站舒锐 曾永佳摄）

2016年6月9日，2016中国传统龙舟大赛（铜仁□碧江）在大明边城龙舟基地开幕。来自贵州、湖南、湖北、广东、广西、福建等地共76支男女龙舟队3500余名运动员竞速锦江。（铜仁网站代旭东 刘怡珉摄）

8月19日，松桃苗族自治县盘石镇大坪村集中发放财政扶贫资金入股分红（龙云彬　摄）

思南县返乡人员创办的思州之南民族服装厂　（梁祖江 摄）

2016年10月16日，铜仁市第五届旅游产业发展大会暨2016年贵州梵净山苗族文化旅游节在松桃苗族自治县召开（松桃自治县方志办 供）

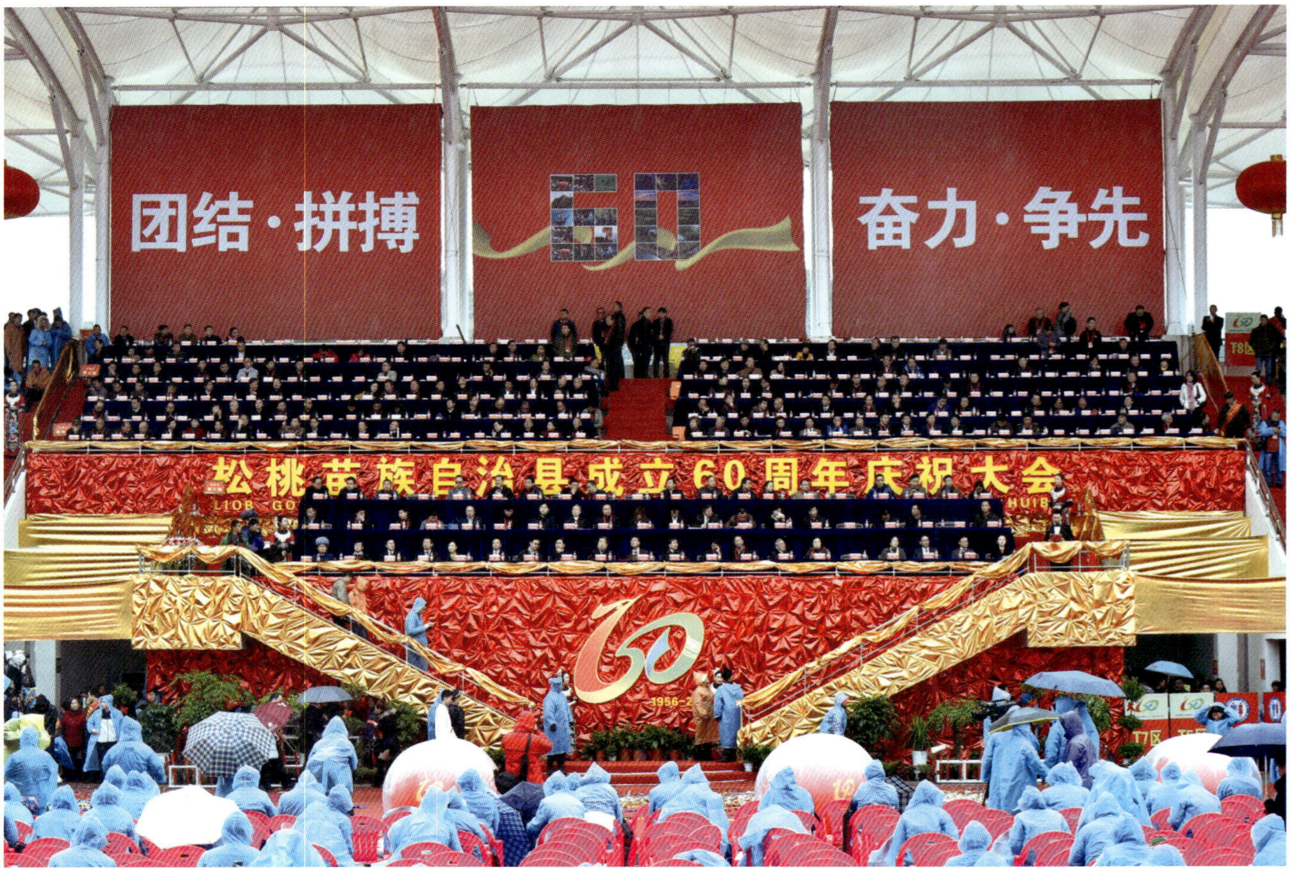

2016年11月9日，松桃苗族自治县成立60周年庆祝大会在县文体公园召开（松桃自治县方志办 供）

梵净山雪景　（周文庆　摄）

梵净山泉水　（周文庆　摄）

2016年2月22日晚，由贵州省文化厅、贵州广播电视台等联合主办的“四路花灯闹元宵”之东路电视直播元宵晚会在思南县安化古街举办（梁祖江　摄）

江口县城新貌　（江口县方志办　供）

江口县闵孝猕猴桃基地 （江口县方志办 供）

德江县潮砥脐橙喜获丰收（德江县方志办 供）

2016年5月9日，世界遗产核心专家皮特·沙帝（左四）在梵净山考察（周文庆 摄）

梵净山建设生态保持项目——生物廊道（周文庆 摄）

2016年7月28日，在松桃自治县腊尔山生态文化旅游景区，游客正用手机拍照留影。（龙云彬 摄）

玉屏侗族自治县新店乡老寨村五彩植物园数百亩花卉相继绽放（姚磊 摄）

石中珍宝——梵净山紫袍玉带石（江口县方志办　供）

江口县提溪土司城（江口县方志办　供）

2016年11月18日，全省核桃产业暨农村电商精准脱贫现场观摩会在德江召开（德江县方志办 供）

2016年全省第一批重大项目集中开工仪式（铜仁分会场）暨2016年全市第一批重大项目集中开工仪式（大龙开发区管委会办公室 供）

▶ 铜仁市第一中学校园一角（铜仁市第一中学办公室 供）

◀ 铜仁高新技术产业开发区科技孵化中心（铜仁高新区办公室 供）

▶ 松桃苗族自治县九龙湖苗人古城全景（松桃苗族自治县方志办 供）

◀ 大龙开发区园区一角（大龙开发区管委会办公室　供）

▶ 2016年11月29日，乌江沙沱水电站五百吨级标准船试航成功（沿河自治县方志办　供）

沿河自治县发展树上栽培仿野生铁皮石斛（沿河自治县方志办　供）

印江自治县新寨镇省级生态茶叶示范园区一角（王治洪　供）

目　　录

特　载

大事记

铜仁市概况

名　录

中国共产党铜仁市委员会

纪检监察

组织

宣传

统战

群众工作·信访

铜仁市人民代表大会及其常务委员会

铜仁市人民政府

中国人民政治协商会议铜仁市委员会

民主党派·工商联·群团

军　　事

公安消防支队

武警铜仁市支队

人民防空交通战备

法　　治

发展管理与监督

财政·税收·商务

金融·保险

农业·气象·水务·扶贫

工业·能源·供电

规划·住建·城市管理

环保 · 旅游

交通·邮政·通信

教　　育

科学技术

社会科学

文化·体育·广播电视

卫生·计生·食品药品管理·老龄

区·县概况

附　　录

国民经济社会统计表

特　　载

铜仁市人民政府工作报告（摘要）

（2016年1月12日在铜仁市第一届人民代表大会第五次会议上）

铜仁市人民政府代理市长　陈　晏

一、“十二五”时期的工作回顾

“十二五”时期是铜仁发展进程中极不平凡的五年。2011年撤地设市，翻开了铜仁发展史上崭新的一页。在省委、省政府和市委的坚强领导下，在市人大、市政协的监督支持下，我们坚持主基调主战略，大力推进“四化同步、一业振兴”，奋力拼搏，攻坚克难，圆满完成“十二五”规划的目标任务，经济社会发展取得了令人振奋的新成就，城乡面貌发生了翻天覆地的新变化，谱写了铜仁后发赶超、跨越发展的新篇章。

（一）经济发展取得新成就，综合实力跃上新台阶。地区生产总值预计达到760.73亿元，是2010年的2.6倍，年均增长14.6%；全社会固定资产投资累计完成4541亿元，是“十一五”时期的6倍，年均增长40.9%；金融机构存贷款余额分别达到980.31亿元、716.77亿元，是2010年的2.6倍、3倍，年均增长21.2%、24.2%；公共财政预算收入达到56.61亿元，比2010年翻一番，年均增长25.4%；社会消费品零售总额达到165.7亿元，比2010年翻一番，年均增长14.8%；城镇、农村居民人均可支配收入分别达到22491元、6962元，比2010年翻一番，年均增长15.4%、16.7%。全面小康实现程度达到89.3%，碧江、玉屏率先通过全面小康达标验收。经济发展始终保持总量、质量、均量“三量”齐升的良好态势，主要经济指标增速位居武陵山片区各市州首位，实现了高于全国、高于全省、高于武陵山区的目标。

（二）基础设施建设实现新跨越，发展后劲得到新提升。高速铁路、高速公路、民用航空、水上运输综合交通网初步成型，铜仁从贵州过去的边沿变为贵州对外开放的前沿。沪昆高铁铜仁段建成通车，铜玉城际铁路加快推进，渝怀二线铁路开工建设。高速公路通车里程从28公里增加到596公里，实现县县通高速目标。通乡油路、通村水泥路实现全覆盖。铜仁凤凰机场改扩建工程完工，新航站楼开工建设，开通北京、上海、广州等10个重要城市的直达航线，旅客年吞吐量突破34万人次。黔北机场启动建设。思林、沙坨电站通航设施基本建成。水利建设成效明显。开工建设水库28座，完成病险水库除险加固218座，新增供水量1.5亿立方米，新增农田有效灌溉面积46.19万亩，新增解决153万农村居民和39.8万学生饮水安全问题，工程性缺水问题得到改善。电力通信设施日趋完善。新建、扩建500千伏、220千伏、110千伏变电站23座，分布合理的电网体系基本形成。新建移动通信基站5959个，新增通宽带行政村1430个，实现自然村通电话和移动4G网络乡镇全覆盖，服务保障能力明显增强。

（三）结构转型迈出新步伐，产业发展取得新突破。“两区一走廊”经济空间布局基本成型，三次产业结构由32.3∶26.3∶41.4调整为22.6∶29.1∶48.3。工业经济发展迅猛。建成9个省级经济开发区和1个省级高新技术产业开发区。规模以上工业企业达到530户，是2010年的2.4倍；预计完成增加值167亿元，是2010年的4.3倍。黔东工业聚集区规模以上工业总产值占全市比重达65.5%以上。农业产业化稳步提升。获批国家级科技农业示范园区，建成省级现代高效农业示范园区34个，其中5个进入全省15强，建成市级农业园区50个，建成万元田、万元山各42万亩，培育和引进国家级龙头企业6个、省级龙头企业52个。预计完成一产增加值172亿元，是2010年的1.9倍。以文化旅游业为重点的第三产业加速发展。创建国家A级旅游景区21个，其中4A级10个。成功举办全市旅游产业发展大会、梵净山生态文明与佛教文化论坛、中国传统龙舟大赛、梵净山国际山地自行车赛、梵净山国际登山节等系列活动，“梵天净土·桃源铜仁”知名度、影响力不断提升。2015年接待游客突破3000万人次，旅游总收入达到240.18亿元，分别是2010年的3倍、4倍。银行保险等金融机构数量增多，服务质量明显提升。农村电商迅猛发展，铜仁高新区成为国家级电子商务示范基地，石阡、印江、德江列入全国电子商务进农村综合示范县。一批大型物流中心相继建成，商贸服务体系逐步完善。

（四）城市建设有了新进展，城乡面貌发生新变化。编制完成城市总体规划、中心城区控制性单元规划等系列规划，中心城区规划和管理支撑体系初步形成。普遍设立乡镇规划管理委员会。全市城区面积达到150平方公里，是2010年的1.5倍；常住人口城镇化率达到43%，比2010年提高14个百分点。中心城区建设加快推进，城区面积从25平方公里扩大到45平方公里，城区人口从14.6万人增加到40.9万人。县城发展实现扩容提质，以17个示范小城镇为引领的小城镇建设加快推进，“六个小康”建设极大改善了群众生产生活条件，乡村面貌焕然一新。

（五）生态建设取得新成效，绿色发展呈现新优势。编制完成《铜仁市生态文明建设规划》。完成植树造林39.4万公顷、石漠化综合治理435.66平方公里，森林覆盖率从49.8%提高到57%。完成中小河流治理64条154公里，梵净山、锦江生态保护取得积极进展，锦江水质常年保持在Ⅱ类标准。建成生活污水处理厂22个，日处理能力9.41万吨，城镇污水处理率达到86.8%。积极推进节能减排，淘汰落后产能26家。实施PM2.5大气污染治理，实现空气质量自动监测县城全覆盖，空气质量保持优良。成功创建全国循环经济试点城市。

（六）改革开放释放新活力，创新发展催生新动力。深入实施36项改革行动142项改革任务，55项改革试点取得突破。新增市场主体10万户，是2010年的1.6倍；新增注册资本856亿元，是2010年的6.1倍。金融扶贫铜仁模式成为全国样板，精准扶贫模式、家庭农场改革得到国家高度肯定，新农合大病商业保险市级统筹在全省率先实施，以水养水管理体制改革在全省推广，完成31个乡改镇、11个镇改街道、4个乡镇撤并工作。大龙保税仓获批，航空口岸申报有序推进。与苏州市对口合作不断深化，铜仁·苏州工业园加快建设。与大连民族大学和中国科学院等高校、院所合作加深，与周边市州交流加强。加大招商引资力度，累计签约项目3571个，到位资金3324亿元。大力弘扬“八争”精神，更多“铜仁好经验、铜仁好声音”在全国全省推广传播。

（七）社会事业创出新业绩，民生保障实现新改善。全市财政民生支出累计924亿元，占公共财政支出的80.2%。实现7个国家扶贫工作重点县和125个贫困乡镇减贫摘帽，减少贫困人口102.7万人。社会保障体系日趋完善，社会救助体系基本建立，城乡居民大病医疗保险全面实施，城乡基本养老服务体系取得积极进展。城镇登记失业率控制在4.2%以内。建成保障性住房22.7万套，改造农村危房24.2万户。创建省级示范性普通高中13所，率先在全省普及高中阶段教育，农村义务教育学生全部享受免费营养餐。建成山村幼儿园2005所，获全国教育改革创新典型案例特别奖，入选中国全面小康十大民生决策。川硐教育园区基本建成，铜仁学院、铜仁职院、铜仁幼专、铜仁一中完成整体搬迁。市人民医院顺利搬迁并创建为三甲综合医院，县级医院综合诊疗能力建设普遍加强，乡镇卫生院标准化建设全面推进，每千人口拥有医疗机构床位数达到4.42张。人口出生率和自然增长率实现双降。大力实施文化惠民工程，积极开展各类体育活动，文化体育事业加快发展。社会管理得到加强，信访工作取得新成效，社会稳定风险评估铜仁经验在全国推广。“平安铜仁”创建活动成效明显，群众安全感持续提升，荣获全省平安建设先进市称号。安全生产形势稳定。成功创建为全国科技进步市和国家知识产权示范城市，积极开展全国双拥模范城、全国民族团结进步示范市创建工作，国防后备力量建设得到加强。监察、审计、统计、档案方志、民族宗教、机构编制、外事侨务、国防教育、人防战备、水文气象、妇女儿童和残疾人等事业全面发展。人民群众生活质量和水平不断提高，经济社会发展满意度持续位居全省前列。

2015年，我们积极主动适应新常态，坚决落实中央、省委、省政府和市委各项决策部署，统筹稳增长、调结构、惠民生、防风险，经济社会发展稳中有进、稳中有新、稳中向好，较好地完成了年初确定的各项目标任务。全年地区生产总值增长12.7%，人均GDP达到24459元；新增规模以上工业企业75户，总数排名全省第3；规模以上工业增加值增长12.2%，增速全省第2；第一产业增加值增长6.4%，增速全省第4；旅游总收入增长23.5%，增速全省第3；固定资产投资增长20.4%，其中产业投资占比达到36.5%、排名全省第5；公共财政预算收入和支出分别增长12.9%、16.9%，其中地方税收占比达到80.01%、排名全省第2；金融机构存贷款余额分别增长31%、19.1%；社会消费品零售总额增长11.9%，增速全省第4；城镇、农村居民人均可支配收入分别增长11.2%、11.7%，增速全省第1、第4。群众安全感达到97.3%，排名全省第4位。沪昆高铁铜仁南站投入运营。安江高速公路、沿德高速公路建成通车。实施国省干线提级改造398.6公里、县乡公路提级改造49.4公里，建成通村水泥路3083公里、联户路2347公里，群众出行更加方便快捷。铜仁职院纳入国家民委与省政府“省部共建”。电子商务发展获得省委、省政府高度肯定，铜仁成为阿里巴巴全国首个农村淘宝市级试点市。中心城区十大功能提升工程、民生十件实事、环保十件实事全面完成，卫生十大工程加快推进。办理人大代表建议113件、政协委员提案210件，办结率、回复率、满意率和基本满意率为100%。

各位代表，过去五年，全市上下栉风沐雨、砥砺前行，发展经验弥足珍贵、发展成就振奋人心！五年的发展启示我们，在新的起点实现全面建成小康社会的宏伟目标：必须坚定不移努力赶超跨越。始终围绕主基调主战略，坚持守底线、走新路、奔小康的工作总纲，大力实施“四化同步”战略，加快构建“两区一走廊”经济空间布局，在继承中创新、在创新中接力、在接力中赶超、在赶超中跨越，实现赶与转并举、量与质并立、稳与进并重。必须坚定不移奋力拼抢争快。大力发扬“八争”精神，坚定争的信念、明确争的方向、突出争的重点、凝聚争的力量、比拼争的成效，甩开膀子、找准路子，在全国全省开放发展新格局中拼出一条新路。必须坚定不移守住两条底线。始终按照“既要绿水青山又要金山银山，宁要绿水青山不要金山银山，绿水青山就是金山银山”的要求，在科学发展中筑牢生态屏障，在生态建设中加快转型跨越，实现发展和生态两条底线一起守、两个成果一起要。必须坚定不移坚持改革开放。始终坚持向改革要动力、向创新要活力、为发展放权力，搭建开放平台，构建最优环境，形成推动后发赶超的强大动力。必须坚定不移保持昂扬斗志。始终弘扬苦干实干、开放创新的铜仁精神，千方百计抓四资、持之以恒促四业，敢与强的比，敢向高的攀，敢同勇的争，敢跟快的赛，广大党员干部和群众越干越会干、越干越能干、越干越想干。必须坚定不移顺应群众期盼。始终坚持做到发展依靠人民、发展为了人民、发展成果由人民共享，努力解决好人民群众学有所教、劳有所得、病有所医、老有所养、住有所居等期盼。

在肯定成绩的同时，我们必须清醒地看到，贫困程度深是铜仁发展最大的短板，交通基础设施薄弱是铜仁发展最大的瓶颈，实体经济不强是铜仁发展最薄的基点，人才资源匮乏是铜仁发展最弱的支撑，快速发展中社会利益调整不公是铜仁发展最大的风险。我们必须直面问题，弥补不足，更加有效地破解发展难题，更加自觉地推动跨越发展，更加坚定地实现全面小康，彻底撕掉贫困标签，彻底斩断贫困穷根，决不辜负人民的重托和期望。

二、“十三五”时期的目标任务

当前和今后一段时期，对铜仁来说，贫穷落后是主要矛盾，加快发展是主要任务，脱贫攻坚是头等大事，同步小康是首要任务。我们既面临着赶、转、改的繁重任务，也面临许多发展机遇和有利条件：加快发展、推动跨越面临良好机遇。中央对今年经济工作提出的五大支柱政策和五大战略任务，省委、省政府提出推动五个新跨越，在主基调主战略基础上突出抓好大扶贫、大数据两大战略行动，为我们加快发展带来良好机遇。后发赶超、强势崛起具备坚实基础。随着交通基础设施的改善，今天的铜仁比以往任何时候基础更加坚实、产业结构更加合理、内生动力更加强劲，铜仁的发展已站在一个新的、更高的起点上。大生态、大健康、大旅游逐渐成为发展长板。我们始终把生态优势作为最大的战略资源加以保护和利用，把大健康产业作为战略性新兴产业进行培育和发展，把山地特色旅游业作为支柱产业进行开发和打造。只要我们坚定不移、久久为功，大生态、大健康、大旅游必将成为推动铜仁跨越发展的优势产业。脱贫攻坚、全面小康凝聚更多共识。全国脱贫攻坚，国家补短板、贵州是机遇、铜仁得实惠。我们围绕全面建成小康社会的宏伟目标，坚守发展和生态两条底线，打造政治生态好、经济生态活、社会生态优、自然生态美的“武陵之都·仁义之城”，建成“五区一中心”，在全市上下已形成广泛共识。加快发展、推动跨越正当其时。

“十三五”时期政府工作的总体要求是：高举中国特色社会主义伟大旗帜，全面贯彻党的十八大和十八届三中、四中、五中全会精神，以马克思列宁主义、毛泽东思想、邓小平理论、“三个代表”重要思想、科学发展观为指导，深入贯彻落实习近平总书记系列重要讲话精神，按照“四个全面”战略布局，坚持五大发展理念，坚持守底线、走新路、奔小康工作总纲，坚持主基调主战略，突出抓好大扶贫、大数据两大战略行动，着力抓好大生态、大健康、大文化三大跨越工程，深入推进新型工业化、新型城镇化、农业现代化、旅游产业化“四化同步”发展，优化“两区一走廊”经济空间布局，统筹推进经济建设、政治建设、文化建设、社会建设和生态文明建设，以脱贫攻坚统揽经济社会发展全局，坚决打赢科学治贫精准扶贫有效脱贫攻坚战，推动富民强市和黔东崛起，确保与全国全省同步全面建成小康社会。

“十三五”时期经济社会发展的主要目标是：地区生产总值年均增长13.5%左右；固定资产投资年均增长20%以上；规模以上工业增加值年均增长15%，占地区生产总值28%以上；公共财政预算收入年均增长13%左右；金融机构存贷款余额分别达到2200亿元和1800亿元；城镇、农村居民人均可支配收入年均增长13.5%、15%以上；减少农村贫困人口70万人；社会消费品零售总额年均增长13%以上；旅游总收入年均增长20%以上；常住人口、户籍人口城镇化率分别达到50%、42%以上；累计新增城镇就业26万人以上；森林覆盖率达到65%以上；单位生产总值能耗下降目标和主要污染物减排指标达到国家和省要求。

“十三五”时期的主要任务是：

（一）突出抓好大扶贫、大数据两大战略行动，确保与全国全省同步全面建成小康社会。

突出抓好大扶贫战略行动。坚持把脱贫攻坚作为“十三五”时期首要任务、头等大事和第一民生工程抓牢抓实抓好，坚决打赢这场输不起的攻坚战，确保贫困人口全部稳定脱贫。认真落实“党委主责、政府主抓、干部主帮、基层主推、社会主扶、群众主体”的大扶贫工作机制，落实市领导包乡、县领导包村、乡领导包户、党员干部包人的扶贫开发责任制，加快形成专项扶贫、行业扶贫、社会扶贫“三位一体”的大扶贫格局。加快改善贫困地区基础设施条件，实施县乡道改造880公里，建成通村水泥路4000公里，彻底解决农村交通“最后一公里”问题。实现县县有中型水库，乡乡有稳定供水源，全面解决农村居民饮水安全，根本解决工程性缺水问题。新建和改造10千伏及以下电力线路1万公里。坚持发展生产脱贫一批，实施十大扶贫特色优势产业、十大扶贫产业园区“双十工程”，促进群众增收脱贫。坚持易地搬迁脱贫一批，对“一方水土养不起一方人”的自然村寨实行整体搬迁，其他贫困群众有计划有步骤搬迁，确保搬得出、稳得住、有保障、能致富。坚持生态补偿脱贫一批，加强贫困地区生态保护，争创全国耕地轮作休耕试点，加大全国重点生态功能区转移支付争取力度，让有劳动能力的贫困人口就地实现脱贫。坚持发展教育脱贫一批，加大贫困地区教育投入，实施贫困家庭教育援助计划，实现义务教育到职业教育、高等教育贫困生精准资助、应助尽助。坚持社会保障兜底一批，稳步推进城乡低保减量提标，实现扶贫标准与低保标准“两线合一”，对完全或部分丧失劳动能力的贫困人口实行社会保障兜底。

突出抓好大数据战略行动。实施大数据基础设施提升工程，开展信息基础设施建设三年会战，推进光纤城域网扩容升级改造，实现公共服务区域无线网络全覆盖。到2020年，城市50兆、农村20兆以上宽带接入率达70%以上。实施大数据发展平台建设工程，推进电子政务、智慧交通、智慧物流、智慧旅游、智慧工业、电子商务、食品安全“七朵云”建设，建成智慧铜仁数据共享交换平台。实施大数据产业发展工程，加快建设铜仁高新区大数据产业示范基地，推进大数据与经济社会各领域深度融合，把大数据产业打造成百亿元级产业集群。实施电子商务工程，建成12个电子商务产业园、100个电子商务示范乡镇、1000个电子商务示范村，实现村级电子商务服务网点全覆盖。

（二）大力实施大生态、大健康、大文化三大跨越工程，全力培植后发优势实现后发赶超。

实施大生态跨越工程。深入开展绿色铜仁三年行动计划、林业产业三年倍增计划，大力实施环保设施建设、山林绿化、农村面源污染治理、城区绿化“四个三年攻坚行动”，着力构建“一核四区四廊道”生态安全屏障，实现石漠化生态修复、城区绿化、通道绿化、景区及水源地绿化、25度以上坡耕地生态修复、美丽乡村生态修复明显好转。深入实施大气、水、土壤污染防治计划和生活垃圾无害化处理工程，确保环境检测能力达到西部平均水平，县城以上集中饮用水源地达标率100%，城镇污水处理率超过95%。坚定不移推进产业生态化。严格执行环境影响评价和“三同时”制度，严守用水总量控制、用水效率控制和限制纳污控制“三条红线”，建立排污权一级、二级市场和规范交易平台。到2020年，全市工业污水排放稳定达标率超过90%。坚定不移推进生态产业化。大力发展有机生态农业、林业产业，扶持新型建筑建材业、农特产品加工业，开发休闲、度假生态旅游产品，建设以水、风、太阳能为主的低碳产业，研发保健药食产品，形成生态农业、生态工业、生态旅游、生态能源、生态健康“五位一体”的生态产业化发展格局。

实施大健康跨越工程。培育壮大以“医”为支撑的健康医疗事业，实施卫生十大工程，构建市县乡村层次分明、功能互补、布局合理的医疗卫生服务体系，基本建成城市社区15分钟健康服务圈、乡村30分钟健康服务圈，老年人日间照料服务城市社区实现全覆盖、农村社区覆盖率50%以上，城乡居民医疗保障覆盖率不低于95%，每千人口拥有医疗机构床位数6张，每千人口拥有执业医师2.5人、注册护士3.14人。培育壮大以“药”为支撑的健康药材产业。大力发展中药材产业，建设铜仁生物制药产业园和武陵山现代医药物流园，发展新型保健品、医疗器械及医用材料产业，把医药产业建成百亿元级产业。培育壮大以“养”为支撑的健康养生产业，构建生态体验、度假养生、休闲观光、温泉水疗平台，形成生态养生大健康产业体系，力争成为具有影响力的康体养生基地、禅修养生中心和全国医养结合示范市。培育壮大以“健”为支撑的运动康体产业，完善中心城区体育设施，建设基层体育设施，力争实现县县有综合性体育场馆、乡乡有灯光篮球场、村村有公共健身场所。建设山地生态户外体育公园，开发康体养生系列产品，促进全民健身与休闲养生融合发展。

实施大文化跨越工程。大力构建现代公共文化服务体系，均衡配置公共文化资源，建成市级博物馆、文化馆、图书馆、科技馆、奥体馆、档案馆和武陵山大剧院等大型公共文化项目，建设乡村公共文化设施，实现村村通宽带、村村有文化广场、村村有图书室、户户通广播电视。实施文化产业发展工程，构建文化产业体系，搭建产业发展平台，大力发展文化创意、节庆会展、演艺娱乐等文化产业，实现文化产业增加值占GDP比重达到5%以上。实施文化品牌提升工程，加强民族文化、佛教文化、红色文化和生态文化的挖掘、保护和传承，建设民族特色文化强市。提升梵净山生态文明与佛教文化论坛水平。建立文艺创作激励和评价机制，加强文化知识产权保护，培养引领性的文艺人才，推出有影响力的文艺精品。广泛开展文化惠民、利民、富民活动，提升铜仁文化品牌影响力，抢占武陵山区文化发展高地。

（三）深入推进四化同步发展，奋力实现铜仁经济社会发展新跨越。

推进新型工业化，加快产业转型升级。深入实施“工业强市”战略，加快构建以新兴产业为引领、传统优势产业为支撑、产业园区为载体的产业体系。到2020年，全市亿元产值以上企业达到300户。着力优化产业布局，坚持东西互动、全域统筹，重点打造黔东工业聚集区、印江思南德江产城融合示范区两大增长极。坚持重点发展、差异发展、特色发展，着力打造西部精细化工产业基地、西部新能源新材料产业基地、全国承接产业转移基地、全国营养大健康医药产业基地、西部石材产业基地五大产业基地。着力推进产业转型升级，加快构建以新材料、能源环保、新型建筑建材、特色轻工、装备制造、新医药、生产性服务业和大数据产业为支撑的八大产业体系，做大做强石材、水、茶叶、中药材、特色食品“五张名片”，加快建设锰电一体化、风力发电、生物质能发电项目，争取规划建设沿河核电站。着力推进园区提档升级，突出抓好基础配套，找准产业定位，提高产出强度，提升园区对GDP、就业、税收的贡献率。到2020年，将大龙开发区打造成千亿元级园区，碧江经开区打造成省级示范园区，万山、松桃、玉屏、思南、德江和铜仁高新区产业园区进入省级骨干园区，印江、沿河、江口、石阡产业园区发展成为特色园区。

推进新型城镇化，加快城乡统筹发展。尊重城市发展规律，提高城市工作的全局性、系统性和城市发展的持续性、宜居性。到2020年，全市城区面积达到200平方公里。坚持“建新城、疏老城”和城市重心北移发展思路不动摇，做大做强中心城区，提升中心城区首位度。实施“一环三通六纵十二横”城市路网，打通西外环经木弄到西互通出口的城市快速隧道，规划建设碧江至江口轨道交通。深入实施海绵城市、智慧城市、绿色城市建设，完善中心城区宜居宜业宜游功能，建成省际区域中心城市。做优做特县城，不断增强城镇经济活力。建成大龙、万山、碧江、松桃城市间快速干道和印江、思南、德江城市间快速干道。加快推进玉屏国家新型城镇化综合改革试点、德江省级新型城镇化综合改革试点和碧江国家产业融合示范区建设。推动德江、思南撤县建市和江口撤县设区。做精做美小城镇，规划建设一批特色农业、特色工业、特色商贸和特色旅游小镇，加快完善基础设施和公共服务配套，打造黔东特色小镇升级版。做新做靓新农村，科学编制美丽乡村规划，实现乡村规划全覆盖。加快推进农村危房改造、镇村联动示范点、农村集中建房点建设和传统村落保护工作。创建300个宜居宜业宜旅示范村，建设100个少数民族村寨，打造100个民族文化村落，实现村村寨寨旧貌换新颜。

推进农业现代化，加快发展现代山地高效农业。坚持把山地特色作为农业发展的基本方向和根本路径，推进农业产业转型升级。到2020年，确保第一产业实现增加值250亿元以上，年均增长6%。全面提升山地高效农业产业化水平，高标准建设现代农业园区，推进农业园区乡镇全覆盖。加快培育新型农业经营主体，促进农业集约化专业化生产。实施“双百”工程，把生态茶、生态畜牧业、中药材、休闲农业与乡村旅游业、“两烟”培育成百亿元级支柱产业，把精品水果、无公害蔬菜、经济林培育成百万亩规模产业。提升山地高效农业标准化水平，加强农产品质量安全管理，建立“从种子到产品、从农田到餐桌”全程可追溯、互联共享的农产品质量和食品安全监管体系。加大农产品有机认证力度，促进农业无公害绿色有机发展。提升山地高效农业品牌化水平，加快特色农产品品牌培育，合力打造“梵净山”特色品牌。将梵净山茶、石阡苔茶等中国驰名商标和德江天麻、沿河空心李、江口萝卜猪等11个地理标志产品作为农产品特色品牌重点打造，提升农产品市场竞争力。

推进旅游产业化，加快建成休闲养生旅游目的地。把山地特色旅游业作为战略性产业来抓，加快建设环梵净山“金三角”文化旅游创新区，推动全域旅游，实现快旅慢游。构建精品景区景点体系，争创一批4A级以上景区，将梵净山建成5A级景区、申报为世界自然遗产，将万山矿山公园申报为世界文化遗产。大力开发温泉旅游资源。保护性开发一批历史文化名村名镇，打造一批山地公园、湿地公园，建成一批环境优美、饮食独特的乡村旅游点，开发一批旅游新产品新业态。按照新旅游六要素要求，完善旅游交通基础设施，合理布局旅游配套功能，着力提升旅游服务水平。以举办特色节庆活动为载体，高端宣传营销，加强区域合作，巩固传统客源市场，开发新兴客源资源，拓展国际旅游空间，让“梵天净土·桃源铜仁”成为人们心驰神往的旅游胜地。

（四）坚持五大发展理念，全面推动富民强市和黔东崛起。

坚持创新发展。把创新作为弯道取直、后发赶超的战略选择。围绕产业链布局创新链，围绕创新链配置要素链，引导创新要素向企业聚集，推动大众创业、万众创新，让创业创新蔚然成风、遍地开花。培育发展新动力，发挥科技创新在全民创新中的引领作用，建设以铜仁高新区为重点的科技孵化基地，创建一批共性技术服务平台、检测平台，形成锰产业、锂电池、页岩气、中成药等研发中心。新建5家工程技术研究中心、3个博士科研工作站、1个院士工作站，确保全市人才资源总量达到40万人以上。加快提升传统产业，积极发展节能环保、装备制造、新能源、生物、信息等新兴产业。加大供给侧结构性改革力度，扎实推进行政服务、商事制度、医药卫生、投融资体制等重点领域和关键环节改革，着力构建发展新体制。

坚持协调发展。推动产业协调发展，全面提升农业现代化水平，大幅提高新型工业化对经济增长贡献率，加快发展现代服务业，将三次产业结构优化调整为16.9∶35∶48.1。推动区域协调发展，做大做强黔东工业聚集区，形成以中心城区为核心，江口、松桃、玉屏为卫星的城市组团；加快建设乌江生态经济走廊，规划建设石阡至思南至沿河的乌江大道，形成印江、思南、德江同城发展，石阡、沿河两翼齐飞的乌江特色城市组团。推动城乡协调发展，促进镇村要素流动联通、基础设施联建、产业发展联营、公共服务联享、农民转市民联动。

坚持绿色发展。坚持用绿色化促进人与自然和谐共生，建立由空间规划、用途规划、差异化绩效考核等构成的空间治理体系，严守耕地、林地、森林保有面积三条生态红线，形成人口、经济、资源环境相协调的空间开发格局。坚持用绿色化引领产业低碳循环发展，实施工业节能、节水和生态化改造，大力推进建筑节能，建成万山含汞固体废物再利用、大龙煤电锰一体化等重点项目。坚持用绿色化加强环境治理和保护，深入实施环境污染、大气污染、水污染治理专项行动。坚决抵制一切污染和破坏环境的行为，坚决拒绝以牺牲环境为代价的黑色GDP！坚持用绿色化引导群众生活方式，着力在衣、食、住、行、游等方面向勤俭节约、绿色低碳、文明健康方式转变，全面构建永续发展、永远美丽的绿色生态环保网，让良好生态环境成为铜仁人民长期享有的“永久性福利”。

坚持开放发展。全力打造开放发展大通道，建成铜玉城际铁路、渝怀二线铁路，力争开工建设贵阳至襄阳、昭通至黔江、玉屏至从江、德江经思南至铜仁主城区等高速铁路，铁路出省通道从4个增加到6个，运营里程从154公里增加到329公里。建成德江至务川、铜仁至怀化、铜仁至从江、印江至秀山、石阡至玉屏、江口至玉屏、沿河经印江至松桃等高速公路，高速公路出省通道从4个增加到8个，通车里程突破1000公里，形成市内2小时经济圈，实现高速公路从“好”到“快”的飞跃。提级改造铜仁凤凰机场航站楼，力争开通国际航班，航线加密到15条以上。建成黔北机场，规划建设一批通用机场。实施锦江航运疏浚工程，建设乌江III级航道，形成通江达海的水运通道。全力打造开放发展大平台，建设航空口岸和临空经济区，建成保税物流中心，实施碧江无水港、思南港物流园、德江黔东北综合物流中心等综合性物流项目，构建现代大物流体系。全力打造开放发展大环境，优化重点投资领域，拓展开放合作空间，建好用活开放平台，培育做强开放主体，利用一切可以利用的政策机遇和优势资源，营造良好投资环境，构建投资“高地”、创业“福地”。

坚持共享发展。推进教育发展共享，全面普及十五年教育，实现义务教育基本均衡，提升教育现代化水平。加快铜仁学院向应用型综合大学转型并申创武陵大学，将铜仁职业技术学院申办为本科职业院校，支持铜仁幼专加快发展，建成贵州健康管理职业技术学院，教育发展水平进入全省前列。到2020年，学前三年毛入园率和高中阶段毛入学率均达到95%以上，义务教育巩固率达到90%以上。推进创业就业共享，实施全民创业行动计划，深入推进“雁归工程”，建立多层次多样化的创业格局。推进社会保障共享，健全失业保险制度，完善工伤、生育保险制度，推进社会救助体系建设，大力发展残疾人和社会福利事业，建立健全留守儿童、留守妇女、留守老人关爱服务体系。加快推进保障性住房和城市棚户区改造，改善中低收入家庭的居住环境。推进社会管理共享，全面推进依法治市，深入开展平安铜仁创建活动。深化信访工作制度改革，全力推进阳光信访、责任信访、法治信访。加强自然灾害防治，增强防灾减灾抗灾能力，切实做好安全生产。

三、2016年的重点工作

2016年是全面建成小康社会决胜阶段的开局之年，是推进结构性改革的攻坚之年，是实施“十三五”规划的起始之年，开好局、起好步至关重要。我们要认真贯彻五大支柱政策，全面落实五大战略任务，大力推进供给侧结构性改革，全力转方式、补短板、防风险，以更快的节奏、更实的作风、更高的效率，加快做长大生态、大旅游、大健康等长板，加快补齐脱贫攻坚、产业发展、基础设施、基本公共服务等短板，加快构建大交通带来大物流、大物流吸引大产业、大产业促进大发展的发展格局，确保“十三五”实现良好开局。

全市经济社会发展的主要预期目标是：地区生产总值增长预期目标为12.5%以上、工作目标为13.5%，其中一产增长6%、二产增长14%、三产增长15%以上；规模以上工业增加值增长13.5%；减少农村贫困人口20万人以上，125个贫困乡镇摘帽、450个贫困村出列，贫困发生率下降5.3个百分点以上；固定资产投资增长22%；公共财政预算收入增长13%左右；社会消费品零售总额增长13%以上；金融机构存贷款余额分别达到1050亿元和900亿元；引进省外资金增长15%以上；旅游总收入增长20%以上；城镇、农村居民人均可支配收入分别增长13.5%、15%以上；城镇登记失业率和物价指数分别控制在4.2%、2.5%以内；常住人口、户籍人口城镇化率提高3个百分点；森林覆盖率提高到59%；节能减排指标控制在省下达计划范围内。

2016年，重点抓好以下工作：

（一）以脱贫攻坚为重点，推进大扶贫战略行动取得新成效。深入实施“33668”扶贫攻坚行动计划，贯彻好、落实好、运用好脱贫攻坚各项政策，推进脱贫政策与农村低保、医疗保障、危房改造、移民搬迁、教育资助、金融支持等政策无缝对接。强化精准脱贫，探索“互联网+脱贫”管理新模式，建立脱贫大数据、“扶贫云”，开通扶贫专线电话。围绕“谁来扶、扶持谁、怎么扶、如何退”的问题，深入实施“五个一批”攻坚工程，通过产业发展脱贫11.5万人、易地扶贫搬迁脱贫4.8万人、生态补偿脱贫1.8万人、发展教育脱贫1.9万人。设立扶贫产业基金，组建完成市、县扶贫开发投资公司，开展民营企业千企帮千村精准扶贫行动，对2.5万名贫困地区农村青壮年劳动力进行规范化技能培训，建设10个集中连片产业带、10个扶贫产业园区，纵深推进产业化扶贫，确保脱贫攻坚首战告捷。

（二）以应用建设为重点，推进大数据战略行动取得新成效。大力发展大数据产业，着力构建定位准确、规划科学、运用高效、融合发展的发展格局。加快建设铜仁高新区云计算数据中心、大数据呼叫中心和大数据信息产业示范基地，打造“云上铜仁”。积极发展智能终端零配件与产品制造，加快推动新型电子元件、电脑配件、可穿戴设备等端产品规模化生产，力争大数据产业产值实现20亿元以上。加快推进大数据与产业融合发展，实施“互联网+”行动计划，在城市管理、交通运输、全域旅游、医疗卫生、健康养生和园区发展等应用上率先突破。启动实施“数据铁笼”工程，推进电子政务云的应用拓展和推广覆盖。建成智慧生态云，建立中国梵净山养生指数发布机制。加快推进电商创新发展，全面实施阿里巴巴集团“千县万村”计划，加快推进农村淘宝、邮乐购、母亲电商、供销e家村级服务站建设，确保1000个农村电商服务站投入使用，电商交易额增长30%以上。

（三）以生态建设为重点，推进大生态跨越工程取得新成效。全力守住山青、天蓝、水清、地洁的生态底线，把生态产业培育成为新的经济增长点。突出抓好生态重点工程，在“建”上干实事。全年新增营造林40万亩以上，完成退耕还林还草52万亩，治理石漠化144平方公里，森林覆盖率提高到59%。依托现有产业基础，在“产”上求实绩。新增油茶8万亩、生态茶20万亩、核桃12万亩、竹子5万亩、花卉苗木2万亩。突出抓好环境治理，在“治”上出实招。认真落实主体功能区规划，对重点功能区实行产业准入负面清单。加快推进松桃县重金属治理项目和万山经济开发区固废填埋场建设，谋划实施一批重大环保示范工程。严格环保执法，形成高压态势，让破坏环境者付出沉重代价，受到严厉惩罚。围绕创建国家环境保护模范城市目标，在“创”上见实效。继续实施“环保十件实事”。全面实施重点河流治理保护“河长制”，探索建立农村生活垃圾“村收集、乡转运、县处理”的机制，实施中心城区、县城和集镇生活污水截污纳管项目，确保县城以上集中式饮用水源地达标率100%，城乡垃圾处理率提高5个百分点以上，城镇污水处理率达到90%以上。

（四）以健康养生为重点，推进大健康跨越工程取得新成效。加快补齐医疗卫生短板，推进医疗卫生服务能力提升三年行动计划，实施“百院”建设工程，加快松桃、德江、印江县人民医院新院建设，将石阡县人民医院创建为三级综合医院。实施10个乡镇卫生院标准化建设，新建和改扩建村级卫生室527个，乡镇卫生院标准化率达到80%以上，乡村医生签约服务实现全覆盖。推进市级医学重点学科建设，实施市级农村订单定向医学生培养工程，完成150名招生计划。加快创建国家医养结合示范市，积极推进医疗养老结合，优化健康养生与医疗机构的资源配置，实现医养无缝对接。加快建设老年人日间照料中心、活动中心、互助式服务中心等社区养老服务设施，建成10个社区老年人日间照料服务中心、500个农村互助幸福院。引入社会资本建设社会福利院、敬老院、养老院。充分利用良好的生态资源，加快发展营养健康产业，加快建设梵净山生态养生产业园，积极申创国家级营养大健康医药产业示范区。

（五）以特色文化为重点，推进大文化跨越工程取得新成效。构建铜仁特色文化体系，打造铜仁特色文化品牌，增强文化软实力，提升文化竞争力。实施一批文化惠民工程，力争开工建设市级博物馆、图书馆、文化馆、科技馆、档案方志馆、奥体馆和妇女儿童活动中心、青少年活动中心。加快建设农村综合文化服务中心和文化广场，大力实施文化信息资源共享、农村公益电影放映、农家书屋、农村远程教育等文化惠民工程，推进城乡公共文化服务均等化。实施文化产业发展工程，落实“一县一品”发展计划，重点打造碧江龙舟、玉屏箫笛、松桃绝技绝活、石阡毛龙、思南花灯、德江傩戏和沿河山歌等文化基地，形成具有地方特色的文化支柱产业。创新文化产业投融资体制，出台文化产业发展扶持政策，搭建产业发展平台，完成文化产业集团组建工作。全面开展群众文化、全民阅读和全民健身活动。继续办好梵净山生态文明与佛教文化论坛、梵净山国际山地自行车赛、梵净山登山大赛、中国传统龙舟大赛等赛事活动和第三届市运会。

（六）以投资拉动为重点，推进基础设施建设取得新成效。把2016年作为项目建设精品年，坚定不移扩大投资，做到项目谋划高起点、项目设计高水平、项目审批高效率、项目建设高质量、项目验收高标准、项目投资高效益，确保完成固定资产投资1464亿元以上。突出抓好重大项目建设，完成交通基础设施投资180亿元，力争建成铜玉城际铁路，加快建设渝怀二线铁路。加快推进德江至务川、铜仁至怀化高速公路建设，力争印江至秀山、石阡至玉屏、玉屏至江口、沿河经印江至松桃等高速公路全部开工建设。建成铜仁凤凰机场新航站楼，加密优化航班航线。实施国省干道改造200公里、县乡道改造172公里、通村水泥路2800公里。完成水利基础设施投资15亿元，加快建设7座中型水库和13座小型水库，新开工建设3座中型水库和7座小型水库。完成能源基础设施投资20亿元，加大城乡配电网建设力度，开工建设10个输变电工程，建成松桃盘石风电场。力争开工建设天然气支线管网。完成信息基础设施投资13.58亿元，新增3G、4G基站4000个。突出抓好项目资金保障，积极创新融资方式，加快推行PPP模式，努力增加地方债、企业债发行规模，扩大市级融资规模，提高区县融资能力。千方百计防范金融风险，完善社会诚信、金融救助、风险管控三大体系，制定债务资金借用管还方案，确保“借得到、管得住、用得好、还得上、无风险”。突出抓好招商引资，健全“一个项目、一名领导、一个班子、一套方案、一抓到底”的招商工作机制，把大数据、大健康作为产业招商的重中之重，结合省内外会展平台，大力引进国内外500强企业或行业龙头企业落户铜仁，确保招商引资到位资金920亿元。

（七）以产业培育为重点，推进新型工业化取得新成效。深入落实百企引进、千企改造工程和双培育、双退出行动计划，加快推进新型工业化步伐，力争新开工产业项目120个以上，竣工投产80个，新增入规企业70户以上。确保完成规模以上工业总产值770亿元、增加值185亿元以上。加快完善基础设施，着力推进园区升级发展。启动铜仁高新区、大龙开发区、碧江经开区、万山经开区智慧园区建设，加快推进铜仁东站货运场改扩建、大兴水利枢纽、大龙五号主干道、松桃九龙湖水库、万山老山口220千伏输变电工程等重点基础设施建设，建成万山、玉屏双桥、江口凯德、思南关中坝二期4个园区污水处理厂。创新经营管理模式，实现投资主体多元化、资金来源多样化、经营管理市场化。提高园区产业集聚水平，力争园区规模以上工业总产值占比82%以上，黔东工业聚集区规模以上工业总产值占比67.5%以上。实施特色产业壮大工程，加快铜仁卷烟厂、复烤厂易地技改扩能项目建设，支持加快思南石材产业发展，推进石阡武陵石材、碧江好彩头食品等重点项目全面建成投产。力争江口农夫山泉项目开工建设。实施新兴产业培育工程，推进大龙锂电产业园、新华高端机械装备制造、高新区汽摩产业园等重点项目建成投产。实施传统产业振兴工程，加快大龙煤电锰一体化项目建设，建成石阡佛顶山水泥厂，推动武陵锰业二期建成投产。深入开展工业“百千万”工程和民营企业服务年活动，在降低企业成本上出实招。加快建设公共服务平台，创新公共服务模式，着力降低企业交易成本；创新实施贵园信贷通，加快搭建企业融资担保平台，降低企业财务成本；落实国家电力优惠政策，争取更多大户用电企业进入省级交易平台，降低企业用电成本；落实国家结构性减税、出口退税等税费政策，降低企业税费成本；落实物流补贴政策，降低企业物流成本，全力帮助企业轻装上阵、减负前行。

（八）以增强城市承载力为重点，推进新型城镇化取得新成效。按照老城提升、新区提速、县有新区、镇有新街、村有新寨的要求，坚持走山地特色新型城镇化道路，打好五规融合、五园兴城、五线管控、五城联创“组合拳”。坚持“规划引领、提升老城、建设新区、产城一体”的思路，加快中心城区建设，继续实施十大功能提升工程。市级公共服务中心投入使用，完成环东路、清水大桥改扩建、睿力大道铁路桥和武陵大道延伸线建设，畅通中心城区对外通道。加快大十字人防工程建设，建成新区桃园大道、五福大道、环东大道，开工建设远信大道、凉湾大道，形成城市发展重心北移新格局。加快桃源广场、新城示范区、会展城及安置区建设，建成铜仁客运南站，开工建设铜仁客运北站，启动铜仁火车站改扩建工程。坚持“产城互动、景城融合、教城一体”的发展模式，使城市公共基础设施和公共服务设施更好地服务园区。建设砚台山、锦江、木杉河、凉湾水库等一批山体公园和湿地公园，让城区对接景区、景区拉动城区，推进中心城区宜居宜业宜游，提升城市品质。推动县城扩容提质，充分彰显地域特点、传统文化、民族风情，实现县城各美其美。开工建设大龙、万山、碧江、松桃城市间快速干道和印江至思南城市快速干道，加快玉屏--大龙同城发展步伐。推动镇村联动发展，围绕“8+X”项目深入推进示范小城镇建设，建成12个市级镇村联动示范点、100个农村集中建房点。深入推进城市管理体制改革，推动城镇管理精细化，深入推进“整脏治乱攻坚年”专项行动，重点改造提升一批小巷道路、人行道、路灯等市政设施，新建改造一批农贸市场、社区用房、公交站场、公共厕所等服务设施。加快改造老城区停车场，充分利用闲置的空房改造多层立体式停车设施。按照“一核多元”模式创建30个以上示范小区。将中心城区创建为国家卫生城市，将玉屏、印江、思南、德江创建为国家卫生县城。

（九）以发展山地高效农业为重点，推进农业现代化取得新成效。大力发展山地高效农业，着力发展主导产业，重点抓好茶叶、蔬果、食用菌、中药材、油茶等特色产业发展。加快建设梵净山茶城，举办首届梵净山茶文化节。加快发展生态畜牧业，新增猪牛羊代养户1000户，生态畜牧业产值比重达到30%。加快果蔬产业发展，实现蔬菜播种面积200万亩，新增水果种植面积8万亩，投产果园达到30万亩，粮食总产量稳定在120万吨左右。着力抓好园区景区化、农旅一体化发展，确保省级农业园区达到40个、市级园区达到60个、县级园区达到110个。创新农业经营方式，大力推广“三变”改革经验，鼓励发展规模种养业、农产品加工业和农村服务业，培育260个家庭农场。鼓励龙头企业为农户提供贷款担保服务，发展村企互动的产销对接模式，建设一批产加销基地，推动农业“接二连三”。

（十）以旅游产业化为重点，推进现代服务业取得新成效。围绕打造山地特色休闲旅游目的地目标，推动旅游业持续发展。接待游客3600万人次以上，旅游总收入288亿元以上。加快推进旅游景区建设，重点建设15个省级景区。扎实做好梵净山、万山矿山公园申遗工作，力争梵净山创建为国家5A级景区。加快打造“四大天王寨、十八罗汉村”，加快建设梵净山佛教文化园和梵净山生态养生大健康产业园，加快实施梵净山周边风貌民居改造，完成74个国家级乡村旅游扶贫示范村规划。加快建设智慧旅游，提升旅游服务水平。加快建设旅游景区之间、景区与城市之间连接通道，推进集散中心、游客接待中心、旅游服务中心、特色旅游购物街区和旅游公厕建设。推动商贸物流业加快发展，重点实施四大物流园聚集区、乌江航道三港口四码头和60个物流项目。推进城乡居民商贸服务体系建设，完成30个农贸市场标准化建设、2个省级示范商贸流通市场建设，支持碧江建设武陵山一级分包物流中心。打造一批大型卖场、城市商业街区和仓储物流基地，引进和培育知名商业品牌，支持本土企业扩大市场覆盖面。大力发展连锁经营等新型业态，促进现代交通体系、物流配送体系、电子商贸体系和现代产业体系配套融合。

（十一）以改革开放为重点，推进体制机制创新取得新成效。坚持战略导向、问题导向、民生导向，不断提高改革含金量，增强群众获得感。深化关键环节改革，加快城乡体制改革，完善小部制改革，推动城乡、镇村联动发展。深化经济领域改革，推进国有企业、投融资体制改革。深化“三农”改革，扎实开展农村“三金、三权、三变”改革，推进农村小型水利资源产权改革。深化公共资源交易改革，逐步实现交易全程电子化，用政府权力“减法”换取市场活力“加法”。深化行政审批制度改革，推进简政放权、放管结合、优化服务，完善先照后证，推进三证合一、一证一码，扩大电子营业执照颁发范围。扩大对外开放平台，加快大龙开发区申创国家级经济开发区步伐，完成铜仁凤凰机场航空口岸建设，力争完成国家保税物流中心申报工作。深化与苏州市对口合作，加快推进铜仁·苏州产业园建设。积极开展毗邻地区交流合作，落实友好城市合作协议，积极融入成渝、长株潭城市群和黔中经济圈。加快推进科技创新，整合科研机构，完成铜仁科学院组建。加大科技投入，新增1个省级科技孵化器，创建一批拥有自主知识产权的品牌，确保专利申请量400件以上，授权230件以上，商标新注册量500件以上。

（十二）以保障和改善民生为重点，推进社会事业发展取得新成效。优先发展教育事业。财政再困难也要确保教育投入，穷财政也能办美教育，绝不让我们的孩子输在人生起跑线上！深入推进“新两基”工作，加快推进教育信息化。完成20所中小学标准化建设。实施山村幼儿园提质升级三年行动计划，完成500所山村幼儿园提质升级。力争将铜仁一中、思南中学创建为省级一类示范性高中。完成贵州健康管理职业技术学院校舍建设，加快铜仁学院申办武陵大学进度，推动铜仁职院“省部共建”的落实。提高社会保障水平。扩大基本养老、基本医疗、失业、工伤、生育保险覆盖面，全市基本社会保险参保覆盖率达到85.7%以上。健全完善三重医疗保障体系，推进三医联动、三保合一。加快推进城镇保障性住房、农村危房改造。落实国家人口发展战略。实施创业就业促进工程，完善创业扶持政策，做好返乡农民工、高校毕业生、城镇困难人员、退役军人、搬迁移民等重点群体就业工作。加快市级民兵综合训练基地和爱国主义教育基地建设。狠抓安全生产，强化红线意识、底线意识，落实“党政同责、一岗双责”安全生产责任制，深入开展隐患排查治理专项行动，统筹抓好各领域的安全生产工作，确保安全生产形势持续稳定向好。强化食品药品安全管理。创新社会治理。深入推进平安铜仁建设，强化社会治安防控体系建设。强化应急处置和公共安全监管，加大矛盾纠纷化解力度，实施“12349”县域信访管理新模式，营造平安和谐稳定环境。加强双拥优抚、民族宗教、外事侨务、老龄、残疾人、工青妇和红十字等工作。

做好2016年工作，我们要全力办好十件民生实事。（1）巩固125个贫困乡镇减贫摘帽成果，完成易地扶贫搬迁4.8万人，实现450个贫困村出列，减少贫困人口20万人以上。（2）完成贵州健康管理职业技术学院校舍建设，完成20所中小学标准化建设，完成500所山村幼儿园提质升级。（3）完成10个乡镇卫生院建设，新改扩建村级卫生室527个。（4）完成农村危房改造5万户、小康房2500户，完成城市棚户区危旧房改造40337套，新建城市公共租赁住房10825套。（5）实施国省干道改造200公里、县乡道改造172公里、通村水泥路2800公里。（6）建成污水处理厂16个，其中中心城区2个、县城6个、乡镇8个。全市城镇污水处理率达到90%以上。（7）完成城镇新增就业5万人以上、解决失业人员再就业1.1万人以上，扶持新增创办企业、个体工商户2万户以上。（8）确保城乡低保标准增幅达到10%以上，建成10个社区老年人日间照料服务中心、500个农村互助幸福院。（9）完成30个农贸市场标准化建设、2个省级示范商贸流通市场建设，完成铜仁市肉类蔬菜流通体系建设一期工程。（10）建成环东大道，改建火车站站前广场、中南门古城，新建、改建主城区91个公交候车亭、锦江大小型公交码头20处。实施锦江提升工程。建成铜仁凤凰机场新航站楼和口岸用房。

四、切实加强政府自身建设

面对新形势、新任务，我们将牢记党和人民的嘱托，按照为民、务实、清廉的要求，持续提振创先争优士气、激发干事创业热情，坚定信心、凝聚力量，切实加强政府自身建设。

（一）坚持依法行政，建设法治型政府。积极推进依法治市，依法履行政府职能，既做依法行政的执行者，又做全民守法的示范者。积极适应新行政诉讼法要求，更加主动出庭应诉。严格落实政府议事规则，健全依法决策机制，坚持把公众参与、专家论证、风险评估、合法性审查、集体讨论决定作为重大行政决策法定程序，确保决策科学、程序正当、过程公开、责任明确。依法加强政务公开，推进决策、执行、管理、服务、结果公开。坚决执行市人大及其常委会的决议决定，自觉接受人大工作监督、法律监督和政协民主监督，认真听取各民主党派、工商联、无党派人士和人民团体的意见建议，自觉接受人民群众和新闻舆论监督。

（二）坚持实干兴政，建设务实型政府。弘扬苦干实干作风，不断增强各级政府执行力。以开展工作精品年活动为契机，不断提高工作精细化、精准化、精品化水平。全面推行政府工作项目化、项目推进责任化、责任落实具体化，健全绩效管理、督查督办、定期反馈、办结销号和责任追究制度，确保每项工作落到实处、取得实效。充分尊重经济社会发展规律和铜仁发展实际，多做打基础、利长远的实事，多办惠民生、得民心的好事，不搞短期行为，不留发展后患，努力追求没有水分的增长、实实在在的发展、群众满意的政绩。

（三）坚持高效理政，建设服务型政府。深化行政审批制度改革，凡是决定取消或下放的行政审批事项，必须坚决执行到位；凡是有利于增强发展活力、提高运行效率、基层实施更加有效的经济社会管理权限，必须坚决下放；凡是政府承诺了的清理压缩事项，必须坚决兑现。加快推进公共服务平台建设，打造“线上线下合一、台前台后打通、纵向横向联动”的公共服务模式，促进公共服务事项信息互通共享，多让数据网上走，少让群众路上跑，最大限度便利群众。各级领导干部都要主动服务群众，把群众冷暖忧乐放在心头。对服务意识淡漠、态度生硬、懒政怠政、为官不为的干部，要公开曝光、严格问责、严肃处理。

（四）坚持从严治政，建设廉洁型政府。认真落实党风廉政建设主体责任，严格执行中央“八项规定”、省委和市委“十项规定”，贯彻执行《中国共产党廉洁自律准则》和《中国共产党纪律处分条例》，坚决做学习贯彻的先行者、严格遵守的示范者、坚决执行的捍卫者，真正把纪律和规矩挺在前面。完善土地出让、工程建设、产权交易、政府采购等制度，加强公共资金、公共资源、国有资产监管，积极消除权力寻租空间，确保人民赋予的权力在阳光下运行。建立健全干部管理、岗位责任、激励保障和惩戒约束“四位一体”长效机制，着力打造忠诚、干净、担当的干部队伍。

大 事 记

1月

5日至7日，市委书记夏庆丰，市委副书记、代市长陈晏率市党政代表团赴江苏省苏州市考察，学习借鉴先进的发展模式和发展理念，对接两地对口帮扶事宜。

6日，2016—2017年全省环境保护攻坚行动动员部署会暨项目建设集中开工仪式在贵阳举行。铜仁市在万山区同步举行环保项目集中开工仪式。铜仁市集中开工环保项目共182个，预计投资11.50亿元。

8日，铜仁市2016年首届农特产品网商“年货节”启动仪式在铜仁火车站广场举行。

11日至14日，中国人民政治协商会议第一届铜仁市委员会第五次会议在碧江召开。市委书记夏庆丰应邀出席并讲话，市委副书记、代市长陈晏，市人大常委会主任雷甘霖，市政协主席陈达新，市政协党组书记、市委统战部部长陈康，省政协港澳台侨与外事委员会副主任、原政协地工委主任邓应明，市政协副主席王能军、时晓军、谢卫、龙海、冉晓东、汤志平、杨晓敏参会。会议学习讨论中共铜仁市委书记夏庆丰在开幕式上的讲话，听取并审议通过陈达新代表政协第一届铜仁市委员会常务委员会所作的工作报告，听取并审议通过时晓军代表政协第一届铜仁市委员会常务委员会所作的提案工作情况报告，补选陈康为政协第一届铜仁市委员会主席。

12日至15日，铜仁市第一届人民代表大会第五次会议在碧江召开。大会执行主席夏庆丰、陈晏、雷甘霖、陈达新、陈康、阳向东、童礼元、刘泽木、熊光奎、王开禄、陈代文、陈建萍、叶德恩在主席台就座。365名代表出席会议。代市长陈晏作《政府工作报告》。会议表决通过《关于〈铜仁市国民经济和社会发展第十三个五年规划纲要〉的决议》，决定批准铜仁市国民经济和社会发展第十三个五年规划纲要。表决通过《铜仁市地方立法条例》。补选陈晏为铜仁市人民政府市长，补选陈达新为铜仁市第一届人民代表大会常务委员会主任。

14日，铜仁市举行电子营业执照发放启动仪式。国家工商总局批准贵州省作为西部唯一开展电子营业执照试点的省份后，铜仁市工商局被列为市级电子营业执照系统的试点实施单位。副市长张明出席仪式并颁发铜仁市第一份电子营业执照。

19日，市委副书记、市长陈晏率团赴中建四局广州总部考察，并就项目合作进行座谈。中建四局党委书记、董事长卢遵荣陪同考察并出席座谈会。

2月

1日，市委召开常委（扩大）会议，市委书记夏庆丰主持会议并传达学习习近平总书记在省部级主要领导干部学习贯彻中共十八届五中全会精神专题研讨班开班式上的重要讲话精神、省委书记陈敏尔贯彻落实省部级主要领导干部专题研讨班精神的重要讲话精神，研究铜仁市贯彻落实意见。

是日，市委召开常委（扩大）会议，传达学习省“两会”精神，市委书记夏庆丰主持会议并讲话。

20日，以铜仁市命名的新型导弹护卫舰“铜仁舰”正式入列。“铜仁舰”是中国自行研制设计生产的新型导弹护卫舰，具有很强的防空、反潜和对海作战能力，入列后将主要担负巡逻警戒、护渔护航等任务。

29日，铜仁市与中国铁建股份有限公司举行项目合作座谈会，双方就落实《铜仁市人民政府与中国铁建股份有限公司战略合作协议》有关具体项目举行深入商谈。市委副书记、市长陈晏，中国铁建股份有限公司副总经济师琚建明出席会议。

是日，铜仁市在大龙经济开发区与全省同步举行2016年第一批重点项目集中开工仪式。集中开工重点项目30个，是全市“十三五”时期启动的第一批重大项目，涵盖一、二、三产业和文化旅游、城镇建设及社会事业等各个领域，总投资148.70亿元。

3月

1日，碧江公安分局市中派出所为户口在沿河自治县，但是居住在碧江区的陶某补办身份证。为铜仁市首例异地办理身份证。

2日，2016云上贵州·大数据招商引智(北京)推介会在北京国家会议中心举行。铜仁市23个签约项目参加并通过省政府项目评审，被纳入全省成果统计，总投资额达31.90亿元。其中，“企业信用大数据平台建设项目”被选中参加集中签约仪式。

3日，铜仁市与安艾艾迪信息技术（上海）有限公司在铜仁人民会堂签订合作协议。市委副书记、市长陈晏，印度国家信息技术学院（NIIT）全球区域总裁、安艾艾迪信息技术（上海）有限公司总经理浦凯旋出席签约仪式并讲话。根据协议，安艾艾迪将在铜仁成立NIIT授权的符合法律规定的培训基地，7年内为铜仁培养2000名大数据和电子商务类IT人才，并帮助学员取得NIIT国际认证。

4日，全国人大代表、铜仁市委书记夏庆丰走进北京人民网演播室，参加人民网和多彩贵州网联合推出的“畅想‘十三五’——贵州省市州领导系列访谈”，围绕“迎接大众旅游新时代，奋力实现井喷式增长”主题，就铜仁如何借力旅游产业发展，补齐脱贫短板与网友在线交流。

7日，中国地市报研究会2016年会长会议在铜仁召开，市人大常委会副主任王开禄出席会议并讲话。中国地市报研究会会长（副会长）、部分地市报负责人参加会议并作交流发言。会后，与会代表赴江口、思南、碧江进行“走转改”采风活动。

10日，2016年贵州省人工影响天气工作会议在铜仁市召开。市委常委、副市长杜元虎出席会议并讲话。会议期间，各市州气象局主要负责人就关注人影服务需求、推进人影规范化建设、强化人影规范化管理等方面进行交流发言，并现场签订人影工作安全责任状。参会人员现场参观松桃自治县长坪炮站标准化建设情况及铜仁市级业务指挥平台及业务系统推广应用情况。

是日，铜仁市与中国交通建设股份有限公司在北京举行签约仪式，达成意向性投资约300亿元。“十三五”期间，双方将在高速公路、城市配套、教育等领域开展全方位合作。市委书记夏庆丰，中国交通建设股份有限公司副总裁甄少华出席会议并讲话；市委副书记、市长陈晏与中国交通建设股份有限公司西南区域总部总经理、党工委书记王掌军分别代表双方签署战略合作协议。

12日，《中国·铜仁精准扶贫指数报告（2016）》在北京发布。报告是全国首个精准扶贫类指数报告，以量化指数的形式评估铜仁市的扶贫工作，为扶贫成效评价提供参考样本。国务院扶贫办副主任洪天云，贵州省政府副省长刘远坤，新华社秘书长刘正荣，铜仁市委书记夏庆丰，市委副书记、市长陈晏等出席发布会，发布会由中国经济信息社总裁徐玉长主持。

26日，第12届世界风筝锦标赛暨第33届潍坊国际风筝会（西南赛区·贵州万山）选拔赛在铜仁万山隆重开幕。省政协副主席李汉宇宣布开幕。本次大赛吸引来自美国、澳大利亚、奥地利、比利时、柬埔寨、德国、泰国、越南、印度尼西亚、韩国、马来西亚、新西兰、俄罗斯、新加坡、瑞典等国家和中国香港、中国澳门、中国台湾地区组成的20支境外参赛队伍及全国各省、市、区组成的30支参赛队伍参赛。中央、省、市及境外68家媒体聚焦赛事。

是日，铜仁市人民政府与省地质矿产勘查开发局在铜仁人民会堂签订深化合作协议书。深化合作协议书重点围绕铜仁山地旅游、防灾减灾、地质找矿等方面提供服务，做到需求对接、项目对接、成果对接，为铜仁守住发展和生态两条底线做好地质保障。

27日，华夏航空、多彩贵州航空的客机先后从贵阳起飞，经过35分钟飞行后降落铜仁凤凰机场。铜仁凤凰机场航线至此增至9条，通达北京、上海、广州、杭州、南京、昆明、福州、长沙、贵阳、宁波10个全国大中型城市。

28日至31日，《人民日报》《新华社》《中央电视台》《光明日报》《中国新闻社》《中国日报》《贵州日报》贵州广播电视台、当代贵州等14家中央、省级主流媒体20余名记者齐聚碧江，集中采访报道碧江关爱留守儿童“1234”工作法。

4月

10日至13日，纳米比亚执政党人组党总书记、国民议会议员南戈洛·姆奔巴率领的纳米比亚人组党中央委员研修班到铜考察。研修班成员先后到东亿电气、中伟玻璃、正大茶园、恒霸药业、梵净茶厂、江口云舍、铜仁职院、九丰农业考察，全面考察铜仁市的精准扶贫、旅游开发、现代农业，了解铜仁市党组织建设、党委工作方法、常委会议事和决策规则。

12日，万山区新能源电动车制造项目签约仪式在铜仁维景酒店举行。根据协议，山东瑞驰新能源电动汽车有限公司将投资20亿元，在万山建成年产15万辆新能源电动汽车生产基地。

13日，九三学社中央机关工作实务指南编委会统稿会在铜仁市召开。会议就《社机关工作实务指南》编撰工作进行讨论、统稿。九三学社中央办公厅主任苟红旗，副市长、九三学社市委主委杨同光出席并讲话，九三学社省委秘书长李梓出席。

13日至15日，全省县级综合档案馆建设项目观摩推进会在松桃自治县召开。省档案局局长田洪，市委常委、副市长范国胜，市政协副主席、松桃自治县委书记冉晓东参加观摩活动并出席观摩推进会。副市长杨同光参加沿河档案馆观摩活动。省档案局副局长梁贵钢出席并主持观摩推进会。观摩团实地参观沿河自治县、江口县和松桃自治县综合档案馆建设情况。

15日，贵州省正式进入汛期。是日晚，铜仁市多地出现雷电、冰雹、短时强降水、瞬时大风等强对流天气过程，农作物和露天停放车辆不同程度受灾，思南出现房屋倒塌情况。

18日，市委召开常委（扩大）会议，传达学习中央“两学一做”学习教育工作座谈会精神和全省“两学一做”学习教育工作部署会精神，审议通过《关于在全市党员中开展“学党章党规、学系列讲话，做合格党员”学习教育实施方案》，启动全市“两学一做”学习教育工作。市委书记夏庆丰主持会议并讲话

是日，铜仁市·贵州银行扶贫和县域金融战略合作签约暨铜仁贵银武陵山扶贫投资发展基金授牌仪式在铜仁举行，总规模60亿元人民币的铜仁贵银武陵山扶贫投资发展基金正式成立。市委书记夏庆丰，贵州银行党委书记、董事长肖瑞彦出席签约仪式并讲话。肖瑞彦、市长陈晏共同为铜仁贵银武陵山扶贫投资发展基金授牌。

28日，中国·万山首届资源枯竭型城市转型发展高峰论坛在万山区朱砂古镇举行。国内众多著名专家学者就万山如何在资源枯竭的困境中突围，奋力实现转型崛起等问题进行交流探讨。贵州卫视《论道》栏目组全程录制，栏目嘉宾主持、原外经贸部副部长、中国入世首席谈判代表、博鳌亚洲论坛原秘书长龙永图与中国财政学会副会长兼秘书长贾康，中国前驻德国汉堡、慕尼黑总领事马晋生为万山转型发展支招。

29日，铜仁市全省第二批重点项目集中开工仪式在万山区新能源汽车制造项目现场举行。副市长杨同光出席并宣布开工，市政协副主席时晓军参加仪式。此次铜仁纳入全省集中开工的项目共32个，总投资169亿元。

5月

4日至7日，全国政协副主席王正伟率全国政协特邀常委视察团到铜仁市就武陵山片区精准扶贫工作进行调研指导。全国政协常委、副秘书长，民革中央

副主席何丕洁，全国政协常委邵琪伟、南存辉、徐一帆等参加调研。在铜期间，全国政协特邀常委视察团先后到玉屏自治县、万山区、碧江区、松桃自治县、铜仁高新区、江口县，实地调研铜仁市产业扶贫、教育扶贫、旅游扶贫等工作。省政协主席王富玉陪同视察团在玉屏自治县和万山区的调研活动，副省长刘远坤出席视察团与贵州省交换意见座谈会，省政协副主席班程农，市委书记夏庆丰等陪同调研。

12日，第十二届中国（深圳）国际文化产业博览交易会在深圳会展中心开幕。省委常委、省委宣传部部长张广智到玉屏箫笛等展位视察。市委常委、市委宣传部部长刘婕率市相关部门负责人参加博会。

13日，市委书记夏庆丰主持召开市委常委（扩大）会议，传达学习4月25日习近平总书记在安徽省凤阳县小岗村主持召开的农村改革座谈会上的重要讲话精神，强调要深入学习贯彻习近平总书记重要讲话精神，牢牢把握处理好农民和土地关系这条主线，结合实际找准抓手，推进重点突破，不断加大推进新形势下农村改革力度，创新落实好农村改革发展各项任务，努力开创铜仁市农村工作新局面。

16日，铜仁市在印江自治县举行印江至秀山、沿河经印江至松桃、江口至玉屏（大龙）、石阡至玉屏（大龙）4条高速公路和印江至思南城市快速干道建设工程项目集中开工仪式。

16日至18日，省人大常委会副主任袁周率队到铜仁开展《贵州省信息基础设施条例》执法检查和扶贫开发专题调研。袁周一行先后到思南县、印江自治县、江口县、碧江区等地，实地查看信息基础设施、村级集体经济、农业及旅游产业发展、扶贫开发等情况。

17日至20日，国家民委监督检查司监督检查处处长张爱民，省考核验收组副组长、省民宗委副主任张和平一行，到铜仁市碧江、万山、印江、石阡、江口等区县考核验收创建全国民族团结进步示范市工作并召开座谈会。

18日至19日，省委副书记、省委政法委书记谌贻琴到铜仁市玉屏、万山、德江、思南、石阡等区县，重点就如何开展“两学一做”学习教育和深化农村改革等问题进行调研，了解铜仁市现代农业发展、基层组织建设和“两学一做”学习教育等工作开展情况。

19日，由光明日报社、中国高等教育学会院校研究分会、铜仁学院联合主办的第二届“全国教学服务型大学建设”研讨会在铜仁市召开。来自全国20余所高校及研究机构的领导和专家学者近70人参会。

19日至20日，全省巾帼科技扶贫行动暨母亲电商工作推进会在铜仁召开。省政协副主席班程农，省农科院党委书记毛秋生，省妇联主席杨玲出席会议并讲话，市委常委、市纪委书记郭智敏出席会议并致辞。

22日，铜仁市举行贵州健康管理职业技术学院建设工程项目开工仪式。市委书记夏庆丰出席并宣布开工，市委副书记、市长陈晏出席并讲话。

24至25日，全国政协副主席、民革中央常务副主席齐续春带领全国政协调研组到铜仁市，就少数民族地区生态经济发展进行专题调研。齐续春一行先后考察石阡县甘溪乡坪望旅游新村、石阡县电商产业园，江口县云舍欢喜罗汉村、太平增长天王寨、寨沙侗寨乡村旅游项目，万山区九丰现代高效农业示范园区、万山区朱砂古镇。

26日，苏州市委副书记、市长曲福田一行到铜仁市考察。市委书记夏庆丰陪同考察，并在铜仁凤凰机场办公楼会议室会见曲福田一行，双方就进一步做好新一轮对口帮扶工作进行深入交流。市委副书记、市长陈晏，市委副书记阳向东分别参加相关活动。

31日，铜仁市在铜仁人民会堂举行党风廉政建设和反腐败斗争形势任务、《中国共产党廉洁自律准则》和《中国共产党纪律处分条例》专题宣讲大会。省纪委常委孙学雷作专题辅导，市委书记夏庆丰主持会议并讲话。

6月

1日，铜仁市第一部政府规章《铜仁市人民政府规章制定办法》正式施行。

3日，南京、镇江、扬州、马鞍山四城市旅游部门及景点景区、旅行社代表组成的联合促销团，到铜仁市开展旅游新产品宣传促销活动。

6日，市委书记夏庆丰主持召开市委常委（扩大）会议，传达学习贯彻习近平总书记在网络安全和信息化工作座谈会、第二届世界互联网大会开幕式上的重要讲话精神和李克强总理在中国大数据产业峰会暨中国电子商务创新发展峰会上的重要讲话精神及全省大数据战略行动推进大会精神，强调要深刻领会会议精神实质，充分把握发展机遇，更加坚定大数据发展的信心、决心和战略耐心，充分挖掘大数据商用、民用、政用价值，全力建设大数据应用示范区，引领、服务和推动全市经济社会更好更快发展。

是日，市委中心组举行"两学一做"学习教育第一次专题研讨会，围绕学习贯彻习近平总书记关于"两学一做"学习教育重要批示精神和毛泽东同志《党委会的工作方法》的主题开展专题研讨。市委书记夏庆丰主持会议并讲话。

是日，市委召开常委（扩大）会议，传达学习习近平总书记在全国科技创新大会、两院院士大会、中国科协第九次全国代表大会、哲学社会科学工作座谈会上的重要讲话精神，5月20日和6月2日召开的省委常委会议精神，研究铜仁市贯彻落实意见。

7日至8日，全市城市工作会议暨2016年示范小城镇建设推进会召开。会议强调，要认真贯彻落实中央城市工作会议、全省城市工作大会和第四届全省小城镇建设发展大会精神，进一步深化对新型城镇化重要性、紧迫性的认识，顺势而为、乘势而上，推进多山地、多民族、生态型新型城镇化，建设宜居宜业宜游的山水园林城市，打造绿色小镇、活力小镇和美丽乡村，努力走出一条山地特色新型城镇化发展路子。市委书记夏庆丰出席会议并讲话，市委副书记、市长陈晏主持会议。

9日，2016"好彩头杯"中国传统龙舟大赛（贵州·碧江）决赛在碧江区国家AAAA级景区大明边城龙舟基地举行。来自贵州省及湖南、湖北、广东、广西、福建等地共76支男女龙舟队3500余名运动员锦江竞速。省人大常委会原党组书记、副主任肖永安出席活动，市委书记夏庆丰出席并宣布开幕，省体育局局长张玉广出席并讲话，市委副书记、市长陈晏致辞。市人大常委会副主任、碧江区委书记陈代文主持开幕式。

13日，全省工会经费税务代收工作推进会在铜仁召开。

16日，铜仁市举行2016年旅游美食大赛暨"我最喜爱的铜仁美食"网络评选活动，120余支队伍（个人）参与角逐，比赛分为团体赛、农家乐赛、个人赛，认定项目为黔东名菜、名点、名小吃。

18日，由中伟集团、金川集团镍盐公司、湖南杉杉能源科技公司、广西银亿新材料公司、格林美公司、中信国安盟固利电源技术公司、新乡天力能源材料公司、三一环保科技公司、天津茂联科技公司等国内9家新能源行业企业到铜考察，市政府与9家企业代表举行交流洽谈会。市委副书记、市长陈晏出席会议并讲话。双方围绕新能源发展前景、铜仁发展优势、要素保障等进行交流。

20日，铜仁市在铜仁人民会堂举行《中国共产党地方委员会工作条例》学习宣讲会。市委书记夏庆丰出席会议并作主题宣讲。

20日至21日，全省"宣传干部上讲堂"现场推进会在铜仁市江口县召开。省委常委、省委宣传部部长张广智出席会议并作重要讲话，市委书记夏庆丰致辞，省委宣传部副部长、省文明办主任李朝卉主持会议。与会人员观看了铜仁市"宣传干部上讲堂"专题片，江口县、修文县等市县先后作交流发言。会前，与会人员参观了江口县践行社会主义核心价值观成果展，并现场观摩江口县"宣传干部上讲堂"宣讲活动，"宣传干部上讲堂"进企业活动，云舍村流动讲堂活动。

23日至24日，省委常委、省委统战部部长刘晓凯到铜仁市调研，强调要深入贯彻落实习近平总书记对信访工作作出的重要批示和全省维稳信访工作电视电话会议精神，注重分析新情况、研究新矛盾、解决新问题，全面落实领导干部带头包案制度，依法化解信访积案，充分发挥统战和群团部门围绕中心、服务大局的积极作用，更加主动地服务脱贫攻坚大局，全力推进各项工作接地气、见实效。

23日至24日，由省政协副主席孙国强、班程农、李汉宇率领的省政协主席会议视察团到铜仁市视察精准扶贫暨易地扶贫搬迁工作。

24日，市委召开常委（扩大）会议，传达学习贯彻国务院扶贫办和省委、省政府深入学习贯彻习近平总书记关于扶贫开发重要讲话精神及全省第二次大扶贫战略推进大会精神，研究铜仁市贯彻落实意见。

25日，铜仁市举行纪念周逸群烈士诞辰120周年座谈会。省政协副主席班程农出席会议并讲话。中央文献研究室第二编研部副主任、研究员王玉强，市委书记夏庆丰，中国军事科学院战略部研究室原主任、博士生导师、副军级退休干部吴如嵩，湖北省委党史研究室巡视员张帆，周逸群烈士亲属周刚出席会议并发言。省委党史研究室主任杜丹主持会议。市委副书记、市长陈晏等市领导出席会议。市人大常委会副主任、碧江区委书记陈代文致辞。会后，与会人员前往中南门古城周逸群烈士故居陈列馆向周逸群烈士敬献花篮，并参观周逸群烈士陈列馆。

28日，全省建设经济强县工作座谈会和全省同步小康创建达标县巩固提升和基本现代化统计监测培训会在铜仁市召开。省委常委、常务副省长秦如培出席建设经济强县工作座谈会并讲话。市委书记夏庆丰致辞并作建设经济强县工作情况交流，省委副秘书长、省委政研室主任李裴主持会议，省委政研室副主任王瑞军通报全省建设经济强县工作情况。与会人员于会前现场观摩碧江区百丽鞋业、农夫山泉饮料有限公司、好彩头食品、全省同步小康示范村龙江新村和玉屏自治县全省同步小康示范村老寨村、温氏集团云贵公司总部、茶花泉农业示范园区、铁柱山中药材基地等企业和示范点。

7月

2日，全市纪念中国共产党成立95周年暨“两学一做”学习教育专题党课报告会在铜仁人民会堂举行。市委书记夏庆丰出席并发表讲话。市委副书记、市长陈晏主持会议。市领导向全市优秀共产党员、优秀党务工作者和先进基层党组织代表颁奖。会上，30名预备党员进行集中宣誓。思南县塘头镇青杠坝村党支部书记冷朝刚，德江县实验幼儿园党支部书记、园长余春芬，万山区九丰生态农业科技有限公司党支部书记苏庆分别作交流发言。

3日至4日，铜仁市连降大到暴雨，碧江、万山、江口出现区域性特大暴雨，超过200毫米的特大暴雨24站（最大降雨达到377毫米），大暴雨28站，暴雨69站。碧江、万山、江口、玉屏、印江5个区县受灾。灾情发生后，市委书记夏庆丰、市长陈晏等市领导第一时间赶赴现场察看灾情，慰问受灾群众，召开现场调度会，具体安排抢险救灾工作。

4日至5日，受省委、省政府主要领导委托，副省长刘远坤率省发改、国土、民政、水利、公路等部门负责人到铜仁市检查指导抗洪救灾工作，实地察看灾情，看望慰问抗灾一线的干部群众。

6日，铜仁市与全省同步举行2016年第三批重大项目开工仪式，再次拉开全市重大项目建设大幕。此次集中开工61个项目，涵盖交通、水利、教育以及大扶贫、大数据、大健康、大生态、大文化、大旅游等多个领域，总投资723亿元。

9日，铜仁市在贵阳举办《中国·梵净山生态养生指数报告（2016年）》发布会。新华社贵州分社党组书记李银主持发布会，市委副书记、市长陈晏致辞。

10日，2016中国梵净山生态文明与佛教文化论坛在铜仁梵净山隆重开幕，第十一届全国人大常委会副委员长、民革中央原主席周铁农出席开幕式。卢旺达执政党爱国阵线总书记弗朗索瓦·恩加兰贝，政协第十二届全国委员会委员、文史和学习委员会副主任叶小文出席并作演讲，国家宗教事务局副局长蒋坚永出席并讲话，中国公共外交协会副会长张九桓出席并作演讲，贵州省人大常委会副主任李岷、市委书记夏庆丰致辞。瑞中友好协会会长托马斯·瓦格纳夫妇，缅甸、泰国、柬埔寨驻昆明领事馆，马来西亚驻南宁领事馆领事官员，中国佛教协会副会长演觉、永寿大和尚及各地宗教界人士和企业界、新闻界人士出席。

16日，新华社党组书记、社长蔡名照一行到扶贫点石阡县进行考察调研，并听取新华社扶贫工作队、石阡县和铜仁市有关工作情况汇报。在石阡期间，蔡名照一行先后到甘溪仡佬族侗族乡泥山村两户贫困户家中走访慰问，考察中坝温泉小镇等项目建设。市委书记夏庆丰陪同调研，市委副书记、市长陈晏出席工作汇报会。

23日至24日，贵州共青团2016年年中工作交流会在思南县召开。团铜仁市委、团遵义市委、团黔西南州委等作了经验交流发言。会前举办了学习习近平总书记“七一”重要讲话专题讲座，与会人员实地观摩思南民族服装厂、黔青梦工厂、思青之家等。

30日，全国政协常委、贵州省原省长林树森一行到铜仁视察调研。市委书记夏庆丰陪同在寨沙侗寨调研，市委副书记、市长陈晏陪同调研并主持召开座谈会。林树森一行实地视察梵净山、江口寨沙侗寨、云舍等景区景点，详细了解交通带动旅游业发展、旅游促进群众增收致富等情况。

8月

10日，副省长刘远坤到铜仁市松桃自治县调研易地扶贫搬迁工作。

15日，市委召开常委（扩大）会议，传达贯彻省委党的建设工作领导小组会议暨市州领导班子换届工作会议、全省市州领导班子换届考察工作部署会议精神，研究铜仁市贯彻落实意见。市委书记夏庆丰主持会议并讲话，市委副书记、市长陈晏，市人大常委会主任陈达新，市政协主席陈康，市委副书记阳向东及市委、市人大常委会、市政府、市政协其他在铜班子成员参加会议。

16日至17日，省政协副主席蒙启良率省政协人资环委、省经信委、省科技厅、省国资委、省发改委等相关单位负责人一行，到铜仁市开展工业“百千万”工程帮扶调研，并现场办公为企业排忧解难。

17日，市委召开全市领导干部大会，宣布省委关于市委主要领导职务调整的决定：陈昌旭任中共铜仁市委委员、常委、书记；夏庆丰不再担任中共铜仁市委书记、常委、委员职务。省委常委、省委组织部部长孙永春出席会议并作讲话，省委组织部副部长郑德川宣布省委决定。夏庆丰主持会议并讲话，陈昌旭讲话。

是日，全省“脱贫攻坚·党员先锋”先进事迹巡回报告会在铜仁人民会堂举行。5位报告团成员宣讲了黔南州罗甸县沫阳镇麻怀村村委会主任邓迎香，六盘水市钟山区民宗局副局长、大湾镇海嘎村党支部第一书记杨波，贵州大学农学院园艺系副主任、果树研究室主任潘学军，黔东南州黎平县九潮镇九潮村原党支部书记刘善平，黔西南州晴隆县原县委书记姜仕坤的先进事迹。

18日，全省旅游资源大普查现场推进会在铜仁召开。会议由副省长卢雍政主持，副省长黄家培出席会议并讲话，省旅普办主任、省国土资源厅厅长朱立军通报全省旅游资源大普查工作情况，市委书记陈昌旭陪同观摩，市委副书记、市长陈晏出席会议并作交流发言。会前，与会人员观摩了江口县鱼梁溪大峡谷、碧江区坝黄镇温泉和锦江石林普查工作现场。

是日，铜仁市第三届体育运动会在印江自治县隆重开幕。市委书记陈昌旭出席开幕式并宣布开幕，市委副书记、市长陈晏致开幕词，省体育局副局长肖俊致贺词。本届运动会赛事设22个大项和320个小项。全市12个区县(高新区、开发区)、2个市直机关和6所学校共20支代表团、4404名运动员参赛，运动会将产生奖牌960枚（含金、银、铜各320枚）。

是日，省委常委、省委组织部部长孙永春在铜仁市石阡县坪山乡就“两学一做”学习教育、精准扶贫、“四在农家·美丽乡村”建设、农村基层党建和换届等工作进行调研。孙永春实地到调研后，在坪山乡召开座谈会。

22日，由广西壮族自治区政府副主席黄世勇、陕西省政府副省长庄长兴、新疆维吾尔族自治区政府副主席钱智、国土资源部副部长赵龙组成的全国易地扶贫搬迁现场会第四调研组到铜仁观摩考察。副省长黄家培，市委书记陈昌旭，省国土资源厅厅长朱立军，市委副书记、市长陈晏陪同。调研组先后考察调研松桃苗族自治县九江乡易地扶贫搬迁安置点、县城易地扶贫搬迁安置小区，江口县凯德街道及明星村周屯组易地扶贫搬迁项目，实地了解铜仁市易地扶贫搬迁工作推进情况。

30日至9月1日，2016全省“宣传干部上讲堂”交叉观摩组走进铜仁，现场观摩铜仁市街头正能量村头正能量打造、“积德榜”建设和“宣传干部上讲堂”活动开展情况。

9月

1日，市委书记陈昌旭，市委副书记、市长陈晏在铜仁人民会堂会见中国冶金地质总局副局长琚宜太一行，双方围绕生态文明建设、资源勘察开发、智慧城市建设与运营、尾矿与水污染治理等内容进行洽谈。

是日，中央电视台《焦点网谈》节目以《守住好山水过上好日子》为题，报道铜仁市碧江区和平乡如何让山旮旯长出“摇钱树”的故事。

9日至10日，国家邮政局党组书记、局长马军胜、国家邮政局市场监管司司长韩瑞林一行到铜调研邮政业发展情况。

10日至12日，全国政协人口资源环境委员会副主任、中国气候变化事务特别代表、国家发改委原副主任解振华带领全国政协人资环委调研组，就“建立国家公园体制面临的主要问题”到铜进行专题调研。调研组一行实地调研江口县云舍土家民俗文化村、寨沙侗寨、梵净山生态资源等，听取有关情况汇报。

12日，市委副书记、市长陈晏率考察团赴大连民族大学考察学习，并看望慰问铜仁籍学生代表，召开校地合作交流座谈会。大连民族大学党委书记黎树斌主持座谈会。陈晏一行实地考察植物研究院、设计学院、生命科学学院、环境与资源学院、建筑学院、企业运营综合实训中心、大学生创新创业实践教育基地和大学生实训基地，召开校地合作交流座谈会。

13日，贵州省扩大基层妇联组织成员暨妇女之家建设工作推进会在江口县召开。省妇联主席杨玲出席会议并讲话，市委副书记阳向东出席会议并致辞。与会人员实地观摩江口县闵孝镇闵家场村、双江街道双月社区基层妇联组织建设和“妇女之家”阵地建设情况。

20日，全省旅游景区食品安全示范工作现场会在江口县召开。副省长何力出席会议。会议贯彻落实省政府提出“文明在行动·满意在贵州”活动要求，巩固食品安全示范创建成效，建立长效机制，突出抓好景区食品安全。

22日，国务院发展研究中心主任李伟，省委常委、常务副省长秦如培，中国发展研究基金会秘书长卢迈到铜仁市松桃苗族自治县调研。市委书记陈昌旭，省政府发展研究中心主任徐东良陪同调研。

25日，由住建部城建司调研员曹燕进、海南省政府督查室副主任王慧仙组成的国务院督查组到铜仁市督查保障房工作，并与铜仁市进行座谈。市委副书记、市长陈晏出席座谈会并汇报工作情况。

26日，省委常委、省委宣传部部长张广智到德江县桶井乡调研极贫乡镇脱贫攻坚工作。市委书记陈昌旭，省文化厅党组书记、厅长徐静参加调研。

27日，贵州省贯彻落实教育部《中小学校园岗位安全工作指南》进校园暨校园及周边治安综合治理工作现场推进会在铜仁市召开。

28日，市委副书记、市长陈晏会见马来西亚驻华大使扎伊努丁·叶海亚一行。铜仁学院党委书记李树新参加会见。

30日，铜仁市举行玉铜松城际快速干道和“五馆三中心”项目开工仪式。市级图书馆、城市规划展示馆、档案方志馆、博物馆、科技馆、青少年活动中心、妇女儿童活动中心、文化艺术中心等“五馆三中心”项目位于铜仁市碧江新区三寨组团檀木桥片区铜兴大道旁，总用地面积14.70万平方米，总建筑面积33.40万平方米，项目估算总投资11.98亿元。项目由铜仁市梵净山投资有限公司作为业主，采取EPC+政府购买服务模式进行建设。

是日，铜仁市社会各界代表汇聚文笔峰革命烈士纪念碑前举行纪念活动，深切悼念为中国革命和建设事业英勇献身的先烈。

10月

2日至5日，省委常委、省委秘书长刘奇凡到石阡县国荣乡蹲点调研。市委书记陈昌旭，市委副书记、市长陈晏等分别参加调研或座谈会。

4日至7日，省委副书记、省长孙志刚到铜仁市石阡县、印江土家族苗族自治县、思南县、江口县调研。省政府秘书长唐德智，市委书记陈昌旭，市委副书记、市长陈晏和省市有关部门负责人参加调研。

8日，市委书记陈昌旭主持召开市委常委（扩大）会议，传达贯彻省委书记陈敏尔在省委常委会通报赴河北、上海考察学习情况时的重要讲话精神和《赴河北上海学习考察情况报告》，以及省委常委、省委宣传部部长张广智到德江县桶井乡调研时的讲话精神和省委常委、省委秘书长刘奇凡到石阡县国荣乡调研时的讲话精神，研究铜仁市贯彻落实意见。

9日，全省2016年水上交通事故应急救援演练在思南县三桥水域举行。省地方海事航务局局长徐仕江，副市长夏虹，各市州地方海事局相关负责人出席观摩。

9日至11日，省十二届人大代表铜仁团视察铜仁市农旅一体化建设工作，并召开座谈会。省人大常委会原副主任肖永安、唐世礼参加视察并讲话。市委书记陈昌旭出席座谈会并讲话。市委副书记、市长陈晏出席座谈会，市人大常委会主任陈达新参加视察并主持座谈会。

14日，中国共产党铜仁市第一届委员会第十次全体会议在铜仁人民会堂召开，市委委员33人、候补委员7人出席全会。全会由市委常委会主持。市委书记陈昌旭讲话。全会讨论并审议通过《关于召开中国共产党铜仁市第二次代表大会的决议》。

15日，石阡县国荣乡脱贫攻坚誓师大会召开。省委常委、省委秘书长、国荣乡定点包干脱贫攻坚指挥部指挥长刘奇凡，省农科院党委书记、国荣乡定点包干脱贫攻坚指挥部常务副指挥长毛秋生，市委副书记、市长、国荣乡定点包干脱贫攻坚指挥部副指挥长陈晏出席誓师大会。誓师大会由市委常委、常务副市长、石阡县委书记皮贵怀主持。

16日，以“生态、绿色、和谐、发展”为主题的铜仁市第五届旅游产业发展大会暨2016贵州梵净山松桃苗族文化旅游节在松桃苗族自治县九龙湖开幕。省政协副主席陈海峰出席开幕式并讲话，省政协副主席、民建贵州省委主委、省工商联主席李汉宇，省人大常委会原党组副书记、副主任禄智明出席开幕式，市委书记陈昌旭出席并讲话。市委副书记、市长陈晏作旅游资源推介。开幕式上举行了铜仁市第五届旅游产业发展大会暨2016贵州梵净山松桃苗族文化旅游节招商项目签约仪式，签约旅游项目24个，签约总资金52.66亿元。

18日，2016年首届书法文化艺术节(中国·印江)在印江土家族苗族自治县隆重开幕。前国务委员戴秉国致贺信，全国人大常委会委员，省人大常委会原党组书记、副主任，省人大书画院院长龙超云宣布2016首届书法文化艺术节（中国·印江）开幕和印江书法馆开馆，省政协副主席、省政协书画院顾问左定超讲话。中国书法家协会副主席毛国典宣读“严寅亮杯”全国书法作品大赛获奖人员名单，美籍华人、太空科学家吴学超，严寅亮孙女、内科和心血管病专家顾复生等出席。市委书记陈昌旭致辞，市委副书记、市长陈晏主持，市人大常委会主任陈达新，市政协主席陈康等市领导出席开幕式。

19日，江苏省苏州市考察团到铜仁考察座谈并举行捐赠仪式。苏州市委副书记、统战部部长朱民出席座谈会并讲话，市委副书记阳向东致欢迎辞。座谈会上，苏州市向铜仁市捐赠255万元。

20日，贵州省军区宣布铜仁军分区党委第一书记任职大会在铜仁军分区召开，省军区党委书记、政委谢武忠代表省军区党委宣布决定：陈昌旭任铜仁军分区党委委员、常委、第一书记。

是日，全省“无毒害”创建工作现场会在铜仁市石阡县召开。会议传达贯彻落实国家禁毒委“贵阳会议”和“咸宁会议”精神，总结全省“无毒害”创建情况，推广先进典型经验，安排部署下一阶段“无毒害”创建工作。副省长、省禁毒委主任陈鸣明出席会议并讲话。

21日，重庆经济协作区第十八次市长联席会在四川广安市举行，市委常委、副市长牛建国率铜仁市相关部门负责人参加会议，并在大会上携手宣言，铜仁市正式加入重庆经济协作区，以新的开放姿态融入长江经济带和国家“一带一路”大战略。

25日，市委副书记、市长陈晏带队赴北京中科院过程工程研究所和中国冶金地质总局考察对接工作，就加强双方合作事宜展开座谈，并与中国冶金地质总局签署战略合作协议。中国冶金地质总局局长卢进参加座谈和签约仪式。

26日，国家2015—2016年度质量考核组到铜仁实地核查铜仁市质量工作情况，并听取铜仁市情况汇报。省政协副主席班程农、省质监局局长张伟力参加检查指导，市委副书记、市长陈晏汇报铜仁市质量工作情况。

27日，首届全国卫生职业院校“艾迪康杯”检验专业教师检验技能竞赛在铜仁职业技术学院召开。竞赛由全国卫生职业教育教学指导委员会主办，铜仁职业技术学院承办，全国27个省（市、自治区）80所卫生职业院校参赛队伍，217名专家学者参加。

27日至28日，2016中国梵净山黔金丝猴保护策略研讨会在铜仁市召开。来自中国科学院、中山大学、四川大学、贵州师范大学等从事相关研究的12位专家学者在研讨会上共商黔金丝猴保护策略及梵净山申遗事宜。

28日，铜仁市召开大扶贫战略行动推进大会。市委书记陈昌旭，市委副书记、市长陈晏，省扶贫办党组成员、副主任杨小翔出席会议并讲话。

29日，铜仁市智能终端触控显示产业园项目签约仪式在铜举行。铜仁市与深圳市汇中时代科技有限公司、东莞市瑞科特光电有限公司、深圳市桑蒲通信设备有限公司分别签订投资协议。市委副书记、市长陈晏，诚汇通集团有限公司董事长刘建，诚汇通集团有限公司总裁宋厚勇出席签约仪式。

30日，市委召开常委扩大会议，专题传达学习党的十八届六中全会精神和省委常委扩大会议传达学习党的十八届六中全会的部署精神，研究铜仁市贯彻落实意见。

31日，省委召开常委会议,专题听取铜仁市工作汇报，省委书记、省人大常委会主任陈敏尔主持会议并讲话，省委副书记、省长孙志刚出席并讲话，省委副书记、省委政法委书记谌贻琴，省委常委等领导参加会议。

11月

1日至2日，省委常委、省委宣传部部长张广智在德江县桶井乡、枫香溪镇调研，强调要深入学习贯彻落实党的十八届六中全会精神和省委常委会听取铜仁市工作汇报会议精神，念好山字经、做好水文章、打好生态牌，奋力创造绿色发展先行示范区，按照基础先行、重在产业、民生优先的思路，主动作为，勇于担当，不辱使命，奋力决战脱贫攻坚，决胜同步小康。

4日，铜仁市在万山区与全省同步举行大生态项目暨第四批重大项目集中开工仪式。市委副书记、市长陈晏出席开工仪式并讲话，市委常委、副市长范国胜主持开工仪式。此次铜仁市纳入全省集中开工的项目共有25个，总投资89亿元。其中，基础设施建设项目共17个、产业发展项目共5个、生态建设项目共3个。

5日，由中国自行车运动协会、贵州省体育局、铜仁市政府联合主办的中国风景名胜区协会协办的中国自行车联赛贵州·铜仁梵净山站暨2016年环梵净山国际公路自行车邀请赛在碧江区锦江广场举行启动仪式。市委书记陈昌旭宣布活动开幕，市委副书记、市长陈晏致辞。国家体育总局自行车击剑运动管理中心郑若飞等出席活动。来自全国各省市和法国、俄罗斯、德国、印度等国家的800余名山地自行车运动健儿参加比赛。

9日，松桃苗族自治县成立60周年庆祝大会在县文体公园隆重召开。全国人大民委、国家民委发来贺电。原国务委员戴秉国，致公党中央常委、江苏省委主委、江苏省政协副主席麻建国发来贺信。省祝贺团团长、副省长陈鸣明，全国人大民委、国家民委祝贺团团长、国家民委文宣司副司长李志伟，省人大常委会原副主任、省苗学会会长杨光林以及全国人大民委、国家民委祝贺团，贵州省祝贺团，云南省屏边苗族自治县等全国另外4个苗族自治县祝贺团，省内外兄弟县市及铜仁市各区县祝贺团，上级对口帮扶单位等代表出席活动。

9日至11日，贵州省十二届全国人大代表视察团到铜仁市对绿色发展、依法行政、脱贫攻坚等工作进行视察。省人大常委会党组书记、省人大常委会副主任张群山出席座谈会并讲话。市委书记陈昌旭主持座谈会，市委副书记、市长陈晏作工作情况汇报。随后视察团一行到江口县，对铜仁市依法行政工作、旅游产业发展和重大项目建设进行实地视察指导。

10日，在2016年中国·贵州内陆开放型经济实验区跨境投资贸易洽谈会开幕式上，铜仁市与日本双京投资控股有限公司、香港廊桥（中国）投资集团股份有限公司、台湾硕业绿能集团控股有限公司签订3个项目共152.80亿元，涉及新能源装备制造、大旅游、大健康领域。

18日，全省核桃产业暨农村电商精准脱贫现场观摩会在铜仁市德江县召开。省扶贫办党组书记、主任叶韬出席会议并讲话，市委书记陈昌旭参加观摩考察。与会人员现场观摩德江县城北电商扶贫产业园、煎茶镇新场村电商扶贫网点、枫香溪镇核桃扶贫产业服务中心、枫香溪镇先联村核桃产业示范园区，实地了解当地农村电商及扶贫产业发展情况。

19日至21日，2016首届贵州（铜仁）国际天然饮用水博览会在铜仁隆重召开，省委书记、省人大常委会主任陈敏尔专门作出重要批示。

23日，由省政协副主席李汉宇带队的2016年全省第三次项目建设暨易地扶贫搬迁现场观摩督查会第八组到铜仁观摩，指导铜仁市易地扶贫搬迁项目建设工作。观摩组一行先后实地观摩松桃苗族自治县松江国际、九龙湖、江口县凯德街道周屯易地扶贫搬迁安置点，了解易地扶贫搬迁便民服务中心运行情况，观看“扶贫云”系统操作演示。

24日，2016中国（广州）国际茶业博览会开幕，铜仁市石阡县茗泉茶厂、贵州印江土家族苗族自治县宏源农业综合开发有限公司、沿河土家族自治县千年古茶有限公司、贵州梵锦茶业有限公司等10家茶企参展，现场销售茶叶100余公斤，宣传推介3万人次，达成合作意向30余个。

24日至26日，由孟加拉国工人党中央委员会总书记、国会议员法兹勒·侯赛因·巴德沙，尼泊尔共产党（联合马列）中央委员会委员、大区负责人、国会议员巴伊贾纳特·乔杜里·塔鲁，印度共产党（马克思主义）中央书记处书记乔根德拉·夏尔马，斯里兰卡人民联合阵线政治局委员、中央委员、中央助理书记，该党乌瓦省巴杜勒地区主要召集人阿苏鲁辛哈·维杰辛哈等组成的19人南亚左翼政党干部访问团到铜考察交流。访问团一行先后到梵净山景区、寨沙侗寨、九丰农业园、铜仁职院考察。

28日，全省留守儿童困境儿童关爱救助保护工作第二次现场观摩暨“合力监护、相伴成长”专项行动推进会在铜仁市召开。副省长、省留守儿童困境儿童关爱救助保护工作领导小组组长陈鸣明出席并讲话，省民政厅厅长、省留守儿童困境儿童关爱救助保护工作领导小组副组长罗宁对2016年“合力监护、相伴成长”专项行动作工作安排，市委书记陈昌旭出席，市委副书记、市长陈晏致辞，省政府副秘书长樊新中主持会议。

12月

1日，铜仁市第三届见义勇为表彰大会在铜仁人民会堂召开。市委常委、市委政法委书记、市公安局局长张涛主持会议。会议对铜仁市见义勇为先进个人、见义勇为模范群体进行表彰。

是日，2016年贵州省科技信息服务企业暨企业（园区）科协工作总结会在铜仁市召开。

2日，省委第七巡视组召开对铜仁市“回头看”巡视工作动员会。省委第七巡视组组长陈珂就即将开展的“回头看”巡视工作讲话，省委巡视办副主任范省伟传达省委书记陈敏尔在书记专题会上听取巡视工作情况汇报时的讲话精神，并就做好巡视工作提出要求。市委书记陈昌旭主持会议并作表态发言。

3日至4日，中国共产党铜仁市第一届委员会第十一次全体会议在碧江举行。市委委员37人、候补委员8人出席全会。全会深入学习贯彻党的十八届六中全会和省委十一届七次、八次全会精神，部署全面从严治党和创建绿色发展先行示范区工作，听取和讨论陈昌旭代表市委常委会所作的工作报告和市委副书记、市长陈晏就《中共铜仁市委铜仁市人民政府关于奋力创建绿色发展先行示范区的意见（讨论稿）》作的说明，审议通过《中共铜仁市委铜仁市人民政府关于奋力创建绿色发展先行示范区的意见》。

9日，中国幸福之旅旅游联合体十五届（贵州·铜仁）年会暨铜仁旅游资源推介会在铜仁市召开。市人大常委会副主任王开禄出席并致辞，中国幸福之旅旅游联合体名誉会长王立生、会长陈晓飞出席会议。来自全国30余个省区市的中国幸福之旅旅游联合体的112名会员，市部分A级景区、旅行社负责人，各区县旅游部门相关人员参加会议。

11日至12日，省政协副主席、民建贵州省委主委、省工商联主席李汉宇率领省政协调研组到铜仁市就住铜省政协委员履职服务管理工作开展调研并组织座谈。市委书记陈昌旭主持座谈会并讲话。省政协委员、市政协党组书记、市政协主席陈康汇报工作情况。

19日，中国共产党铜仁市第一届委员会第十二次全体会议在铜仁人民会堂召开，审议通过市委书记陈昌旭代表中共铜仁市第一届委员会作的报告（草案）、第一届市纪委工作报告（草案），投票确定54名出席省第十二次代表大会代表预备人选，审议通过中国共产党铜仁市第二届市委委员、候补委员，市纪委委员候选人建议名单，审议通过《中国共产党铜仁市第一届委员会第十二次全体会议决议（草案）》。

是日，全省学生营养改善计划工作推进会在思南县举行。副省长陈鸣明出席并讲话。铜仁市委副书记、市长陈晏致辞，省教育厅党组书记、厅长王凤友通报全省农村义务教育和学前教育营养改善计划实施情况。与会人员共同观看了思南县实施学生营养改善计划的工作专题片，省直相关部门、各市（州）政府分管负责人进行交流发言。会前与会人员现场观摩思南县教育综合服务指挥中心、唐乔初级中学、尧民小学、塘头镇第二幼儿园，实地了解当地学生营养餐改善情况。

22日，中国共产党铜仁市第二次代表大会在铜仁人民会堂开幕。市委书记陈昌旭代表中国共产党铜仁市第一届委员会，向大会作出题为《奋力创建绿色发展先行示范区阔步迈向社会主义生态文明新时代》的报告。

24日，中国共产党铜仁市第二届纪律检查委员会第一次全体会议召开。会议选举产生二届市纪委常委、书记、副书记，选举结果提请中国共产党铜仁市第二届委员会第一次全体会议通过。

铜仁市概况

自然地理

铜仁市地处贵州省东北部，西、南境与本省遵义、黔东南两市（州）交界，东、北境与湖南、重庆两省（市）接壤，位于北纬27°07′～29°05′，东经107°46′～109°25′，东西长171千米，南北宽219千米，行政区域总面积18003平方千米。

【地貌形态】铜仁市处于云贵高原向湘西丘陵过渡的斜坡地带，海拔在500～1000米之间。最高海拔为武陵山脉主峰梵净山巅东南面的凤凰山2572米，最低海拔为东部碧江区境的下施滩205米。武陵山脉横陈市境中部，形成东西境域两种不同的地貌特征。武陵山脉以东呈低山丘陵地貌，地势连绵起伏，相对高差较小，高差在200米左右。武陵山脉以西是岩溶山原地貌，多为深切峡谷，悬崖陡壁，最大切割深达500～700米，远离河谷的山原，地面高差在300米左右。全境以山地为主，由于岩溶化的碳酸盐岩地层出露面积大，各区县都有不同面积和不同规模的岩溶地貌发育，其溶沟密布，石芽丛生，石林、峰丛、峡谷、洼地、溶洞、漏斗、暗河等非常普遍。特殊的地貌特征，形成了千姿百态的自然风光，极具旅游观光价值。

【气候特征】铜仁市属中亚热带季风湿润气候区，其基本气候特征为春温多变，绵雨较多；夏季炎热，光照充足；秋温速降，多阴多雨；冬少严寒，无霜期长。年平均气温16℃左右；最冷月为1月，平均气温2℃～6℃；最热月为7月，平均气温24℃～28℃。境内在相同高度比较下，西部气温高于东部。境内降雨充沛，年平均降雨量为1100～1400毫米，集中于4～8月，占全年平均降雨量的60%～65%。全年日照数为1250小时，太阳总辐射值为3266.7～3735.2兆焦/平方米。年均无霜期为290余天。境内由于地形复杂，各地海拔高程悬殊，地貌类型多样，因此气候的立体分布特征十分明显，有“一山有四季，十里不同天”的气候特征。这种气候状态，给农业的立体开发、综合发展、多种经营提供了有利的气候环境。但由于同一地带的海拔高程悬殊，气候的垂直变化较频繁，加上季风强弱及其进退时间在各年差异不同，气象的年际间变化也很大，因而自然灾害较多。

【水文条件】市境降水充沛，江河密布，是全省水文条件较好的地区。境内河流以梵净山至佛顶山山脉为分水岭，分属两大水系，东以锦江流域为主的沅江水系，西为乌江水系。全市总长达10千米以上、流域面积大于20平方千米的河流有221条。由于受地形地貌影响，境内降雨类型基本是地形雨，东部为降水高值区，常年降水量在1300毫米以上；西部为降水低值区，常年降水量基本在1200毫米以下。同时因地质和地表植被影响，东部浅层地下水较多，河流水源补给稳定；西部地下水多在深层伏流，加上森林植被条件差，因而地表和地下水的径流条件不及东部。由于河流比降大，水流速度快，常有暴涨暴落现象，容易对水利灌溉和水运事业造成灾害。

【土壤状况】铜仁市属中亚热带红壤地带，但由于地处云贵高原向湘西丘陵过渡的斜坡面，生物气候具有明显的过渡性特征，因此过渡类型土壤——黄红壤也有分布，黄壤分布更广。主要土壤类别有红壤、黄壤、石灰土、水稻土等8个土类，16个亚类，47个土属，161个土种。多样的土壤类型为农业的多种经营提供了土壤条件；但普遍存在着不同程度的水土流失，土层薄，熟化程度不高，具有“冷、烂、锈、黏、酸、瘦”的特性，对现代农业生产极为不利。

【植被类型】境内植被种类繁多，主要由中亚热带植物组成。在区域分布上，由于土壤气候的差异，植被区系成分明显不同：梵净山以东主要有中湿性常绿阔叶、针叶林等类型，代表树种有油茶、樟、马尾松等；中部是境内植被保存最完好的区域，主要有湿润性常绿阔叶、针叶林等类型，代表树种有甜槠、烤树、楠木等，同时在梵净山还有珙桐、紫薇、冷杉等珍稀树种生长；梵净山以西主要有中生性常绿阔叶、针叶林等类型，代表树种主要有柑橘、柏木、李子、乌桕等。良好的植被为人们的生产、生活提供了良好的生态环境。2016年，全市森林覆盖率达59%。

（瞿政平）

自然资源

铜仁市处于武陵山脉西段，地质地貌复杂，地势起伏较大，地下与地面组成物质均呈纷繁多样的特点。

【土地资源】全市拥有土地总面积18003平方千米。耕地主要分布于河谷阶地、低山河谷，低山丘陵或剥夷面、低中山山脚、山腰及山谷盆地和断陷盆地等地面。从土地利用的分布状况来看，土地资源开发潜力较大，可以实行林、果药、茶、桑、畜等综合开发。天然草地具有发展畜牧养殖业的天然优势。抓好非耕地资源的合理开发和利用，不仅可以改善农业的生态环境，而且可以大大改善农业生产结构，提高土地利用率，使之成为全区经济的增长点。

【矿产资源】铜仁市成矿地质条件良好，矿藏丰富，已发现矿产59种，其中金属矿产有：汞、锰、金、银、钨、锡、铜、铁、铅、锌、钒、钼、铂、镍、镁、铌钽、碲、硒、镉、镓、锗、钴，共22种；能源矿产有：煤、铀、地下热水，共3种；非金属矿产有：石灰石、白云石、重晶石、方解石、硅石、萤石、石煤、长石、磷、硫铁、碧玉石、花岗岩、大理石、黑滑石、石膏、石棉、紫袍玉带石、辉绿岩、脉石英、水晶石、石英砂、页岩、板岩、砂岩、水泥用粗面岩、建设用砂、含钾页岩、毒砂、陶瓷用高岭土、砖瓦用黏土、砷、水泥用黏土，共32种；水气矿产有：地下水、矿泉水，共2种。汞矿和锰矿储量最为丰富，是境内驰名中外、最具特色的优势矿产。汞矿主要分布于万山、碧江、松桃等县（区）。锰矿集中分布于松桃、碧江等县（区），已探明的远景储量12000万吨，工业储量为6000万吨，仅探明储量则位居全国第三位，且含锰品位高达17%～25%。此外，储量较大的还有：煤矿，主要分布于沿河、思南、德江、石阡、印江等县，已探明C+D+E级储量达3亿吨。铁矿，主要分布于石阡、沿河、德江、印江、江口等县，已探明的储量共达7249万吨。磷矿，主要分布于松桃、碧江、沿河等县（市），总储量为400万吨。此外，有色金属、稀有金属钨、锡、钼、钡、硒、钽和稀土矿产也多有分布。其中，硫铁矿储量为22873万吨，硫铁矿，主要分布在德江、沿河、思南、印江、石阡等地。重晶石储量为980万吨，含钾岩矿储量为35亿吨，主要分布于碧江区、万山区。白云石矿储量上亿吨，磷矿石储量3700万吨，萤石储量115万吨。地下热水，主要分布在石阡境内，总流量为58.45～62.4升/秒。

【水资源】境内降雨量充沛，多年平均水资源总量为125.21亿立方米左右，其中，地下水资源量为29.24亿立方米，人均拥有水资源量4018立方米。在水能方面，由于各条河流河源地势较高，河流比降大，全市水能资源较为丰富，拥有水能资源理论蕴藏量326.15万千瓦，是全国平均水平的1.5倍，全市可开发量达262万千瓦。

【生物资源】铜仁市由于光、热、水、土资源丰富，地形地貌适宜，为多种生物的共生繁殖提供了良好的自然条件。境内植物资源主要有森林、草丛、药用植物、农作物品种和果树品种植物5大类；动物资源主要有畜禽品种、水生动物、野生动物3大类。

【植物资源】一是森林资源。共有树种627种，分属89科，283属，以用材林和经济林为主，薪炭林、防护林、竹林、特用林所占比重较小。在森林树种中有不少列为国家珍稀濒危保护植物，其中列为国家一级重点保护的有珙桐、紫薇；列为二级重点保护的有钟萼木、连香树、鹅掌楸；列为三级重点保护的有穗花杉、金杉槭、厚朴、凹叶厚朴、花榈木、楠木、白辛树、丽江铁杉、华铁杉、苌苞铁杉等。珍稀树种大多数集中在梵净山自然保护区。二是草种资源。境内天然牧草大体可分为6大类，共计160种，即禾本科牧草类74种，豆科牧草类16种，杂草类38种，水生青科类3种，饲树类4种，饲用藤灌木类25种。三是药材品种资源。境内有药用植物500种以上，已考察准确的高等药作植物有100科，227属，413种。其中有清热解毒植物药96种；止咳、祛痰、平喘植物药44种；止血植物药43种；祛风除湿、舒筋活血植物药60种；补中益气，散寒解表植物药33种；其他功能的植物药95种。此外，在省内外都畅销的民间常用植物药有珠子参、雪里见、蛇莲、八爪金龙、穿心莲，以及小蘖属、十大功劳属植物等。产量较大的植物药有莫茱萸、杜仲、厚补、黄柏、五倍子、金银花、瓜蒌、射干、半夏、天麻等。境内大型真菌也很丰富，蕴藏有33科、77属、151种。其中竹黄、灵芝、茯苓、乌勃等21种可作药用。含抗癌物质或有抗癌作用的有采绒草盖菌、菱红菇等12种。还有香菇、木耳、松乳菇等30种，是城乡居民广为喜爱的美味山珍。四是农作植物品种资源。栽培植物主要有粮食作物、油料作物，以及其他经济作物和蔬菜，共计812个地方品种，其中粮食作物主要有水稻、玉米，以及薯类、麦类、豆类、杂粮等594个品种；油料作物主要有油菜、花生等11个品种。其他经济作物主要有烟草、青麻、向日葵、茶叶、蚕桑等53个品种；蔬菜主要有叶菜类、根菜类、茄果类、甘蓝类、鳞茎类、水生菜类、瓜类、野生菜类等13类，154个品种。五是果树品种资源，境内栽培水果主要有柑橘、橙、柚、桃、李、梨、杏、柿、枣、苹果、葡萄、板栗、枇杷等。境内各山区还盛产猕猴桃、刺梨、红籽、八月瓜等多种营养丰富的野生果品。近年来，人工栽培猕猴逐渐普及。

【动物资源】一是畜、禽品种资源。家畜以猪、牛、羊、狗为主，也有少量马、驴、兔等饲养。家禽以鸡、鸭为主，也有少量的鹅、鸽饲养。近年来，开始有人注重山鸡、蓝孔雀等野禽、珍禽饲养。二是水生动物资源。境内水生动物以鱼类最广，共有5目16科93种，种属最多的有鲤科、鲍科、鳍科。近年来，开始了人工繁殖鳝鱼。除鱼类外，还有两栖动物大鲵、青蛙等；有爬行动物鳖、龟等；有软体动物蚌、螺等；有节肢动物日本沼虾、秀丽白虾等。大鲵被称为世界“山水之珍”，属国家二类保护动物，本区是主要产区，境内各县均有分布，以梵净山及其周围最多。鳖又名“甲鱼”“团鱼”，是高级滋补动物，肉质鲜嫩清香，其甲可入药，主治阴虚、痨热不蒸、症聚积等症，境内各溪河、塘库和沼泽等水域均有，是鳖的丰产区。三是野生动物资源。境内共有各类野生动物400余种，其中兽类动物约60余种，有列为国家一类保护动物的黔金丝猴、黑叶猴；有列为国家二类保护动物的熊猴、红面猴；有列为国家三类保护动物的林麝、毛冠鹿和穿山甲。黔金猴又叫灰金丝猴、白肩仰鼻猴，在世界上仅分布于本区梵净山，是非常珍贵的濒危物种；黑叶猴主要分布于本区麻阳河国家级自然保护区。境内两栖动物分属2目8种11属，大约40余种，珍稀两栖动物除大鲵外还有尾斑瘰螈、大绿蛙、合征姬蛙、棘指角蟾等4种。爬行动物分属3目8科23属，约50余种，其中蛇目有32种，毒蛇有7种，有较高药用价值和食用价值的13种。境内鸟类动物分属16目35科约200余种，其中留鸟类、夏候鸟类等繁殖鸟约占65%，冬候鸟类、旅鸟类等非繁殖鸟约占35%，被列为国家保护的珍稀鸟类有鸳鸯、红腹角雉、白冠长尾雉和红腹锦鸡等4种。鸳鸯通常在北方繁殖，然而境内梵净山亦有鸳鸯繁殖，更显现出铜仁市自然环境的特殊魅力。（瞿政平）

旅游资源

铜仁市地处武陵山脉，地形多样，地貌独特，峰峦叠翠，溪河交错，林丰草茂，气候宜人，加上历史悠久，民俗古朴，地方民族文化颇具特色，留存多处革命遗址，自然和人文景观触目皆是。

【自然景观】境内岩溶地貌发育，形成了以岩溶景观主要特色的自然风光。奇山、异石、溶洞、暗河随处可见，共有自然风景名胜40多处。武陵山的主峰梵净山，堪称“武陵之源，名岳之宗，地球和人类之宝”，它有10多亿年前的古老地层，有冰川时期大自然留下的奇迹，有地球上同纬度保存最完好、最典型的原始森林，被列为国家级自然保护区，被联合国教科文组织列为全球“人与生物圈”保护区网的成员单位。梵净山的姊妹山——佛顶山，位于市内石阡县南境，山势俊秀，森林茂密，奇峰罗列，其主峰海拔高达1869.3米，珍稀动植物名目繁多，是境内又一引人入胜的名山。麻阳河国家级自然保护区，植被保存完好，野生动植物资源丰富，以黑叶猴为主的国家一、二类保护动物有37种，有南方红豆杉、银杏等国家重点保护植物12种，被誉为地球上少有的几个动植物“基因库”之一。保护区内集峰丛、陡崖、溶洞为一体，富有奇、险、幽、静等绝妙景观，是生态旅游一块圣地。境内溶洞遍布各地，较大的溶洞有20多处。铜仁市九龙洞洞深1700米，最高处50多米，总面积达3.48万平方米，分2层8厅，以雄、奇、险、静而著称，被贵州省列为第一批“十大风景区”，2004年1月被定为国家级风景名胜区。思南石林，形态各异，柱状、剑状、塔状、锥状交相映趣，各具其妙，出露面积达4.9平方千米，是中国同纬度保存最完整、出露面积最大的连片喀斯特石林。同时，境内地热资源丰富，出露的温泉有33处，其中石阡城南温泉清澈透明，水温终年保持在45℃左右，流量为10.4升/秒，具有“久晴不涸，久雨不涨，四时如一”的特点，在明万历年间即已开发，距今已达400多年的历史，是国内最古老的温泉之一。迄今，仅在石阡境内即发现地热矿泉13处，共19个出露点。2009年，国务院批准石阡温泉群为国家级温泉群风景名胜区，同时被中国矿业联合会命名为“中国温泉之乡”。此外，西部绝壁叠嶂的乌江，穿插于境内5个大峡谷，形成了200多里的天然山峡长廊；东部碧波荡漾的锦江，两岸奇峰林立，峭壁嵌绿，构成了一幅“清水出芙蓉，天然去雕饰”的十里锦帛画廊。2009年3月在亚太环境保护协会中国委员会、香港中国城市研究院、中华口碑中心等联合举办的第三届中华100大生态亲水美景口碑金榜评选活动中，“十里锦江城市天然水体景观”位居“2009中华十大生态亲水美景”第四名。

【人文景观】境内有文物古迹128处，其中古遗址4处，古墓及历史人物墓葬29处，古建筑及历史纪念建筑物64处，石刻石碑32处，还有至今保存完好的明代古尸等等，一一记录了铜仁市悠久的历史。铜仁市是全省唯一的革命老区，有革命遗址、烈士故居和革命纪念建筑物共80余处，其中红军早期革命将领周逸群烈士故居、中共中央湘鄂西分局枫香溪会议会址、黔东特区革命委员会旧址、中国工农红军二六军团木黄会师旧址、石阡会议会址等为省级重点文物保护单位。红色旅游资源极具品位。本市属多民族杂居地区，在悠久的历史发展中，创造并流传着多姿多彩而古老的民族文化和民族风情。民间经久不衰而一直沿袭下来的傩堂戏，是从一种古老的崇拜祖先，驱逐鬼疫的宗教祭祀活动演化而成，堪称“戏剧活化石”；境内的傩戏博物馆是世界唯一的傩文化博物馆，其傩戏面具、服饰、唱本以及各处法器，可供有关专家考察和研究。民间有过年、元宵、社日，以及端午、四月八、六月六、七月半传统节日，都有浓厚而独特的民间习俗，汇集成丰富多彩的民族风情，为旅游观光增添了无穷的情趣。（瞿政平）

建置沿革

早在商周时期，境内已形成氏族部落，属巴人、濮人势力范围。春秋时期，西部和北部属巴国南境，东部和南部大部分范围属濮人的势力范围，称荆州西南裔，泛称南蛮或荆蛮。春秋后期至战国初期，境内大部属楚，并置黔中郡所辖。战国后期，黔中郡为秦所控制。西南地区夜郎王国和鳖国兴起后，今境南部属夜郎，西北部属鳖国。秦统一中国后，今境全部“纳入职方”，大部属黔中郡；西南局部属象郡，石阡境始有建置夜郎县。成为今贵州省境归属中央行政区划最早的一块版图。也由此为后来贵州建省称“黔”结下了历史渊源。

在随后的历史变迁中，汉时其东北大部属武陵郡，隶于荆州；西南局部分属巴郡和牂牁郡。三国时思南、德江境曾设万宁县，沿河境设汉复县；东边境仍属武陵郡。晋至南齐未见多大建置变化。梁武帝至隋朝，东南部属夜郎郡，并于今玉屏、石阡境置夜郎县，原铜仁市境置静人县，后撤静人县改属辰溪县，隶于沅陵郡；中部置南阳郡；西部属涪陵郡。

盛唐时期改郡设州，今境分置或归属为黔、思、锦、叙、奖、费、夷七个经制州，亦称正州，为中央王朝直接管辖，封建地主经济相对成熟。随后受制于整个大西南落后经济的影响，便又降为羁縻州。宋时，东属沅州，西属思州，西北角属绍庆府。元时继唐宋“羁縻州制”实行“土司制”，先为思州土司一统天下，置新军万户府，旋改思州军民安抚司，再改军民宣抚司，今境东西两部第一次出现统一。

元顺帝时期，思州军民宣抚司所属镇远州归顺大夏政权，建思南道都元帅府，旋改思南宣慰司，由此今境分思州地为思州、思南两宣慰司。至明永乐初，思南宣慰司辖17个长官司，思州宣慰司辖22个长官司。

明永乐十一年（1413年）“两思”田氏土司为争施溪、黄道溪与大万山边界砂坑，积久成怨，朝廷屡禁不止，导致撤两宣慰司设铜仁、思南、石阡、乌罗府，共辖5县、10长官司。在西南地区率先改土设流，并促成贵州建省，为贵州省的形成与发展、为国家政治制度的进一步统一演绎了极其重要的一幕历史。

明正统三年（1438年）废乌罗府，其大部并入铜仁府，局部并入思南府。是时，铜仁府辖铜仁县和省溪、乌罗、提溪、大万山、平头著可5长官司；思南府辖安化（驻府郭）、印江、务川3县和沿河祐溪、郎溪蛮夷2长官司；石阡府辖石阡、葛彰葛商、西北苗民3长官司和龙泉县（仅凤冈县）。今玉屏自治县、万山特区南部属思州府（治所今岑巩县）所辖。

清代，曾于雍正五年（1727年）割湖广平溪卫建玉屏县，隶属思州府。雍正八年（1730年）置松桃厅。嘉庆二年（1797年）升为直隶厅，领1卫1吏目14汛。道光十二年（1832年）今境内共设有3府、1直隶厅、6县，另加1县丞，1吏目。即铜仁府：领铜仁县、正大营县丞、省溪吏目；石阡府：领龙泉县；思南府：领安化、印江、务川县；松桃直隶厅；玉屏县（隶于思州府）。光绪六年（1880年），铜仁县移驻大江口省溪吏目驻地，并将省溪吏目改驻大万山。光绪六年（1880年），安化县署由思南移驻大堡（今德江县）。

民国元年（1912年）撤铜仁县（治所今江口县）并入铜仁府（治所今铜仁城）。民国2年（1913年）改铜仁府为铜仁县（治所今铜仁城），与此同时，改思南府为思南县，改石阡府为石阡县，改松桃直隶厅为松桃县。另外恢复原铜仁县（治所今江口县）改名江口县，安化县改名德江县，以原思南府沿河祐溪吏目驻地设沿河县，以原铜仁府省溪吏目设省溪县（原万山特区）。玉屏县、印江县建置不变。民国3年（1914年），以铜仁县正大营县丞驻地设正大营分县，隶属松桃县兼管；以原四十八溪主簿驻地设四十八溪（今甘龙口）分县，隶属松桃县兼管。民国24年（1935年）6月，经国民政府军事委员会委员长行营核准，在贵州省建立11个行政督察区。其中第六行政督察区专员公署驻思南，辖思南、德江、印江、沿河、石阡等县；第九行政督察区专员公署驻铜仁，辖铜仁、江口、松桃、玉屏、省溪等县。民国25年（1936年）1月，正大营分县并入铜仁县，甘龙口分县并入松桃县。同年3月，全省缩编为8个督察区，原第六、第九行政督察区合并为第六督察区，专员公署驻铜仁，辖铜仁、江口、松桃、玉屏、石阡、省溪、思南、德江、印江、沿河、后坪（治所今沿河县后坪乡）11县。民国26年（1937年）11月，督察区重新设置，德江、后坪2县划属第五督察区（治所今遵义市），其余9县隶属第一督察区（治所今镇远县）。民国30年（1941年），撤省溪县，辖地分别并入铜仁、玉屏2县；撤后坪县，辖地分别并入沿河、务川2县。民国32年（1943年）2月，全省改设6个行政督察区。第六督察区专员公署驻铜仁，辖铜仁、江口、玉屏、松桃、印江、石阡、思南、德江、沿河9县。至此，境内行政区域基本固定，建置相对稳定。

1949年11月至12月，境内各县相继解放，其行政建制仍沿袭民国时期行政区划设置，铜仁区辖铜仁、玉屏、松桃、江口、印江、石阡、思南、德江、沿河9县，专员公署为省人民政府行政派出机关，驻铜仁县。

1956年9月，撤销松桃县，设立松桃苗族自治县。

1958年12月，在“一大二公”思想指导下，撤销玉屏、江口二县，并入铜仁县。此时，各县辖区撤乡建人民公社。1961年8月，在总结“大跃进”和人民公社化运动的失误之后，贯彻“调整”方针，恢复玉屏、江口两县。

1966年12月，为强化汞矿区管理，分玉屏高楼坪、黄道、新庄和铜仁敖寨等4个公社设立万山特区。其间，万山特区曾经历1968年9月一次撤销，随之于1970年8月按原行政区域和建制恢复。

1967年2月7日，铜仁“文化大革命”造反派夺权，由此先后建立过几种形式的“铜仁地区革命委员会”。此时“专区”行政建制“法定”称谓未变，但同级“革命委员会”使用了“地区”这一行政建制称谓；同时“地区革委”和“地区革委核心小组”分别取代了专署和地委。1970年，全国统一改“专区”为“地区”，这是本行政区域在法定意义上正式改用“地区”建制称谓之始。

中共十一届三中全会以后，通过拨乱反正，于1979年取消各级革命委员会，建立各级人民政府。是年1月，根据省革委黔发〔1978〕157号文，铜仁地区建制基础上的“革命委员会”改称行政公署，作为贵州省人民政府行政派出机关的铜仁地区行政公署（简称“行署”）至此开始，行政公署驻铜仁县，下辖铜仁县、江口县、印江县、石阡县、思南县、德江县、沿河县、玉屏县、松桃苗族自治县、万山特区，共8县1自治县1特区。下面分设69个区，作为县（自治县、特区）派出机构，设置7个区级镇，下辖411个公社。2011年10月22日，国务院批复撤销铜仁地区设立地级铜仁市；是年底，以新建铜仁市首届中共代表大会和人民代表大会选举产生铜仁市首届党政领导机构为标志，完成“撤地设市”任务，实现新旧建制更替。是时，铜仁市人民政府驻碧江区，下辖江口县、石阡县、思南县、德江县、玉屏侗族自治县、印江土家族苗族自治县、沿河土家族自治县、松桃苗族自治县和碧江区、万山区。

在现代化建设新时期，境内县乡建制变动情况有：1983年9月撤销玉屏县，建立玉屏侗族自治县；1986年10月撤销沿河县，设立沿河土家族自治县；1986年12月撤销印江县，设立印江土家族苗族自治县；1987年8月撤销铜仁县，设立铜仁市。以上各自治县、市等仍辖原行政区域。乡级建制变动情况有：1984年1月将人民公社改为乡人民政府，通过建乡建镇调整，境内设60个区、10个区级镇，区（镇）下辖369个乡、21个乡级镇、4个民族乡。1987年全面落实民族政策，新建民族乡79个，全区60个区、10个区级镇，下辖315个乡、22个乡级镇、83个民族乡。1991年，开展建镇并乡撤区，自此乡级建置为39个乡、56个民族乡、69个镇、4个街道办事处。2006年8月，铜仁城拓展东城区建立灯塔街道办事处，乡级街道办事处增加到5个。2011年1月5日，贵州省人民政府批复，将铜仁市谢桥街道办事处及其所辖谢桥、唐家寨、楚溪、龙门坳、石竹、瓦屋坪6个村和谢桥社区居委会划归万山特区管辖；谢桥街道办事处大坳村划归铜仁市环北街道管辖。2011年完成“撤地设市”后，城镇化建设步伐加快。2012年至2015年期间，省政府先后多次批复同意撤销部分镇、乡、民族乡，另设立部分街道办事处和镇。

2016年底，铜仁市辖江口县、石阡县、思南县、德江县、玉屏侗族自治县、印江土家族苗族自治县、沿河土家族自治县、松桃苗族自治县和碧江区、万山区，共175个乡级建制单位，其中11个乡，38个民族乡，95个镇，31个街道办事处。

附一：

2016年年底铜仁市行政区划一览表

县、区	所辖乡、镇、办事处及政府驻地
碧江区 （辖5个民族乡、3个镇、5个街道办事处，区人民政府驻川硐）	市中街道办事处（驻下南门）、河西街道办事处（驻凉水井）、环北街道办事处（驻北关）、灯塔街道办事处（驻灯塔）、川硐街道（驻川硐）、漾头镇（驻漾头）、坝黄镇（驻龙井）、云场坪镇（驻云场坪）、瓦屋侗族乡（驻瓦屋）、和平土家族侗族乡（驻和平）、六龙山侗族土家族乡（驻瓮墁）、桐木坪侗族乡（驻桐木坪）、滑石侗族苗族土家族乡（驻滑石）
万山区 （辖6个民族乡、1个镇，3个街道办事处，区人民政府驻谢桥）	谢桥街道办事处（驻谢桥）、仁山街道办事处（驻唐家寨）、茶店街道办事处（驻茶店）、万山镇（驻老街）、高楼坪侗族乡（驻高楼坪）、黄道侗族乡（驻黄道）、敖寨侗族乡（驻敖寨）、下溪侗族乡（驻下溪）、鱼塘侗族苗族乡（驻鱼塘）、大坪侗族土家族苗族乡（驻大坪）
江口县 （辖2个民族乡、6个镇，2个街道办事处，县政府驻双江）	双江街道办事处（驻磨湾村）、凯德街道办事处（驻金钟村）、闵孝镇（驻哨上）、太平镇（驻太平）、民和镇（驻民和）、坝盘镇（驻坝盘）、桃映镇（驻桃映）、怒溪镇（驻怒溪）、德旺土家族苗族乡（驻德旺）、官和侗族土家族苗族乡（驻官和）
玉屏侗族自治县 （辖1个乡、4个镇，2个街道，县人民政府驻平溪）	平溪街道（驻皂角坪村）、皂角坪街道（驻皂角坪）、大龙镇（驻大龙堡）、田坪镇（驻田坪）、朱家场镇（驻朱家场）、新店镇（驻新店）、亚鱼乡（驻亚鱼）
松桃苗族自治县 （辖6个乡、17个镇，5个街道办事处，自治县人民政府驻蓼皋）	蓼皋街道办事处（驻坪块社区）、大兴街道办事处（驻大兴）、九江街道办事处（驻炮里）、世昌街道办事处（驻道水）、太平营街道办事处（驻太平）、盘石镇（驻臭脑）、盘信镇（驻盘信）、大坪场镇（驻大坪场）、普觉镇（驻普觉）、寨英镇（驻寨英）、孟溪镇（驻孟溪）、乌罗镇（驻乌罗）、甘龙镇（驻甘龙）、迓驾镇（驻迓驾）、长兴堡镇（驻长兴堡）、牛郎镇（驻牛郎）、正大镇（驻正大营）、平头镇（驻平头司）、大路镇（驻大路）、冷水溪镇（驻冷水溪）、木树镇（驻木树）、黄板镇（驻黄板）、长坪乡（驻务旮）、妙隘乡（驻妙隘）、石梁乡（驻石梁）、永安乡（驻永安）、瓦溪乡（驻大坳）、沙坝河乡（驻沙坝）
石阡县 （辖3个街道、6个镇、1个乡、9个民族乡，县人民政府驻汤山）	汤山街道（驻万寿）、泉都街道（大关）、中坝街道（驻中魁）、龙塘镇（驻龙塘）、花桥镇（驻花桥）、五德镇（驻五德）、白沙镇（驻白沙）、本庄镇（驻本庄）、河坝镇（驻河坝场）、龙井仡佬族侗族乡（驻龙井）、石固仡佬族侗族乡（驻石固）、青阳苗族仡佬族侗族乡（驻青阳）、枫香仡佬族乡（驻枫香）、坪山仡佬族侗族乡（驻坪山）、甘溪仡佬族侗族乡（驻甘溪）、国荣乡（驻国荣）、大沙坝仡佬族侗族乡（驻大沙坝）、坪地场仡佬族乡（驻坪地场）、聚凤仡佬族侗族乡（驻聚凤）
印江土家族苗族自治县 （辖1个乡、13个镇，3个街道办事处。治县人民政府驻峨岭）	峨岭街道办事处（峨岭村）、龙津街道办事处（驻红光村）、中兴街道办事处（驻中坝）、板溪镇（驻板溪）、天堂镇（驻天堂）、木黄镇（驻木黄）、合水镇（驻合水）、朗溪镇（驻朗溪）、缠溪镇（驻缠溪）、洋溪镇（驻洋溪）、沙子坝镇（驻沙子坝）、新寨镇（驻新寨）、刀坝镇（驻刀坝）、紫薇镇（驻永义）、杨柳镇（驻杨柳）、杉树镇（驻杉树）、罗场乡（驻罗场）

续表

县、区	所辖乡、镇、办事处及政府驻地
思南县 （辖8个民族乡、17个镇，3个街道办事处，县人民政府驻思唐）	思唐街道办事处（驻文化社区）、关中坝街道办事处（驻沙洲社区）、双塘街道办事处（驻双塘社区）、鹦鹉溪镇（驻鹦鹉溪）、凉水井镇（驻凉水井）、张家寨镇（驻张家寨）、许家坝镇（驻许家坝）、塘头镇（驻塘头）、合朋溪镇（驻合朋溪）、大坝场镇（驻大坝）、孙家坝镇（驻孙家坝）、邵家桥镇（驻邵家桥）、瓮溪镇（驻瓮溪）、文家店镇（驻文家店）、青杠坡镇（驻青杠坡）、大河坝镇（驻大河坝）、亭子坝镇（驻亭子坝）、香坝镇（驻香坝）、长坝镇（驻长坝）、板桥镇（驻板桥）、思林土家族苗族乡（驻思林）、胡家湾土家族苗族乡（驻胡家湾）、三道水土家族苗族乡（驻洋恩坝）、杨家坳土家族苗族乡（驻杨家坳）、宽坪土家族苗族乡（驻宽坪）、枫芸土家族苗族乡（驻枫芸社区）、天桥土家族苗族乡（驻天桥）、兴隆土家族苗族乡（驻兴隆场）
德江县 （辖8个民族乡、11个镇，2个街道办事处，县人民政府驻青龙）	青龙街道办事处（驻桥头社区）、玉水街道办事处（驻新寨社区）、煎茶镇（驻煎茶）、潮砥镇（驻青龙嘴）、稳坪镇（驻宛坪）、枫香溪镇（驻袁家湾）、合兴镇（驻铺子湾）、复兴镇（驻七星场）、高山镇（驻铁水坝）、泉口镇（驻泉口）、长堡镇（驻长堡）、共和镇（驻牛渡滩）、平原镇（驻杉园）、堰塘土家族乡（驻梅子坝）、龙泉土家族乡（驻龙兴场）、沙溪土家族乡（驻万坝）、钱家土家族乡（驻挖断渠）、长丰土家族乡（驻黄家堡）、荆角土家族乡（驻青草坝）、楠杆土家族乡（驻新街）、桶井土家族乡（驻十字路）
沿河土家族自治县 （辖2个乡、17个镇，3个街道办事处，自治县人民政府驻和平）	和平街道办事处（驻丁字口社区）、沙子街道办事处（驻新沙）、团结街道办事处（驻燎原社区）、谯家镇（驻谯家铺）、夹石镇（驻夹石）、淇滩镇（驻淇滩）、官舟镇（驻官舟）、客田镇（驻客田）、洪渡镇（驻洪渡）、土地坳镇（驻竹花）、思渠镇（驻思渠）、黑水镇（驻垄堡）、中界镇（驻中界）、甘溪镇（驻甘溪）、板场镇（驻板场）、泉坝镇（驻泉坝）、中寨镇（驻中寨）、黄土镇（驻黄土坎）、新景镇（驻新仲）、塘坝镇（驻塘坝）、埠坪乡（驻河心）、晓景乡（驻晓景）

（瞿政平）

【民族人口】 铜仁市历来是个多民族地区。据第六次人口普查资料显示，铜仁地区有汉、土家、苗、侗、仡佬、羌、蒙古、瑶、回、壮、布依、彝、满、维吾尔、高山、傣、朝鲜、傈僳、普米、水、黎、白、哈尼、畲、土、藏、京、拉祜、毛南、东乡、保安、独龙、佤、景颇、纳西、仫佬、赫哲、阿昌、鄂伦春、柯尔克孜、达斡尔等民族。2016年，全市户籍人口440.60万人，常住人口314.07万人。人口自然增长率为6.85‰,比上年上升0.98个千分点。

（瞿政平　张军）

名　　录

注：姓名后面加“*”号的是在2016年内因提职、免职、调职、机构调整和离退休及其他原因而去职的，没有“*”号的为年内仍在职。

中国共产党铜仁市委员会

书　记　夏庆丰*
　　　　陈昌旭
副书记　陈　晏
　　　　阳向东
常　委　夏庆丰*
　　　　陈昌旭
　　　　陈　晏
　　　　阳向东
　　　　陈　康*
　　　　郭智敏（女）
　　　　杨德华*（土家）
　　　　刘　婕*（女，满）
　　　　张　涛
　　　　皮贵怀
　　　　欧阳青*
　　　　肖　洪（土家）
　　　　陈代军
　　　　杜元虎（挂职）
　　　　范国胜（挂职）
　　　　牛建国（挂职）
　　　　夏　虹
　　　　王俊铭
秘书长　杨维权*（土家）
　　　　肖　洪（土家）
副秘书长　张　凯（常务）
　　　　黄继荣（苗）
　　　　田　杰（土家）
　　　　蒙胜思*（苗）
　　　　田志宏（土家）
　　　　安启洪*（土家）
　　　　郑　敏（女，侗）
　　　　汤行忠
　　　　姚晓叶（女，侗）
　　　　罗洪祥（侗）
　　　　冯　华
　　　　陈　琪（土家）
　　　　钱　刚
专职纪检员　赵相林（苗）
市委督查室主任　陈　琪*（土家）
　　　　冯小红（土家）

中国共产党铜仁市委员会工作部门

市委组织部

部　长　陈代军
副部长　熊放鸣*（常务，土家）
　　　　石月元（女，苗）
　　　　汪　勇（苗）
　　　　龚　仆
　　　　李仕江
　　　　石炳凤（苗）
市纪委派驻专职纪检员　严　岚（土家）
部务委员　成　军（仡佬）
　　　　符　毅

市委宣传部

部　长　刘　婕（女，满）
副部长　任坚强*（女）
　　　　陈丽萍（女）
　　　　杨红军（土家）
　　　　卫建和

市委统战部

部　长　肖　洪（土家）
副部长　徐　敏（女，常务，土家）
　　　　韦　敏
　　　　王继承（土家）
　　　　汪　劲（仡佬）

市委群众工作部（市信访局）

副部长(副局长）　冯　华（常务，土家）
　　　　张献全
　　　　高　晴（女，侗）
群工中心主任　刘建荣（侗）
信访督查专员　吴红卫（苗）

市委台湾工作办公室

主　任　韦　敏
副主任　黄　琳（女，壮）

市委政法委

书　记　张　涛
副书记　龙秀刚（苗）
　　　　郑顺恩（土家）
专职纪检员　田　咏（侗）
政治部主任　汪中军（苗）

市委政策研究室

主　任　钱　刚*（土家）
　　　　田　杰（土家）
副主任　邓仕雄（苗）
　　　　杨通平
　　　　赵　旭（苗）

市委党史研究室

主　任　韩江华（回）
副主任　徐明忠（土家）
　　　　彭　辉（土家）

市机构编制委员会办公室

主　任　安启洪*（土家）
副主任　阎　政
　　　　任明冰（土家）
事业单位登记管理局局长　何邦富

市直机关工委

书　记　郑　敏（女，侗）
副书记　李　欧（苗）
　　　　龚晏彪
纪工委书记　欧天文

市委党校

校　长　陈代军
党委书记、常务副校长　安　平（女，土家）
纪委书记　肖　娟（女，土家）
副校长　任敬廷（土家）
　　　　谢　辉（苗）
　　　　曹　勇（侗）

铜仁日报社

党组书记、社长　侯长青（苗）
总编辑　庹　颖（女，土家）
专职纪检员　肖才宏
副总编辑　罗小莉（女，侗）
　　　　王能方

铜仁网站

站　长　黄江中*

市委讲师团（社科联）

团长（主席）　杨　俊*（土家）
　　　　张月勇（土家）

副团长（副主席） 牟长飞（土家）

市委离退休干部工作局

局　长　石炳凤（苗）

副局长　张安华（土家）

杨洪轩*（土家）

张　艳（女，土家）

市老年大学

校　长　张安华（土家）

副校长　尚　空（侗）

市委保密委办公室（市国家保密局）

主任（局长） 李　建

副局长　李　军（土家）

铜仁市人民代表大会常务委员会

主　任　陈达新（土家）

副主任　童礼元

刘泽木（侗）

熊光奎（土家）

王开禄

陈代文（土家）

陈建萍（女，苗）

叶德恩（苗）

秘书长　冉　敏*

李科良

副秘书长　龙淑珍（常务，女，苗）

彭占钧（土家）

法制委员会主任　陈荣强（土家）

副主任　张辉兵（苗）

张　浪（土家）

内务司法民宗侨委主任　李　强（苗）

财经委主任　武少文*

陈吉山

教科文卫委主任　周厚吉*（苗）

武少文

农业和农村委主任　陶小林

选举任免联络委主任　安万武（土家）

环境与资源保护委主任　严天朝

研究室主任　鲁明亮

专职纪检员　杨亚群（土家）

机关党委书记　詹　懿

铜仁市人民政府

市　长　陈　晏

副市长　杨德华*（土家）

皮贵怀

肖　洪*（土家）

张　明（土家）

范国胜（挂职）

杜元虎（挂职）

牛建国（挂职）

杨同光

夏　虹

胡洪成（侗）

张珍强（土家）

邱祯国

市长助理　张文聪（挂职）

秘书长　吴洋富（苗）

副秘书长　李俊宏*（仡佬）

吴天燕（侗）

余大权

张　峰

田　琼

安　波（土家）

李　亚（苗）

肖振能

郎　韬

侯兆铭（挂职）

市政府办纪检组长　翁锡钗（女）

市政府办机关党委书记　彭　进（苗）

市国教办主任　吴国才（苗）

中国人民政治协商会议铜仁市委员会

主　任　陈　康
副主任　时晓军
　　　　周建英*（女，侗）
　　　　王能军（仡佬）
　　　　谢　卫（侗）
　　　　龙　海（苗）
　　　　冉晓东（土家）
　　　　汤志平
　　　　杨晓敏（苗）
秘书长　李科良*
党组成员、办公室党组书记、秘书长　熊放鸣（土家）
副秘书长　万显和（常务）
　　　　　刘平松
　　　　　钱 刚*（土家）
专职纪检员　周　文
提案委员会主任　韩应富*（土家）
　　　　　　　　蒙胜思（苗）
经济委员会主任　宋喜成*（土家）
　　　　　　　　陈　敏
人口资源环境委员会主任 胡光荣
教育科技文化卫生体育委员会主任　龙志刚（苗）
教育科技文化卫生体育委员会副主任　石建成（苗）
社会与法制委员会主任　饶继勇*
　　　　　　　　　　　韩应富（土家）
文史与民族宗教委员会主任　龙云清（苗）
委员联络委员会主任　张　涛
智力支边扶贫联系小组办公室主任　李 燕（女，侗）
研究室副主任　安怀宇*（土家）
　　　　　　　杨云超（白）
办公室机关党委书记　黄培荣

中共铜仁市纪律检查委员会
（含监察局）

书　记　郭智敏（女）
副书记、监察局局长　张　智（苗）
副书记　陆鸿登（侗）
　　　　黄道成（土家）
常　委　于　红（女，满）
常委、监察局副局长　刘嘉赋
　　　　　　　　　　唐　英（土家）
　　　　　　　　　　张　翼*（侗）
　　　　　　　　　　麻文久（苗）
常委、秘书长　杜晓军（土家）

军事机构

中国人民解放军铜仁军分区

司令员　欧阳青
政　委　费光明
参谋长　张志斌
政治部主任　雷　勇
后勤部长　王　成（土家）

中国人民武装警察部队铜仁市支队

支 队 长　杜永光*　　寇　徽
第一政委　张　涛
政　　委　陈存杰
副支队长　胡智成
副政治委员　刘建明
参　谋　长　胡华俊
政治处主任　杨雁冰
后勤处处长　占　靓

铜仁市公安消防支队

支 队 长　曾宪国
政　　委　吴　磊*
副支队长　曾德国　王　勇
参 谋 长　王 勇*　杜元飞
政治处主任　陆承燃*（侗）
后勤处处长　樊炳桥
防火处处长　郭　勇*（穿青）

政法系统

市中级人民法院

党组书记、院长　祝　铭
副院长　彭坤毅*（常务）
　　张　洁（女，土家）
　　冉明生
　　杨　彬（侗）
　　肖明俊（常务）
政治部主任、机关党委书记　胡　华（侗）
纪检组长　邹筑新*　王永芳（苗）
党组成员、审判委主任　何永佳（土家）

市人民检察院

党组书记、检察长　范建军
副检察长　肖　亚（常务，土家）
　　徐福亮
　　田志刚（土家）
　　杨志刚（土家）
纪检组长　田金明*（苗）
　　郑丽清（女）
机关党委书记　陈鱼飞（土家）
政治部主任　邹远志*（侗）
　　罗永才（侗）

市公安局

党委书记、局长　张 涛
党委副书记、副局长　谭克冬*
　　夏康宁
副局长　张　涛
　　盛锡明（侗）
　　尹贵德
机关党委书记　李守忠
政治部主任　韩政龙（苗）
纪委书记　李明华（苗）
消防支队政委　吴　磊*
交警支队支队长　金　超
有组织犯罪侦查支队支队长　龙　靖（苗）

市司法局

党组书记、局长　陆鸿登*（侗）
　　冉　敏
副局长　杨万隆*（土家）
　　陈燕林（女，侗）
专职纪检员　杨政勇（土家）
机关党委书记　陈德进（土家）
政治部（警务部）主任　吴子平

民主党派和工商联机关

民革铜仁市委

主　委　杨晓敏（苗）
专职副主委　张强宝*（苗）
　　田　智（土家）
副主委　王晓玲*（女，侗）
　　陈旭鸿（女，土家）
　　王先华　方　宁

农工党铜仁市委

主　委　王能军
专职副主委　王荣海（土家）
副主委　谭　斌（土家）
　　刘五星（女，土家）

九三学社铜仁市委

主　委　杨同光
专职副主委　李胜君（苗）
副主委　王　飚（侗）
　　代　鸣

市工商业联合会（商会）

主　席　谢　卫（侗）
党组书记　王继承（土家）
副主席（副会长）　苏学宁（女）
　　石　光（苗）

群团组织

铜仁市总工会

主　席　熊光奎
党组书记、副主席　龙久和（苗）
副主席　刘昌龙（侗）
　　　　代松华（女，苗）
经审委主任　高　鉴

共青团铜仁市委员会

书　记　张　勇（土家）
副书记　周复宗
　　　　王　颖（女，土家）

市妇女联合会

主　席　刘艳阳（女）
副主席　罗秀红（女，土家）
　　　　杨海英*（女，侗）
　　　　杜　吉（女，土家）
　　　　黄　佳（女，侗）

市文学艺术界联合会

党组书记　张春阳
主　席　龙险峰（苗）
副主席　谭晓虹（女，侗）
　　　　刘照进（土家）

市残疾人联合会

党组书记、理事长　黄来生（土家）
副理事长　蔡承米（仡佬）
　　　　　张　君（土家）
　　　　　付文华（土家）
专职纪检员　张安侃（苗）

市计划生育协会

会　长　戴振华（土家）
执行副会长　李　琼（女，土家）
专职副会长　任龙廷（土家）
　　　　　　唐宏刚（土家）

市科学技术协会

党组书记、主席　李国忠*
主　席　周厚吉（苗）
党组书记　陈璇（女，土家）
副主席　方　俊（苗）

市红十字会

常务副会长　张　武（女，土家）
副会长　田景强
　　　　王贵军（仡佬）

铜仁市人民政府工作部门

市政府法制办公室

党组书记、主任　宋　强（土家）
副主任　丁和平（苗）
　　　　杨大进（侗）

市政务服务中心（行政投诉中心）

党组书记、主任　龙新林（苗）
行政投诉中心主任　刘榕生
副主任　田荣华（土家）
　　　　石容芬（女，苗）
行政投诉中心副主任　崔思潮
纪检组长　覃　江（苗）

市发展和改革委员会

党组书记、主任　李云德（土家）
副主任　高应军（常务）
　　　　胡宪文
　　　　吴成芳（侗）
节能减排办主任　杨　春（苗）
重大项目办副主任　田晓军（苗）
　　　　　　　　　李培军（侗）
总经济师　陈任平（苗）

纪检组长　陶　强（仡佬）
价格监督检查局局长　涂　强（土家）
能源办主任　张　建（侗）

市农业委员会

党组书记　罗兴体*
党组书记、主任　杨　恩（土家）
党组副书记　郭德强（土家）
副主任　宋建华　马芝新（土家）
　　　　罗　宁（侗）
纪检组长　龙成学（苗）
总畜牧师　罗　添*
总经济师　肖红权（侗）
机关党委书记　郭建莉（女，侗）
产业办主任　潘大权
农机中心主任　梁新月（苗）
畜牧兽医管理办主任　马仲元（土家）
动物疫控中心主任　洪　猛（侗）
动物卫生监督所所长　唐翼仁*（苗）
市现代高效农业园区管委会主任　何帮金

市工业和信息化委员会

党组书记、主任　吴继君（侗）
副主任　龙海成（常务）
　　　　姚元贵（侗）
　　　　游先胜
机关党委书记　梁新民（侗）
纪检组长　姚本法（侗）
总工程师　杨俊英（女）
总经济师　罗　雷

市民族和宗教事务委员会

党组书记、主任　方门照（仡佬）
副主任　王贵勇（常务）
　　　　陈　璇*（女，土家）
　　　　罗友元（侗）
专职纪检员　徐全新（女，土家）

市卫生和计划生育委员会

主　　任　苏天前*（土家）
党组书记　罗秀红*（女，土家）
党组书记、主任　杨维权（土家）
副主任　陈　尧
　　　　邹圣福
　　　　段绍华（苗）
　　　　熊　明
纪检组长　张景渠（土家）
机关党委书记　卢　文（土家）
市合医办主任　石化谷
市计生协执行副会长　李　琼（女，土家）
疾控中心主任　王亚西
人口计生执法支队队长　周廷勇
保健办专职副主任　王　英（女，仡佬）

市旅发委

党组书记、主任　陈丽萍*（女）
　　　　　　　　周　慈（土家）
副主任　舒　勍*　徐　剑（土家）
　　　　刘　姗*（女，土家）
纪检组长　杜胜鹏（土家）

市档案局（地方志编纂委员会办公室、档案馆）

局长（主任、馆长）　安婵娟（女，土家）
副局长（副主任、副馆长）　滕继承（苗）
　　　　　　　　　　　　　黄　维（土家）
专职纪检员　田维先（女）

市扶贫开发办公室

主　任　王　飚*　李俊宏（仡佬）
副主任　史开文　　曾　杰（女，苗）
专职纪检员　高月萍（女）
总经济师　张绍军（侗）
总农艺师　韦　伟（土家）
总畜牧师　张廷刚*（土家）
外资项目管理中心主任　胡映萍
园区办主任　符宁强（土家）

园区办副主任　安成武*（侗）
张伶俐*（土家）
李文强（土家）

市人民防空（交通战备）办公室

党组书记、主任　李　林（侗）
副主任　杨　军　裴　勇（土家）
总工程师　吴国生（苗）
专职纪检员　谢鲁锋（土家）

市人力资源和社会保障局

党组书记、局长　李仕江
副局长　龙　勇（侗）　王志斌（侗）
姚向东（侗）
机关党委书记　杨新华（苗）
就业局局长　龙　勇（侗）
社保局局长　王　刚
纪检组长　王建芝（女，回）
总经济师　陆宏豇（土家）

市财政局

党组书记、局长　杨　彪（土家）
副局长　龙晓成（苗）
曾凡军（土家）
杨芳权（侗）
农发办主任　张海虹（女，土家）
总会计师　廖川黔
总经济师　吴朝晖（女，苗）
机关党委书记　余方红（彝）
国资局局长　杨　彪（土家）
副局长　刘德高（土家）
支付局局长　蔡恩勇（仡佬）

市民政局

党组书记、局长　杨　强（土家）
副局长　高　鸿（苗）
陈达天（土家）
郭　振

纪检组长　蔡文艺*（土家）
刘披星（土家）
机关党委书记　袁世宣（土家）
社会救助局局长　皮烈进
市老龄办主任　杨　强（土家）
副主任　王嗣新（土家）
费树发（仡佬）

市水库和生态移民局

党组书记、局长　黄洪州*（苗）
黄万清（侗）
副局长　张国标（土家）
刘长征（侗）
田永池（土家）
总工程师　张金乾*（土家）
总会计师　俞丽梅（女，侗）

市科技局

党组书记、局长　安孝荣（侗）
副局长　马　俊（回）
陈　涛（女，土家）
专职纪检员　何艾林（土家）

市国土资源局

党组书记、局长　余大权（土家）
副局长　周　迪（苗）　胡　波（侗）
纪检组长　何福光（土家）
总工程师　阎玉金
机关党委书记　田　海（土家）

市住房和城乡建设局

党组书记、局长　刘晓林（土家）
副局长　王黔江*（侗）
张承敏
夏兴江（土家）
杨　平（土家）
总工程师　李宗沛（苗）
纪检组长　丁建忠（土家）

机关党委书记　卢国民（苗）
风景名胜区管理处处长　方平安*（土家）
住房保障管理局局长　陈太雄（土家）
九龙洞风景名胜区管理处处长　杨小平（土家）

市城乡规划局

党组书记　黄江中
局　　长　赵震洋
副局长　杨通国　侯定琴（女）
　　　　田　强（土家）
　　　　杨清华（苗，挂职）
纪检组长　王鹏飞（苗）

市交通运输局

党组书记、局长　李世凡（土家）
副局长　何建华（土家）　陈文军（土家）
　　　　田　川（土家）　韩瑞生（挂职）
　　　　姚春森（挂职）
机关党委书记　曾杰希
纪检组长　岳秀鹏
总规划师　李建琴
总工程师　栾　健（挂职）

市道路运输局

局　长　冯　冈（侗）
副局长　杨再司（常务，侗）

市海事航务局

局　长　李仕龙
副局长　陈春元（常务）

市公路处

处　长　朱永红

市水务局

党组书记、局长　汪世平
副局长　郭锡亭　张翊斌（土家）
　　　　　　　　何向东（土家）
总工程师　冉隆彪（土家）
大型灌区建设管理局局长　张学军（土家）
纪检组长　刘胜华（土家）

机关党委书记　罗运武（苗）

市林业局

党组书记、局长　付　君（苗）
副局长　徐金胜（土家）
　　　　高世娟（女，土家）
机关党委书记　曾庆英（女，土家）
产业办主任　安启明（土家）
总工程师　赵之瑞（仡佬）
纪检组长　彭业文（土家）

市商务局

党组书记、局长　石维江（苗）
副局长　杨振江（侗）　黄国第（侗）
　　　　吴钊辉
总经济师　龙秀明（苗）
纪检组长　杨　军（侗）
机关党委书记　于珠亮
开发区管理办公室主任　杨黎波（侗）

市文化广电新闻出版局

党组书记、局长　詹凤华*　蒙胜思*
局　　长　刘五星（女）
党组书记　杨启伟（侗）
副局长　姚源清（侗）　余晓松（苗）
　　　　王慧英（女）
纪检组长　张　伟（土家）
版权局专职副局长　杨　强（土家）

市体育局

党组书记、局长　詹凤华
副局长　邹龙兴（土家）　熊开宇

市审计局

党组书记、局长　任廷跃（侗）
副局长　田仁华（土家）
　　　　文玉宏（土家）
　　　　姚茂海（侗）

纪检组长　田　峰（土家）
总审计师、固定资产投资审计评审中心主任
陈　静（女，侗）
经济责任审计联席会议办公室主任　庞晓旭

市统计局

党组书记、局长　周登波（土家）
副局长　满晓林（苗）　高　文
纪检组长　曹明月（女）
总经济师　张羽波（土家）
总统计师　杨宁辉（侗）

市环境保护局

党组书记、局长　李明刚
副局长　罗　群　张　力（土家）
罗　勇（苗）
总工程师　邹　琼（女）
纪检组长　廖　军（侗）

市安全生产监督管理局

党组书记、局长　罗贤善（土家）
纪检组长　陈国登
副局长　陈兴友（土家）
周红卫（土家）
沈启胜（苗）
总工程师　卢大忠（苗）

市机关事务管理局

党组书记、局长　姚晓叶（女，侗）
副局长　朱庆珍（女，仡佬）
崔典宗（土家）
许义达（苗）
纪检组长　郝甦明
总工程师　唐　勇（土家）

市供销合作社联社

党组书记、主任　符宁强（土家）
副主任　李大千　黄隆武（土家）
机关党委书记　宋益平（女，苗）
纪检组长　胡光飞

市住房公积金管理中心

党组书记、主任　张　进（土家）
副主任　蒋　斌　田晓锋（苗）
机关党委书记　田晓锋（苗）
纪检组长　区　群（女）

市投资促进局

局　长　曾　红（女，侗）
党组书记　杨启伟*
副局长　罗红荣（苗）　陈　浩
纪检组长　龙家万（苗）

贵州梵净山国家级自然保护区管理局

局　长　张维勇
党委书记　杨劲松（满）
副局长　杨传东　雷孝平
纪委书记　姚茂海（侗）

市教育局

党组书记、局长　龙丽红（女，苗）
副局长　黄国刚（仡佬）
龙宪碧（苗）
叶通贤
纪检组长　周弼琪（仡佬）
机关党委书记　龙国华（苗）
市政府教育督导委专职副主任　佘小华（女，土家）
招生考试院院长　梁启汉（苗）

市城市管理局（综合城市执法局）

党组书记、局长　寇启聪*
谭克冬（苗）
副局长　龙树明（苗）
陈　林（土家）
纪检组长　杨云飞（侗）
机关党委书记　许桂英（女，土家）
机关党委副书记　吴建国（苗）

公共资源交易中心（产权交易中心）

主　任　唐　平（苗）
党组书记　陈丽玲（女，土家）
副主任　张　萍（女，土家）
　　　　文启顺（土家）
纪检组长　贺　进（苗）

铜仁科学院

院　长　李黔军
副院长　田国祥　杨华军（土家）
　　　　杨绪鹏
纪委书记　张高明（土家）

学　　校

铜仁学院

党委书记　李树新
党委副书记、院长　侯长林（苗）
党委副书记　饶小华
纪委书记　彭吉黔（仡佬）
副院长　戴　亮（土家）
　　　　罗红芳（女，苗）
　　　　王嘉福

铜仁职业技术学院

党委书记　杨春光（苗）
院　长　张景春（女）
党委副书记　覃礼涛（土家）
纪委书记　雷国平（土家）
副院长　杨政水
　　　　张命华（苗）
　　　　徐　联（女，土家）
　　　　张　萍*（女）
　　　　陈荣强
工会主席　强寿荣（仡佬）

铜仁幼儿师范高等专科学校

党委书记　彭远斌（侗）
党委副书记、校长　冉贵生（土家）
党委副书记、纪委书记　朱保贤（土家）
副校长　李以盛（仡佬）
　　　　邓　川（女，苗）
　　　　付万福（土家）
铜仁市旅校党总支书记　鲁　丽（女）
铜仁市旅校校长　王锡林（侗）

铜仁广播电视大学

校　长　田海燕（女，土家）
副校长　杨大江（侗）
　　　　宋友德（苗）
专职纪检员　李剩勇

铜仁一中

党委书记、校长　汪　漻（苗）
副校长　袁景涛（苗）
　　　　石金贵（苗）
　　　　舒崇进（瑶）
纪委书记　李茂潮（仡佬）

中央、省直部门在铜单位及部分市属企业

铜仁市烟草专卖局（贵州省烟草公司铜仁市公司）

局长、经理　马　健（回）
副经理　田劲松（土家）
　　　　黎　含（土家）
　　　　吴霁霖（女，苗）
总会计师　邓江润（土家）
纪委书记　龙兴权

国家统计局铜仁调查队

队　长　杨再兴（土家）
副队长　欧永华　杨江涛（侗）
纪检组长　杨江涛（侗）
碧江调查支队队长　汪世勇

铜仁供电局

局　长　方　珂
党委书记　张义洪
副局长　温良彪（土家）
　　杨　韬（土家）
　　林　虎
纪委书记　周　超（苗）

中国人民银行铜仁市中心支行

党委书记、行长　任向阳
副行长　马新康　郑　敏（侗）
　　高黎平（女，土家）
纪委书记　杨亚军
工会主席　陈　伟（土家）

中国银行业监督管理委员会铜仁监督分局

党组书记、局长　董　艾
副局长　张胜利　何天佳（侗）
纪委书记　石兴成（苗）

中国工商银行铜仁分行

行　长　田朝进（土家）
副行长　崔华智（土家）
　　周云强
　　田德明（土家）
　　王学宽（仡佬）
行长助理　安智明（土家）

中国农业银行股份有限公司铜仁分行

行　长　骆东辉
副行长　陈文贵（土家）
　　任达辉
　　马　杰
　　廖自勇（苗）
纪委书记　任达辉

中国农业发展银行铜仁分行

党委书记、行长　姚茂勋（侗）
副行长　冯　凌（女，土家）
　　杨　忠（土家）
　　胡兴卫（侗）
纪委书记　冯　凌（女，土家）

中国建设银行股份有限公司铜仁分行

党委书记、行长　吴晓楠（苗）
党委副书记、副行长　赵　浪（女，苗）
副行长　孙　锰（土家）
　　张连飞（土家）
纪委书记、工会主席　钟方乾

中国银行股份有限公司铜仁分行

党委书记、行长　董　明（苗）
副行长　高　超（土家）
　　冉爱民（土家）
纪委书记　张庆民（苗）
高级客户经理　龚　艳（女，土家）

贵州省农村信用社联合社铜仁审计中心

党工委书记、负责人　陈　洲（苗）
副主任　王相坤（土家）

中国人寿保险股份有限公司铜仁分公司

总经理　侯　学（土家）
副总经理　王志刚（土家）
总经理助理　舒　敏（女）　张大金

中国人民财产保险股份有限公司铜仁分公司

党委书记、总经理　雷礼明
副总经理　谢先德
　　彭　念（土家）
　　梁廷勋（侗）

太平洋财产保险股份有限公司铜仁中心支公司

总 经 理　胡时可
副总经理　瞿华军（侗）
总经理助理　杨　超

太平洋人寿保险股份有限公司铜仁中心支公司

总 经 理　代　毅
副总经理　汤晓惠（女，侗）
　　　　　王　琴（女，侗）
银团总监　田　刚（土家）

市国家税务局

党组书记、局长　刘　辉
副 局 长　何闽全（土家）
　　　　　王秋江（女，苗）
　　　　　李洪勋*
　　　　　许义阳（土家）
　　　　　陈　军（侗）
纪检组长　梁传东
总会计师　郭发松（侗）
总经济师　冉　飞（侗）

市地方税务局

党组书记、局长 王梅林
副 局 长　郑世敏（侗）
　　　　　朱　豪（土家）
　　　　　黄　卫
总会计师　邓　操（苗）
总经济师　谭永京
机关党委书记　刘　芳（女）
纪检组长　潘文磊
稽查局局长　杨玉辉（侗）

中国石油化工股份有限公司铜仁石油分公司

总 经 理、党委书记　曹永权（侗）
党委副书记　刘　柯
副经理　刘红娟

中国邮政集团公司铜仁分公司

党委书记、总经理　周　明
副总经理　黄　华　何云祥
纪委书记　何云祥

市气象局

党组书记、局长　李　勇
纪检组长　吴登秀（女，苗）
气象防灾减灾中心主任　晏理华
副 局 长　冉国辉（土家）　白　翔

市质量技术监督局

党组书记、局长　吴和国*（仡佬）
　　　　　　　　朱喜林（侗）
副 局 长　朱喜林*（侗）
　　　　　强自高（侗）
　　　　　田　勇（土家）
　　　　　冉　然（土家）
纪检组长　孙 林（土家）
总工程师　安宗乾（土家）
稽查局局长　谭　军（土家）
机关党委书记　朱喜林*（侗）
　　　　　　　田　勇（土家）

市工商行政管理局

党组书记、局长　邹龙兴*（土家）
　　　　　　　　黄　霞（女，土家）
副 局 长　龙成林*（苗）
　　　　　孔宪金*（苗）
　　　　　王 毅（土家）
　　　　　方洪孝
　　　　　赵　杰（土家）
纪检组长　吴　平（苗）
经检支队队长　吴高飞（土家）

贵州省无线电管理局铜仁分局

局　　长　王道武（侗）
副 局 长　罗应刚（侗）
监测站站长　田　伟（土家）

中国电信股份有限公司铜仁分公司

党组书记、总经理　刘剑刚
副总经理、纪委书记　郑光华

副总经理、工会主席　饶胜高（土家）
副总经理　马　泉（苗）
财务总监、副总经理　杨　洋

中国移动通信集团贵州有限公司铜仁分公司
总经理　胡应友
副总经理　王朝相（土家）
　　　　　狄笑书
　　　　　邵茂文（仡佬）

中国联通铜仁分公司
总经理　尹华政（土家）
副总经理　晏卫国（土家）
　　　　　杨正国（土家）
　　　　　易　勇
　　　　　杨雪峰（土家）
纪委书记　晏卫国（土家）

市食品药品监督管理局
党组书记、局长　王大洪
副局长　张　清
　　　　邵尧亮
　　　　黄朝友（土家）
稽查局局长　田　英（女，土家）
药检所所长　洪乃云（侗）
纪检组长　车流恒
药品总监　陈建强（高山）
食品总监　曹德卫（苗）

市水文水资源局
党工委书记　袁　军（侗）
局　　长　杨卫东（苗）
纪委书记　吴文嵩
副 局 长　杨　明*（侗）
总工程师　吴　静（苗）

铜仁市水务投资有限责任公司
党委书记、董事长　冉亚林（女，土家）
党委副书记、副董事长、总经理　鲁耀纯*
副总经理　王骏骊（侗）　刘德高*（侗）
　　　　　陈世新（土家）
总会计师　杨春芬（女，土家）
总工程师　田　毅

贵州建工梵净山建筑工程有限公司
党委书记、董事长　王亚雄（苗）
党委副书记、总经理　全昭立
副总经理　李　兴　谌江华（苗）
总会计师　杨秀文（土家）
总工程师　石　军（苗）

铜仁市九龙地矿投资开发有限责任公司
党委书记、董事长　蔡江（土家）
副总经理　于　洋（满）
副总经理　刘　静（侗）
总工程师　于大鹏
总会计师　王学军

碧　江　区

中共碧江区委员会
书　记　陈代文（土家）
副书记　黄万清*（侗）　黄洪洲
　　　　文皓玉（土家）

碧江区人大常委会
主　任　安　超（土家）
副主任　许明铁*（侗）
　　　　柳大明*（土家）
　　　　田水清（土家）
　　　　王晓玲*（女，侗）
　　　　张应林（苗）
　　　　曾运华*
　　　　杨俊英*（女，侗）
　　　　杨秀雄（土家）
　　　　杨长印（女，土家）

宋　宇（土家）
任树生（土家）

碧江区人民政府

区　长　黄万清*（侗）　黄洪洲
副区长　杨通国*（常务）
胡志勇（土家）
何　茂（土家）
谭欧阳（苗）
杨　赫（苗）
黄　睿（土家）
刘　俊（女，侗）

政协碧江区委员会

主　席　刘先银（侗）
副主席　沈俊亭*
杨秀雄*（土家）
邵锦波（土家）
田碧虎（土家）
刘远德*（侗）
杨长印*（土家）
宋　宇*（土家）
代金堂（土家）
杨鸿雁（女，土家）
樊志坚
杨婵娟（女，土家）

碧江区人民武装部

政　委　卫心博
部　长　饶干忠（土家）

中共碧江区纪律检查委员会

书　记　罗钧贤*（土家）
冷雪梅

碧江区人民检察院

检察长　李茂才（仡佬）

碧江区人民法院

院　长　田　咏*（侗）　肖印海

万　山　区

中共万山区委员会

书　记　田玉军
副书记　张吉刚（苗）
娄　玲（女，仡佬）
罗钧贤（土家）

万山区人大常委会

主　任　李孟辉
副主任　杨克金（侗）
冯世刚（侗）
杨泽武（侗）
张林华*（女，侗）
向国珍（女，侗）
杨义长*（侗）
肖丽琴（女）
刘水平

万山区人民政府

区　长　张吉刚（苗）
副区长　郭德强*（常务，土家）
杨德胜*（侗）
柳　斌*（土家）
郭　振*
石慧云*（女）
丁廷坤（仡佬）
王庆新（侗）
冯　兵（土家）
李永娟（女）
刘祖辉（侗）

政协万山区委员会

主　席　吴泽军（侗）
副主席　何祥猛

周　勇
冯世刚*（侗）
肖丽琴*（女）
刘洪森*（侗）
冯　兵*
张林华（侗）
王　勇（侗）
李红旗（土家）

万山区人民武装部

政　委　王进伟
部　长　陈明国

中共万山区纪律检查委员会

书　记　袁继鸿（土家）

万山区人民检察院

检察长　田国强*（土家）　罗　勇

万山区人民法院

院　长　龙章云（苗）

松桃苗族自治县

中共松桃苗族自治县委员会

书　记　冉晓东（土家）
副书记　龙群跃（苗）
　　　　田　江（土家）

松桃苗族自治县人大常委会

主　任　唐永明（苗）
副主任　谢廷扬*（土家）
　　　　宋真道*
　　　　吴真发（苗）
　　　　姜　宏（土家）
　　　　龙文久*（苗）
　　　　吴家永*（苗）
　　　　龙昌兴（苗）
　　　　张德沛（苗）
　　　　石小莉（女，苗）

松桃苗族自治县人民政府

县　长　龙群跃（苗）
副县长　田　江*（常务，土家）
　　　　吴廷友（常务，苗）
　　　　龙胜和
　　　　龙正江*（苗）
　　　　黄　啸*（侗）
　　　　刘唐远*（苗）
　　　　黄利成*（挂职）
　　　　王荣海*（挂职）
　　　　王　馨*（挂职）
　　　　刘　攀
　　　　张伶俐（女）
　　　　石　敏

政协松桃苗族自治县委员会

主　席　桑士棕
副主席　吴真发*（苗）
　　　　姚能武*（土家）
　　　　杨　烈*（女，侗）
　　　　谢廷扬（土家）
　　　　龙健清（苗）
　　　　田如刚（苗）
　　　　龙昌兴*（苗）
　　　　冉启江*
　　　　黄晓勇
　　　　冉光珍（女）
　　　　田茂军

松桃苗族自治县人民武装部

政　委　王建军
部　长　涂荣华

中共松桃苗族自治县纪律检查委员会

书　记　吴廷友*（苗）　夏学文（侗）

松桃苗族自治县人民检察院

检察长　李　强*（土家）　李世昌

松桃苗族自治县人民法院

院　长　刘国辉*　姚兰军

玉屏侗族自治县

中共玉屏侗族自治县委

书　记　王俊铭

副书记　杨德振（侗）

刘洪斌*（侗）

杨　宏

玉屏侗族自治县人大常委会

主　任　张运祥*（侗）　姚敦发

副主任　杨世木*（侗）

余晓芳*（侗）

姚茂刚*（侗）

姚敦云*（侗）

吴群英（女，侗）

姚沅平（侗）

黄　晋

李长锦

汪红涛

添继滔（侗）

玉屏侗族自治县人民政府

县　长　杨德振（侗）

副县长　蒲　章（常务，土家）

张　涛*（侗）

罗　宁*（侗）

杨永华*（侗）

田筑玉*（女，苗）

杨　渊*（侗）

吴　艳（挂职，女，蒙古）

刘学良*（挂职）

赵　靓（挂职，女，满）

杨代军（侗）

徐开明（土家）

姚　芬（女，侗）

向谋红（侗）

政协玉屏侗族自治县委员会

主　席　姚敦发*（侗）　刘洪斌

副主席　姚敦云（侗）

何建昌（侗）

高　敏（侗）

吴群英*（侗）

姚沅平*（侗）

张　昭

陈　钊

姚金水（侗）

严守才

玉屏侗族自治县纪律检查委员会

书　记　夏学文*（侗）　张生财（苗）

玉屏侗族自治县人民武装部

政　委　罗利荣

部　长　苏照辉*

玉屏侗族自治县人民检察院

检察长　蔡文平*　苏　维

玉屏侗族自治县人民法院

院　长　李成海*（土家）　田梦海

江　口　县

中共江口县委员会

书　记　袁　刚（土家）

副书记　黄　霞*（女，土家）

杨　云（女，土家）

罗时跃（侗）

江口县人大常委会

主　任　李燎原*（苗）
　　　　涂晓华（苗）
副主任　刘仕明
　　　　覃超英*（土家）
　　　　梅文海*（土家）
　　　　杨祖培*（侗）
　　　　李文强*（土家）
　　　　王　玲（女，侗）
　　　　代　峰（土家）
　　　　滕建杰（苗）
　　　　吴帮华（苗）
　　　　陈智学（苗）
　　　　罗菊珍*（女，侗）

江口县人民政府

县　长　黄　霞*（女，土家）
　　　　杨　云（女，土家）
副县长　彭治安（常务，土家）
　　　　徐建福
　　　　张兴国*（土家）
　　　　刘鸿丽（女，土家）
　　　　杨　毅*（土家）
　　　　陈　飞（土家）
　　　　王泽宗（侗）
　　　　姜建耀（挂职）
　　　　张成山*（蒙古，挂职）
　　　　刘　敏（土家，挂职）

政协江口县委员会

主　席　涂晓华*（苗）　滕明勇（苗）
副主席　饶绍君（侗）
　　　　王　玲*（女，侗）
　　　　滕建杰*（苗）
　　　　杨军祥*（土家）
　　　　杨　平*（土家）
　　　　江　河*（侗）
　　　　罗菊珍（女，侗）
　　　　秦　杰
　　　　杨再敏（土家）
　　　　王家新

江口县人民武装部

部　长　令狐庆
政　委　邱业跃

中共江口县纪律检查委员会

书　记　杜　奎（土家）

江口县人民检察院

检察长　姚华权

江口县人民法院

院　长　唐政洪*（土家）　杨政森（侗）

石　阡　县

中共石阡县委员会

书　记　皮贵怀
副书记　陈光强*
　　　　黄　忠*（土家，挂职）
　　　　彭占钧*（土家，挂职）
　　　　田运栋（苗）
　　　　周　迪
　　　　沈乾坤（挂职）
　　　　邵明波（挂职）

石阡县人大常委会

主　任　周胜龙（仡佬）
副主任　马绿春*（回）
　　　　周明权*（仡佬）
　　　　王宏鹏*（仡佬）
　　　　刘德新*（苗）
　　　　刘成华
　　　　陈德琳（女，仡佬）
　　　　夏宽忠*

陈朝江
安成武
王刚强
徐泽勇

石阡县人民政府

县　长　田运栋（苗）
副县长　高应军*（常务）
徐再高（白，常务）
张静霞*（女，土家）
祝　成*（挂职）
丁振斌*
崔　嵬*（（挂职）
谢建平*
敖承勇*（挂职）
王刚强*（仡佬）
龚朝清*
王一盛（挂职）
张国俊（挂职）
董　强
王　勇（苗）
杨　峡
石凌燕（女，苗）

政协石阡县委员会

主　席　付贵兰（女，土家）
马禄春（苗）
副主席　刘成华*（侗）
陈朝江*（仡佬）
周忠绪（仡佬）
卢仁富（苗）
夏和银（羌）
杨越盛*（侗）
王宏鹏（仡佬）
刘德新（苗）

中共石阡县纪律检查委员会

书　记　郑丽清*（女）　蔡文艺

石阡县人民检察院

检察长　李世昌*　杨胜龙

石阡县人民法院

院　长　陈晓磊（土家）

印江土家族苗族自治县

中共印江土家族苗族自治县委员会

书　记　田　艳（女）
副书记　张浩然（土家）　江　旭（侗）

印江土家族苗族自治县人大常委会

主　任　王朝文（苗）
何圣仙（女，土家）
副主任　万再杨*（土家）
王天跃*（土家）
杨晓凤（女，苗）
严黔闽（土家）
严　政（土家）
张　莉（女，土家）
任明洪*（土家）
杨天贵（苗）
田仁森（土家）

印江土家族苗族自治县人民政府

县　长　张浩然（土家）
副县长　江　旭*（常务，侗）
代忠义（土家）
喻　莉（女，侗）
任明洪（土家）
熊　飞（土家）
田　芳（女，土家）
田　猛*（土家）
王　刚*（苗）

政协印江土家族苗族自治县委员会

主　席　何圣仙*（女，土家）

饶继勇（土家）
副主席 任达志*
陆治邦*（土家）
严黔闽*
王新华*（土家）
严志宏（土家）
杨孝华（土家）
王 斌*（苗）
袁 霞（女，土家）
周华忠（土家）
张银春（土家）
程 红（女，土家）

印江土家族苗族自治县人民武装部

政 委 刘胜春
部 长 陈治华

印江土家族苗族自治县纪律检查委员会

书 记 杨 宏*（土家） 张廷刚

印江土家族苗族自治县人民检察院

检察长 杨胜龙*（土家） 蔡文平

印江土家族苗族自治县人民法院

院 长 肖明俊*（女） 李成海

思 南 县

中共思南县委员会

书 记 刘云成
副书记 张延高*（土家）
吴国才*（苗）
席龙海（侗）
杨秀明（土家）

思南县人大常委会

主 任 周贤龙*（土家） 冉亚江（土家）
副主任 周学彪*（土家）
胡国权（土家）
谭 军*（土家）
邢 华（女）
龚仙桥*（女，土家）
杨胜立*（土家）
陈 鸿（土家）
李江华（苗）
汪卫华*（苗）
樊建华
谢建康（土家）

思南县人民政府

县 长 张延高（土家）* 席龙海（侗）
副县长 杨启明（仡佬，常务）
安德琼*（女、土家）
饶继勇*（挂职）
刘江龙*（挂职）
赵 军（挂职）
祝 成
李建琴*（土家）
安亿军*（土家）
程 锋（挂职）
黄仕军
王 龙*（布依 挂职）
谭文龙（苗）
赵丽娟（女、苗）
林 涛
许国栋（挂职）

政协思南县委员会

主 席 冉亚江（土家）* 安亿军（土家）
副主席 黎宗发*（苗）
赵相忠*（苗）
旷永东（土家）
邢 华*（女）
方 宁（苗）
陈明贵*（苗）
陈文辉（苗）

周学彪
吴　华（苗）
丁朝红（女，仡佬）

中共思南县纪律检查委员会

书　记　刘昌龙*（侗）　吴洪权

思南县人武部

政　委　秦礼军*（侗）
部　长　蒋智胜

思南县人民法院

院　长　毛明生*（仡佬）　龙　俊（苗）

思南县人民检察院

检察长　简　洁（土家）

德　江　县

中共德江县委员会

书　记　张珍强（土家）　商友江（土家）
副书记　商友江*（土家）
黄继荣*
秦智坤
陈廷相（土家）

德江县人大常委会

主　任　何先美（土家）
副主任　陈明光（苗）
王治桢（女，土家）
郑国文（土家）
陈旭东（土家）
李映红（土家）
叶　华（土家）

德江县人民政府

县　长　商友江*（土家）　秦智坤
副县长　周　骥*（土家，常务）
钱　刚（土家）
梅　彬*（土家）
杨绪鹏*（土家）
李　兵（土家）
池　成（挂职）
赵贡良*（土家）
朱建国（挂职）
张静霞（女，土家）
张　进（土家）
张　文（土家）
彭　豪（土家）
张清霜（女，土家）
宋　劼（挂职）

政协德江县委员会

主　席　陈　健*　鲁文俊
副主席　史天龙*（土家）
张　霞*（女，土家）
赵贡良
吴应仕（土家）
张观安（土家）
胡国仁（土家）
陈　琳（女，土家）
王玲海

沿河土家族自治县

中共沿河土家族自治县委员会

书　记　任廷浬（土家）
副书记　何支刚（土家）　龙海成*
陈代才

沿河土家族自治县人大常委会

主　任　席　宁（土家）
副主任　田淑媛（女 土家）
赵　勇*（土家）
肖忠甫（土家）
冷应芬（女，苗）

高文智（土家）
李仕学（土家）
周宗烈
魏宗尧

沿河土家族自治县人民政府

县　长　何支刚（土家）
副县长　杨雪峰（苗，常务）
刘明军*（土家）
罗　玲*（女 回）
赵　杰*（土家）
冉　然*（土家）
张金乾（土家）
崔永龙（土家）
杨　妮（女）
陈　凤
温亚洲

政协沿河土家族自治县委员会

主　席　马增力（土家）　刘明军（土家）
副主席　田书忠*（土家）
朱天碧*（土家）
黄　忠
秦　琼（土家）
杨　超*（土家）
杨　静*（女，土家）
赵茂虎（土家）
张碧霞*（女，土家）
崔玉琴
宋　辉

沿河土家族自治县人民武装部

政　委　李世怀（侗）
部　长　苟玉平

中共沿河土家族自治县纪律检查委员会

书　记　田　斌*（土家）　杨海英（女）

沿河土家族自治县人民检察院

检察长　苏　维*　李德慧

沿河土家族自治县人民法院

院　长　肖印海*（土家）　王　进

中国共产党铜仁市委员会

【概况】2016年，在省委领导下，铜仁市全面贯彻党的十八大和十八届三中、四中、五中、六中全会精神，深入学习贯彻习近平总书记系列重要讲话精神，主动践行五大新发展理念，坚持守底线、走新路、奔小康工作总纲，坚定不移实施主基调主战略，突出抓好大扶贫、大数据两大战略行动，着力抓好大生态、大健康、大文化、大旅游四大跨越工程，深入推进“四化同步”发展，优化“两区一走廊”经济空间布局，狠抓深化改革、扩大开放和作风建设，扎实开展反腐败斗争，全市呈现出政治生态好、经济生态活、社会生态优、自然生态美的局面。全年实现地区生产总值858亿元，增长12%；500万元以上固定资产投资完成873亿元，增长21.70%左右，城镇、农村居民人均可支配收入达24773元、7666元，增长10.20%、10.60%。

【坚决维护以习近平为核心的党中央权威，思想政治建设不断加强】把学习贯彻党的十八大，十八届三中、四中、五中、六中全会及习近平总书记系列重要讲话精神作为首要政治任务，第一时间学、原原本本学，真学真懂、学深学透、融会贯通，坚持用党的最新理论成果武装头脑、指导实践、推动工作，牢固树立“四个意识”，坚决做到“四个服从”，始终在思想上政治上行动上与习近平为核心的党中央保持高度一致，坚定不移向党中央和省委看齐，带头把省委的各项决策部署落地生根、开花结果。一是强化中心组带头学。制定市委中心组年度理论学习计划，重点学习习近平总书记等中央领导重要讲话精神、陈敏尔书记等省委领导重要讲话精神和省委常委会听取铜仁工作汇报会精神。全年市委中心组开展集中学习32次。二是强化领导干部集中学。以市委党校为主阵地，加强与苏州市委党校、大连民族大学、中国浦东干部学院、井冈山革命传统教育研究院等市外高等院校、培训机构合作举办培训班34期培训1766人次。依托“铜仁学习大讲堂”平台，邀请国内外知名专家学者到铜开展举办讲座6场次。开通“铜仁微学习”平台，编辑发布理论学习专题70余期。三是强化宣传宣讲引领学。在《铜仁日报》、铜仁电视台等媒体开辟专栏，专题解读和宣传党的路线方针政策和重要决策部署。市县乡联动组建宣讲团，市委常委带头深入联系区县和定点帮扶贫困村宣讲，组织专家宣讲77场次、组建市直部门负责人专题宣讲46场次，推动党的精神进机关、进农村、进社区、进学校、进企业、进单位，把党中央和省委的精神及时传达到基层干部群众手中，做到家喻户晓、人人皆知。

【坚持发展第一要务，经济基础】围绕五大新发展理念，坚守发展和生态两条底线，统筹抓好打基础、稳增长、调结构、促改革、惠民生、防风险各项工作，有力地推动全市经济持续健康发展。

扩投资、补短板，基础设施建设稳步推进。抢抓国家和省编制“十三五”规划机遇，做好项目的编报、承接和实施工作，基础设施支撑能力增强。推进交通基础设施建设。铜玉铁路、渝怀铁路二线、铜怀高速、德务高速扎实推进；印秀高速、石阡至玉屏（大龙）高速、江口至玉屏（大龙）高速、沿河经印江至松桃高速有序推进；铜仁至吉首铁路、昭通至黔江铁路、涪陵至柳州铁路进入国家中长期铁路网规划；铜仁凤凰机场国内航站楼建成，开通北京、上海、广州等20个城市直达航线，旅客吞吐量突破57万人次；黔北机场建设获国家发改委、国家民航局批复。推进水利基础设施建设。实施水利建设“三大会战”，思南花滩子、江口民和2座大型水库进入国家“十三五”规划，鱼梁、小云南等4座中型水库下闸蓄水，木瓜溪等4座中型和枹木寨、獐子沟等8座小型水库完成大坝封顶。开展“小康水”行动计划，解决35.80万人农村居民饮水问题。新增蓄水容积5259万立方米，新增有效灌溉面积0.26万公顷。推进能源基础设施建设。石阡大顶山风电场首台风机实现并网发电。建成松桃长兴220千伏输变电工程、印江峨岭110千伏输变电工程等14个骨干输配电项目，完成电网建设投资6.30亿元；开工建设县县通天然气支线管道工程、湄潭至思南支线管道项目和凯里至铜仁支线管道项目。推进信息基础设施建设。实施信息基础设施建设三年会战，建成3G和4G基站8991个，光纤到户覆盖81.68万户，机场、高铁站等人口密集区域和AAA级以上旅游景区、三星级以上旅游饭店实现WiFi全覆盖。完成“小康讯”投资2.26亿元，实现100%行政村通宽带、100%自然村通电话。“数字铜仁”地理空间框架建设项目通过省级验收。

调结构、促转型，培育壮大绿色产业体系。围绕“四型十五种”产业，发展大旅游、大健康、现代山地特色高效农业、新型工业等绿色产业，培育壮大绿色产业体系。焕发传统产业的生机。实施工业强市战略，加快黔东工业聚集区建设，编制实施12个产业园区“一园一策”方案，培育壮大新能源、新材料、新型建材、特色轻工业等支柱产业，大龙煤电锰一体化项目加快建设，武陵锰业二期建成投产，铜仁卷烟厂、铜仁复烤厂易地技改项目基本建成，大龙银星汞业、万山银河化工等企业加快转型发展。全年完成规模工业总产值770亿元，规模工业增加值完成190亿元，增加值增速12%左右。推进商事制度改革，培育壮大市场主体，新增市场主体33732户。推进售电侧结构性改革，为68户参与改革企业节约用电成本2.60亿元。把握特色产业的转机。推进农业园区提质升级，39个省级农业园区完成投资102亿元，实现产值141亿元。发展生态茶、生态畜牧业、中药材、精品水果、无公害蔬菜等特色产业，完成茶叶产值81.14亿元，畜牧业产值85.06亿元，梵净山茶农产品地理标志保护通过农业部专家组认定。全年完成一产增加值208亿元，增长5.70%。抢占新兴产业的先机。依托大数据平台，推动电子商务持续健康发展，建成农村淘宝营运中心9个，建成电商综合服务站1360个；全市电商交易额达25.83亿元。发展大健康产业，编制完成大健康产业发展规划，95个项目纳入省大健康医药产业六项实施计划，总投资450.55亿元，47个项目纳入省大健康医药产业“6个50”重点工程，总投资418.30亿元，完成投资67亿元。编制发布《中国梵净山生态养生指数报告》。全面实施水资源大普查。推进大旅游发展，出台全域旅游改革发展实施方案，举办全省旅游资源大普查现场推进会、第五届全市旅游发展大会。建成旅游厕所82座、游客服务中心14个，自驾车营地3个。梵净山申遗文本提交联合国遗产中心预审，梵净山AAAAA级景区申报工作加速推进。国家全域旅游示范区创建单位获国家旅游局批复，梵净山—太平河、思南石林、石阡温泉3个度假区入围省级旅游度假区。全年接待游客4340万人次，同比增长40%，实现旅游总收入337亿元，同比增长40.30%，实现“井喷式”增长。

推进新型城镇化建设，在统筹发展上取得新成效。立足“武陵之都·仁义之城”城市定位，坚持走山地特色的新型城镇化路子，实现山水、田园、城镇、乡村各美其美、美美与共。营造山水城市。围绕“一城四区九组团”城市框架，实施主城区功能提升工程，完成中心城区清水大桥改扩建工程和梵净山大道、百花路及主城区水毁路面维修改造工程，开工建设环东路改扩建工程，开工建设“五馆四中心”，建成区面积扩大到47平方千米，人口增加到44万人，首位度显著提升。推动县城扩容提质，彰显地域特点、传统文化、民族风情，县城规划建设管理水平全面提升。打造绿色小镇。坚持把绿色作为全市小城镇建设的底色，以示范小城镇建设为抓手，依托山水脉络等独特风光，完善生产生活配套设施，促进农业人口就地就近转移。累计完成小城镇项目投资49.20亿元，其中“8+X”项目完成投资30.48亿元，玉屏自治县、石阡县被列入全省首批整县推进小城镇建设试点县。示范小城镇增加到27个，其中江口太平镇、碧江坝黄镇等15个镇被住建部等7部委列入全国重点镇。建设美丽乡村。乡镇规划管理委员会实现实体化运行。加快基础设施向农村延伸、公共服务向农村覆盖，实施“小康寨”通组公路及人行步道1816千米，实施农村危房改造6万余户，补助资金到位6.90亿元，实施农村集中建房5593户，完成投资27.35亿元。开工建设43个传统村落，完成投资7500万元。推进农村环境综合整治，农村垃圾集中收集覆盖面扩大。全市常住人口城镇化率达45%，比上年提升2个百分点。

【坚持抓好脱贫攻坚，推进民生事业】坚持以脱贫攻坚统揽经济社会发展全局，着力办好民生实事，全面增进群众福祉。

聚合力、施良策，脱贫攻坚取得新成效。按照“四个切实”“六个精准”“五个一批”的要求，推进扶贫攻坚行动计划，答好“四问”答卷，提高扶贫开发精准度和实效性，贫困群众获得感明显增强。推进大扶贫战略行动。出台一揽子超常规的脱贫攻坚重大举措，借鉴省委、省政府攻克极贫乡镇做法，组建市级扶贫开发投资公司，建成全省首个市级“扶贫云”平台，开通市级“扶贫专线”。获批设立500亿元武陵山扶贫投资发展基金。计划3年融资200亿元投入脱贫攻坚工作，并从市县乡抽派干部对1565个贫困村以及有贫困户的非贫困村开展定点帮扶。实施产业扶贫。围绕省十大扶贫产业，实施“三个万元”工程和“双百”工程，创新实施“精扶贷”工程，累计为3.30万贫困户提供12.73亿元小额贴息贷款。推进易地扶贫搬迁。围绕“怎么搬”和“搬出来以后怎么办”两个重点问题，精准识别搬迁对象，因户施策、因地制宜选择安置点，因人而异解决生计问题，因势利导用好搬迁资金。全年实施易地扶贫搬迁15436户63894人，完成搬迁入住1307户5187人。落实“一户一就业”计划1.16万人。抓好教育扶贫。建立主体资助政策体系，累计发放资助金10.26亿元，资助学生83万人次。发展现代职业教育，开工建设贵州健康管理职业技术学院，创建国家级示范中职学校2所，省级示范中职学校3所，省级重点中职学校4所，培养各类职校毕业生1.19万人，就业1.15万人，就业率达96.60%。推进兜底扶贫。推进“双线合一、减量提标”，农村低保提高到3074.40元，增幅18.60%。建立农村留守儿童关爱服务保护机制，碧江区关爱留守儿童“1234”工作法在全国推广。构建大扶贫格局。开展“千企帮千村”精准扶贫行动，推动274户民营企业、21个商（协）会与199个贫困村结对帮扶。深化与苏州市、新华社、大连民族大学的对口帮扶合作，铜仁·苏州产业园区落地建设，合作项目稳步推进，与新华社合作发布《中国·铜仁精准扶贫指数报告》，成为全国首个扶贫成效评价地方标准。

惠民生、办实事，民生福祉实现新改善。统筹推进就业创业工作，完成城镇新增就业5万人，转移农村劳动力就业9万人，城镇登记失业率控制在3.80%以内。实施“雁归工程”，引导和扶持返乡创业就业3.52万人，创办企业和个体工商户5020家（户）。抓好教育长远民生。加快普及十五年教育工作，启动实施山村幼儿园提质升级三年行动计划，完成518所山村幼儿园提质升级任务，被教育部列入国家学前教育改革发展实验区。抓好卫生与健康重要民生。实施全面提升医疗服务能力三年行动计划，德江县人民医院创建三级乙等综合医院通过评审，启动石阡县、思南县人民医院创建三级综合医院工作。探索“普惠+特惠+精扶惠”医疗健康扶贫模式，改革经验在中央改革办《改革情况交流》上刊发。抓好社会保障普惠民生。推进医疗保险制度、机关事业单位养老保险制度改革，探索“养老贷”“助保贷”养老扶贫模式，完成各项社会保险参保282.77万人次，基金征缴15.06亿元。

【坚持绿色发展理念，生态文明建设持续加强】坚持算大账、长远账、综合账和明细账，突出保护好山水林田湖等生态屏障，让生态系统得到更好的休养生息、环境污染实现有效治理，生态环境更加安全。

厚植生态屏障，山清水秀的生态优势显著提升。树立山水林田湖生命共同体的理念，加强整体保护、系统修复、综合治理，自然生态系统稳定性和生态服务功能全面增强。实施绿色贵州建设三年行动计划，全年完成营造林2.69万公顷，森林覆盖率达59%。推进自然保护区、森林公园、湿地公园建设及保护工作，印江洋溪、思南四野屯升格为省级自然保护区，石阡鸳鸯湖国家湿地公园通过国家验收。沿河自治县、印江自治县、思南县和松桃自治县被列入《全国坡耕地水土流失综合治理“十三五”专项建设方案》。

加强环境保护，天蓝地绿的环境质量明显改善。加强环境污染治理，提升监管监测能力，解决突出环境问题。实施“蓝天”工程，加快淘汰落后产能、工业污染源治理等工作，城区空气优良率保持在97%以上。实施“碧水”工程，打好水污染防治攻坚战，新增污水处理能力6.15万吨/日。实施“净土”工程，推进土壤污染防治先行区建设，万山土壤加密调查完成样品制作922个，编制完成碧江区、松桃自治县土壤加密调查实施方案。抓好污染源头预防和控制，查处“未批先建”项目323个，整改318个。加强环境监管执法，推进环境执法“风暴”专项行动，检查企业2273家，立案查处142件。开展“六个严禁”、环保执法“风暴行动”等保护森林及野生动植物专项执法行动，立案606起，侦破572起，查处率94.40%。

加强制度建设，生态文明法治化水平持续提升。出台生态文明体制改革、林业跨区域执法和林权制度改革实施方案和意见，生态文明制度建设迈出实质性步伐。启动碳汇林业建设试点工作。强化规划引导，编制《铜仁市生态文明建设规划（2015—2025）》《铜仁市应对气候变化规划（2015—2020）》《铜仁市山体保护规划》。强化法制保障，启动保护锦江河、梵净山等地方性法规立法工作，全市环境保护的法制化水平全面提升。

【坚持深化改革创新，发展内生动力显著增强】坚持把深化改革、扩大开放、推动创新作为营造活力迸发的经济生态的关键一招，不断优化发展环境，千方百计让市场主体不断涌现，让一切创造社会财富的源泉充分涌流。

推进重点领域和关键环节改革。抓住重点领域和关键环节改革，做到改中求实、改中求优、改中求活，全面深化改革呈现出全面发力、精准给力，多层推进、多点突破的态势。召开全面深化改革领导小组会议8次，审议通过41项具体改革文件，落实中央和省委改革举措70项，推进国家级、省级改革试点68项，创新开展市本级改革试点16项。探索推进林业跨区域执法、“五共”社区建设、医养一体化改革等10个先行先试改革试点。探索推进农村土地流转、三医联动、跨境电商发展等10项精品改革。被列入第一批国家医养结合试点单位，梵净山大健康医药产业示范区建设获省政府批复。不动产登记工作全面推进。全域旅游发展改革走在前列，被列入第二批国家全域旅游示范区创建单位。探索推进政府职能转变、农村和扶贫开发、民主政治和法治建设等10个重点领域闯出新路。铜仁市作风建设“三个开刀”构建良好政治生态、玉屏自治县强化精细管理打造责任信访、德江县“三品三表”贷款模式破解中小企业融资难等改革经验被《贵州改革情况交流》刊载推广。

搭建创新创业发展大平台。实施创新驱动战略，树立“抓科技就是抓发展，谋创新就是谋未来”的理念，加快锰系新能源新材料、中成药工程等研发中心建设，完成专利申请量1180件，专利授权量542件，争取部、省级科技项目立项34个，立项资金2665万元。科技创新平台建设突飞猛进，获批国家级科技孵化器1个、国家火炬铜仁锰产业特色产业基地1个、国家农业科技园区1个，省级工程技术研究中心1个、科技型企业孵化器2个、众创空间1个、大学科技园1个。推进科技合作，与华东理工大学国家盐湖资源综合利用工程技术研究中心、中国冶金地质总局签订长期战略合作协议。

全面提升对外开放发展层次。抢抓贵州获批国家内陆开放型经济试验区建设机遇，加快构建对外开放大通道，铜仁凤凰机场获批为贵州省第3个航空口岸，完成大龙保税仓基础设施建设。铜仁大龙保税物流中心（B型）纳入全省保税物流中心建设规划并获省政府批准。思南创建为省级出口茶叶质量安全示范区；贵州大龙汇成新材料有限公司获“贵州出口质量安全示范企业”称号。搭建对外交流平台，举办梵净山生态文明与佛教文化论坛、贵州（铜仁）国际天然饮用水博览会、环梵净山国际公路自行车邀请赛等活动。抓好招商引资，新引进项目614个，到位资金860.21亿元，资金到位率、开工率、投产率分别达到74.39%、83.55%、75.94%；引进中建、中铁建、中交、美欣达、华西希望等亿元项目266个，总投资968.69亿元，到位资金372.63亿元。

【坚持加强依法治市，民主政治建设取得进步】坚持党的领导、人民当家做主和依法治国的有机统一，以法治建设保障人民民主，不断凝聚全市脱贫攻坚、全面小康的智慧力量。

落实依法治国方略，加快法制化进程。推进科学立法，《铜仁市地方立法条例》获省人大常委会批准，启动《铜仁市锦江河流域保护条例》立法工作，施行《铜仁市人民政府规章制定办法》，地方性立法新格局初步形成。推进严格执法，支持人大对《中华人民共和国禁毒法》《贵州省禁毒条例》等法律法规执行情况监督检查，确保法律法规得到全面贯彻实施。出台公益诉讼试点工作实施方案和意见，发挥法律监督职能，合理保护公共利益。推进公正司法，推进省级司法体制改革试点碧江区司法体制改革工作，推进市级司法体制改革试点德江法院和印江自治县法院司法体制改革。推进全民守法，启动“七五”普法工作，创新推动法治宣传教育与精神文明创建相结合，实现普法和道德教育相辅相成、相得益彰。

坚持扩大人民民主，保证人大政协依法依章程履职。支持人大及其常委会依法履职。健全人大讨论、决定重大事项和依法监督政府、法院、检察院制度，听取和审议“一府两院”专项工作报告16个，组织专题调研、执法检查、集中视察等20余次，促进经济社会协同发展。坚持党管干部和人大及其常委会依法行使选举任免权高度统一，全年共依法任免国家机关工作人员108人次，筹备市县乡人大换届选举工作。支持政协履行政治协商、民主监督、参政议政职能，支持政协通过提案、视察等方式开展工作，不断完善协商民主机制，推动协商民主广泛多层制度化发展。完成民革、农工党、九三学社市委换届工作。制定出台《中共铜仁市委支持各民主党派市委（工委）开展重大问题考察调研制度（试行）》，向各民主党派市委（工委）发放重大经济发展事项调研委托书，吸收各民主党派经过调研形成的合理化建议，促进各民主党派参政议政。

调动各方面主动性，营造和谐发展局面。支持国防和驻铜部队建设，全面推动军民深度融合发展，巩固发展军政民团结的良好局面。构建大统战工作新格局，贯彻《中国共产党统一战线工作条例（试行）》，构建党委统一领导、统战部牵头协调、党政有关部门共同负责的大统战工作格局。动员统一战线聚力脱贫攻坚，深化“同心”品牌，争取全省统一战线智力帮扶武陵山片区（铜仁）扶贫开发工作，开展“千企帮千村”精准扶贫行动。推进民族团结进步创建“八进”活动，创建为民族团结进步示范市。加强工会、共青团、妇联、残联工作。各级工会到基层开展劳模先进事迹报告会280余场次；推进“青微扶贫”“春晖扶贫”活

动，筹集3100万元物资支持青年创业和希望工程建设；全省巾帼科技扶贫行动暨母亲电商工作推进会、全省扩大基层妇联组织成员暨妇女之家建设工作推进会先后在铜仁召开；残疾人同步小康创业就业能力加强，社会保障范围进一步拓展。

【坚持创新社会治理，和谐铜仁建设取得成效】树立底线思维和法治思维，落实稳定第一责任，创新社会治理，持续巩固和谐稳定的发展局面。

强化多元化解，风险管控水平实现提升。打造社会稳定风险评估升级版，建成投资项目风险评估在线审批监管平台，审理推送项目569件。建立健全矛盾纠纷多元化解机制，排查矛盾纠纷13161起，成功调处12816起，调处成功率97.30%。玉屏自治县风险多元防控和沿河自治县矛盾纠纷“5×4”多元化解经验在全省推广。实施“12349”县域信访管理新模式，落实重点信访案件包保责任，市县两级领导包案化解信访案件828件，化解801件，化解率96.74%。完善进京赴省非正常上访化解机制，进京越级访批次、人次分别下降7.89%、17.78%。

突出精准整治，社会治安秩序平稳有序。推进百县千乡万村“无邪教创建”。石阡“以精准扶贫为引领、以治患反邪为抓手”工作模式在全国社会治安综合治理创新工作现场（南昌）推进会议上推广。开展“夏季严打”、命案侦防、非法集资等专项攻坚战，精准打击各类违法犯罪活动。开展缉枪治爆专项行动，排查整改涉爆安全隐患60余处。做好客运车辆、校车、危化物品运输车等重点车辆管控，加强消防安全隐患排查整治，全市未发生重特大交通事故和较大以上火灾事故。

抓实“五项行动”，平安建设水平大幅提升。推进“天网工程”向村（社区）延伸，新增视频探头2000个。建立部门帮扶“零发案”小区创建工作制度，102个小区达到创建标准，“零发案”小区创建覆盖率达100%。禁毒防毒链条式管理模式在全省推广。实施特殊人群服务管理“六项工程”，300人规模的市级育新学校建成投入使用。做好法律援助工作，建立法律援助工作站173个、援助工作点3051个，受理法律援助案件2596件，实现市县乡村四级法律援助全覆盖。

【坚持全面从严治党，党的建设工作持续深化】坚持全面从严治党，严肃党内政治生活，推进党的建设，加大反腐倡廉工作力度，营造风清气正的良好政治生态，为脱贫攻坚、全面小康提供坚强政治保障。

加强和改进党的领导。发挥总揽全局、协调各方的领导作用，注重把握方向、谋划全局，提出战略、制定政策、解决问题，提高领导全市改革发展的能力和水平。加强组织领导。加强对区县党委的领导，对各区县“两会”报告和县乡村三级换届选举工作的政治把关。专题听取市人大常委会、市政府、市政协、市中级法院、市检察院党组工作汇报，要求各级党组围绕大局履职尽责、主动作为，坚决贯彻落实党中央和省委的决策部署和市委的工作要求。加强督查督促督办。把加大督查作为推动工作落实的重要抓手，市委常委经常到区县了解工作开展情况，对经济运行、重大项目、脱贫攻坚等重要工作明察暗访，对问题盯紧盯准盯牢、督查督促督办、落细落小落实，推动各区县比学赶超、竞相发展。

加强宣传思想工作。弘扬社会主义核心价值观，开展“道德讲堂”10830余场次，建成“积德榜”2943个，上榜人数1.90万余人。开展“明礼知耻·崇德向善”主题实践活动，4人荣登“中国好人榜”、26人荣登“贵州好人榜”，11人获第五届贵州省道德模范及提名奖。强化市委重大决策部署舆论引导，铜仁市扶贫工作经验在《人民日报》刊出，碧江和平乡《守住好山水过上好日子》绿色发展经验在央视《焦点访谈》播出，农村改革经验在央视《新闻联播》播出，“世界公园梵净山”中英文版形象广告强势登陆美国纽约时代广场，引发广泛关注，发出铜仁发展好声音。加快文化事业发展，思南花灯剧《盐道》在中国评剧大剧院和省国际会议中心剧场上演，思南县安化历史街区和玉屏箫笛研发生产基地被列入省“十三五”重点发展项目，德江傩缘旅游文化公司获第四批省级文化产业示范基地。完善重大事件和敏感问题应急发布机制，推动各级各部门做好突发事件和舆论导控。

夯实基层战斗堡垒。把开展“学党章党规、学系列讲话，做合格党员”学习教育作为2016年党建工作的首要任务。实施“民心党建”工程，部署第十届村（社区）“两委”换届工作，村（社区）党组织换届工作全面完成，村（居）民委员会换届工作正在推进。以党组织集中组建“百日攻坚”行动为载体，建立非公企业党组织1177个，社会组织党组织124个，全面提升非公企业和社会组织党建工作水平。强化党建扶贫，选派1531名干部定点帮扶贫困村；组建1681个驻村工作队、选派8289名干部开展党建帮扶，帮助协调资金1.70亿元、解决问题4.50万余个。推行“村村联建”“村企联建”“村居联建”模式，建立产业、协会党支部315个，推行“支部+合作社”“支部+协会”等模式，1026个村实现集体经济积累，占比37.76%。

加强干部队伍建设。贯彻落实中央、省委关于换届工作要求，把加强党的领导贯穿换届工作全过程，规范换届选举，确保风清气正，选出忠诚干净担当的好干部，配出结构优功能强的好班子，换出心齐气顺劲足的好面貌。完成市级党委换届。县乡两级换届顺利结束。坚持“二十字”好干部标准，市委常委会讨论干部任免19批次，涉及干部675人次。加强干部监督管理，执行领导干部报告个人有关事项制度，对拟提拔为副处级及以上干部、后备干部人选、转任重要岗位人选，坚持“凡提必核”“凡备必核”。开展招才引智工作，引进各类人才3500余人，其中博士、硕士等高层次人才200余人。

加强党风廉政建设。在全市组织开展学习党章和“一准则两条例”专题宣讲，5.80万余名党员受到教育。落实“两个责任”，开展“四类约谈”15538人次，309人主动向组织说清问题，上缴违规收受礼品礼金139.97万元。落实“一案双查”，查处“两个责任”落实不力。落实中央八项规定精神，查出违反中央八项规定精神问题296起415人，党纪处分334人。加大纪律审查力度，紧盯“时间节点”，紧盯“关键少数”，重点查处“三类人员”，受理信访举报3414件次，立案1751件，党纪政纪处分1757人（其中县处级47人、乡科级349人），移送司法机关88人。深化民生监督，严肃查处发生在群众身边的不正之风和腐败问题，立案1587件，党政纪处分1524人，移送司法机关64人。人民群众对铜仁市党风廉政建设和反腐败工作满意度、干部作风满意度、反腐败工作信心分别达87.99%、86.95%、94.69%。

【省委书记、省人大常委会主任陈敏尔到铜仁调研】7月23日，省委书记、省人大常委会主任陈敏尔到铜仁市玉屏自治县调研脱贫攻坚工作和农业农村发展等情况。陈敏尔强调，省委、省政府出台关于支持民族自治州脱贫攻坚同步小康的意见，为三个民族自治州发展提供了重大支持。各级各有关部门要共同抓好落实，真正做到支持上真情实意、放权上真放实接、投入上真金白银、工作上真抓实干，推动各项政策在民族地区落地生根、开花结果。要立足民族特色，发挥资源优势，讲好本地故事，加快以县为单位脱贫攻坚奔小康步伐。要讲好农业的故事，大力发展特色种养业和农产品加工业，总结推广“三变”改革经验，让贫困户在农业发展中增收脱贫。要讲好民族文化的故事，重视文化品牌打造，加快民族特色文化产业发展，实现文化传承与经济发展双赢。要讲好旅游的故事，做好农文旅一体化发展的文章，因地制宜发展好乡村旅游，让绿水青山带来源源不断的金山银山。

【省委副书记、省长孙志刚到铜仁调研】10月4日至7日，省委副书记、省长孙志刚到石阡县、印江自治县、思南县、江口县调研产业扶贫、易地扶贫搬迁等工作情况。强调要坚持把脱贫攻坚作为头等大事和第一民生工程，因地制宜培育壮大特色优势产业，扎实推进易地扶贫搬迁，推动脱贫攻坚各项决策部署落细落小落实，确保贫困群众持续增收、稳定脱贫。各地各有关部门要把产业脱贫作为脱贫攻坚的根本，立足资源优势和市场需求选准产业和产品，加强科技攻关、提升科技含量，抓住国家出台脱贫攻坚政策机遇、加快培育引进龙头企业，迅速壮大产业规模，为贫困群众稳定脱贫提供有力支撑。要创新产业脱贫利益联结机制，深入推进农村“三变”改革，大力发展农民专业合作社，让贫困群众在产业发展中分享更多收益。要提高脱贫攻坚资金使用效益，积极用好省脱贫攻坚投资基金，为脱贫攻坚提供有力保障。要进一步转变工作作风，确保脱贫攻坚各项政策措施落到实处、取得实效。

【全国政协常委、贵州省原省长林树森到铜仁调研】7月30日，全国政协常委、贵州省原省长林树森到铜仁市调研交通带动旅游业发展、旅游促进群众增收致富等情况，并召开座谈会听取铜仁市高速公路、铁路、城市快速干道、奥体中心等建设规划情况汇报。强调要站在更高的高度、用更宽广的视野来思考城市发展定位，下更大力气打造公路、铁路交通枢纽，扩大交通区位优势，确保在今后大交通环境中占据主动优势和主导地位，推动铜仁城市群加快发展。

【省委副书记、省委政法委书记谌贻琴到铜仁调研】5月18日至19日，省委副书记、省委政法委书记谌贻琴到铜仁市玉屏、万山、德江、思南、石阡等区（县），重点就“两学一做”学习教育和深化农村改革等问题进行调研，并听取铜仁农村改革工作情况汇报。强调要进一步增强推进农村改革的自觉性和坚定性，不断开创“三农”发展新局面。要进一步落实好集体所有权和稳定农户承包权，推动土地经营权有序流转，扎实高效推进新形势下农村改革工作。要进一步加快推进“三变”改革试点，发挥“三变”改革牵引作用，有效破除制约农村发展的体制机制障碍，促进农业生产增效、农民生活增收、农村生态增值。要积极总结推广铜仁“三金”农民、“三社合一”改革试点的好经验、好做法，努力探索推出一系列可借鉴、可推广的好典型、好样板，为全面推进全省“三变”改革找到好路子、提供新经验。要进一步增强农村改革中的多要素联动，推进农村集体资产股份合作制改革，加快构建新型农业经营体系，推进供销合作社综合改革，深化林业和水利改革，健全农业支持保护制度，促进农业转移人口有序实现市民化，充分释放农村改革红利，全力促进农业增效、农民增收、农村发展。

【省委常委、省纪委书记宋璇涛到铜仁调研】3月21日至23日，省委常委、省纪委书记宋璇涛到沿河自治县、德江县、江口县和万山区调研精准扶贫和民生项目监督工作。强调要充分认识党风廉政建设和反腐败斗争面临的新形势，切实把思想和行动统一到习近平总书记系列重要讲话精神上来，统一到党中央关于全面从严治党的战略部署上来，坚定不移推进党风廉政建设和反腐败斗争，坚定不移推进全面从严治党。要认真贯彻落实十一届省纪委五次全会精神，围绕执行中央八项规定、纪律审查、民生项目监督、“两个责任”落实等内容，扎实抓好2016年党风廉政建设和反腐败工作。要自觉做到忠诚、干净、担当，坚持做到做人要实、谋事要实、创业要实、为官要实，自觉肩负起历史责任，推动各项事业健康稳定快速发展。

【省委常委、省委统战部部长刘晓凯到铜仁调研】1月16日，省委常委、省委统战部部长刘晓凯率省委检查组到铜仁检查指导党风廉政建设和反腐败工作，指导市委常委班子召开“三严三实”专题民主生活会。强调要进一步强化主体责任意识、履行好主体责任职责、抓好主体责任追究，确保全面从严治党落到实处，推动党风廉政建设和反腐败工作取得更大成效。要以专题民主生活会为起点，坚持不懈抓好学习教育，一鼓作气抓好“三严三实”专题教育后续工作，推动践行“三严三实”要求常态化、长效化。

【省委常委、省委统战部部长刘晓凯到铜仁调研期间听取铜仁市2016年省领导开展信访包案督办等工作汇报】 6月23日至24日，省委常委、省委统战部部长刘晓凯到江口县、铜仁高新区调研千企帮千村、雁归工程、产业扶贫、精准脱贫等工作，并听取铜仁市2016年省领导开展信访包案督办工作、统战暨工青妇工作汇报。强调要严格落实领导干部带头包案制度，定期到群众工作中心，亲自接访群众，零距离倾听群众诉求，面对面解决百姓难题，带头化解信访积案。要建立健全信访工作长效机制，注重从源头上防范和化解社会矛盾，切实打牢社会稳定基础。要用好统一战线这个法宝，支持民主党派搞好组织建设、机构设置、会员发展、人才培养、换届选举等方面工作。工会、共青团、妇联等群团组织要聚焦“机关化、行政化、贵族化、娱乐化”问题，切实增强政治性、先进性、群众性，树立最佳品牌，争创一流业绩，在推动铜仁脱贫攻坚、实现全面小康工作中勇于担当、主动作为。

【省委常委、省委宣传部部长张广智到铜仁调研】 1月20日，省委常委、省委宣传部部长张广智到大龙银星汞业有限公司和玉屏安泰再生资源有限公司调研。强调要高度重视企业文化建设，搭建好平台、从细微处着手，大力培育企业文化，着力提升职工素质，积极创造典型经验，倡导企业关爱员工、员工爱岗敬业的“共赢文化”理念，推进企业文化建设取得新成效。要继续保持良好发展势头，不断拓展发展空间，把企业做大做强，为促进地方发展和群众就业做出新贡献。

【省委常委、省委宣传部部长张广智到德江调研极贫乡镇脱贫攻坚工作】 9月26日，省委常委、省委宣传部部长张广智到德江县桶井乡调研极贫乡镇脱贫攻坚工作。强调要坚定信心，牢牢抓住桶井乡被列为全省极贫乡镇定点包干脱贫攻坚机遇，用好各方力量，整合各种资源，带领广大基层干部群众不等不靠、奋力拼搏。要硬化措施，牢牢把握“选准打实”的工作方针，进一步理清桶井乡发展思路，精心制定工作方案，拿出过硬管用措施，把脱贫攻坚这一民生工程抓紧抓好。要精准施策，做到实施主体更加精准，致贫原因更加精准，脱贫措施更加精准，让贫困群众拥有实实在在的获得感。要一抓到底，省市县乡各级要紧扣破除基础设施瓶颈、提升公共服务水平、实施易地扶贫搬迁、发展脱贫致富产业、夯实基层组织基础等五项重点任务，盯紧抓牢每一个环节，认真实施每一个项目。脱贫攻坚指挥部要充分发挥督促、检查和指导作用，各级宣传部门要积极发挥职能作用，营造浓厚的脱贫攻坚工作氛围。

【省委常委、省委宣传部部长张广智到德江调研交通规划、产业发展等工作】 11月1日至2日，省委常委、省委宣传部部长张广智到德江县桶井乡、枫香溪镇调研交通规划、产业发展、易地扶贫搬迁等情况。强调要坚持基础先行，打好基础设施攻坚战，抢抓项目进度，确保各项投入早日发挥效益。要坚持重点发展产业，调整产业结构，壮大产业规模，通过投入真金白银换回金山银山。要坚持民生优先，进一步加大医疗卫生、教育、就业、生活、生产的保障力度，发挥群众在脱贫攻坚中的主体力量，确保贫困群众如期脱贫。要在精准上再下功夫，坚决杜绝数字脱贫、虚假脱贫现象发生。要在氛围营造上再下功夫，用好各种宣传手段和各类新闻媒体，凝聚广大干部群众戮力攻坚的强大合力。要在制度落实上再下功夫，做到奖惩分明。要在指挥协调上再下功夫，发挥好指挥部作用，坚决打赢桶井乡脱贫攻坚战。

【省委常委、省军区司令员王盛槐到铜仁调研】 12月28日，省委常委、省军区司令员王盛槐到万山区调研“四新”建设和经济社会转型发展等工作。希望万山区牢记习近平总书记嘱托，在省委、省政府和市委、市政府的领导下，用好用活政策资源，结合脱贫攻坚工作，全力抢抓发展机遇，在推动转型发展中探索更多新路子，创造更多新经验，让人民群众拥有更多获得感。强调要充分认识“四新”建设的重要意义，立足地方经济社会发展实际，在推进军地融合发展中进一步创新工作思路，加大工作力度，发挥好军地军民融合优势互补的长处，深入实施“四新”建设，不断推进国防后备力量转型跨越。

【省委常委、省委秘书长刘奇凡到铜仁调研】10月2日至5日，省委常委、省委秘书长刘奇凡到石阡县国荣乡蹲点调研。强调要根据近期调研成果和群众意见建议，进一步修改完善国荣极贫乡脱贫攻坚实施方案，列出项目清单，明确时间表、路线图、责任人，确保工作顺利推进；要加快启动水电路信等基础设施建设，抓好易地扶贫搬迁和危房改造等工作，不断改善群众的生产生活条件。要结合实际、因地制宜，按照乡统筹、村实施、群众自愿申报三个类别发展特色产业，大力组织贫困群众参与产业发展，壮大规模，通过产业发展增加群众收入。要依托楼上古寨大力发展旅游产业，科学规划建设核心景区，加强风貌管理，加快配套设施建设，提升管理水平，增强接待服务能力，不断完善功能提升档次。要围绕发动群众、组织群众、造福群众开展国荣乡脱贫攻坚工作。

【省委常委、省委秘书长刘奇凡到石阡县国荣乡参加脱贫攻坚誓师大会】10月15日，石阡县国荣乡召开脱贫攻坚誓师大会，省委常委、省委秘书长、国荣乡定点包干脱贫攻坚指挥部指挥长刘奇凡出席会议并讲话。强调石阡县国荣乡脱贫攻坚的重点难点是要打好交通、水利、电力、教育、居住环境等基础设施攻坚战。要抓好旅游、茶叶和石材等主导产业建设，因地制宜引导群众发展适合自己的产业。要利用好国荣生态环境、自然风光、文化古迹等优势资源，加快旅游景区基础设施建设，完善旅游服务配套设施功能，注重景区环境卫生治理，打好旅游扶贫攻坚战。

【国务院发展研究中心主任李伟到铜仁调研】9月22日，国务院发展研究中心主任李伟，省委常委、常务副省长秦如培到松桃自治县调研。强调牢固树立五大新发展理念，立足自身优势，加强改革创新，奋力攻坚克难，努力闯出新路。要依托良好的生态资源条件，大力发展生态茶等现代农业产业，做强园区，壮大规模，打造品牌，努力走产业化、市场化、品牌化发展路子。要强力推进各项民生事业，牢固树立责任安全意识，继续把农村义务教育学生营养改善计划、山村幼儿园发展等惠民工程抓好抓牢，切实保障农村中小学生营养水平，总结推广信息化教育教学，解决城乡教育发展失衡问题，让广大农村孩子享受良好教育资源，健康幸福成长。

【纳米比亚人组党中央委员研修班到铜仁考察】4月10日至13日，纳米比亚执政党人组党总书记、国民议会议员南戈洛·姆奔巴率纳米比亚人组党中央委员研修班到铜仁市考察精准扶贫、旅游开发、现代农业工作，了解铜仁市党组织建设、党委工作方法、常委会议事和决策规则。表示通过这次考察交流，对中共地方党组织建设、精准扶贫、旅游开发、现代农业等有了更深的了解，学到了很多新的工作方法。

【省委常委会议专题研究铜仁市工作】10月31日,省委召开常委会议,专题听取铜仁市工作汇报,研究指导铜仁市经济社会发展。省委书记、省人大常委会主任陈敏尔主持会议并讲话。省委副书记、省长孙志刚出席并讲话,省委副书记、省委政法委书记谌贻琴，省委常委，省人大常委会、省政府、省法院、省检察院有关领导同志参加会议。会议强调,创造绿色发展先行示范区是一个综合系统的工程,需要有良好的经济生态、社会生态、自然生态、文化生态、政治生态来保障。要大力营造活力迸发的经济生态,以供给侧结构性改革为主抓手,优化资源配置,强化发展支撑,让交通网络活起来、产业业态活起来、市场主体活起来。要大力营造和谐稳定的社会生态,坚决打赢脱贫攻坚战,统筹城乡区域发展,创新社会治理,让发展成果更多更公平地惠及全体人民。要大力营造山清水秀的自然生态,筑牢生态安全屏障,加强生态环境保护治理,深化生态文明体制改革,让"绿色"创造更多"红利",为建设生态文明试验区贡献力量。要大力营造多彩繁荣的文化生态,大力弘扬红色文化,传承创新民族文化,推进文化旅游融合,唱响多元文化协奏曲,为绿色发展提供强大的文化支撑。要大力营造风清气正的政治生态,全面加强党内政治生活、加强党内监督,抓好思想教育这个根本、严明纪律这个关键、选人用人这个导向、作风建设这个重点、基层组织这个基础、反腐倡廉这个要害,坚定不移推进全面从严治党。省直各部门要加大支持力度,为铜仁经济社会发展创造良好条件。

【全国易地扶贫搬迁现场会第四调研组走进铜仁】8月22日，由广西壮族自治区政府副主席黄世勇、陕西省政府副省长庄长兴、新疆维吾尔自治区政府副主席钱智、国土资源部副部长赵龙组成的全国易地扶贫搬迁现场会第四调研组到松桃自治县、江口县考察，实地了解铜仁市易地扶贫搬迁工作推进情况。一致认为铜仁市委、市政府高度重视易地扶贫搬迁工作，定位精准，选址合理，措施有力，保障到位，让贫困群众真脱贫，生活显著改善，推动易地扶贫搬迁工作有效开展，创造出一些好经验、好做法，值得学习借鉴。表示将把铜仁好经验融入到本地易地扶贫搬迁工作中，结合实际用足用好用活经验，推动易地扶贫搬迁工作取得更好成效，为全国全面建成小康社会作出更大贡献。

【全省项目观摩会走进铜仁】4月7日至9日，省委常委、省委宣传部部长张广智，省政协副主席左定超率全省项目观摩会第五组走进玉屏、万山、江口、思南、石阡等地观摩。代表们走企业、进园区、访基地，了解铜仁市产业扶贫、金融扶贫、项目扶贫、旅游扶贫等情况，一致认为铜仁的项目模式新、业态新，以脱贫攻坚统领小康建设，实现了生态美、产业强、百姓富。

【全市领导干部大会召开】8月17日上午，市委召开全市领导干部大会，宣布省委关于市委主要领导职务调整的决定：陈昌旭任中共铜仁市委委员、常委、书记；夏庆丰不再担任中共铜仁市委书记、常委、委员职务。

【中国共产党铜仁市第二次代表大会召开】12月22日至25日，中国共产党铜仁市第二次代表大会在铜仁人民会堂召开。大会批准陈昌旭代表中共铜仁市第一届委员会所作的题为《奋力创建绿色发展先行示范区 阔步迈向社会主义生态文明新时代》的报告。选举产生中国共产党铜仁市第二届委员会常务委员会委员和书记、副书记，通过《中国共产党铜仁市第二届纪律检查委员会第一次全体会议选举结果的报告》。陈昌旭、陈晏、阳向东、郭智敏、张涛、皮贵怀、肖洪、陈代军、夏虹、王俊铭当选为中国共产党铜仁市第二届委员会常务委员会委员。陈昌旭当选为市委书记，陈晏、阳向东当选为市委副书记。根据中国共产党铜仁市第二次代表大会选举办法的规定和选举投票结果，会议选举产生中共铜仁市第二届委员会委员51名、候补委员10名、二届市纪委委员31名和出席省第十二次党代会代表47名。

【中国共产党铜仁市第二次代表大会明确今后五年总体思路、奋斗目标和重点工作】中国共产党铜仁市第二次代表大会明确，今后五年的总体思路是：按照"五位一体"总体布局和"四个全面"战略布局，牢固树立五大新发展理念，坚持稳中求进工作总基调，坚持守底线、走新路、奔小康工作总纲，坚持主基调主战略，着力推进大扶贫、大数据两大战略行动，深入实施四化同步发展，深化"两区一走廊"经济空间布局，念好山字经，做好水文章，打好生态牌，奋力创建绿色发展先行示范区，全力打造绿色发展高地、内陆开放要地、文化旅游胜地、安居乐业福地、风清气正净地，为如期建成全面小康社会，阔步迈向社会主义生态文明新时代，推动党的建设新的伟大工程而不懈努力奋斗。

今后五年的奋斗目标是：努力实现与全国全省同步全面建成

小康社会；地区生产总值、财政总收入在2016年的基础上翻一番；固定资产投资累计突破1万亿元，规模以上工业增加值突破500亿元，社会消费品零售总额突破350亿元；城镇居民人均可支配收入达到4.8万元，农村居民人均可支配收入达到1.6万元，金融机构存款余额达到2800亿元，贷款余额达到1600亿元；确保建档立卡贫困户实现全部脱贫，确保城镇化率提高到55%，确保森林覆盖率提高到65%，确保空气质量优良率保持在95%以上，确保城镇污水处理率提高到95%以上“一个同步、两个翻番、三个突破、四个达到、五个确保”目标。

重点做好三个方面工作。一是营造五个生态，注重十个凸显，科学谋划绿色发展新蓝图。大力营造活力迸发的经济生态、和谐稳定的社会生态、山清水秀的自然生态、多彩繁荣的文化生态、风清气正的政治生态，更加凸显核心初心、底线红线、统揽统筹、谋划规划、转型转移、民族民生、开明开放、基层基础、创新创业、务实落实。二是实施两大战略行动，推进五地建设，奋力开启绿色发展新征程。深入实施大扶贫战略行动，同步建成全面小康；深入实施大数据战略行动，做大做强数字经济；坚持生态优先、做活山水文章，打造绿色发展高地；坚持扩大开放、搭建交流平台，打造内陆开放要地；注重文化特色、推进全域旅游，打造文化旅游胜地；着力统筹发展，加强民生保障，打造安居乐业福地；强化社会治理，营造良好环境，打造风清气正净地；坚持改革引领，创新驱动，释放经济发展新动能。三是增强“四个意识”，全面从严治党，努力开创党的建设新局面。坚决维护习近平总书记核心地位；严肃党内政治生活；树立正确选人用人导向；坚持不懈加强作风建设；全面筑牢基层战斗堡垒；牢牢抓住反腐倡廉要害；加强民主政治建设，持续巩固和维护团结和谐的发展局面。

【中国共产党铜仁市第一届十次全会召开】10月14日，中国共产党铜仁市第一届委员会第十次全体会议在铜仁人民会堂召开，讨论并审议通过《关于召开中国共产党铜仁市第二次代表大会的决议》。全会决定，中国共产党铜仁市第二次代表大会定于2016年12月下旬在铜仁人民大会堂召开，大会的主要任务是听取和审查中共铜仁市第一届委员会的工作报告、中共铜仁市第一届纪律检查委员会的工作报告；选举中共铜仁市第二届委员会、中共铜仁市第二届纪律检查委员会；选举出席中国共产党贵州省第十二次代表大会代表。全会决定，中国共产党铜仁市第二次代表大会的代表名额为410名。代表名额的分配，由中共铜仁市委根据各选举单位所属党组织的数量、党员人数和工作需要确定。代表由选举单位按照选举办法和差额比例，召开党代表大会（党代表会议）或党员大会选举产生。解放军、武警部队代表的选举工作，由军分区、武警支队党委拟定具体方案，经中共铜仁市委批准后实施。全会号召，全市各级党组织和全体共产党员要高举中国特色社会主义伟大旗帜，全面贯彻党的十八大和十八届三中、四中、五中全会精神，以马克思列宁主义、毛泽东思想、邓小平理论、“三个代表”重要思想、科学发展观为指导，深入贯彻习近平总书记系列重要讲话精神和省委十一届五次、六次、七次全会精神，按照“五位一体”总体布局和“四个全面”战略布局，自觉践行五大新发展理念，坚持守底线、走新路、奔小康工作总纲，突出抓好大扶贫、大数据两大战略行动，着力抓好大生态、大健康、大文化、大旅游四大跨越工程，深入推进新型工业化、新型城镇化、农业现代化、信息产业化“四化同步”发展，不断优化“两区一走廊”经济空间布局，团结带领全市各族人民，开拓进取，锐意创新，努力做好各方面的工作，以优异的成绩迎接中国共产党铜仁市第二次代表大会胜利召开。

【中国共产党铜仁市第一届十一次全会召开】12月3日至4日，中国共产党铜仁市第一届委员会第十一次全体会议在碧江举行。全会深入学习贯彻党的十八届六中全会和省委十一届七次、八次全会精神，部署全面从严治党和创建绿色发展先行示范区工作，听取和讨论陈昌旭代表市委常委会所作的讲话报告和市委副书记、市长陈晏就《中共铜仁市委、铜仁市人民政府关于奋力创建绿色发展先行示范区的意见（讨论稿）》作的说明，审议通过《中共铜仁市委铜仁市人民政府关于奋力创建绿色发展先行示范区的意见》。

【中国共产党铜仁市第一届十二次全会召开】12月19日，中国共产党铜仁市第一届委员会第十二次全体会议在铜仁人民会堂召开，审议通过了市委书记陈昌旭代表中共铜仁市第一届委员会作的报告（草案），第一届市纪委工作报告（草案），投票确定了54名出席省第十二次代表大会代表预备人选，审议通过中国共产党铜仁市第二届市委委员、候补委员，市纪委委员候选人建议名单，审议通过《中国共产党铜仁市第一届委员会第十二次全体会议决议（草案）》。

【2016年中国梵净山生态文明与佛教文化论坛在铜仁梵净山召开】7月10日上午，2016年中国梵净山生态文明与佛教文化论坛在铜仁梵净山开幕，第十一届全国人大常委会副委员长、民革中央原主席周铁农出席开幕式。卢旺达执政党爱国阵线总书记弗朗索瓦·恩加兰贝，政协第十二届全国委员会委员、文史和学习委员会副主任叶小文出席并作演讲，国家宗教事务局副局长蒋坚永出席并讲话，中国公共外交协会副会长张九桓出席并作演讲，贵州省人大常委会副主任李岷、市委书记夏庆丰致辞。中国宗教杂志社社长刘金光，中国宗教杂志社主编胡绍皆，中联部四局副局长王赫明，瑞中友好协会会长托马斯·瓦格纳夫妇，缅甸联邦共和国驻昆明总领事馆总领事梭柏，马来西亚驻南宁总领事馆总领事黄奕瑞，泰国驻昆明总领事馆领事祝丹佩，柬埔寨驻昆明总领事馆领事萧马，中国社会科学院学部委员、世界宗教研究所佛教研究中心主任魏道儒，省人大常委会副秘书长夏勇军，中国人民大学教授、博士生导师温金玉出席，中国佛教协会副会长演觉、永寿大和尚，中国佛教协会副秘书长全柏音、常藏，贵州省佛教协会会长心照，五台山、九华山、普陀山佛教协会负责人，山东省济南市民族宗教事务局局长米俊伟，无锡灵山文化旅游集团有限公司董事长、总经理、无锡灵山景区管理处主任吴国平出席。

【铜仁市举办2016首届贵州（铜仁）国际天然饮用水博览会】11月19日，以“贵水迎天下·同仁话未来”为主题的2016首届贵州（铜仁）国际天然饮用水博览会在铜仁民族风情园开幕。全国政协副主席齐续春出席并宣布开幕，省委书记、省人大常委会主任陈敏尔作重要批示。省委常委、副省长慕德贵出席并讲话，省政协副主席李汉宇，省人大常委会原副主任、省文史馆馆长顾久，马来西亚驻华使馆参赞尤凯利，国际好水评鉴机构、美国环球好水网创始人兼总裁迈克尔·马萨出席开幕式。陈敏尔在批示中指出，近年到铜仁市认真贯彻落实习近平总书记关于守住两条底线的重要指示精神，坚持生态产业化、产业生态化，因地制宜发展饮用水、水产养殖、温泉养生等特色产业，把生态资源优势转化为绿色发展优势，取得明显成效，值得充分肯定。希望铜仁市抓住机遇，打好生态牌，做深水文章，让绿水青山带来更多金山银山。会议强调，要强化规划引领、结构调整、市场主体培育、绿色发展、创新发展，千方百计把资源优势转化为经济优势，推动贵州水产业进一步做大做强。博览会期间，举办了“三会一赛一论坛”，即开幕式、天然饮用水及关联产品展览展销会、贵州天然饮用水招商引资推介会及签约仪式、“好水贵天然·汇聚梵净山”全国水主题摄影大赛、国际天然饮用水高峰论坛。

【铜仁市18个水源获评中国生态好水源】在首届水博会上，铜仁市秦家下龙洞、岔溪沟、常家林组、大溪沟、中嘴泉口、任家湾、花滩子电站、龙西山泉、幕龙村、后龙组、鼓楼坡上河江、燕子迁、河麻沟、双龙洞、观音湖、甘洞、落箭坪组、向阳竹园社区等18个水源被中国民族卫生协会健康饮水专业委员会评为中国生态好水源。

【全市第五届旅游产业发展大会召开】 10月16日晚，以“生态、绿色、和谐、发展”为主题的铜仁市第五届旅游产业发展大会暨2016贵州梵净山松桃苗族文化旅游节在松桃自治县九龙湖隆重开幕。省政协副主席陈海峰出席开幕式并讲话，省政协副主席、民建贵州省委主委、省工商联主席李汉宇，省人大常委会原党组副书记、副主任禄智明出席开幕式。陈海峰对大会的召开表示热烈的祝贺，希望铜仁坚持做好基础性工作，加快补齐基础设施、教育医疗和民生投入等短板；坚持以富民兴铜为核心，把发展旅游业作为推动脱贫攻坚的重要战略选择；坚持以改革为抓手，高水平、高起点编制完善全域旅游规划；坚持以创新为引领，充分调动各级各部门和广大干部群众发展旅游业的积极性；坚持以市场为导向，不断提高铜仁旅游的吸引力；坚持以人才和服务为支撑，使游客享受更加便捷安全、轻松愉悦的旅游之乐，提高游客的获得感。开幕式上举行了铜仁市第五届旅游产业发展大会暨2016贵州梵净山松桃苗族文化旅游节招商项目签约仪式。

【全市全域旅游改革发展工作会召开】 10月17日，全市全域旅游改革发展工作会在松桃自治县召开。会议强调，要深刻领会推进全域旅游改革的重大意义，全面贯彻省委十一届七次全会精神，厚植绿色屏障，推动绿色发展，推进生态产业化、产业生态化，大力发展旅游产业，全力打造旅游目的地城市，扎实抓好旅游扶贫工作。要强化目标导向，力争到2020年实现旅游增加值占GDP比重达15%以上，申创AAAAA级、AAAA级景区分别达2个、20个以上。要树立痛点思维，理清发展思路抓改革，创新旅游业态抓改革，强化要素保障抓改革，理顺旅游体制抓改革，强化工作措施抓改革，推动全域旅游改革实现重点突破。

【全市大扶贫战略行动推进大会召开】 10月28日下午，全市大扶贫战略行动推进大会召开。会议强调要倾注真情实意，坚持把脱贫攻坚作为头等大事和第一民生工程，抢抓中央和省脱贫攻坚机遇，挖掘政策“含金点”，处理好近期与远期、点与面、主导与主体的关系，推动所有资源和力量向贫困村聚集，坚决啃下脱贫攻坚这块“硬骨头”。要投入真金白银，打好基础设施建设攻坚战、产业就业脱贫攻坚战、易地扶贫搬迁攻坚战、公共服务提升攻坚战，以超常规举措坚决打赢脱贫攻坚硬仗。要着力真抓实干，推动落实“党委主责、政府主抓、干部主帮、基层主推、社会主扶”责任，强化廉洁扶贫，盯紧盯牢盯实扶贫资金，确保项目实施质量最优化、成效最大化。要强化制度保障，确保各项工作扎实有序推进。要强化氛围营造，唱好扶贫攻坚大合唱，努力营造凝聚力、攻坚克难、全面小康的良好氛围。

（市委办）

纪检监察

【概况】 全市各级纪检监察机关牢固树立“四个意识”，忠实履行党章赋予的职责，坚持把纪律挺在前面，强化监督执纪问责，各项工作取得新进展、新成效。据全省民调显示，2016年群众对全市反腐败工作满意度达87.99%，提升6.57个百分点，居全省第五位。

【坚持全面从严，推动管党治党走向严紧硬】 一是强化压力传导，推动“两个责任”落细落实。市委常委会多次听取党风廉政建设和反腐败工作汇报，及时研究重大问题。制定落实“两个责任”清单，推进落实“两个责任”约谈常态化，坚持市委常委带队开展“两个责任”年度考核，实行市直单位“一季度一检查”。全面推行党委（党组）书记向纪委全会述责述廉制度，6名党委（党组）书记向市纪委全会述责述廉，97名党委（党组）书记书面向市委报告履责情况。加强对全面从严治党主体责任落实情况的监督检查，并把检查结果作为领导班子、领导干部实绩考核的评价内容。严格执行问责条例，坚持失责必问、问责必严，共问责落实“两个责任”不力78人，其中给予党政纪处分26人。通过严肃问责，倒逼责任落实。二是严明政治纪律，保障中央和省、市重大决策部署落实。把严明政治纪律摆在首位，围绕脱贫攻坚、项目建设、防汛抗洪、巡视巡察整改等工作落实情况开展监督检查，纠正有令不行、有禁不止行为。对国务院大督查反馈的民生领域存在不落实、不作为，市委、市政府督查发现的精准扶贫不精准，安全生产事故暴露的监管部门失职失责等问题，严肃查处、严厉问责，191人受到责任追究，其中对松桃自治县多个项目非法占用林地和碧江、德江、思南等区（县）套取挪用城镇保障性安居工程资金的7名相关责任人员给予党政纪处分。全面推行项目廉政档案建设，加强对工程项目等领域的监督，建档项目2182个，建档率达100%。三是严肃换届纪律，保证换届之年风清气正。落实“九严禁”换届纪律，到区（县）蹲点监督、巡回督查，建立信访举报快查快处和沟通协调机制，对2起违反换届纪律典型案例及时通报，以铁的纪律确保换届风清气正。制定廉洁自律审查办法，严把政治关、廉洁关，严防“带病提名”“带病提拔”。换届期间，市、县两级纪委对5240人次党风廉政意见作出回复，87人被取消提名资格。倒查4起廉洁审查把关不严问题，10人受到责任追究，省委常委、省纪委书记宋璇涛对此作出肯定性批示。

【坚持常抓长治，党风政风持续好转】改进监督方式，驰而不息纠正“四风”。盯住一个个具体问题，看住一个个重要节点，实行市县乡三级联动、多部门联合行动，采取交叉互检、突击检查、明察暗访、抽查核实等方式，密切关注“四风”隐形问题，坚决做到发现一起、查处一起，并点名道姓公开曝光。全市共查处违反中央八项规定精神问题313起432人，党政纪处分350人（其中县处级10人），通报曝光245人，查处起数、处理人数、党政纪处分人数均排全省第一。受处分人数占查处人数的81%，被通报人数占处分人数的68%，分别同比上升59%、100%，持续释放越往后执纪越严的强烈信号。

深化专项整治，积极回应群众关切。围绕群众反映强烈的突出问题，开展“三个开刀”专项行动，查处166起179人。继续深化对党员干部违规经商、办酒、打麻将和顶风违纪收送红包等问题的专项整治，纠正处理违规经商办企业67人，收缴红包礼金116万余元，查处违规办酒38人、违规打麻将47人。针对检查发现带有普遍性的问题，开展公款支付电话宽带费、违规发放奖金补贴补助专项清理，责令整改单位35个，清退违规奖金补助2803万余元，清理规范奖金补助名目32项。撤销全市纪检监察机关廉政账户，堵住党员干部违规收送红包礼金的制度漏洞。

强化宣传教育，营造崇廉尚洁社会氛围。结合“两学一做”学习教育，市委常委带头宣讲廉洁自律准则、纪律处分条例等党内法规，组织开展“学党规、明党纪、作表率”主题活动，5.80万人参训参学，唤醒党员干部纪律规矩意识。命名2个市级警示教育基地，组织800余人旁听职务犯罪案件庭审，发送廉政提醒短信8.60万条，第一时间发布执纪审查信息，分类曝光典型案例，用身边事教育身边人。以党报党刊为主阵地，以微信、网站等新兴媒体为主平台，多角度多层次宣传党风廉政建设。民生监督典型案例和经验做法被央视《永远在路上》专题片采用，《斩断伸向扶贫资金的黑手》等120余篇新闻稿件在央视等省级以上媒体刊播。开展廉政文化“六进六增”创建活动，开设“廉政大家谈”“家风大家谈”广播电视栏目，策划“家庭助廉”系列活动，推进家风建设。加强廉政理论研究，5个课题分别获得省纪委优秀理论成果一、二、三等奖和优秀奖，获奖数量居全省第一。

【坚持严格执纪，反腐败斗争压倒性态势形成】一是持续保持高压态势，反腐震慑效应不断增强。清醒认识依然严峻复杂的反腐败形势，保持坚强的政治定力，紧盯“三类人”，确保执纪审查力度不减、节奏不变。全市纪检监察机关共接受信访举报3691件次，立案1936件，结案1889件，党政纪处分2013人。市纪委立案审查县处级干部44人；查处张延高、安启洪等正县级“一把手”8人；及时办理省委巡视组移交的问题线索22件。区（县）纪委查处涉案金额超过100万元的“小官巨腐”15人，其中思南中天投资公司原总经理冷朝猛单笔受贿高达200万元；查处一案三人以上窝案25起，其中玉屏自治县扶贫办违纪窝案涉及7名班子成员。开展国际追逃追赃工作，劝返外逃人员1名。二是探索实践“四种形态”，监督执纪关口不断前移。注重日常监督，坚持抓早抓小，综合运用函询约谈、诫勉谈话、批评教育等方式打招呼、敲警钟，推动各级党委、纪委开展“四类约谈”2.40万人次，464名党员干部主动向组织交代问题。采取谈话函询处置反映市管干部问题线索153件，同比增长45.70%。对犯错误的同志，坚持以纪为尺、宽严相济，综合考虑节点、性质、态度、口碑等因素，分类处置，让相信组织、知错悔错改错的重获机会，让对抗组织、不收敛不收手的付出代价。全年受处分的2013人中，轻处分1608人，占79.90%；重处分405人，占20.10%。移送司法机关91人，同比下降13.3%。三是转变执纪理念，执纪审查方式不断规范。突出执纪特色，审查谈话注重发挥思想政治工作优势，有针对性地运用党章党纪、事实依据去触动和感化被审查对象，促使其深刻反省、认识错误，配合组织调查。注重快查快结、快进快出，162起涉刑案件在司法机关判决前全部审结，并对违纪对象作出党纪处分。制定纪律审查工作内部操作规程等制度，规范监督执纪工作流程。加强对处分决定执行情况的监督，纠正执行不到位21人。坚持依纪依法安全文明办案，确保纪律审查“零事故”。做好纪律审查“后半篇”文章，市纪委对审结的案件实现宣布处分决定同步开展警示教育全覆盖，回访教育受处分市管干部28人。

【坚持执纪为民，民生监督工作成效显著】一是深化整治铸廉行动，推动全面从严治党向基层延伸。把开展民生领域整治铸廉三年行动作为查处群众身边不正之风和腐败问题的抓手，围绕大扶贫战略，实行重心下移、力量下沉，让民生监督组成为基层反腐的尖兵利器。建立主要数据“十天一通报”、典型案件公开曝光、专项监察结果及时向同级党委报告等制度，形成“党委重视、纪委主抓、部门协作、群众支持”的工作机制。立足“监督的再监督”，通过民生监督既查违纪违规问题，又追监管失职之责。市、县两级对民生领域监督共问责229人次，其中市纪委发出监察建议5份、问责市直部门和区（县）负责人35人次。二是加大专项监察力度，集中整治基层“微腐败”。坚持“4+N”专项监察思路，在全市范围内开展计生社会抚养费征收与计生家庭奖励等4项制度执行、信贷扶贫资金贴息、农村饮水安全项目资金、扶贫领域“雨露计划”4项市级专项监察。各区（县）结合本地实际对生态公益林补偿、财政“一事一议”、农村低保、农村养老保险等开展“短、平、快”式的自选专项监察，并对学生资助金、农村危房改造资金等专项监察开展“回头看”。截至2016年年底，专项监察覆盖基层民生政策项目80%以上。全市民生监督立案1710件，党政纪处分1729人，移送司法机关66人，涉及金额2.77亿余元。铜仁市民生监督工作查办案件的绝对数位列全省第二。三是夯实基层基础，推动民生监督工作规范提升。在组建民生监督组的基础上，指导各地加强村级民生监督员队伍建设，全市共配备7766名村级民生监督员，延伸监督触角。建成乡镇纪委教育谈话室171个，开展谈话提醒和警示教育702人次，帮助基层干部及时纠正偏差、改正错误。对享受非普惠制惠民政策的1万余名国家公职人员、村干部及其亲属申报公示情况进行抽查，防止优亲厚友等问题发生。出台《关于强化监督执纪问责、服务保障脱贫攻坚工作的实施意见》，督促市县有关职能部门分别按照不低于5%、10%的比例，对扶贫项目实施、扶贫资金落地情况开展自查自纠。

【坚持统筹谋划，纪检体制改革持续深化】一是落实“两个为主”，强化上级纪委对下级纪委的领导。落实“三个提名考察办法”，会同组织部门提名考察区（县）纪委书记、副书记17名，派驻纪检组长、副组长23名。健全纪律审查工作以上级纪委领导为主的工作机制，加强对上报问题线索处置、纪律审查情况的综合分析和监督指导。落实区（县）纪委和派驻机构向市纪委报告工作制度，推动下级纪委向上级纪委报告工作常态化。二是推进“两个全覆盖”，市县巡察工作全面展开。市级建立巡察制度，制定巡察工作实施办法，设立巡察机构，核定行政编制5个，建立巡察组长库和人才库。市、县两级全面启动首轮巡察，组建47个巡察组，巡察65个单位，发现问题线索116条，立案6人。落实市委《关于推进市纪委派驻机构全覆盖的意见》，对44家单位实行单独派驻、28家单位实行综合派驻，实现市直派驻纪检监察机构全覆盖。创新派驻监督工作机制，强化统一管理考核，97%的市直派驻机构突破“零问责”。发挥派驻机构作用，全市派驻机构开展督导检查，参与监督“三重一大”研究，提出建议意见1143条，立案987件，党政纪处分852人。三是激发基层活力，乡镇纪检监察体制改革落实到位。抓住乡镇换届契机，整体推进乡镇纪检监察体制改革。全市所有乡镇纪委书记均不再由党委副书记兼任，实现专职专用，并设立专职副书记；人员编制、领导职数由区（县）纪委统筹调配使用；书记、副书记提名、考察、考核均以区（县）纪委会同组织部门为主；后勤保障由区（县）纪委负责，办公经费参照政法机关标准核定。2016年全市每个乡镇纪委平均办案9.80件，同比增长34%，比全省平均数多1.50件，案件覆盖100%的乡镇。

【坚持严管厚爱，自身建设明显加强】一是加强思想建设，永葆忠诚本色。市纪委常委会牢固树立“四个意识”特别是核心意识、看齐意识，坚决维护以习近平同志为核心的党中央权威和党的集中统一领导。把思想政治建设摆在重要位置，用先进理论武装头脑、指导实践，提高政治警觉性和政治鉴别力，确保纪律审查工作始终坚持正确的政治方向。开展“两学一做”学习教育，把严肃党内政治生活落实到“三会一课”中，引导纪检监察干部锤炼坚强党性，自觉做讲政治、守纪律、敢担当的忠诚卫士。二是加强能力建设，强化责任担当。以市县乡纪委换届为契机，加强各级纪委领导班子和干部队伍建设。完成市县乡纪委换届，258名政治强、敢担当、作风正的优秀干部新进纪委领导班子。落实“纪委委员是职务不是荣誉”的要求，提高各级纪律检查委员会中专职纪检人员比重。加大干部培养交流力度，市纪委机关与派驻机构内外交流27人。建立区（县）纪委书记、副书记和派驻纪检组组长、副组长后备人选库。加强纪检监察干部业务培训，全年培训321人次。加强信息化建设，开通纪检监察系统保密内网。三是加强纪律建设，坚守干净底线。坚持严字当头，强化内部监督，增强纪检监察干部依纪依规履职和带头廉政勤政的意识。对自身存在的问题不偏袒、不隐瞒，及时纠正，涉嫌违纪的严肃查处，坚决防止“灯下黑”。全市处置反映纪检监察干部问题线索92条，纪律处分14人，调离系统5人。

（市纪委办公室）

组　　织

【概况】2016年，铜仁市委组织部认真贯彻落实中央、省委、市委决策部署，围绕全面从严治党这条主线，着眼全市“十三五”规划目标，聚焦主责主业，强化履职担当，各项工作获得新进展，取得新成效，实现组织工作与经济社会发展同频共振。

【领导班子和干部队伍活力增强】一是统筹协调，推进换届工作。成立组织机构，制定换届方案，明晰时间表、路线图，强化工作落实。同时，盯紧抓牢“五个责任主体”职责，层层压实责任，坚持把执行换届政策与配好班子、选好干部、绘好蓝图结合起来，把统筹指导选举工作与代表委员资格审查、结构比例、能力素质结合起来。把严肃换届纪律贯穿换届工作全过程，保持从严执纪高压态势，确保换届风清气正。成立换届风气督查组，分东西部片区对10个区（县）开展3轮换届风气巡回督查及1轮专项督查。省里两次对铜仁市换届风气评价很好率以及“九严禁”知晓率抽查均为100%。乡镇领导班子换届和区县党委换届完成，所有组织批复人选均高票当选。区县人代会、政协会12月25日前结束。换届后，全市区（县）常委年龄平均43.10岁，比上次换届后低0.50岁，形成60年代传帮带、70年代为主体、80年代为梯队的梯次队伍。二是立足实际，精准选拔配备干部。提请市委常委会讨论干部任免19批675人次。做好干部调动审批工作,研究制定市直单位工作人员准入资格考试工作方案并抓好实施。做好干部挂职服务工作，选派4名干部参加国家3部委挂职锻炼。做好公务员调任审批，审批公务员调任58批442人。三是围绕发展，加强干部培养。搭建多元学习平台，形成“党校+高校+发达地区+培训基地”培训模式，举办各类培训班34期，培训各级领导干部1766人。实行“两段式”培养，在党校接受理论学习后，选派领导干部到发达地区交流、挂职，确保视野、观念、智慧“三丰收”。四是强化监督，推进干部管理。抓好“一报告两评议”和领导干部个人有关事项报告工作。严格干部出国（境）审查审批工作。对9名干部进行经济责任审查。全面自查和复查6名“带病提拔”县处级干部和13名科级干部的选拔任用过程。受理“12380”监督举报件83件次。整改消化超配干部1024名，对1307名县处级以上领导干部兼职（任职）情况进行清理统计，规范59名领导干部兼职（任职）情况。

【党建领域各项工作的创新】一是精心组织，推进“两学一做”学习教育。组建协调小组，先后4次召开协调小组会议，开展两轮督导共195个次单位。利用线上线下灵活开展学习，在铜仁组工微信公众号上创新开设“两学一做”学习教育签到，“微党课、微感言、微故事”，“两学一做”有奖知识问答等栏目；线下以“两送一亮三增”为载体，开展讲党课，送党章、党徽活动，发放党章党徽13万余册（枚）。通过建立“一支部一对策”工作台账，加强对软弱涣散基层党组织进行整改指导。开展违纪违法党代表清理排查，排查清理本届任期内违纪违法“两代表一委员”276人，党员616人。二是精准选人，助力党建扶贫工作。选派干部与贫困村确定“一对一”的责任关系，开展定点帮扶。制定精准扶贫工作干部考核评价实施方案，将全市承担精准扶贫工作的各级干部列为考核对象。平均按约1.82万元/人的标准落实市县1184名“第一书记”保障经费总额2155余万元。开展“千名干部联企助发展、千户企业联村助小康”的“双千双助”活动，企业为联系村投入各类帮扶资金3.85亿元。三是打造精品，强化党建品牌效应。开展以“村两委+乡贤”模式创新乡村治理，形成以村党组织为核心、村民自治组织为基础、村级民间社会组织为补充、村民广泛参与的现代农村多元治理新格局。制定进一步推进村级集体经济发展助推精准脱贫指导方案。推行“村村联建”“村企联建”“村居联建”设置模式，建立315个产业、协会党支部，推行“支部+合作社”“支部+协会”等模式。围绕“一核多元”创新社区治理，探索建立以社区党组织为“核心”的“多元”治理主体和以“共有、共商、共建、共治、共享”为载体的“多样”治理模式，建成20个“一核多元”试点社区。探索“民心党建+信合+”模式。四是突出重点，提升党建实际成效。部署第十届村（社区）“两委”换届工作，全市完成村党组织换届1159个、社区党组织52个。以党组织集中组建“百日攻坚”行动为载体，组建企业党组织919个，覆盖率56.88%；组建社会党组织174个，覆盖率75.94%。

【人才环境优化和引领】一是健全政策，进一步改善人才工作环境。制定《铜仁市“十三五”人力资源发展规划》和“十三五”时期人才工作行动纲领。出台《铜仁市大数据人才引进培养实施办法》《铜仁市医疗卫生高层次专业技术人才引进办法（试行）》等，进一步理顺各行各业人才队伍建设机制。二是创新模式，丰富人才培养手段。争取访问学者项目。开展博士服务团挂职申报项目，向中央组织部推荐第十七批博士服务团挂职岗位6个。开展贵州省百千万人才和第五批人才基地申报工作。三是需求导向，拓展人才引进途径。组织相关单位参加第四届人才博览会，组团赴北京、上海、武汉等知名高校开展人才引聘，全年引进各类人才3500余人，其中博士、硕士等高层次人才200余人。推进苏州铜仁人才智力交流，筹划开展苏州市100名教授专家铜仁行活动。引进金融副市、区（县）长9人。四是完善服务，激活人才使用方式。开展万名农业专家服务三农行动，选派55名科技副职、93名科技特派员、1000名农业辅导员分成10个团队深入乡镇、农业园区、种养殖基地开展现场指导和技术帮扶。启动黔归人才综合信息数据库人才信息录入工作。制定《实施集聚本土人才、发展乡贤文化、推进春晖行动，齐推铜仁发展工作方案》，实施集聚本土人才、发展乡贤文化、推进春晖行动三大工程。

【组织部建设】一是强化学习，建设“活力”组织部。部机关组织开展41次集中学习暨“组工讲坛”和4期“道德讲堂”。扎实开展“两学一做”学习教育，全体干部职工争做“四讲四有”合格党员。二是强化管理，建设“效率”组织部。严格执行考勤、公务车辆使用等制度。规范办文办会流程。严格财经纪律，加强党务政务公开，强化保密安全工作，创新服务方式，进一步提高工作效率。三是强化服务，建设“温馨”组织部。加强人文关怀，建立组工干部谈话沟通机制。走访慰问退休老同志和生病的干部职工。及时调整充实中层干部。开展健康有益的支部和工会活动，进一步增强凝聚力。

【铜仁市市、县、乡党委换届工作】8月30日，全市144个乡镇完成党委换届。10月19日至10月30日，全市10个区（县）召开党代会，完成党委换届工作。按照换届政策要求，做好前期筹备工作，选举产生市级党代表407人。12月25日，中国共产党铜仁市第二次代表大会闭幕，大会选举产生新一届市委领导班子和市纪委领导班子，完成市委换届各项工作任务。市委成立以市委书记为组长的换届工作领导小组，把“九严禁”作为换届工作的“高压线”“防火墙”，坚持按照好干部“二十字”标准选干部、配班子，严把“报告关”“代表关”“会议关”“舆论关”，整个换届做到思想不散、工作不断、秩序不乱，选出好干部、配强好班子、换出好面貌、提振精气神。

【铜仁市严肃换届纪律风气监督】按照中央、省委关于加强换届风气监督工作要求，扣紧压实“五个责任主体”的责任，坚持教育在先、警示在先、预防在先原则，做好“四必看”“四必谈”“四必训”工作，把纪律和规矩挺在前面，先后印发《关于加强换届风气监督的实施方案》《铜仁市换届工作网络舆情应急处置预案》《铜仁市违反换届纪律案件查核专办制度》《关于广泛深入开展严肃换届纪律教育宣传工作的通知》《2016年度区（县）领导班子换届考察工作手册》等配套文件。组织观看学习《镜鉴——衡阳、南充违反换届纪律案件警示录》《警钟——辽宁拉票贿选案警示录》《严肃换届纪律文件选编》，并通过网站、电视、报纸、微信、手机报等平台刊载换届重要政策及纪律要求，宣传换届选举工作的政策法规和纪律规定，扩大干部群众知晓率。据统计，全市共组织观看学习“一片一书”7万余人次，谈心谈话4万余人次，发放严守“九严禁”换届纪律宣传卡片11万余份，签订严肃换届纪律承诺书7万余份。在省委组织部先后两次下发的换届纪律知晓率电话抽查情况通报中，铜仁市换届纪律知晓率和换届风气评价很好率均为100%。

【铜仁市坚持“凡提必核”

“凡备必核”】 按照中组部、省委组织部有关要求，对拟提拔为副处级及以上干部、拟列入后备干部人选对象、拟转任重要岗位人选对象、换届时拟继续提名的人选对象和“两代表一委员”进行重点抽查核实。同时，把抽查核实结果，作为评价识别干部是否忠诚老实、是否清正廉洁的重要依据，建立领导干部个人有关事项报告抽查核实台账，对查核发现不如实填报的情况，逐一进行登记，作为领导干部诚信档案，并直接与考核评价、选拔任用干部相挂钩，发挥领导干部报告个人有关事项工作对干部的监督管理作用。2016年，抽查核实928人，责令作出书面检查207人，函询101人，批评教育10人，诫勉谈话8人，取消部分领导干部作为进一步使用人选资格、“两代表一委员”提名人选资格。

【铜仁市开展“两学一做”学习教育】 4月18日，市委以召开常委会形式启动“两学一做”学习教育。市委中心组先后4次召开专题学习研讨会，查摆问题156个，制定整改措施450条。市委常委带头讲党课106堂次，市级督导195个次。强化分类指导，以“十个标准”创建活动为载体，在党员领导干部中开展“八争”活动、在乡（镇）村党员中开展“五个带头”活动、在街道社区党员中开展“四个自觉”活动、在机关事业党员中开展“五个榜样”活动、在国有企业党员中开展“四个标兵”活动、在教育系统党员中开展“四个表率”活动、在医疗卫生系统党员中开展“四个模范”评比活动、在非公企业党员中开展“四个示范”活动、在社会组织党员中开展“四个典型”活动、在流动党员中积极开展“四个典范”活动），分层分类为党员画“标准像”。开展“党员示范行动”“党员示范群体”和“送党课”活动，排查整顿后进基层党组织247个，发放党章（党徽）14万余册（枚）。党员领导干部以普通党员身份参加支部集中学习，各级党组织完成专题研讨会4期、共查摆问题9000个、整改措施12000余条。

【铜仁市抓实党建促脱贫攻坚工作】 从市县两级选派1565名县级以上实职干部和后备干部定点包干1565个贫困村；选派“第一书记”1270人，驻村干部8200余人，组建1681支驻村工作组开展驻村帮扶工作,实现1026个村有集体经济积累；投入资金680.20万元和留存党费220万元支持党员培训工作；举办村支书、主任和党员致富带头人培训241班次，培训党组织书记5377人、村主任5165人；全市组建678个乡贤组织，吸纳3万余名乡贤会员，帮助群众办理事实好事5000余件，筹集发展资金2300万元，帮扶发展项目500个，协调矛盾纠纷4000余件，扶持村集体经济产业1500万元，带动5000余户贫困户就业创业；建立村级“民心党建+信合+”精准脱贫服务站2346个、组织开展脱贫服务站人员培训指导1274次,累放“精扶贷”7884笔、金额3.38亿元，累计组织群众存款1.38亿元。

【“两新”组织党建工作成效显著】 建立“三色”台账，推进“三种”组建，提高非公企业、社会组织、党的组织和党建工作“两个覆盖”率。精准摸底，建立“三色”台账。把有党员、建立党组织、职工50人以上的非公企业及从业人员30人以上的实体性社会组织纳入“红名单”贴标管理；把经营运行困难，负债累累，长期停业未经营的“空壳公司”“僵尸企业”，以及长期未正常开展工作的社会组织，纳入“黄名单”贴标管理；把“小微企业”“农民专业合作社”等职工人数在50人以下的非公企业，以及从业人员在30人以下的社会组织纳入“蓝名单”贴标管理，按照“红名单”抓组建，“黄名单”抓注销，“蓝名单”抓选派的思路分类管理，既实现非公企业和社会组织党建工作的精准开展，又解决业务数据与党统数据不“兼容”的“老大难”问题。依据“三色”台账，推进“三种”组建。通过开展园区共建、行业统建、社企联建“三种”集中组建活动，铜仁市新建非公企业党组织686个，党组织覆盖非公企业数新增2523家，非公企业党组织覆盖率提升至57.40%。新建社会组织党组织81个，党组织覆盖社会组织数新增166家，社会组织党组织覆盖率提升至87.5%。

宣传

【概况】2016年，铜仁市学习宣传贯彻习近平总书记系列重要讲话精神掀起新热潮、落实党委意识形态工作责任制开创新篇章、舆论引导舆情管控打开新局面、聚焦大事服务大局实现新提升、文化创新改革取得新突破、典型塑造引领社会新风尚、对外宣传有力提升铜仁新形象，为推动全市实现“十三五”良好开局提供思想感召力、文化凝聚力和精神推动力。

【理论武装】一是重学用结合。开展习总书记系列重要讲话、党章党规、《胡锦涛文选》、中共十八届六中全会精神的学习研究工作。举办“铜仁学习大讲堂”，邀请国内知名专家学者到铜授课8场次，推动专题学、深入学；利用好“铜仁微学习”平台，编辑发布70余期理论学习内容，关注人数达7200余人，推动及时学、互动学。二是重凝聚共识。以“科学理论上讲堂”为引领，开展“社科理论下基层”“党的声音进万家”等活动，带动领导干部上讲堂、党员干部上讲堂，形成“宣传干部带头讲、领导干部示范讲、干部群众齐宣讲”的大宣讲格局。组织专家宣讲理论77场次、组建政府职能部门负责人宣讲46场次；协调省委讲师团“科学理论上讲堂”“省社科理论下基层”专题宣讲12场次。三是重成果转化。成立县级社科联，开展系列征文、知识竞赛活动，重点加强“综合生态观”理论研究，围绕市委一届九次全会精神，组织开展局长、主任看“十三五”理论解读，在《铜仁日报》、铜仁网站、“铜仁微学习”集中刊发解读文章12篇。组织开展“铜仁大扶贫”征文活动，评选出50件优秀成果。

【舆论引导】一是主题宣传。策划推送系列新闻选题，加强对大扶贫、大数据两大主战略和“四大跨越工程”、创建绿色发展先行示范区等重大战略部署、重点工作的宣传报道。铜仁市扶贫工作经验在《人民日报》、央视《焦点访谈》刊出，《中国日报》刊发的《扶贫日 赞铜仁》当天的点击率突破90万人次，农村改革经验在央视《新闻联播》播出。二是突出舆论引导。紧扣“时度效”三大要素，强化热点问题舆论引导和突发事件舆论应对工作，建立“县网乡群村联”工作机制，组建“十百千”网评队伍，开通核心网评员和骨干网评员微信群，全年没有出现较大负面舆情。三是社会宣传。围绕“梵天净土·桃源铜仁”品牌形象定位，在凤凰机场、杭瑞高速、沪杭高速入口等地制作设置高炮宣传形象广告12块，制作设置“脱贫攻坚”“12345”市民服务热线、农业园区建设、“两学一做”等户外宣传广告50余块。组织市属新闻媒体刊播公益宣传广告400余条（次）。四是机制建设。出台《铜仁市新媒体积分制管理暂行办法》等机制性文件，对10余个问题微信公众号实行扣分警告处理。坚持季度新闻通气会制度，先后召开4次新闻通气会，征集重点新闻报道选题106个。着力构建“走转改”长效机制，组织开展“新春走基层”“全域旅游乡村行”“脱贫攻坚我在实干”“追寻红军足迹”等集中采访活动。

【对外宣传】一是抓好选题推送。先后向中央、香港驻黔和省主流媒体推送铜仁市外宣选题100余次。特别是铜仁市推送“留守儿童体系建设”“医疗体系改革”“教育扶贫”等选题，被中宣部、中央深改办等部门列为重点报道选题，并积极协调中央、省级主流媒体，推动相关媒体对铜仁市的典型经验和成效进行了持续、深入地报道。二是抓好重点外宣。《人民日报》、新华社、央视等高端媒体密集对铜仁市民族文化、全域旅游、水利扶贫开发、脱贫攻坚、医疗改革、教育扶贫等多个领域进行宣传报道。全市在《人民日报》、中央电视台、新华社、中央人民广播电台等中央级媒体以及上海、江苏、贵州等省级及港澳台媒体刊（播）铜仁外宣稿件达14000余条次。三是抓好高端展示。策划制作“弥勒道场·养心天堂”10秒形象广告片，在央视《新闻联播》前、《朝闻天下》栏目中连续播出一年。“世界公园梵净山”15秒中英文版形象广告片春节期间在美国纽约时代广场户外大屏进行展播，每天播出200次，实现首次、密集地在美国进行对外形象展示，引发广泛关注。四是抓好新闻发布。坚持新闻发布例会制度，就铜仁市开展“两学一做”等工作开展情况以及万山风筝节、2016中国梵净山生态文明与佛教文化论坛、第五届旅发大会、印江书法艺术节、水博会等重大活动召开新闻发布会15次，推动党委、政府新闻发布制度科学化和规范化，重要新闻发布常态化。

【文明创建】开展核心价值观宣传教育。新打造社会主义核心价值观主题场所20个，制作宣传公益广告3500余块，市属新闻媒体刊播社会主义核心价值观主题公益广告700余条次。组织开展“弘扬我们的价值观·家家户户贴春联”活动，书写赠送春联136.50万余幅，群众受益户数54.20万余户。参与社会主义核心价值观主题微电影征集展示活动，向省报送微电影作品4件。全市建成“积德榜”2943个，上榜人数19000余人。

推进“明礼知耻·崇德向善”主题实践活动。协办孔学堂“知行贵州·文化之旅”走进铜仁活动。开办“明礼知耻·崇德向善在家庭”《家风大家谈》电视专栏，开展“家庭美德进万家”活动、“好家风·好家规”征集展示和“文明家庭”评选活动等，推荐1个家庭为“全国文明家庭”。推荐17户个体工商户参评贵州省2014—2016年度“省级诚信个体工商户”。在全国志愿服务信息平台上共发布志愿服务项目16个，实名注册志愿者149899人，开展“暖冬行动”、“3·5”学雷锋纪念日暨中国志愿者日、全国助残日、“6·1”儿童节、保护母亲河等系列志愿服务活动100余次。

推进“文明在行动·满意在铜仁”。印发《文明在行动·满意在铜仁主题活动实施方案》《铜仁市2016年多彩贵州文明行动——“整脏治乱”专项行动实施方案》，在全省“文明在行动·满意在贵州”活动暨“多彩贵州文明行动”考核中，铜仁与六盘水市获得一等奖，位列全省九个市州第2名。在全省“多彩贵州最美高速”考核中，铜仁位列第1名。

加强未成年人思想道德建设。举行“多彩贵州欢迎你·我是文明小导游”风采大赛。推荐《我爱北京天安门》《每当我轻轻走过老师窗前》《红领巾飘起来》《我梦飞扬》4个“童心向党”歌咏视频节目在央视网、中央未成年人网展播。评选出16名市级美德少年，向省文明办推荐黄紫璇、任秀琦等6名作为省级美德少年候选人。全市征集到中小学书法绘画作品420余幅，评选出市级获奖作品120幅，向省报送150幅。获批中央和省专项彩票公益金支持建设乡村学校少年宫项目共18个。举办铜仁市2016年“放飞梦想·快乐成长”乡村学校少年宫才艺展示大赛，全市41个项目学校48个节目参加。全市94个乡村学校少年宫数据包投入运行，实行网上云管理。

抓好先进典型培育。制定印发《铜仁市贯彻落实贵州省先进典型宣传工作具体实施办法》，构建先进典型培育学习宣传体系。推荐好人线索经中国文明网审核通过6989条，位于全省前列。向省文明办推荐好人63人，5人荣登“中国好人榜”，39人荣登“贵州好人榜”。评选产生22名“铜城仁者”2015年度人物及年度提名人物。

开展“宣传干部上讲堂”活动。全市累计开展“道德讲堂”活动13758场次，全省“宣传干部上讲堂”现场推进会于6月20日至21日在江口县召开。全省“宣传干部上讲堂”交叉观摩活动到玉屏自治县、思南县观摩。

【文化事业】推进文化改革。完成《铜仁市文化发展“十三五”规划（讨论稿）》，制定《铜仁市支持特色文化产业加快发展的实施意见》。拟定《铜仁市文化产业园区（街区、小镇、村落）管理暂行办法》，启动第二批文化产业示范基地评选工作。加快铜仁市桃源文化产业集团和报业集团的组建工作，组建桃源文化产业集团的工作领导小组，清产核资等工作有序开展，报业集团组建工作稳步推进，《铜仁报业集团组建方案》已报批。出台《关于全面实施“六个有”建设深入推进创新基层公共文化服务机制的实施意见》，召开全市创新基层公共文化服务机制现场推进会，全市10个县（区）实现文化馆、图书馆全覆盖，建成乡镇综合文化站169个，完成文化信息共享工程服务点133个、农民体育健身工程138个。

推进文旅融合。推动碧江区“梦幻锦江”文化旅游综合体、德江县傩缘旅游文化项目、沿河自治县洪渡风情小镇旅游景区的建设。9月举办思南县首届旅游商品创意设计大赛；10月在铜仁市第五届旅游产业发展大会暨2016贵州梵净山松桃苗族文化旅游节上，组织开展“美丽梵净山·神奇松桃”旅游文创产品设计大赛、梵净山旅游商品展销会等活动。启动文化产业扶贫“千村计划”试点工作，江口县被列为全省试点县之一。完成6个贫困村的调研工作，江口县坝梅村“互联网+紫袍玉带石”申报成功并获得省资金支持60万元。

推进文化交流。组团参加第十二届深圳文博会，玉屏箫笛得以在会上展示展销，箫笛合奏《水乡船歌》得到展演。印江自治县凤仪乡村文化旅游度假区建设项目和玉屏侗族自治县文化艺术中心项目现场签约，合同签约总金额3.02亿元，占贵州签约总金额67.94亿元的4.50%。在2016年中国（贵州）国际民族民间文化旅游产品博览会上，2组反映铜仁市文化特色的文创作品入围文创设计大赛中15强。在民博会期间展示展销期间，两组文创作品销售1100多件，共收益1.30万元，美国、吉尔吉斯斯坦、波兰等国家展会企业负责人及联合国北美手工协会主席与铜仁市文创产品进行交换，来自深圳、苏州，遵义、安顺等省内外企业与该公司达成意向性合作。

推进文艺精品创作。制定《铜仁市文艺创作扶持基金实施管理办法（试行）》及相关扶持配套制度，组织实施两本书、两部剧、一首歌、一部广告片“2211”文艺精品创作生产工程，启动《苗乡恋》《密战乌江1935》等影视作品的拍摄工作。组织开展“第五届梵净山年度文学奖”评选。龚晓虹报告文学《云上十二盘》、陈丹玲散文集《目送》获中国作协重点扶持；末未诗集《归去来》、龙险峰诗集《春天正兜售爱情》、张贤春长篇小说《青龙坝》、安元奎散文集《二十四节气》入围第十一届全国少数民族文学创作“骏马奖”参评目录，土家山歌《这山没得那山高》入围第十七届群星奖决赛。

【宣传系统队伍建设】开展党员干部“两学一做”学习教育。贯彻落实各级党风廉政建设有关精神，推进全系统党风廉政和反腐败建设，塑造良好形象。举办全市“两学一做”暨“宣传干部上讲堂”理论骨干培训班和网络舆情培训班，分级组织开展全市“宣传干部上讲堂”展示大赛，有效锤炼“三能干部”的能力和素养。

（市委宣传部研究室　罗艾宇）

统　战

【概况】2016年，全市统一战线认真学习贯彻党的十八大和十八届三中、四中、五中、六中全会，省委、市委历次全会以及中央、省委、市委统战工作会议精神和《中国共产党统一战线工作条例（试行）》，按照年初“一巩固、两突破、三提高”工作目标，进一步夯实基础、服务大局，突出亮点、彰显特色，推动铜仁市统一战线工作上新台阶。市委统战部被评为“全市民族团结进步示范创建先进集体”，统战部机关党支部被评为全市“先进基层党组织”，全省各市州党委统战部第二季度工作交流座谈会于7月在铜仁召开。

【聚力统一战线参与脱贫攻坚】争取中央、省统一战线智力帮扶武陵山片区（铜仁）扶贫开发工作。5月中旬，市委常委、统战部部长肖洪前往民建贵州省委对接汇报工作，争取民建省委对铜仁的帮扶。5月底，省政协副主席、民建贵州省委主委、省工商联主席、省总商会会长李汉宇、市委书记夏庆丰带队前往民建中央汇报对接工作，争取民建中央对铜仁帮扶。在省统一战线的牵线搭桥下，民革中央、民建中央、民进中央、致公党中央，九三学社江苏省委、致公党山东省委，省统一战线成员单位等先后到铜仁考察调研、开展帮扶活动。7月，市委统战部通过省委统战部协调，争取到泛海集团“泛海助学行动”从2016年到2020连续5年对铜仁5000名贫困家庭大学新生每人资助5000元，共计2500万元，2016年的500万元资助金全部发放给贫困大学新生。8月，争取贵州兴伟实业有限责任公司资助铜仁贫困学生家庭价值150万元爱心书桌5000套。10月，苏州市委副书记、统战部部长朱民率苏州市统一战线相关单位到铜开展对口帮扶工作，为铜仁捐赠帮扶资金255万元。12月，民革中央第六调研组到铜仁开展脱贫攻坚民主监督工作，为印江自治县兴旺小学捐赠8000余册儿童图书等。2016年，中央、省统一战线共到铜仁开展帮扶活动51次，召开座谈会、培训会45次，培训人员2164人，建言献策124条，实施帮扶项目25项，引进各类帮扶资金1015万元。

开展“千企帮千村”精准扶贫行动。2月，召开全市“千企帮千村”行动动员会，市委书记夏庆丰作批示，市委副书记、市长陈晏出席会议并作动员讲话。会上，30家民营企业与30个贫困村签订结对帮扶协议，安排部署组织民营企业开展产业扶贫、商贸扶贫、就业扶贫、公益捐赠扶贫、智力扶贫工作，并启动民营企业家担任贫困村荣誉村主任和“商会与国家级贫困村结对帮扶”行动。6月，在全省民营企业“千企帮千村——百会千企聚力脱贫攻坚”现场推进会上，铜仁10名荣誉村主任参加会议，玉屏温氏畜牧有限公司作交流发言。9月，召开全市民营企业“千企帮千村”精准扶贫行动推进会，进一步统一思想、整合资源，合力推进脱贫攻坚，形成统一战线扶贫新品牌。全年有274户民营企业、21个商协会与199个贫困村进行结对帮扶，20名民营企业家被结对帮扶村聘为荣誉村主任，实施各类帮扶项目159个，投入资金8734.40万元，带动就业7381人。

【抓好统战领域各项工作】一是做好民主党派市级组织换届工作。按照省委统战部的统一安排，协助民革、农工党、九三学社市委完成换届工作。9月，民革、农工党、九三学社铜仁市第二次代表大会先后召开，选举产生第二届委员会及领导班子，实现新老交替和组织交接。二是推动民族团结进步创建工作。推进民族团结进步创建活动进机关、进乡镇、进企业等“八进”活动，参与做好民族团结进步示范市创建验收工作。铜仁市通过国家民委验收并正式命名“全国民族团结进步示范市”。三是参与举办“2016年中国梵净山生态文明与佛教文化论坛”。做好论坛论文征集、审查、编印和专家邀请等工作。4月，通过新闻媒体发布征文启事，多形式、多渠道开展论文征集工作，遴选79篇论文汇编成《2016中国梵净山生态文明与佛教文化论坛论文集》。四是深化非公经济领域统战工作改革，加强非公有制经济人士综合评价工作。代市委起草《铜仁市非公有制经济领域统战工作的实施意见》，为铜仁非公有制经济领域统战工作的开展提供政策保障。开展铜仁市民营企业家“守法诚信、坚定信心”学习教育实践活动。对948名拟作为各级党代表、人大代表、政协委员、工商联（商会）副主席（副会长）等政治安排的非公有制经济代表人进行综合评价。五是加强对台宣传，拓宽对外联系网络。5月，国台办海峡两岸出版交流中心与台湾中天电视台、联合报连续第2年组成“魅力东方——走进铜仁”摄制组到铜仁拍摄采访，进一步加大铜仁对台宣传工作。9月，由中国侨联主办，贵州省侨联、铜仁市侨联承办的“海外侨胞故乡行·走进贵州”活动在铜仁举行，来自美国、加拿大、德国等10多个国家和地区的30余位侨商侨领齐聚铜仁，共庆中国侨联成立60周年，助力铜仁经济创新发展。六是做好市政协委员换届工作。代市委起草《关于认真做好政协第二届铜仁市委员会委员推荐提名工作的意见》，召开全市政协换届人事安排工作会议，对二届市政协委员提名推荐工作进行安排部署。按照相关程序开展二届市政协委员的推荐酝酿考察工作，安排二届市政协委员393名，为政协第二届铜仁市委员会第一次会议的召开奠定基础。

（市委统战部办公室）

群众工作·信访

【概况】2016年，铜仁市群众（信访）工作按照中央、省、市关于群众（信访）工作的决策部署，不断畅通群众诉求表达渠道，完善接访机制，健全工作体制，努力构建信访工作新秩序。通过开展矛盾纠纷和信访问题集中排查化解“百日攻坚战”、信访积案攻坚战等专项行动，排查和化解大量矛盾纠纷和信访问题，为全市跨越发展营造和谐稳定的社会环境。

通过信访积案集中排查化解“百日攻坚战”开展及县域信访管理新模式的全面推广，全市信访工作形势总体呈现“四降一转”（信访总量下降、重信重访量下降、集体上访量下降、进京访下降和信访秩序明显好转）的形势。全市接待处理群众信访总量2610批（件）4061人次，同比批（件）次下降13.23%，人次下降22.89%。其中群众来访2195批次3608人次，批次下降28.54%，人次下降32.64%。来信（函网上信访、电话、传真等）415件，同比件次上升27.58%。到市访：市委群工部（市信访局）接访544批1060人次，同比批次下降14.32%，人次下降20.43%。上省访：765批1324人次（集体访41批327人），同比批次、人次上升。到京越级访：到国家信访局上访批次、人次双下降。

开展矛盾纠纷和信访问题集中排查化解“百日攻坚战”，对矛盾纠纷和信访问题实行动态排查，做到发现一起，交办一起，化解一起,销案一起，确保及时有效地把问题处理在基层。对排查出的矛盾纠纷、信访案件和重点人员纳入“三个四级个案台账管理体系机制”管理，共建立“三个四级个案台账”4705件，其中矛盾纠纷763件，信访案件和信访积案3660件，重点人员282件。对2015年和阶段性的信访突出问题进行梳理分类分析研判，拟定出铜仁市《当前十大突出信访问题》上报市委、市政府，为市委、市政府提供决策参考。

全年全市共办理接受上级交办信访积案1090件，化解1053件，化解率96.60%。国家信访局人民来访接待司1件，来信司4件；省信访局交办信访积案60件；省领导包案督访铜仁市信访案件24件；重要领域重点行业信访积案540件；省信访局领导批示交办件7件；省信访联席办第一季度74件、第二季度55件案件、第三季度63件已全部化解。2016年3月，市级排查进京四访件由市委市政府领导包案化解；排查信访突出问题35件和重点群体4个，由市领导包案化解和督促稳控。此外，争取中央和省特殊疑难信访问题补助资金共计312.89万元，化解特殊疑难信访问题145件。

本年度，市、区（县）年初均制定市、县领导接访日程安排，确保市领导每个季度在市群众工作中心公开接访1天，各区（县）每天都有1名县级领导公开接访上访群众,并在新闻媒体和接访场所公示，接受群众监督，方便群众反映诉求。全年，市级领导共接访147批431人次，累计有2400人次县级领导干部公开接访859批1457人次。市群工部（局）定期采取电话抽查，督促各区县加强领导接访，推动“事要解决”。

【铜仁市、县两级建成28个网上信访受理平台】 3月31日，市委办、市政府办《关于进一步推进市、区（县）信访联席会议成员单位和乡镇群众工作站接入省电子政务外网工作的通知》，要求全市各级各相关部门在4月15日前全部联入电子政务外网。铜仁市信访信息系统联入应用，工作实现“横到边、纵到底”，信息化基础建设进一步夯实，推动各责任主体单位、各区（县）系统应用工作全面开展。全市已应用和建立的网上信访平台涉及市、区（县）2个层面共28个受理平台，网上信访逐步成为群众反映诉求的重要渠道，为百姓提供足不出户的网上一站式在线服务。

【铜仁市推进信访工作制度创新改革】强化落实依法分类处理

信访诉求。对导入法定途径的投诉请求，运用网上信访信息系统将涉法涉诉案件按程序转入涉法涉诉部门，确保有人接、有人管、有人办理，并制定《铜仁市关于按法定途径分类处理信访诉求的指导意见》。优化接访大厅接访方式。安排市直部门进驻窗口接访，撤销工信委、生态移民局窗口，创建交通窗口，专设扶贫攻坚和城镇化建设窗口，打造群众满意的接访服务窗口。建立健全信访工作机制制度。出台《两类重要重点人员排查化解包保稳控工作制度》《铜仁市网上信访工作规范》《铜仁市群众（信访）工作考核办法》《律师代理信访制度》等，规范信访接待、督查督办、信访信息上报、不稳定因素排查、领导包案化解等制度。总结提炼推广“1143”矛盾纠纷调解工作机制，信访代理机制、五步工作法等铜仁信访工作中创新的机制和方法，得到省、市领导批示推广，国家信访局网站、《人民信访》2016年第五期、《贵州日报》等省级以上媒体进行报道，其中“1143”矛盾纠纷调解工作机制得到中央深改办的肯定并中央深改办《改革信息》上刊发。

【铜仁市信访新闻信息报送和刊载量居全省第一】 2016年度，上报省信访局网站新闻信息取得全省各市州信访新闻信息报送和刊载量第一的成绩，铜仁市信访信息多次在国家网站、“今日头条”和省信访局“微信公众号”刊载。

【铜仁市运用新媒体拓宽群众诉求渠道】建立“铜仁市信访局”微信公众号及“头条号”，铜仁市微信公众号共刊登80期信息，运用新媒体来解读信访法规、推广典型经验、展现群众（信访）工作风采，同时扩宽群众反映诉求的渠道，让数据多跑路、群众少跑腿。

（市群工部办公室）

对台工作

【概况】2016年，铜仁市对台工作贯彻落实中央、省委和市委对台工作部署，围绕市委“四化同步，一业振兴”发展战略，为做好“十三五”对台工作开好局，精心组织，全面完成目标任务。

中心工作。全市台办系统贯彻落实中央对台大政方针和省委、市委的决策部署，把服务对台工作与全市中心工作相结合，在建言献策、项目招引、人才培育等方面贡献力量、发挥作用。

平台载体。台办系统立足自身特点和工作实际，创新载体、搭建平台、借助舞台，开展铜台经贸、人文、教育交流及“魅力东方—走进铜仁”等一系列活动，进一步拓展铜台两地合作的深度和广度。

桥梁纽带。发挥职能作用，加强对台交往联络，扩大与台湾企业、客商和重要社团等民间组织的联系，建立优势产业和各社会团体对台交流工作网络，搭建区域间交流合作的桥梁和纽带。2016年，铜仁市有4个交流团组共18人赴台交流考察，同时，邀请台胞团组到铜10批次112人，增进了铜台间的了解。

服务台胞。开展2016年“走访台企、助推发展”活动，健全台企信息台账、台企台办结对服务联系台账、台企困难问题定员定时解决台账。走访台企3家6次，慰问台胞20人次，开展座谈6次，梳理台企存在问题1件，解决1件。10月9日至10日，帮助台商沿河自治县松和林业有限公司总经理刘松忠办理企业法人变更登记。处理和办结台胞台属来信来访3件。元旦春节、中秋、国庆等重大节日，全市共走访慰问台胞台属300多户。开展涉台调研，全市台办系统共撰写调研文章11篇

对台宣传。向省台办报送宣传稿件200多篇（幅），《贵州与台湾网》采用100余篇（幅），被《中国台湾网》等转载30余篇。5月22日至29日，台湾媒体记者采访团一行4人到铜，实施“魅力东方—走进玉屏”和“魅力东方—走进印江”入岛宣传项目。全市共组织涉台形势教育等学习宣讲活动8场次，参加人数500余人次。

【全市对台工作会议召开】3月24日，召开全市对台工作会议，传达贯彻全国全省对台工作

会议精神，总结2015年工作，部署2016年工作。市委副书记阳向东出席会议并讲话。市委常委、市委统战部长肖洪主持会议。台办主任作工作报告。市委对台工作领导小组成员单位、市直有关部门、各区县党委统战部长、台办主任共100余人参加会议。

【2016年铜台交流】3月26日，第12届世界风筝锦标赛暨第33届潍坊国际风筝会（西南赛区）在铜仁万山举行，以台胞叶登贵为队长的台湾绿能飞行队参加角逐；4月12日，台湾树德科技大学助理校长洪春棋、驻北京顾问李欣岩到铜仁学院开展校际合作，进行交流座谈；4月15日，台湾大叶大学校长助理柯子超应邀到铜仁学院参加主题为“台湾高等教育现状”的交流会；4月29日，台湾六和机械大陆营运总部项目处处长王素贞，六和轻合金有限公司副总经理王何明等一行到铜仁职院，洽谈校企合作事宜；5月4日，台湾建国科技大学副校长黄清和、国际合作及交流处副处长陈铉文一行到铜开展交流活动；7月6—8日，商务部原部长、海峡两岸关系协会会长陈德铭一行5人到铜调研，中共铜仁市委书记夏庆丰出席座谈会并致辞，省委统战部副部长、省台办主任周素平等陪同调研参加座谈会，昆山台协会监事长、泰塑昆山塑胶工业有限公司董事长廖万国携台商7人参加座谈会；7月17—18日，以台湾原住民族生存发展协会理事长孔文吉为团长的少数民族交流团一行36人到铜开展交流活动，增进台湾民众对铜仁的了解，为铜台两地少数民族的交流增添新的内涵；8月20日，台湾硕业绿能集团总裁赵叔键一行到铜考察，市委书记陈昌旭、省商务厅副厅长马雷等在铜仁人民会堂会见了赵叔键一行。

【铜台经贸文教交流活动举行】 7月9—14日，第四届贵州·台湾经贸交流合作恳谈会暨铜台经贸文教交流活动举行。以台湾贵州经贸文教交流协会会长申玉玲为团长的考察团到铜开展交流考察活动。11日，召开铜台经贸文教交流座谈会。考察团一行先后到松桃自治县、铜仁高新区、碧江区、万山区和江口县，实地考察正大万亩茶园、梵锦茶叶有限公司、汉方大健康产业园、百丽鞋业、农夫山泉、同德药业、九丰农业综合体、朱砂古镇、寨沙侗寨、梵净山等地和企业，详细了解铜仁市大健康医药产业、民族特色文化产业、文化旅游资源以及交通基础设施等情况。考察团还前往铜仁学院交流考察，召开交流座谈会，台湾科技大学等3所高校分别与铜仁学院签署合作协议。

【铜台书法文化交流活动成功举办】10月17—22日，国台办重点交流项目——铜台书法文化交流活动在铜实施。以台湾贵州经贸文教交流协会会长申玉玲、书法家杨碧棋等为代表的台湾文化交流考察团一行32人到铜，参加铜台书法文化交流的各项活动。18日，以“书法之乡·养生印江”为主题的2016首届书法文化艺术节（中国·印江）在印江自治县书法文化广场开幕。台湾文化交流考察团出席开幕式，近距离体验“书香印江”传统书法技艺与现代书画艺术广场秀，观看以《书·印江》为主题的现场文艺表演，参观印江书法家馆。在铜期间，台湾文化交流考察团还先后出席贵州省书协印江创作基地授牌仪式、铜仁市旅游产业招商推介会及项目签约仪式、贵州铜仁梵净山西线旅游风景道暨印江书法摩崖长廊创建仪式，参加“书法名家梵净山论坛”、书法创作现场笔会、下基层文艺采风等活动。

【“走访台企、助推发展”活动成效明显】市台办通过协调市直部门，联合14个部门下发2016年“走访台企、助推发展”活动实施方案，确立目标任务，细化工作措施，明确2016年各相关部门职责任务。由主要领导带队，通过开展走访慰问活动，帮助台企解决实际问题。完善“三本台账”，健全机制。2016年存在和发现的问题都得到了妥善解决。加大涉台宣传。加强对“走访台企、助推发展”活动和涉台法律法规的宣传报道，扩大社会知晓力和影响，进一步促使社会各界广泛参与涉台工作和涉台事务。

【实施“魅力东方—走进铜仁”入岛宣传项目】 5月22日至29日，国台办海峡两岸出版交流中心媒体部副主任常建国携台湾主流媒体中天电视台、台湾民众日报组成的采访团一行4人，到玉屏、印江自治县拍摄制作电视专题片，撰写宣传稿，实施“魅力东方—走进玉屏”和“魅力东方—走进印江”入岛宣传项目。对玉屏自治县侗族文化、箫笛文化、油茶文化、标志性地标等情况进行采访拍摄，拍摄制作的节目用于在台湾民众日报、台湾中天电视台等媒体刊播，宣传推介玉屏，扩大在岛内的影响。采访团到印江自治县期间，围绕拜长寿树、游长寿谷、喝长寿茶、吃长寿宴、品长寿文化、敬长寿老人开展采访工作，先后采访梵净山自然保护区及梵净山紫薇园、长寿谷、紫薇镇团龙村土家罐罐茶、合水镇兴旺村两位百岁老人，木黄镇梵净蘑菇基地、木耳基地、绿壳鸡蛋养殖场—梵净大山有机农业有限公司、木黄镇石板寨长寿宴、石板寨土家摆手舞、印江自治县翰墨林书院、缠溪镇湄坨村国茶园等。并对紫薇镇主要负责人及相关书法文化人士、企业人士进行专访。采写的文稿和拍摄的专题片7月在台媒体专题刊播，铜仁市少数民族文化和人文风情得到正面宣传。

（市台办）

机构编制

【概况】2016年，铜仁市编办主动适应机构编制管理新常态，服务经济社会发展大局，主动作为，推进“五个精品”“十项改革”“两个建设”工作任务的落实，各项工作取得明显成效。

【开展“精品年”活动，创新机构编制管理】2016年是铜仁市“工作精品年”，市编办结合机构编制业务工作，明确在以下几方面出精品：在“云上编制”探索上出精品；在控编减编工作上出精品；在事业单位管理创新上出精品；在机构编制监督检查上出精品；在服务群众的体制机制改革上出精品。

“云上编制”试点。“云上编制”工作创新成为全国机构编制工作创新亮点，为解决传统机构编制管理的主观性和随意性，铜仁市编办提出“大数据+云计算+机构编制”的机构编制管理新模式，即“云上编制”。3月，在全国机构编制系统2016年度第一期信息化专项培训班上作经验交流发言，得到全国各地同仁的认可和赞扬。全年共接待山东潍坊、河北邢台、河南新乡、黔西南州、黔东南州等编制系统同仁到铜参观学习。建成“三定方案信息系统”“权力清单管理系统”“责任清单管理系统”“机构检索系统”四大系统。在“三定方案信息系统”中，铜仁建立6858个机构数据库，三定系统建设初步完成。在权责清单系统中，录入权责事项3647条，通过审核1290条。根据已录入数据，“云上编制”平台实现机构数据的横向对比、纵向对比、职责关联查询、三定预警分析等功能，初步建立机构编制大数据的基础数据库。2016年，铜仁市“云上编制”荣获中央编办域名中心工作成效奖。

控编减编工作。将控编减编纳入市对各区（县）绩效目标考核内容，出台《关于建立2016年区（县）机构编制控编减编目标责任制的通知》，重新下达各区（县）事业编制控制总量和2016年第一批、第二批计划指标。同时将各区（县）、本办各科（局）在机构编制纪律执行情况、控编减编纳入目标责任进行督查督办，使控编减编工作和其他各项业务工作同部署、同推进，确保控得住、盘得活，严控机构编制总量红线，确保2017年机构编制控制在中央下达的总量内，2016年控编减编工作获省编办表彰。

事业单位法人治理结构建设试点。为推进铜仁市事业单位法人治理结构建设试点工作，经与市教育局协商，印发《铜仁市机构编制委员会办公室关于铜仁市特殊教育学校领导人员任免权限和内设机构设置的复函》以及《补充函》，将铜仁市特殊教育学校领导人员任免权限从市教育局转移至理事会。出台《铜仁市2016年事业单位法人治理结构建设试点工作安排》，明确事业单位法人治理结构建设试点工作的目标任务、具体内容和相关要求。对铜仁市特殊教育学校、贵州傩文化博物馆、铜仁职业技术学院、铜仁市中医医院、铜仁交通学校（原万山区中等职业学校）和德江县民族中医院理事会的运行情况进行调研督导，对试点单位的基本情况、理事会基本情况、理事会的运转情况进行了统计上报。试点单位法人治理结构有效运转。各试点单位年内召开理事会（监事会）1次以上，理事会（监事会）、管理层能够按照章程规定履行职责，试点单位内部管理制度基本建立并得到执行，有关支持政策在试点单位得到落实。分别到市卫计委、市文化局、铜仁职业技术学院、碧江编办、碧江卫计局、思南县、印江自治县、万山区、德江县等试点单位及主管部门开展督导调研，针对督导发现的问题提出优化试点的意见，形成《铜仁市事业单位法人治理结构建设试点工作优化方案》。执行事业单位法人治理结构建设试点工作季报制度，每个季度向省登记局报送事业单位法人治理结构建设试点工作进展情况。针对年初工作计划和目标任务，结合省年初下达的任务指标，对年度试点工作进行全面总结。

机构编制监督检查。为强化督查工作权威和实效，严肃机构编制纪律。出台《铜仁市机构编制监督检查工作方案》，建立“四查”“三账”“三单”机构编制监督检查机制，有计划地督重点、攻难点、解难题，促进控编减编和各项改革任务有效落实和按期推进。制定《铜仁市机构编制违纪违规预防办法》，保障市委、市政府和各区县重点工作、中心工作对编制所需的双向目标。2016年，铜仁市完成从2012年超编近2000人到2016年行政编制、政法专项编制、事业编制全部控制在中央和省下达的编制总量内。出台《铜仁市机构编制责任审计办法》，在全省率先开展机构编制责任审计，落实机构编制纳入巡视工作要求，2016年机构编制监督检查工作荣获省编办表彰。

机构编制服务保障工作。为盘活全市事业编制，将总量控制在2012年事业编制总量内，出台《铜仁市区（县）事业编制统筹调配方案》，运用“控、减、调”方法，将区（县）事业编制划分为区（县）直事业单位、乡（镇、街道）所属事业单位、学校、医疗卫生服务机构、使用事业编制的群团机关五种类型进行调控，盘活编制存量。进一步保障市委市政府重点工作、中心工作和民生、医疗、科技文化等重点领域对机构编制的需求。

【推进深化改革，推动各项工作稳步开展】 探索供给侧结构性改革。细化政府部门权责清单，厘清各类权力实施主体。研究下发《关于推进全市乡镇（街道）政府（办事处）权责清单制定和公布工作的通知》，要求9月30日前各区（县）报送乡镇（街道）权责清单制定工作推进情况，按时推进，并于2016年12月15前公布全市乡镇权责清单，合理界定县乡事权财权，划清乡镇与村（社区）的权限。指导沿河自治县抓好“放、管、服”改革试点，总结“放、管、服”经验，推动政府转变职能，简政放权，放管结合，优化服务，激发市场活力。

推进综合行政执法改革。根据省政府安排，铜仁的印江、松桃自治县作为城市管理综合执法试点县，碧江区坝黄镇、松桃自治县孟溪镇等11个乡镇作为行政管理体制改革试点乡镇。按照《中共铜仁市委办公室 铜仁市人民政府办公室关于印发铜仁市综合行政执法试点实施意见的通知》要求，又加入思南县跨乡镇区域联动执法试点。市编办多次试点县、乡镇开展调研、督查，组织试点县到湖南吉首、江苏南通考察调研。4月牵头协调市委督查室、市政府督查室、市政府法制办组成联合督查组，对全市乡镇行政管理体制改革和综合行政执法工作试点推进情况开展专项督查，并根据督查发现问题，向市委呈报专项督查情况报告，提出推进试点工作的建议和思路。并于12月组织考核验收，全市综合行政执法试点工作完成。

推进承担行政职能事业单位改革试点工作。按照《中共中央办公厅国务院办公厅印发〈关于开展承担行政职能事业单位改革试点的指导意见〉的通知》和

《中共贵州省委办公厅贵州省人民政府办公厅印发〈关于开展承担行政职能事业单位改革试点的实施意见〉的通知》要求，铜仁市本级及所辖江口县、德江县先行开展承担行政职能事业单位改革试点。铜仁市于5月启动承担行政职能事业单位改革试点工作，并制定《铜仁市开展承担行政职能事业单位改革试点启动阶段工作方案》。11月在测算人员编制、全面清理职能职责、专题调研的基础上，初步拟定《铜仁市承担行政职能事业单位改革试点方案（送审稿）》，经市领导审阅，逐步上报至中央编办。

事业单位法人年度报告公示和机关、群团、事业单位统一社会信用代码赋码工作推进。完成2015年度事业单位法人年度报告公示和事业单位统一社会信用代码赋码工作。3月完成全市事业单位年度报告公示和赋码工作3365家，按规定不予公示7家；其中市直需进行年度报告公示和赋码的事业单位190家，已赋码并公示的事业单位187家，按规定不予公示3家。全面完成全市统一社会信用代码存量转换工作和存量核查工作。完成全市机关赋码795家，群团101家，其他7家，事业单位非法人12家，事业单位赋码3478家。

深化乡镇管理体制改革。2015年铜仁市乡镇“大部制”改革得到中央深改办、省深改办的肯定，为深化乡镇“大部制”改革促进乡镇工作转型升级，出台《铜仁市机构编制委员会办公室关于确定2016年各区（县）编办改革工作任务的通知》，明确玉屏自治县、石阡县为探索乡镇“大部门”制实体化改革试点县，按行政管理和服务功能领域，综合设置少而精的党政办事机构和事业机构，科学配置人力资源，提高乡镇政府内部协调性，压缩管理环节，增强服务能力，实现政府职能转变，解决服务群众最后“一公里”问题。推进乡镇（街道）政府（办事处）权责清单公布。印发《关于推进全市乡镇（街道）政府（办事处）权责清单制定和公布工作的通知》，厘清乡镇（街道）政府（办事处）行使的各项行政职权及其依据、行使主体、运行流程、对应的责任等，以清单形式明确列示出来。各区、（县）按照要求，173个乡（镇、街道）政府（办事处）共梳理编制权责事项23916项，其中：行政许可579项、行政处罚805项、行政强制407项、行政征收34项、行政给付930项、行政检查1254项、行政确认1245项、行政奖励408项、行政裁决412项、其他类17842项，并于12月15日前公示。

公立医院不纳入编制管理改革和事业单位去行政化改革推进。对万山区公立医院不纳入编制管理改革工作和石阡县事业单位去行政化改革工作开展督导调研，针对督导发现的问题形成《事业单位去行政化和公立医院不纳入编制管理改革考察报告》，对《石阡县事业单位去行政化办法（试行）》《铜仁市万山区公立医院员额备案管理实施方案》提出修改意见。年底对去行政化试点工作进行总结，形成《铜仁市事业单位去行政化和公立医院不纳入编制管理改革工作方案（草案）》。

创新事业单位机构编制管理。统筹调配学校编制，优化全市教育机构编制资源均衡配置，印发《关于统筹调配区县学校事业编制有关事项的通知》，按照中央有关标准重新核定区县教职工编制，解决区县、城乡教育编制资源与实际发展需求不适应的问题，将学校教职工由“学校人”转为“系统人”。探索学校、公立医院去行政化。印发《关于新设立学校、公立医院有关机构编制事项的函》，新设立的各类学校、公立医院和科研院所今后不得再明确机构规格，机构编制事项，由本区（县）按规定自行办理，并在办理后的10个工作日内报市编办备案。规范区县事业单位领导职数设置。为了严格领导职数管理，精简审批程序，提高办事效率。印发《关于规范区县事业单位领导职数设置的函》，规范和简化区（县）事业单位领导职数设置的审批程序。

开展机关事业单位编制周转制度变雇员制改革试点。为提高政府工作效能，控制行政运作成本，探索由身份管理向岗位管理转变新的用人方式。拟定《铜仁市直机关事业单位雇用人员试点实施方案》，明确市科技局、市体育局、市旅发委、市质监局、市民宗委、市商务局为试点单位，编委会审议通过，转由市人社局组织实施。

探索“一站式”服务改革。整合审批服务综合受理和协同调度系统功能上线，推出线上受理、网上审批、一站办结服务方式改革，推进办事从“路上跑”向“网上跑”转变，打通各部门数据资源壁垒。经召开协调会，《铜仁市“市民之窗”信息便民惠民自助服务平台建设实施方案》初步拟定，编委会审议通过，转由市政务服务中心组织实施。

配合做好其他体制改革。配合做好生态文明体制改革、法院、检察院、审计局体制改革等前期准备工作。对各项改革征求到的意见研究后。按时按要求提出相关工作建议。

【狠抓机构编制部门党风廉政建设，落实“两个责任”】办领导班子落实主体责任。坚持将党风廉政建设作为从严治党从严治办的第一抓手，研究党风廉政建设工作，年初制定下发《铜仁市机构编制委员会办公室2016年党风廉政建设和反腐败工作要点》《铜仁市机构编制委员会办公室党风廉政建设主体责任和监督责任清单》。3月，主要领导与班子成员、班子成员与分管科局、科室负责人与科室职工层层签订《党风廉政建设责任状》，将全年党风廉政建设和反腐败主要工作任务分解到各科局，使党风廉政工作切实做到有部署、有落实、有检查、有考核。

建立和完善干部职工岗位目标责任制。对市委、市政府重点工作、改革工作、共性指标、业务目标进行责任分解，细化到每一季度，明确责任人、工作进度和时间要求，保证各项制度落实到岗、到位、到人。研究出台《铜仁市2016年机构编制监督检查工作方案》，建立和完善干部职工岗位目标责任制管理台账，加大对重点环节和重点岗位的监督，对重点工作的完成情况每月进行定期提醒、通报，督促各项工作任务按期完成。

抓好干部教育管理。建立“三必防范”机制。即涉及党风廉政建设相关会议精神必传达、违纪违规处理案件通报必学习警示、凡重要工作重要调研活动和集中学习培训必提纪律要求。建立“五个一”廉政文化宣教机制。即每月学习一个廉吏故事，每季讲一次历史廉政党课，每人轮流开展一次讲座，每年进行一次讲评总结，每人一个廉政责任清单。形成不敢腐、不能腐、不想腐的氛围。全年共观看“鉴史问廉”专题纪录片8期，开展廉政党课4次，宣讲廉史故事12个。

加强重大改革和重点工作的廉政风险防控机制。查找风险点，制定和落实风险防控措施。执行《铜仁市直机关事业单位年度用编计划试行办法》《铜仁市机构编制审批管理办法》《铜仁市机构编制违规违纪行为预防办法》等。严肃机构编制纪律，规范机构编制管理，加大机构编制纪律宣传，杜绝“人情审编”“随意用编”“主观批编”的现象发生。执行“告知制度”“不找熟人办不成事”的陋习发生。每月按时上报《编委办纪检监察月工作台账》《“三重一大”月工作台账》，开展节假日期间的公务车辆督查、上下班纪律检查和严格公车入库管理等监督检查工作。

【加强自身建设】开展“两学一做”教育。在全体党员干部中开展“学党章党规、学系列讲话，做合格党员”专题教育。建立学习机制，利用每周二干部职工集中学习时间。学习《中国共产党廉洁自律准则》《中国共产党纪律处分条例》《党章》《党内监督条例》等中国共产党党内重要法规和习近平总书记系列重要讲话精神。开展专题研讨会，要求参加研讨的每一个党员要结合个人思想、工作和生活实际，围绕专题研讨，把自己摆进去，把现实思想和工作摆进去，对照要求和标准查找自身问题。选派干部参加党章、党规知识竞赛，并荣获优秀奖。要求全体党员干部做到讲政治、有信念，讲规矩、有纪律，讲道德、有品行，讲奉献、有作为的“四讲四有”的合格党员。

深化“三严三实”和“四转接地气”专题教育。完善修订《干部职工绩效考核办法》，按照记廉、记勤、记绩、记失考核要求，加强干部职工管理，从严治办。继续深化中央编办提出的“转观念、转作风、转重心、转方式”“四转”接地气活动，明确各区（县）2016年承担的改革任务，并加强督查和指导，使之探索出具有各自特色的改革试点工作。出台信息工作报送制度，明确专人负责信息报送工作，将信息工作纳入督查考核内容、评先评优的重要依据。市编办在中央编办、省编办、市政府网站等各级宣传平台共发表信息80余篇次。制定《干部职工学习计划》《中心组学习计划》。统筹中心组学习和职工学习，坚持每周二学习制度，通过“领、谈、点、观”学习方法，营造内容丰富、主题鲜明、主动学习的良好氛围。形成务虚会常态机制。每季度召开1次各区（县）编办主任参加的务虚会，了解和掌握区（县）编办各项工作的开展情况，广泛收集意见建议，推动全市机构编制管理和各项改革任务工作的开展。

党的建设、扶贫工作有声色。开展调研，制定精准扶贫帮扶措施。开展县级领导干部包村、再遍访工作，建立再遍访工作台账，选派优秀干部驻村担任第一书记。开展联建支部工作，选派联建支部副书记，进一步加强联建支部建设，组织全体干部职工赴思南县邵家桥镇王家寨村开展庆“七一”联建支部活动。举行重温《入党誓词》、集体上党课，为王家寨村党员送党章、党徽；走访慰问困难党员6人，发放慰问金1800元。通过联建支部活动，提高党员干部思想觉悟，增强防腐拒变的免疫力。党支部建设加强。由于人事变动原因，改选办党支部，规范和配齐支部班子。制定支委会、党支部学习计划，按时召开支委会和党员大会，做好“三会一课”相关工作。开展“五级预警”软弱涣散党支部测评。按照“领导班子好、党员队伍好、工作机制好、群众反映好的“五好”标准，邀请服务对象、人大代表、政协委员、非党人士，开展支部民主评议，通过评议，办党支部评定为“很好”机关党支部。做好保密、安全生产、综治维稳和“五城联创”等各项工作。

（市编办综合科　田叶）

政策研究

【概况】2016年，市委政研室完成市委、市政府交办的重要文稿起草、重大课题管理与决策调研、全面深化改革与全面建设小康工作统筹、《今日铜仁》《铜仁视窗》编印等各项工作任务，较好地发挥参谋助手作用。

重要文稿起草。把文稿起草作为服务市委、市政府的重要抓手，主动为市委、市政府重大战略决策和重大工作部署服务。参与起草或修改市委重要文件文稿、领导讲话、汇报材料30余篇。先后牵头起草市委、市政府向省委常委会工作情况汇报材料，一届市委十一次全会审议通过的文件及起草说明，事关全市政治生活大事第二次党代会的报告等。

重大课题研究。紧扣市委、市政府重大战略部署、重点工作，确立12个市委重大课题。课题研究工作启动的同时，组建12个市委重大课题评审专家组，一一对应全程指导课题组的研究工作。全年编发《决策与调研》23期，其中《铜仁市乡镇规划委员会实体化运行的做法成效与启示》获得省委副书记、政法委书记谌贻琴，省委常委、副省长慕德贵肯定性批示，获得市委、市政府领导批示8期，6篇调研报告在《贵州调研》刊发，《铜仁市乡镇规划委员会实体化运行的做法成效与启示》《铜仁市金融扶贫的做法成效与启示》等4篇调研报告在省委办公厅、省委政研室主办的权威内刊《工作情况交流》上刊发。先后就铜仁市崛起在武陵、镇村联动发展、农村土地规模化流转、全域旅游、同步小康创建、易地扶贫搬迁等10多个专题开展决策调研。先后就乡规委实体化运行、精扶贷、“村支两委+乡贤会”乡村治理模式、民生监督“铜仁模式”等10多个方面的典型经验开展调研，提炼出全市各行各业创造的“铜仁经验”。

全面深化改革。围绕全市发展大局,创新工作思路，共谋改革实招，推动改革实效。研究梳理出绿色金融试点、医疗医保医药“三医联动”等10项精品改革和10项先行试点。同时，结合专项组实际，拟定2016年度10个专项组改革事项58项144条具体改革任务。组织协助市委深化改革领导小组先后召开会议8次（累计达到26次）、改革工作推进会2次，主动或应邀参加各专项改革会议10余次，取消或暂缓改革事项14条。探索建立“四个一”改革宣传机制，全面宣传推介铜仁改革经验。全年编发改革情况交流32期，改革工作动态10期。定期推送全市改革经验，全市改革经验被省委改革办采用经验稿29篇，采用动态稿66篇，各级领导肯定性批示20余件。推动将改革工作纳入市绩效目标考核内容，制定《铜仁市改革创新奖评选办法》，组织实施改革创新奖评选工作。

全面小康推进。指导万山创建全面小康。铜仁市已有碧江、万山和玉屏三个区（县）同步小康创建达标。实施同步小康“精品示范”工程，做好2个示范区县、20个示范乡镇、200个示范村的创建工作，发挥示范引领和辐射带动作用。碧江区、玉屏自治县，碧江川硐镇、万山高楼坪乡、玉屏朱家场镇，碧江马岩村、万山青年湖村、玉屏老寨村分别荣获全省同步小康创建最佳示范县、最佳示范乡、最佳示范村称号。做好同步小康民间歌谣征集推荐工作，江口县选送的《干群浇灌小康花》获三等奖，石阡县选送的《打起花窗好望郎》和思南县选送的《哥哥今年不杀广》获优秀奖。撰写《铜仁市全面小康建设工作分析报告》，为市委市政府提供决策依据。做好《小康简报》编辑工作，共编辑30期。全市小康信息被《省小康简报》采用30条，累计在《今日铜仁》刊发示范创建、小康动态文章30余篇。

党刊品质提升。作为市委、市政府机关刊物《今日铜仁》《铜仁视窗》的承办单位，全面践行“凝聚铜仁正能量、传播铜仁好声音”的办刊宗旨，推动两本刊物成为宣传铜仁的重要名片。全年共出刊12期，字数达150万字。《铜仁视窗》进一步创新办刊模式，将往年专刊宣传模式进一步拓展，全年共出刊4期，图片400余幅。

【改革创新奖评选工作】制定《铜仁市改革创新奖评选办法》，组织实施改革创新奖评选工作。根据《铜仁市改革创新奖评选办法》文件精神，经市改革创新奖评选领导小组办公室初评、组织专家组集中评审、评选领导小组审议、报请市委常委会审定、网上公示等程序，全市共评选出2016年度区、县改革创新综合奖6个，改革创新奖37个（其中列入市绩效考核单位17个，未列入市绩效考核单位4个，区、县16个）、特别贡献奖6个。

（市委政研室）

保　　密

【概况】2016年，铜仁市保密战线强化保密教育培训，持续深化“三大管理”，推进保密自查自评，提升保密综合防范能力。市委保密办（市保密局）在全省市（州）年度目标绩效管理考核中获一等奖，万山区、松桃自治县、玉屏自治县获全省表彰，为维护国家安全，服务保障全市经济社会发展作出贡献。

【抓好中央省委决策部署贯彻落实】市委把保密工作纳入市委理论中心组学习内容，市委和市委保密委全年就贯彻落实中央省委精神作出批示指示20余次。4月和6月，市委常委会先后传达学习全国、全省保密工作会议和保密文件精神，听取市委保密委工作情况汇报，对保密部门人员、装备配备和保密宣传、监督检查再次作出安排部署，并指出当前保密工作形势依然严峻复杂，要求全市各级各部门要认真学习、深刻领会，切实把思想和行动统一到习近平总书记关于保密工作的系列论述上来，统一到全国、全省保密工作会议精神上来，抓住用好机遇，加快补齐短板，强化保密主体责任，依法管密、依法治密，努力推动保密工作转型升级。同时，以市委办、市政府办名义印发《铜仁市“十三五”保密事业发展规划》和有关应急预案。

【聚焦重点，持续深化“三大管理”】市保密局加强定密授权、申请定密权、定密程序和定密责任人制度培训指导，举办定密培训班，开展定密检查，促进定密管理和非涉密文件保密管理。落实涉密人员分类、备案指导和日常保密教育，发挥机关单位保密教育主体作用，开展涉密人员培训，落实涉密人员上岗、在岗、离岗管理工作。扎实开展网络保密管理专项检查，完成全市在用且通过测评的涉密网络现场审查和投入使用审批。完善保密技术监管平台功能，保密技术检查监测能力进一步提高。

【提升保密综合防范能力】以增强保密意识，掌握保密常识为重点，多层次、多形式、全覆盖抓好保密意识和保密常识教育。一方面于4月25日至29日，联合市委组织部在铜仁市委党校举办保密知识专题培训班，邀请省、市有关专家从保密法律法规、保密形势、定密管理、网络保密管理、涉密人员管理、保密检查、案例警示等方面对市直保密专（兼）职干部和全市涉密网络“三员”进行专题培训。举办保密检查人员专题培训，启动“七五”保密法制宣传工作，组织区（县）保密局和市直相关单位参加国家、省举办的各类培训和赴青岛参加保密技术交流及产品博览会，全年共派出60余人次。另一方面继续加强新进公务员、新提拔领导干部、新进事业单位人员培训，全年市、区（县）保密部门累计应邀讲授保密课、开展保密培训共计80余次，受教育培训人数9500余人。同时还协调有关部门，丰富党委（党组）中心组保密工作学习内容、形式，将保密法律法规编入《铜仁市2016年干部职工理论学习资料》作为重要学习内容，年终由市委讲师团统一组织考试，考试成绩列入单位和个人年度考核内容。加强涉密载体管理。执行涉密载体管理有关规定，指导机关单位做好涉密载体制作、收发、传递、保存、销毁工作，重点加强纸质涉密文件清退销毁环节的监督指导。对未按时完成清退工作，存在安全保密隐患的单位进行集中约谈和全市通报批评。做好信息设备保密技术防护、重大会议活动服务保障和全国全省全市集中统一考试各环节的保密监督指导工作。

【推进保密主体责任落实】6月至12月，以推进保密自查自评工作规范化、常态化为契机，精心组织，真督实查，成立保密自查自评工作领导小组、督查组和核查组，先后召开培训会、推进会，进行动员部署和集中督导。保密检查工作中，坚持学到位、做到位、讲到位。督查前，学习保密法律法规，准确把握工作标准和工作程序；督查中，以近一年来未接受保密检查的和往年保密检查存在安全保密隐患的单位为重点，实现全覆盖，在内容上重点督查保密自查自评工作开展、保密工作责任制落实、“三大管理”及信息公开保密审查等，并与保密专项检查、保密宣传培训和整改“回头看”相结合，按照听取介绍、实地查验、做出记录、逐项反馈的方式，不省步骤、不留死角。督查后，直奔问题，建立台账，跟踪整改。

【保密机构队伍建设取得新成绩】请示、汇报、沟通，破解“保密工作机构队伍建设与现代信息技术条件下保密工作面临的严峻形势和承担的繁重任务不相适应，保密保障服务水平与新形势下的保密工作要求尚有差距”这一制约全市保密事业发展的瓶颈，由市委督查室牵头对全市保密专业技术人员配备落实情况进行专项督查。市委保密办（市保密局）新设综合科，新提拔2名科级干部，新争取2间办公用房，各区（县）保密专业技术人员基本配备到位。同时，还结合保密部门实际，注重政治性、业务性、专业性，聚焦对党忠诚、个人干净、敢于担当，坚持问题导向，开展“学党章党规、学系列讲话、做合格党员”专题教育。

（市国家保密局综合科　张博）

党史研究

【概况】2016年，市党研室以“存史、资政、育人”为根本任务，贴近中心，服务现实，开拓创新，注重实效，发挥党史部门职能作用，拓展党史工作领域，推动全市党史工作取得新进展。

【推动党史工作新发展】挖掘铜仁长征元素，深化老区历史研究。2016年是红军长征胜利80周年。铜仁在长征中，扮演独特而重要角色，为将这段历史全面展示出来，市党研室经过资料收集和研究工作，编写完成《长征第一次大会师》(20万字)、《仁义黔东——红二方面军的摇篮研究》(30万字)。两书从铜仁长征元素入手，旨在突出黔东革命根据地的重要历史地位和作用，突出铜仁仁义精神对红二方面军孕育的深刻影响及现实意义，强化人们的老区意识，弘扬老区精神。对激励广大干部群众克服艰难险阻，打赢科学治贫、精准扶贫、脱贫攻坚战，实现铜仁后发赶超、同步小康提供精神动力。

【打造转化利用品牌，促进红色文化传播】为促进铜仁红色文化资源的转化利用，市党研室进行系列探索，初步形成两个宣教传播品牌。一是编写“红色黔东系列读物”，全套6册；编写印刷《省溪纵队》《特级英雄——文子全》《国立三中》（共1.20万字，图片9张）3册。系列读物按“口袋书”的形式设计编写，每册以一个党史人物或党史事件为主，内容简练，体积小，便于携带，受到市直机关、教育部门、外地游客的好评和欢迎。二是“铜仁历史大讲堂”系列电教片。《红色黔东——力量之源》是第一集，电教片成为全省远程教育特色课件，并于2月获全国党史部门优秀成果奖影视音像作品类三等奖；年内结合“两学一做”学习教育活动的开展，制作完成的第二集《武陵忠魂——周逸群》在铜仁综合门户网、优酷网展播后反响热烈，铜仁市委党校将“铜仁历史大讲堂”系列电教片指定为向参培干部进行党史教育的专门教材。

【参与重大主题策划，弘扬党史时代价值】6月25日，以“学习先烈风范，传承红色基因，争做合格党员”为主题的纪念周逸群烈士诞辰120周年活动在碧江区举行。活动由中共贵州省委主办，中共贵州省委党史研究室，中共铜仁市委、铜仁市人民政府筹办，中共铜仁市碧江区委、铜仁市碧江区人民政府承办。市委党史研究室，组织干部职工撰写周逸群研究文章5篇以文入会，周逸群烈士的革命精神得到提炼总结，周逸群烈士的光辉历史得到宣传。根据市委安排部署，市党研室积极参与纪念红军长征胜利80周年系列活动，与德江县委、德江县人民政府共同筹办“纪念红军长征胜利80周年暨黔东苏区红色文化传承与发展研讨会”。6月26日，研讨会在德江举办。研讨会共收到来自北京、江西、重庆、福建、四川、湖南、南京等省市的论文，提交大会学术交流50余篇,出席座谈会领导、党史专家、学者达80余人，专家学者围绕“弘扬长征精神 决胜脱贫攻坚 同步全面小康”主题，研讨总结长征精神的形成及传承，红二、六军团长征的历史意义，红色文化的保护与宣传，黔东革命根据地对长征的重要贡献等方面的认识，产生许多新的学术成果，收到回顾历史、鉴往知来、服务现实的预期效果。提交论文结集编印，形成《红军长征与黔东苏区——纪念红军长征胜利80周年暨黔东苏区红色文化传承与发展研讨会入选论文集》。

【开展党史“九进”，推动宣教工作常态化】市党研室继续加强与铜仁市委组织部、市直机关工委合作，在“铜仁组工”微信公众平台和机关工委网站开设铜仁党史专栏，把铜仁党史上的人物、故事、重要事件编辑成文发布，使党员群众在阅读中潜移默化地接受党史教育，并达到普及党史知识的效果。先后在市直机关入党积极分子培训班、市直单位讲授铜仁党史教育公共课程；开展送书上门活动，向市直机关、农村、企业、军营、社区、学校、纪念场馆、红色旅游景点免费赠送各类红色书籍3000余册，光碟200余张；结合学习习近平总书记在庆祝建党95周年大会上的讲话精神、学习中共十八届六中全会精神，撰写理论宣传文章在省市媒体上发表，实现党史宣教工作领域全覆盖。

【加强基层调研指导，推进各区（县）党史工作发展】为实现全市党史工作整体提升，班子成员多次到碧江、万山、江口、松桃、玉屏等区（县）进行督促指导。班子成员对各自联系指导区（县），采用电话联系、书信往来、实地调研等形式，加强对各区（县）的联系指导。帮助解决各区（县）在党史课题立项、党史书籍编印过程中存在的问题和困难。审阅《周逸群研究》文集，促成其出版；指导万山区委党研室老区工作取得成效，省委、省政府决定，同意划定万山区为革命老区。

【参与脱贫攻坚】3名班子成员多次到松桃盘信镇各自帮扶村开展工作调研，为所包村的发展想办法、出主意、争项目，为帮扶村解决大量实际困难。为大湾、老屋、新场三个村分别解决工作经费5000元；落实干群连心室工作经费5000元，开挖新场村大腊山出行便道1.20千米；组织实施新场飞洞、大腊山两个自然寨2100米连户路建设项目，改善群众生产生活条件；协调解决新场街上至大腊山便桥建设经费25000元；开展关心下一代工作，“六一”节期间，争取松桃自治县公路养护段到新场小学开展助学活动，为24名在校学生购买书包、文具盒等学习用品，并捐赠篮球架1对；在新学期开始前，解决2000元，对新场两名贫困户大学生和两名孤儿进行帮扶（每人帮扶资金500元）；协调3000元修复中坝组因洪水冲毁的便桥一座，解决200余群众的出行问题；慰问火灾受灾户姚元和，送去慰问金1000元，过冬衣物15件，棉被2床；指导帮扶村制定脱贫攻坚项目规划；向全市扶贫基金捐献2000元。

【推进创建“五城联创”工作】为入推进“五城联创”工作的开展，市党研室组织党员干部到帮联社区了解情况，根据老地委小区干部群众需求，为小区创建工作出谋划策，力所能及地提供支持。在办公场所搬迁后，市党研室完善内部卫生清理制度，在办公区醒目位置设立禁止吸烟标识，卫生间张贴温馨劝导卫生标语；尊重保洁员劳动成果，协助打扫墙角地面；实行门前三包，配合城管部门查处纠正车辆乱停乱放行为；搞好办公室内环境卫生和绿化美化；清理乱贴乱画、乱堆乱放，落实卫生管理制度，创建整洁有序的环境。

（市委党研室　赵文长）

党校·行政学院

【概况】2016年，铜仁市委党校以党的十八届五中、六中全会和习近平总书记系列重要讲话精神为指引，贯彻落实全国全省全市党校工作会议精神，发挥干部培训主阵地、党性锻炼大熔炉和科研资政思想库职能作用，全面完成全年各项目标任务，不断开创党校事业发展新局面。

【开展“两学一做”学习教育，凝聚党校事业发展合力】一是突出思想政治建设。始终坚持党校姓党和党校教师姓党原则，把干部思想政治建设摆在首位。开展党委中心组学习4次、教职工政治学习30余次，4次专题研讨会，深入学习习近平总书记系列重要讲话、中共十八届五中、六中全会、全国全省全市党校工作会议等精神。二是建强支部战斗堡垒。各支部先后开展集中学习、支部书记上党课、党员手抄党章、党员民主评议等工作，集中开展党员干部系列读书活动，全体党员撰写读书心得40余篇，表彰9名优秀党员，组织校内支部开展党规党纪知识竞赛，并选派党员干部参加全市知识竞赛，荣获市直机关二等奖。第二支部荣获2016年度市直机关“五好”基层党组织称号。三是强化党风廉政建设。执行党风廉政建设“两个责任”制，全年学习贯彻上级纪委特别是市纪委重要会议和文件精神20余次，开展违规经办企业、收受红包礼金等专项整治清理。在廉政建设研究方面，承担市委重大决策课题《党风政风带民风促社风构建和谐社会》和1个校级研究课题，校内教师参加全市廉政文化建设理论研讨会并获奖；市纪委在党校挂牌成立铜仁市廉政文化实证研究基地。

【坚持党校姓党根本原则，发挥党校职能作用】培训规模创新高。举办各类培训班次46期培训人数6117人次，年培训人数大幅提升并再次刷新历年纪录。其中，举办中共十八届五中、六中全会精神专题培训班、县干班、中青班、民干班、妇干班、公务员班等主体班41期培训5560人次；联合市政协、老干局、保密局、扶贫办、关工委等部门举办5期培训班共培训557人次。

教学工作有特色。把党的理论教育和党性教育作为主体班次的主业主课，按照这两类课不低于总课时70%、党性教育不低于总课时20%的比例设置课程。教师申报20余个“马字号”“党字号”的原著导读课和党性教育课，部分课程已安排进课堂，更加优化教学布局。运用课堂教学、异地教学、现场教学、结构化研讨等教学方式，推进开放式办学和灵活性教学。特别是骨干教师到苏州学习培训，吸收借鉴案例教学、情景模拟、党性实训等教学经验，提高教学水平。深化领导干部上讲台制度，先后邀请苏州农干院专家，省委党校汪建初、周感华、郝建、王国发，市领导阳向东、郭智敏、张涛、陈代军及有关部门近30名领导专家到校授课，增强教学的理论性和实践性。初步建立起“对外开放合作、对内有机联动”的“内联外援”办学模式，制定完善教师考核管理制度，形成校（院）教学精品课题资源库，对接培训、课程设置、师资选配等教学环节逐步精细化，全年开展3次新专题试讲和1次精品课评选活动，并推荐1名教师参加全省党校系统精品课评选。《学员手册》《国学经典》等学习资料管理更加规范。

学员管理显成效。对学员实行严格要求、严格教育、严格管理，着重在作风、考勤、外出、食宿制度上全面从严、真管真严。继续完善学员坐卡、请销假、考试考核、参训情况通报等制度，加大课堂督查、住宿查寝力度，实行摸底考试、课堂笔记、心得体会、论文答辩、期末考试等管理考核模式。在校学习期间，各班次学员没有受到组织处理和纪律处分。

科研工作提质量。制定印发《校级课题研究实施细则》，规范课题申报、立项、初评、终评、结题制度和操作办法，完善全市党校系统科研人员数据库管理。教师承担市委重大决策课题2项，发布校级课题16项。校内教师全年发表文章34篇，其中，在省级刊物上发表8篇，在市级刊物上发表26篇。校刊《知行铜仁》出刊6期，《铜仁市情研究》出刊4期。

【强化基础精准管理，提升建校管校水平】强化干部队伍建设。在全省人才博览会上现场招聘3名硕士研究生，面向社会公开招聘1名厨师，从基层选调1名干部。1名领导班子成员调市直部门任主要领导，2名领导干部和1名副处级干部转正，选拔任用6名正科级和2名副科级干部。先后选送2名班子成员赴台湾考察学习，选派10余名骨干教师到中央党校和省委党校学习培训，选派13名教师参加全市党校系统师资培训班赴苏学习，选派1名研究生作为“甲秀之光·访问学者”到省社科院学习，抽派2名教师到市委组织部学习锻炼，支持5名教师攻读博士、硕士和省委党校研究生。

完善基础设施建设。推进新校区建设。校领导多次向市委、市政府汇报新校区建设工作，市城规委会讨论并通过《校园改扩建工程概念性规划方案》，市委常委会议审定通过党校新校区改扩建工程。9月，市委陈昌旭到校调研指导工作，对新校区建设提出新要求。此后予以落实，启动规划审批、项目立项、用地预审、资产清算、拆迁安置等工作。全年投入资金50余万元，对办公电脑、教室、食堂、图书楼的设备更新和维修改造，修建宣传栏、C级站基座和渡口河堤，完成校园水电、避雷设施、空调及办公楼房的安全检修工作。加强校园环境建设。开展植树活动，投入6万余元开展校园绿化工作；10月，配合市创园办完成省专家组对党校古树保护和环境工作的检查验收。

提升精细化管理水平。制定《教职工绩效考核管理办法》，实行管理类岗位人员和专职教师岗位人员分类管理和分类考核，采取岗位管理、目标管理与绩效管理相结合的办法，初步形成基本工作量+奖励工作加分+负面清单扣分的管理制度，理顺行政管理人员和专兼职教师的管理体制。

加强对县级党校指导。3月至4月，指导石阡和松桃党校的中专体制改革工作，通过省专家组初评。12月，市委常委、组织部长、党校校长陈代军和常务副校长安平，先后到碧江、万山、沿河、江口和玉屏党校指导体制改革工作。至年底全市10所区（县）党校全部达标升格，全市党校系统的整体实力有新提升。

【党校围绕中心服务大局，完成各项目标任务】一是定点帮扶工作。学校17名领导干部为思南县17个贫困村协调解决贫困户过冬棉被50余套，解决物资、资金近20万元。10月，举办脱贫攻坚联系村干部专题培训班，对帮扶村的54名干部开展智力帮扶；12月，各帮扶干部深入联系点开展中共十八届六中全会和市第二次党代会精神宣讲。二是“民心党建”驻村帮扶工作。选派2名干部驻村帮扶松桃自治县盘石镇过洲村和大沿村。驻村干部帮助贫困村建立“干群连心室”和“精准扶贫作战室”、加强基层党组织建设、宣讲惠民政策、配合完成村支两委选举换届、参与异地扶贫搬迁等工作，为贫困村协调项目资金10万余元。校领导为两个贫困村送上4000余元慰问金和慰问物资。三是贫困村遍访工作。5月，校领导到碧江区滑石乡新寨村和川硐镇川硐村，开展贫困村贫困户回访工作，了解贫困乡村脱贫进展情况，为五户贫困户送上慰问金1500元，并将回访信息精准录入全省扶贫系统。四是完成其他工作。完成全市党建研究学会前期策划和准备工作；加强外宣工作，全年编印《党校工作》12期，有20余条工作信息在《贵州干部教育报》《铜仁日报》等省市新闻媒体刊登，5人接受电视台和报社专访；领导和教师到市直部门、区（县）党校和乡镇宣讲50余次；组织开展工作精品年活动和4次道德讲堂活动；开展“五城联创”工作，投资6000元帮助帮联社区——锦鸿家园小区。

【全市党校工作会议召开】6月，成功召开全市党校工作会议，市委书记、市长等市领导和市直各部门负责人出席会议，研究加强和改进新形势下全市党校工作，是全市党校系统事业发展史上的新的里程碑。

（市委党校办公室）

铜仁日报社

【概况】2016年，铜仁日报社唱响主旋律，传播正能量，为全市经济社会跨越发展营造浓厚的舆论氛围，完成2016年各项年度目标任务。《铜仁日报》全年发行3.80万份，较2015年增加了1万份，上涨35.70%。全年刊发343期。累计开设各类栏目近百个，刊发各类公益广告300余条，新闻稿件6000余篇。全年未发生重大差错。

【党报党刊喉舌作用增强】一是政治家办报的时代要求得以贯彻。《铜仁日报》是市委机关报，坚持党的领导，坚持正确的政治方向和政治家办报的理念，是必须始终坚持的党性原则。2016年，重视时政报道，选派时政部主任、副主任分别担任书记、市长专职记者，进一步配强充实时政部，发挥编辑委员会和总编室职能职责，规范时政报道，优化采编流程，主流媒体的舆论引导和党的喉舌作用得到很好发挥。二是精品报道精彩纷呈。按照工作精品年实施方案，在全面完成全年市里重大宣传任务的同时，加强策划出彩报道，强化言论和深度报道。先后开设《跨越十二五·展望十三五》《履职尽责促发展》《创建全国环境保护模范城市》《两学一做》《认认他是谁》《共谋改革实招 共享改革红利》《寻红色足迹·走发展新路》《严肃换届纪律 确保换届风清气正》《学习贯彻十八届六中全会精神访谈》《市委一届十一次全会精神解读》《喜迎市第二次党代会》《辉煌五年》《党代表风采录》《老干部谈发展变化》《百姓看变化》等栏目；自行策划《新春走基层》《市第五届旅发大会及2016年梵净山生态文明与佛教文化论坛》《贵水迎天下·铜仁话未来》《铜仁教育 奋发赶超》《数据创造价值 创新驱动未来》等报道；重点打造

《梵净心语》《学院论坛》《百姓评说》等品牌言论栏目。

【宣传思想和精神文明建设有声色】 一是结合“两学一做”学习教育活动，利用党组扩大会、中心组学习、党员干部大会、职工会、支部会等多种形式，对中央、省、市要求学习的内容组织学习，特别是对习近平总书记系列重要讲话精神、党的十八届六中全会精神、省委十一届七次和八次全会精神、市委一届十一次全会、第二次党代会等精神进行学习和研讨，做到学深学透、融会贯通，内化于心，外化于行。二是运用“道德讲堂”学习阵地，对全体干部职工新闻职业道德、家风等方面进行培训，对牢固树立干部职工的社会主义核心价值观起到积极作用。同时组织本单位干部职工参加全市理论考试。按要求做好互联网信息工作，每季度做好《铜仁新闻网》网络舆情监控，报送“十百千网络评论员”，职工关注微铜仁达到90%以上。

【报社党风廉政建设成效明显】 一是强化干部职工道德和廉洁意识教育。通过教育和引导，组织党员干部学习中央、省、市有关会议精神，以正面教育为主，宣传中央关于党风廉洁建设的方针、政策和重大成果，增强党员干部遵纪守法的自觉性和拒腐防变的能力。干部职工思想作风得到改善，政治素质和政治纪律意识增强，干部职工爱岗敬业、甘于奉献、严守纪律的精神品质得到提升，昂扬向上的精神风貌、干事创业的工作氛围及风清气正的政治环境逐步形成。二是严格执行领导干部廉洁从政的各项规定。加强党员干部职工的作风建设，自觉做到为民、务实、清廉。社领导班子在工作、学习、生活中，注重加强班子成员之间的沟通了解，互相支持，发扬民主集中制，执行“三重一大”集体决策制度，重大决策集体研究，形成会议纪要，不搞一言堂。三是严格执行“三公”经费公开和杜绝“四风”现象。贯彻落实党员干部报告个人相关事项的规定，反对形式主义、官僚主义、享乐主义和奢靡之风等不正之风；严控汽车用油，实行每个月在单位公示栏进行公开。四是落实领导干部廉洁自律各项规定。社领导班子严格执行不准接受礼金、有价证券和有价凭证，在工作、生活、纪律等各个方面严格要求自己，规范家属亲眷的行为，没有违纪违规现象发生。

【报社干部队伍建设稳步推进】 一是注重干部队伍建设，抓好组织人事工作。按照组织程序，完成人才引进、人事招考工作，全年共招考采编人员2名。执行干部选拔任用工作条例，开展中层干部竞争上岗工作和岗位调整工作，增补1名编委会成员，3个正科级、3名副科级干部竞争上岗。向上级党组织推选2名县级领导干部。配合市委组织部完成市管干部调配工作。发挥职能部门的能动作用，完成干部业绩晋升考核工作，1人晋升副高职称，4人晋升中级职称。做好职称年审和申报评审工作，加强专业技术队伍建设。二是强化服务意识，做好工资调整、福利待遇等各项工作，服务到位。在职工工资档次、绩效工资、养老保险金及职业年金汇缴、统计、上报工作、艰苦边远津贴调整、绩效工资总量、借用人员的待遇等方面主动作为。三是加大继续教育力度，提高采编人员政治业务素质和办事效率。制定《铜仁日报社关于开展“百万公众网络学习工程”活动的学习方案》，参学率达100%，切实开展好业务培训、理论知识集中考试，同时做好换届纪律教育宣传等方面工作。重视老干部工作，组织老干部体检、参加各类活动，召开老干部座谈会，对老干部进行走访慰问，组织老干部召开2次座谈会，召集退休老党员开展支部活动6次。

【报社党建扶贫真帮实干】 一是按照《关于进一步明确脱贫攻坚定点帮扶工作有关要求的通知》等文件和市委组织部有关党建工作的要求开展包干扶贫和党建扶贫工作。单位班子成员分别前往印江自治县中兴街道办事处官家村开展党建扶贫工作，帮助解决实际困难和问题，与当地干部群众、驻村工作队等一道共商脱贫攻坚大计，并制定帮扶计划，助力贫困村脱贫致富。二是民心党建工作持续发力。选派驻印江自治县中兴街道办事处官家村第一书记和联建支部副书记，，按照同步小康建设的目标，履行驻村职责，制定《官家村驻村帮扶工作计划》。与群众同吃、同住、同劳动，每月到村工作时间超过20天以上，全年在检查中均到岗到位。三是解决基层实际问题。通过走村入户、召开座谈会、走访等形式，了解村情民情，宣传党的惠民政策，为群众释疑解惑，与群众真诚沟通，真心交流，理清经济发展和产业结构调整发展思路，明确帮扶目标，制定具体的帮扶措施，争取一定的资金和物质，解决到实际问题。

【媒体融合创新发展】适应媒体融合发展的需要，铜仁日报社在2016年倾力打造《铜仁新闻网》《铜仁微报》《铜仁一指通APP》手机客户端等新媒体。11月份，组建新媒体部，抽调多名业务骨干主抓新媒体，《铜仁微报》于12月13日全新改版，试刊后，读者反响较好。

【报业经济持续增长】加强经营管理，注重策划，拓宽经营渠道。2016年，广告公司广告收入1000万元，印务公司收入1000万元，文化传媒公司收入160万元左右，智源文化传媒公司收入30万元左右，报纸发行实现赢利近300万元。全年整个报社产值加上发行赢利收入共2500万元左右。

【报社基础设施建设上新台阶】报社大楼面积仅2324.31平方米，且功能严重不足，2016年，市委、市政府同意拟建的传媒中心分配报社20000平方米的办公楼。新办公大楼为一个集新闻采编、出版、发行、综合办公、多功能展厅、会议等功能于一体的现代化办公区。

【推进报业集团组建工作】铜仁日报社组建报业集团是铜仁市2016年深化改革10大重点领域中文化体制改革的重点任务之一。报社党组在调研的基础上，借鉴贵州日报报业集团及湖南、湖北等周边省市改革经验，结合铜仁市实际，按照“政治家办报，多元化经营，全媒体发展，集团化运作”的总体思路，多次研究，数易其稿，形成较成熟的报业集团组建方案报市委宣传部和市委深改办。

【报社举办的活动与会议】3月7日，铜仁日报社举办中国地市报研究会2016年会长会议，来自全国各地的30余家报社社长、总编齐聚铜仁，研究、探讨地市党报的发展与未来；12月2日，承办贵州省职业道德大讲堂第五期铜仁大讲堂活动，来自省内新闻行业和法律界的知名人士在铜仁日报社为铜仁日报社编辑、记者、特约通讯员等进行培训；12月19日，举办《铜仁日报》创刊30周年座谈会，回顾过去，展望未来，取得很好的效果。

（铜仁日报社办公室）

离退休工作

【概况】2016年，市离退局按中办发〔2016〕3号文件精神，把握为党的事业增添正能量的价值取向，推进老干部工作转型发展，各项工作取得明显成效。

【抓好离退休干部思想引导】学习贯彻中办发〔2016〕3号文件精神。组织市四家班子原老领导、市直相关部门老干部、离退休干部党支部书记等召开座谈会，学习文件原文，开展座谈讨论，听取老同志对贯彻落实文件精神的意见建议，并将文件相关内容摘要编入《老干部学习资料》，分别送到100多名行动不便和生病住院的老干部手中；召开老干部工作会议、专题学习会议等，组织老干部工作者学习文件精神，通过领导干部解读、业务骨干领学等形式，让老干部工作者全面领会和准确把握文件精神，用以指导全市老干部工作；市直有关单位和区（县）开展学习宣传和调研工作，召开老干部代表、涉老部门负责人座谈会，宣讲文件精神，征求老干部及相关部门对贯彻落实文件精神的意见建议。

组织开展学习培训。建立“铜仁市老干部活动中心”微信公众号，实时在微信平台发布与老干部学习、活动相关的内容。定期组织老干部学习相关会议和文件精神，举办市直部门老干部集中学习4次，参加集中学习老干部400余人次。编印《老干部学习资料》4期，为行动不便和生病住院的老干部送学上门300余人次。举办离退休干部培训班，组织全市60名离退休干部学员学习习近平治国理政思想、中办发〔2016〕3号文件精神、老干部工作政策、健康保健知识等，赴松桃参观考察城镇建设和茶产业成果。分别组织贵阳和铜仁老干部临时党支部集中学习2次，参加学习活动的党员100余人次。

【落实离退休干部“两个待遇”】 春节、老年节期间，组织看望慰问老干部及离休干部遗孀1299人次，发放慰问金73.62万元。“七一”期间，局领导班子成员分别带队到区（县）走访慰问20名居住农村的离休干部，发放慰问金2万元。走访慰问市直单位易地安置离休干部4人，发放慰问金1.20万元。协调市财政局、市人社局落实市直部门新中国成立初期参加革命工作退休干部相关待遇，对区（县）建立特困老干部帮扶机制情况进行督促检查。赴石阡、德江、印江等县督促检查老干部活动中心人员配备、基础设施建设、活动开展、服务管理等工作。帮扶困难建初退休干部和离休干部无工作遗孀82人次，解决困难帮扶资金11.20万元。按时发放40名离休干部无工作遗孀医药费困难补助7.75万元。组织举办老干部健康知识讲座2次，参加老干部340多人次，发放宣传资料1400多份。与铜仁城区8家口腔诊所联合开展义诊公益活动，为31名老干部免费进行人均价值2000元的牙齿检查、修复等医治工作。组织市直单位626名县级以上退休干部进行身体健康检查，并首次实行异地体检报销制度，为异地居住退休干部健康体检提供方便。组织召开市直单位老干部党风廉政建设和组织工作情况通报会，市委常委、组织部部长陈代军出席会议，向老干部通报党风廉政建设和组织工作有关情况。先后组织市四家班子担任过领导职务的离退休干部和享受副地级待遇的老干部到印江、思南、万山等地参观考察，让老干部亲身感受铜仁经济社会发展的新变化、新成果。

【组织离退休干部开展活动】 春节期间，市老干部活动中心民族舞蹈、秧歌、诗词楹联、摄影等老干部协会以舞蹈表演、送春联、办影展等形式开展迎新春活动。组织引导广大离退休干部开展“百千万”结对帮扶行动，参与大扶贫战略行动。在老干部中开展“我最想说的一句话”视频录制活动。根据中组部、省委老干部局安排，在全市老干系统开展“我看从严治党新气象”专题调研。联合市委宣传部、市民政局在全市范围内开展寻找“社区最美老干部”活动，评选出25名“社区最美老干部”。举办第二届市直老干部运动会、“庆祝中华人民共和国成立67周年·纪念中国工农红军长征胜利80周年”文艺会演以及摄影书画作品展。协同市老干京剧协会承办第三届“梵净山之夏”京剧票友会。市老干部活动中心民族舞蹈协会选送舞蹈节目分别参加2017年铜仁市第二届春晚和市政协2017年新年茶话会。加强老干部社团组织建设，筹备成立铜仁市老年健康活动协会。

【支持老干部做好关心下一代工作】 在碧江区河西街道广场社区、松桃自治县妙隘乡举办铜仁市关爱青少年工作暨留守儿童家长培训班。组织主题教育宣讲团先后到松桃、万山、沿河、德江、印江等区（县）开展“听党话，跟党走”主题教育活动和党史、国史教育活动。组织参加“中华大家园”全国关爱各族少年儿童夏令营北京总营活动，举办第七届“中华大家园”全国关爱各族少年儿童夏令营贵州铜仁分营活动。按要求将致孤儿童关爱项目落实到各区县和相关学校，对全市9区县161名受艾滋病影响儿童发放资助款，慰问20名特殊困境儿童。举办铜仁市“关爱明天·普法先行”青少年普法教育活动，组织召开青少年思想道德主题教育经验交流会。联合铜仁市茶叶行业协会、石阡县关工委分别举办新型茶农职业人才培训班。在印江自治县召开全市农村关心下一代工作座谈会暨第四次理论研讨会。到各区（县）调研基层关工委组织工作，全市关工委组织“五好”达标率为66.87%。

（市离退局办公室　陈芳）

老年大学

【概况】2016年，市老年大学贯彻全省老教工作会议精神和市委分管领导年初工作会议讲话要求，老教系统从坚持围绕中心、服务大局，推动老年教育工作，贯彻落实新理念、新战略，加强组织领导，优化资源整合，巩固拓展老年教育事业健康发展的良好局面。年底，各级老年大学（学校）发展到333所，在校学员达到24993人，同比分别增长10.60%、3.90%，市老年大学共开设有：器乐、计算机、老年舞蹈（1）、老年舞蹈（2）、舞蹈（3）、舞蹈（4）、合唱（1）、合唱（2）、摄影、形体（1）、形体（2）、绘画、书法、音乐、电子琴、拳剑、葫芦丝17个班。第一学期报名注册学员517人，其中男学员119人，女学员398人，新学员73人；等二学期报名注册学员524人，男学员119人，女学员405人，新学员126人。本年度外聘教师15人。市老年大学在全省创新大赛中，课题《破解老年大学教师师资困难的探索》荣获二等奖。

【谋划“十三五”老年教育工作，明确今后5年发展目标】根据黔委厅字〔2016〕3号文件以及市委领导的指示精神，代起草《铜仁市老年教育十三五发展规划（讨论稿）》，分发市直相关单位征求意见，召集领导小组成员单位审议，并报市委批准，市委办以铜委办字〔2016〕26号文件转发全市各级各部门贯彻落实。规划中除按省要求在“十三五”期间完成老年人进入各级老年大学（学校）学习的入学率，市、区（县）两级老年大学校舍建设面积外，增加在“十三五”期间全市所有乡镇（街道）要100%普及老年教育以及10%的村（社区）建立老年学校的指标，要求所有区（县）级老年大学全部达到省级老年大学示范校建设标准，并拟定全市乡镇（街道）、村（社区）老年学校示范校创建标准，稳步推进老年教育的发展。

【抓好远程老年教育】10月13日，在德江县召开全市远程老年教育经验交流会，对2013年以来兴办远程老年学校的情况进行总结和经验交流。由于党政重视，远程老年教育办学机制逐步得到完善，发展态势良好；远程教育站点发挥就近灵活、一站多能、转型发展的作用，为老年学校办好学、服好务出力尽责；在远教系统和老教系统的共同努力下，实现办学规模、教学硬件和学校管理上新台阶。全市远程老年教育站点发展到225个，扩大老年教育覆盖面。

【社区老年学校示范校创建】为贯彻落实《关于全省新建社区老年学校目标任务的通知》文件精神，专题研究安排和布置该项工作，印发《关于在全市开展创建社区老年学校示范校的通知》，要求每个区（县）新建1至2所社区老年学校，并按照示范校标准进行创建。同时，拟定《铜仁市村（社区）老年学校示范校创建标准（试行）》，印发各区（县）建校时参照执行。年底，印发《关于开展2016年区（县）新建社区老年学校示范学校验收工作的通知》，对各区（县）社区老年学校示范校进行验收。

验收情况表明，社区办学主要有以下特点，党委、政府重视，注意在发展规划与城镇建设中统筹老年教育，在社区建设中统筹修建文化活动中心，为兴办老年学校创造条件；老年学校办学与社区精神文明建设融合，在社区精神文化活动中发挥作用；各级老教办履行职责，加强对社区老年学校工作的指导。

全市社区老年学校办学较为规范。学校班子健全，有教学场地，任课教师，远程教学设备，学员队伍稳定。社区老年学校社会效益显著，学员的思想素质和身体素质明显提高，受到社会各界的好评。完成全年新建12个远程老年教育站点和10所社区老年学校示范校的任务完成。

【校园文化和第二课堂活动有声有色】市老年大学将校园文化和第二课堂活动作为学校建设的重要组成部分筑牢抓实。开展“道德讲堂”“两学一做”学习教育，提升干部职工的思想道德修养，增强党性修养，增强发展内生动力；开展校内文化艺术活动，激发学员思想热情，提高学员的综合素质和生活质量，巩固和提高教学成果，增强学校的凝聚力和影响力；服务于社会，围绕市委、市政府的中心工作，开展各项宣传活动。5月21日至22日由铜仁市川渝商会、铜仁市万山区万泉置业有限公司、铜仁市万山区妇女儿童医院、贵州景宜旅行开发有限公司主办的“川渝杯”群众舞蹈大赛获得比赛唯一的一等奖；5月30日，铜仁市老年大学会在锦江广场隆重举办“纪念建党95周年暨红军长征胜利80周年”文艺会演，全校师生400余人参加演出；5月，舞蹈（2）班参加2016中国香港第五届“国际中老年艺术大赛”《侗箫神话》获金奖；8月6日，赴新、马、泰参加国际合唱比赛受得国际评委们的一致好评；9月29日，市老年大学合唱团、女子合唱团120余人参加市委离退局、老干部活动中心、老年文体协会主办的迎中秋、庆国庆暨纪念红军长征胜利80周年文艺演出；9月23日至28日，铜仁市老年大学合唱团参加在湖南张家界举办的“洞听黄龙艺术季”全国合唱展演。10月份舞蹈（2）班参加湖南省第三届“边城故事”广场舞大赛荣获特等奖；舞蹈（1）班、舞蹈（2）班赴湖南参加渝、湘、黔三省边区文艺会演荣获最佳表演奖；11月，舞蹈（1）班参加贵州省首届“茅台王子杯”（铜仁站）健身操大赛荣获一等奖。全年大学共开展各种展演活动20余场次，老年大学（学校）的社会效益得到彰显。

（市老年大学办公室）

铜仁市人民代表大会及其常务委员会

【概况】2016年，铜仁市人民代表大会常务委员会深入学习贯彻党的十八大，十八届三中、四中、五中、六中全会精神和习近平总书记系列重要讲话精神，落实中央、省委、市委决策部署，围绕全市经济社会发展大局，依法履职，积极作为，做好各项工作，为全市经济社会发展和民主法治建设作出贡献。

【坚持党的领导，确保正确政治方向】维护市委统揽全局、协调各方的领导核心地位，坚持重大事项、重要活动、重点工作主动向市委汇报，将市委的领导贯穿于依法履职的全过程，做到党的领导、人民当家做主、依法治国的有机统一。

贯彻市委部署，决定重大事项。常委会紧扣市委重大决策部署，履行重大事项决定权，把党的主张转变为全市人民的共同意志。落实市委对经济发展方面的重大部署，审议批准“十三五”规划等重大战略性发展规划，对产业发展、投资融资、经济运行等领域的重大问题依法适时作出决议决定，并督促有关部门抓好贯彻落实。

落实市委意图，依法人事任免。市人大常委会坚持党管干部和人大依法任免的统一，2016年共依法任免国家机关工作人员108人次。凡任命的人员，均由市人大常委会主要领导颁发任命书，并组织开展宪法宣誓仪式。推进对人大任命干部任后监督常态化，听取市扶贫办、市交通局负责人述职情况报告，并开展满意度测评。

服从市委安排，投身中心工作。市人大常委会树立大局意识和担当意识，按照市委统一安排，投身经济社会发展和脱贫攻坚主战场。领导班子成员分别担任铜怀高速公路，思印城市快速干道等项目建设指挥部负责人，直接承担指挥、协调和推动项目建设的具体责任。其他常委会组成人员参与包村定点脱贫、进驻干群连心室、招商引资、工业“百千万”工程等中心工作，在真抓实干中展现人大队伍讲政治、顾大局、敢担当的精气神。

【坚持监督为民，促进经济社会协同发展】2016年，市人大常委会共召开9次常委会会议，听取和审议“一府两院”专项工作报告16个，组织专题调研、执法检查、集中视察、工作评议、专题询问等20余次。

围绕经济社会发展开展监督。听取和审议市人民政府关于2015年全市和市本级财政决算草案、关于2015年全市和市本级财政预算执行和其他财政收支审计工作情况、关于2016年上半年国民经济和社会发展计划执行情况、关于2016年上半年全市和市本级财政预算执行情况的报告。审查和批准市人民政府提出的融资议案。依法批准市人民政府《铜仁市生态文明建设规划（2015—2025）》。

围绕重大决策部署开展监督。听取和审议市人民政府关于全市脱贫攻坚工作情况的报告；组织市人大代表开展易地扶贫搬迁工作专项视察，对因病因学致贫问题开展专题调研，形成关于易地扶贫搬迁工作情况的视察报告和因病因学致贫情况的调研报告；组织省人大代表对农旅一体化建设情况进行专项视察，组织市人大代表对大龙经济开发区、铜仁高新区开展创建（争创）国家级开发区、国家级高新区工作推进情况进行视察；对市旅游发展委员会开展工作评议。

围绕民生事业改善开展监督。听取和审议市人民政府关于山村幼儿园建设情况、关于全面提升医疗卫生服务能力三年行动计划实施情况、关于农村公路实施情况、全市水利建设“三大会战”工作情况等报告；继续就铜仁主城区大班额化解情况开展视察；对锦江河流域污染整治和生态保护情况、农村金融服务、农村电网升级改造等开展专题调研，其中农村电网升级改造调研成果得到市委主要领导的肯定性批示；对市人民政府2016年“十件民生实事”中的“确保城乡低保标准增幅达10%以上,建成10个社区老年人日间照料服务中心和500个农村互助幸福院”开展专题询问。

【坚持依法治市，推进民主法治建设】市人大常委会围绕依法治市目标，坚持以立法工作为引领，不断改进和完善法律监督方式，加大法律监督力度，促进公正司法，推进民主法治进程，维护社会公平正义。

强化立法引领。2016年是铜仁市获得地方立法权后开展立法工作的第1年。市人大常委会出台《铜仁市地方立法条例》，为全市开展地方立法提供法律依据。结合市情实际，成立《铜仁市锦江流域保护条例》立法领导小组，聘请23人为市人大常委会立法咨询专家，制定《铜仁市锦江流域保护条例》立法工作实施方案，经过多次修改，《铜仁市锦江流域保护条例》提交市一届人大常委会第三十九次会议进行审议。市人大常委会还起草制定《铜仁市2017—2021年地方立法规划（初稿）》，通过《关于开展第七个五年法治宣传教育的决议》。

强化执法检查。对《中华人民共和国禁毒法》《贵州省禁毒条例》贯彻实施情况开展检查，针对存在问题，提出加强组织领导，健全禁毒工作长效机制、加强宣传教育，营造全民禁毒良好氛围、加强禁毒保障，加大对毒犯的打击力度、加强康复管理，落实禁吸强戒工作措施、加强毒品管控，完善基础设施和队伍建设等5条建议。

强化司法监督。听取和审议市中级人民法院关于减刑假释暂予监外执行工作情况和市人民检察院关于生态环境保护检察工作情况的报告，并进行专题调研，提出改进工作的意见和建议。对市人民政府报备的3件规范性文件进行审查，对《铜仁市人民政府规章制定办法》《铜仁市人民政府农村自建房规范化管理规定》进行前置审查，提出16条前置审查建议意见，向省人大报备3件决议决定。

【坚持代表主体，发挥代表助推作用】市人大常委会围绕代表主体地位，把代表工作作为一项重要的基础性工作来抓，立足服务，为代表履职搭建平台，最大限度地发挥代表作用。

加强学习培训。组织116名市人大代表和部分人大干部在大连民族大学开展为期1周的培训，组织14名市县人大机关代表到全国人大培训基地开展为期1周的培训。

丰富活动载体。继续推进“三访”“四个一”“五带头”“四在农家·美丽乡村”助推活动和人大代表进驻“干群连心室”活动，围绕精准扶贫，开展监督问效、联组共推、结对帮扶、集言献计、带头引领五项行动，发挥各级人大代表在各条战线中的作用，推动脱贫攻坚各项政策措施落到实处。全市共组织7850名各级人大代表结对帮扶困难群众19206户，帮助实现就业9177名，帮助发展产业1288个，促进人均增收1135.70元，帮助脱贫13533人。

强化交办督办。以提高代表建议落实率为目标,以提升代表建议办理质量为主线,完善制度措施,改进工作方法,强化督促考核,确保代表建议落到实处。年初对市一届人大五次会议期间收到的99件建议案进行集中交办，并加大督办工作力度，通过明确重点代表建议，进行现场督办、限时督办，公开办理结果等方式，提升代表建议办理落实和代表满意度情况。

推进人大换届选举工作。贯彻中央、省委、市委有关换届工作的通知要求，坚持党的领导，发扬民主，依法办事，把好代表“入口关”、选举“组织关”和全过程“监督关”，主动与组织、纪检监察等部门加强工作对接，加强调查研究、换届培训和分类指导，完成市人民代表大会换届选举工作。

【坚持固本强基，不断完善自身建设】市人大常委会始终不断完善工作机构，抓好人民代表大会制度宣传，巩固自身宣传阵地，建立健全管理制度，推进人大工作再上新的台阶。

完善工作机构。适应人大工作发展新要求，市一届人大五次会议决定设立法制委员会、内务司法民族宗教外事侨务委员会、财政经济委员会、教育科学文化卫生委员会、农业与农村委员会，选举任免联络委员会、环境与资源保护委员会等7个专委会。

抓好制度建设。根据宪法、组织法、代表法等法律规定，结合实际推进人大常委会和人大机关制度建设，制定《铜仁市人民代表大会专门委员会工作规则》《铜仁市人大常委会咨询专家管理暂行办法》《铜仁市市县乡人民代表大会代表小组联组活动暂行办法》等制度和办法，根据国家工作人员就职时向宪法进行宣誓的规定，出台《铜仁市人大常委会人事任免办法》。

强化人大宣传工作。改版《铜仁人大》内刊，加强铜仁人大信息网的维护，及时报道常委会的各项工作，加大对基层人大工作和人大代表履职先进事迹宣传的力度。强化微信公众平台的运行管理，每天发布更新信息、传递人大声音、回应社会关切。

开展“两学一做”专题教育。把党的思想建设放到首位，先后组织开展党的知识精神、纪念建党95周年、学习宣讲、支部联建、纪念红军长征胜利80周年等系列活动，进一步加强党员干部的党性教育，推动作风转变，提升工作效能，党的群众路线教育实践活动和“三严三实”专题教育成果进一步巩固和拓展。

【创新代表联组工作机制】2016年，市人大常委会探索创新，推出代表联合履职工作联动、活动联抓、资源联享、发展联推“四联”工作法，打破代表履职地域局限，延伸和拓展代表活动空间，提高代表履职实效，激发代表履职活力。

工作联动，创新共谋发展方式。上下衔接。年初召开全市人大工作座谈会，统筹安排市、县两级人大联动议题，确保市、县、乡人大工作部署同步、时间同步、要求同步、推进同步。左右联动。每年选定一个区县作为观摩点，组织区县及乡镇人大现场学习观摩、交流讨论，组织地域相近的县、乡更多地采取联组的方式开展活动，合力推动工作。协同推进。探索开展跨省市、跨区县人大代表联组活动，助推解决毗邻地区有关发展问题，破解代表履职的地域限制，形成协同推进、共谋发展的格局。

活动联抓，凝聚共谋发展合力 调研联动。片区人大代表联组开展调研活动，征求群众意见，并汇总梳理存在的问题，提出针对性整改意见。视察联动。围绕地方经济社会发展和关系人民群众切身利益、社会普遍关注的重大问题，联组开展视察，听取相关部门工作情况汇报，实地察看工作推进情况，征集群众意见建议，查找工作中存在的突出问题，提出整改意见。接访联动。组织片区人大代表在规定的时间、地点公开接访，为访民服好务，破解信访难题，化解社会不稳定因素。

资源联享，搭建共谋发展平台。民情民意资源联享。组织片区代表开展进驻“干群连心室”“四在农家·美丽乡村”助推活动，听取和收集群众意见，及时将有代表性的群众建议意见上传人大代表履职信息系统，实现民情民意资源联享。智慧数据资源联享。组织片区人大代表开展结对帮扶困难群众，精准掌握乡情、村情、户情，掌握贫困村、贫困户贫困的原因以及困难群众期盼，建立帮扶对象台账，共享智慧数据。专业技能资源联享。组织片区人大代表开展农业实用技术、教育、卫生等专题培训或岗位技能培训活动，全面提升代表综合履职能力。

发展联推，拓宽共谋发展空间 联推基础设施逐步完善。协调解决基础设施建设难题，推进基础设施的逐步完善。联推产业发展提质增效。针对传统产业不强、特色产业不多等问题，督促各级政府及其工作部门结合实际，高起点高标准编制好产业发展规划，优化产业发展环境，强化政策扶持，推进产业发展提质增效。联推社会民生持续改善。组织市县乡三级人大代表投身脱贫攻坚工作，找准人民群众最关心、最直接、最现实又急需解决的问题，督促各级政府加强基本民生保障体系建设，落实好各项惠民政策，推进社会民生持续改善。

（市人大常委会办公室　田磊）

铜仁市人民政府

【概况】 2016年，市政府深入贯彻落实习近平总书记系列重要讲话精神，按照“四个全面”战略布局，坚持五大发展理念，坚持守底线、走新路、奔小康工作总纲，坚持主基调主战略，推进新型工业化、新型城镇化、农业现代化、旅游产业化“四化同步”发展，优化“两区一走廊”经济空间布局，统筹推进经济建设、政治建设、文化建设、社会建设和生态文明建设，经济社会发展取得了新成就。实现地区生产总值856.97亿元，首次突破800亿大关，按可比价格计算，比上年增长11.90%；农林牧渔业总产值350.10亿元，增长5.8%，三次产业结构为23.6：28.4：48；500万元以上固定资产投资完成873亿元，实现财政总收入106.61亿元，比上年增长8.80%，一般公共预算收入完成62.05亿元，社会消费品零售总额达到187亿元，城镇、农村常住居民人均可支配收入分别达到24773元、7666元，金融机构存贷款余额分别达到1278亿元、817亿元，主要经济指标增速高于全国、高于全省、高于武陵山区。全面小康实现程度达到90%，碧江区、万山区、玉屏县同步小康创建通过省级达标验收。

【发展质量不断提高】 用“聚”的思维谋划发展，优化经济空间布局，“两区一走廊”基本成型。现代农业加快发展，第一产业实现增加值202.70亿元，增长5.80%。实现工业增加值197.10亿元。举办梵净山生态文明与佛教文化论坛，“梵天净土 桃源铜仁”的知名度和美誉度不断提升。贵州银行、贵阳银行机构设置实现区县全覆盖，金融服务能力得到提升；梵净高科在新三板挂牌上市。房地产、现代物流、电子商务等产业加快发展，铜仁申创国家电子商务示范城市获国家批复，铜仁高新区成为国家级电子商务示范基地，石阡县、印江县、德江县、江口县成为国家电子商务进农村综合示范县。

【发展条件更加完善】 牢牢抓住投资这个经济发展的“牛鼻子”不放松，有效投资持续增加。高速公路通车里程达到596千米，实现县县通高速公路；通乡油路实现全覆盖，建制村公路通畅率达到90%；完成铜仁凤凰机场飞行区改造，航线通达19个城市；高铁通达铜仁南站；乌江500吨级船闸建成通航，立体综合交通网络初步成型，铜仁从地理边缘变为黔东枢纽，交通引领发展的作用日益凸显。工程性缺水问题得到缓解，供电保障能力增强；天然气长输管道入铜工程进展顺利，湄潭至思南段基本建成，凯里至玉屏段开工建设；实现100%行政村通宽带、100%自然村通电话，4G网络乡镇全覆盖。

【城乡面貌焕然一新】 实施城镇化带动战略，按照“武陵之都·仁义之城”城市定位，打好规划建设“组合拳”。铜仁市城市总体规划获批，在全国率先设立乡镇规划管理委员会。全市城镇建成区面积157.50平方千米，城镇化率达到46%，中心城区面积达到47.50平方千米，人口43.20万人。农村生产生活条件显著改善。

【改革红利加快释放】 扎实推进36项改革行动、142项改革任务，55项改革试点取得突破。林业生态补偿脱贫工作荣获中国扶贫政府创新奖，金融扶贫铜仁模式成为全国样板，在全省率先实施新农合大病商业保险市级统等。精准扶贫模式、“以水养水”模式、“三惠”医疗扶贫、“三金”改革、乡镇大部制改革、关爱留守困境儿童体系建设等铜仁好经验、好声音在全国全省推广传播。推进供给侧结构性改革，市场活力不断激发。建成大龙保税仓，大龙开发区保税物流中心（B型）获得省政府同意，铜仁凤凰机场航空口岸被列入《国家口岸发展“十三五”规划》。深化与苏州市对口帮扶合作，与中国科学院、新华社、大连民族大学等合作不断深入。

【生态优势日益彰显】坚守发展和生态两条底线，落实《贵州省主体功能区规划》，申创为国家循环经济示范城市。森林覆盖率提高到59%，城市饮用水水源地水质达标率100%；城镇污水处理率、城乡生活垃圾无害化处理率分别达到80%、76%；锦江水质常年保持在Ⅱ类标准以上；空气质量优良率达到97%；淘汰落后产能189.70万吨；固体废弃物综合利用有序推进；节能减排降碳目标全面完成。

【民生保障得到加强】城乡基本养老服务体系、社会救助体系基本建立，社会保障体系日趋完善，城镇登记失业率控制在4.20%以内。铜仁川硐教育园区基本建成，铜仁学院、铜仁职院、铜仁幼专、铜仁一中完成搬迁，开工建设贵州健康职业学院；基本普及十五年教育，对农村义务教育学生营养餐进行提标，实施农村学前教育儿童营养改善计划。乡镇卫生院标准化建设实现全覆盖，文化惠民工程实施。创建为全国民族团结进步示范市，连续5年被评为贵州省平安市。

【脱贫攻坚形成新格局】铜仁市把脱贫攻坚作为发展第一抓手、民生第一工程，全面贯彻习总书记视察贵州重要讲话精神和中央、省扶贫开发工作会议精神，坚守发展和生态两条底线，围绕“科学治贫、精准扶贫、有效脱贫”的核心目标，落实省委、省政府大扶贫战略、扶贫攻坚部署，在创新中落实、落实中创新，形成“精准扶贫竭全力、产业扶贫增内力、生态脱贫挖潜力、民生保障筑托力、定点帮扶加马力、基础建设提能力、金融扶贫添动力、深化改革激活力、大扶贫格局聚合力”的“九力”共推脱贫攻坚新格局。全年减少贫困人口15.2229人，贫困发生率下到11.47%，较2015年下降4.07个百分点。

【市政府常务会议】2016年1月8日上午，市委副书记、代理市长陈晏在常务会议室主持召开市人民政府本年度第1次常务会议。会议议定事项纪要如下：

审议《2016年政府工作报告》《铜仁市国民经济和社会发展第十三个五年规划纲要草案》《铜仁市2015年国民经济和社会发展计划执行情况与2016年国民经济和社会发展计划草案的报告》和《铜仁市2015年全市和市本级财政预算执行情况与2016年全市和市本级财政预算草案的报告》

会议议定：原则通过《2016年政府工作报告》《铜仁市国民经济和社会发展第十三个五年规划纲要草案》《铜仁市2015年国民经济和社会发展计划执行情况与2016年国民经济和社会发展计划草案的报告》和《铜仁市2015年全市和市本级财政预算执行情况与2016年全市和市本级财政预算草案的报告》，按会议研究意见修改完善后提交市委常委会审定。

听取市绩效办关于2015年绩效奖励所需资金测算的报告

会议议定：原则同意市绩效办《关于2015年绩效奖励所需资金测算的报告》，按会议研究意见修改完善后提交市委常委会审定。

审议市扶贫办《关于组建铜仁市扶贫开发投资有限责任公司的请示》

会议议定：原则同意市扶贫办《关于组建铜仁市扶贫开发投资有限责任公司的请示》，按会议研究意见修改完善后提交市委常委会审定。

审议市交通运输局《关于铜仁公交公司向贵州银行贷款2500万元的请示》

会议议定：原则同意市交通运输局《关于铜仁公交公司向贵州银行贷款2500万元的请示》，按会议研究意见修改完善后提交市委常委会审定。

2016年1月22上午，市委副书记、市长陈晏在常务会议室主持召开市人民政府本年度第2次常务会议。会议议定事项纪要如下：

审议《中国铜仁武陵山扶贫投资发展基金（筹）组建初步方案》

会议议定：原则同意《中国铜仁武陵山扶贫投资发展基金（筹）组建初步方案》，按会议研究意见修改完善后提交市委常委会审定。

传达贯彻全省发展改革工作会议精神及安排部署当前安全生产工作

会议议定：

（一）同意召开全市发改工作会议，由市发改委拟定会议方案送审。

（二）市发改委抓紧拟定各项重点工作任务实施方案按程序送审后下发执行；各级各部门要继续发扬“八争”精神，加大向上争取力度，确保争取到更多项目资金支持。

（三）关于安全生产工作。一是抓好检查。各位副市长要带队检查分管领域的安全生产工作，市政府督查室要对各部门各区县落实情况进行明察暗访，确保市委、市政府对安全生产工作的安排部署落到实处。二是抓好排查。市直相关部门要对非煤矿山、危化物品、道路交通、烟花爆竹、人员密集场所等重点领域进行排查，及时排除各种安全隐患，确保不发生重大安全事故。三是抓好巡查。市交警支队和市道路运输局对一些重点路段要实行24小时巡查，对结冰路面要及时进行处理，确保不发生交通安全事故。

审议市城乡规划局《关于“五馆三中心”的请示》和《关于铜仁市奥体中心有关问题的请示》。

会议议定：

（一）市城乡规划局按照会议研究意见对“五馆三中心”作进一步研究论证后，再提交市政府常务会议审议。

（二）原则同意市城乡规划局《关于铜仁市奥体中心有关问题的请示》，按会议研究意见修改完善后提交市委常委会审定。

听取市城乡规划局《关于修建大龙—碧江—松桃城际快速路的报告》

会议议定：原则同意市城乡规划局《关于修建大龙—碧江—松桃城际快速路的报告》，按会议研究意见修改完善后提交市委常委会审定。

审议铜仁水务投资公司《关于修建铜仁市谢桥供水工程的请示》

会议议定：原则同意铜仁水务投资公司《关于修建铜仁市谢桥供水工程的请示》，按会议研究意见修改完善后提交市委常委会审定。

审议《铜仁市人民政府与NIIT中国（上海）有限公司合作协议》

会议议定：原则同意《铜仁市人民政府与NIIT中国（上海）有限公司合作协议》，按会议研究意见修改完善后提交市委常委会审定。

审议《铜仁市售电侧改革试点方案》及《关于批准成立铜仁市锦江售电有限责任公司的请示》

会议议定：

（一）原则同意《铜仁市售电侧改革试点方案》及市工信委《关于批准成立铜仁市锦江售电有限责任公司的请示》，按会议研究意见修改完善后提交市委常委会审定。

（二）市工信委要按程序抓紧申报，尽快获得省里批准，确保铜仁市售电侧改革试点工作顺利推进。

审议《铜仁市关于深化市管国有企业负责人薪酬制度改革的意见》

会议议定：原则同意《铜仁市关于深化市管国有企业负责人薪酬制度改革的意见》，按会议研究意见修改完善后提交市委常委会审定。

审议《关于加快推进现代山地特色高效农业发展的意见》

会议议定：原则同意《关于加快推进现代山地特色高效农业发展的意见》，按会议研究意见修改完善后提交市委常委会审定。

审议《关于加快发展现代职业教育实施方案》

会议议定：原则同意《关于加快发展现代职业教育实施方案》，按会议研究意见修改完善后提交市委常委会审定。

审议市人力资源社会保障局

《关于给予赵铸同志记二等功的请示》

会议议定：同意市人力资源社会保障局《关于给予赵铸同志记二等功的请示》（铜人社呈〔2016〕5号），按规定程序办理。

2016年1月22下午，市委副书记、市长陈晏在市政府第三会议室主持召开市人民政府本年度第3次常务会议，专题研究东太投资有限公司关于请求帮助偿还湘财证券发行债券的有关事宜。会议议定事项纪要如下：

鉴于梵净山投资公司作为东太投资有限公司向湘财证券发行债券的担保方，如东太投资有限公司不能及时偿还湘财证券本金，梵净山投资公司将会产生不良记录、极大影响今后融资工作。

一、同意梵净山投资公司帮助东太投资有限公司先行垫付2000万元用于偿还湘财证券本金。

二、碧江区、江口县要按照政策要求，尽快将东太投资有限公司的欠付工程款拨付到位。

三、由东太投资有限公司出具承诺书，保证梵净山投资公司对碧江区、江口县支付给该公司的工程款行使代位权。

2016年2月23下午，市委副书记、市长陈晏在常务会议室主持召开市人民政府本年度第4次常务会议。会议议定事项纪要如下：

审议《铜仁市人民政府中国建筑第四工程局有限公司项目合作备忘录》

会议议定：原则同意《铜仁市人民政府中国建筑第四工程局有限公司项目合作备忘录》，按会议研究意见修改完善后提交市委常委会审定。

审议市金融办《关于申请设立铜仁贵银武陵山扶贫投资发展基金的请示》

会议议定：原则同意市金融办《关于申请设立铜仁贵银武陵山扶贫投资发展基金的请示》，按会议研究意见修改完善后提交市委常委会审定。

审议市金融办《关于申请设立铜仁浦发武陵山扶贫投资发展基金的请示》

会议议定：原则同意市金融办《关于申请设立铜仁浦发武陵山扶贫投资发展基金的请示》，按会议研究意见修改完善后提交市委常委会审定。

听取梵净山旅游开发投资公司关于收购贵州梵净山文化旅游发展有限公司有关事宜的报告

会议议定：原则同意梵净山旅游开发投资公司按收购100%股权的目标对贵州梵净山文化旅游发展有限公司进行收购的方案，按会议研究意见修改完善后提交市委常委会审定。

审议《铜仁市大数据呼叫中心基地项目合作协议》

会议议定：原则同意《铜仁市大数据呼叫中心基地项目合作协议》，按会议研究意见修改完善后提交市委常委会审定。

2016年3月22上午，市委副书记、市长陈晏在常务会议室主持召开市人民政府本年度第5次常务会议。会议议定事项纪要如下：

审议江口县政府《关于解决梵净山黑湾河景区服务项目优化资金的请示》

会议议定：

（一）原则同意江口县政府《关于解决梵净山黑湾河景区服务项目优化资金的请示》，按会议研究意见修改完善后提交市委常委会审定。

（二）同意剩余补偿款1300万元，由市财政局从“两保一促”资金中统筹解决。

（三）市国土资源局抓紧做好该片区土地挂牌出让等相关工作。

审议铜仁学院原东风林场闲置校区拍卖及招租处置方案

会议议定：原则同意《铜仁学院原东风林场闲置校区使用权招租处置方案》，按会议研究意见修改完善后提交市委常委会审定。

审议市扶贫办《关于成立铜仁市扶贫基金会的请示》

会议议定：

（一）原则同意市扶贫办《关于成立铜仁市扶贫基金会的请示》，按会议研究意见修改完善后提交市委常委会审定。

（二）扶贫基金会所需的400万元原始基金，由市财政局从市级平台公司借资解决。

审议《关于做好造林绿化工作力争2020年全市森林覆盖率达到65%的实施方案》

会议议定：原则同意《关于做好造林绿化工作力争2020年全市森林覆盖率达到65%的实施方

案》，按会议研究意见修改完善后提交市委常委会审定。

审议市政务服务中心《关于解决新办公楼业务用房装修及设备采购资金的请示》

会议议定：

（一）原则同意市政务服务中心《关于解决新办公楼业务用房装修及设备采购资金的请示》，按会议研究意见修改完善后提交市委常委会审定。

（二）原则同意由铜仁水务投资公司根据审计和招标结果，据实解决市政务服务中心新办公楼业务用房装修及设备采购所需资金。

（三）市政务服务中心新办公楼业务用房的装修标准必须严格按照国家有关规定执行。

审议市国企改革办《关于铜仁粮油机械厂改制相关费用的请示》

会议议定：原则同意市国企改革办《关于铜仁粮油机械厂改制相关费用的请示》，按会议研究意见修改完善后提交市委常委会审定。

研究铜仁市政协委员会培训中心暨宝鑫大酒店股权出售有关事宜

会议议定：原则同意市政协办公室《关于铜仁市政协委员会培训中心暨宝鑫大酒店股权出售的请示》，按会议研究意见修改完善后提交市委常委会审定。

审议《铜仁市知识产权专项资金使用管理办法》

会议议定：原则同意《铜仁市知识产权专项资金使用管理办法》，按会议研究意见修改完善并经市政府法制办审查把关后，按程序行文。

审议《铜仁市生态文明先行示范区建设实施方案》

会议议定：由张珍强牵头，按照会议研究意见组织召开专题会议，对《铜仁市生态文明先行示范区建设实施方案》作进一步研究后，再提交市政府常务会议审议。

审议《铜仁市中心城区黑臭水体整治工作方案》

会议议定：

（一）由张明牵头，市水务局、市环保局、铜仁水务投资公司具体负责，按照全面化、项目化、方法化、时间化、责任化的要求，对《铜仁市中心城区黑臭水体整治工作方案》作进一步修改完善，于2016年4月15日前按程序报审。

（二）碧江区、万山区政府要在汛期来临之前，及时做好中心城区河床清淤工作。

审议《铜仁市公立医院部分医疗服务价格调整方案》

会议议定：原则同意《铜仁市公立医院部分医疗服务价格调整方案》，按会议研究意见修改完善后提交市委常委会审定。

审议市发改委《关于2016年市本级项目建设前期工作经费安排建议的请示》

会议议定：

（一）由张珍强牵头，市发改委具体负责，按照保急需、近期开工建设的项目和重大规划优先保障的原则，对2016年市本级项目建设前期工作经费安排方案进行优化完善后，提交市委常委会审定。

（二）前期工作经费由市财政局根据需要从梵净山投资公司、铜仁水务投资公司、梵净山旅游开发投资公司借资解决。

2016年4月5日上午，市委副书记、市长陈晏在常务会议室主持召开市人民政府本年度第6次常务会议。会议议定事项纪要如下：

审议《黔北（德江）机场建设和管理方案》

会议议定：

（一）原则同意《黔北（德江）机场建设和管理方案》，按会议研究意见修改完善后提交市委常委会审定。

（二）由张珍强负责，尽快拟定黔北（德江）机场有限责任公司组建方案按程序报审，注册资金按2—3亿元考虑。

（三）黔北（德江）机场配套基础设施建设方案由德江县制定后并尽快实施。

（四）要加快推进黔北（德江）机场前期工作，力争上半年开工建设。

审议《铜仁市人民政府与中交第一公路工程局有限公司项目合作备忘录》

会议议定：原则同意《铜仁市人民政府与中交第一公路工程局有限公司项目合作备忘录》，按会议研究意见修改完善后提交市委常委会审定。

审议《铜仁市人民政府与中国铁建股份有限公司项目合作备忘录》

会议议定：原则同意《铜仁市人民政府与中国铁建股份有限公司项目合作备忘录》，按会议研究意见修改完善后提交市委常委会审定。

听取市发改委关于全省专项建设基金项目推进工作会议精神及铜仁市专项建设基金项目推进情况的报告

会议认为：去年以来，全市共争取到专项建设基金支持项目151个，总投资1072.36亿元，获得专项建设基金支持75.44亿元，排全省各市州前列，争取工作力度大、成效明显。今年，要继续发扬“八争”精神，认真研究专项建设基金申报工作，千方百计争取更多专项建设基金，千方百计提高专项建设基金支付率，千方百计做好项目建设前期工作。

会议议定:

（一）由张珍强牵头，组织市直相关部门和区（县）分管领导召开专题会议，就进一步做好专项建设基金申报工作进行安排部署。

（二）由市政府督查室负责，对去年以来争取到的专项建设资金使用情况实行一月一督查，对专项建设资金投放缓慢、支付率低的区（县）要进行通报。

（三）同意成立铜仁市专项建设基金项目推进工作领导小组，请市发改委按照不增加编制的原则提出方案。

审议市卫生计生委《关于铜仁市2016年新型农村合作医疗补偿政策指导意见等相关工作的请示》

会议议定：

（一）原则同意市卫生计生委《关于铜仁市2016年新型农村合作医疗补偿政策指导意见等相关工作的请示》，按会议研究意见修改完善后提交市委常委会审定。

（二）同意减免大病商业保险在市公共资源交易中心的交易费用。

审议《铜仁市分级诊疗试点工作实施方案》

会议议定：

（一）原则同意《铜仁市分级诊疗试点工作实施方案》，按会议研究意见修改完善后以市政府办公室名义印发实施。

（二）同意成立铜仁市分级诊疗试点工作领导小组，由夏虹担任领导小组组长。

审议《关于实施大数据战略行动的意见》

会议议定：原则同意《关于实施大数据战略行动的意见》，按会议研究意见修改完善后提交市委常委会审定。

审议《铜仁市智慧城市建设工程项目设计、采购、施工（EPC）总承包合同》

会议议定：原则同意《铜仁市智慧城市建设工程项目设计、采购、施工（EPC）总承包合同》，按会议研究意见修改完善后提交市委常委会审定。

审议市财政局《关于对市直单位2014年财政存量资金清理检查结果有关问题的请示》

会议议定：同意市财政局《关于对市直单位2014年财政存量资金清理检查结果有关问题的请示》。

听取铜仁凤凰机场关于2015年航班运营情况及2016年航班航线运营计划和“十三五”期间航班航线规划设想的报告

会议议定：

（一）铜仁凤凰机场2016年要重点围绕深圳、成都、重庆、三亚、广州、无锡、上海、北京、贵阳航线加大工作力度，多做航线的“加法”，努力提高航班开通率和保障率，确保年旅客吞吐量达到50万人以上。

（二）由铜仁凤凰机场负责，按照定补和托底相结合的原则，研究提出航线综合补贴优化方案按程序报审。

2016年4月19日下午，市委副书记、市长陈晏在常务会议室主持召开市人民政府本年度第7次常务会议。会议议定事项纪要如下：

审议市人力资源社会保障局《关于给予路军同志记二等功的请示》

会议议定：同意市人力资源社会保障局《关于给予路军同志记二等功的请示》，按有关规定办理。

研究铜仁海创生活垃圾焚烧发电及综合处理项目合作协议和

项目选址意见有关事宜

会议议定：

（一）原则同意《铜仁海创生活垃圾焚烧发电及综合处理项目合作协议》，按会议研究意见修改完善后提交市委常委会审定。

（二）由市环保局负责，会同有关单位尽快研究提出铜仁市鹭鸶岩水源点处理方案、铜仁海创生活垃圾焚烧发电及综合处理项目宣传方案和建设方案报审。

审议《铜仁市提高农村贫困人口医疗救助保障水平促进精准扶贫工作实施方案》

会议议定：原则同意《铜仁市提高农村贫困人口医疗救助保障水平促进精准扶贫工作实施方案》，按会议研究意见修改完善后提交市委常委会审定。

审议《铜仁市新城区土地一级开发补充协议》

会议议定：原则同意《铜仁市新城区土地一级开发补充协议》，按会议研究意见修改完善后提交市委常委会审定。

听取市工信委关于2015年产业园区绩效目标考核工作情况汇报

会议议定：

（一）同意2015年产业园区绩效目标考核结果并予以通报。

（二）同意按照《铜仁市人民政府办公室关于印发铜仁市产业园区绩效目标考核办法（试行）的通知》文件精神，及时兑现2015年产业园区综合考评奖励资金340万元。奖励资金只能作为产业园区发展资金。

传达贯彻全省旅游资源大普查动员会精神

会议议定：

（一）同意成立全市旅游资源大普查领导小组。

（二）由市国土资源局牵头，市旅发委配合，尽快拟订《铜仁市旅游资源大普查实施方案》报审。

（三）同意近期召开全市旅游资源大普查领导小组成员会议，市国土资源局尽快提出会议方案和工作落实机制报审。

2016年4月25日上午，市委副书记、市长陈晏在常务会议室主持召开市人民政府本年度第8次常务会议。会议议定事项纪要如下：

审议市交通运输局《关于梵净山环线“8·18”水毁恢复相关工作的请示》

会议议定：

（一）原则同意市交通运输局《关于梵净山环线“8·18”水毁恢复相关工作的请示》，按会议研究意见修改完善后提交市委常委会审定。

（二）梵净山环线公路第一期水毁重建资金由铜仁梵净山旅游开发投资公司调剂解决，第二期水毁重建资金及全线改造资金由市交通运输局向上争取解决。

（三）市交通运输局要在建设工期服从建设质量的前提下，加快推进梵净山环线公路水毁重建工程，确保在主汛期来临前完成水毁主体工程重建工作。

（四）由市交通运输局负责，会同相关部门和涉及县，研究提出梵净山环线公路管理意见报审。

研究美欣达集团在铜仁投资建设经营垃圾焚烧发电等项目有关事宜

会议议定：

（一）原则同意铜仁市人民政府与美欣达集团有限公司关于《铜仁市相关环保产业项目战略合作框架协议》和松桃县人民政府与浙江旺能环保股份有限公司关于《松桃苗族自治县生活垃圾焚烧发电BOO项目特许经营协议》，按会议研究意见修改完善后提交市委常委会审定。

（二）铜仁市松桃县生活垃圾焚烧发电项目由松桃县具体负责实施。

审议市中级法院《关于推进铜仁市中级人民法院新建配套基础设施项目建设工作的请示》

会议议定：

（一）原则同意市中级法院《关于推进铜仁市中级人民法院新建配套基础设施项目建设工作的请示》，按照会议研究意见修改完善后提交市委常委会审定。

（二）由梵净山投资公司解决市中级人民法院新建配套基础设施项目建设所需资金。

审议《关于进一步加强城镇规划建设管理工作的意见》

会议议定：原则同意《关于进一步加强城镇规划建设管理工作的意见》，按会议研究意见修改完善后提交市委常委会审定。

审议《铜仁市实施镇村联动

推动城乡一体化发展工作方案》

会议议定：

（一）原则同意《铜仁市实施镇村联动推动城乡一体化发展工作方案》，按会议研究意见修改完善后提交市委常委会审定。

（二）由市财政局统筹解决2016年12个镇村联动示范点市级补助资金600万元。由市住房城乡建设局研究提出资金使用方案报审。

审议《铜仁市人民政府关于农村自建房规范化管理的若干规定》

会议议定：原则同意《铜仁市人民政府关于农村自建房规范化管理的若干规定》，按会议研究意见修改完善后提交市委常委会审定。

审议《铜仁市人民政府办公室关于进一步加强公园建设管理的通知》

会议议定：原则同意《铜仁市人民政府办公室关于进一步加强公园建设管理的通知》，按照会议研究意见修改完善后报审。

审议《关于加快普及校园足球的实施意见》

会议议定：

（一）原则同意《关于加快普及校园足球的实施意见》，按会议研究意见修改完善后报审。

（二）由市教育局负责，按照“新建学校一律配建，已建学校有条件的可以配建”的原则，研究提出全市中小学校园足球场建设规划方案报审。

（三）同意按照一事一议的方式，解决校园足球赛事所需活动经费。

（四）全市中小学校园足球教师由市教育局从现有教师中调剂解决；增设机构问题由市教育局商市编委办研究提出意见报市编委会审定。

审议《铜仁市推进农村产权流转交易市场健康发展的实施方案》

会议议定：

（一）同意《铜仁市推进农村产权流转交易市场健康发展的实施方案》，按程序印发实施。

（二）市农委要尽快建好农村产权流转交易平台。

审议《铜仁市完善集体林权制度改革实施意见》

会议议定：同意《铜仁市完善集体林权制度改革实施意见》，按程序印发实施。

审议《铜仁市人民政府规章制定办法》

会议议定：同意《铜仁市人民政府规章制定办法》，按程序印发执行。

2016年5月31日上午，市委副书记、市长陈晏在常务会议室主持召开市人民政府本年度第9次常务会议。会议议定事项纪要如下：

审议市城管局《关于铜仁市垃圾填埋场应急处置经费的请示》

会议议定：

（一）原则同意市城管局《关于铜仁市垃圾填埋场应急处置经费的请示》，按会议研究意见修改完善后提交市委常委会审定。

（二）同意将铜仁市生活垃圾填埋场隐患治理作为应急抢险工程抓紧启动实施，该工程所需资金1689.14万元由铜仁水务投资公司统筹解决。

审议铜仁水务投资公司《关于非公开发行定向融资工具方案的请示》

会议议定：原则同意铜仁水务投资公司《关于非公开发行定向融资工具方案的请示》，提交市委常委会审定。

审议铜仁水务投资公司《关于在中信银行申请4亿元融资的请示》

会议议定：原则同意铜仁水务投资公司《关于在中信银行申请4亿元融资的请示》，提交市委常委会审定。

审议铜仁水务投资公司《关于2016年度城市地下综合管廊建设专项债券发行方案的请示》

会议议定：原则同意铜仁水务投资公司《关于2016年度城市地下综合管廊建设专项债券发行方案的请示》，提交市委常委会审定。

审议川硐教育园区指挥部《关于审定启环路建设方案的请示》

会议议定：同意《铜仁市川硐教育园区启环路建设工作方案》，该工程所需资金由梵净山投资公司负责筹措。

审议《铜仁市2016年林业生态补偿脱贫实施方案》

会议议定：

（一）原则同意《铜仁市2016年林业生态补偿脱贫实施方案》，按会议研究意见修改完善后提交市委常委会审定。

（二）由市林业局和市扶贫办负责，尽快将“生态补偿脱贫一批”内容纳入铜仁市“扶贫云”系统。

（三）由市林业局和市扶贫办负责，按照精准识别的要求，对全市林业生态补偿脱贫人员作进一步核实。

（四）原则同意每个区县安排1000万元，用于解决生态保护人员（护林员）工资。

（五）由市林业局负责，尽快起草铜仁市林业生态补偿脱贫工作领导小组文件和铜仁市林业生态补偿资金使用管理办法送审。

审议铜仁能源投资公司《关于解决中国民生银行贵阳分行铜仁市中心城区燃气管道工程项目贷款质押、抵押和担保有关问题的请示》

会议议定：原则同意铜仁能源投资公司《关于解决中国民生银行贵阳分行铜仁市中心城区燃气管道工程项目贷款质押、抵押和担保有关问题的请示》，按会议研究意见修改完善后提交市委常委会审定。

研究鹭鸶岩水厂取水口上移有关问题

会议议定：同意坝黄镇龙井村龙井坝取水口作为鹭鸶岩水厂迁建取水口。

审议《中共铜仁市委铜仁市人民政府关于推进供给侧结构性改革提高经济发展质量和效益的实施意见》

会议议定：原则同意《中共铜仁市委铜仁市人民政府关于推进供给侧结构性改革提高经济发展质量和效益的实施意见》，按照会议研究意见并结合6月1日全省供给侧结构性改革推进大会精神进一步修改完善后，提交市委常委会审定。

审议市旅发委《关于审定铜仁市全域旅游发展体制改革有关文件的请示》

会议议定：由皮贵怀牵头，牛建国、杨同光协助，按照会议研究意见，对《铜仁市全域旅游发展体制改革方案》和《铜仁市推进全域旅游发展体制改革实施意见》作进一步修改完善后，再提交市政府常务会议研究。

审议市政务服务中心《关于解决政务中心新办公楼业务用房装修及设备采购资金的请示》

会议议定：

（一）原则同意市政务服务中心《关于解决政务中心新办公楼业务用房装修及设备采购资金的请示》，提交市委常委会审定。

（二）原则同意由铜仁水务投资公司根据审计和招标结果，据实解决市政务服务中心新办公楼业务用房装修及设备采购所需资金。

审议《铜仁市2016届政府订单生（村镇规划建设与管理专业）就业聘用工作方案》

会议议定：同意《铜仁市2016届政府订单生（村镇规划建设与管理专业）就业聘用工作方案》。

审议市妇儿工委办《关于评选表彰2011—2015年实施铜仁市妇女儿童发展规划先进集体和先进个人的请示》

会议议定：根据上级相关文件规定，不开展2011—2015年实施铜仁市妇女儿童发展规划先进集体和个人评选表彰活动。

审议市监察局《关于给予龙正江、徐建福行政记过处分的请示》

会议议定：同意市监察局《关于给予龙正江行政记过处分的请示》和《关于给予徐建福行政记过处分的请示》，按有关程序办理。

2016年6月14日上午，市委副书记、市长陈晏在常务会议室主持召开市人民政府本年度第10次常务会议。会议议定事项纪要如下：

传达贯彻习近平总书记、李克强总理在全国科技创新大会两院院士大会中国科协第九次全国代表大会上重要讲话精神和李克强总理在中国大数据产业峰会暨中国电子商务创新发展峰会上重要讲话精神

会议议定：

（一）在推进科技创新方面。一是创新载体要突破。重点抓好铜仁高新区、高新技术产业基地和高新技术创新平台建设。二是创新主体要突破。重点抓好科技型企业引进和培育，新培育省级科技型企业10家。三是创新成果要突破。通过技术创新、成果转化实现经济转型升级。四是创新服务要突破。科技管理和服务部门要针对企业需求做好创新服务工作，力争建成科技特派员工作站5个以上。

（二）在推进大数据战略行动方面。一是着力夯实基础。要深入推进“三年会战”和“小康讯”行动计划，加快推进带宽扩容工程，确保年底带宽扩容至550Gbps；推进中心城区车站、机场、公园、广场等客流集中的公共区域免费WiFi覆盖工程建设；推进“宽带乡村”试点工作，确保年内实现行政村宽带全覆盖；实施城市有线广播电视网络双向化改造工程。二是加快推进项目。发挥企业主体作用，大力推进数据聚集、智慧铜仁、数据产业、生态文化、环境优化、基础提升“六大工程”，确保项目早开工、早建成、早见效。三是抓好数据应用。把数据应用作为核心，在智慧城市建设、脱贫攻坚、实体经济发展、智慧旅游、提升社会治理能力等重点领域应用上尽快取得实效。四是抓招商引资。创新招商方式，加大招商力度，多引进好企业、大企业，助推铜仁市大数据产业快速发展。

审议梵净山投资公司《关于增资扩股有关事宜的请示》

会议议定：原则同意梵净山投资公司《关于增资扩股有关事宜的请示》，提交市委常委会审定。

审议《铜仁市人民政府中国冶金科工股份有限公司战略框架合作协议》

会议议定：原则同意《铜仁市人民政府中国冶金科工股份有限公司战略框架合作协议》，按会议研究意见修改完善后提交市委常委会审定。

审议市环保局《关于审定铜仁市人民政府与中国科学院北京综合研究中心等单位战略合作框架协议的请示》

会议议定：同意市环保局《关于审定铜仁市人民政府与中国科学院北京综合研究中心等单位战略合作框架协议的请示》，由张明代表市政府签订战略合作框架协议。

审议《关于继续实施工业重点行业以奖代补政策的通知》

会议议定：

（一）原则同意《关于继续实施工业重点行业以奖代补政策的通知》，提交市委常委会审定。

（二）要按照“应补早补”的原则，尽快兑现补贴政策，发挥补贴资金的最大效用。

研究有关人员处分问题

会议议定：同意给予严循光、黄啸、张叶、黄勇、严恬、罗晓燕、蔡永鹏、赵培成开除公职处分，按有关规定办理。

2016年7月5日下午，市委副书记、市长陈晏在常务会议室主持召开市人民政府本年度第11次常务会议。会议议定事项纪要如下：

研究灾后恢复重建工作相关事宜

会议议定：

（一）在灾后恢复重建资金项目安排上要做到三个坚持。一是坚持先急需后长远，优先保障灾区最急需的路水电讯等需求。二是坚持先生活后生产，优先保障灾区群众吃住用等基本民生需求。三是坚持先重点后一般，优先保障重灾区的稳定和建设需求。

（二）在灾后恢复重建上要抓好七个重点。一是抓好受损基础设施抢修恢复工作。由市交通运输局负责，尽快恢复通乡通村道路系统，一般性损毁路段要确保半个月内全部修复，损毁严重路段要确保一个月内修复，尽早恢复正常通行。由铜仁水务投资公司、铜仁供电局、移动铜仁分公司、电信铜仁分公司、联通铜仁分公司和铁塔铜仁分公司等负责，加快对损毁的水、电、讯等基础设施进行抢修，确保灾区在最短时间内恢复正常。二是抓好受损学校和医疗设施抢修恢复工作。由市教育局负责，加快对损毁学校进行修复，一般性损坏的要在新学年开学之前完成修复；严重损毁的要认真研究提出恢复重建方案和学生就学方案，确保学生能按时上学。由市卫生计生委负责，对损毁医疗卫生场所及设施提出恢复重建方案并及时完成。三是抓好受损民房修复恢复工作。由各区县负责，充分结合新型城镇化发展和易地扶贫搬迁工程，创新思路提出损毁民房灾后重建方案，要深入细致做好群众思想工作，积极动员不适宜居住区域的群众搬迁到城镇、产业园区、景区等适宜居住区域。由市水库和生态移民局负责，进一步加大与省厅的汇报对接力度，力争把本轮强降雨造成的6384间受损民房纳入第二轮易地移民项目盘子。四是抓好灾区群众基本生活保障工作。由市民政局、各区县负责，全力做好应急物资保障、调配工作，保障受灾群众基本生活需求。五是抓好因灾返贫救助工作。由张珍强牵头，市扶贫办、市民政局具体负责，认真研究因灾返贫救助机制，力争把因灾返贫人员纳入扶贫云系统。六是加大项目资金争取力度。各区县、市直各有关部门要尽快将受灾情况核查准确，于7月8日前报市政府应急办汇总后按程序报审。由市发改委牵头，市直相关部门配合，根据受灾情况抓紧编制好灾后重建规划，有的放矢编报争取项目，尽最大努力争取上级救灾资金和项目支持；特别是抓紧与省政府办公厅对接，力争将灾后重建中需要实施的大项目、大工程，明确在7月5日刘远坤副省长在铜仁市召开的专题会议纪要之中。由范国胜牵头，市金融办具体负责，及时将铜仁市受灾情况向各金融机构进行通报，积极协调各金融机构加大向上汇报力度，争取更多灾后重建应急贷款，为灾后恢复重建提供金融支持；同时，加大与保险机构的协调力度，确保灾后保险理赔资金尽快到位。七是抓好公共安全工作。由市交警支队负责，对问题路段加强交通管控，及时拉警戒线予以提醒，对不能通行的路段要及时封路，避免重大交通安全事故发生。由市卫生计生委负责，加强受灾地区疫病防治工作，确保大灾之后无大疫。由市政府应急办负责，年底前建成市级应急平台系统，进一步规范应急管理工作，确保重大信息及时准确上报，坚决杜绝迟报漏报，全面提升应急管理水平。由市国土资源局负责，继续加强隐患排查治理，在强化地质灾害点监管的基础上，进一步加大对非地灾点的隐患排查治理，切实将安全隐患消除在萌芽状态，全力确保人民群众生命财产安全。

审议《铜仁市交通运输局“十三五”期间公路项目贷款方案》

会议议定：原则同意《铜仁市交通运输局“十三五”期间公路项目贷款方案》，按会议研究意见修改完善后提请市委常委会审定。

听取市国土资源局关于城市周边永久基本农田划定情况的报告

会议议定：原则同意市国土资源局关于城市周边永久基本农田的划定成果，按会议研究意见对报告进一步修改完善后向市委常委会汇报。

研究梵净山龙泉寺、承恩寺收购移交事宜

会议议定：原则同意市民宗委《关于梵净山承恩寺移交市佛协统一管理有关事宜的请示》和《关于收购梵净山龙泉寺资产有关事宜的请示》，按会议研究意见修改完善后提请市委常委会审定。

审议市工信委《关于审定铜仁市智慧城市建设工程项目云数据中心子项设计、采购、施工（EPC）承包合同相关事宜的请示》

会议议定：原则同意市工信委《关于审定铜仁市智慧城市建设工程项目云数据中心子项设计、采购、施工（EPC）承包合同相关事宜的请示》，按会议研究意见修改完善后提请市委常委会审定。

审议铜仁能源投资公司《关于铜仁市中心城区燃气管道工程项目融资相关问题的请示》

会议议定：原则同意铜仁能源投资公司《关于铜仁市中心城区燃气管道工程项目融资相关问题的请示》，按会议研究意见修改完善后提请市委常委会审定。

审议市教育局、市财政局《关于申请2016年市级教育事业专项资金安排的请示》

会议议定：原则同意市教育局、市财政局《关于申请2016年市级教育事业专项资金安排的请示》，按会议研究意见修改完善后提请市委常委会审定。

研究有关人员处分问题

会议议定：同意给予胡友志、杨通明开除公职处分，按有关规定办理。

2016年7月18日上午，市委副书记、市长陈晏在常务会议室主持召开市人民政府本年度第12次常务会议。会议议定事项纪要如下：

观看警示教育片

会议对做好换届工作提出五点要求：一是各级政府党组和部门领导要带头学习，汲取教训，严格按照中央、省委和市委对本次换届工作的要求，以实际行动维护换届纪律，共同营造一个风清气正的政治生态。二是各级政府党组和部门领导要带头讲纪律、守规矩，严格遵守“九严禁”换届纪律，自觉抵制用人上的不正之风，充分发挥党员引领示范带头作用。三是各级领导干部要认真履行“一岗双责”，在管好自己的同时，对分管系统、分管部门、分管单位要严格教育、严格管理、严格监督，确保在换届纪律上不出任何问题。四是要认真履行选人用人职责，始终坚持从铜仁经济社会发展大局出发，积极、认真、负责地向组织推荐“忠诚、干净、担当”的优秀干部，确保高标准、高质量完成换届任务。五是各级班子成员要把迎接换届和做好当前重点工作，特别是确保完成全年经济社会发展任务结合起来，引导分管部门负责同志正确看待进退去留，始终保持奋发向上的精神状态，做到思想不散、干劲不减，确保2020年与全国全省同步全面建成小康社会。

审议《铜仁市中心城区疏老城工作方案》

会议认为，撤地设市以来，围绕加快建设“武陵之都·仁义之城”，铜仁城市化进程不断提速，中心城区面积扩大到45平方公里，人口增加到41万人，城市道路达到87公里，经济社会发展取得显著成就。但同时也暴露出老城区人口密度过大、道路交通拥堵、公共设施不足等城市病问题。因此，迫切需要加快建新区疏老城步伐。会议强调，推进建新区、疏老城，必须把建好城市新区作为前提和重点，要按照产城互动、产城融合的思路，坚持统一规划、分步实施，加快完善新区基础设施和配套服务设施，加快发展壮大新区经济总量，推动新区产城一体化发展，切实增强新区吸引力和承载带动能力；同时，要合理划分城市新区和老城区的功能定位，加快老城区部分功能向城市新区转移，科学控制老城区建设强度，推动新老城区协调发展。

会议议定：

（一）原则同意《铜仁市中心城区疏老城工作方案》，按会议研究意见和分两步走的思路，由夏虹牵头召集有关部门对建新城、疏老城工作进行系统研究，抓紧提出更加完善的工作方案，提交市委常委会审定。

（二）待市委常委会审定工作方案后，抓紧拟定下一步的具体实施方案报审。

审议《铜仁市农村垃圾治理考核办法》

会议议定：原则同意《铜仁市农村垃圾治理考核办法》，按会议研究意见修改完善后印发实施。

审议《铜仁市城市公立医院综合改革试点实施方案》

会议议定：原则同意《铜仁市城市公立医院综合改革试点实施方案》，按会议研究意见修改完善后提交市委常委会审定。

审议2016首届贵州（铜仁）国际天然饮用水博览会总体方案及工作方案

会议议定：原则同意2016首届贵州（铜仁）国际天然饮用水博览会总体方案及工作方案，按会议研究意见，由工信委负责，积极与省经信委汇报对接，对总体方案及工作方案进行细化完善后，提交市委常委会审定。

研究梵净山投资公司向贵阳银行办理政府购买服务融资有关事宜

会议议定：由梵净山投资公司负责，按照融资综合成本控制在7%以下的要求，进一步加强与贵阳银行的洽谈，并对融资方案进行优化后报审。

审议《铜仁市国有林场改革实施方案》

会议议定：原则同意《铜仁市国有林场改革实施方案》，按会议研究意见修改完善后提交市委常委会审定。

审议铜仁高新区管委会《关于明确梵净山投资公司为贵州大兴高新开发投资有限公司2016年建设项目融资担保的请示》

会议议定：原则同意铜仁高

新区管委会《关于明确梵净山投资公司为贵州大兴高新开发投资有限公司2016年建设项目融资担保的请示》，按会议研究意见修改完善后提交市委常委会审定。

审议铜仁高新区管委会《关于审定中宇智能通讯终端生产项目投资协议的请示》

会议议定：原则同意铜仁高新区管委会《关于审定中宇智能通讯终端生产项目投资协议的请示》，按会议研究意见修改完善后提交市委常委会审定。

2016年7月28日上午，市委副书记、市长陈晏在常务会议室主持召开市人民政府本年度第13次常务会议。会议议定事项纪要如下：

审议《铜仁市农村生活垃圾及污水治理实施意见》

会议议定：

（一）原则同意《铜仁市农村生活垃圾及污水治理实施意见》，按会议研究意见修改完善后按程序报审。

（二）全市农村生活垃圾及污水治理工作要按照试点带动、全面推进的原则通盘考虑；各区县的目标任务要进一步具体化。

（三）由市城管局负责，拟定全市农村生活垃圾治理实施方案报审。

（四）由市水务局、铜仁水务投资公司负责，拟定全市农村污水治理实施方案报审。

审议《铜仁交银武陵山扶贫投资发展基金设立方案》和《铜仁重银武陵山扶贫投资发展基金设立方案》

会议议定：原则同意《铜仁交银武陵山扶贫投资发展基金设立方案》和《铜仁重银武陵山扶贫投资发展基金设立方案》，提交市委常委会审定。

审议《中国铜仁武陵山扶贫投资发展基金使用管理暂行办法》

会议议定：原则同意《中国铜仁武陵山扶贫投资发展基金使用管理暂行办法》，按会议研究意见修改完善并经市政府分管同志审核后，提交市委常委会审定。

审议《关于开展市直管镇体制改革试点工作的意见》

会议议定：原则同意《关于开展市直管镇体制改革试点工作的意见》，按会议研究意见修改完善后提交市委常务会审定。

2016年8月29日下午，市委副书记、市长陈晏在常务会议室主持召开市人民政府本年度第14次常务会议。会议议定事项纪要如下：

传达贯彻《中共中央办公厅国务院办公厅印发〈关于2016年上半年贯彻执行中央八项规定情况的报告〉的通知》精神

会议强调，全市各级各部门要进一步提高思想认识，充分认识到中央抓八项规定的坚定信心和决心，进一步增强政治意识、大局意识、核心意识、看齐意识，严守党的政治纪律和政治规矩，自觉在思想上政治上行动上与党中央保持高度一致，持之以恒地将作风建设各项要求落细落小落实，推进全市作风建设向更广范围、更深程度、更高水平拓展。

传达贯彻全国易地扶贫搬迁现场会精神

会议要求，全市上下要深入贯彻落实全国易地扶贫搬迁现场会精神，进一步增强责任感和使命感，紧紧围绕“今年第一批58个集中安置点10月底全部入驻,第二批集中安置点明年上半年建成入驻”的总目标，聚焦增强搬迁群众后续发展能力，创新思路机制，持续着力攻坚，全力以赴抓早抓细抓节点，确保搬迁对象“搬得出、稳得住、能致富”。

会议议定：

（一）强化督促检查。由市委督查室、市政府督查室牵头，市水库和生态移民局、市发改委、市扶贫办等部门配合，对各区（县、高新区、开发区）易地扶贫搬迁工作推进情况和贯彻落实全国易地扶贫搬迁现场会精神情况进行督查，并将督查结果进行排名通报。

（二）适时召开现场推进会。由张珍强牵头，市水库和生态移民局具体负责，认真做好全市易地扶贫搬迁现场推进会筹备工作。

（三）坚持四个原则。一是坚持“一个围绕”。要科学选择易地扶贫搬迁安置点，围绕县城、中心集镇、产业园区和旅游景区集中安置为主，着力解决好搬迁对象就业发展能力，确保搬迁对象发展致富有保障。二是坚持“两个严格”。要严格控制安置房建筑面积和建设成本，严格兑现补助和奖励政策，决不能让贫困群众因搬迁而举债，加重脱贫负担。三是坚持“三个精细”。要按照“易地扶贫搬迁人口识别精细、科学选址精细、安置房设计精细”的要求，着力实现搬迁对象精准、搬迁安置科学、居住环境舒适，切实保障搬迁户“搬得出、稳得住、能致富”。四是坚持“四个确保”。要确保搬迁户不因为搬迁而负债，确保每户搬迁户至少有1人以上实现就业，确保易地扶贫搬迁各项政策兑现到位，确保安置点教育、医疗卫生等公共服务配套同步跟上，让搬迁农民能够融入当地经济社会发展，获得更多幸福感。

（四）坚持五点要求。一是做好“一个规划”。各地要在认真总结前期工作经验的基础上，科学编制完善易地扶贫搬迁规划，按照总体规划、分步实施、突出重点、梯度推进的原则，有序有力推进易地扶贫搬迁工作。二是紧扣“两个重点”。要紧扣就业和增收两个重点抓好易地扶贫搬迁工作。三是做到“三个精准”。做到农村贫困群众要精准识别，建档立卡贫困户要精准识别，整村整组搬迁对象要精准识别。四是做到“四个结合”。要创新思路，整合资源，推进易地搬迁安置房与棚户区改造、与城镇化建设、与产业园区、与新农村集中建房点建设相结合，全面实现资源效益最大化。五是落实好“五项政策”。要加大政策扶持力度，落实好住房政策、土地政策、就业政策、产业政策和社保政策，确保搬迁户如期脱贫不返贫。

（五）健全“六项机制”。一是健全建房协作机制，发挥机制活力，着力推动易地扶贫搬迁工作。二是健全财政资金整合机制，保障易地扶贫搬迁资金需求，解决好资金瓶颈问题。三是健全工程项目挂图作战机制，倒排工期，密集调度，加快推进易地扶贫搬迁工作进度，确保按期完成任务。四是健全社会力量大帮扶机制，举全市之力，汇全民之智，形成“人人关心扶贫、人人参与扶贫”的强大合力。五是健全社会治理创新管理机制，围绕保障和改善民生为根本，着力保障社会稳定，创建和谐社会环境。六是健全搬迁农民长远生计的政策扶持机制，做好贫困群众搬穷窝与换穷业并举、安居与乐业并举、搬迁与脱贫同步，坚决打赢脱贫攻坚这场输不起的硬仗。

审议大龙开发区管委会《关于贵州大龙汇源开发投资有限公司融资建设开发区配套基础设施项目相关事宜的请示》

会议议定：原则同意大龙开发区管委会《关于贵州大龙汇源开发投资有限公司融资建设开发区配套基础设施项目相关事宜的请示》，按会议研究意见修改完善并经市政府法制办审核后按程序报审。

审议大龙开发区管委会《关于审核沃特玛新能源汽车产业创新联盟铜仁产业园项目合作协议的请示》

会议议定：原则同意大龙开发区管委会《关于审核沃特玛新能源汽车产业创新联盟铜仁产业园项目合作协议的请示》，按会议研究意见修改完善后提交市委常委会审定。

审议铜仁高新区管委会《关于审定精密模具制造项目投资协议的请示》

会议议定：原则同意铜仁高新区管委会《关于审定精密模具制造项目投资协议的请示》，按会议研究意见修改完善后提交市委常委会审定。

审议铜玉铁路公司《关于融资工作有关事宜的请示》

会议议定：原则同意铜玉铁路公司《关于融资工作有关事宜的请示》，按会议研究意见修改完善后提交市委常委会审定。

审议通号创新（铜仁）开发有限公司《关于铜仁市新城区土地一级开发项目土地开发成本返还的请示》

会议议定：原则同意通号创新（铜仁）开发有限公司《关于铜仁市新城区土地一级开发项目土地开发成本返还的请示》，按会议研究意见修改完善后提交市委常委会审定。

审议《碧江经济开发区土地收储及一级市场开发合作框架协议》

会议议定：

（一）同意碧江区政府、铜仁九龙地矿公司《关于审定碧江经济开发区土地收储及一级市场开发合作框架协议的请示》。

（二）双方合作土地出让所得利润市级按30%提取后，余下的70%由碧江区政府和铜仁九龙地矿公司按协议进行分成。

审议碧江区政府《关于收储梵净山大道熊家屯片区76327平方米国有建设用地有关事宜的请示》

会议议定：原则同意碧江区政府《关于收储梵净山大道熊家屯片区76327平方米国有建设用地有关事宜的请示》，提交市委常委会审定。

审议《铜仁市人民政府福建首佳证券投资基金管理有限公司战略合作协议》

会议议定：原则同意《铜仁市人民政府福建首佳证券投资基金管理有限公司战略合作协议》，由市金融办按会议研究意见修改完善后再与福建首佳证券投资基金管理有限公司签订协议。

审议梵净山投资公司《关于收购铜仁铁路货运东站东九佳远物流公司铁路货运专线项目有关事项的请示》

会议议定：原则同意梵净山投资公司《关于收购铜仁铁路货运东站东九佳远物流公司铁路货运专线项目有关事项的请示》，提交市委常委会审定。

审议市农委《关于解决农村土地承包经营权确权登记颁证工作市级配套资金的请示》

会议议定：

（一）同意市级按5元/亩的标准配套农村土地承包经营权确权登记颁证工作经费。市财政局先按2元/亩下拨市级配套资金，剩余部分待全面完成验收后兑现。

（二）市农委按照会议研究意见对请示内容作进一步修改完善后，提交市委常委会审定。

审议市教育局《关于铜仁学院附属中学运动场改建项目有关问题的请示》

会议议定：

（一）原则同意《铜仁学院附中400米标准化塑胶运动场改建工作方案》，按会议研究意见修改完善后提交市委常委会审定。

（二）同意梵净山投资公司作为业主单位，负责融资筹建铜仁学院附中400米标准化塑胶运动场改建工程项目。

（三）由梵净山投资公司负责解决重庆恒鼎投资有限公司在前期工作中所产生的相关费用。

审议《铜仁市全域旅游改革发展工作实施方案》

会议议定：

（一）原则同意《铜仁市全域旅游改革发展工作实施方案》，按会议研究意见修改完善后提交市委常委会审定。

（二）《铜仁市推进全域旅游发展体制改革实施意见》等9个配套文件按程序送审。

研究有关人员处分问题

会议议定：同意给予刘艳、张延高、刘唐远开除公职处分，按有关规定办理。

2016年9月23日下午，市委副书记、市长陈晏在常务会议室主持召开市人民政府本年度第15次常务会议。会议议定事项纪要如下：

传达贯彻全省科技创新大会精神

会议议定：

（一）由市科技局和铜仁科学院负责，尽快研究提出铜仁科学院具体建设方案报审。

（二）由市科技局负责，按照会议研究意见进一步修改完善《铜仁市科技创新大会方案》，并尽快起草铜仁市科技创新相关配套文件，按程序送审后提交市委常委会审定。

审议《关于推进农村土地规模化流转加快农村经济转型发展的意见》

会议议定：原则同意《关于推进农村土地规模化流转加快农村经济转型发展的意见》，市委政研室要按照陈敏尔书记在惠水县调研时提出的“四个三”（即：盘活好承包地、山林地和宅基地三块地,统筹好就学、就业和就医三大问题,衔接好农村低保、城市医保和养老保险三类保障,建设好经营性公司、家庭农场、公共服务站三个场所）的要求，结合会议研究意见修改完善后提交市委常委会审定。

审议《铜仁市国家级学前教育改革发展实验区工作实施意见（2016—2018年）》

会议议定：原则同意《铜仁市国家级学前教育改革发展实验区工作实施意见（2016—2018

年）》。由市教育局负责按照会议研究意见修改完善后提交市委常委会审定。

听取市发改委关于铜仁市管道燃气有关情况报告

会议议定：

（一）同意市发改委《关于铜仁市管道燃气工作专题报告》（铜发改呈〔2016〕166号）中所提的工作建议。

（二）由皮贵怀牵头，按照会议讨论意见，召集相关部门研究提出铜仁市管道燃气遗留问题解决方案报审。

审议铜仁旅游投资公司《关于发行私募债有关事宜的请示》

会议议定：原则同意铜仁旅游投资公司《关于发行私募债有关事宜的请示》（铜旅投呈〔2016〕23号），提交市委常委会审定。

审议《铜仁市人民政府贵阳花溪碧桂园物业发展有限公司铜仁新城项目投资开发合作备忘录》

会议议定：原则同意《铜仁市人民政府贵阳花溪碧桂园物业发展有限公司铜仁新城项目投资开发合作备忘录》，按会议研究意见修改完善后提交市委常委会审定。

审议市财政局《关于拟组建铜仁市政府投资基金（母基金）的请示》

会议议定：原则同意市财政局《关于拟组建铜仁市政府投资基金（母基金）的请示》（铜财呈〔2016〕112号），按会议研究意见修改完善后提交市委常委会审定。

审议《关于规范乡镇规划管理委员会实体化运作的意见》

会议议定：原则同意《关于规范乡镇规划管理委员会实体化运作的意见》，按会议研究意见修改完善并按程序送审后印发实施。

审议《铜仁市生活垃圾焚烧发电及综合利用特许经营项目实施方案》

会议议定：由市城管局商市政府法制办根据相关规定对《铜仁市生活垃圾焚烧发电及综合利用特许经营项目实施方案》作进一步修改完善后按程序送审。

2016年10月10日上午，市委副书记、市长陈晏在常务会议室主持召开市人民政府本年度第16次常务会议。会议议定事项纪要如下：

传达贯彻东西部扶贫协作和对口帮扶贵州工作联席会议精神

会议议定：

（一）要落实好对口帮扶合作框架协议。一是落实好区域结对帮扶的合作，各区县、铜仁高新区和大龙开发区年内要主动与苏州各自对口帮扶单位进行对接；二是落实好产业方面的合作，重点围绕资源开发、产业园区建设、承接苏州产业转移、农业产业化、文化旅游产业等开展合作；三是落实好城市建设等方面的合作，要借助苏州在城市规划建设上的优势，进一步提升铜仁城市规划建设水平；四是落实好商务合作，重点围绕企业发展、产品开发、市场流通和行业产业方面的优势互补开展合作；五是落实好智力支持和劳务合作，重点围绕科技教育、医疗卫生、劳务合作和社会管理等方面开展合作。

（二）要谋划好下一阶段对口帮扶合作的内容。由张珍强牵头，各区县、市直相关部门具体负责，积极探索在人才培养、农业合作、部门之间和企业之间对接等方面的新机制，不断拓宽苏州对口帮扶铜仁“3个100”内容，并在2013年签订的对口帮扶合作框架协议基础上，围绕六个方面着力打造对口帮扶合作的“升级版”。一是着力打造产业合作升级版，加强园区共建和招商引资力度，引进更多企业到铜投资兴业；二是打造文化旅游合作升级版，不断提升景区景点规划建设水平，加强旅游资源推介力度，努力与苏州实现优势互补；三是打造人才培养升级版，加大干部培训和金融、规划、科技紧缺人才的引进力度，助力铜仁加快发展；四是打造教育合作升级版，推动铜仁市与苏州市在基础教育、职业教育与高等教育方面开展深入合作；五是打造医疗卫生合作升级版，借助苏州医疗卫生技术优势，加强铜仁市医院学科建设，提高医疗保障能力和水平；六是打造劳务对接合作升级版，精准输出铜仁市富余劳动力，帮助群众增收致富。

（三）要制定好下一阶段对口帮扶合作的机制。一是健全帮扶对接的机制，各区县、各部门主要负责同志要将对口帮扶合作工作作为重大政治任务来抓，按照年年有计划、季季有活动、天天有跟踪的要求抓好落实，使对口帮扶工作政策化、项目化、具体化；二是健全帮扶的考评机制，要进一步完善帮扶的考核办法，确保对口帮扶工作取得更大的实效。

审议《关于深入推进铜仁市城市执法体制改革改进城市管理工作实施方案》

会议议定：原则同意《关于深入推进铜仁市城市执法体制改革改进城市管理工作实施方案》，按会议研究意见修改完善后提交市委常委会审定。

审议《铜仁市城市管理工作考核办法》

会议议定：由夏虹负责，按照“全覆盖、具体化、可操作”的原则和结合会议讨论意见，召开专题会议对《铜仁市城市管理工作考核办法》作进一步修改完善后再提交市政府常务会议研究。

审议《铜仁市农村生活垃圾治理实施方案》

会议议定：由市城管局牵头，市农委、市环保局全力配合，按照以下意见对《铜仁市农村生活垃圾治理实施方案》作进一步修改完善后再提交市政府常务会议研究。一是要与新农村建设和六项行动计划实施相结合；二是要厘清市城管局、市农委、市环保局的职责和县、乡、村的职责；三是要统一规划、突出重点；四是要强化资金筹措，明确市县出资比例；五是要抓好村收集、乡运转和县处理三个系统；六是要充分借鉴省外好经验、好做法。

审议《铜仁市电子商务发展规划（2016—2020）》

会议议定：原则同意《铜仁市电子商务发展规划（2016—2020）》。由市商务局负责，围绕完善基础设施、改善物流条件和促进产业发展三个重点，对发展规划作进一步修改完善并按程序送审后印发实施。

审议《铜仁市妇女儿童发展规划（2016—2020）》

会议议定：原则同意《铜仁市妇女儿童发展规划（2016—2020）》，按会议研究意见修改完善并按程序送审后印发实施。

审议《铜仁市困难居民医疗救助实施办法》

会议议定：原则同意《铜仁市困难居民医疗救助实施办法》，按会议研究意见修改完善后提交市委常委会审定。

审议《中国铜仁武陵山扶贫投资发展基金设立方案》

会议议定：原则同意《中国铜仁武陵山扶贫投资发展基金设立方案》，按会议研究意见修改完善后提交市委常委会审定。

2016年10月23日下午，市委副书记、市长陈晏在市政府常务会议室主持召开市人民政府本年度第17次常务会议。会议议定事项纪要如下：

审议《关于收购石阡县泉都矿泉水开发有限责任公司的请示》

会议议定：同意启动对石阡县泉都矿泉水开发有限责任公司的收购程序，由铜仁九龙地矿公司拟定具体收购方案按程序报审。

审议铜仁水务投资公司《关于面向合格投资者公开发行公司债券的请示》

会议议定：原则同意铜仁水务投资公司《关于面向合格投资者公开发行公司债券的请示》，提交市委常委会审定。

审议《铜仁市城市公立医院医疗服务价格调整方案》

会议议定：原则同意《铜仁市城市公立医院医疗服务价格调整方案》，按照会议研究意见修改完善后，提交市委常委会审定。

审议市气象局《关于解决气象干部职工年度绩效考核经费的请示》

会议议定：原则同意市气象局关于解决气象干部职工年度绩效考核经费的有关请示事项。由市气象局负责，按照会议研究意见对请示内容作进一步修改完善后，提交市委常委会审定。

审议《关于国有投资公司助推脱贫攻坚的实施方案》

会议议定：原则同意《关于国有投资公司助推脱贫攻坚的实施方案》，按照会议研究意见修改完善后，提交市委常委会审定。

审议铜仁职院《关于解决铜仁工业学校基础工程建设项目资金有关事宜的请示》

会议议定：

（一）原则同意铜仁职院《关于解决铜仁工业学校基础工程建

设项目资金有关事宜的请示》，按照会议研究意见修改完善后，提交市委常委会审定。

（二）由市城乡规划局、市国土资源局负责，按照“既满足学校建设需要，又符合规划要求”的原则，尽快协调解决铜仁工业学校因铜怀高速公路互通建设需调整用地的问题。

（三）铜仁工业学校建设项目资金扣除已解决的9000万元（苏州对口帮扶资金1000万元及铜仁职院贷款资金8000万元），剩余部分由市财政统筹解决，按照项目建设进度进行拨付。

（四）明确铜仁职院为铜仁工业学校建设项目业主，委托梵净山投资公司代建，2017年底前建成。

审议铜仁职院《关于解决新校区基础工程建设项目资金有关事宜的请示》

会议议定：

（一）原则同意铜仁职院《关于解决新校区基础工程建设项目资金有关事宜的请示》，按照会议研究意见修改完善后，提交市委常委会审定。

（二）由市城乡规划局、市国土资源局负责，按照“既满足学校建设需要，又符合规划要求”的原则，尽快协调解决铜仁职院新校区基础工程建设项目用地问题。

（三）铜仁职院建设项目所需投资资金，由市财政统筹解决，按照项目建设进度进行拨付。

（四）明确铜仁职院为铜仁职院新校区基础工程建设项目业主，委托梵净山投资公司代建，2017年底前建成。

审议《铜仁市通大自然村寨公路建设（含产业路、旅游路）实施方案》

会议议定：

（一）原则同意《铜仁市通大自然村寨公路建设（含产业路、旅游路）实施方案》，按照会议研究意见修改完善后，提交市委常委会审定。

（二）由市交通运输局负责，尽快起草项目资金管理办法按程序报审。

审议铜仁高新区管委会《关于审定智能终端触控显示产业园项目投资协议的请示》

会议议定：原则同意铜仁高新区管委会《关于审定智能终端触控显示产业园项目投资协议的请示》，按照会议研究意见修改完善后，提交市委常委会审定。

审议《铜仁市农村义务教育学生营养改善计划提质升级实施意见》和《铜仁市农村学前教育儿童营养改善计划实施方案》

会议议定：原则同意《铜仁市农村义务教育学生营养改善计划提质升级实施意见》和《铜仁市农村学前教育儿童营养改善计划实施方案》，按照会议研究意见修改完善后，提交市委常委会审定。

审议《铜仁市脱贫攻坚定点帮扶工作方案》

会议议定：原则同意《铜仁市脱贫攻坚定点帮扶工作方案》，按照会议研究意见修改完善后，提交市委常委会审定。

审议市工信委《关于解决贵州华电大龙发电有限公司电煤采购补贴的紧急请示》

会议议定：

（一）同意按照实际进煤量（不超过54万吨）以50元/吨的标准补助贵州华电大龙发电有限公司，补助资金不超过2700万元，补贴周期从2016年10月1日至2016年12月31日。

（二）所需补助资金由市级和大龙开发区管委会按6:4的比例分别承担。

研究有关人员处分问题

会议议定：同意给予毛国学开除公职处分，按有关规定办理。

2016年11月28日上午，市委副书记、市长陈晏在市政府常务会议室主持召开市人民政府本年度第18次常务会议。会议议定事项纪要如下：

审议川硐教育园区指挥部《关于铜仁学院新增项目概算的请示》

会议议定：

（一）原则同意川硐教育园区指挥部《关于铜仁学院新增项目概算的请示》，按照会议研究意见修改完善后，提交市委常委会审定。

（二）由市财政局负责，按工程进度拨付项目建设资金，确保项目建设有序推进。

审议市财政局《关于组建市级政策性担保机构和市农担公司

的请示》

会议议定：原则同意市财政局《关于组建市级政策性担保机构和市农担公司的请示》，按照会议研究意见修改完善后，提交市委常委会审定。

审议梵净山投资公司《关于参股贵州东亿电气实业有限公司的请示》

会议议定：原则同意梵净山投资公司《关于参股贵州东亿电气实业有限公司的请示》，按照会议研究意见修改完善后，提交市委常委会审定。

审议《铜仁市大数据产业发展规划（2016—2020）暨“十三五”信息产业发展规划》

会议议定：原则同意《铜仁市大数据产业发展规划（2016—2020）暨“十三五”信息产业发展规划》，按照会议研究意见修改完善并按程序送审后印发实施。

审议《铜仁市城市建成区违法建设专项治理工作五年行动实施方案》

会议议定：由邱祯国负责，按照会议研究意见，召集相关部门对《铜仁市城市建成区违法建设专项治理工作五年行动实施方案》作进一步修改完善后，再提交市政府常务会议研究审议。

审议《铜仁市国有资产监督管理局监管企业员工工资管理制度指导意见》《铜仁市国有资产监督管理局监管企业工资总额预算管理暂行办法》《铜仁市国有企业“三重一大”决策制度实施细则》《铜仁市市管国有企业领导班子和领导人员综合考核暂行办法》和《铜仁市属国有独资公司监事会管理暂行办法》

会议议定：原则同意《铜仁市国有资产监督管理局监管企业员工工资管理制度指导意见》《铜仁市国有资产监督管理局监管企业工资总额预算管理暂行办法》《铜仁市国有企业“三重一大”决策制度实施细则》《铜仁市市管国有企业领导班子和领导人员综合考核暂行办法》和《铜仁市属国有独资公司监事会管理暂行办法》，按照会议研究意见修改完善后，提交市委常委会审定。

审议《铜仁市生态文明建设实施方案》

会议议定：原则同意《铜仁市生态文明建设实施方案》。由市发改委负责，按照省委常委会议专题研究铜仁市工作会议提出的“念好山字经、做好水文章、打好生态牌，奋力创建绿色发展先行示范区”要求，结合《铜仁市“十三五”规划纲要》、市委一届十一次全会即将审议的《中共铜仁市委铜仁市人民政府关于奋力创建绿色发展先行示范区的意见》精神及铜仁市谋划的35亿元绿色生态屏障建设项目等有关情况，进一步修改完善后，提交市委常委会审定。

审议《铜仁市应对气候变化规划（2016—2020）》

会议议定：原则同意《铜仁市应对气候变化规划（2016—2020）》，按照会议研究意见修改完善并按程序送审后印发实施。

审议《铜仁市妇幼保健院创建三级妇幼保健机构实施方案》

会议议定：

（一）原则同意《铜仁市妇幼保健院创建三级妇幼保健机构实施方案》，按照会议研究意见修改完善后送审。

（二）由市卫生计生委和市妇幼保健院负责，按照力争2019年、确保2020年成功创建三级甲等妇幼保健机构的标准和要求，尽快编制完成《铜仁市妇幼保健院总体规划》。

（三）市妇幼保健院创建三级甲等妇幼保健机构项目建设及设备采购所需资金由市财政统筹解决，人才引进及培养所需资金由市妇幼保健院自行解决。

（四）市妇幼保健院创建三级甲等妇幼保健机构所需编制由市编委办商市卫生计生委、市妇幼保健院提出具体方案，提交市编委会审定。

传达贯彻全省卫生和健康大会精神

会议议定：

（一）原则同意市卫生计生委《关于全省卫生与健康大会精神的报告》中所提建议，按照会议研究意见修改完善后，向市委常委会汇报。

（二）同意规划建设铜仁市儿童医院，梵净山投资公司作为项目业主，确保2017年上半年开工建设、2018年底前建成。

（三）由市人大副主任王开禄任铜仁市儿童医院建设指挥部指挥长。由市卫生计生委负责，尽快提出铜仁市儿童医院项目建设指挥部组建方案及人才引进和培育计划报审。

审议《铜仁市人民政府2017—2021年立法规划及2017年立法计划（草案）》

会议议定：原则同意《铜仁市人民政府2017—2021年立法规划及2017年立法计划（草案）》，按照会议研究意见修改完善并按程序送审后印发实施。

审议《铜仁市农村生活垃圾治理实施方案》

会议议定：原则同意《铜仁市农村生活垃圾治理实施方案》，按照会议研究意见修改完善并按程序送审后印发实施。

审议《铜仁市承办第六届全省小城镇建设发展大会实施方案》

会议议定：

（一）原则同意《铜仁市承办第六届全省小城镇建设发展大会实施方案》，按照会议研究意见修改完善后，提交市委常委会审定。

（二）万山区、玉屏县、松桃县、江口县及大龙开发区要按照方案要求，全力做好大会准备工作，特别是涉及相关拟建项目，必须于2017年5月底前全部建成。相关区县要高度重视、全力配合，认真做好参观沿线的环境整治工作，树立良好铜仁形象。

（三）凡抽调到会议筹备工作组的人员必须及时到位。

（四）会议筹备工作所需经费由市财政统筹解决，先拨付200万元。会议筹备工作组要本着精简节约的原则，充分利用好首届水博会相关办公设备。

（五）由邱祯国牵头，于近期组织召开专题会，对相关筹备工作进行安排部署。

研究铜仁苏州产业园区有关事宜

会议议定：为加快铜仁苏州产业园区实施进度和产业项目落地，原则同意《铜仁·苏州产业园区（贵州碧江经济开发区）控制性详细规划》，按照会议意见修改完善后按程序审批。

2016年12月13日下午，市委副书记、市长陈晏在常务会议室主持召开市人民政府本年度第19次常务会议。会议议定事项纪要如下：

研究经济工作相关事宜

会议议定：

（一）关于2017年主要经济指标。一是原则同意市发改委《关于审定2017年全市主要经济社会发展目标安排建议的请示》。GDP增速按确保13%、力争13.5%进行安排，其他主要经济指标由市发改委商市直相关部门，按照会议讨论意见作进一步分析测算，修改完善后提交市委常委会审定。二是原则同意市发改委提出的2017年十件民生实事，按照会议研究意见修改完善后提交市委常委会审定。

（二）关于2017年重大工程和重点项目目标任务和推进计划、2017年固定资产投资项目支撑情况、2017年打基础管长远惠民生重大项目收集遴选情况。原则同意市发改委《关于2017年重大工程和重点项目目标任务和推进计划的报告》《关于2017年固定资产投资项目支撑情况的报告》和《2017年打基础管长远惠民生重大项目收集遴选情况的报告》，由张明牵头，市发改委具体负责，各部门全力配合，按照会议研究意见进一步修改完善后按程序送审。

审议《区（县）人民政府与市级国有投资公司合作协议》

会议议定：原则同意《区（县）人民政府与市级国有投资公司合作协议》，按照会议研究意见修改完善后提交市委常委会审定。

审议市财政局《关于2017年市级预算编制方案的请示》

会议议定：原则同意市财政局《关于2017年市级预算编制方案的请示》（铜财呈〔2016〕162号），按照会议研究意见修改完善后提交市委常委会审定。

审议市教育局《关于解决中国西南教育大数据应用中心建设项目有关事宜的请示》

会议议定：

(一）原则同意市教育局《关于解决中国西南教育大数据应用中心建设项目有关事宜的请示》，按照会议研究意见修改完善后提交市委常委会审定。

(二）在符合国家相关规定的前提下，由市财政局、市公共资源交易中心和市教育局商定中国西南教育大数据应用中心建设项目采取公开招标或竞争性磋商的方式进行采购。

传达贯彻全省品牌建设大会

精神

会议议定：

（一）原则同意市质量兴市工作领导小组办公室《关于贯彻落实贵州省品牌建设大会精神有关工作的报告》中所提建议，根据会议研究意见修改完善后提交市委常委会审定。

（二）由市质监局牵头，抓紧做好铜仁市质量发展大会筹备工作。

机关事务管理

【概况】2016年，市机关事务管理局坚持“管理、保障、服务”的工作主线，贯彻落实《机关事务管理条例》《公共机构节能条例》《党政机关国内公务接待管理规定》和中央八项规定、省、市十项规定，抓住建设节约型机关，积极推进机关事务法治建设，深化公务用车制度和机关后勤服务社会化改革，完成办公用房清理、经营性资产剥离、公务接待、公共机构节能等各项目标任务。

【做好市委、市政府的重点项目和重要工作】一是做好市直部分单位搬迁后勤保障相关工作，完成市农委、市国土资源局等15家市直单位办公用房搬迁至碧江区新行政中心以及1-4号楼地下停车场车位分配工作；完成碧江区新行政中心市直单位的物业管理服务外包采购工作，物业管理项目中标价90万元，相比采购预算143.78万元节约经费53.78万元。二是筹划市直机关干部职工二期团购房工作，协调相关部门启动土地招拍挂工作，并按照市政府审定的《市直机关干部职工二期团购房项目建设实施方案》启动认购相关工作。三是公务用车制度改革工作推进，牵头拟定公车改革实施方案及相关配套管理办法并组织实施，对涉改公务用车进行处置并加强和规范保留车辆的管理，报废公务用车60辆，评估并拍卖公务用车191辆，拍卖成交总价为675.50万元，溢价率为66.80%；启动保留车辆标识的制作和安装工作，完成全市市直参改车辆及市级机关车辆综合保障中心共计188辆公务用车标识制作和安装工作；搭建车辆保障平台建设，市车保中心自建以来运行正常，完成市四家班子、常委部门及重大活动保障797次用车任务，调度车辆1082次，车辆出行2250天。

【履行管理、服务、保障职责，完成2016年各项目标任务】一是公产管理更趋规范。加强对市级国有资产的集中统一监督管理，完成9处临时性经营资产移交和中山路183号原商务局资产司法诉讼的起诉工作；合理调配办公用房，完成14家市直单位办公用房搬迁和物业管理服务外包、1—4号楼地下停车场车位分配管理以及11个市直机关办公用房调配工作，确保机构正常运转；完成市直人才公寓设备购置和市第二次党代会签到系统设备购置、使用及管理工作。二是基建维修改造从严把关。审核40个市直单位办公用房维修改造工程，审减金额176.99万元；全程跟踪督办、指导碧江新区行政中心办公楼装修工程，核拨工程进度款共计4712万元，确保搬迁单位按时入驻办公；协调处理花果山维景酒店后期运营服务工作，并派员参与铜仁凤凰机场航站楼建设指挥部协助开展机场航站建设、管理等相关工作。三是精致细致完成公务接待工作。落实接待标准和流程管理，完成接待任务386批次，接待领导和来宾5124人次，与去年同比在接待批次持平的基础上，接待人次上升27.58%，接待费用同比下降17.30%。四是公共节能工作不断深化。完成2015年度全市公共机构能源资源消耗统计工作，为全市公共机构能源消耗定额管理试点工作提供依据；建立健全全市公共机构节能评价考核、督查、评比长效机制，对“十二五”期间全市31家公共机构节能情况和全市125个公共机构用能情况进行抽查；开展“节能领跑，绿色发展”主题宣传活动并举办全市公共机构节能工作业务培训会。五是后勤保障整体水平提升。做好市级交流领导及机关干部职工后勤服务保障工作，完成领导及干部职工用餐5万余人次，完成8名交流领导干部优质后勤服务3600余人次；完成四家班子交办及相关单位交办的文印工作任务，共印制公文及会议资料4000余个、400余万页。六是开展公务用车配备管理工作。公务用车管理执行“零预算”购车和公车配备使用政策相关规定，规范购置审批和集中采购、车辆上户等工作程序，全年调剂公务用车54辆，划转公务用车80辆。

（市机关事务管理局办公室）

政务服务

【概况】2016年，市政务中心坚持以服务经济社会发展为中心，以提高行政效能、优化服务环境为落脚点，推进行政审批运行机制改革和政务服务标准化建设。全市各级政务（便民利民）服务中心累计受理办件4430616件，同比增长28.25%，办结4407262件，按期办结率为100%。其中市政务服务中心累计受理办结50174件，同比增加4.90%，办结49698件，按期办结率100%。

【强化场地建设，完善四级政务服务体系】政务中心草拟并报请市政府出台《铜仁市人民政府办公室关于进一步加强政务服务平台建设的实施意见》。为满足市区（铜仁市、碧江区）政务中心标准化建设和功能拓展需要，市委、市政府研究决定将市级和碧江区政务中心搬迁至铜仁国际会展城，总投入1.30亿元，建筑面积达16500平方米。新办公楼内部装修工作如期完成土建工程、给排水工程、电气化工程、暖通工程、信息化建设工程和办公家具、电脑设备的采购工作。经请示市委、市政府同意，12月28日搬迁新址。进驻部门增加至76个（市级45个，碧江区31个）、进驻事项增加至750余项（市级380项，碧江370余项）、进驻人员增加至382人（市级187人，碧江区195人）。德江、江口、沿河、玉屏、石阡、思南、万山区县政务中心按照全省政务服务规范化建设3000平方米要求，搬迁新址，其余松桃、印江自治县政务中心跟进实施装修工作。

按照省政府实现政务服务全覆盖目标要求，同步推进政务服务向乡、村延伸工作。全市174个乡镇（街道）建成便民服务中心171个，2745个村（社区）中建立便民服务站（点）1181个，其中，有场地通网络的村（社区）便民服务站530个。各区（县）2016年度将乡村示范点建设纳入重要议事日程，共打造21个乡镇便民服务中心示范点和30个村级便民服务示范点，发挥示范引领作用。市、县、乡、村四级政务服务体系已基本建成，政务服务功能日益凸显。

【上下联动，同步推行“互联网+政务服务”】完善网上大厅建设。按照全省政务服务工作专题会议要求，铜仁政务中心印制《网上办事大厅使用指南》供办事群众阅读，同时组织全体窗口工作人员分别就网上办事大厅和行政审批系统操作流程进行培训。对网上办事大厅信息录入情况进行督查，对各部门网上大厅填报缺项等不规范情况进行了通报，并要求限期整改，完善网上办事大厅。

实施新办公楼信息化建设。“互联网+政务服务”对政务中心信息化建设提出更高要求。以搬迁新办公楼为契机，实现信息化建设全面升级。结合信息化软件平台制定信息化建设方案，增设实体政务大厅的硬件信息化设备，主要包括：UPS机房建设、网络设备及服务器、电话系统、综合布线系统、无线WIFI覆盖、有线电视系统、网络视频监控系统、电子公告发布系统、排队评价及触摸屏查询、考勤系统、大厅管理系统、会议系统、背景音乐系统等内容，投入经费1000万元，并正式运行。

开展证照批文库的建立。4月，向各市直审批部门印发梳理证照批文库的通知，要求各市直审批部门按照《行政许可事项证照批文库内容调研表》要求，填报本部门行政许可事项证照或批文内容，并提供证照或批文模板图片及尺寸规格。25个相关市直部门按照要求报送相关材料，计划根据省政务中心统一部署纳入全省证照批文库，建立证照批文共享机制，实现各级审批部门能够按权限查询和校验核对相关部门颁发的证照批文。

【深化改革，提升政务服务效

能】强化授权，推进行政审批流程再造。根据省政府办公厅下发的《关于印发贵州省行政审批事项授权委托书（格式）的通知》要求，督促市、区（县）行政审批职能部门按照省政府统一制发的书面授权书格式文本，依法授予首席代表和窗口工作人员审批决定权、组织协调权、审核上报权、行政审批服务专用章使用权等权力，确保除法律法规有明确规定需要现场勘察、检验、检疫、招标、听证等不能在政务服务中心完成的特殊环节外，行政审批事项的受理、审查、决定、发证等必须在窗口受理后直接办结，实现“中心之外无审批”。进驻市政务中心的45个部门完成书面授权委托书签订。同时，要求进驻部门科学编制行政审批流程，实行统一的审批模式，以《贵州省行政审批事项办事指南》为范本，编制本部门办事指南，在贵州省网上办事大厅公布，加强对事项信息的充实完善，优化办事指南内容，并按照优化后的审批服务流程在政务服务平台上运行，接受电子监察系统的监管。

开展公共服务事项清理工作。报请市政府出台《铜仁市人民政府办公室关于加强全市2016年简化优化公共服务流程方便基层群众办事创业重点工作的通知》，与市法制办联合印发《关于开展市级公共服务事项清理工作的通知》，开展市级公共服务事项清理工作。清理出涉及市级公共服务事项部门25家、事项152项，报请市政府，并于9月12日在铜仁市人民政府网站及贵州省网上办事大厅铜仁站点公示。

【完善制度，规范政务服务行为】强化日常监管。修订完善《铜仁市政务服务中心2016年度窗口及窗口工作人员考核细则》，在2015年基础上增加窗口月度量化评分。执行早晚4次打卡制、4次巡查制和领导带班巡查制，逐日公示考勤和巡查情况，逐月量化考核分值并进行通报，按季评选“优质服务之星”，完善日公示、月通报、季评选、年考核的窗口管理新模式，规范工作人员的服务行为。四季度共评选出“优质服务之星”48名，从“优质服务之星”中推选出年度“服务标兵”，进行通报表彰。

规范窗口办件。出台《铜仁市政务服务中心办件管理制度（试行）》《铜仁市政务服务中心办件抽查制度（试行）》《铜仁市政务服务中心行政审批系统办理制度（试行）》。对进驻中心的24个行政审批部门进行办件抽查，分别从贵州省网上办事大厅建设、事项进驻及授权、办件规范等3个方面逐项对各进驻窗口所办事项进行查看，并将抽查结果发现的问题反馈窗口单位，推进部门“三集中三到位”工作。

【强化精神文明建设，提升干部职工综合素质】制定《铜仁市政务服务中心2016年“学雷锋志愿服务月”活动方案》，组织党员干部参加清理锦江河岸和义务植树活动，共募捐义务植树款635元；向计生关爱基金、见义勇为基金捐款4000元；针对农村学生课外读物匮乏的实际，为对口帮扶学校江口县民和中学购买价值1200元的课外读物、工具书等。启动“全面阅读.书香铜仁”读书系列活动，以“创建书香机关，做人民满意公务员”为主题，制定活动方案，按照市委宣传部推荐图书目录，结合干部职工意愿和需求，为中心干部职工分别订购图书以供阅读。印发《关于2016年推进“明礼知耻·崇德向善在窗口”主题实践活动的通知》，开展6期“道德讲堂”活动，向市文明办推荐两名“明礼知耻·崇德向善”道德模范。从市、区政务中心窗口工作人员中新招募5名播音员，开通“政务服务之声”广播平台；经市委组织部同意在大连民族大学举办为期一周的全市政务服务专题培训班，全市政务服务系统共54人参加培训。

（市政务中心办公室）

公共资源·产权交易

【概况】2016年，全市公共资源交易共完成交易项目3087项，交易总额633.43亿元，增收节支9.41亿元，分别较2015年增长0.95%、139.90%、1.69%。市交易中心（“一市四区”）累计完成交易项目1109项，交易总额335.99亿元，实现增收节支2.15亿元，分别较2015年增长15.52%、103.93%、28.27%。

【公共资源交易平台软硬件建设】按照省、市工作部署，总投资为868.47万元（中标价）的新业务用房建设装修工程完工，建成新业务办公面积约6130平方米，分为开标区、评标区、接件大厅和办公区4个功能区域，并于12月28日搬迁入驻办公；总投资797.80万元（中标价）的信息化基础设施建设工程于5月26日初步实现与省互联互通服务平台联通，建设完成统一的公共资源电子交易流程，统一的数字证书交叉互认系统、数据聚集分析系统、信息发布系统、远程电子监督系统、远程异地评标系统"五个系统"。至12月20日，向省服务平台进行数据传输，实现与全省交易数据互联共享；完成开评标系统软件开发，对市政建设工程、房建等项目进行测试；与贵州银行协调，联合开展网上缴纳保证金接口对接调试等电子化交易准备工作。

【公共资源交易一体化平台整合】完成全市公共资源交易平台层级整合。市政府印发《铜仁市公共资源交易平台整合实施方案》（铜府办发〔2016〕67号）文件。召开全市整合公共资源交易平台推进会，完成各分中心法人证书和统一社会信用代码、单位名称变更挂牌等工作。8月底，8个县级交易中心调整为市交易中心的分支机构；统一制度流程。对全市现行工作流程进行梳理，修订完善《工程建设项目进场交易流程》《政府采购交易（履行集中采购职责）操作流程》《国有建设用地使用权招标、拍卖、挂牌出让流程》《矿业权招标、拍卖、挂牌出让流程》等工作流程；完成市、县交易中心网站整合。7月1日全市公共资源交易"一站式"信息共享服务平台于正式上线运行，通过市交易中心网站共发布招标公告2642条，发布中标公示、变更信息2533条；推动专家资源整合。对全市政府采购专家进行统一整合，抓好评标专家常态化申报。全年向省评管办申报4批次共262名市内专家，截至2016年年底，全市申报进入省综合评标专家库专家人数达到458人。

【公共资源交易平台规范化管理】规范交易业务工作。学习《贵州省招标投标条例》，贯彻执行《贵州省政府集中采购目录及限额标准》（黔府办发〔2015〕45号）文件精神；协助市公管办制定并印发《关于贯彻落实贵州省招标投标条例有关事宜的通知》（铜交易办发〔2016〕2号），规范交易行为；规范新办公场地管理。完善《开标区管理办法》《评标区管理办法》《评标专家抽取管理规定》等管理制度13项；建立开评标过程音频、视频全程电子监控系统和电子屏蔽系统，对进入中心所有的项目实行全程视频影像监控，实现全程留痕可溯，以保障整个交易过程的公开、公平、公正。同时，在新办公场地设立专家休息室、中心专家食堂，营造良好的服务环境。

【干部队伍综合能力提升】服务水平明显提升。以"两学一做"学习教育为契机，开展党员挂牌上岗、亮明身份活动。组织在职党员去社区报到，开展党建帮扶，助推精准扶贫，为包干村解决各类帮扶资金累计18万余元；干部队伍人员得到充实。通过多种形式引进人才，促进干部队伍建设，共遴选3名工作人员，壮大干部队伍；开展业务素质培训。开展业务专题培训会3期，培训人数达160人次。

（龙　杰）

民　政

【概况】2016年，全市民政对象146.10万人，其中城市低保5.20万人、农村低保44.50万人、特困供养对象1.16万人、优抚对象2.60万人、老年人60.30万人、其他民政对象32.30万人。全市民政基层机构人员共计1295人，县级民政机关188人、事业单位603人，乡镇社会事务办380人（专职246人、兼职134人）、敬老院救助管理站等事业单位124人（专职90人、兼职34人）。市直民政系统干部职工279人，其中局机关24人，老龄办9人，下属事业单位246人。市民政局内设7个科室，设市纪委派驻纪检组、市监察局派驻监察室、机关党委。铜仁市老龄工作委员会办公室设在铜仁市民政局，为正县级单位。

【社会救助】2016年，全市农村低保对象219617户509345人，较上年减少55238人，占农业人口13.50%，年度支出农低保金11.50亿元。全市城市低保对象29641户56906人，较上年减少4833人，占城市人口7.20%，年度支出城市低保金2.30亿元。实施临时救助20099人次，支出临时救助资金2420万元；医疗救助资助参合参保246996人，支出医疗救助资金1010万元；直接救助4.30万人次，支出医疗救助资金1.30亿元；五保供养对象16437户19484人，支出农村五保供养资金1788万元（不含低保金）。

兜底脱贫攻坚工作加速推进。市民政局以脱贫攻坚统领民政工作发展全局，把参与脱贫攻坚作为民政工作的头等大事和第一民生工程，多次召开专题会研究部署脱贫攻坚工作，成立兜底脱贫攻坚工作领导小组，明确4名专职人员负责兜底脱贫日常工作，及时发布兜底脱贫工作动态。区（县）民政部门相应成立兜底脱贫攻坚工作领导小组，形成“市级民政部门抓统筹、县乡民政部门抓落实、各级民政干部抓帮扶”的扶贫工作格局。制发《铜仁市民政部门深入推进兜底脱贫攻坚行动工作方案》，在全省率先推出兜底脱贫精准“十招法”。

低保民生防线得到夯实。市民政、财政、扶贫3部门联合制发《铜仁市2016年城乡低保提标方案》，农村低保年平均标准从2592元提高到3074.40元，增幅达18.60%（两区为3132元/年，其余8县为3060元/年），低保对象较上年减少55238人，月人均补助水平为204元，较上年月人均增加74元；城市低保平均标准为496.20元/月（两区为545元/月，其余8县为484元/月），增幅10%，低保对象较上年减少4833人，月人均补助水平为330元，较上年月人均增加44元。同时，分期分批发放了72343户132840人农村低保对象季节性缺粮户粮食421.443万公斤。

强化医疗救助。争取市政府出台《铜仁市困难居民医疗救助实施办法》，整合城乡医疗救助制度，消除政策差别壁垒，实现城乡一体化救助。扩大救助范围，将建档立卡贫困人口中的重大疾病患者纳入救助范围。特殊对象合规医疗费用兜底救助水平提高到100%；门诊救助从2000元提高到5000元；基本住院救助从20000元提高到30000元；重特大疾病救助提高5个百分点比例，最高救助限额提高到50000元。按照“因类施救”原则，分类分档实施医疗救助：特困供养人员、建档立卡贫困人口重大疾病患者等合规住院自负医疗费用给予全额救助；低保重点保障家庭人员、一般保障家庭人员、建档立卡贫困人口中的大病患者按不低于70%比例分类救助；低收入贫困家庭按照50%比例救助。探索创新资助参合参保、门诊、急难医疗救助等多元救助手段，健全和完善重特大疾病困难家庭后续救助措施，即对家庭成员突发重大疾病，在给予基本医疗保险、大病保险等各种医疗保险报销及医疗救助补助后，基本生活存在严重困难的家庭，实施临时救助，对困难程度特别大，面临生存危机、心理危机的家庭，启动急难救助。

强化临时救助。争取市政府修订印发《铜仁市临时救助实施办法》，对因火灾等突发性意外事件、因车祸、溺水、矿难等人身意外伤害，因突发重大疾病、因学等造成生活严重困难而致贫返贫家庭及时实施1000元—50000元的临时救助。制发《市救急难工作实施方案》，建立起以急难对象主动发现、认定、快速响应、社会力量参与和监督检查机制，实施救急难信息报告制度，各级按时报送救急难工作台账，无救急难也要实行零报告，避免冲击社会道德和心理底线事件发生。全市共实施急难救助113人次，支出急难救助金253万元。

强化特困人员救助供养。五保供养对象一律改称“特困供养人员”。全市有147所敬老院，投入使用142所，办理法人登记142所，法人登记率达到100%；共有床位数10010张，利用床位9015张，床位利用率达到90%；全市特困供养人员16437户19484人，其中集中供养对象8966人，集中供养率达到46%；敬老院共有管理人员967人，管理人员与集中供养对象不低于1：10。市财政解决194.84万元五保供养金，全市集中供养现金供养标准为1497元/年，实际供养水平9256元/年，分散供养现金供养标准为1258元/年，实际供养水平5080元/年，达到当地农村居民平均生活水平。为补齐敬老院管理短板，在调研和征求相关部门意见基础上，在全省率先出台《铜仁市农村敬老院管理办法》，对敬老院机构编制人员、部门职责、设施建设、供养对象、供养内容、院务管理、财务管理、生产经营、安全管理、管理人员、经费保障等作出明确和具体规定，破解敬老院管理难的瓶颈。省社会救助局将《办法》转发各市州参阅学习。制发《铜仁市创建星级示范敬老院实施方案》，细化各项创建指标，将打造10所星级示范敬老院作为民政工作“八件”实事之一，市委、市政府纳入区县绩效目标按季考核，10所星级示范敬老院通过评定验收。建立敬老院安全信息报告制度，及时消除安全隐患。从8月起，在全省率先建立敬老院安全信息逐级报告制度，乡镇每半月向县级民政部门报告敬老院安全排查情况，县级民政部门每月向市级民政部门报告敬老院安全管理情况，辖区内敬老院无安全管理风险的，也要实行零报告，对敬老院安全管理实行“零容忍”。

强化社会救助统筹协调能力。市、县两级分别建立以政府分管领导为召集人、相关部门为成员的社会救助联席会议机制。1月，召开市社会救助联席会议，专题研究全市社会救助工作，区县也分别召开社会救助联席会议，研究社会救助热点和难点问题。各区（县）先后建立健全“一门受理、协同办理”工作机制，明确社会救助管理部门具体职责，明晰受理、分办、转办、反馈工作流程和办理时限，确保困难群众求助有门，受助及时。救助申请家庭经济状况核对机制建设推进。市政府建立救助申请家庭经济状况核对制度，成立领导小组，建立核对信息平台，与相关部门实现数据共享，推进平台核对工作。全市形成“政府领导、民政部门牵头、相关部门配合、社会力量参与、各司其职、分工协作、运转协调、整体推进”的社会救助工作格局。

【救灾救济】2016年度，全市10个县（区）均不同程度受灾，先后遭受洪涝、风雹、滑坡、泥石流特别是“7·4”特大洪涝等自然灾害，使群众住房、农作物遭受严重损失，造成电力、水利、通信、交通、广播电视等基础实施严重损毁。全市受灾人口149.70万人次，紧急转移安置人口12.23万人次，农作物受灾面积48374公顷，绝收面积9632公顷，倒塌房屋6203间，严重损坏房屋8861间，一般损坏房屋21001间。造成直接经济损失59.62亿元。因灾死亡42人，因灾失踪10人。

应急准备方面：健全完善预案体系，将预案体系建设工作列入目标管理考核内容，市级完成修订《铜仁市自然灾害救助应急预案》，10个区县完成本级《自然灾害应急救助预案》的修订工作；加强应急队伍建设，市民政局成立减灾中心，各区（县）也筹备成立减灾中心，全市有灾害信息员1800余名；加大救灾应急保障物资投入，铜仁市救灾物资储备库和石阡县、沿河自治县、德江县、玉屏自治县救灾仓库先后投入使用，各级民政部门共储备价值800余万元的棉衣、棉被、帐篷、应急手电筒、简易床等生活类救灾物资，基本确保自然灾害发生12小时之内受灾群众能得到初步救援救助。

预警防范方面：履行职责，不断完善自然灾害监测预警体系，预警信息发布渠道更加丰富、覆盖范围更加广泛，为减灾救灾决策提供依据。市委、市政府及有关部门多次召开会议发布水、雨情预测预报，部署抢险救灾工作。市减灾委成员单位、市防汛抗旱指挥部成员单位等部门加强沟通协调与合作，不断规范灾情会商机制，全年组织召开各类会商会议10余次。依托现代科学技术手段，提高自然灾害预报预警信息的时效性、覆盖面、针对性，提高灾害防范的有效性。气象部门气象灾害预报预警信息列入公益性短信管理范畴，发布高温、干旱、雷击、暴雨预警信息。市减灾委办公室、市民政局通过《国家自然灾害信息管理系统》上报75条自然灾害信息。

应急处置与救援方面：在应对灾害时各尽其职，密切配合，启动应急预案，紧急转移受威胁群众，多方调集力量投入抢险救援，妥善安置受灾群众，应急处置和抢险救援工作成效显著。应对严重灾情，各级各部门严格执行24小时应急值班，坚持重大灾情2小时上报和24小时零报告制度，收集、分析评估灾情信息、灾区需求。针对灾情，市减灾委、市民政局先后2次启动自然灾害救助应急响应，Ⅱ级响应1次，Ⅲ级响应1次。灾区党委、政府启动相应层级救灾应急响应，组织转移安置受灾群众，开展先期救援救助工作。洪灾期间，市政府派出由民政、财政、农业、水利等相关部门组成的督查组，到各地就抗洪救灾工作落实和冬春需救助调查工作进行督查。10月，市政府再次统一部署，由灾区县级人民政府统一组织和领导，民政部门牵头，农委、扶贫、统计调查、粮食、财政等有关部门配合，在全市范围内组织开展冬春需救助调查工作，并逐级组织会商审核评估，制订口粮救助预案和救助工作方案。应急救援期间，省财政厅、省民政厅下拨救灾应急资金4174万元用于解决受灾群众生活困难问题。

恢复重建和善后工作方面：提早部署、周密安排，加强统筹协调，组织群众开展灾后重建，严把重建质量，研究解决重建工作面临的各种问题和困难，推进灾后恢复重建各项工作。开展灾后恢复重建工作，按照当年毁损，当年完成恢复重建任务的目标要求，全市2016年后灾恢复重建重点任务数为4470户，其中因灾倒房需重建1275户、因灾严重损坏房屋需重建389户、地灾隐患需搬迁880户、严重损坏房屋需修复1918户。恢复重建任务按时完成，受灾群众及时入住。做好冬春救助工作，各级投入冬春救助资金共计8226万元，共有51.99万名因灾生活困难群众得到救助。各区（县）按照《贵州省自然灾害救助款物管理办法》的规定，坚持专款专用、重点使用、无偿使用的原则，对救灾款的发放坚持民主评议、张榜公布、公开发放，自觉接受群众和监察、审计部门的监督。培训教育方面，各级各有关部门开展防灾减灾知识宣传教育，组织各类主题鲜明、内容丰富、形式多样的宣传活动，减灾示范社区和基地建设进展顺利，灾害应急管理培训成效显著，各级领导干部应急处置能力得到提高，社会公众防灾减灾意识增强。

灾害信息员培训鉴定工作方面：全市灾害信息员制度基本建立，组织开办全市乡镇网络报灾业务培训，全市有200余名民政干部接受系统的灾害信息员业务培训和鉴定。市减灾办围绕防灾减灾日宣传主题“减少灾害风险、建设安全城市”，组织市减灾委成员单位和玉屏自治县减灾委成员单位40家单位共同在玉屏自治县田坪镇集镇开展防灾减灾日宣传活动。以创建综合减灾示范社区为抓手，推进城乡社区减灾能力建设，全市有14个城乡社区入选“全国综合减灾示范社区”排行榜。民政部门探索分散灾害风险机制取得初步成效，全市农村房屋灾害保险实现全覆盖。

【养老服务】全市新增养老床位3621张，共有养老床位2.03万张，养老服务业发展稳步推进。10个老年人日间照料中心项目作为政府的民生“十件实事”来落实，中央彩票公益金资助的6个日间照料中心项目基本完成。万山区、玉屏自治县完成装修。德江县完成公共资产无偿划拨和装修。沿河自治县将原居家养老服务站扩容整合为日间照料中心。建成农村幸福院建设项目1010个，共建立床位数5765个，乡镇覆盖率100%，初步搭建起农村养老服务网络架构。高龄老年人补贴发放工作步入常态化管理，全市174472人高龄老年人享受老年人生活补贴，累计发放高龄补贴经费2894万元。开展医疗卫生和养老服务结合工作。争取市政府出台《铜仁市人民政府关于创建国家医养结合试点示范市的实施意见》，6月16日铜仁市被国家卫生计生委和民政部明确为第一批国家级医养结合试点单位，并在德江县中医院、江口县太平镇卫生院、石阡县中医院和民政部门养老机构开展医养结合试点工作。市政府出台《加强留守老人关爱服务实施意见》，据统计，全市留守老人61551人。市民政局、市财政局、市卫计委、市老龄办联合印发《关于建立经济困难的高龄失能等老年人补贴制度的通知》，全面建立落实经济困难的高龄、失能老年人补贴制度。加强养老服务从业人员培训，组织开展各类养老服务从业人员培训135人次，其中民政系统养老行业行政管理人员培训13人次、养老机构护理人员远程培训52人次、养老护理员远程培训鉴定45人次、养老行业机构管理人员培训38人次。全市养老服务机构推进综合责任保险试点工作，有14家养老服务机构参加责任保险试点工作。

【社会福利和社会事务】贵州省2016年“慈善情暖万家”慰问活动启动仪式1月14日在沿河自治县举办。省人大常委会原副主任、省慈善总会原会长杨序顺等领导出席，省慈善总会为铜仁市捐赠17.50万元慰问资金，现场集中慰问21户贫困家庭。2016年“温暖贵州·福彩公益贫困残疾人助行工程·走进铜仁”活动启动仪式5月26日在德江县举行。省民政厅安排200余万元直接用于假肢配置，惠及全市10个区（县）360余名残疾人。先后出台《2016年“温暖贵州·福彩公益贫困残疾人助行工程·走进铜仁”活动方案》《铜仁市困难残疾人生活补贴和重度残疾人护理补贴制度实施细则》，继续健全铜仁市社会保障和服务体系内容。帮助300名贫困家庭截至患者免费安装假肢。

困难残疾人生活补贴和重度残疾人护理补贴情况。市民政局、市公安局联合印发《关于开展全市社会福利机构消防安全条件及“四个能力”建设达标创建活动方案的通知》，省级下拨本市专项资金265万元，投入到11家国办养老机构、1家民办养老机构、1家儿童福利机构和1家精神病人福利院，市地方财政匹配1100余万元，开展消防安全达标创建，通过增设安全出口和疏散楼梯、改造装修材料、实施防火分隔，增设消防栓、自动报警系统、消防水池、消防门，进行建筑消防安全改造，确保建筑主体符合消防安全技术规范要求；配置灭火器、疏散指示标志、应急照明灯等消防器材，提升社会福利机构消防安全条件。

未成年人救助保护情况。全市共救助流浪乞讨人员1981人，支出流浪乞讨人员救助管理资金372.68万元。碧江区作为未成年人社会保护试点区（县），探索对遭遇生存和发展困境的未成年人的保护性救助，保障未成年人合法权益，漾头镇、瓦屋乡、灯塔处确定为试点乡镇（街道办事）。玉屏自治县流浪未成年人救助保护中心项目装修完毕，松桃自治县流浪未成年人救助保护中心项目，主体工程完工。全市共有孤儿4379人，其中集中供养孤儿1108人，社会散居孤儿3271人。

扩大儿童福利范围。推进由补缺型向适度普惠型的转变，建立与全市经济社会发展水平相适应的儿童福利体系。落实孤儿保障制度，机构集中供养的孤儿按照每人每月1000元和社会散养孤儿每人每月600元的标准逐月发放到位。全市向享受孤儿生活费的孩子，共发放救助资金2600余万元。为建立适合孤儿身心发育的养育模式，完善和规范孤儿家庭寄养救助工作，提高孤儿的养育质量，每人每月按不低于600元的标准补助给寄养家庭。有家庭寄养孤儿60余人。2016年共办理收养登记的共9例。

婚姻登记管理情况。进一步提升各区（县）婚姻登记工作管理和服务水平，下发《关于开展全市婚姻登记工作规范化督查工作的通知》《关于对全市婚姻登记工作规范化督查发现问题进行整改的通知》，2016年，各级婚姻登记管理机构共办理婚姻登记总量共42542对，其中结婚登记31568对，离婚登记5279对，撤销婚姻5对，补发结婚证5414对，补发离婚证211对。

慈善开展情况。开展首个“中华慈善日”和《中华人民共和国慈善法》主题宣传活动，发放宣传资料2000余份，营造“依法行善、以法兴善”的氛围。争取到省慈善总会、浙江万向集团、韩国依恋集团、汉方集团等单位和企业持续对铜仁市进行慈善援助，全年共募集慈善资金205万元，善物431万元。其中，“7·4”

洪灾募集善款77万元，药品10万元。市惠民医院成为省慈善总会定点帮扶医院。推进“情暖万家”“金秋助学”“夕阳扶老”“康复助医”“爱心助残”等慈善救助活动，建立首个慈善捐赠点，累计救助各类困难群众3500余人。全市销售福利彩票1.70亿元。

【留守儿童关爱救助保护】全市有外出务工人员93.94万人，占全市总人口的22%，有农村留守儿童9.83万人、困境儿童2.23万人。市委、市政府以铜市机编办〔2016〕79号文件，成立铜仁市未成年人社会救助保护中心，加挂农村留守儿童困境儿童救助中心牌子，增加科级领导职数1名。铜仁市碧江区关爱留守儿童“1234”工作法获铜仁市2015年全面深化改革创新奖，入选贵州省优秀改革案例，并获得中央改革办作为经验交流在全国刊发。3月，中宣部行文要求中央主流媒体对碧江关爱留守儿童“1234”工作法进行集中采访和宣传报道，为全国各地关爱留守儿童工作提供可参考借鉴样本。3月28日—31日，《人民日报》《中央电视台》《新华社》《光明日报》《经济日报》中央人民广播电台、中国新闻社《中国日报》《贵州日报》、贵州广播电视台、当代贵州、多彩贵州网等14家中央和省级主流媒体20余名记者齐聚碧江，集中采访报道碧江关爱留守儿童“1234”工作法。4月5日，央视13频道《朝闻天下》栏目播出4分30秒“贵州铜仁 同心协力建设留守儿童幸福家园”的专题报道，向全国推广铜仁碧江经验。市委党的建设工作领导小组、市留守儿童困境儿童关爱救助保护工作领导小组联合下发《关于学习推广关爱留守儿童“1234”工作法的通知》，学习推广碧江区关爱留守儿童“1234”工作法。

【优安双拥】海军“铜仁舰”2月22日正式入列命名，是贵州省第二个以城市命名的市（州）。市、县（区）开展双拥模范城创建工作，思南县连续第七次被命名为全国双拥模范城（县）。全市各级党委、政府和社会各界利用元旦、春节和“八一”等节日，走访慰问部队和优抚对象9000人次，送去慰问金600余万元，慰问品价值70万元。铜仁市共有优抚对象2万余人，全年发放优抚资金1.49亿元。落实好“十项”优惠政策。复退军人参加职业技能培训，参训率达60%以上。公益性岗位安置就业困难复员退伍军人300余人，187户复退军人小微企业享受到“3个15万元”扶持政策，落实税收优惠政策89户，减免税费共97.65万元，免费乘坐公交车、参观博物馆、纪念馆等政策全面落实。民政部门将9千余复员退伍军人优先纳入最低生活保障范围，解决优抚对象生活临时救助1000余人次、资金300余万元；医疗救助1570人次、资金400余万元。落实“两节”期间对优抚对象每人200元的慰问金。召开全市复员退伍军人困难帮扶工作推进会和复员退伍军人信访暨创业观摩现场会，思南县489个行政村都成立“退伍之家”，让复退军人有组织归宿，有诉求表达，被社会尊重。全市接收转业士官和退役士兵近900人，接待过往部队（新老兵）112批次，19000余餐次。

【基层政权和社区建设】全市建成万山区谢桥街道冲广坪社区等33个共有、共商、共建、共治、共享的“五共”社区，创建江口县双江街道电力小区等30个“一核多元”示范小区。初步形成以社区党组织为领导核心，以居委会负责社区自治事务、社区工作站承接政府行政管理事务、社区服务中心承担社区公共事务、各类社区组织、物业管理公司和驻区单位等多元主体共同参与社区治理的“一核多元”社区治理体制。启动实施农村社区建设和城乡社区民主协商工作，开展“五共”型社区建设示范试点，提升社区治理和为民服务能力。万山区的村务公开民主管理、石阡县、思南县、印江自治县和沿河自治县的和谐社区建设和居务公开民主管理通过省厅评估验收，全市城乡社区基层民主自治完善率达95.41%。继续在全市开展廉政文化进社区、消防安全进社区、明礼知耻·崇德向善进社区等工作。推行“村两委+乡贤会”农村社区治理模式，指导创建25个省级民主法治示范村，完成315个“村改居”。指导全市395个社区居委会和2509个村依法开展第十届村（居）委会换届选举工作。

【区划地名工作】全市有乡（镇、街道）175个，其中乡11个、民族乡38个、镇95个、街道31个。完成撤地设市后碧江、万山两区政府驻地搬迁材料申报，万山区谢桥街道析置出仁山街道获市政府审批。全市第二次全国地名普查工作完成外业采集地名条目51733条，完成147乡、镇、街道内业地名条目整理41433条，完成外业、内业整理形成入库的地名数据19608条，县、市两级地名普查核查工作全面完成。启动标准地名图录典志编纂和铜仁市精编地名故事。地名普查成果数据整理入库，地名普查资料基本规范。加强地名文化保护，对不规范地名进行清理整治，对各乡、镇、街道未设和损坏的地名标志设置进行补充和更换。开展渝黔两省行政区域界线铜仁段联合检查，完成沿河自治县与重庆市酉阳自治县、彭水自治县，松桃自治县与重庆市酉阳自治县、秀山自治县第三轮省级行政区域界线联合检查，平安边界创建得到推进。

【社会组织管理】全市登记在册的社会组织907家，其中社会团体562家（市级113家、县级449家），民办非企业单位345家（市级32家、县级313家）。完成对109家市级社会组织基本数据的录入工作，其中社团90家、民非19家。全市直接登记社会团体有12家，其中市级6家、县级6家。社会组织网上年检386家，网上申请30家，网上变更28家。完成全市登记在册907家社会组织的统一信用代码核查和赋码上报和57家文化产业类社会组织的认定上报。开展行业协会商会与行政机关脱钩工作，完成10家市级脱钩试点任务。成立铜仁市社会组织孵化基地，初期吸纳3家公益性社会组织入驻，其中1家进入成长室，2家进入初创室并成功“孵化”登记。全市获得2016年中央财政支持社会组织发展项目1个，即碧江区托养康复中心实施的“贫困残疾儿童康复教育救助发展示范项目”，资金25万元。

【殡葬管理】《中国殡葬》周刊“绿色殡葬基层调研——贵州行”启动仪式3月12日在玉屏自治县举行。民政部社会事务司原司长、中国殡葬协会会长李舒珊等领导和专家对铜仁市开展殡葬改革提升工作给予高度评价。完成铜仁市殡葬事业“十三五”发展规划编制。继续实施殡葬改革提升工程，区（县）城市区域集中治丧达100%，所有办事处、开发区、工业园区、重点旅游乡镇全部纳入火化范围，火化区域扩大，全市火化率达24%；全市建有农村公益性公墓1300余个，农村公墓覆盖率达到60.40%，节地安葬29具，节地安葬惠民补助资金3.47万元；各区（县）均出台惠民殡葬政策，惠民殡葬政策得到落实。《中国殡葬》周刊绿色基层调研贵州行采访报道开机仪式在玉屏自治启动。落实清明节期间殡葬行业安全生产工作，安全事故零发生。

【社会工作与志愿服务】开展民政系统社工考前培训50余人次。全市共有社会工作者11015人，先后有300余人次参加全国资格考试，累计有23人取得证书（全国30万人、贵州省1146人）。连续两年争取到德江、江口两县实施社会工作专业人才支持“三区”专项目计划，占全省总项目数的20%，除省里每年每县补助20万元，市民政局补助项目资金6万元。江口县在双月社区开展社区老年人服务社会工作，开展义诊400余人次，建立老年健康档案187份，为185户老年人入户排查安全隐患。德江县在县社会福利院、煎茶敬老院开展老年人社会工作服务，开展主题活动25个、小组活动35节次和个案服务48个，调研人数150人次，为当地培养社工人才3名，发展老年义工队伍35人，成立当地民办社工机构1个。德江县在全省三区计划培训会上作经验交流。8月，铜仁市社会组织孵化基地正式启动，打造铜仁市社会组织初创基地，经过短期“孵化”获批复的“铜仁市同心圆社会工作服务中心”成为铜仁又一家民办社工机构。铜仁市儿童福利院报送的“铜仁市特殊群体青少年行为矫正项目”被团中央、民政部确定为贵州省唯一一个全国首批青少年事务社会工作示范项目。铜仁市儿童福利院在惠水召开的贵州省青少年事务社会工作助力脱贫攻坚暨“为了明天”青少年服务项目推进会上作交流发言。江口县双月社区被民政部确定为贵州省唯一一个第二批“全国社会工作服务示范社区”。市民政局、江口双月社区分别在全省社会工作推进会议上作交流发言。铜仁学院社会工作本科专业开办6年共招生279人。铜仁职业技术学院社会工作专科专业开办两年共招生77人。高校与政府部门、群团组织、事业单位、社会组织达成“合作办学协议”，互派专家领导开展讲座交流10余次，参与人数近500人次，形成社工专业办学的政校合作长效机制。第10个国际社工日期间，铜仁学院师生、市民政局干部职工在北门广场开展宣传活动，利用“话剧”节目等形式吸引群众观看。先后向民政部、省民政厅报送社会工作专业理论文章3篇。铜仁市志愿者联合会和5个区（县）志愿者联合会先后成立，组织3次全市志愿服务骨干培训，全市累计登记志愿者17.30万人，志愿服务组织1100个。

【民政自身建设】全年争取到省以上各类民政资金22.19亿元，同比增长1.32%。通过发改渠道争取争取项目3个，资金2650万元，其中，市级项目1个（铜仁市荣誉军人休养院）投资规模1850万元，中央资金1490万元。完成全市“十三五”项目规划编报，共编制项目5607个，项目资金111.35亿元。

民政信息宣传和政策理论研究情况。利用各种宣传渠道，创新方式，回应社会关切，在《铜仁日报》、铜仁论坛、铜仁网等本地主流媒体上发布各类稿件8篇。向全国、省民政学会上报理论文章2篇，有1篇政务信息得到省委办办公厅、省政府办公厅刊发。开展《以“五化工作机制”引领为未来——铜仁市民政专项资金监管问题研究》专项调研课题，获铜仁市第二届党风廉政理论研讨“一等奖”和市政府2016年优秀调研成果“一等奖”。

简政放权情况。编制《铜仁市民政局权力和责任清单》，梳理审定市级现有行政权力事项10项。开展殡葬管理、社会事务简政放权优化服务工作，办理行政审批事项13个。开展贵州省双随机监管平台“一单两库”相关数据信息录入工作，制定市级随机抽查实施方案。

信访维稳情况。全年，来信来访共55件次，其中来信27件次，来访28件、45人次，市、县两级民政部门初信初访办理率分别均达75%以上。落实领导包案督访化解矛盾纠纷和信访工作，领导下访回访包化解矛盾纠纷案2件。全年年未发生涉及民政业务的群体性事件。

党风廉政建设情况。召开全市民政系统党风廉政工作会，开展警示教育宣讲报告，层层签订责任状，重新查找廉政防控风险点，党风廉政教育得到进一步加强。围绕落实“两个责任”，完善制度。先后3次讨论修改完善《铜仁市民政局议事规则》和《铜仁市民政局机关事务管理制度（试行）》，真正把制度建起来，把纪律和规矩树起来，让制度管人管事，让权力关进制度的“笼子”，不断改进机关工作作风，提高机关工作效率。加大落实“一岗双责”督查，制订督查方案，开展民政领域民生资金监督检查，对2014、2015年暗访发现问题开展“回头看”，针对督查发现的问题，下发通报进行整改。加大党务、政务公开，全年“三公经费”同比下降30%。

党建帮扶、精神文明和安全生产等情况。开展“两学一做”学习教育。成立工作机构，制定方案，手抄党章，开展学习研讨，组织党员干部开展纪念红军长征胜利80周年系列革命传统教育活动，召开“七一”表彰会和红歌竞赛。玉屏军供站被省委表彰命名为“全省先进基层党组织”。局机关党委选送的论文被评为全市机关党建理论研讨“一等奖”。结合铜仁市县级领导包村脱贫攻坚，开展党建帮扶，组织党员干部到党建帮扶点、遍访联系点、包村脱贫点开展走访慰问，共走访调查困难家庭600余户，发放慰问金15万元，解决帮扶资金60万元。以平安建设为载体，建立完善安全生产监督检查“四清单一台账”管理，全年无安全事故发生。组织干部职工到帮扶村开展义诊、法制宣传等活动，参与“六进村”“五城联创”等活动，推动“武陵之都·桃源铜仁”建设，发挥民政在社会管理创新中的作用，为提高全民素质贡献民政力量。

【7月3日至4日，铜仁遭受特大洪涝灾害】7月3日至4日，铜仁市东部、南部普降大暴雨，万山、碧江、江口出现区域性特大暴雨。强降雨引发山洪暴涨及地质滑坡，造成万山、碧江、江口、玉屏、印江等5个区（县发）生洪涝灾害，部分农户住房倒塌、被淹或损坏，城区和乡镇集镇内涝，大面积农作物受灾，部分乡镇交通、电力、通信、人饮工程、灌溉沟渠等基础设施遭受严重损毁。灾害受灾人口373147人，紧急转移安置人口60212人，农作物受灾面积15747公顷，其中成灾面积9878公顷、绝收面积3376公顷，倒塌房屋3039间，严重损坏房屋3916间，一般损坏房屋6850间。直接经济损失340433.50万元。因灾死亡26人，因灾失踪9人。

【铜仁市民政局做好“7·4”特大洪涝灾害救灾救济工作】市民政局召开紧急会议对全市救灾救济工作进行部署，局班子成员分片包干分赴重灾一线指导开展救灾救济工作。7月4日上午7时，《铜仁市自然灾害救助应急预案》启动自然灾害救助Ⅲ级救灾应急响应，各受灾区、县也启动相应级别的自然灾害救助应急响应。灾情发生后，市民政局组成4个工作组共15人，分赴到万山区、碧江区、江口县、玉屏自治县等重灾区（县）指导救灾救济和查灾核灾工作。7月6日，下发《关于做好“7·4”洪涝灾救助工作的紧急通知》，对各区（县）的灾情统计上报、灾民临时安置救助、倒塌农房保险理赔以及因灾死亡失踪人员家属安抚慰问等工作进行安排，确保受灾群众的吃、穿、住、医等基本生活得到保障，维护灾区社会稳定。7月7日，市民政局局机关率先开展捐赠活动，捐款17025元。下发《关于做好当前因灾困难群众社会救助工作的紧急通知》，要求各区(县)民政局做好受灾群众临时救助工作，对于因灾致贫生活困难的要纳入低保。市民政局下拨5区（县）50万元救助资金，紧急调拨200顶帐篷、100张简易床。民政投入救灾救济资金80万元，发放棉被、衣服1600床（件），帐篷70顶，简易床50张，采购大米27吨，食用油400桶，纯净水1600件，干粮900件。万山区民政投入救灾救济资金120万元，发放棉被、衣服1000床（件），帐篷95顶，大米6.50吨，食用油230桶，水1000件，方便面2200箱，面包、饼干等生活急需品1200件，蔬菜合计3500千克。江口县民政投入救灾救济资金100万元，发放棉被500床，帐篷15顶，大米4吨，食用油200桶，采购水、干粮等折价近5万元。玉屏自治县民政投入救灾救济资金10万元，发放棉被100床，棉衣40件，帐篷9顶，大米1吨，水60箱，干粮60件。印江自治县民政投入救灾救济资金80万元，发放编织袋1500条，棉被610床，帐篷28顶，大米2吨，食用油280桶，水600箱。

【全省留守儿童困境儿童关爱救助保护工作第二次现场观摩暨“合力监护、相伴成长”专项行动推进会在铜仁市召开】11月28日，全省留守儿童困境儿童关爱救助保护工作第二次现场观摩暨“合力监护、相伴成长”专项行动推进会在铜仁市召开，会议的主要任务是贯彻落实《国务院关于加强农村留守儿童关爱保护工作的意见》《国务院关于加强困境儿童保障工作的意见》精神和农村留守儿童第二次部际联席会议暨“合力监护，相伴成长”专项行动视频会议要求，总结交流经验和做法，安排部署专项行动及下一阶段工作任务。副省长、省留守儿童困境儿童关爱救助保护工作领导小组组长陈鸣明出席并讲话，省民政厅厅长、省留守儿童困境儿童关爱救助保护工作领导小组副组长罗宁对2016年“合力监护、相伴成长”专项行动作工作安排，市委书记陈昌旭出席，市委副书记、市长陈晏致辞，省政府副秘书长樊新中主持会议，省民政厅副厅长刘忠平通报2016

年全省留守儿童困境儿童关爱救助保护工作督查情况。市领导陈代文、夏虹参加会议。会上，碧江区、遵义市、毕节市、黔西南州、共青团安顺市委先后作经验交流发言。当天上午，与会人员现场观摩碧江区川硐镇留守儿童之家、灯塔社区“四点半课堂”、滑石乡老麻塘村志愿者服务之家、“雁归工程”产业园区、碧江区十五小学。

【铜仁兜底脱贫精准“十招法”被10余家媒体报道】 “十招法”即低保标准稳提高，“两线合一”数头招；医疗救助落实了，因病致贫不再扰；突发致贫莫心焦，临时救助马上到；受灾群众国家补，重建家园有依靠；普惠福利真的好，特困群体得了保；慈善助学帮到家，莘莘学子颜开笑；医养结合一体化，困难老人担忧少；驻村扶贫落实处，逐步甩掉贫困帽；特困供养民政事，老人孩子都需要；福利项目园区化，幸福家园共打造。这“十招法”被中国新闻网、《铜仁日报》、铜仁网等10多家媒介作了宣传报道。

（市民政局 戴应进）

民族宗教

【概况】2016年，市民族宗教工作围绕“中华民族一家亲、同心共筑中国梦”的目标任务，以“四个深入”为抓手，推动中央、省、市民族宗教工作会议精神的贯彻落实，并取得较好成效。

【推进各民族交往交流交融，构建平等、团结、互助、和谐的社会主义民族关系】民族团结和睦指数统计监测工作精准时实施。按时完成相关少数民族流动人口综合信息、关系排查和评估报告、权益保护报告，定期对全市少数民族、民族地区舆情进行分析和研判；协调推进市委、市政府出台《市委常委、市政府副市长联系少数民族代表人士和知识分子制度》，民族工作咨政建言的渠道更加畅通。

民族团结进步创建活动有序开展。推荐省级创建活动巩固提升对象22个，其中思南县、石阡县坪山仡佬族侗族乡、印江自治县民族中学命名为第三批全国民族团结进步示范单位，印江土家族苗族自治县命名为第四批全国民族团结进步示范单位；迎接国家民委和省考核验收组对铜仁市创建全国民族团结进步示范市进行考核验收。铜仁市9月被国家民委正式命名为民族团结进步示范市。

城市民族工作得到加强。在调研的基础上明确以主城区万山区谢桥办事处冲广坪社区作为全市的易地扶贫搬迁少数民族社区试点，并投入专项工作经费8万余元。

民族事务治理法治化水平得到提升。民族成分登记管理工作更加规范。2016年共完成民族成分变更审核570人，办理人事及学生档案确认证明1097人；发挥法律顾问的参谋助手作用，履行市民宗委权力和责任清单，推动市级层面出台《铜仁市民族宗教突发事件应急预案》。

民族和宗教政策法规宣传教育工作得到推进。利用民宗委网站、《铜仁日报》等媒体宣传党和国家的民族宗教政策法规，同时还利用民族传统节庆、自治县逢十周年县庆、十月民族团结进步宣传月等活动，加大对民族文化知识宣传，指导松桃苗族自治县举办60周年县庆活动，通过自治县60年来的发展变化，展示民族区域自治制度的优越性，为民族团结进步营造良好的社会环境和舆论氛围。

【推进少数民族和民族地区的经济社会事业发展，为民族团结奠定基础】 民族发展资金项目争取及监督检查力度加大。全年共争取到中央和省级少数民族发展等各项资金达3031万元，比2015年增加760万元，增长33.5%。民贸民品优惠政策得到很好落实。全市民贸企业获得优惠利率流动资金贷款余额6.03亿元，获中央财政贴息资金385.33万元；根据民贸民品调整后的政策规定，组织重新申报并获批民贸企业60家，较去年减237家；成立项目检查工作领导小组，并组建2个工作小组，分别于6月和11月赴10个区（县）开展项目检查，按照资料100%、项目实地抽查60%的原则进行检查。

少数民族特色村镇建设规划推进。完成全市“十三五”少数民族事业发展、少数民族特色村镇建设“两个规划”，初步完成江口羌寨、石阡仡佬族等6个少数民族村寨的详细建设性规划；获省级命名挂牌少数民族特色村寨34个，完成第二批国家级少数民族特色村寨项目申报32个；完成印江自治县木黄镇、江口县太平镇2个项目储备入库推荐申报工作，计划投入总资金7.53亿元；与大连民族大学签订大学生实训合作协议，完成5个实训基地的挂牌工作，首批接纳50名大学生到基地实习。9月铜仁市就少数民族特色村镇建设工作，在全省少数民族特色村镇建设现场推进会上作经验交流发言，得到出席会议的省委常委、统战部部长刘晓凯的肯定。

民族文化教育工作得到加强。12月28日至30日全省民族文化进校园工作现场推进会在松桃自治县召开；争取落实民族教育、民族博物馆、民族节庆、民族体育等省级项目经费共149万元；积极参加第十届全国民族运动会贵州代表团参赛工作总结会暨贵州省少数民族体育运动协会2015年年会，并作交流发言。

民族语言文字工作推进。按要求完成7名民汉双语测试人员推荐并获省民宗委聘用；为民汉双语示范点、教学点、服务基地争取省、市级资金扶7万元；8月15日至20日在松桃自治县举办一期民汉双语骨干人才培训，80人参训；到民汉双语教学点开展帮扶、慰问活动，并为11名双语教师及20名品学兼优的少数民族学生送去慰问品及慰问金；帮助双语教学示范点（后寨小学）开展双语教育文献资料的整理和规范化管理工作。

民族古籍工作开展。召开全市民族古籍工作推进会，省、市业务部门领导、专家出席会议并授课，为20余位传承人颁发证书；启动全市少数民族古籍第二次普查工作，在全市新发现一批纸质古籍文献和口头文献资料，松桃自治县作为民族古籍普查试点，首批提交30余个普查条目；充实梵净山民族古籍保护传承基地内容，陈列展示的古籍文献资料（复印件）总数达到1100余册，基地的活态传承项目傩面具雕刻成效好，影响大；完成古籍项目《苗族求雨请水祭辞》的收集整理工作，并对碧江、万山、松桃等区县承担的民族古籍整理项目进行常规性督查，完成全市民族古籍整理项目任务；加快推进民族古籍文献电子化和数据库的建设工作，完成120件（册）文契、书籍的电子扫描，对扫描内容进行点校、翻译。

【推进依法管理宗教事务，引导宗教与社会主义相适应】启动宗教关系和谐示范建设工作。成立宗教关系和谐示范创建工作领导小组，选定并完成2个示范宗教团体、2个示范宗教场所、2个和谐示范乡镇（社区）和谐示范点的创建，并全部挂牌；宗教领域“六个试点示范”工作在2015年由4个区（县）试点的基础上，2016年在全市铺开；市政府于11月5日至7日在石阡县组织召开宗教领域“六个试点示范”工作现场推进会，要求2017年5月前取得阶段性成效。

强化宗教工作法治化建设。继续推进宗教教职人员认定备案、宗教活动场所财务监督管理、宗教活动场所主要教职任职备案、宗教活动场所开立单位银行结算账户等专项工作的常态化开展。教职人员认定备案和主要教职任职备案率达100%，场所开立单位银行结算账户率得到提升。宗教政策法规学习月形式多样，民宗委主要领导以会代训的方式，多次就全国宗教工作会议精神进行讲解；全面开展宗教活动场所分类管理，全市111处宗教活动场所申报评定一类宗教活动场所14处，二类宗教活动场所18处，三类宗教活动场所79处。

提升宗教团体“八个一”建设水平。以“八个一”建设为载体，在全市宗教界开展培育和践行社会主义核心价值观活动；深入开展“规范年”为主题的创建和谐寺观教堂活动，和谐型、文化型、学习型、道德型、生态型的“五型场所”活动推进；鼓励和支持宗教界从事公益慈善活动，宗教界年内参与社会服务和公益事业，开展助学、救灾、扶贫、济困等活动，捐资捐物近100

余万元，6月20日至21日江苏省宗教事务局、爱德基金会一行4人到铜仁市开展宗教界从事公益慈善活动情况评估调研。

协调推进梵净山佛教文化园建设工作。按照“要用社会主义核心价值观引领、用中华文化浸润各种宗教，支持宗教界对宗教思想、教规教义进行符合时代进步要求的阐释”的要求，推进梵净山佛教文化园建设。“四大天王福地、十八罗汉圣境”建设得到推进，佛教文化园一期规划建设内容通过城规委评审待实施。

【推进党风廉政建设，造就一支务实担当的民族宗教干部队伍】将学习作为抓好党风廉政建设的前提。以“两学一做”教育为抓手，推动党风廉政建设工作，把学习党章、党规和习近平系列重要讲话作为首要政治任务，组织学习《中国共产党纪律处分条例》《关于新形势下党内政治生活的若干准则》《中国共产党党内监督条例》等，通过学习提高党员领导干部抓好党风廉政建设的主动性和自觉性。

将压实任务作为抓好党风廉政建设的关键。民宗委党组与各区（县）民宗局、党组书记与班子成员、班子成员与分管科室之间分别签订党风廉政建设工作责任状，促进党风廉政建设工作压力层层传导。

将建立制度作为抓好党风廉政建设的基础。先后建立党风廉政建设定期汇报制度、项目定期检查制度及“干部职工劳动纪律及绩效管理考核办法”等，规范党风廉政建设工作的推进。

将提前打招呼作为抓好党风廉政建设的重点环节。将事前打招呼作为一种工作常态来抓，制定出台干部约谈工作实施方案，开展集体和干部个人约谈达26人次，诫勉谈话1人。

【铜仁市被命名为“全国民族团结进步创建活动示范市”】铜仁市在2016年上半年通过国家、省级考核工作组验收后，9月，国家民委正式命名为“全国民族团结进步创建活动示范市”，并明确指出：“铜仁市的生动实践，为贵州省乃至全国民族工作创造了宝贵经验。”

人力资源和社会保障

【概况】2016年，全市完成城镇新增就业4.92万人，失业人员再就业1.10万人，就业困难人员就业1.03万人，转移农村劳动力就业9万人，组织开展职业技能培训2.40万人，城镇登记失业率在3.80%以内，比省下达控制指标低0.40个百分点。全市完成各项社会保险参保293.73万人次，基金征缴34.02亿元，累计完成社会保障卡制卡162.13万人，各项社会保险目标任务全面完成。

【推进就业创业工作，就业形势保持总体稳定】全年完成城镇新增就业4.92万人，增速由2015年全省第七上升到第六；城镇登记失业率控制在4.20%以内，就业形势总体保持稳定。

“雁归工程”品牌效应显现。制定《铜仁市雁归工程工作精品年活动实施方案》，完善返乡创业就业服务体系，促进各项支撑政策的贯彻落实，引导和扶持铜仁籍在外人员回铜创业就业3.66万人,创办企业和个体工商户5230户，助推全市经济社会持续健康发展。铜仁市“雁归工程”被评选为2016年度贵州省“十大”人力资源和社会保障新闻事件。

就业扶贫措施更加多元化。按照“五个一批”脱贫攻坚要求，以易地扶贫搬迁就业扶贫工作为重点，通过“送政策、送岗位、送技能”推进就业扶贫工作实施，易地扶贫搬迁就业帮扶1.03万人；全市农村劳动力转移就业9.03万人，就近就地转移就业3.52万人。

扶持劳动者自主创业成效明显。创业园、孵化园建设推进，全市建立创业园14个，创业孵化园12个；全年发放创业担保贷款1.89亿元，扶持创业2157人，带动就业7549人。其中，以扶持高校毕业生创业为重点，全年共为1150名困难应届毕业生发放一次性求职创业补贴57.5万元，兑现123名大学生创业奖励、创业场租补贴55.36万元。

职业技能培训针对性增强。通过整合人社、扶贫、农委、教育等部门资源，以组织开展农村青壮年劳动力规范化培训为重点，全市完成职业技能培训2.40万人，其中农村青壮年劳动力规范化培训2.21万人。

公共就业服务水平得到提高。以实施就业扶贫工作为抓手，通过收集和发布就业岗位信息、定期组织招聘会等措施，基层就业服务平台、联系制度得到完善，全年收集发布用工信息4.22万条、岗位8.36万个。组织开展"雁归工程"专场招聘会、"就业援助月""春风行动"民营企业招聘周等就业专项服务活动86场，提供就业岗位5.85万个。

【推进社会保险工作，社会保障能力和服务水平不断提高】 全市全年社会保险参保人数293.73万人次，占全年任务的102%；全市各项社会保险基金征缴34.02亿元，占全年任务的128%;社会保障卡累计制卡162.13万张,占年度任务的100.08%；全市各项社会保险基金支出达21.18亿元。

推进社会保险制度改革。按照全省统一部署，推进机关事业单位养老保险制度改革，如期完成数据采集、测算、分析和养老保险待遇社保发放等工作。完成机关事业单位退休人员与企业退休人员同步调整养老金工作，为2.46万名机关事业单位退休人员和3.25万名企业退休人员调整养老金。按照规定降低工伤保险费率、企业职工基本养老保险单位缴费比例、失业保险单位缴费比例。统一城乡居民大病医疗保险政策，全市城镇居民大病医疗保险纳入商业再保险。

抓社会保险扩面征缴。加大政策宣传力度，挖掘社会保险扩面征缴空间，以促进民营企业、个体工商户、灵活就业人员和城乡居民参加社会保险为重点，社会保险覆盖面不断扩大，基本社会保险覆盖率提高。落实黔人社厅发〔2015〕7号文件，开展金融合作，与贵州银行、铜仁农商行分别实施"养老贷""助保贷"，其中以"养老贷"方式帮助351人贷款1197万元，以"助保贷"方式帮助73人贷款331万元。

加强社会保险基金监督。开展"两费补贴"使用管理情况专项检查，对存在的问题进行整改，建立起查处和防范社会保险欺诈工作联席会议制度，推进社保基金非现场监督工作，社会保险基金监督机制不断完善。

提升社会保险经办服务水平。修订完善医疗机构服务协议，推进医疗机构协议规范管理。城镇基本医疗保险实现全省范围即时结算，在重庆、云南、海南、广西、吉林等5省（市）41家医院可联网即时结算，全市异地就医即时结算1503人次，统筹支付2118万元。规范社会保险经办服务流程，加强社会保险内控管理，社会保险经办服务能力明显提升。

【加强人才培养引进工作，人才队伍不断壮大】 一是加大人才引进力度。采取公开招聘、人才引进、专项招聘等方式，共招聘（引进）各类事业单位人才3530名（其中，博士研究生18人，硕士研究生192人，紧缺专业本科生858人）。二是加强各类人才培养。加强机关事业单位人员培训，选派参加省外培训班学习86人，参加"千人赴港"培训29人，组织乡镇公务员示范培训162人，公务员初任培训477人，事业单位新增人员初聘培训415人，组织24名专业技术人员参加省高级研修班学习。实施专业技术人才、高技能人才振兴计划，推进技工院校、技师工作室建设，全市高技能人才达到7810人。三是开展2016年度农业、卫生、中小学、工程系列和民营经济组织职称评审工作，参评人员近2400人。

【推进人事制度改革工作，机关事业单位人事管理不断规范】 落实《中华人民共和国公务员法》《事业单位人事管理条例》等政策法规，推进人事制度改革，机关事业单位人事管理不断规范。

落实公务员凡进必考和事业单位新增人员公开招聘制度，规范考录（聘）程序，严肃考风考纪，完成2016年公务员招录和事业单位新增人员公开招聘工作，确保招录（聘）工作公开、公平、公正。

落实市直机关事业单位工作人员调配准入制度，严格准入条件，规范调配程序，完成2016年市直机关和事业单位人员调配准入资格考试、调配工作。

规范机关事业单位收入分配，按照国家和省统一安排，兑现规范后的津贴补贴，完成机关事业单位工资标准调整工作。

加强机关事业单位临时用工管理，劳动合同签订率达100%。

【推进劳动维权工作，劳动关系进一步和谐稳定】构建解决拖欠农民工工资问题的长效机制。制定《铜仁市全面治理拖欠农民工工资问题责任分解方案》，落实保障农民工工资支付工作职责，农民工工资支付实名制管理有序推进。

加大劳动保障监察执法力度。开展日常巡查和农民工工资支付、清理整顿人力资源市场、打击非法用工、用人单位遵守劳动保障法规专项执法检查，全市劳动监察机构检查用人单位5468户，涉及劳动者13.27万人；为5.36万名劳动者追讨工资5.08亿元，受理群众投诉案件825件、举报案件4件,结案率100%；处理突发事件6件、涉及劳动者217人，向公安机关移送涉嫌拒不支付劳动报酬案件14件。

推进和谐劳动关系建设。加强企业集体合同、劳动合同、劳动用工备案和劳务派遣管理，劳动关系三方协调机制基本形成，国有企业薪酬制度改革有关工作得到推进。工伤认定、劳动能力鉴定工作得到开展。

加强劳动人事争议仲裁效能建设。推进劳动人事争议仲裁庭规范化建设，完善案件受理、案件审理机制、劳动人事争议调解仲裁工作水平不断提高。全年受理劳动人事争议案件657件，当期结案率100%，为劳动者追索劳动报酬917.68万元，经济补偿、赔偿金739.32万元。

【夯实工作基础，人力资源社会保障服务水平不断提升】加强政策研究和法制宣传，完善人力资源社会保障政策体系，规范行政行为。推进基层就业和社会保障服务设施建设，县级服务平台项目投入使用3个，乡级服务平台项目投入使用168个，基层平台覆盖率达97.67%。开展人力资源社会保障规划、统计工作，完成“十三五”规划编制工作和2016年人力资源社会保障统计、会审工作。加快推进人力资源市场建设，全市公共人力资源服务机构功能更加完善，民办人力资源服务机构加快发展。推进人力资源社会保障信息化建设，完善部门网站信息，推广应用劳动就业、社会保险信、公务员管理、事业单位人事管理等软件信息系统、建立完善就业、社会保险数据库，人力资源社会保障信息化水平不断提高。

（市人社局办公室）

档案方志

【概况】2016年，市档案方志工作以贯彻落实《关于加强和改进新形势下档案工作的意见》，主动适应新常态，围绕中心，服务大局，理清工作思路，细化工作措施，圆满完成各项工作任务。

【加大档案业务指导力度，提高档案业务工作水平】一是完成对铜仁幼专、市妇联、市团委、市教育局等14个市直机关、企事业单位的档案业务指导工作。指导各区（县）做好开发区、城市社区的档案工作，明确2016年各区县档案局各完成一个开发区和一个社区档案指导监督工作。督促各立档单位搞好各项基础业务建设，力求做到齐全完整、保管安全、检索准确、利用方便。二是指导完成市国税局档案管理达一级标评测工作。指导完成市政府办2008年至2014年，共14843件690盒沉积档案的整理。完成原地方志办2008至2010年沉积档案的整理50卷。同时，按照新的《归档文件整理规则》（DA/T22–2015）规范，整理完成本局2015年的文书档案，共25盒560余件。三是为做好全市精准扶贫工作，市档案局与市扶贫办联合下发《铜仁市档案局 铜仁市扶贫开发办公室关于做好精准扶贫档案工作示范点相关工作的通知》，为精准扶贫建档立卡工作进行了规范。完成对省级示范点石阡县坪山乡和市级示范点玉屏自治县朱家场镇的精准扶贫档案工作的调研指导工作，并指导各区县完成县级示范点的建设工作。四是做好农村土地确权档案工作。对各区县对本区域内农村土地确权档案进行了调研，确立土地确权全宗号，制定档号编制方案和整理办法，指导土地确权工作档案材料的收集工作。五是重点建设项目档案工作。市档案局下发《关于认真做好2016年省级重大工程和重点项目档案工作的通知》文件，对全市446个重点项目的档案登记，完成90%的项目档案登记工作。

【强化档案方志法制监督检查，推进档案方志工作法制化进程】一是实行档案执法检查常态化。按季度工作目标计划，对市直机关、企事业单位、群团组织共15个单位进行档案行政执法检查，通过采取听取汇报、实地查看、现场打分、现场反馈的形式，共检查发现问题50余条，对出现的问题进行通报，并要求立即整改。二是对上年下达《行政执法整改通知书》的单位进行复查。通过执法检查，进一步对各级各单位档案管理工作存在问题进行规范和纠正，确保档案的齐全完整、真实和安全。三是加强对《中华人民共和国档案法》《地方志工作条例》的宣传、贯彻力度。利用“6·9国际档案日”、《地方志工作条例》颁布10周年之际，在锦江广场开展宣传活动，此次活动共发放宣传资料2000余份，接受群众咨询50余人次。同时，通过利用铜仁发展手机报、铜仁综合门户网、铜仁市档案信息网等新兴媒体，加大对《中华人民共和国档案法》《地方志工作条例》《档案管理违法违纪行为处分规定》的宣传，扩大档案和方志工作的社会知晓度和影响力，提升了档案工作服务社会的能力。

【抓好档案信息化建设，拓展档案工作新途径】一是抓好信息网站建设工作。建立健全网站相关制度，制定《铜仁市档案局网站安全管理制度》《铜仁市档案局网络平台信息发布制度》。做好档案方志信息网站的日常更新维护工作，及时更新网站内容、优化网站栏目。本单位门户网站信息共更新上传50条，其中动态类栏目上传信息32条。全市被省档案方志信息网采用信息47条，其中，市档案局9条，被中国档案网采用信息2条。同时，按要求做好全国政府网站信息普查工作，接受网站工作监督检查。二是开展好档案信息化工作。购置信息化设施设备。采购档案信息化管理软件三套（县级网络版一套，单机版两套），服务器一台、硬盘、机柜、电源、交换机等设施设备。做好目录数据建设工作。全市2016年11月底前完成13.60万条目录数据的建设，其中市局完成4万条文件级目录数据建设及相关档案的全文扫描工作。三是做好重点档案信息普查及项目申报工作。先后3次组织开展馆藏重点档案信息普查，完成铜仁市馆1900余卷重点档案信息数据普查工作，并汇总审核各区县馆藏重点档案信息普查数据，确保数据的真实、完整、准确。组织申报2016年、2017年度重点档案抢救保护与开发项目，争取项目资金，做好项目实施相关工作。2016年度铜仁市争取国家级重点档案保护与开发项目资金25万元，省级项目资金46万元。四是开展创建全市县级档案方志信息化建设示范点工作。在示范点的带动下，部分区（县）档案馆把利用率较高的部分民生档案进行全文数字化，全市累计430万幅，全市档案信息网站数量明显增长，管理水平不断提高。

【加强档案管理、接收和利用，丰富馆藏档案资源】一是加强“窗口”建设。管理科作为对外服务群众的窗口，为群众提供热情、周到、优质服务，打造便民服务平台，创建人民群众满意的机关部门。全年接收进馆档案2847卷，涉及6个单位，现馆藏档案共计110000卷；接待查阅档案、现行文件、资料利用者共3500余人次，调档及现行文件3000卷次，复印档案资料5000余页。二是加强库房安全管理工作每月对档案库房进行2次安全检查，增设消防灭火设备4台，监控探头8个，确保档案库房的绝对安全。

【提高方志年鉴编纂水平，加大档案编研利用力度】一是推进二轮修志尾期工作。《铜仁地区通志》完成招标、出版合同签订、通审通校、终审意见及出版社意见的消化打磨等工作，将稿件交付出版社。推进专题志《铜仁地区通志·人物志》编纂工作。按照工作计划，向社会各界搜集符合入志范围和标准的历史名人、革命烈士、政治人物、英雄模范人物、能工巧匠、社会贤达等。二是推进乡镇志编纂工作 沿河自治县、德江县分别开展编纂《淇滩镇志》《潮砥镇志》的相关工作。思南县于9月全面启动乡镇志编纂工作。9月7日，思南县首批乡镇志部门志编纂培训开班，副局长滕继承率原方志办主任瞿政平、方志年鉴科原科长陈觉云前往授课。三是做好《铜仁年鉴》编纂工作 坚持精编精校，持续打造精品年鉴，保证每年一卷，在不断提高年鉴质量的同时，加快年鉴编纂进度。《铜仁年鉴》（2015年）于8月由九州出版社出版。其有24个部类，共有80万字。集中反映铜仁全市经济社会建设和与时俱进的新面貌。完成《铜仁年鉴》（2016年）资料搜集、编审和统稿工作。四是督促指导各区（县）开展年鉴编纂工作 在全省较早实现市区两级年鉴全覆盖、一年一鉴的基础上目标着力规范年鉴编纂流程，加大年鉴工作的指导力度，不断提升年鉴编纂质量和编纂进度，各区（县）年鉴实现公开出版。

【加强档案馆基础建设，提高档案公共服务能力】全市在建县级国家综合档案馆实际建设总面积达到2.61万平方米，累计到位资金4962万元。碧江区档案馆、松桃自治县档案馆、德江县档案馆、沿河自治县档案馆、石阡县档案馆已经投入使用。市级档案方志馆通过市委、市政府同意，计划总投资1.30亿元，建筑面积2.40万平方米，9月30日开工建设。

【加强档案人员培训力度，夯实人才基础】一是市档案局与四川省档案学校联合举办一期档案业务培训班，市直单位和各区县共计96人参加培训学习。培训从9月20至29日为期10天，涉及档案法律法规、公文处理与写作、档案信息化建设、科技档案管理、文书档案管理等理论课程和文件归档整理、编制全宗指南等实训课程，以理论教学和实训操作相结合的方式，规范档案业务工作程序，提高学员对档案工作重要性的认识。二是加强自身业务能力建设，进一步完善档案系统工作人员知识结构，提高创新能力、专业水平和综合素质。组织人员参加各级各类学习培训和开展对外学习交流、考察，通过学习借鉴外地新经验、新思想，档案干部队伍综合素质得到进一步提高。

（市档案局办公室　安明国）

中国人民政治协商会议铜仁市委员会

【概况】2016年，市政协高举中国特色社会主义伟大旗帜，紧扣“五位一体”总体布局和“四个全面”战略布局，增强四种意识，树立五大发展理念，助推两大战略行动、四大跨越工程、“四化同步”发展，立足履职、主动作为，在继承中发展、在发展中创新，全面完成市政协一届市政协五次会议提出的目标任务，推动全市政协事业向前发展。

【夯实共同思想基础】开展“两学一做”学习教育。重点学习党章、《毛泽东同志党委会的工作方法》《胡锦涛文选》和习近平总书记系列重要讲话等，以“讲政治、有信念”“讲规矩、有纪律”“讲道德、有品行”“讲奉献、有作为”为主题开展专题研讨4次，市政协党组成员均以普通党员身份，参加所在支部“两学一做”学习教育专题研讨。抓好主题活动，组织机关全体党员参与“手抄党章一百天”和“两送一亮三增”（送党章党徽、亮党员身份、增底气豪气锐气）等活动，组队参加全市“学党章明党纪作表率”党规党纪知识竞赛，增强党员意识、党章意识和自律意识。

深化理论学习。重点学习中共十八大、十八届三中、四中、五中、六中全会、省委常委会议听取铜仁市工作汇报会等重要会议和文件精神，研读《中共中央关于加强社会主义协商民主建设的意见》《中国共产党统一战线工作条例》等最新政协、统战政策法规，开展党组中心组集中学习7次，举办道德讲堂、党员讲坛4次，自觉在政治上思想上行动上与中央、省委、市委保持高度一致，铜仁实现“一区五地”目标的信心和决心得到增强。

加强业务培训。选派干部参加全国政协、省政协举办的培训班和各级党校的干部培训班39人次，邀请省政协副主席、省大数据产业发展领导小组副组长、省大数据专家咨询委员会专家谢晓尧为全市干部作“大数据战略行动”辅导报告，邀请市委党校专家为市政协常委作“坚持五大理念 厚植发展优势”专题讲座，在井冈山举办第三期全市政协干部培训班。

【助推经济社会发展】内引外联服务发展。利用全国政协副主席王正伟、齐继春和全国政协原副主席钱运录、王志珍等到铜调研的机遇，协助市委、市政府汇报铜仁精准扶贫、少数民族地区生态经济发展和召开首届贵州（铜仁）国际天然饮用水博览会等方面工作，赢得高层支持。争取到苏州市政协委员捐资600万元在碧江苏州工业园区新建一所小学。

提案办理助推发展。利用提案向上争取支持。在省政协十一届四次会议上，围绕铜仁市需要省级层面关心支持的重大问题提交43件提案，与遵义市政协联名向省政协提交《关于完善黔东北交通路网结构 加快黔东北旅游发展的建议》提案，其中《关于支持建设乌江生态经济走廊，助推乌江流域脱贫攻坚的建议》等4件提案被列入省领导重点督办件。开展提案办理协商。分别就《关于推进医疗卫生与养老服务相结合的建议》《关于残疾人免费进入铜仁市旅游景区的建议》《关于发展锦江健康运动产业的建议》《加大对农村环境综合整治力度的建议》提案召开4次提案办理协商会。改进提案办理方式。与市政府联合召开政协提案交办工作会，市委、市政府领导和市政协主席会议重点督办提案20件，市委办、市政府办印发《铜仁市联合督办政协重点提案暂行办法》，强化政协提案办理工作力度。

议政建言献计发展。专题调研成果多。围绕“四在农家·美丽乡村”基础设施建设六项行动计划推进情况、铜仁朱砂产业发展情况、“五城联创”进社区、山地旅游特色化发展情况、社会养老服务体系建设、农村环境综合整治工作开展专题调研，报送调研报告6篇，4篇获市委、市政府主要领导肯定性批示。其中“四在农家·美丽乡村”基础设施建设六项行动计划推进情况调研报告得到省政协王富玉主席、省政府副省长刘运坤批示。专项视察效果好。分别围绕沿河精准扶贫工作开展驻铜省政协委员视察、全市公共法律服务体系建设开展专委会视察和铜仁城区“五城联创”工作、“四大天王寨·十八罗汉村”建设开展市政协委员视察，并形成视察报告供市委、市政府决策参考。协商平台运用好。坚持把例会作为协商议政重要平台，先后召开1次全体会议、4次常委会议、17次主席会议、3次协商会议，分别围绕“碧江区食品产业园建设”“智慧气象”“提升铜仁主城区城市综合竞争力”“民族文化进校园进社区进乡村”“大数据战略行动”等与相关部门开展对口协商和界别协商，推动相关民生问题的加快解决。召开市政府向市政协通报重大基础设施项目建设情况通报会，围绕推进“五馆四中心”“四高两快”为重点的重大项目建设开展专题协商，与会委员就项目规划、规模标准、建设模式、资金来源、资金偿还以及政策争取等方面提出意见建议。

参与中心支持发展。根据市委安排，市政协主要领导牵头负责梵净山佛教文化园规划建设、《梵净山佛教故事》征编和梵净山生态文明与佛教文化论坛有关筹备工作，多次专程向省政协领导作专题汇报并争取支持。省政协主席王富玉在阅示《政协铜仁市委员会关于呈送〈梵净山佛教故事〉征编工作进展情况的报告》后，做出批示：“讲好贵州故事，关键在编好贵州故事，铜仁市政协率先做了这件工作，初有成效，值得表扬。请办公厅发全省政协组织学习借鉴。希望铜仁善始善终地做好工作，把梵净山故事写好、讲好。”市政协班子成员按照联系分工，相应参与铜玉城际铁路和渝怀铁路复线建设、黔东工业聚集区建设、城市规划审核、旅游招商引资推介、联系“百千万”工程企业等中心工作。

【政协投身脱贫攻坚战场】创新开展“三抓三包三联”工作。召开全市政协落实大扶贫战略行动助推脱贫攻坚动员会，印发《关于落实大扶贫战略行动助推脱贫攻坚实施意见》，明确以“三抓三包三联”（抓监督、抓协商、抓调研，市级领导包乡、县级领导包村、其他干部包户，联线贫困村、联系贫困户、联动办实事）为载体，组织动员全市各级政协组织和广大政协委员参与脱贫攻坚。市政协班子成员多次到联系乡镇指导脱贫攻坚工作，政协委员也精准扶贫一线，为基层贫困群众办好事实事。

开展脱贫攻坚定点帮扶工作。按照市委“三真三因三定”要求，市政协班子成员和机关处级干部所包乡镇和联系贫困村贫困户走访调研80余人次，帮助解决实际困难30余件，仅在“七一”前夕慰问老党员和困难党员40多户、发放慰问金近9万元。选派2名年轻干部到思南县孙家坝镇高峰村和双红村开展驻村帮扶工作，组织医卫专家赴思南县孙家坝集镇开展“走进乡村·服务民生”活动，为当地群众开展义诊、健康咨询和科普宣传。从机关办公经费中为孙家坝镇解决12万元基础设施建设补助经费和干群连心室工作经费，为孙家坝镇双红村协调解决公路建设经费10万元。市政协机关被评为全市“干群连心·同步小康”驻村工作先进集体，所帮扶村干群连心室被评为全市“百佳干群联系室”，市政协1名处级干部被评为全省、全市“百佳驻村干部”。

智力支边情系扶贫。先后在石阡县举办高考应考专题培训，帮助碧江区和平中学争取改造资金20万元，向碧江区滑石中心小学捐赠400多套校服，为碧江区滑石乡老麻塘“白水大米”示范基地建设提供智力指导和经费支持。围绕贯彻落实市委《关于支持沿河土家族自治县决战决胜脱贫攻坚加快实现同步小康的实施意见》，组织住铜省政协委员对沿河自治县精准扶贫工进行专项视察，提出夯实基础条件、因地制宜实施扶贫产业项目、用市场经济理念统领和发展扶贫项目产业等建议。

【提升履职能力水平】推进政协履职制度改革创新。首次试点委派两个民主监督小组，分别对铜仁市中小学营养改善计划实施情况和各县城污水处理厂项目建设及运行情况进行民主监督，推动两个项目的实施。完成对乡镇（街道）政协工作联络组规范化建设情况专项督查，市委主要领导在督查报告中作出批示，要求市县两级党委政府要大力支持政协工作特别是队伍建设。举办首期全市乡镇（街道）政协工作联络组主任培训班，来自150多个乡镇（街道）政协工作联络组、167名学员参加培训。首次对市教育局办理政协提案情况开展民主评议，经过现场民主测评，投票结果均为“满意”，满意率为100%，市教育局被评定为“民主评议满意单位”。

经常性工作常抓常新。文史资料工作方面，完成《梵净山佛教故事》一书中94个故事、约12万字的组稿，启动《铜仁百贤》《铜仁百将》征编工作，建立市政协文史专家库。智力支边工作方面，成立铜仁市智力支边人才库，聘任63名专家为市智力支边办人才库首批成员。召开全市智力支边工作会，总结2012年以来智力支边扶贫工作的主要成绩和经验。宣传信息工作方面，在省级以上主流媒体刊发稿件86篇，1名年轻干部被中国网·政协频道评为全国政协系统十佳通讯员。录播《政协委员话发展》电视访谈栏目13期，丰富政协声音传播渠道。联络联谊工作方面，举办全市各界人士2017年新年茶话会，主动加强与苏州、潍坊两市政协的友好合作交流，接待全国政协、省政协和天津、重庆、广东政协等来宾116批919人次，外出开展延伸调研考察11批47人次。组织文化艺术界委员走进大龙经开区举行“情系大龙·爱洒黔东”慰问演出，为园区建设者们送上“文化大餐”和节日的祝福。举办铜仁市政协书画院“书画进校园”活动暨全市大学生现场书画大赛，推动铜仁书画艺术薪火传承。

狠抓班子队伍建设。在市委领导下开展工作，发挥市政协党组在政协组织中的核心领导作用和市政协常委会、主席会议集体领导作用，加强班子成员政治学习、理论武装和思想提升，强化民主集中制，坚持“三重一大”事项集体研究决策，提高党组科学决策的效率和建言献策的水平。巩固党的群众路线教育实践活动和“三严三实”专题教育成果，制定出台《市政协机关县处级及以上领导干部外出报备暂行办法》，开展党员约谈，推进廉政文化进机关，严守换届纪律要求，维护良好政治生态。与此同时，机关办文办会、后勤保障、老干服务、党建工作等进一步加强，机关党委获表彰为全市优秀基层党组织。

配合做好换届工作。按照市委统一部署，支持、配合、参与换届相关工作，维护良好的政治生态环境；加强换届纪律教育和换届风气监督，教育全市各级政协干部和广大政协委员服从组织安排，正确对待个人进退留转；完成对本届政协委员履职情况的考核评估及优秀表彰；配合党委组织、统战部门做好下届政协委员的协商提名和优化完善政协界别设置工作；12月29日举行市政协提案暨大会发言业务培训会，邀请省政协提案委专职副主任陈卫国、省政协研究室副主任杨沛源为即将成为二届市政协新委员作专题辅导讲座。

【市政协一届五次会议召开】1月11日至14日，市政协一届五次会议在铜仁市碧江区开幕。市委书记夏庆丰出席会议并作《众智谋良策，齐力谱新篇，携手推动铜仁实现后发赶超同步小康》的讲话。市政协主席陈达新代表市政协常委会作工作报告，市政协副主席时晓军代表市政协常委会作一届四次会议以来提案工作情况的报告。市委副书记、代市长陈晏，市人大常委会主任雷甘霖和市委、市人大、市政府、市政协、铜仁军分区其他班子成员和市“法检”两长出席会议。会议学习讨论夏庆丰在开幕式上的讲话，听取并审议通过陈达新代表政协第一届铜仁市委员会常务委员会所作的工作报告，听取并审议通过时晓军代表政协第一届铜仁市委员会常务委员会所作的提案工作情况报告，补选陈康为政协第一届铜仁市委员会主席，补选3名市政协常务委员。会议共收到提案231件，经审查立案221件，实际交办210件。

【全国政协副主席王正伟率团到铜仁市视察】5月4日至7日，全国政协副主席王正伟率全国政协特邀常委视察团到铜仁市就武陵山片区精准扶贫工作进行调研指导。全国政协常委、副秘书长，民革中央副主席何丕洁，全国政协常委、国家旅游局原局长邵琪伟，全国政协委员、国务院扶贫开发领导小组专家咨询委员会主任、国务院扶贫办原主任范小建，全国政协常委、正泰集团股份有限公司董事长南存辉，全国政协常委、国家统计局原副局长、国务院参事徐一帆，全国政协委员、原第二炮兵副司令员于际训，全国政协委员、全国供销合作总社原党组成员、中国农产品流通经纪人协会会长于培顺，全国政协委员、中国农科院副院长、中国工程院院士万建民，全国政协委员、国务院发展研究中心原副主任卢中原，全国政协委员、交通运输部原副部长、中国快递协会会长高宏峰，全国政协办公厅联络局局长杨利群，国家民族事务委员会党组成员、副主任李昌平，国务院扶贫办党组成员、副主任欧青平等参加调研。省政协主席王富玉陪同视察团在玉屏自治县和万山区的调研活动，副省长刘远坤出席视察团与贵州省交换意见座谈会，省政协副主席班程农，省政协秘书长李月成，铜仁市委书记夏庆丰，市人大常委会主任陈达新，市政协主席陈康，省政协常务副秘书长胡巍，省政协副秘书长李跃荣等分别陪同调研。在铜期间，全国政协特邀常委视察团先后玉屏自治县、万山区、碧江区、松桃自治县、铜仁高新区、江口县，走进教育园区、农业园区、田间地头、工厂车间、民族村寨，实地调研铜仁市产业扶贫、教育扶贫、旅游扶贫等相关工作。5月4日下午，视察团在铜仁召开座谈会，听取铜仁市工作情况汇报。5月6日下午，视察团与贵州省举行交换意见座谈会。在听取贵州省及铜仁市精准扶贫相关工作情况汇报后，王正伟对贵州省及铜仁扶贫工作取得的成绩给予肯定，认为铜仁市通过近年来的苦干实干，经济社会发展变化之大出乎想象，精准扶贫工作做得很实，当地干部群众精神状态好，干事创业的劲头和信心足，能够深入基层、以上率下、层层传导、多措并举地解决实际问题。尤其是在当前形势下，铜仁市县两级招商引资力度加大、成效明显，旅游业发展和乡村建设成果令人欣喜，有效带动了当地老百姓增收致富。市领导肖洪、陈代文、杨同光、张珍强、龙海、冉晓东及相关部门负责同志陪同调研或参加座谈。

【全国政协副主席齐续春到铜仁调研】5月24至25日，全国政协副主席、民革中央常务副主席齐续春带领全国政协调研组到江口县、石阡县、万山区就少数民族地区生态经济发展进行专题调研。强调要加大改革创新力度，推动产业发展，在产业致富上闯出一条新路。要进一步解放思想，创新思路，结合实际大力发展生态产业，把绿水青山变为金山银山。要大力发展康养产业，用好铜仁的康养资源，推进康养产业项目建设，推动“农家乐”变为“康养乐”，推动更多的人群喝铜仁的水、吸铜仁的空气、吃铜仁的食品，积极探索康养产业发展新模式。要加快脱贫攻坚步伐，始终把脱贫“五个一批”部署落到实处，切实用好生态补偿脱贫机制，让少数民族地区的人民群众得到更多实惠，确保“十三五”规划目标任务如期完成，实现与全国同步建成全面小康社会。

【全国政协副主席齐续春到铜

仁参加水博会期间实地了解铜仁水产业发展情况】11月19日上午，出席2016首届贵州（铜仁）国际天然饮用水博览会的全国政协副主席齐续春到农夫山泉（贵州）武陵山饮料有限公司、碧江区好彩头食品产业园等企业实地了解水产业发展情况。希望在做活水文章、做大水产业方面继续下功夫,加快把生态优势转化为发展优势、经济优势，全力打造“梵山净水·健康水都”品牌，进一步提升铜仁饮用水资源的知名度和影响力。省委常委、副省长慕德贵，省政协副主席李汉宇参加考察。

【全国政协文史和学习委调研组到铜仁调研红色文化】 3月29日，全国政协文史和学习委员会副主任卞晋平一行17人，到德江县革命老区对枫香溪红色文化进行调研。调研组一行，首先到枫香溪革命纪念碑前进行默哀、献花圈、合影等瞻仰仪式，然后到红三军医院、枫香溪会议旧址和革命历史陈列馆进行考研，并慰问当地89岁的抗美援朝老战士黄金如。省政协文史和学习委员会专职副主任封蒋，市政协主席陈康、副主席龙海，市政协秘书长李科良，德江县委，县政协相关负责同志随同进行调研。

【全国政协人资环委到铜仁视察】 9月10日至12日，全国政协人口资源环境委员会副主任、中国气候变化事务特别代表、国家发改委原副主任解振华带领全国政协人资环委调研组，就“建立国家公园体制面临的主要问题”到铜进行专题调研。调研组一行实地调研江口县云舍土家民俗文化村、寨沙侗寨、梵净山生态资源等，听取有关情况汇报。解振华指出，铜仁梵净山是国家级自然保护区、联合国“人与生物圈”保护网成员，一直以来，铜仁党委、政府和干部群众为保护梵净山生态资源和野生动植物多样性作大量工作、取得显著成效，下一步要严格按照中央关于开展国家公园体制试点的有关要求，准确把握国家公园体制试点的核心要义，主动融入贵州省建设国家生态文明试验区的总体布局和规划方案，依法、科学保护梵净山自然生态资源和生物多样性，坚持在严格保护的基础上进行适度有效开发，努力提高当地人民群众的生活水平。全国政协人口资源环境委员会委员凌振国、印红、李卫、李晋峰、沈瑾、廖永林、王毅等参加调研。省政协人口资源环境委员会主任姚小泉陪同调研。市委书记陈昌旭，市政协主席陈康，市领导皮贵怀、王能军、时晓军参加座谈会或陪同调研。

（市政协办公室）

民主党派·工商联·社会团体

铜仁市总工会

【概况】2016年，市总工会开展“五大行动”，强化“五做”保障，全面完成年度目标任务。

【开展“五大行动”，展示工会新作为】建功立业劳动竞赛。开展以“践行新理念、建功‘十三五’”为主题的劳动竞赛活动，组织参加全省第五届手工制茶技能大赛和护士岗位技能竞赛；举办旅游、烹饪、公共交通行业、护士岗位和基层卫生岗位练兵等劳动技能竞赛活动，参与单位达968家9800余人。加大先进典型示范引领作用，评选“全国五一劳动奖”章1名，省五一劳动奖状2个、“五一劳动奖章”8名，全国工人先锋号1个，省工人先锋号6个、贵州工匠1名、省金牌工人1名。申报省级劳模创新工作室3个（省总工会命名1个），创建市级劳模工作室21个、县级16个，申报创新成果17个。启动县级劳模评选表彰工作。开展“劳动模范上讲堂”280多场次。

和谐企业创建。完善和落实企业民主管理制度，创建省级劳动关系和谐企业3家、省级厂务公开民主管理示范单位3家。联合市人社局、市工商联开展工资集体协商集中要约行动，健全完善市、县两级工资集体协商机制。重点创建行业性（区域性）工会联合会、非公企业工会工资集体协商典型示范点5个。

职工素质提升。创建省级职工书屋13个。组织企业职工志愿者参加“第二十四届世界水日”和“第二十九届中国水周”宣传活动。开展“书香三八”“培育好家风”等女职工主题实践活动。参加全省职工羽毛球大赛省级总决赛，获得男子团体第三名和优秀组织奖。组织职工参加铜仁市第三届运动会，夺取6枚金牌、2枚铜牌、3枚银牌。各级工会组织开展各类文体活动和文艺会演，丰富职工的精神文化生活，增强工会组织的凝聚力。

维权帮扶。推进城镇困难职工解困脱困工作，制定出台城镇困难职工精准帮扶工作实施方案，召开城镇困难职工解困脱困工作推进会和精准识别业务培训会，精准识别困难职工1416户4584人。开展脱贫攻坚和驻村帮扶工作，全年协调解决帮扶资金13.50万元，协调帮扶项目资金80万元。针对农民工维权工作，创新推行简易劳动合同。全市工会受理劳动纠纷案件236起，为农民工追讨欠薪9132万元，协调工伤补助653万余元，涉及职工、农民工5984人。开展就业服务招聘会23场次，促进就业4900余人。开展“两节”送温暖、“五一”“六一”走访慰问、夏送清凉、金秋助学、洪灾慰问等活动，共筹集资金910余万元，惠及职工、农民工8700余人。组织3000名困难女职工进行免费体检，筹集女职工“关爱行动”资金60万元，结对帮扶留守儿童1239人，“工会爱心之家”挂牌27家。建成“母婴温馨小屋”14个。

节能减排。开展节能减排宣传周、低碳日等宣传活动，引导职工自觉践行“绿色低碳环保”理念和参与“五城联创”活动。开展“节能减排‘五小’活动、‘金点子’合理化建议”征集评选活动，申报职工优秀成果30项、“五小”优秀成果30项。

【强化“五做”保障，增强工会组织凝聚力战斗力】基层基础夯实。创建省级模范职工之家

（小家）3家。创建基层工会规范化建设示范点非公企业工会14个、行业工会联合会15个，乡镇（街道）工会规范化建设80个，高效农业示范园区和旅游行业工会规范化建设示范点4个。新建铜仁新型“职工之家”22家。加大工会会员发展工作力度，截至2016年年底，全市有工会组织5152个，工会会员53.39万人，其中农民工会员34.96万人。

工会实力增强。健全完善工会、财政、税务协调推动工会经费财政计拨、税务代收工作机制。2016年，全市财政计拨工会经费同比增长94%，地税代收工会经费同比增长65%。全省工会经费税务代收工作推进会在铜仁市召开。开展工会资产清查工作，9月30日，全市工会总资产达9574.57万元、固定资产达3439.36万元。

服务水平提升。规范化建设工会职工服务中心，整合碧江区、万山区总工会资源，建设近1000平方米的铜仁市工会职工服务中心，打造集信访接待、困难帮扶、创业就业培训、法律援助、互助保障、普惠服务“六位一体”的工会工作服务平台，实行“朝九晚九”延时工作制，为职工群众提供便捷高效服务。在全市机关、企事业单位启动实施职工医疗互助保障行动，截至2016年年底，全市参与职工医疗互助单位达1283家8.67万人，发放互助金180.72万元，惠及职工744人次。推进普惠服务工作，发放工会会员服务卡3万余张，普惠项目涵盖医药、影院、书店、商场、餐饮、旅游、健身等。实施“雁归圆梦”行动，培育返乡农民工创业示范企业70户，投入扶持资金204.53万元（其中争取省总工会补助54万元），撬动银行贷款6946万元，带动就业7782人；选树省级返乡农民工“创业之星”120名。启动开展“农民工匠”培育行动，培育“农民工匠”856人，建立铜仁市“农民工匠”培育基地一个，评选命名“铜仁工匠”30名。

品牌效应显现。在持续做亮春送岗位、夏送清凉、金秋助学、冬送温暖“四季送”活动、劳模（先进）、“五一劳动奖章”、工人先锋号、职工之家、职工书屋等传统品牌的同时，打造“铜仁工匠”“雁归圆梦”行动、职工医疗互助保障和工会会员普惠服务等新品牌。

社会影响扩大。注重加强工会宣传文化阵地建设，利用工会网站、微信、报刊、电视台等媒体加强工会宣传工作。据不完全统计，全年各级各类媒体宣传报道铜仁市工会工作1100余篇，市总工会刊发微信384条，省总工会劳动时报刊登《铜仁视窗》12期。

（市总工会办公室）

共青团

【概况】2016年，共青团铜仁市委以强“三性”去“四化”为目标，推动共青团改革发展，强化青少年政治引领，激励青少年创新创业，服务青少年成长成才，构建“凝聚青年、服务大局、当好桥梁、从严治团”四维工作格局，团结带领广大团员青年为铜仁市打赢脱贫攻坚战，全面建成小康社会作出贡献。

【共青团改革】坚持问题导向，勇于开拓创新，共青团深化改革工作推进。通过走访调研、专题会议，向团省委、市委、市政府分管联系领导及34家相关部门征求意见，修订《共青团铜仁市委改革方案》并送市委审定。围绕改革总结提炼的《“三微三青三联”——铜仁共青团改革工作纪实》得到团省委书记涂妍的批示并作为改革经验向团中央推报。思南共青团改革经验在《贵州改革交流》《铜仁改革交流》上刊载。

【青少年思想引领】举办铜仁市“青年之声·感恩与责任”入团仪式暨18岁成人礼仪式、“红领巾相约中国梦——关注十三五·创造新生活”、重走长征路纪念建党95周年暨红军长征胜利80周年、纪念少先队建队67周年等主题鲜明的实践活动。创建开办“青年之声·青微书院”12期。万山区朱砂古镇被团省委命名为“贵州省青少年对外文化交流基地”，并已作为全国青少年对外文化交流基地上报团中央。

【青年互动新阵地】率先在全省实现市、县两级“青年之声”“青年之家”全覆盖，形成“线上+线下”的服务青年新模式。邀请婚恋、心理、维权多个方面的专家入驻“青年之声”，回应青年诉求，解答青年疑惑。整合“12355”服务平台、留守儿童自立自强中心、社区青少年综合服务站等团属阵地，建设“青年之家”线下服务站187个，促进共青团与青少年的互动。

【服务青年创业就业】推进“青微扶贫”系列活动。开展“青微扶贫·微心愿”行动，筹集物资237万余元，为8000余名贫困孩子实现微心愿；开展“创在乡土”行动支持青年创业。建设首个“青年创业孵化园”和“青年之声——武陵青春汇·南长城梦工厂”众创空间，引导22个创业团队签约入驻。率先在全省实现市、县两级农村青年致富带头人协会全覆盖，协调资金20万元用于各区（县）开展农村青年致富带头人协会工作，培育农村青年致富“领头雁”433人，2人获第十届“全国农村青年致富带头人”荣誉称号。

【品牌工作推进】希望工程实现新突破，利用苏州·铜仁对口帮扶合作机制，筹集到希望工程专项资金2353.38万元。承办2016年姚基金希望小学篮球季西南片区赛（铜仁站）活动，并获得优秀组织奖。推进志愿服务，全市实名注册志愿者突破16万人。开展植树活动，全市共青团组织建设“共青林”361.87公顷，投入资金479万元。开展“温暖回家路·爱心伴您行”暖冬行动，“3·5”志愿服务月等各类主题的志愿服务活动，完成梵净山佛教文化论坛服务、中国自行车联赛贵州·铜仁梵净山站暨2016环梵净山国际公路自行车邀请赛、首届贵州（铜仁）国际天然饮用水博览会等重点赛会志愿服务工作。建立“铜城益站”等社区志愿服务站，探索推进社区精准志愿服务。推进春晖行动，开展“春晖心行·扶苗行动”招募102名“扶苗使者”在52个点，为2560名留守儿童、进城务工子女开展亲情陪护、安全自护教育。发起成立“春晖励志基金”，募集到资金450万元。

【维护青少年合法权益】新建“留守儿童自立自强中心”7个，实现区县全覆盖，开展“轻松备考·12355与你同行”各类集中辅导讲座33场次，“花季护航—法治精神进校园”系列宣传活动60余场，发放各类宣传资料3万余份，近10万余名青少年学生获益。

【团的自身建设】注重自身建设，强化教育提升，团干部综合素质不断提高。先后选派2批次75名团干部、少先队辅导员到大连、苏州学习培训，举办基层中学中职团干部培训1期。2016年，铜仁市荣获“全国优秀共青团干部”1名、“全国五四红旗团委（团支部）”1个、“全国向上向善好青年”称号1人。

【“青年之声·青春飞扬”铜仁市庆“五四”暨纪念“五四”运动97周年文艺会演】5月3日，“青年之声·青春飞扬”铜仁市庆“五四”暨纪念“五四”运动97周年文艺会演在花果山人民会堂举行。会演在健美操《舞动青春》中拉开序幕，来自全市各大、中、小学学生，机关企事业单位、青联委员等演员为观众带来了舞蹈、合唱、独唱、乐器演奏、朗诵、魔术、快板等多个文艺题材的节目，展现出当代青年的价值追求和时代风貌。活动表彰2015年度全市共青团工作中表现突出的先进集体和个人，其中，“五四红旗团委”40个，“五四红旗团支部（总支）”39个，“优秀共青团干部”60名，“优秀共青团员”76名。

【铜仁市农村青年致富带头人协会成立暨第一次会员大会召开】9月19日，铜仁市农村青年致富带头人协会成立暨第一次会员大会在锦江宾馆召开，铜仁市农村青年致富带头人协会正式成立。共青团贵州省委副书记闵江涛、市政协副主席时晓军出席会议。会议通报铜仁市农村青年致富带头人协会筹备情况，根据协会“章程”，选举产生首届“铜仁市农村青年致富带头人协会”理事会成员及会长、副会长、秘书长。

【2016姚基金希望小学篮球季西南片区赛（铜仁站）举行】7月17日至18日，2016姚基金希望小学篮球季西南片区赛（铜仁站）在铜仁学院体育馆举行。44支来自贵州省、云南省的篮球队参加比赛，经过两天的角逐，铜仁市江口县双江镇磨湾村三星希望小学、铜仁市万山区黄道乡一汽大众希望小学、习水县东皇镇汤臣倍健姚基金希望小学等11支代表队分别夺得西南片区赛各组别冠军，其中，铜仁市江口县双江镇磨湾村三星希望小学、习水县东皇镇汤臣倍健姚基金希望小学、黔东南州天柱县邦洞镇海尔希望小学、铜仁市万山区黄道乡一汽大众希望小学、云南楚雄州禄丰县独瓦房希望小学5支代表队代表西南赛区参加7月27日—8月2日在宁夏银川举行的全国希望小学篮球季总决赛系列活动。本次活动由中国青少年发展基金会、姚基金、中国篮协主办，贵州省青少年发展基金会、铜仁市人民政府承办，中共铜仁市委宣传部、共青团铜仁市委、铜仁市教育局、铜仁市体育局、铜仁学院协办。（共青团市委办公室）

妇女联合会

【概况】铜仁市妇联把2016年定为全市妇联系统的“脱贫攻坚年”和“改革创新年”，围绕中心、服务大局，探索创新巾帼脱贫和群团改革工作，取得显著成效。全省巾帼科技扶贫行动暨母亲电商工作推进会、全省扩大基层妇联组织成员暨妇女之家建设工作推进会、贵州省0—3岁儿童早期综合发展铜仁试点启动仪式相继在铜仁市召开。2016年市妇联荣获全市先进基层党组织、全国妇女新闻宣传阵地建设先进单位、全国“导乐分娩关爱服务”先进集体、全国实施“全国实施妇女儿童发展纲要先进集体”荣誉称号，获2016年度省妇联创先目标“红旗优秀奖”和创新目标“工作创新奖”。以工作业绩赢得中国妇基会副理事长兼秘书长秦国英、时任市委书记夏庆丰、市委书记陈昌旭等领导的肯定批示。

【引领巾帼脱贫攻坚行动】通过走村入户，开展扶贫政策宣传、走访摸底、调查核实等参与精准扶贫实践；加强妇女技能培训，撬动“小项目”“大扶贫”的杠杆；争取项目资金帮扶，扶持1273名妇女创业就业；发展妇女手工技艺，助力妇女巧手脱贫；动员社会爱心扶贫，关爱留守儿童、帮贫济困，铺平扶贫之路。

【开展文明家庭创建活动】举办2016年“母爱无疆”主题征文颁奖仪式暨“建设文明家庭·争做优秀母亲”宣讲会，共表彰20名“三八红旗集体（手）”、20个“巾帼文明示范岗”、10户“五好文明家庭”参加培训。铜仁市石阡县肖飞家庭荣获“全国文明家庭”称号。

【创新妇女儿童维权载体】印江自治县妇联创新推行“家事审判庭”，思南县发出《中华人民共和国反家庭暴力法》实施以来的第一份“制止家庭暴力告诫书”。全年全市妇联系统共接待来访案件302件次，成功调解受理281件，提供法律援助80次，为妇女代理合理诉求60件。

【做好妇女儿童发展规划工作】市妇儿工委办召开1次联络员会议、两次成员单位领导会议、两次书面征求市直部门意见，确保市妇女儿童发展规划指标与市“十三五”规划指标相衔接。12月23日，将修改完善后的市级两个规划上报市政府颁发实施。

【铜仁市扩大妇联基层组织成员】铜仁市在全省率先开展扩大妇联基层组织成员选举工作，实现全市扩大基层妇联组织成员乡级全覆盖，选举产生执委2354名、常委1214名、专（兼）职副主席513名、主席（副科级）155名。市妇联还编发《扩大基层妇联组织成员工作知识读本》6000册，组织专题培训会26场，参加培训2000余人次。出台《关于发挥基层妇联组织成员作用的意见》，要求新当选的成员要带头争做“四种人”，即脱贫攻坚的带头人、文明家庭的传承人、妇联工作的热心人、服务妇女的贴心人。

【深化母亲电商服务品牌，巾帼扶贫新项目初现成效】市政府出台《关于加快“@她创业计划—母亲电商服务站”建设助力妇女创业扶贫工作实施意见》，探索融入妇女创业培训、家庭教育、最美家庭评选、矛盾调处等妇联工作内容，打造“大数据”时代下的新型“妇女儿童之家”。举办为期3天的全市母亲电商发展暨新媒体知识培训班，提升妇联干部及电商骨干的服务发展能力。举办各类电商知识培训班30余场次，培训妇女2500余人次。开设“四点半”学校公益项目，为1300余名儿童提供课余辅导。建成母亲电商服务站26个，母亲电商社区平台有3000余人，解决和带动妇女创业就业815人，市妇联首创扶持的“大数据”巾帼扶贫新项目初见成效。

【开展0—3岁儿童综合发展试点】以习近平总书记关于注重家庭、注重家教、注重家风为指引，发挥妇联在家庭教育中的优势，瞄准孩子出生1000天的黄金发展期，探索0-3岁儿童早期综合发展盲区，解决“促进0-3岁儿童早期综合发展”重难点指标短板。通过创建“12345”工作法和建立“四个保障机制”，推动各界重视、唤醒家长意识、促进儿童发展，被省妇联列为全省唯一试点。通过试点工作，200余名婴幼儿家庭受益。

（市妇联办公室）

工 商 联

【概况】2016年，市工商联在理想信念、调查研究、招商引资、职称评审、会员服务、组织建设、扶贫帮扶等方面取得一定的成绩，完成年初制定的各项工作任务。非公有制经济占全市GDP比重持续提高。

【加强思想政治教育，非公有制经济人士思想政治水平不断提高】开展理想信念教育实践活动。组织全市300余名非公经济人士参加市工商联一届五次执委会，学习传达党的十八届六中全会、省委十一届六次全会、市委一届九次全会和习近平总书记系列重要讲话特别是在全国政协民建、工商联界别联组会上的重要讲话精神。联合市纪委举办“一准则两条例”宣讲会，与市委组织部、市委统战部组织41名非公企业家参加在井冈山举办的“2016年铜仁市非公经济人士理想信念教育培训班”培训。组织300余名非公有制经济代表人士参加在大明边城举办的“迎中秋·话发展”联谊会。

组织参加各类学习培训和对外交流活动。100余名非公经济代表人士人参加“贵州五大新兴产业民营企业负责人传统文化研修班”和6期“贵州省优秀企业家成长计划培训班”培训；15名民营企业家参加省工商联举办的“非公有制经济人士守法诚信法律大讲堂”培训；100余名民营企业家参加“2016中国·贵州内陆开放型经济试验区跨境投资与贸易合作洽谈会”“第三届全球贵商发展大会”“第四届天下贵州人”系列活动。8名民营企业家参加赴法国、瑞士、澳大利亚等国的跨境投资贸易与合作交流活动。

【发挥参谋助手作用，非公有制经济人士参政议政能力不断增强】围绕“助推民营企业生产‘开门红’”“解决民营企业融资难融资贵难题”等问题开展调研，撰写相关调研报告6篇。铜仁市委书记夏庆丰、市长陈晏亲签批《关于解决铜仁市民营企业家融资难融资贵问题的专题调研报告》，要求相关部门研究办理。组织担任市政协委员的非公有制经济人士，撰写团体提案8件，《关于加快城市管廊项目建设工作的建议》《关于引导支持非公企业参与精准扶贫行动的建议》提案被市政协作为2016年重点督办提案。推荐24名思想政治素质好、企业发展好，热心社会公益事业的民营企业家作为第二届市政协委员候选委员。

【突出重点狠抓落实，服务非公有制经济能力和水平不断提高】招商引资工作。为认真贯彻落实中央统战部副部长、工商联常务副主席全哲洙到铜调研指示精神，市委副书记阳向东，市政协副主席工商联主席谢卫，率市直相关部门负责人赴北京拜访全国工商联城市基础设施、旅游业等七大直属商会并召开招商座谈会。山东龙冈旅游集团、北京汉能控股集团、苏州市工商联副主席邱良元、香港日升农业有限公司、南非JMT旅游公司运营商乔·莫索契、苏州工业园区胜浦商会分别组团到铜仁市考察投资、洽谈项目。山东龙冈旅游集团与万山区签订黄腊洞旅游资源开发项目合同，合同金额5亿元。北京汉能控股集团与铜仁高新区就园区金屋顶改造、商用发电、光伏扶贫等项目达成意向性协议。单位主要领导参加由市工商联、江苏省工商联、苏州工商联和苏州黔净高原食品有限公司联合举办的“精准扶贫，黔货出山——铜仁农产品走进苏州暨铜仁农产品（苏州）实体体验推广中心开馆仪式”活动。组团参加“第四届贵商大会”和“2016中国·贵州内陆开放型经济试验区跨境投资与贸易合作洽谈会”。工商联作为牵头单位，经9个月筹备，组织30家民营企业、15名境外客商参加洽谈会，会上签约投资类项目3个，签约资金152.80亿元，20余家民营企业与海外企业达成资金、技术合作协议，2家民营企业签订0.12亿元贸易合作合同。

民营经济组织专业技术职称申报评审工作。完成2015年民营企业工程、农业、会计3个系列高、中、初级的申报评审工作，向省工商联职评办送评118人（副高级107人、中级11人），与市人社局共同完成中、初级市级评审工作，84人申报，36人获得中级、16人获得初级任职资格。完成2016年工程、农业、会计系列中、初级职称申报材料收集和初审工作，173人申报，160人获得评审资格。

“千企帮千村”精准扶贫行动。全市共有274家民营企业、21个商协会与199个贫困村形成结对帮扶，实施各类帮扶项目159个，投入资金8734.4万元，带动就业7381人。20名民营企业家担任20个贫困村荣誉村主任。

“光彩事业”行动。2016年，全市各级非公有制经济人士在捐资助学、扶贫济困、抗洪救灾等方面捐赠各类资金近1500万元。市川渝商会、金滩商会、福建商会等向铜仁市首届春晚捐赠80余万元；江口县、碧江区非公有制经济人士分别为两县抗洪救灾捐款150余万元和110万元。

宣传报道。市级以上主流新闻媒体采用刊载工商联文章、信息40余条，《铜仁日报》整版报道全市“五好”县级工商联建设经验，被中华工商时报评为“2016年度全国民营经济新闻宣传工作先进单位”。

【加强自身建设，推动工商联工作再上新台阶】 加强“五好”县级工商联建设。铜仁市碧江、玉屏、江口、石阡、印江、德江、沿河等县（区）“五好”县级工商联建设全部通过省督查组的检查验收，达到“五好”县级工商联标准。碧江区、石阡县工商联还被评为2016年全国“五好”县级工商联。铜仁市除万山区外，其余9个区县达均到县级“五好”工商联建设标准。

加强商会交流和基层组织建设。单位领导率队出席全国第十三届全国城市友好商会大会、西藏自治区贵州商会成立大会，并与西藏自治区贵州商会签订战略协议。指导成立贵州大龙经济开发区工商联（商会）和贵州工业企业商会，指导碧江、石阡、思南、德江四个区县工商联换届工作。2016年，全市新增会员2383人，会员总数达22171个，其中：个人会员16647个，企业会员5301个，团体会员223个。

加强机关干部学习教育和作风建设。选派1名副县级干部出国考察学习，2名副县级干部参加市委党校学习培训，1名科级干部参加“铜仁市少数民主干部培训班”学习培训。1名正科级干部被提拔为副处级，一名副科级干部提拔为正科级，两人提拔为副科级。落实月工作总结安排部署、月工作计划逐条消除工作机制，建立公车燃油使用、维修保养台账，强化精细化管理。

开展“两学一做”学习教育和党风廉政建设。制定“两学一做”学习计划，结合党组中心组、“三会一课”等学习活动，坚持每月两次集中学习。开展庆祝建党95周年的系列活动，参加全市“学党规明党纪作表率”党规党纪知识竞赛，市直统战总支“七一”系列活动。

开展党建扶贫、综治禁毒等工作。单位主要领导多次率队组织企业家到松桃自治县乌罗镇、冷水乡、石梁乡开展帮扶及资源考察工作，落实农业产业项目资金近500万元。协调解决石阡县汤山镇银丰村、中坝镇万屯村帮扶资金各5万元。与河西办事处签订禁毒责任书，向碧江区市中办事处捐赠总价值1万余元的中华红丝带健康包100个，解决石阡县五德镇综治帮扶工作经费0.50万元。

（市工商联　徐信）

文学艺术

【概况】铜仁市文联深入贯彻落实习近平总书记系列重要讲话精神特别是在全国文艺工作座谈会，在中国文联十大、中国作协九大开幕式上的重要讲话精神和《中共中央关于繁荣发展社会主义文艺的意见》，坚持以人民为中心的工作导向，以创作优秀作品作为工作的中心环节，建设文艺发展平台，培育德艺双馨文艺人才，提升文艺创作水平，建设武陵文艺高地，大力营造铜仁多彩繁荣的文化生态，推进铜仁民族文化繁荣发展。

【搭建文艺平台】办好“两刊”（《梵净山》文学双月刊、《铜仁文艺》季刊）。刊发文学作品100余万字，发表本土作家的小说、散文、诗歌、评论300篇（首），书法、美术作品269件，作品鉴赏、评论20余篇。发现和培养一大批本土文学青年和艺术人才，邀约武陵山区知名骨干作家的小说、散文、诗歌和评论30余篇以及外省书法家、画家的作品、评论，开阔本市广大文学艺术家们的视野，提高创作水平。

编辑出版系列文丛。出版《美丽乡村·文化村落·黔东名镇》系列丛书第三辑《孟溪：青衫的水袖》、“铜仁文学丛书”第一辑《印江大印象》《铜仁作家2015年度选》等，与铜仁市委政研室主办的《今日铜仁》合办“黔东文苑”栏目。通过文学与铜仁生态文化相结合，以文学发掘文化，用文化助推旅游，推一批文艺家，出一批作品，展示一批文化名镇。

拓展网络文艺新阵地。在建好“梵净山文艺网”的基础上，新建“铜仁文艺”微信公众号，发布本土优秀文学作品近百篇，实现传统媒体与新兴媒体融合，在转型融合中促进文艺创新发展，催生一批本土网络作家。

建设采风创作和成果展示基地。德江被列为中国作家创作基地、松桃设立“黔森书院”创作展示基地、石阡白沙镇被省书协列为创作基地、江口被贵阳画院列为创作基地、沿河被《散文诗》杂志社列为创作基地，并分别授牌。

【开展文艺活动】中国文联、中国书协、省文联主办，中国文联书法艺术中心、省书协、市文联、印江自治县政府承办中国文联、中国书协“送欢乐下基层”暨纪念长征胜利80周年书法志愿服务公益走进印江活动，省文联、省文化厅、省侨联、铜仁市政府主办2016中国·印江——首届书法文化艺术节，打造“中国书法之乡”品牌。

省文联、省作协、市委宣传部主办，市文联、作协承办“重走长征路”主题采风活动，全省50名作家艺术家组成采风团沿红二、六军团长征路线，缅怀红军业绩，接受灵魂洗礼，讴歌时代巨变，创作反映红军长征精神及长征沿线地区坚持守底线、走新路、奔小康所取得的新成就的文艺作品。汇同桂黔湘3省7市（州）文联开展“追梦长征路”采风创作活动。

省美协、沿河自治县委、县政府、市县文联及市美协、作协、摄协联合举办纪念红军长征胜利80周年暨“画廊乌江·山歌沿河”大型采风创作活动，邀请全国百名知名画家走进沿河采风创作。省文联党组书记杨梦龙、副主席陈加林、省美协主席谌宏微、贵州画院院长陈争等出席启动仪式，并到码头、乡村进行采风创作，画家们共采风创作100多件反映现实生活的作品，将评选80幅优秀作品出版画册；组织省内外摄影家采风创作摄影作品200多幅；组织“青年作家看沿河”大型文学采风活动，邀请《南风》杂志主编冉正万、《南方文学》副主编黄土路、《红岩》杂志编辑部主任吴佳骏等省内外作家60余人对沿河的山水风光、民族风情进行抒写。

市文联和松桃自治县委宣传部主办，孟溪镇党委、政府、市作协、县文联、县作协承办全国六省市知名作家“文化大扶贫·名家写孟溪”采风活动，有贵州、甘肃、江西、云南、湖南、重庆6省市作家王华、人邻、习习、杨帆、陈洪金、红线女、龙宁英、石继丽、姚筱琼、刘萧及市内部分书法美术骨干60余人参加，重点对孟溪的经济、政治、社会、历史、文化、生态等进行挖掘，创作文艺作品50余篇编辑出版“美丽乡村、文化村落、黔东名镇”文化系列丛书。

市文联、市摄协承办首届贵州（铜仁）国际天然饮用水博览会“好水贵天然·汇聚梵净山”全国水主题摄影大赛，收到来自湖南、湖北、广东、广西、云南、四川、天津等各省（区）市（州）广大摄影家和摄影爱好者3000余件参赛作品。在省摄协指导下，评出132件获奖作品并在水博会开幕式上展出；市文联、玉屏侗族自治县政府、市摄协、县文联、县摄协联合举办“黔东明珠·秀美玉屏”中国·玉屏风光风情摄影大赛，市文联、万山区政府、市摄协、区文联联合开展“朱砂古镇·仁义万山”全国摄影大展。玉屏作为中国箫笛艺术之乡，携手上海音乐学院举办“箫笛吟·玉屏情”上海音乐学院唐俊乔竹笛乐团音乐会。

市文联、市书协在配合省委宣传部、省文联到思南、德江开展“三下乡”活动的同时送春联、送文艺图书进社区进村寨，为干群送去春联数万幅。

省书协、省摄协、松桃苗族自治县委、县政府、市文联主办，市书协、市摄协、县文联、县书协、县摄协承办“神奇苗乡·美丽松桃”贵州省书法暨摄影大赛并举行颁奖仪式，中国文联出版社总监奚耀华、出版社编辑部主任陈若伟，中国书协编辑出版委委员刘宝静，省摄协主席韩贵群出席并颁奖。

【文艺成果硕果累累】市文联主席龙险峰作为贵州省基层文联2名代表之一出席中国文联第十次全国代表大会，铜仁作家唐玉林作为贵州作家代表出席中国作协第九次全国代表大会。

市文联组织文艺家向省委宣传部报送重点文艺选题30部。安元奎散文集《二十四节气》、王晓旭诗集《归去来》冰皑诗集《虫之声》获贵州省第五届“乌江文学奖”，龚晓红报告文学《云上十二盘》、陈丹玲散文集《目送》获中国作协重点扶持，并入选鲁迅文学院“中国系民族文学丛书”第二辑由作家出版社出版。末未诗集《归去来》、龙险峰诗集《春天正兜售爱情》、张贤春长篇小说《青龙坝》、安元奎散文集《二十四节气》入围第十一届全国少数民族文学创作“骏马奖”参评目录。田永红长篇历史题材小说《丹王》出版，根据其长篇小说《盐号》改编的同名电视连续剧与重庆炫光影视公司签约。刘照进、安元奎、末未、陈丹玲、采薇、崔晓琳、黄方能、文美鲜、龙凤碧、非飞马、张勇、游万里、王雄、蒋莉、田儒军、吴胜之、苗裔、简宜贵、田弈枫、贾波、阙灿洪等分别在《民族文学》《文艺报》《天涯》《朔方》《星星》《草原》《当代小说》《山花》《贵州作家》《贵州日报》《散文诗》《民间文学》《中国楹联报》《中国作家网》等发表作品60余篇。

罗漠、龙险峰、张春阳、张勇、吴胜之、马晓鸣、吴金伟、郝珍昌、李秀畅、唐锦和等出版散文集、小说集、诗集、文学访谈集、铜仁民间歇后语大全等20余部，段振良创作的楷书《松桃赋》、周政文主编的《艺道若初—同人艺社书画作品邀请展作品集》、市书协主编的《国展书家精品展作品集》出版。

郑孝碧、赵安祥、吴光权、吴道琪的春联荣登贵州省第三届“弘扬我们的价值观·家家户户贴春联”征集活动银榜，侯建军、李光锡（3副）、黄国英、宋德成荣登铜榜，符海龙、陈蛟、徐大伦等20人获优秀奖。

杨修林版画《黔山茶园踏歌行》入选多彩贵州大型书画“双百”创作工程，杨小城《华偕筑梦》和赵红星的《石阡农寨》作品入选中国美协第二届中国民族双年展。李宗奎《不忘初心》、赵红星《那年那夜》、谭金山《把根留住》获省青年美术双年展二等、三等奖；赵阳作品《日当午系列一》入选“多彩贵州·道中拾色”首回展。

王佐辅入展全国第四届草书作品展，冯小华获第三届全国职工书画作品大赛优秀奖、入展“中国梦·翰墨朝阳”第二届全国书法大赛、孔孟之乡汉碑行·全国隶书展、“中国汝窑文化杯”全国书法作品大赛、首届中医“名著名言名句”书法大赛、第二届中韩议员公务员书法展。汪定强入展“森花杯”全国书法大赛，获江西省书法大赛二等奖、全国楹联书法大赛三等奖。安万红入展第三届全国职工书画大赛、第五届性灵派全国书法大赛，获庆祝《书法导报》创刊30周年书法大赛优秀奖。王安刚获贵州省第四届“恒安杯”篆书隶书篆刻大展隶书一等奖，冯小河二等奖，荀刚三等奖，胡延省、张正林和田维入展；张正林、侯西旺分获篆书二等奖，王永耀三等奖，吴静、姚志入展。安万红、王新华、袁景波、吴光继、杨和平、代兵、汪定强入展贵州省第九届行草书大赛，龙周、田青荣获贵州省“楷书十佳”。安天富、侯兴平、汪定强（印江）、田青（德江）、王安刚（德江）、龙周（松桃）书法作品入围多彩贵州大型书画“双百”创作工程。

毛之侠等3名摄影家参加《中国摄影报》与省摄协联合举办的贵州影友擂台赛获二、三等奖，李铭亨、周岱琛、袁霞获2016年摄影大篷车下基层暨双月赛三等奖，杨再忠、滕树勇分获“神奇苗乡·美丽松桃”贵州省摄影大赛特别收藏奖和经典收藏奖，姚磊、姚祖告和姚林屏、翁俊华分获“黔东明珠·秀美玉屏”全国摄影大赛一二三等奖。

彭忠亮、杨再树创作，张学金导演，铜仁市歌舞团演出的歌舞剧《丹砂恋》入选贵州省首届艺术节展演；林盛青的大型话剧《阡城雪祭》在《贵州剧作》发表，《贵州剧作》2016年第二期发表铜仁小戏小品作品专辑：《就啷凯》（方玲）、《村干部》（张学金）、《画中情》（田震）、《请帖》（张学金）、《邛江河畔茶农乐》（林亚军、林盛青）、《送红包》（张安定）、《考察》（张旭）、《你要什么》（张珂）；花灯戏《严寅亮与“颐和园”》（第二场：偷字）入编铜仁学院校本教材《大学应用语文》；蔡建新、杨亚玲获批加入中国曲艺家协会。蔡建新的小品《石阡苔茶上北京》在北京艺术节展演。

李运春作曲《先锋之光》荣获时代楷模文朝荣歌曲征集一等奖，祝修明作曲《哈密，我如约而来》获“新歌唱哈密”全国征歌创作歌曲一等奖、作曲《天赐一座山》入围“金华山之恋”全国征歌评选，10余次作曲入选著名歌唱家个人专碟，获著名歌唱家演唱。覃春江荣获2016中国武陵山片区山歌王大赛银奖。江口的《干群浇灌小康花》获“我歌我快乐”——贵州省同步小康优秀民间歌谣比赛三等奖。

张卫荣获贵州省第七届“德艺双馨”电视艺术工作者。田政、何浩然、田晏的电视栏目作品《行走铜仁——石阡苔茶古韵飘香》，李锐、田政、余彦的《行走铜仁——土家炸龙闹新春》获第八届中国旅游电视周旅游专题类好作品，《行走铜仁》获旅游电视栏目类优秀作品奖。

侯长林、田黎星、李胜勇、庄鸿文、孙向阳、末未、向笔群、郭征帆、李晶、黄尚霞等分别在《光明日报》《中国教育报》《文艺报》《贵州日报》等报刊、核心期刊《中国高等教育》《高等教育研究》《教育研究》《现代中文学刊》《贵州社会科学》《贵州民族研究》《中国文学研究》《西南大学学报》以及《贵州大学学报》《秘书之友》《语言与文化研究》《今日文坛》等报刊杂志发表理论文章50余篇。侯长林《走向大学深处》《现代大学教育名著解读》、田黎星《马瑞辰〈毛诗传笺通释〉研究》、向笔群《让灵魂回到故乡》《贵州土家族民俗风俗文化研究》、郭征帆《国学名著引论》等多部论著出版。

市人民检察院成立检察官文联，成为全市首家行业文联。营造了多彩繁荣的铜仁文化生态。2016年，铜仁市文联被贵州省文联表彰为全省文联系统先进集体。

【湖南怀化市、贵州铜仁市书法交流作品展分别在两地开展】

铜仁市委宣传部、怀化市委宣传部主办，铜仁市文联、怀化市文联，铜仁市书协、怀化市书协承办“湖南怀化市·贵州铜仁市书法交流作品展”。分别在怀化市博物馆、铜仁市傩文化博物馆开展，促进两地书法艺术在交流中提升。

【《二十四节气》等3部作品获出版扶持】 首批获资助项目通过个人申报和评委审读后初评、复评、票决制等程序，安元奎散文集《二十四节气》、罗漠中短篇小说集《一声长叹》《铜仁作家2015年度选本》3部作品荣获出版扶持。

【4部作品在第五届梵净山年度文学奖评选中获奖】开展“第五届梵净山年度文学奖”评选，晏武芳的中篇小说《丈夫的微笑》、尹嘉雄的散文《时间之匣》、朵孩的诗歌《朵孩的诗》、马结华的评论《非飞马读书笔记选》获奖。

【“1+X”传帮带工程中多名帮扶对象作品发表】实施“1+X”传帮带工程后。林亚军的帮扶对象杨再树创作的小品《清湖屯党韵》，入选第六届全国小戏小品曲艺大展；刘照进帮扶对象崔晓琳作品在《天涯》《朔方》《山花》《长江文艺·选刊》等发表；安元奎帮扶对象田儒军和田弈枫作品分别在《山花》《贵州作家》《梵净山》发表；王晓旭帮扶对象梁沙分别在《星星》《山花》《诗选刊》发表作品；陈丹玲、晏武芳帮扶对象万修琴、黄政方分别在《贵州日报》《贵州作家》《闪小说》等发表。

【铜仁市优秀工艺期刊评比促区、县办刊质量提高】开展铜仁市优秀文艺期刊评比。《印江文学》《黔东作家》《松桃文学》《乌江文学》《石阡文艺》获2016年度全市优秀文艺期刊奖；万修琴、张青松、龙志敏、田儒军、游筑京、肖磊获优秀责任编辑奖，从整体上促进各区、县文联办刊质量与水平的提高。

（市文联　谭晓红）

残疾人联合会

【概况】2016年，全市残疾人工作围绕打赢残疾人全面小康和扶贫攻坚战两大目标，完善残疾人社会保障和服务体系，推动全市残疾人事业在新常态下持续健康发展。深入开展残疾人同步小康创业就业行动。完善残疾人就近就便创业就业的鼓励扶持措施，实施残疾人百点千户万人工程，促进更多有就业愿望和能力的残疾人通过创业就业实现增收。培育、创建残疾人创业就业示范点23个，其中市级14个，补助扶持资金105万元，申报6个获省级示范点称号并获省级120万元资金扶持。组织125户家庭创业户从事个体经营和种养殖业等，扶持资金92.50万元。辐射带动242名残疾人创业就业。多渠道拓展残疾人就业。搭建平台，采取联合举办残疾人专场招聘活动、就业援助、开展残疾人职业技能培训和农村实用技术培训、公益性岗位安置、鼓励支持社会力量发展辅助性就业等，免费培训残疾人职业技能和农村实用技术1321人，新增残疾人就业1200人。实施残疾人精准扶贫。制定《铜仁市残疾人“十三五”扶贫攻坚计划》。4003名残疾人获得“量体裁衣”式个性化点对点、面对点等精准帮扶。

【落实残疾人“两项补贴”制度】推动全市将生活困难、靠家庭供养且无法单独立户的成年无业重度残疾人，按照单人户全部纳入最低生活保障范围。贯彻落实《省人民政府关于印发〈贵州省困难残疾人生活补贴和重度残疾人护理补贴制度实施办法〉的通知》，按照纳入低保残疾人在其低保标准基础上增发10%—30%的生活补贴，一级重度残疾人每人每月50元、二级重度残疾人每人每月40元的标准，为56547名残疾人发放困难生活补贴1300多万元，13687名一级重度残疾人和23702名二级重度残疾人发放市级护理补贴资金共254.98万元。

【强化残疾人基本公共服务】抓好残疾人康复服务。共采购、验配助听器644台；采购、适配辅助器具283万元3775件，3330名不同类别残疾人享受到康复救助服务；投入资金661.76万元，完成脑瘫儿童康复训练46人，孤独症儿童康复训练15人，低视力患者助视器适配240例，矫形器安装58例，大小腿假肢安装57例，智障儿童康复训练129人；筛检听力语言残疾儿童220人，21人纳入抢救性康复训练计划获康复；完成白内障复明870人，精神病人住院35人，精神病人服药120人。促进残疾预防工程。联合卫计委等部门，借助“爱耳日”“爱眼日”“世界麻风病日”等契机，加大宣传教育力度，普及残疾预防知识和预防措施。联合有关医疗机构，加强孕前和孕期健康检查，降低新生儿残疾率，开展新生儿筛查，实行残疾儿童早期干预，减少残疾发生，提高人口素质。发放各种宣传资料6000余份，悬挂宣传标语100余幅，免费义诊3000余人次，接受咨询10000余人次。活跃残疾人文化体育生活。促进残疾人文化体育服务融入基本公共服务体系，开展残疾人文化活动进机构、进社区、进校园、进家庭活动。利用各级特殊教育学校重点培养选拔各类优秀残疾人艺术、体育人才，激励残疾人积极健康向上。选拔16名组队参加2016年全省残疾人（18周岁以下）游泳锦标赛，共获9金4银7铜。加强特殊教育建设。与教育部门配合，加强未入学残疾儿童少年教育安置工作，确保适龄残疾儿童少年接受教育权益。全市“三残”儿童入学率达90%以上。加快残疾人专业服务设施规范化建设。市康复中心全面验收，与青岛益医科技有限公司签订“公建民营”合作协议并进场按康复医院标准装修建设。市残疾人托养中心完成主体工程建设。

【切实维护残疾人合法权益】深入贯彻《贵州省残疾人保障条例》。运用新闻媒体和其他方式，多渠道、多形式宣传学习《条例》，结合本地实际制定出台促进残疾人小康进程的优惠政策、办法和措施。做好残疾人法律援助和信访工作。发挥法律援助协调机制作用，关注侵害残疾人权益的案件处理动向，纠正和制止侵害残疾人权益的行为或事件。畅通残疾人反映诉求渠道，针对新形势、新特点、新要求做好残疾人来信来访工作，维护残疾人权益，确保社会和谐稳定。规范开展家居无障碍改造和残疾人机动轮椅车燃油补贴发放。对105户残疾人家庭实施无障碍改造；发放4000名残疾人机动轮椅车燃油补贴104万元。

【营造良好扶残助残氛围】加大残疾人事业宣传力度。拓展宣传渠道，创新宣传手法，注重传统媒体与新媒体的融合。在市电视台开设“手语新闻”，联合《铜仁日报》开设残疾人事业宣传栏目。制作1期全市残疾人事业发展专题宣传片。开展农村留守残疾儿童志愿助残活动。利用残联重大节日，到中小学校、特殊教育学校，开展“一对一”“手拉手”爱心助残活动，慰问、救助农村留守残疾儿童112人，物资8000多件，帮扶资金30余万元。

（市残联　詹吉亭）

中国国民党革命委员会铜仁市委员会

【概况】2016年，民革铜仁市委深入学习中共十八大、十八届三中、四中、五中、六中全会和习近平总书记重要讲话精神，贯彻中共贵州省委、中共铜仁市委，民革中央、民革贵州省委重要会议精神，不断加强自身建设，履职尽责，各项工作取得新成绩。

【加强民革自身建设】搞好政治交接，完成党代会任务。分别召开相关会议，传达民革贵州省委《关于2016年市（州）级组织换届工作若干问题的决定》（黔民革字〔2016〕37号）、中共铜仁市委统战部《关于协助各民主党派市级组织做好领导班子换届工作方案》等省市换届文件精神，确保换届工作有序依法开展。将换届作为发扬优良传统、树立和践行社会主义核心价值体系的思想教育过程，组织广大党员学习民革《章程》《地方委员会组织规程》和换届纪律，形成讲政治、讲大局、讲团结、讲奉献的良好政治氛围。广泛征求意见，研究、制定和调整工作方案，确保工作责任明确，依法有序推进。严肃代表推选与大会选举纪律，通过开展“三对照”专题学习教育活动，集中观看换届警示教育片等，确保本次换届工作风清气正，换届工作顺利完成，全体委员均全票或高票当选。

加强队伍建设，夯实基层基础。确定市委会班子成员每人联系3—4个支部，每个支部都有一名领导联系、指导。成立民革铜仁市委监督委员会，并试行《民革铜仁市委党员纪律处分办法（试行）》。《处分办法（试行）》对监督委员会的职责、职能进行划分，对纪律处分的原则、种类、违反政治纪律、违反组织纪律、违反中华民族道德标准5种行为进行明确和规范。中共铜仁市委书记夏庆丰签署了“委员会的成立及其党员处分办法值得其他党派借鉴，这种自我加强建设的做法必将进一步提高民革党员的素质和战斗力”的批示。适时调整5个专委会的成员，并成立人资环专委会。汤行建、代泽斌等14人受聘为铜仁市智力支边人才库首批成员。民革铜仁市委被评为民革全省祖统工作先进集体。市直一支部、市直四支部、江口县支部三个支部被民革贵州省委授予先进基层组织称号，杨淋、王永海、张永江、戴建英、曾涛5人被评为优秀党员。杨海燕被民革中央评为民革全国机关工作先进个人。在组织发展中牢固树立质量意识。按照“关口前移，先协商后发展”“三个为主”的原则，对拟发展人员摸底、考察，严把党员发展“准入关”。2016年发展党员22人，新党员中平均年龄36.40岁，全部具有大专以上学历，其中硕士研究生3人。

加强思想宣传建设，保持政治上的坚定性。开展“五学三贡献”活动，投入多党合作实践。通过中心组集中学习、以会代训、专题讲座、理论研讨、社会主义学院培训等多种形式，创新学习方式，拓宽学习领域，激发全体党员学习热情。开展“观故居，走多党合作之路”活动，组织4批63人次到福建、陕西、浙江等地的民革前辈故居考察、调研，以实地参观考察民革前辈故居为活动载体，贯穿读民革领导人传、民革党史、中国近代史等学习读书活动，增强民革党员的荣誉感和使命感，增强民革组织的凝聚力，宣传中国共产党领导的多党合作和政治协商制度，建设民革党员优良传统教育长效机制。组织参加孙中山诞辰150周年、民革贵州省委成立60周年系列活动，选送民革老照片，《一件提案惠及九千人》等纪念文章，《曙光·一八九六》等书画作品，《土家姑娘大脚板》等舞蹈分别参加民革中央、民革省委的纪念活动。依托报纸、报刊、网站、电视等新闻媒体加大对外宣传力度，开展宣传工作，在人民政协、民革中央、贵州民革、贵州政协报刊或网站等各级媒体刊发信息150余篇条，4名党员分别接受省、市新闻媒体访谈。

【发挥职能建言献策】 协商议政受到重视。参加中共铜仁市委、市政府及其部门召开的民主协商会、情况通报会、党外人士座谈会6次，围绕政府工作报告、党风廉政建设和反腐败工作、创建绿色发展先行示范区等重要文件和重大问题，提出“加快对传统产业的绿色改造，推动建立绿色低碳循环发展的产业体系”“运用大数据、云平台建设内容，把大数据等现代科技手段与环境整治融合起来，进行生态环境监察”等意见和建议，得到中共铜仁市委领导的重视和采纳。

建言献策效果明显。提交建议案6件、提案63件。其中，在省“两会”上提交建议案2件，委员提案12件；向民革贵州省委报送提案素材6件，采用为民革省委党派提案2件；在市“两会”上提交建议案3件，党派提案16件，委员提案11件；在区县“两会”上提交建议案1件，提案22件。“关于加快铜仁城区垃圾分类处理的建议”等5件提案被列为重点提案，“关于规范管理铜仁市个体经营广告信息的建议”获优秀建议案。编发社情民意6条，“关于进一步落实垃圾分类处理制度的建议”分别获民革贵州省委、贵州省政协采用。

调查研究有新进步。参加市委统战部、市政协组织的视察、调研活动20人次。紧扣主基调主战略，就社会公共法律服务体系建设、铜仁市山村幼儿园可持续发展等情况开展调研，完成8个调研课题，其中3个重点调研课题，得到有关部门的关注和采纳。与市政协联合完成农业产业发展情况、社会养老服务体系建设2个调研。松桃自治县支部邀请民革贵州省委专职副主委尹晓芬、民革党员地质学专家周德全、李社红分别对松桃红石林景观资源开发开展考察调研。

【脱贫攻坚民主监督创新发展】按照《民革中央开展脱贫攻坚民主监督工作方案》要求，民革中央第六调研组对口铜仁市开展脱贫攻坚民主监督工作（第六调研组由民革河南省委会副主委张全国、民革中央社会服务部副部长张长宏、民革上海市委会副主委李栋樑任组长，民革铜仁市委主委杨晓敏任副组长，专职副主委田智任秘书，民革上海市委为支持单位）。作为牵头单位，民革铜仁市委聚焦脱贫攻坚三个阶段，聚焦工作中的重点难点问题和政策落实中的薄弱环节，多次向中共铜仁市委汇报，争取中共铜仁市委的支持；与支持单位协商，加大脱贫攻坚民主监督工作力度；推动民革中央第六调研组与中共铜仁市委、市政府的座谈商议，听取铜仁市政府脱贫攻坚工作汇报，完成11月30日中共铜仁市委召开的“铜仁市脱贫攻坚民主监督启动大会”筹备及会务工作；并与民革中央第六调研组领导到石阡县坪山乡坪岭村开展专题调研2次，为民革助力铜仁市打好脱贫攻坚战开创新平台。

【拓展社会服务渠道，投身脱贫攻坚大业】上下联动助力扶贫。邀请民革中央副主席齐续春、刘家强，民革贵州省委主委王世杰、专职副主委尹晓芬、副主委陈勇、秘书长邓文淼等领导以及省内外专家学者到铜仁调研、考察，就铜仁水资源发展、石漠化综合治理集思广益、出谋划策。通过牵线搭桥，为印江自治县争取到项目资金3800余万元，松桃争取到500万资金，用于石漠化治理和新农村建设。请王世杰主委邀请中科院院士袁道先和重庆西南大学、国土资源部的10余位地质专家教授，考察松桃红石林，为松桃红石林的开发利用减轻压力。

拓展外联渠道，创新结对帮扶社会服务新模式。与省外发达地区的民革组织联系、联谊，在爱心助学、结对帮扶等方面，取得明显成效。如，民革苏州市委为江口县三中投入20万元修建音乐室，每年资助江口县一中困难学生50名、免费培训教师。民革上海市委在印江自治县合水镇兴旺小学等四所学校开展“博爱图书十年百馆”公益活动。

综合打造一区县一新村社会服务新亮点。开展“四在农家·美丽乡村”综合社会服务工作，在有民革组织的区县各建立一个长期开展扶贫攻坚、“四在农家·美丽乡村”的社会服务基地。德江、思南、江口、印江、松桃5个县均建有新农村建设点，争取到项目资金1亿元左右。参与民革贵州省委组织的“聚力脱贫攻坚行动”，定点帮扶20户贫困农户；参加铜仁市“脱贫攻坚定点帮扶工作”，共有10名党员对口帮扶沿河自治县客田镇大兴村等贫困村，2名党员驻村。市直一支部党员上官亚斌帮扶石阡县老林村的先进事迹分别得到民革中央、民革省委、中共铜仁市委统战部的宣传报道。完成帮扶项目5个，涉及资金100万元。各支部到边远山村开展帮扶活动19次，捐赠资金物资价值30.70万元，开展义诊、支教、文艺下乡、法律宣传活动25次，共2000人次受益。

【党员立足本职，建功立业】党员累计在国内核心刊物发表论文9篇。幼专支部完成省级课题《民间游戏引入幼儿园课程》的调研报告，出版专著1部。王跃进、刘刚分别获省市名师工作室主持人，代泽斌出版专著3部。常扬文担任梵净山生态文明与佛教文化论坛、贵州省首届天然饮用水等重大会务的同步传译工作。吴川参加贵州省平安校园文艺晚会、铜仁市第三届运动会等大型活动的舞蹈节目编排。郑晓锋创办的贵州江口净园春茶业有限公司荣获首届“贵州省诚信示范企业”称号，“净园春”获贵州著名商标、中国绿色食品发展中心“绿色食品认证证书”。黄立荣获铜仁市“第一届创业之星”。王巧获2014—2015年铜仁年度经济人物奖。袁波等35名党员分别获得市、区县先进教师、优秀工作者称号。

【深化主题，开展祖统工作】 坚持中共中央的对台方针政策，把握两岸关系和平发展主题，学习领会中共中央对台工作的大政方针，贯彻祖统工作的政策与精神，探索对台工作新路子，做好祖统工作。连续3年组织铜仁高校学子赴澳门参加“中华情·民族心”演讲比赛活动，展示铜仁苗族、侗族、土家族青年学子的风采，扩大铜仁的美誉度。深化铜台高校合作模式，搭建沟通、联谊、合作桥梁。加强与在台铜籍人士的交往，为做好对台工作奠定基础。

（民革市委办）

民建铜仁市工委

【概况】 2016年，民建铜仁市工委坚持以中国特色社会主义理论体系为指导，主动适应经济发展新常态，围绕中共铜仁市委、市政府2016年经济社会发展中心工作，服务科学发展、促进社会和谐，为推动全市经济社会持续健康发展作出应有的贡献，获得民建贵州省委各项工作综合评比一等奖。加强参政议政能力建设，提高民建履职水平。撰写提案、议案，反映社情民意。围绕中共铜仁市委、市政府中心工作，在2016年市、区（县）两级“两会”期间民建会员共提交提案、议案、社情民意共33件，这些具有针对性、现实性较强的调研报告和有价值的议案、提案、社情民意，为中共铜仁市委、市政府及所在中共县委、县政府出台促进经济健康发展相关政策提供理论依据。凝聚智慧参与政治协商。参加中共铜仁市委、市人民政府及市纪委的政治协商会和相关情况通报会，如对《中共铜仁市委 铜仁市人民政府关于奋力创建绿色发展先行示范区的意见》等文件的出台进行协商，参加《全市纪律监察工作情况通报会》等会议。在协商和参与会议的同时提出意见和建议，其中5条建议得到市委市政府高度重视和采纳。围绕铜仁市“十三五”规划的实施，开展重点调研，领办市委安排部署的关于铜仁市农村产权交易现状和铜仁市社会公共法律服务体系建设两个方面的调研课题，完成《用信息化手段和大数据分析提升我市公共资源交易水平》《铜仁市公共法律服务体系建设情况报告》两个调研报告。提供了理论依据。沿河自治县支部《关于如何解决非公经济企业融资难的问题》、松桃支部《广西奶水牛发展考察报告》《桑产业发展考察报告》的调研，均得到所在县委、县政府的肯定。

【加强理论学习，巩固共同思想政治基础】 强化理论学习，提高思想认识。抓好市工委和各区县支部领导班子建设，发挥核心和模范带头作用。通过召开主委、全委会议以及派会员参加省委组织的相关培训等学习贯彻中共十八届六中全会精神、习近平总书记系列讲话精神、中共贵州省委十一届七次、八次全会精神及铜仁市委一届十一次全会精神。开展“不忘合作初心继续携手前进”专题教育活动，引导会员继承和弘扬民建优良传统，坚持中国共产党的领导，坚定不移走中国特色社会主义道路。参与《中国民主建国会章程》的修改工作，提出5条具体修改意见。全年在省级以上媒体刊发统战理论文章2篇。

加强宣传工作，提高思想水平。民建市工委注重理论宣传工作，全年向《贵州民建》网站报送信息50余条次，其中15篇报道被《贵州政协报》等主流媒体采用。围绕“民建如何在中国共产党领导的政党协商中发挥作用”这一主题，开展统战理论研究工作，征集到全市民建会员理论研究成果5篇，其中《试谈民主党派如何在政党协商中发挥作用》《浅析民建如何在政党协商中发挥作用》2篇理论文章在民建省委2016年理论研究课题优秀成果评比中荣获特等奖，民建市工委荣获民建省委2016年宣传信息工作一等奖，其中《上联外援助推铜仁旅游扶贫开发—民建贵州省委助推武陵山区（铜仁）发展座谈会在贵阳召开》一文在民建省委2016年宣传信息评比活动中获优秀作品。

【加强民建组织建设】 1. 抓好

领导班子及后备干部队伍建设。选派玉屏支部主委何建昌参加中央社院培训，选派松桃支部常务副主委龙炳刚到上海社会主义学院参加为期5天的基层支部主委培训班学习，选派工委副主委辛莉莎、专职副主委曾溦到重庆大学参加为期5天的民建贵州省委第四期会员骨干培训班学习，在中共铜仁市委统战部、组织部的关心下，工委选派碧江支部会员黎璇、玉屏支部会员黄黎明到苏州党校参加为期5天的党外人士培训班学习。

抓好会员发展及基层组织建设工作。严把会员入会关。对要求入会的积极分子，按照会章规定进行考察，并建立“会友谈话”制度。通过谈话，了解对民建的认知、觉悟程度和人生观、价值观取向。2016年市工委新发展会员10名，至12月，全市民建会员共110人；严把班子入口关。政治路线确定之后，干部就是决定的因素。把“政治坚定、作风正派、热心会务、乐于奉献、有群众基础和组织协调能力”作为培养和选拔支部领导班子的标准，按照干部任用程序选人用人。11月16日，民建铜仁市工委直属综合支部成立并举行选举大会，会议选举陈燕林为支部主委，谢大志为支部副主委。

【加强社会服务，聚力脱贫攻坚】在聚力扶贫攻坚工作中，铜仁民建发挥优势精准发力、踊跃参与。

继续打造民建社服品牌。“思源·佑华教育移民班”和“思源·救护”项目是民建中央的两大社会服务品牌。在民建省委的关心和支持下，工委向“思源·佑华公益基金”争取，在松桃自治县、沿河自治县开办2个“思源·佑华教育移民班”，筹集资金60万元，资助100余名贫困优秀小学毕业生到县城就读初中；争取得到“思源救护”项目支持的5辆救护车，价值50余万元，分别赠送给江口中医院、石阡五德镇中心卫生院等5家县、乡级医疗机构，除石阡五德镇中心卫生院、沿河自治县妇幼保健院救护车申请材料尚在完善外，其他3台救护车到位并投入使用。

积极开展教育扶贫工作。工委、各支部引导会员企业及社会各界爱心人士，实施捐资助学，开展教育扶贫工作。9月，工委向市委统战部争取到2016年度统一战线“泛海助学行动”项目支持，向12名印江籍、思南籍农村建档立卡贫困家庭大学新生每人资助5000元入学报名费；12月16日，工委组织市直综合支部、松桃支部及民建会员石亚玲发起的爱心组织“绿叶公益之家”到松桃自治县迓驾镇、世昌街道3所小学开展关爱留守学生“暖冬助学”爱心活动，捐赠书包、过冬衣服及现金4万余元；玉屏支部组织开展“同心助学·共圆大学梦”捐助活动，资助学生56名，发放助学资金18.20万元；组织开展“六一”捐赠献爱心活动，捐赠钱物5万余元，得到了群众的好评；沿河支部组织会员企业峦王酒业有限公司为10位贫困大学生发放助学金5万元，秋季又筹集资金3.60万元，资助12位贫困大学生入学；松桃支部组织会员王德贵发起“金秋助学”活动，资助贫困大学生入学。

主动承担社会责任，济贫救弱彰显民建本色。各支部引导会员及会员企业在济贫救弱、改善农村基础设施建设等方面主动承担社会责任。如玉屏支部组织会员和经济界人士开展“送温暖、献爱心”活动，走访慰问困难群众200余户，发放慰问品（折价）及慰问金6万余元，组织会员和工商界爱心人士为白血病少年陈枭捐赠治疗待援费4万余元；沿河支部春季组织会员开展走访慰问贫困户30余户，慰问金近万元、组织爱心人士捐赠善款10万余元帮助留守儿童解决生活学习中的问题和困难、向相关部门争取，为一类贫困村夹石镇陈家村解决3万元维修水池，解决陈家村群众吃水困难；碧江区支部组织会员开展访贫送暖活动，发放慰问金额6600元、解决坝黄镇贫困村（太平村）村级建设资金1万元、支持七完小建设资金1万元。同时各支部组织民营企业家参与“千企帮千村”“百企帮百村”精准扶贫活动。如玉屏支部组织全县32家企业结对帮扶28个贫困村，通过基础设施建设、产业带动、劳动力就业、走访慰问等方式累计投入资金40余万元解决贫困村群众的实际生产生活困难；沿河支部组织盛鼎农牧科技、峦王酒业有限公司、小李牛肉干厂等会员企业对口帮扶贫困村，筹资近10万元改善贫困村基础设施和村容村貌；松桃支部会员、省人大代表石丽萍培训妇女掌握苗绣技能，不仅使苗族妇女在兼顾家庭情况下，月收入达1200元以上，还传承了民族文化。会员德康牧业总经理罗明友发动农民代养商品猪，每户农民年收入达12-20万元，带动108户农民脱贫。会员倪锐斌采取“公司+专业合作社+农户”的模式，发展农户以入股分红的形式种植铁皮石斛，长兴堡镇106户村民每户领到分红资金1050元， 136户贫困户每户领到分红资金1560元。

凝聚社会各界力量，资助受灾群众。7月铜仁市各区县连续遭遇两次特大洪涝灾害。民建市工委利用自身优势和影响力，凝聚各方力量支持抗洪救灾工作。7月27日，民建会员企业仁爱眼科医院等民营医疗机构、药企、超市及社会爱心人士响应号召，向受灾困难群众捐助大米、食用油等生活用品及药品折合人民币9万余元、捐款共计19余元。参加活动的各家医院，现场为灾区群众开展义诊服务；7月30日，工委组织碧江区支部及部分会员赴沿河自治县慰问受损企业及员工，为鼓励他们克服困难，尽快恢复生产，工委及碧江支部分别送去5000元慰问金。

拓展社会服务工作新领域。新启动“互联网+助医”项目，完成沿河自治县人民医院等6家医院“移动互联网办公信息平台”项目申报工作及铜仁市万山区人民医院等5家医院“移动互联网医疗服务平台”项目申报工作，完成两个项目实施前的岗前培训工作；争取民建省委的支持，5月30日，李汉宇主委随同中共铜仁市委书记夏庆丰一行到民建中央汇报武陵山全域旅游助推发展工作；通过民建省委协调联系全国政协首席摄影师、博鳌亚洲论坛首席摄影师张建设在松桃自治县建立“全国政协风范摄影梵干净山创作基地”。

（民建市工委办）

中国农工民主党铜仁市委员会

【概况】2016年，农工党铜仁市委围绕协调推进“四个全面”战略布局以及“大扶贫”“大数据”两大战略行动，履行参政议政和民主监督职能，各项工作取得明显成效。在省政协十一届四次会议上提交《关于建设铜仁武陵山中药材专业市场的建议》《关于规划建设余庆→石阡→凤冈→务川至重庆彭水县高速公路的建议》《请求将石阡乌江四级航道通航及本庄镇水口千吨级码头列入“十三五”规划的建议》等6件提案。在市政协一届五次会议上，提交《关于加强乌江流域（铜仁段）生态建设和环境保护工作的建议》《关于建立铜仁市区域性医学影像诊断中心的建议》等党派提案4件，《建议对城区内公交车站台违规停放车辆严管重罚》《放开二孩政策，加强独生子女心理疏导教育刻不容缓》等个人提案17件，其中《关于加强乌江流域（铜仁段）生态建设和环境保护工作的建议》《关于建立铜仁市区域性医学影像诊断中心的建议》《关于加快川硐教育园区城市相互配套基础设施建设的建议》《关于加快推进铜仁市医疗机构公益性改革的建议》《关于合理定位各级医院，大力推行分诊制的提案》5件被列为重点督办提案。参加中共铜仁市委、市政府等组织召开的民主协商会、协商座谈会，为其决策建言献策。召开部门工作情况通报座谈会，人大代表、政协委员联系交流会，发挥党派特色优势知情建言出力。完成中共市委点题的《铜仁市农村安全饮水现状调研》和《铜仁市常见慢性非传染性疾病预防体系建设研究》两个调研课题，分别形成专题调研报告上报。完成农工党省委安排的石阡县健康扶贫工作专题调研，协助做好农工党省委张爱华副主委到石阡开展基层医疗机构基本药物实施情况调研工作。全年向有关部门反映社情民意13篇。

【思想建设得到加强】认真学习中共十八届四中、五中、六中全会精神，全国、省、市“两会”精神，农工党中央和省委重要会议精神,中共贵州省委十一届七次、八次全会和中共铜仁市委一届十一次全会精神，引导党员坚持正确的政治立场和政治方向，夯实共同思想政治基础。选派近20名党员参加省内外学习培训。12月9日至11日，在石阡学习实践基地举办2016年支部班子新成员和新党员培训，学习中共十八届六中全会精神、中共贵州省委十一届七次全会精神、中共市委一届十一次全会精神以及农工党党章党史，激发广大党员以高度的政治责任感和使命感做好党派工作，承担起中国特色社会主义事业的亲历者、实践者、维护者、捍卫者的政治责任。德江、碧江、万山等支部先后组织党员赴井冈山、遵义、芷江等地开展红色革命教育活动，提高广大党员的政治素质和爱国主义情操。组织每季度的党派市委中心学习组的学习，深入调查研究，完成统战理论文章1篇。外宣工作力度进一步加强，全年被《贵州政协报》、农工党省委网、铜仁政协网、铜仁统战网等市级以上报刊网站采用信息80余篇次。

【组织建设加速推进】新发展党员30名,发展率为13%。共有党员259名，副高以上职称4名，研究生以上学历3名，实现博士党员零的突破。市委多次到区县对基层支部工作进行指导，为党员的成长搭建平台。认真开展基层支部“达标争优”活动，营造创先争优的氛围。按要求召开一届市委述职评议会，推荐出第二届市委委员初步人选。9月，召开农工党铜仁市第二次代表大会，选举产生新一届市委会领导班子，如期完成市委换届工作。11月完成基层支部换届工作，各支部分别产生了新一届领导班子。市委及各支部完成政治交接。各基层支部结合自身工作实际，开展趣味体育、初中英语“送教下县”、茶文化进校园、校园文艺演出、主题义诊、“红十字博爱周”、学习实践基地交流等组织活动。

【社会服务惠及民生】组织开展医疗扶贫、助学、义诊、抗洪救灾、送温暖等社会服务活动50余次，发放宣传资料4万余份，惠及群众近5万人次，协调资金（含物资）300余万元。开展第九届中国环境与健康宣传周活动、第二十八中国“国际科学与和平周”科普宣传义诊活动。邀请贵阳一中知名学科专家教师到石阡开展高考备考培训。联合农工党省委到石阡开展“第九届健康边疆行——儿童先天性心脏病救助活动”，到玉屏平溪小学、万山高楼坪小学开展“法制教育进校园”活动。坚持推进中国特色社会主义学习实践活动，学习实践基地工作得到夯实，为石阡县坪山乡基地争取到低碳示范小城镇建设项目资金80万元。碧江同心医院、德江同心医院和德江沙溪天麻种植同心产业园先后正式挂牌成立。参与大扶贫战略行动，先后到江口县桃映镇万民村、石阡县五德镇地印村和坪山乡、枫香乡等开展精准扶贫调研、慰问计生贫困户、走访对口帮扶的遍访贫困户。争取农工党中央、省委及苏州等省外农工党组织赴江口开展帮扶调研，市委领导多次率队到农工党省委对接江口县的对口帮扶工作，为助推江口经济社会发展作贡献。

【自身建设长足进步】完善领导班子内部的议事和决策机制，按照制度化、规范化要求完善主委会议事规则、全委会议事规则等制度。贯彻廉洁自律准则，遵守中共中央八项规定，工作例行节俭、高效的原则。规范公务接待，强化因公出国（境）管理，推进公车改革，加强财务管理，严控机关运行经费。提高服务意识和服务能力，更好地为广大党员和党派市委履行职能服务。完成精准扶贫、计生“三结合”、帮扶联系村等上级交办的各项工作任务。

（农工党市委办）

九三学社铜仁市委员会

【概况】2016年，九三学社履行参政议政、民主监督职能，发挥优势、创新开展社会服务，实现政治交接。获九三学社中央组织工作先进单位表彰，获市人民政府、市政协优秀提案单位。积极履职建言。在中共铜仁市委召开的6次政治协商会、市长与政协委员座谈会上建言献策。围绕铜仁市特殊教育等课题开展调研14次，撰写调研报告3个。提交社情民意信息12篇，被采用6件，以直通专报形式报给中共铜仁市委3件。有8件提案在市政协一届五次会议上提出。其中《关于积极推进烤烟烟杆无害化综合治理的建议》《关于加大对石阡县扶贫开发支持力度的建议》《关于尽快启动贵阳经石阡至襄阳高速铁路的建议》3件提案入选省政协提案，《发展核电项目，推动沿河经济社会发展》成为全国两会提案。《把村域规划挺在易地脱贫搬迁前面》在省政协大会上发言。在全市两会、市长座谈会上发言3件。

【学社市委自身建设】思想建设。加强思想引领。组织班子中心学习组学习4次，举办同心思想等专题学习座谈会3次；把握社员思想动态。开展社员思想态势调研4次。定期进行社员思想动态分析，建立社员联系联络机制，做好思想建设工作；壮大思想研究队伍。市思想研究中心现有研究员24名，新吸收研究员6名，入选省思想研究中心会员8人、省政协理论研究会员2人、市政协理论研究会员8人，开展研讨会议2次；支持支社开展传统教育活动。分别组织碧江、万山、思南等支社共56人赴井冈山、延安、遵义等红色文化资源地开展学习教育活动。

组织建设。召开第二次代表大会，并选举出新领导班子，杨同光任主委，王飚、李胜君、代鸣任副主委，杨同光等15人为委员；内部监督不断加强。成立内部监督委员会，李胜君任监督委员会主任，陆安法、谢峰为副主任，邓芳、覃仁猛为委员，并在每个支社配备一名监督委员；组织发展注重质量。把好“关口”，发展高海珑等18人为社员，其中研究生学历3人，博士生学历1人，高级职称10人，少数民族11人，女社员7人；加强骨干培养。主委杨同光再次当选市人民政府副市长，副主委王飚当选市二届人大副主任，代鸣当选市二届人大常委会委员，李胜君、杨孝华、龚静等5人为市二届政协常委。推荐刘洪英等8人为市政协九三界别委员，陆安法等7人为农业、科技、医疗等界别委员。杨丽获省人民政府颁发的扶贫攻坚奋进奖。

机关建设。社市委的《落实“三坚”要求的铜仁实践》的经验交流材料收录在《社中央市级机关工作案例》综合篇，为贵州省唯一一篇。社中央机关建设试点项目通过验收；承办社中央机关建设工作会、社中央机关工作实务指南编委会统稿会2个大型会议；接待社中央副主席印红、社省委主委黄宗洪、社江苏省委专职副主委叶勇赴铜调研，韩国成均馆大学等单位学者到铜开展科考讲学交流。通过社中央网站《贵州政协报》《铜仁日报》等多家媒体对社市委工作进行宣传报道共56篇。

【学社市委参与社会服务】组建社会服务专家库，有医疗、科技等各类专家127人。到全市各地开展科普讲座、医疗义诊、支教等各类社会服务活动共6场。同时，向市智力支边办推荐巴家文等18名专家。搭建外联落实定点帮扶。通过外联工作引来项目11个，到位资金13.40亿元；建成示范学校3所，示范医院2家，示范村2个，“九三实验班”“九三电子图书室”“九三医疗服务站”“九三科技服务站”等服务品牌。为贫困高考学子发放助学金3万元；支持沿河人民医院与张家港一医、六医开展交流；协助项目落地3个2.60亿元，支持企业技术改造获资金400万元。

（学社市委办）

军　　事

铜仁军分区部队建设

【概况】2016年，铜仁军分区深入学习贯彻习主席系列重要讲话精神，按照“政治建军、主业主抓、立规肃纪、深度融合、守住底线”的工作思路，狠抓以提高打胜仗为核心的各项工作落实，完成年度工作任务，确保部队安全稳定和高度集中统一。围绕应急应战狠抓各项工作落实，不断提高部队能打胜仗能力。

结合指挥关系转隶狠抓战备工作落实。贯彻全国《中华人民共和国反恐怖主义法》和全军《战备工作条例》，结合国际国内形势、周边安全环境和指挥关系转隶实际，利用重大节日、民兵整组、军事训练等时机开展职能使命、战备法规等经常性战备教育，官兵战备意识进一步强化。开展战备值班系统综合整治，组织作战值班系统网上培训，战备秩序逐步正规。结合军情研究，组织铜仁市维稳救灾形势研判，集智攻关军分区“1小时”反应能力课题研究，分区部队遂行任务能力明显增强。加强战备建设，落实战备制度，建强战备力量，完善战备方案，补充战备器材，充实战备图库，完成铜仁市军地联合反恐演习、交通战备应急抢险演练和每季度战备综合演练，组织指挥能力和快速反应能力不断提高。

结合新大纲试训论证狠抓部队基础训练。以训练大纲为依据，以提升能力素质为核心，开展手工标图、文书拟制、通信装备操作和基础体能训练。4月，结合二季度战备综合演练，组织全区现役官兵手榴弹实弹投掷、手枪实弹射击和3000米考核。二季度，结合省军地联考联评任务，组织思南县、德江县、沿河自治县、玉屏自治县4个单位开展迎考迎评针对性训练。7月上旬，组织军分区半年军事训练监察考核，安排部署下半年军事训练任务；11月下旬，完成军分区首长机关年终军事训练考核，检验年度训练效果，更新完善训练档案。采取“小兵种大集中、大兵种小集中”和“多层次岗位练兵、全要素比武竞赛”等方式，开展专武干部和民兵军事训练，完成专武干部集训7期和上级赋予的民兵训练任务。

结合大项任务实践历练精兵。坚持把抢险救灾作为磨炼部队的平台，用实战的标准来检验要求部队。全区累计出动民兵预备役人员2万余人次，遂行多样化军事任务20余次，完成抢险救灾、应急维稳、安保执勤等任务。特别是2016年铜仁遭遇特大洪涝灾害，军分区、人武部官兵累计转移群众1万余人，抢运物资5000余件，清除淤泥1万余立方米，赢得省、市党委政府和人民群众的高度评价。立足铜仁实际，结合大项任务，整合军地力量，按照“军地联合、资源整合、任务结合”的思路，开展省军地联考联评、市军地联训联演、联合植树造林的“三联活动”。组队参加省军地联考联评活动，铜仁市被省委、省政府和省军区联合表彰为优秀组织奖，思南县、德江县、沿河自治县、玉屏自治县4个单位总评优秀，其中沿河自治县获全省总评第四名，单兵战技和水上救援课目第二名，制度性检查优胜单位，德江县获森林灭火课目第五名。

【思想政治建设】以服务国防和军队改革为主线，以“两项重大教育”为抓手，加强思想政治建设。

开展“两项重大教育”。坚持大事大抓，主官主抓，狠抓“两项重大教育”落实。在“两学一做”学习教育中，抓好《中国共产党章程》《党委工作条例》《中国共产党廉洁自律准则》和《中国共产党纪律处分条例》等党章党规的学习，争做党纪党规的明白人；对习主席系列讲话，来一篇学一篇，及时开展交流讨论，引导大家看齐追随。规范党组织生活秩序，拟制组织生活计划，领导干部以普通党员身份参加组织生活，带头参加学习，主动汇报思想，不断强化党性修养。开展手抄党章100天活动，组织党员承诺践诺，先后组织3次理论考核，强化学习效果，制作专题展板、开展知识竞赛浓厚学习教育氛围。在省军区副政委吴海涛的指导下，召开党委常委专题民主生活会，军分区党委常委逐一对照检查，对7个方面“必答题”逐一说清、逐项反思。开展改革强军主题教育，军分区党委常委轮流为官兵、职工辅导授课。结合纪念红军长征胜利80周年，邀请军旅作家王树增为军分区机关官兵进行专题讲座，举行纪念红军长征胜利80周年、两项重大教育暨党的十八届六中全会精神学习知识竞赛等系列活动，增强教育效果。

全面彻底肃清郭徐流毒影响。军分区党委第一时间召开常委会学习贯彻上级指示精神，研究制定军分区深化肃清工作实施方案，召开全区视频会议安排部署肃清工作。以军委印发专题教育材料为基本教材，结合党的十八届六中全会精神、习主席关于全面从严治党的相关论述，围绕“全面彻底肃清郭伯雄徐才厚流毒影响，汇聚起强军兴军强大意志力量”，在全区党员中进行辅导授课。召开党小组会，围绕“12个重大是非问题”开展讨论辨析活动，从思想上肃清郭、徐流毒影响。结合“两学一做”学习教育专题组织生活会和民主评议党员，组织分区机关党员干部搞好对照反思，分区党委常委以普通党员身份参加所在党小组会议，查摆自身受郭伯雄徐才厚流毒影响情况，逐条逐项把问题列清楚、把措施定到位。

抓好党委机关和干部队伍建设。贯彻落实民主集中制原则，修订完善《常委会议事决策规则》，常委会议事决策更加科学化、民主化、制度化和规范化。坚持以习主席“好干部”标准为遵循，贯彻执行省军区《按照“三严三实”要求，从严管住管好团以上领导干部的措施》，抓住团以上领导干部管理这个牛鼻子，以严的标准要求干部，以严的措施管理干部，以严的纪律约束干部。注重在大项任务、关键时刻锻炼干部、考察干部，树立“敢于担当、勇争第一”的工作导向和“靠素质立身、凭实绩进步”的用人导向，做到上级满意、群众服气。抓好转业干部待安置期间的教育管理工作，为转业干部排忧解难，确保转业干部思想稳定。

重视抓好新闻报道工作。注重总结单位建设中的经验做法，加强新闻报道和理论研究，重点宣传官兵和民兵预备役人员投身军队改革大潮，全面抗击自然灾害的精神风貌。全年共在各级报刊网络上稿229篇幅，其中中央级媒体上稿46篇幅、省级媒体75篇幅、其他108篇幅。

【国防后备力量建设稳步发展】以“两个适应”“双应一体”能力建设为统揽，把“编实建强”作为工作的核心要求落实，着力构建具有铜仁特色的新型后备力量体系，在压缩普通民兵规模，基干民兵规模维持“十二五”要求不变的基础上，构建新型民兵力量体系，探索民兵转型建设发展的新路子新方法。

编实建强民兵力量体系。按照“常态化、专业化、规范化”的建设要求，巩固市、县、乡、村四级应急力量，落实民兵调整改革任务，完成民兵组织整顿工作。军分区督促各区、县抓好民兵整组工作，调整民兵干部、出入转队人员、整理上报整组数据表册等工作，增强民兵国防观念，促进工作落实。

开展征兵工作。6月中旬开始，市、县两级征兵办分七个步骤推进年度征兵工作，大专以上学历（含大学在校生和大学新生）占征集任务数46.60%；高中（含中专、职高）文化程度占征集任务数48%；初中文化程度占征集任务数5.30%。

“四新”建设成效明显。军分区党委立足铜仁实际，把“四新”作为基本实践和主业主责，以军为主、军地联动，推面为主、突点示范，边探索、边总结、边提高，总结出“静态打基础、动态强能力、常态促融合”基本抓建思路，打造出3个点位。5月下旬，军分区在全省“四新”观摩活动中，各点位准备充分、展示到位、特色鲜明，体现新兴领域开展武装工作的方式、新的发展模式和新的军民融合方式，得到省军区首长的肯定和观摩团代表的好评。

【提升综合保障能力】着眼实战化需要，狠抓后装科学化管理、规范化建设和综合保障等工作落实，不断提高综合保障效益。

狠抓后装队伍建设。采取比武集训、拉动演练、伴随保障等方式，突出抓好后装专业训练，提高后装综合保障能力。坚持每月一次财务集体办公，组织后勤科长财务工作大清查管理系统使用培训、年度账目结转培训、固定资产清查培训等，培养一批当家理财的明白人。组织全区武器装备管理人员参加省军区第二期武器装备管理业务集训，提升全体管装人员业务素质，在省军区组织的理论考核和轻武器分解结合考核中获得了团体第一的成绩。

狠抓后装规范化管理。修订完善军分区财务管理等规定，制定《军分区就医暂行管理办法》，签订《军分区食堂社会化保障协议》，规范财务、伙食、医疗管理秩序；规范车辆油料管理，坚持车场日组织驾驶员随机教育、车辆安全隐患排查、车辆日常保养及统一加油，累计完成车辆勤务保障5800余次，安全无事故。坚持对分区机关、对人武部经费预算执行情况进行统计分析，确保资金使用科学规范。

狠抓清理整治工作落实。贯彻执行军委国防动员部和省军区关于“省军区系统行业风气专项清理整治”的一系列指示要求，对所有工程建设项目和空余房地产租赁项目等，做到了底数清、情况明，整改有序有力有效。把全面停止有偿服务工作作为一项政治任务完成，研究制定《军分区全面停止有偿服务实施方案》，对到期租赁项目逐一进行摸底走访，组织承租户召开全面停止有偿服务政策宣讲和任务部署会，搞好思想疏导，坚持“不得以任何理由，任何条件开口子、留尾巴、搞变通”的原则，关停合同到期项目，第一阶段实现100%关停。

狠抓营区综合治理。完成军官公寓楼、机关食堂、机关办公楼改造，对墙面进行粉刷，更换仓库破旧路灯，协调市公路局对仓库破旧道路进行硬化改造，为官兵职工创造良好的训练生活环境。协调地方政府，推进全区正规化建设和民兵训练基地建设，市国防动员综合训练基地多次承担联考联评骨干集训暨模拟考核、两实作业食宿保障，以及地方党政机关组织的集训培训。

【部队安全稳定工作】以条令条例为依据，学习掌握军委国防动员部“6部规范性法规文件”，结合“两项重大教育”“百日安全活动”，狠抓全区部队安全管理工作落实。

健全组织开展安全教育。完善安全委员会、保密委员会等领导小组成员，健全安全组织。第一时间传达学习上级有关安全稳定工作的指示精神，结合开展“三严三实”专题教育整顿回头看、行业风气专项清理整治活动，在全区范围内按计划、分阶段开展教育。按照“动员部署、学习教育、队列训练、自查自纠、总结提高”的步骤，开展“条令学习月”活动，强化官兵条令意识，规范遵章守纪行为。

贯彻落实安全管理制度。落实上级关于安全工作指示要求，开展谈心交心活动，对机关公勤人员、驾驶员实行集中居住、学习、教育和管理，随时掌握思想动态。结合“五项清理纠治”回头看活动，对照26个具体指标逐一进行整改，以防范政治性问题、防范人员违纪、防范车辆事故、防失泄密和枪弹管理为重点，瞄准薄弱环节抓管理。坚持每季度党委议管、每月视频大交班会议讲评安全管理工作、成立联合督导组，采取不定时不打招呼检查，自觉形成领导机关按制度指导工作、人武部按制度正规运转、官兵按制度规范的良好氛围。按照上级《关于加强现役军人驾驶地方机动车辆管理的通知》要求，按程序落实军人驾驶地方机动车辆资格审批工作。

开展安全检查督察。组织指挥体制转隶移交和开展安全管理隐患排查，清理出6类17个问题，及时已整改完毕，排除了安全隐患。结合民兵军事训练开展应急演练。结合作战方（预）案调整，修订完善军分区本级防暴恐袭击预案，组织实战化演练，提高应对暴恐事件及时反应、紧急出动和有效处置的能力。为贯彻落实军委国防动员部“8·26”安全稳定工作电视电话会议精神，军分区采取自查与普查相结合的方式，由下至上开展安全大检查。以开展涉密文件资料清理归档工作为契机，保密档案室、各办公室进行清理自查。通过清理归档文件资料和安全隐患排查，文件资料私自留存、归档资料不全，保密职责履行不到位等问题得到解决。

【参建参治取得成绩】坚持把省军区关于“四项工作”的目标任务融入市委、市政府工作全局，寻求军事力量参与的切入点、突破口。注重发挥成建制组织民兵植树造林的示范带动作用，因地制宜，结合地域和产业结构特点，打造成建制通道绿化示范林。2月、4月，军分区带部分人武部先后在万山、松桃成建制组织民兵植树造林集中攻坚活动。按照军分区成建制组织民兵植树造林三年规划，成建制组织民兵第二阶段植树造林，造林2.30万公顷（植树2.07万公顷，封山育林0.23万公顷），栽种各类苗木4672万余株。贯彻落实国家精准扶贫大战略，助力铜仁打赢脱贫攻坚战。全区建立精准扶贫联系点11个，结对帮扶贫困学校11所，贫困学生85人，精准扶贫贫困户13户，乡镇卫生院1所。军分区、人武部两级想方设法筹集资金，帮助群众发展种植业、养殖业、旅游业，改善农村道路、学校、厕所等基础设施建设，组织养殖、种植、烤烟等各类技术培训124期，培训人员累计8000余人，先后建立碧江、万山养蜂基地，石阡、印江绿茶基地，沿河空心李基地，玉屏黄桃基地，带动2.30万余人脱贫致富。协调贵州祯通衢民主文化产业发展有限公司合作开展3年“3个1000”精准脱贫项目，先后成立刺绣合作社、养蜂合作社，采取军地共同投入、农户养护、公司管理、四六分成的模式发展蜜蜂养殖，每年可帮每户贫困户增收1万元—1.30万元。注重挖掘宣传优秀退役军人和民兵先进典型，印江自治县退伍军人卢方武,面对洪水与火灾不退缩，临危不惧、舍身救人，受到当地人民群众高度赞扬，3月份入选贵州好人榜和中国好人榜候选人。

【铜仁军分区组织冬季野营拉练】1月7日，铜仁军分区采取首长机关带人武部及民兵应急分队的方式，开展以“抗凝救灾”为背景的冬季野营拉练活动。野营拉练旨在进一步夯实官兵战备意识，培育打仗思想，锤炼过硬作风，规范战备秩序，促进战备训练工作落实，提高应急出动能力。拉练按照实战化训练要求，采取摩托化与徒步行军相结合的方式展开，对设置的科目和课目一项不漏，行军路程一米不减组织实施。通过拉练部队走、打、吃、住、藏、防、管、保等各项能力和各级指战员组织指挥能力得到检验。

【铜仁市军地联考联评暨“四新”建设观摩任务部署会】2月2日，铜仁市2016年度军地联考联评暨“四新”建设观摩任务部署会在军分区召开。会议由军分区政委费光明主持，市委副书记、市长陈晏，市委常委、军分区司令员欧阳青出席并讲话，军分区参谋长张志斌、政治部主任雷勇、后勤部部长王成参加会议。会议传达学习军委国防动员部和省委、省政府、省军区有关文件精神，听取大龙开发区、沿河自治县政府关于“四新”建设观摩和联考联评活动进展情况工作汇报，安排部署2016年度军地联考联评暨“四新”建设观摩任务。司令员欧阳青就2016年度铜仁市联考联评组织领导、帮带方式、阶段划分、工作机制、奖惩措施和“四新”建设工作任务、方法步骤等具体任务进行安排部署。政委费光明要求：要从改革发展的高度，进一步深化思想认识；要从目标任务的角度，进一步把握好“两项任务”的标准要求；要从促进工作落实的力度上，进一步强化组织保障。市长陈晏在讲话中强调：要把握军民融合关键，强意识、抓落实，进一步增强抓联考联评、“四新”建设的责任感和紧迫感；要着眼升级发展重点，强机制、建体系，推动联考联评、“四新”建设成果深化转化；要夯实服务保障基础，聚合力、解难题，确保联考联评活动、“四新”建设观摩顺利实施，全力推动铜仁市国防后备力量建设再上新台阶。市国动委成员单位、各区县政府、人武部主要领导和军分区机关60余人参加会议。

【海军“铜仁舰”正式入列服役】2月20日，海军“铜仁舰”入列命名仪式在广东省某军港码头举行，铜仁军分区牵头申请命名的海军“铜仁舰”正式入列服役。海军东海舰队某基地政委翟永远海军少将，铜仁市委副书记、市长陈晏、铜仁军分区政委费光明，铜仁市人大常委会副主任童礼元、市政协副主席龙海，广东省汕头市委常委、秘书长、常务副市长张应杰，汕头水警区司令员赵卫东、政委何如胜等军地领导，以及来自海军某基地、汕头水警区、铜仁市、汕头市、汕头警备区、某工厂军代局等单位的代表一同参加命名授旗仪式。海军“铜仁舰”是中国自行设计建造的新型护卫舰，主要担负近海作战任务。将铜仁舰锻造成为“海上尖刀”。入列命名授旗仪式上，海军东海舰队福建基地政委翟永远海军少将宣布056A轻型护卫舰加入中国人民解放军海军序列，授予舷号“507”，命名为“中国人民解放军海军铜仁舰”的命令，向铜仁舰授予颁发军旗、海军军旗和命名证书。铜仁市委副书记、市长陈晏，海军东海舰队某基地政委翟永远，分别代表铜仁市、海军福建基地进行讲话。

【扎实推进“四新”建设】2月，为贯彻落实贵州省军区“四新”建设现场观摩会议精神，铜仁军分区采取“深入学习、实地调研、专题研究”等形式，理清思路，找准抓手，推进“四新”建设工作落实。根据军分区军地联考联评暨“四新”建设任务部署会议精神，成立“四新”建设领导小组，召开专题会议，学习军委国防动员部和省军区首长关于“四新”建设的指示精神，就实施方案进行研究论证。为论证细化方案，军分区司令员欧阳青、参谋长张志斌到铜仁市国防动员训练综合基地、大龙经济开发区实地调研，察看大龙经济开发园区、规划馆、武装部和民兵训练基地建设等情况，听取经开区管委会领导开展“四新”建设的工作汇报。司令员欧阳青强调，要着眼做好军民融合深度发展这篇大文章，按照“静态看标准、动态看能力、常态看作用”的要求，围绕“建什么、怎么建”进一步细化任务，确保建出亮点，展现特色，全面做好迎接全省现场观摩的准备，推进本区国防后备力量建设加速发展转型跨越。

【铜仁军分区党委十八届二次全体（扩大）会议】3月11日，铜仁军分区召开党委十八届二次全体（扩大）会议，传达学习中央军委和国防动员部、南部战区党委扩大会议及省军区党委扩大会议精神，总结2015年度工作，部署2016年度任务，表彰先进单位和个人。军分区党委书记、政委费光明作党委工作报告并讲话，会议由军分区党委副书记、司令员欧阳青主持，军分区纪委书记、政治部主任雷勇作纪委工作报告。会议强调，2016年职能使命、地位作用、运行模式、标准要求都有新拓展，履职尽责压力更重，全区上下必须积极适应新形势新任务新要求，以实际行动为改革强军作出贡献。会议要求，要紧紧扭住政治建军不放松，大力加强思想政治建设；要紧紧围绕职能使命练打赢，稳步推进军事斗争准备；要紧紧围绕提高效益保障，着力提升后备建设水平；要紧紧围绕稳中求进抓管理，不断夯实安全发展基础；要紧紧围绕军民团结抓融合，积极做好参建参治工作。

【铜仁军分区组织联考联评誓师大会及模拟考核】 4月7日至8日，铜仁军分区结合第二季度战备拉练，依托市国防动员综合训练基地，采取“分批组织、轮流实施、逐项考评”的方式，组织玉屏、思南、德江、沿河4个参加第三波次省军地联考联评的单位进行誓师动员及轻武器射击、单兵战技、挡土墙堆砌、森林灭火模拟考核。通过誓师动员、模拟考核，促进了联考联评任务备考备评，检验了国防后备力量建设水平和实战化训练成果，及时发现了思想认识存在偏差、队伍建设有短板、基础训练有欠账、制度落实有差距、军地融合有薄弱环节等方面的问题，并针对发现的问题，采取问题倒逼、挂账销号、责任到人、找准抓手、限期整改的方式予以清零纠正，达到“以考促建、以考促训、以考促融”的目的。

【省军区政委谢武忠到铜仁军分区检查调研工作】 4月12日至13日，贵州省军区政委谢武忠率工作组到铜仁军分区检查调研。谢武忠一行在军分区政委费光明、参谋长张志斌、政治部主任雷勇的陪同下，先后到军分区机关、江口县人武部、松桃自治县人武部、沿河自治县人武部检查调研，实地察看各人武部战备器材库室、民兵武器库室、荣誉室，详细了解人武部年度植树造林、精准扶贫、民兵应急骨干队伍建设以及当前转业干部思想反映及需要组织帮助解决的问题。谢武忠要求，要把握根本遵循，把政治建军要求落到实处。要深入学习贯彻习主席系列重要讲话精神，以“两学一做”为抓手，用党的创新理论武装头脑，用上级指示抓好部队管理，确保党对军队的绝对领导，确保部队绝对忠诚、绝对纯洁、绝对可靠。要聚焦改革主线，把改革强军要求落到实处。要理解改革、认识改革、服从改革，以实际行动拥护改革、支持改革、投身改革。要坚持严实标准,把依法治军要求落到实处。要扎实组织“三严三实”专题教育整顿“回头看”，及时发现问题纠正问题，发现隐患消除隐患，发现损失挽回损失，发现责任追究责任，防止作风问题反弹回潮。要守住安全底线,把各项规定要求落到实处。要牢固树立不找事、不误事、不出事、干好事的观念，严格落实各项安全规定，守好法律底线、纪律底线、政策底线、道德底线，确保部队安全稳定。

【军分区政委费光明出席铜仁市双拥工作领导小组会】 4月27日，铜仁市召开双拥工作领导小组会，会议由市双拥工作领导小组副组长、军分区政治部主任雷勇主持，军分区政委费光明出席会议并讲话，市双拥工作领导小组成员单位相关负责人参加会议。会议传达学习贵州省双拥工作领导小组、省人力资源和社会保障厅、省民政厅《关于做好评选推荐全国爱国拥军模范》，贵州省双拥工作领导小组、省民政厅，贵州省军区政治部《关于做好全国双拥模范城（县）双拥模范单位考评推荐工作》的相关文件精神，研究审议关于推荐参加新一届全国双拥模范城（县）和全国爱国拥军模范评选对象事宜。会议强调：各级各部门要强化政治意识，大局意识，责任意识，以军民融合深度发展为主线，推进军地建设协调发展，推动全市双拥工作再上新台阶；要加强组织领导，强化统筹，强化责任，强化落实，形成齐抓共管，共同推进的工作合力，全力以赴争创“全国双拥模范城”；要强化创新机制，推进拥军优属水平再上新台阶，为促进全市经济社会发展和社会稳定作出新的更大贡献。

【铜仁军分区开展扶贫调研活动】 5月12日，铜仁军分区政委费光明、参谋长张志斌、政治部主任雷勇到扶贫联系点万山区高楼坪乡小湾村开展精准扶贫调研工作，先后走访查看扶贫项目点，与村支两委成员分析当前扶贫工作存在的问题和瓶颈所在。在详细了解准确掌握帮扶点具体情况后，费光明强调：军分区在精准扶贫攻坚战中要发挥组织建设的优势，统一思想，统筹力量，真正把各项工作落地生根，坚决杜绝穿新鞋走老路现象发生；要发挥军地桥梁纽带作用，军地联动共同打赢扶贫攻坚战；

要绘好一张图（发展规划图），开好3个会（村支两委会、方案论证会、脱贫攻坚群众大会），真正把核心领导作用和带头人作用发挥出来。

【省军区副政委吴海涛为军分区官兵作两项重大教育辅导授课】5月19日，省军区副政委吴海涛为军分区全区官兵作“两项”重大教育辅导授课。吴海涛以“习主席系列重要讲话精神为根本遵循，模范遵守党章党规，争做合格党员，经受改革考验”为题，围绕“认清重大意义，切实增强投身两项重大教育的政治自觉；把握标准要求，切实把两项重大教育抓紧抓实抓具体；融入工作实践，切实使教育成果落地见效”3方面为官兵授课，既是对全体官兵经受改革考验的一次教育，也是针对当前完成联考联评、四新建设等具体工作任务的一次动员鼓励鞭策，为军分区在具体工作上起到帮带指导作用。为推进两项重大教育及各项工作任务完成，军分区政委费光明要求：要把强化理论武装作为固本之举贯穿始终；要把严肃党内生活作为政治要求贯穿始终；要把守纪律讲规矩作为紧要问题贯穿始终；要把推动工作有效落实作为有力抓手贯穿始终。

【大龙经济开发区民兵团和人民武装部挂牌成立】5月24日，大龙经济开发区民兵团和人民武装部授旗授牌仪式在大龙经济开发区举行。会议由军分区政委费光明主持，市委常委、军分区司令员欧阳青，市委常委、副市长杜元虎，军分区参谋长张志斌、政治部主任雷勇，玉屏自治县人武部政委罗利荣，大龙经济开发区民兵团、武装部全体民兵200余人参加会议。仪式上，张志斌宣读成立大龙经济开发区民兵团、武装部及相关任职命令。欧阳青为大龙经济开发区民兵团、人民武装部进行授旗、授牌、授印。大龙经济开发区人民武装部采取“区镇合一、专兼结合”的武装机构新模式。坚持党管武装原则，由军分区直管武装工作开发区党工委、管委会出台《关于进一步加强国防后备力量建设的实施意见》，从党管武装、思想建设、战备训练、力量编组、各类保障等方面进行规范，解决制度性、根本性的问题。

【省军区“四新”建设观摩团到铜仁市观摩指导】5月30日，省军区“四新”建设观摩团到铜仁市观摩指导。省军区参谋长洪晓荣、政治部主任魏文波率观摩团一行80余人莅临铜仁检查观摩“四新”建设成果，先后参观万山区九丰高效农业综合体、大龙经济开发区、铜仁市国防动员综合训练基地等“四新”建设示范点。在万山区九丰高效农业综合体，观摩团一行实地参观园区农业生态建设情况，观看园区总体建设和发展规划、企业民兵组织功能作用、民兵创业“辐射”作用、带动周边群众脱贫致富等情况；了解九丰农业采取“公司+基地+农户”互惠共建共赢经营管理模式，结合企业民兵队伍特点，建立配强民兵组织，发挥其应急维稳突击队、扶贫攻坚战斗队、技术拓展培训队、方针政策宣传队、企业生产先锋队的作用；通过观看大龙经济开发区规划馆展示厅、大龙经济开发区经济建设及开展“四新”建设视频短片《紧盯“四新”抓建设，开创推转促融新篇章》，对采取“区镇合一、专兼结合”的武装机构新模式，基地在民兵工作生活、战备训练、军地联考联评、国防教育等功能作用发挥方面有了充分的了解；在铜仁市国防动员综合训练基地，与会代表们通过观看图片展板、实地参观训练基地团、营、连部，食堂、训练场等基础设施设备，对训练基地前期建设、投入使用、作用发挥、远景规划等情况有了系统的认识。铜仁军分区司令员欧阳青、政委费光明，铜仁市张明副市长，铜仁市万山区、玉屏自治县、大龙经济开发区等主要领导陪同观摩。

【铜仁市4县参加全省军地联考联评】6月20日至28日，贵州省国防后备力量建设军地联考联评在贵阳举行。铜仁市的玉屏、思南、德江、沿河4个县接受省委、省政府、省军区组织的第1周期第3轮军地联考联评。通过考评，4个受考单位制度性检查、动员筹划课目优秀率100%，3000米越野、单兵战技、水上救援、森林灭火、挡土墙堆砌、精度射击6个现地单项课目考评成绩及格率100%、优秀率62.50%，综合成绩优秀率100%，其中玉屏自治县综合成绩538.95分、思南县555.15分、德江县547.85分、沿河自治县566.95分。

【铜仁军分区参加抗洪抢险】 7月3日至6日，铜仁市东部、南部普降大暴雨，江口、碧江、万山出现区域性特大暴雨，7月4日18时39分，共有碧江区、万山区、江口县、印江自治县、玉屏自治县等5个区县受灾。灾情发生后，铜仁军分区第一时间召开抢险救灾紧急会议，安排部署抢险救灾工作，下达抢险救灾命令，司令员欧阳青、政委费光明带领部队分头出动，赶赴救灾一线指挥抢险、快速开展救援工作。4日0时50分，万山区谢桥街道办积水超过1米，大量群众被洪水围困，军分区组织官兵、民兵300余人，携带5艘冲锋舟前往施救，解救被困群众1050人；4日凌晨2时许，万山区大坪乡清塘村马皇田组突发山体滑坡，造成4户共5栋房屋被埋7人失联，万山区人武部政委王进伟立领20人到现场救援；4日凌晨2时20分，江口县坝黄镇通往杭瑞高速的道路多处发生塌方，县人武部政委邱业跃带领322人赶到现场进行救援，并进行警戒，军分区司令员欧阳青带领40余名民兵应急队员赶赴现场排险作业，奋战到凌晨3时30分左右安全回撤；4日凌晨6时40分，玉屏自治县田坪镇岩屋口村出现山体滑坡，县人武部政委罗利荣带领30人赶到现场，搜救出2名幸存者。本次抢险，全市累计出动官兵、职工、民兵2580余人参与救灾，动用冲锋舟6艘、土木工具1820余件、救生绳20余条、救生衣800余件等装备，共转移群众8733余人，抢运物资3000余件，疏通道路9.70千米，清除淤泥1000余立方米，搜救群众4人，挖掘遇难群众遗体3具。

【军分区政治部主任雷勇出席和平乡3个1000精准脱贫项目启动仪式】 7月22日，铜仁军分区政治部主任雷勇到碧江区和平乡，出席贵州铜仁帧通衢民族文化产业发展有限公司— “带孩子、做手工、养蜂蜜”三年3个1000精准脱贫项目启动仪式。碧江区政委卫心博、地方有关领导、帧通衢民族文化产业发展有限公司重要负责人及员工参加仪式。仪式上，雷勇为碧江区和平妇女手工艺专业合作社进行授牌，为八村妇女手工艺专业合作社代表成员发放物资，实地参观刺绣和养蜂基地，详细了解公司的发展情况。

【征兵工作领导小组会议和全市征兵电视会议召开】 7月25日，铜仁市征兵工作领导小组召开会议，军分区司令员欧阳青、副市长牛建国出席并讲话。会议审议通过《调整市征兵工作领导小组成员》《表彰2015年度征兵工作先进单位和先进个人》《市征兵办公室人员抽组》《组织市征兵工作业务培训会》提案。之后，召开全市2016年度征兵工作电视会议。2015年度征兵工作先进单位和先进个人获表彰，会议总结2015年征兵工作情况，部署2016年征兵工作任务。军分区司令员欧阳青强调指出：要加强领导，把征兵工作作为一项严肃的政治任务；要严格把关，把确保兵员质量作为衡量工作成效的标志；要狠抓落实，把完成征兵任务作为军地双方的共同责任。副市长牛建国要求，各级政府和兵役机关要加强协作配合，强化征兵工作的责任和担当，要站在建设巩固国防、维护国家安全的政治高度，充分认清做好征兵工作的重大意义，牢固树立征兵为打赢、征兵保打赢的思想，努力征集高素质青年，为捍卫国家主权安全和推进国防事业作出新的贡献。

【军分区司令员欧阳青、参谋长张志斌巡视征兵体检工作】 8月5日至7日，铜仁军分区司令员欧阳青、参谋长张志斌巡视征兵体检工作，先后到碧江、万山、松桃、石阡、思南、德江、沿河等区（县）征兵体检站看望医务人员和应征青年，实地察看征兵体检站的设置情况，了解体检工作进展和体检标准、兵员身体素质等情况，检查征兵体检信息化管理系统的运行状态，与乡镇专武干部、应征青年家长代表座谈，对基层开展征兵工作给予肯定，对应征青年家长支持国防事业表示感谢。欧阳青强调指出，铜仁历年来高度重视征兵工作，每年为部队输送了大量优质兵员，全区各级有关部门和兵役机关要搞好精准对接，实行挂图作战，群策群力抓好兵役征集工作，要严格执行标准，从严把好兵员入口关，落实政策规定，公平、公开、公正开展征兵工作，争取为部队输送更多高素质的优质兵员，确保圆满完成上级赋予的任务，为军队现代化建设贡献力量。

【11人在贵州省2014—2016年军地联考联评总结表彰电视会议上受表彰】 8月16日，贵州省2014—2016年军地联考联评总结表彰电视会议在省军区召开，铜仁市委常委、军分区司令员欧阳青，副市长杨同光在省军区参加会议。会议集中观看军地联考联评纪实片，全面总结三年联考联评工作，通报表彰全省考评优胜单位及先进个人。铜仁市国防动员委员会被省委、省政府、省军区表彰为优秀组织单位，铜仁市石阡县国防动员委员会、沿河自治县国防动员委员会被省委、省政府、省军区表彰为优胜单位，石阡县人武部政治委员高龙、松桃自治县人武部副部长兼军事科长罗伟、江口县人武部副部长兼军事科长安益宝、铜仁军分区司令部参谋彭南军、沿河自治县人武部后勤科长秦良勇、碧江区人武部军事科参谋龙程、万山区茶店街道办事处武装部长蒲正军、玉屏自治县亚鱼乡武装部长姚凯、印江自治县人武部职工代炳洪、思南县人武部职工吴成列、德江县民兵应急骨干分队队员张海科11人被省军区表彰为优秀先进个人。

【后备力量建设规划研讨暨抢险救灾形势研判专题会议召开】 8月22日，铜仁军分区结合半年军情研究，组织召开后备力量建设规划研讨暨抢险救灾形势研判专题会议。军分区欧阳青司令员、费光明政委，张志斌参谋长、政治部雷勇主任出席会议并讲话。会议传达学习《我军后备力量建设“十三五”规划》（征求意见稿）主要精神和南部战区王教成司令员在接替指挥关系视频会议上的讲话精神；各人武部结合辖区实际，围绕后备力量建设和抢险救灾作交流发言。会议认为，此次会议是一次任务理解、形势研判、对策研究、方案论证的会议。总体感到，铜仁市后备力量建设和抢险救灾工作，发展形势较好，但也存在联合指挥机制不顺畅，动员潜力底数不清楚，方案预案针对性不强，专业救援力量薄弱等问题，并分析查找了问题根源，研究制定了整改落实的措施办法。为统一认识，理清思路，寻求对策，推动后备力量建设和抢险救灾工作科学发展、健康发展，欧阳青要求：一是要增强抓好后备力量建设和抢险救灾工作的责任感和使命感；二是要切实把后备力量建好建出成效；三是要多措并举抓好抢险救灾工作，同时，还组织对规划的相关章节进行了详细解读。为确保后备力量建设和抢险救灾两项工作“落小、落细、落实”，费政委最后强调：一是思想认识要到位，二是方案论证要到位，三是工作落实要到位。

【精准扶贫工作座谈推进会召开】 9月2日，铜仁军分区召开精准扶贫工作座谈推进会。军分区欧阳青司令员出席会议并讲话，费光明政委主持会议并讲话，全市各区县人武部10名主官及市扶贫办高级经济师张绍军作座谈发言，军分区机关各办公室负责人参加会议。会议认为，2016年军分区及各人武部高度重视精准扶贫工作，制定了翔实的工作方案，采取了积极有效的措施，取得了一定的成绩和效果。但是，离上级的工作要求还有很大差距，脱贫攻坚的任务还很重。各单位必须充分认清当前的严峻形势，进一步提高思想认识，振奋精神状态，理清工作思路，创新工作方法，采取有力措施，更加有效的开展精准扶贫工作，确保按时间节点圆满完成脱贫任务。会议强调，下一步要按照“在统筹结合上更加科学，在问题分类上更加精细，在组织建设上更加坚强，在项目推动上更加有力，在典型培塑上更加快速，在责任落实上更加严格”的总体要求，找准自身开展精准扶贫工作的定位，在扶正风气、扶起精神、扶好项目产业、扶植未来上下功夫，在立起牌子、插上旗子、找准路子、甩开膀子、树好样子上想办法、出实招，进一步推动精准扶贫工作有效落实，确保精准扶贫工作留下口碑，建立丰碑。

【铜仁军分区司令员欧阳青参加“9·18”纪念活动】 9月18日，在“9·18”事件发生85周年和第16个国防教育日之际，铜仁市委常委、军分区司令员欧阳青到铜仁市周逸群纪念馆参加国防教育宣传活动。铜仁市人大常委会副主任、碧江区委书记陈代文，碧江区人武部政委卫心博，铜仁军分区官兵代表和铜仁市政府部分工作人员参加活动。全体人员先后观看并参观以“传承红色基因，共建巩固国防”为主题的纪念长征胜利80周年暨全民国防教育图片展、周逸群纪念馆。活动中，欧阳司令员强调，2016年是“9·18”事件发生85周年和红军长征胜利80周年，全体军民要铭记历史、居安思危、珍视和平，更加自觉地关心国防、热爱国防，建设国防、保卫国防，进一步强化国家安全意识、国防意识和忧患意识，为实现“强军梦”“中国梦”做出应有贡献。

【宣布铜仁军分区党委第一书记任职大会召开】 10月20日，贵州省军区宣布铜仁军分区党委第一书记任职大会在军分区办公楼一楼军地联合作战指挥中心召开。根据《中国人民解放军政治工作条例》，经省军区党委研究决定，增补中共铜仁市委书记陈昌旭为中共铜仁军分区委员会委员、常委、第一书记。省军区党委书记、政委谢武忠少将宣读陈昌旭任铜仁军分区党委第一书记的任职通知。中共铜仁市委书记陈昌旭，中共铜仁市委副书记、市长、市国防动员委员会主任陈晏，市人大常委会主任陈达新，市政协主席陈康，市委副书记阳向东，军分区党委副书记、司令员欧阳青，军分区党委常委、参谋长张志斌，军分区党委常委、纪委书记、政治部主任雷勇，铜仁市国动委各成员单位负责人、武警铜仁市支队支队长、消防支队政委、军分区全体官兵在军分区主会场参加会议，各区（县）人武部党委第一书记、区（县）国动委主任，人武部全体干部、职工和民兵应急骨干分队队员在各人武部分会场参加会议。陈昌旭对省军区党委、首长对他的高度信任表示衷心感谢，作表态发言。省军区政委谢武忠代表省军区党委、机关和司令员王盛槐围绕党委班子如何坚持“讲政治、守规矩、保稳定”工作指导提出要求。军分区费光明政委代表驻铜部队和军分区党委机关作了表态。

【铜仁军分区组织交通战备应急抢险军地联合演练】 10月18日至24日，铜仁军分区带松桃自治县人武部民兵应急骨干分队90余人，联合铜仁市应急办、铜仁公路管理局和铜仁市人民防空（交通战备）办公室到松桃自治县大兴镇雅山塘地域组织公路交通突发事件应急抢险演练。演练以突降暴雨引发山洪造成桥梁损毁、交通中断为背景，演练军地联合组织指挥、调运物资、搭设净跨9米双排单层钢桥、抢通被毁桥梁、恢复交通等内容。通过演练，军地联合抢险救灾组织协调和保交护路的快速反应能力得到提高，军地联合应急抢险救援预案的可操作性得到检验。军分区参谋长张志斌，贵州省公路局副局长丁昭平，铜仁公路管理局党委书记曾恒、局长舒琴等军地领导出席活动并现场观摩指导。

【省军区政治部主任魏文波到军分区开展执纪情况监督检查】 11月2日至3日，省军区政治部主任魏文波到铜仁军分区机关和石阡、德江、沿河自治县人武部开展执纪情况监督检查。魏文波一行采取听取汇报、查阅资料、座谈了解等方式对军分区执纪情况进行全面检查，对军分区开展执纪情况监督检查工作给予肯定。他指出，开展执纪情况监督检查，是中央军委、国防动员部和省军区党委结合当前实际，部署的一项重要政治任务，要毫不含糊严守政治纪律政治规矩；要深入彻底抓好各个领域清理整治；要保持高压态势持续层层传导压力；要切实守住底线确保部队安全稳定。

【铜仁军分区开展纪念长征胜利80周年暨“两学一做”专题教育知识竞赛】为弘扬红军长征精神，推进“两学一做”学习教育和党的十八届六中全会精神学习，11月11日，铜仁军分区组织开展纪念长征胜利80周年暨“两学一做”专题教育知识竞赛。军分区欧阳青司令员、费光明政委、张志斌参谋长、政治部雷勇主任观看比赛，并为获奖单位颁奖。比赛采取预决赛一起，现场竞赛，现场评比，现场颁奖的方式，试题设置以个人必答题、集体必答题、抢答题和风险题4种题型。来至10个区县人武部的参赛队，经过角逐，松桃自治县人武部、碧江区人武部、印江自治县人武部分别获得第一、二、三名。军分区机关全体官兵在主会场观看比赛，各人武部干部、职工、民兵应急骨干分队队员通过电视会议系统收看比赛实况。

【国防信息学院到印江自治县合水镇新场小学捐资助学】11月9日，国防信息学院到印江自治县合水镇新场小学开展捐资助学活动，并在学校举行捐赠仪式。国防信息学院副政委张国华，国防信息学院政治部宣保处处长王兴民、国防信息学院政治部宣保处干事袁渊，印江自治县人武部政委刘胜春出席捐赠仪式。张国华实地查看合水镇新场小学后，对学校的发展给予充分肯定。他说，国防信息学院积极响应中央军委号召，从三军医大接手援建新场小学是支持革命老区教育事业发展的具体实践，将一如既往地支持学校的建设发展，以这次捐赠为新的起点，不断加大援建力度，构建常态化援建机制。祝愿学校、老师为国家培养出更多的人才，并希望孩子们好好学习，长大后为祖国发展做出贡献。捐赠活动中，张国华代表国防信息学院向新场小学捐资10万元助学资金，并向学校师生表示慰问。

【省军区司令员王盛槐到铜仁军分区检查调研】12月28日，省军区司令员王盛槐带工作组到铜仁军分区检查调研。王盛槐一行先后到万山区九丰高效农业园和朱砂矿山公园，实地调研两地“四新”工作开展情况。在军分区机关调研中，简要听取军分区的工作汇报，与军分区党委常委成员进行逐一谈话，对军分区机关及民兵武器仓库进行检查，针对省军区调整改革现实思想反映组织官兵展开问卷调查。铜仁市委书记、军分区党委第一书记陈昌旭，军分区司令员欧阳青，政委费光明、参谋长张志斌、政治部主任雷勇，万山区党政军主要领导陪同调研。

（铜仁军分区司令部何震　艾艳华）

公安消防支队

【概况】2016年，铜仁市消防支队以“瞄准领先、争创一流”为目标，以“两个稳定”为核心，推进消防工作和部队建设，实现“四零”目标（全市未发生一起较大以上火灾、未发生一起官兵伤亡事故、未发生一起安全事故、未发生一起信访举报纪律作风腐败案件），被贵州省消防总队表彰为2016年度目标考核先进支队、2016年度实战化执勤岗位练兵先进支队、2016年度全省执法质量考评先进支队，铜仁市消防支队被市公安局表彰为“2016年度目标绩效综合考评一等奖”。

【班子队伍实力显著提升】铜仁市消防支队把抓党建作为第一要务，提升党委“四力”建设，推行“党委一线工作法”，建立“四个帮扶”（领导干部挂点帮扶、机关处室对口帮扶、先进骨干交叉帮扶、敏感时段重点帮扶）机制，协调解决实际困难；连续3年举办“青春杯”系列活动，连续两年举办“我是消防我骄傲”系列活动；涌现全国消防部队先进基层党组织石阡大队党委，全省消防部队集体“三等功”沿河中队，全国“向上向善”好青年、全省“明礼知耻崇德向善”道德模范贺兵，二等功臣秦海峰等一批先进典型。

【火灾防控水平提升】推进责任体系建设，提请各级党政领导率队督导、考评消防安全工作100余次,层层签订《消防安全责任书》240余份；推动建成微型消防站410个，创建消防安全标杆单位

196个，督导全市171个乡镇街道落实消防安全“网格化”管理；落实“每日一查”和“六式工作法”，开展冬春火灾防控、电火箱专项治理、高层建筑“排雷行动”等专项行动，报请政府挂牌督办重大火灾隐患单位16家；以消防宣传“八进”为主线，利用传统媒体、新媒体开展消防宣传教育，铜仁消防“双微”位居政务指数排名消防系统全国前十，铜仁消防微博位居贵州省政务微博第一；2016年共检查单位16180家次，发现火灾隐患22354处，督促整改火灾隐患22207处，临时查封75家，责令“三停”155家，拘留59人，罚款553万元。

【实战打赢能力提升】铜仁市消防支队党委将议训议管纳入每月党委议事重要内容，制定出台《铜仁市消防部队全员体能达标实施意见》，创新推出《官兵火场日记》，研发灭火救援智能决策辅助终端，开展固定消防设施集中培训，召开正规化建设现场推进会和车辆装备实战化运用现场观摩会，提升实战打赢能力；连续4年举办“巅峰勇士”跨区域实战演练；完成“3·30”万山洞穴救援、“6·20”“7·04”抗洪抢险救援等重大救援任务，受到省市领导的肯定；2016年全市发生火灾741起，死亡1人，受伤1人，直接财产损失864万元，同比火灾“四项指数”呈“一升三降”；共接警出动1545起，出动车辆2660辆次，出动警力15396人次，抢救疏散被困人员14880人，抢救财产价值1.80亿元。

【后勤保障效能提升】争取地方党委政府的重视和支持，加强与财政等职能部门的沟通协调，完善消防经费保障机制；各级财政下达消防正常业务经费预算3492.80万元，同比上年增长9.44%，实际到位4714.63万元，到位率134.98%；铜仁市消防支队党委围绕“一线优先、实战优先、急需优先”的装备建设发展主线，配备17辆美贷进口消防车和各类装备2862件套，是全省装备进口车辆器材占比最高的单位；强化器材装备的熟悉与实际应用，实施标识化统一、规范化管理，提升作战效能；推进“三项建设”，全市消防队站布局优化，营房建设迈上新台阶。

（徐清锋）

武警铜仁市支队

【概况】中国人民武装警察部队铜仁市支队（简称铜仁支队），为正团级单位，主要担负全市看守所和铜仁监狱监区看守看押任务。支队机关位于碧江区广建路2号。2016年，支队按照“五个更加注重”“五个着力”要求，坚持稳中求进、进中求精，围绕“从严抓班子强核心、聚力抓实战保中心、精细抓基层固根基、较真抓整改正风气、用心抓特色蓄内涵、全力抓安全促稳定”思路和“先进梦”目标，转理念、强能力、改作风、厚底蕴、求突破，加快推进部队全面建设上台阶上层次。

【思想政治建设坚强有力】扭住培育人、塑造人这个根本，把政治引领的工作做得更加扎实有效。紧扣改革抓教育。坚持改革推进到哪里，教育就跟进到哪里，按照四个阶段、四个专题精心设计实施方案，领导干部带头上课3堂，组织机关、基层干部进行小课串讲8堂，观看《邓小平百万裁军决策内幕》，开展“讨论式、辨析式、互动式”教学、“体制改革为什么、职能使命是什么、履职尽责干什么”讨论、“我与改革同行”征文、“读红色书籍、唱红色歌曲、看红色电影、讲红色故事、创红色感言”等配合活动，确保改革强军主题教育深入扎实推进；采取推门听课、网上抽查等方式，严格“三跟三查”，从履职尽责、立身做人、立志立德等基本问题抓起，确保每月“四课”落实质量。紧贴实际抓培塑。拓展深化“四个人人会讲”“指导员之家”等五个育才活动，邀请中央及省驻铜媒体记者培训新闻报道员，组织“纪念长征胜利80周年”大型图片展、“三好”读书活动演讲比赛、“黔东卫士杯”篮球赛、“小乐队”竞赛、“聚焦打仗铸忠诚 迈好军旅第一步”文艺晚会等文化生活。任务中政治工作被总队转发、“三战”力量评估受通报表扬，3人被授予

“援疆勇士”称号，2人被评为十佳、优秀“四会”政治教员，多人考入武警院校，1个单位荣立集体二等功、25名个人荣立三等功，1人被评选为“铜仁市十大法治人物”，60余篇新闻稿件在省级以上媒体刊载。紧盯思想抓稳控。紧盯官兵活的思想，制定《意识形态工作措施》，常态落实周一收看央视《道德与法》《艺术人生》，专题分析网络安全形势，培养网评骨干，加强对现实热点敏感问题的教育引导；每季度调查分析一次官兵思想教育情况，专题研究部署新兵“三查”工作，开展“第十二个法律服务到基层”活动，邀请铜仁学院心理学教授网上授课2次、现地服务10次，用好“三互”“三帮一带”载体做好一人一事思想引导，提前退役1名具有现实危险战士，确保部队纯洁可靠。紧跟步伐抓扶贫。为实现好总队党委首长精准扶贫松桃自治县大坪场镇的决心意图，协调省集团帮扶资金500万元助推大坪场高效农业园区建设项目落地，为镇完小协调教育专项经费40万元，先后11次调研论证，派出1名干部长期驻村，组织官兵爱心捐款2.40万元，投入40万元建设村委党建活动室、敬老院文体活动室、乡村幼儿园、镇完小网络学习室，发放5万元慰问特困群众、困难党员12户，出动240余人次种植1.33公顷寿菊、清除枇杷种植基地杂草0.33公顷、医疗义诊40余人，组织开展国家扶贫日系列帮困活动，赢得各级政府及人民群众的拥护爱戴。

【履行使命能力明显提升】按照人员回归“战位”、时间回归“中心”、内容回归“实战”、战备回归“常备”指示要求，以更大决心和力度干好维稳这件大事。聚焦实战抓训练。学习贯彻总部实战化训练集训精神，突出打牢特战专业基础和强化重难点科目，先后组织1期军事主官、2期教练员、1期特战预备队员、1期预提指挥士官集训，3期“魔鬼周”训练、3期勤训轮换，1期军事考核不合格士官强化训练、考核过关；落实“四考四带”要求，坚持抬高标准抓训练，机关干部组织5000米跑、基层干部组织7千米越野，严格考核过关，干部体能素质不断提升，影响和带动部队大抓训练的氛围；制定《实战化训练“八落实”奖惩实施细则》，投入经费23万余元制作爬绳爬杆架、修缮射击场、障碍场、配发训练器材，运用季度考评、行政督查机制进行经常性“查、考、拉”，促进实战化训练“八落实”。参加总队特战骨干集训取得第三，参加年度演习特勤排竞赛步枪射击取得第二、综合排名第四，实现历史性突破。突出正规抓勤务。开展“执勤隐患大排查、执勤岗位大练兵”“抓规范、打基础、治隐患、保安全”两项活动，打造玉屏、二中队正规化执勤试点，制定《执勤值班实施细则》、编印《正规化执勤图册》，投入经费新修中队自卫哨岗楼，改造执勤岗楼，更换老化线路1000余米、钢网墙刀刺网500余米、摄像头50余个，制作8个中队模拟监区，安装断电报警装备，配齐多条助勤犬，治理执勤硬隐患35处，严肃问责执勤违纪人员9名，正规化执勤质量不断提升，处置在押人员企图脱逃事件1起。紧跟形势抓备战。按照“三场维稳战役”总体安排，贯彻广西战备工作会议精神，结合铜仁市社会形势，突出“六四”“7·5”等敏感时期，召开执勤战备动员部署会5次，针对性集中开展战备教育4次，与公安、国安加强情报信息互通，精细规范、落实各项执勤制度，多次组织紧急拉动演练，投入200余万元购买侦察设备、应急装备车辆和抢险救援器材，确保“两个不经、一个保持”落在实处。

【依法从严治军更有质量】着眼拉近现实差距，坚持依法从严治军带兵，提升正规化建设层次。作风纪律抓严实。着眼解决部队作风养成松懒、精气神欠缺、法规意识淡化、能力素质恐慌等现实问题，从机关干部早操、留营住宿、警容风纪检查、值班等制度抓起，从官兵日常养成、着装仪容、行为举止、细微习惯等严起，坚持课堂上学、操场上练、工作上纠有机结合，常态开展“练养成、蓄内涵、强素质”活动和集中开展士官队伍作风纪律、“爱岗尽责、遵规守纪、模范带头”教育整顿，官兵精气神、骨干表率作用得到加强。把基础设施抓精致。学习借鉴兄弟单位正规化管理试点经验，组织参观总队正规化建设成果，编印下发《正规化管理图册》、拟制《参观成果转化实施方案》，大到一室一库设置，小到一物一品摆放，坚持做到一个标准、一个样子；聚力补齐硬件基础这个短板，对一些基础设施欠账多、急需解决的，着眼长远改善，投入经费改建机关及玉屏、印江、万山、沿河、松桃、德江、二中队营区环境，使营院更加规范有型。把安全稳定抓托底。在部队调整改革实质启动之年，保证安全稳定就是讲政治顾大局，不困疏忽安全而给部队建设造成硬伤。专题学习总部、总队安全工作电视会议上精神，制定《落实武警部队八个方面安全基本工作规范》，紧盯动员、教育、检查、整治、巩固五个环节开展“学规范、用规范”“思想大清查、隐患大排查”“百日安全竞赛”、安全隐患大排查、枪支弹药管理专项整顿、车辆运行秩序整治等活动，党委机关重心下移、到一线检查督导、筛除隐患，投入经费安装防护栏、防护网、防护窗，营门防冲闯设施，检测各单位防雷设施，整治二中队钢网墙和教导队、沿河中队老营房，安全基础进一步托底。开展新兵“三查”工作，退兵1人，确保不留一个隐患、一个包袱。

【基层建设底蕴不断厚实】深入学习贯彻习主席“四个坚持扭住”指示、武警党委1号文件，改进工作指导，提高抓基层打基础质量。扭住关键固强堡垒。集中开展学习贯彻《纲要》集训，严格“三个必考”（晋职必考、集训必考、每季度必考），干部按纲抓建能力和军事技（体）能有提升。落实挂钩帮建责任制，提高党委常委蹲点帮建覆盖率，下派5批工作组93人次蹲点、8人当兵代职，提升支部“三个能力”。编印《基层组织工作实践规范》，以“两学一做”为抓手开展“学手册、用手册”活动，在规范有效的党内生活中挺起党性原则、立起党员标准。改进方式精准发力。按照总队党委“破解难题、补齐短板”决策部署，支队不等不靠，找准着力点和突破口作为，拟制精准帮建实施计划，明确主官对口帮扶后进单位、常委包2个中队，落实8项帮建任务、“一队一策”帮建措施、“三项指标”，确保精准帮建摆上位、抓到位；坚持软硬并重高位推进玉屏、德江、石阡、碧江4个窗口中队建设，重点精准帮建江口、松桃、印江、勤务4个连续5年以上后进中队，确保全面建整体上。紧盯末端问责增效。瞄着问题去、追着问题走，拟制《现场季度讲评暨半年“双向讲评”实施方案》，先后在玉屏、德江中队开展现地讲评，采取到一线听取“四个人人会讲”、现场参观、现场研讨、现场讲评、现场办公等方式揭露矛盾、解决问题，确保取长补短、共同提高；运用《基层经常性基础性工作落实细则》，每周固定编班行政督查，加大实地检查力度、扩大检查覆盖率，现场发现解决问题，每周交班会通报情况，帮助基层把形势分析透、把问题整改实、把工作落实好，形成上令中通末端落实的闭合回路，确保工作更加规范、更重质量。

【现代后勤建设持续加强】树立“后勤变前勤”思想，推进“建、管、保、改”重点任务。增强后勤队伍素质。组织军械员、炊事员、卫生员、驾驶员培（复）训，落实每月司务长集体办公和业务学习制度，着眼强化规矩、程序、公正意识抓好理论学习、思想教育，增强后勤队伍综合素质。提升服务保障质量。修订完善《经费资产管理实施细则》《物资采购实施细则》《基层财务管理八项措施》，开展“八节”“伙食精细管理年”活动，推行“1126”“6211”伙食保障模式，开展财务清查、枪弹普查，组织干部家属体检，协调推进城区部队官兵医疗补助纳入地方财政预算。硬实应急保障能力。按照军民融合式发展要求，与血站及药业公司签订供血用药等保障协议，建立军地协调、需求对接制度体系；完善应急保障预案，加强“一组五队”应急训练，投入经费完善战备物资，提升应急保障水平，参加总队后勤检验性竞赛战勤专业取得第三、军械第二。拓展营区发展空间。为解决营院空间利用不足，改变多年没有改变的现状，科学规划、合理布局，拆除沿河中队老营房、拓展松桃中队营区空间，推进机关及沿河、思南、江口、松桃等迁建工作，持续优化官兵住用训环境。

【武警铜仁支队全面从严治党不断加强】以“两学一做”学习教育和民主集中制度学习为抓手，树立看齐追随意识，推进从严治党、依规治党。注重从理论武装上强化思想领先。把学习贯彻习主席系列重要讲话、古田全军政工会“下篇文章”和三级党委扩大会议精神作为一项重要的政治课程，落实“五学规定”和党委中心组理论学习制度。先后7次召开常委会学习习主席系列讲话、总部首长视察总队重要讲话，党委领导带头上课8次，制定11项措施、6个配合活动推进“两学一做”学习教育，提高思维站点、强化看齐意识，班子成员撰写理论文章40篇，在中央二类以上报刊发表理论文章6篇，参加总队师团职干部理论轮训有5篇文章评为优秀。注重从民主集中上巩固核心领导。制定《加强和改进党委自身建设措施》《党委常委会议事决策细则》《首长办公会议事决策细则》三个规范性措施，严格根本制度落实、坚持党性原则议事、发扬民主科学决策，会前征求意见、会中依法决策、会后及时公开，研究提升干部、调整使用、晋升警衔，选送技术学兵，推荐学员苗子，选取士官，审议通过大项工程建设、大宗物资采购，群众认可、上下满意。注重从廉洁自律上纯净生态环境。严格落实“两个责任”和“一岗双责”强化纪律监督、执纪问责，利用周三法规学习日传达上级处理违纪通报、开展经常性反腐倡廉警示教育，按照“六个肃清”要求全面抓好涉周薄徐郭等文件资料清理，教育引导官兵从思想上、政治上、行动上彻底肃清流毒影响。建立完善网上纪检网、“一栏三箱”，重大节日编发廉政短信，开展财务复查，清查纠治问题上百个，处理违纪违规干部2名，把党要管党、从严治党、依法依规治党要求落实得更加坚决有效，营造政治上的绿水青山，使官兵更有“获得感”。

【武警铜仁支队召开党委四届十一次全体（扩大）会议】3月8日至10日，铜仁支队召开党委四届十一次全体（扩大）会议。会议传达贯彻总队党委四届八次全体（扩大）会议精神，回顾总结2015年工作，对2016年工作进行安排部署，表彰2015年度先进单位和个人。中共铜仁市委常委、副市长杜元虎出席会议并讲话。党委书记、政委陈存杰代表支队党委常委会向全会作出题为《练兵备战强能力 精抓细建上质量凝心聚力加快实现“先进梦”》的工作报告。党委副书记、支队长杜光永做出题为《把握机遇 补齐短板加快推动部队全面建设上台阶上层次》的讲话。

【武警铜仁支队召开党委四届十二次全体（扩大）会议】8月19日，铜仁支队召开党委四届十二次全体(扩大)会议。支队党委书记陈存杰代表党委常委会作出题为《乘势发力 强基创优在齐心协力苦干实干中实现“先进梦”》工作报告，党委副书记寇徽作出题为《更新思维观念 提升工作标准以有力举措务实作风实现全面进步全面过硬》的讲话。会议号召全体官兵紧扣总队党委“稳中求进、进中求精、精中求优”主基调，落实“顾大局、守底线、抓落实”决策，坚持“乘势发力、强基创优”目标要求，紧紧围绕“六抓”工作思路，齐心协力，苦干实干，精抓细建，全力实现“先进梦”。

【武警铜仁支队官兵代表到“共青林”参加植树活动】 3月4日，支队官兵响应铜仁市委发出“桃园铜仁，绿动青春”为主题的绿色希望工程倡议，热心捐款共计16342元，认捐“共青林”0.22公顷。3月12日，支队派出12名官兵代表到玉屏自治县亚鱼乡杨家坪“共青林”现场植树。

【武警铜仁支队完成德江炸龙机动备勤】2月23日元宵节，是德江县城一年一度的炸龙节，根据市委、市政府的安排部署，支队派出官兵、出动车辆协助公安机关担负炸龙节时的机动备勤任务。全体官兵固结协作，依法执勤、文明执勤，耐心劝说和疏散拥堵人群，连续作战12个小时，完成执勤任务。

【武警铜仁支队参加“7·4”“7·20”抗洪抢险救援】 7月3日晚至7月4日6时，铜仁市碧江区、万山区、玉屏自治县出现特大暴雨，铜仁城区低洼路段水深达3米，截至7月5日16时，造成铜仁市碧江区、万山、江口、玉屏、印江5个区县多处山体滑坡，倒塌房屋2188间，因灾死亡20人、失踪15人。接到市委、市政府用兵请求后，支队经向总队报告，获批准后参与救援，共动用兵力282人次，车辆16台次，受领任务4起，共参与8个点抗洪抢险救援任务。在支队蹲点的总队政治部副主任刘超到万山区大坪乡现场指挥抗洪救灾，支队长寇徽、政治委员陈存杰、副支队长胡智成、参谋长胡华俊、政治处主任杨雁冰分别带队到8个救援点进行救援。任务中，挖掘搬运遗体8具，转移抢救伤员4人，疏散转移受灾群众209人，清理商铺33间，转运物资13吨，转移浸水车辆32台，清理淤泥130余立方米，为受灾群众运送食物0.50吨，清理沿河栈道50余千米，7月6日22时15分完成救援任务。

7月19日22时至20日6时,铜仁市、江口县、印江自治县持续降雨，降雨量达100毫米。7月20日5时25分，在接到江口县德旺乡堰溪村村民遭洪水围困、3人失踪，需支队派兵救援的请求后，支队值班室立即电话向总队值班室请示，批复后，支队长寇徽于5时35分命令江口县中队中队长冉伏强带领中队10名官兵先期赶赴现场进行救援。同时，指派参谋长胡华俊从支队出发赶赴现场指挥救援行动。经过7个小时奋战，安全转移受困群众28户75人，抢运生产生活物资20余吨，搜寻搬运遗体1具。14时20分，根据现场指挥部指示，救援官兵完成任务组织撤回，于14时56分安全返回中队。

7月20日6时20分，在接到印江自治县紫薇镇大圆子村苏家坡组发生山体滑坡，一民房垮塌，房中有11人，3人死亡、2重伤6轻伤。了解情况后，支队值班室立即电话报告总队值班室请示，批复后，支队长寇徽于6时30分命令印江中队中队长简政带领中队15名官兵先期赶赴现场救援。同时，支队长寇徽从支队出发赶赴现场指挥救援。由于沿途多处山体滑坡，救援官兵采取摩托化开进与徒步开进相结合的方式边清理道路边开进，10时40分到达救援现场。经过近3小时的奋战，抢救8名伤员送往当地医院救治，转移3具遗体至县政府。根据现场指挥部指示，16时00分，救援官兵安全返回中队。

【武警铜仁支队完成铜仁监狱“11·23”在押犯转移的武装押解勤务】 11月23日，在总队副参谋长陈松兵指挥和支队长寇徽组织下，支队动用兵力和车辆，携带各类武器，与铜仁市公安局行程230千米，完成铜仁监狱在押犯转移的武装押解勤务。

【武警铜仁支队扶贫帮困】 为实现好总队党委首长精准扶贫松桃自治县大坪场镇的决心意图，支队先后11次调研论证，派出1名干部长期驻村，协调省集团帮扶资金500万元助推大坪场高效农业园区建设项目落地，为镇完小协调教育专项经费40万元，组织官兵爱心捐款2.40万元，投入40万元建设村委党建活动室、敬老院文体活动室、乡村幼儿园、镇完小网络学习室，发放5万元慰问特困群众、困难党员12户，出动240余人次种植1.33公顷万寿菊、清除枇杷种植基地杂草0.33公顷、医疗义诊40余人，组织开展国家扶贫日系列帮困活动。

【处置执勤事件】 2月5日12时17分，铜仁市碧江区看守所一名监管羁押对象在2名民警押解外出体检返回碧江区看守所途中，趁1名民警录入指纹申请开A门之机，突然推开另外1名押解民警后沿中队后侧道路向正兴路方向（中队大门东侧）逃跑。碧江区中队监门哨哨兵李乐福兴（下士）发现后立即报警，加强警戒；前置3人应急小组迅速领取器材进行追击；中队接报后立即按方案展开行动。中队长带领应急班沿逃犯逃跑方向施追击，12时18分，中队战士袁朝森、张亚洲在距中队大门100米处将逃跑人员抓获，中队其他人员随后赶到将共犯控制。

【武警玉屏自治县中队荣立集体二等功】 2016年，玉屏自治县中队在总队年度考核总评优秀，被总队表彰为基层建设标兵中队，荣立集体二等功。全年，中队先后出动兵力100余人次担负敏感时期军警联勤巡逻、武装设卡、“7·04”田坪镇岩屋口村抢险救灾、“10·05”平溪街道七里塘村山林火灾救援等任务，解救群众2人，搬运遗体2具，挽回经济损失数十万元。

【武警铜仁支队一中队获多项荣誉】 2016年，一中队在总队年终考核军事训练等级总评为一级，参加总队特战预备队员集训获得总队第三名，总队特勤排比武团体第四名，步枪综合射击、后勤军械第二名，支队小乐队比赛获第二名，多人考取士官院校、铜仁市公安局应急中心，指导员刘冬冬荣获总队十佳“四会”政治教员、优秀党务工作者，战士胡志琦荣获团省委优秀团员，班长茶建国荣获铜仁市首届十大法治人物，“7.05”铜仁抢险救灾中中队获集体三等功一次，全年中队5人荣立个人三等功，3个季度被支队表彰为先进基层中队，党支部连续3个季度被支队表彰为季度先进党支部，团支部被表彰为铜仁市红旗团支部。

【武警贵州总队后勤部部长张晓华慰问铜仁支队】2月2日至3日，总队后勤部部长张晓华到支队，代表总队党委首长对一线官兵进行春节慰问，并对支队机关、基层中队等单位的安全管理工作进行检查指导。

【武警贵州总队政委韩云鹏到铜仁调研】4月9日，总队政委韩云鹏到支队沿河、德江、石阡中队实地检查调研。

【武警贵州总队政委韩云鹏到铜仁调研时提出要求】6月22日，总队政委韩云鹏到支队检查调研。肯定支队班子建设和部队全面发展的同时，指出下半年工作要着力突出“五个注重”：一是注重不断拓宽视野，更新思想观念；二是注重抓经常打基础，夯实发展根基；三是注重抓规范、抓精细，提升建设质量；四是注重强能力、抓中心，确保任务完成圆满；五是注重稳思想、守底线，确保部队高度集中统一。韩政委特别强调，要接续坚持“稳中求进、进中求精、精中求优”工作基调，把住“稳字当头、实字为要、重心下移、破解难题、补齐短板、促进发展”工作要求，用好“规范化干工作、经常性促养成、精细化抓落实”工作抓手，补齐“思想观念、标准质量、部队基础”三个短板，牢记部队是抓出来的、工作是干出来的、标准质量是研究出来的，树好玉屏、德江两个样板，敢担当善作为，结合支队实际创造性落实上级指示要求，推动支队全面建设，早日实现先进梦。

【武警贵州总队司令员华荣林到铜仁支队调研】8月23日至24日，总队司令员华荣林到支队检查调研。华荣林指出，要注重把握后发优势，抢抓机遇、乘势而上、顺势而为，聚焦总队党委工作思路，聚焦正风肃纪，聚焦抓基层打基础，更新观念，转变思维方式，提升工作标准，切实跳出铜仁看铜仁、跳出支队看支队，以“先进梦”的目标牵引部队全面建设发展，尽快跨入先进行列。华荣林对下步工作指示，一要在聚焦党委全会精神中推进下半年工作。一是注重统筹，二是突出重点，三是狠抓落实。二要在聚焦看齐追随中坚定政治方向。一是抓学习，二是抓教育，三是抓载体。三要在聚焦练兵备战中提升打赢能力。一是抓战备；二是抓执勤；三是抓训练。四要在聚焦安全稳定中牢牢守住底线。一是要着重做好人的思想；二是要落实规章制度；三是要搞好隐患排查；四是要增强各级干部的责任心和事业心。五要在聚焦反腐压力传导中正风肃纪。一是强化政治意识。二是强化法规意识。三是强化执行意识。六要在聚焦自主抓建中强化执行力。一是强化执行的高度自觉；二是强化执行的力度硬度；三是强化执行的落地到位。

【武警贵州总队政委到松桃中队调研】11月20日至21日，总队政委韩云鹏莅临支队检查调研，并深入松桃自治县中队，检查指导中队勤务工作、农副业生产及官兵文体生活情况。期间，韩云鹏还看望慰问了贫困学生刘洋给予资助和鼓励。

【武警贵州总队司令员到铜仁支队检查】12月8日至9日，总队司令员华荣林莅临铜仁支队检查调研。（陈慧洋）

人民防空交通战备

【概况】2016年度，铜仁市人民防空和交通战备建设实现新发展、迈上新台阶。铜仁市被省国动委表彰为“全省人民防空先进城市”；铜仁军分区司令部和德江县、思南县人防办被省国动委表彰为“全省人民防空先进单位”。市人防办信息保障中心副主任黄志镔被国家人防办表彰为“全国人民防空先进个人”，市人防办工作人员吴永高、沿河自治县人防办工作人员付朕被省国动委表彰为“全省人民防空先进个人”。

【突出工作重点，人民防空和交通战备建设取得新成效】一是规划工作取得实质性进展。市中心城区人防工程规划通过城规委审查，沿河自治县人防工程规划通过审查并组织实施，思南、玉屏自治县完成人防工程规划编制（草案）；完成市中心城区和思南、玉屏、沿河自治县人民防空袭方案（送审稿）编制。二是指挥通信建设实现突破性进展。投资580万元建成人防地面应急指挥中心信息系统；投资23.10万元完成市辖两区（碧江区、万山区）18台人防音响警报器和1台警报器统控设备改频升级，举行“9·18”全市人防音响警报器试鸣演练。抓实人防训练工作，组织人防机动指挥所开展应急训（演）练50余次。三是重要经济目标防护工作不断加强。市人防办、发改委建立重要经济目标防护共商制度，健全完善全市二级以上重要经济目标防护方案。四是人防工程建设和易地建设费征缴推进。收缴易地建设费2303.47万元。五是人防工程质量监督和安全管理力度继续加大。年内办理8个项目的人防工程质监手续，组织验收4个防空地下室工程，对全市在建、已建10个项目开展49次质监巡查，无质量事故发生。加强平战结合使用工程常态管理，确保人防工程安全无隐患。规范市辖两区避难场所设置，统一标识牌。六是依法行政工作扎实推进。做好规范性文件的“立改废释”，拟定《铜仁市人民防空工程建设维护管理实施细则》并报市政府法制办审定；加强人防执法队伍素质建设，举办全市人防行政执法工作业务培训班。市、县人防办加大对人防工程建设及易地建设费专项清理，查处违法行为。全市人防系统无行政审批不规范行为、无行政执法过错行为，未发生干部职工职务犯罪。七是交通战备和火箭落区工作有序开展。完成市境内高速公路战备勘察及数据统计上报；联合铜仁公路管理局举行2016年公路交通突发事件战备钢架桥架设应急抢险演练。基层添置电声警报器11台和手摇式警报器40台，满足预警应急要求，完成指令工作任务。八是人防宣传教育工作深入开展。结合“5·12”防灾减灾日、安全生产月、“9·18”国防教育日、“10·29”《中华人民共和国人民防空法》颁布20周年纪念日以及《国防交通法》即将颁布实施等时机，市、县人防办开展人防宣传活动，发放宣传资料15000余册，受教育群众10万余人次。

【强化素质建设，人防机关工作效能提升】市、县人防办把开展“两学一做”学习教育作为一项重要政治任务，精心组织、严格落实，加强班子和党员队伍建设。坚持党风廉政建设与人防、交通战备的各项工作同研究、同部署、同落实，推进“两个责任”落实到位，全市人防系统没有发生干部职工违纪违法行为。推进机关作风效能建设，机关规范化建设水平有新提高。推进民心党建、精准扶贫等工作，争取省发改委立项解决帮扶村人行便桥建设资金30万元，办机关解决帮扶资金7万元。

（林铁根）

法 治

政法委及综治

【概况】2016年，铜仁市各级政法机关以维护国家安全和社会稳定为总任务，以“三升一降”为目标，以平安铜仁建设“五项行动”为载体，改革创新，破解难题，补齐短板，取得“五升五降五零发生”的成绩，政法多项工作，得到各级领导批示肯定，创造的工作经验在全国全省推广。2016年，铜仁市安全感为97.55%，满意度为97.54%，连续5年保持群众安全感、满意度持续攀升且在95%以上。政法工作综合考评全省第一名，其中，综治工作、维稳工作、涉法涉诉信访等获得全省一等奖。

【强化对敌反恐，维护国家安全取得新成效】完善对敌斗争情报获取和预警打击防范机制，扩大国家安全人民防线，创建无邪教乡镇165个。时任中央政法委书记孟建柱在全国社会治安综合治理创新工作现场（南昌）推进会上肯定石阡县“以精准扶贫为引领，以治愚反邪为抓手”无邪教创建工作模式。完成重大活动安保维稳任务79次，重大安全警卫任务16次。完成沿河自治县“6·20”特大洪灾和万山“7·4”洪涝灾害等抢险救援任务。

【强化多元化解，风险管控水平实现新提升】建成投资项目风险评估在线审批监管平台，审理推送项目1758件，实现稳评工作数字化。建设矛盾纠纷多元化解矛盾纠纷多元调处中心、诉调对接工作中心、公共法律服务中心、专业性人民调解委员会、心理疏导服务中心“五大平台”。健全完善人民调解组织3227个，开展重大矛盾纠纷和信访问题攻坚战，全市排查矛盾纠纷13161起，调处成功12816起，调处成功率97.30%。

【强化“五项行动”，平安建设水平迈上新台阶】为期两年的平安建设“五项行动”硬化背街小巷693条，亮化939条。新增监控探头4000个、卡口200个。组建专职巡防队伍32支2409人，城区（乡镇）兼职巡防队伍203支3657人，村（社区）义务巡防队伍3115支29492人。创建零发案小区1032个。创新“党政领导主责、教育防范先行、打击查堵前移、戒治康复无缝、安置帮教多元”禁毒链条式管理模式，各区（县）均建成禁毒警示教育基地，社区阳光服务中心实体化运行，管控服务社区戒毒、社区康复人员3165人。“阳光企业”12家安置504人。校园安全稳定“456”工作模式在全省推广。

【强化数据引领，执法司法规范实现新跨越】启动铜仁平安警务云建设，加快推进综治中心信息平台建设。开通12368诉讼服务热线，推进审判流程和执行信息网上查询，全市法院文书上网5137份。执行成效位居全省前列，执行信访率全省最低。加强检察统一业务应用系统升级改造。落实查办职务犯罪同步录音录像制度。搭建“6995”十户联防信息平台，构建市、县、乡、村四级综治信息化体系。推进互联网+新型警务模式，公安行政服务管理APP全部上线运行。

【强化夯实基础，基层社会治理展现新气象】市第十六中学（即300人数规模的育新学校）首期开班招录42名不良行为未成年人。碧江区关爱留守儿童“1234工作法”在中央电视台专题报道。建立刑释解戒人员安置帮教基地30个，安置1475人。落实重性精神病人救助制度，思南“六条措施”在全省推广。创建省级精品民主法治示范村25个，培训法律明白人7860人。普遍建立市县乡公共法律服务中心，建立法律援助工作点3051个，受理法律援助2596件。开展律师行业“六个一”活动，组织63名党员律师进驻贫困村参与精准脱贫。办理各类司法鉴定998件、公证3685件。“平安家庭”“平安村寨”“平安社区”等创建率达95%以上。铜仁市第二届见义勇为表彰大会在花果山人民会堂召开，表彰见义勇为先进人物31名，开展“市十大法治人物评选”活动。

【强化创新驱动，政法改革工作催生新动力】推进员额制和司法责任制，遴选员额法官210名、员额检察官186名。轻刑快审改革平均结案天数6.50天，当庭宣判率96%，服判息诉率100%。家事审判改革化解家事纠纷18378件，调撤率79.20%。行政案件相对集中管辖改革助推法治政府建设。立案登记制改革当场登记立案率达95%。公益诉讼试点改革受理公益诉讼案件线索138件，全部进入诉前程序。禁毒链条式管理列为2016年全省深化改革优秀案例。公安“大部门大警种制”“主办侦查员制”、公安行政管理改革，提升打击犯罪水平。松桃公安“三署三中心一纪委”改革经验获《公安内参》刊发推广。印江公安“四化”模式推进主办侦查员改革获《贵州改革工作动态》推广。

【强化严管厚爱，树立政法队伍新形象】在全市政法机关中开展“两学一做”学习教育和“三强三铁”主题教育，政法队伍建设“6543”工作机制，采取思想引导在前、监督制约全程、管理规范精细、考核问责从严的队建模式，形成忠诚教育铸魂、使命担当立身、公正执法树形、廉洁自律固本、改革创新提质的经验在全省推广。办好维护群众身边公平正义“十件实事”，实行政法委委员联系帮扶边远接边村。制定落实政法领导干部严格外出报备、严格请示报告、严格述职述廉、严格家风教育、严格八小时外监督的“五项严格要求”。全市政法机关涌现出117个先进集体，701个先进个人和英雄模范人物。市中级法院田芳荣获“全国法院先进个人”，碧江区法院赖桑荣获“全国模范法官”、江口县司法局晏琴荣获“全国优秀公证员”。市公安局龙靖、陈思思荣登中国好人榜。消防支队贺兵入选2016年全国向上向善好青年，陈思思、肖祥、贺兵入围第五届贵州省“明礼知耻”道德模范候选人。

（市政法委办公室）

法治政府建设

【概况】2016年，铜仁市依法行政领导小组及其办公室在依法行政重点领域和关键环节取得突破，创新政府法制工作举措，运用法治思维和法治手段推动发展、化解矛盾的能力不断提升，依法行政各项工作推进，法治政府建设取得成效。2016年铜仁市依法行政工作在全省目标考核中位列一等次，获副省长陈鸣明书面褒扬。市政府法制办在全省政府法制工作会上作工作经验交流发言。

【组织保障】强化依职行权。在市政府按照省政府印发的《贵州省2016年依法行政工作要点》《2016年贵州省政府法制工作要点》的要求，结合铜仁市具体实际，制发《铜仁市依法行政工作要点》《铜仁市政府法制工作要点》，以深化行政审批制度、行政执法体制改革、提升制度建设质量、强化行政执法监督、依法行政试点示范带动等为重点，狠抓全市各级各部门权责清单梳理、公告，强化依职行权，推动法治政府建设。

推行政府和部门述法工作。根据省政府的要求，市政府决定碧江区政府、沿河自治县政府、市卫计委、市食药监局、市规划局、市水务局等首次向市政府进行述法，促进全市各级政府和部门领导干部依法行政能力的提高和意识的提升。

开展对各（区）县政府和市直部门依法行政目标考核。采取平时台账和年终检查相结合进行全过程考核，发挥考核评价对依法行政的推动作用。

推进依法行政。为发挥示范带动作用，助推铜仁市依法行政再上新台阶，市政府自2015年起在思南、玉屏两县开展为期2年的依法行政示范县创建工作，两县政府主动把握机遇抓落实，通过创建工作开展，实现两县领导干部法治意识提升，运用法治思维解决矛盾纠纷能力增强，制度建设质量提高等成效，2016年年底通过市政府的验收。

【行政审批制度改革】开展行政审批事项清理。取消非行政许可事项。经清理，市级原实施的83项非行政许可审批事项，取消8项，转行政许可26项，转行政确认1项，转内部管理19项，转其他类29项。落实国务院和省政府下放、取消和调整的行政许可事项，市级承接省级下放15项（含省级委托实施10项），取消21项，市级下放21项，转变管理方式12项，共计保留284项（含非行政许可转行政许可26项）。

推进商事制度改革。铜仁市探索“五证合一、一照一码”改革工作，实施注册资本认缴制，放宽企业住所（经营场所）登记条件，推行“一址多照”“一照多址”“先照后证”，启动电子营业执照试点工作，推进以电子营业执照为支撑的网上申请、受理、审核、公示、发照等全程电子化登记管理方式，服务效率得到提升，市场活力得到释放。自2015年启动商事制度改革以来，全市市场主体突破19.14万户，新增市场主体跃居全省第二。

启动企业简易注销登记改革。出台《铜仁市企业注销登记简易程序规定（试行）》，率先在全省开展企业简易注销登记试点改革工作。通过简化登记程序、整合登记材料和缩短公告时间，使企业注销登记办结时间由2个月缩短为12天，从制度上解决企业“进门容易出门难”的问题，实现市场退出便利化。

推进基层便民服务中心标准化建设。为解决服务群众“最后一公里”的问题，全市各区县按照《关于开展乡镇(街道）和村（社区）便民利民服务中心示范点标准化创建工作的通知》的要求，建成174个乡镇（街道）、1595个村（社区）便民利民服务中心。

强化权责清单的动态管理。市政府在2015年市直各部门完成梳理公告的基础上，根据法律法规的立改废释和部分行政机关职能调整情况实行权责清单动态管理，审定调整市发改委等15个市直部门权责清单共88项；全市10个区、县政府工作部门及乡镇政府（办事处）权责清单编制工作全部完成并公告。

【制度建设】完善政府立法体制机制。为正确行使地方立法权和为规章制定工作提供制度保障，市政府出台《铜仁市人民政府规章制定办法》、审定通过《铜仁市人民政府2017—2021年立法规划及2017年立法计划》，并把《铜仁市违法建筑查处办法》列为市政府2017年度第一部规章草案。同时，配合和参与上级政府、市人大的立法工作，参与省政府、市人大常委会29件法规规章征求意见讨论。

市政府加强对行政规范性文件的管理。市政府全年出台18件规范性文件，均经过市政府法制机构合法性审查，并向省政府、市人大常委会报备，对各区、县及市直部门报备的65件规范性文件开展备案审查。市政府组织各（区）县政府、管委会和市直部门开展规范性文件清理，共清理1002件（其中市级保留129件、修改14件、废止28件、宣布失效22件，各区、县、高新区、开发区上报保留436件、修改21件、废止80件、宣布失效272件），确保政府规范性文件的时效性和合法性。

完善法律顾问工作机制。市政府法制办开展调研，针对部分法律顾问有名无实和聘用机关顾而不用等问题，在全市建立法律顾问制度的基础上，草拟并提请市政府审定出台《铜仁市市级行政机关法律顾问工作管理办法》，从制度上规范政府法律顾问工作。

【行政执法体制改革】推行综

合执法，提高执法效果。市政府出台《铜仁市综合行政执法试点实施意见》《铜仁市人民政府联合执法工作制度》，在思南、玉屏自治县开展乡镇跨区域联动执法试点，解决基层执法力量不足等问题，市直相关部门在涉及维护市场秩序、城市管理等领域推行部门联合执法，打击违法行为，维护正常市场秩序。

改革城市管理综合执法体制机制，科学合理划分事权。市政府制定出台《关于深入推进铜仁市城市执法体制改革改进城市管理工作实施方案》，确定主城区按照“市属区管区用”的方式设市级城市综合执法局，向区派驻城市管理分局和综合执法大队，各县按照“两块牌子、一套人马”的方式，设立城市管理局和综合执法局的管理体制，并将规划、环保、公安交管等8个部门的部分行政处罚权划属综合执法局实施，以强化对城市的统一管理。同时，按照“重心下移、属地管理、权责一致”的原则，出台《铜仁市城市综合执法和环卫管理事权划分方案》，将主城区市级城市管理权限下放，建立市区城市管理和环境卫生良性运行的工作机制，城市管理成效得到提高。

【行政执法监督】1. 认真开展行政案件评查，提升执法能力和水平。市政府法制办组织对全市行政执法系统2015年7月至2016年6月按照一般程序办结的行政处罚、行政许可两类案卷进行评查，共评查8个区县、15个市直部门51宗案卷，其中行政处罚案卷28件，评出一等卷20件，二等卷5件，三等卷3件；行政许可案卷23件，评出一等卷15件，二等卷4件，三等卷4件，通过案卷评查行政机关的办事能力和执法水平得到提升。

开展严格规范公正文明执法专项行动。市政府法制办制定印发《关于开展严格规范公正文明执法的实施意见的通知》，并组成检查组对市卫计委、城管局、食药监局等7部门开展行政执法监督检查，有效提升执法质量。全面推行“双随机、一公开”以市工商局、市质监局、市食药监局、市环保局为试点，建立了检查事项目录清单、执法对象目录清单、执法人员库，出台《随机抽查制度实施细则》等，通过随机抽取执法人员、执法对象开展随机事项检查的方式对行政相对人开展事中事后监管，创新市场监管方式，提高行政服务质量，取得良好的社会效果。

强化行政执法和监督人员资格管理。全年市政府法制办与民政、旅发委、林业、住建等部门举办4期共计800余名执法人员参加的申领执法资格证培训班，确保执法人员主体合格。为提高铜仁市行政执法监督人员素质和执法水平，市政府法制办组织全市从事行政执法监督人员83人，分批到省政府和重庆西南政法大学进行了学习培训。

【法律顾问】推进政府法律顾问制度。为确保行政决策的科学、合法，降低行政决策风险，市政府要求有条件的乡镇要推行法律顾问制度。2016年，全市各级各部门共外聘法律顾问284人，其中乡镇法律顾问73名，外聘顾问费用总计476万余元。

开展法律顾问业务培训。为提升铜仁市政府法律顾问在新形势下的工作水平，市政府法制办组织全市各级各部门100余名分管负责人、法规科负责人及法律顾问举办“努力做好新形势下的政府法律顾问工作”专题培训，各级各部门法律顾问工作水平提到提升。

发挥法律顾问的参谋助手作用。市政府法制办全年共审查政府性合同（协议）120件，完成市委、市政府交办的涉法事务139件，参与法律咨询论证155次。

【行政复议】深化行政复议委员会试点改革工作。市政府复议委员会办公室按照《铜仁市全面推行区县人民政府行政复议委员会试点工作的通知》（铜府办发〔2015〕100号），要求各区县全面推行行政复议委员会试点工作，2016年，各区、县全面推行行政复议委员会改革试点工作，行政复议制度的公信度和政府公信力得到提升。

依法办理复议案件。全市共受理复议案件216件，办结206件。其中市政府复议办全年共受理行政复议案件83件，审结73

件，市政府全年共召开复议委员会议决会19次，议决案件35件。受理、审查、办理结果在市政府法制信息网上全部实行公开，依法接受监督。

严格落实行政机关应诉工作机制，依法履行人民法院裁决。全年铜仁市各级行政机关依法办理行政应诉案件，按时答辩，依法出庭应诉，自觉履行法院生效判决。据统计，全年全市行政机关出庭应诉227起，负责人出庭应诉96起，应诉率为42.30%。碧江、万山区政府、市人社局等部门主要领导出庭应诉，取得良好的社会效果。

【全市政府法制系统机关自身建设】一是全市政府法制系统按照全面从严治党要求，加强机关党的建设、思想政治建设、组织建设、作风建设，抓好机关党风廉政建设和反腐败斗争，落实党组主体责任，深化“两学一做”学习教育成果，通过开展县级领导包村、干部驻村工作抓好脱贫攻坚，学习型、创新型、服务型机关建设成效明显，为推进依法行政提供组织保障。二是争取党委、政府的领导和支持，市委、市政府在10月份为市政府法制办配齐领导班子，思南、印江、松桃等区县法制办主要负责人进行交流任职，全市政府法制机构和队伍建设得到加强。三是开展研究问题破解难题竞赛活动，丰富干部职工工作内涵。根据全市关于深入开展研究问题破解难题竞赛活动的工作安排，市政府法制办成立调研组，办班子成员领题分组开展调研，撰写的《铜仁法治政府建设的动力调查》获2016年铜仁市政府系统优秀调研成果一等奖。

（市政府法制办　宋强　杨琼）

公　安

【概况】2016年，全市公安机关围绕市委、市政府两大战略行动和四大跨越工程，紧扣提升群众安全感、群众满意度、执法公信力、降刑事发案“三升一降”目标，弘扬“忠诚为民、实干争先、公正廉洁”新时期铜仁公安精神，创新禁毒链条式管理，推进公安改革和“四项建设”，打好“十大攻坚战”，提升公安工作和队伍建设数据化、精准化、法治化水平，全市公安工作目标综合考评排名全省第三名。保持“六升六降六零发生”态势。群众安全感97.55%，同比上升0.29个百分点，全省排名第二；群众对公安机关的满意度95.94%，同比上升0.34个百分点；破获刑事案件数上升17.77%；破获“两抢一盗”案件数上升30.35%；破获经济犯罪案件数上升6.73%；查处治安案件数上升18.54%。刑事发案下降6.56%；命案下降35.55%，至历史新低，玉屏自治县零命案；八类犯罪案件下降10.80%；“两抢一盗”案件下降9.90%，出现新拐点，万山区零“两抢”；毒品犯罪案件下降6.35%；民警违纪违法人数下降81%。政治案事件、暴恐案事件、群体性事件、舆情炒作事件、重大恶性案件、群死群伤安全事故零发生。碧江分局凉水井派出所获全国公安机关执法示范单位，石阡县公安局获防邪反邪工作全国先进集体，印江自治县公安局获全国2016年度现场勘查优秀单位，德江县公安局摩托车防盗智能报警系统获全国公安机关改革创新大赛铜奖。禁毒链条式管理、命案精准侦防、重大案件侦破、防恐反邪维稳、应急处突抢险、重大警卫安保等工作获夏庆丰、谌贻琴、刘远坤、郭瑞民等领导多次批示肯定。禁毒链条式管理、无邪教创建等经验在全省推广。全省校园安全、无毒害创建、禁毒重点整治、监管工作现场会在铜仁市召开。

【维护稳定】实行重要节点风险预警管控，滚动排查化解矛盾纠纷，加强维稳安保、反恐防暴、隐蔽战线斗争，提高源头防范和应对处置能力，确保全市国家安全和社会大局稳定。完成中国共产党十八届六中全会，完成“数博会”“水博会”、梵净山生态文明与佛教文化论坛、旅发大会等重大活动安保79次，周铁农、齐续春、王正伟、陈敏尔、孙志刚等领导到铜调研警卫任务16次，“6·20”“7·4”抗洪抢险救援等一大批急难险重任务。

【严打犯罪】开展夏季严打、

命案侦防、打击盗抢骗、黄赌毒、网络犯罪等系列专项行动，破获刑事案件4308起，同比上升17.77%，其中29起现行命案全破，破获抢劫案57起、盗窃案2049起、伤害案199起、涉恶案件145起、经济犯罪案件444起，同比分别上升42.50%、28.38%、5.29%、38%、6.73%。破获公安部督办经济犯罪案件2起、目标毒品案2起、省厅目标毒品案6起、命案积案5起，公安部“2015-1043”目标毒品案被评为全省精品案例，“11·25”特大制贩走私制毒物品案获公安部部长郭声琨签发嘉奖令表扬。破获“3·30”全省首例通过物流寄递特大跨省贩毒案、思南凉水井“5·15”命案、玉屏杨敏黑社会性质组织案等一批重大案件。特别是破获“3·29”特大网络传销案，捣毁传销窝点7个、生产工厂1家，抓获骨干成员17名，冻结、扣押涉案资产1.02亿余元，得到孟庆丰、郭瑞民等领导批示肯定，央视新闻频道、财经频道、中央广播等专题报道。

【精准整治】精准整治12个命案问题突出乡镇（办事处、社区），实现命案零发生。精准整治40个刑事发案突出社区（村），34个发案实现同比下降。特别是碧江区新华村、灯塔村、万山区解放村、石阡县大关社区、城北社区、思南县前进街村、德江县桥头社区、煎茶社区、松桃自治县盘信村等9个成效最显著，刑事发案同比下降50%以上。精准整治30个毒情重点社区（村），年内新增吸毒人员同比下降21.80%，戒断3年未复吸人数同比上升20.20%。有27个社区戒毒社区康复执行率同比上升，石阡、思南、玉屏、印江自治县精准整治区域社区戒毒、社区康复执行率均达100%。

【治安防控】深化平安铜仁建设“五项行动”，新建前端视频监控2115个，整合社会资源3819个，金融机构视频监控、红外线报警、一键式报警安装率达100%，乡镇以上学校、民爆仓库、金店等单位视频监控安装率达100%。组建物业式小区保安队伍490个、单位式小区保安队伍154个，义务巡逻队2700支13520人。53个小区设置红外报警，235个小区推行门禁系统。升级整合全市110三台合一接警平台，实现省、市、县三级联动共享，扁平化指挥体系得到完善。全市特（巡）警力2441人，划分巡区57个、岗亭（流动警务车）57个。常态开展公安武警联勤武装巡逻、重点部位定点武装执勤、屯警街面动中备勤、人员密集场所高峰勤务和市局警力下沉开展治安巡逻等工作，盘查人员5.30万余人次，现场调解各类纠纷2722余起，救助群众1021起2982人次，查处街头行骗21起，抓获各类违法犯罪嫌疑人员3215人，查获违禁物品3659件。

【改革创新】松桃自治县公安局将21个内设机构整合为“三署三中心一纪委”，经验做法被《公安内参》刊发。印江自治县争取专项资金125万元，建立“四化”模式（团队精英化、侦查高效化、监督立体化、激励保障化）推进主办侦查员（35名）制度改革，省委改革办刊发推广。建立律师参与涉法涉诉信访机制，导入法律程序办理195件。万山区在全市率先建成旅游派出所。户籍制度改革共转城镇户口41.30万人，流动人口落户城镇2.10万人，全市户籍城镇化率达31.46%。“互联网+警务”迈出新步伐，交警实现队伍管理“数据铁笼”，公安行政服务管理APP上线运行，“互联网+交通管理”22项业务上线运行，应用交警APP平台快处快赔交通事故1464起。市强制隔离戒毒所、市康复医院共收治病残吸毒人员251人，市阳光回归体验中心建成运行，各县社区阳光服务中心建成并实体运行，禁毒链条式管理被列为2016年全省深化改革优秀案例，入围全市改革创新奖。市第十六中学首期开班招收42名不良行为未成年人接受教育矫正。思南县公安局获全省公安机关科技强警三等奖，科通处、网安支队获优秀奖。

【网络管控】建立完善“四个”体系和网上网下一体化打防管控机制，网络特情队伍进一步壮大，吸收资深媒体评论员、网络意见领袖、版主吧主、微博微信达人。严打网络违法犯罪、网络政治谣言和有害信息，警示网民1210人次，上报舆情监测信息689条，开展舆情引导75次，重点排查监控重点人员网络信息300余人，发布引导贴文1.70万余条。预警处置网络舆情17起。

【服务发展】制定实施《全市公安机关推动绿色发展建设生态文明行动计划》，查破赌博案件251起、卖淫嫖娼案件203起、毒品犯罪案件394起、“三强”违法犯罪案件30余起、食药犯罪案件13起。破获非法集资案5起、涉假案件53起、传销案件18起、假币案件7起，挽回经济损失600余万元，依法追回农民工工资138万余元涉及1000余人。推进简政放权、放管结合、优化服务，清理下放行政审批项目8项，受理行政审批、出入境、车驾业务同比分别上升5.10%、8.24%、21.20%。市局47名县级干部结对帮扶石阡县47个村100余户贫困户，投入资金200余万元帮扶贫困户1000户。

【警营文化建设】举办“忠诚铸警魂·人民公安为人民”警营文化活动和首届“金盾杯”男子篮球赛、“两学一做”演讲比赛等。全省公安篮球赛取得第四名。市公安局廉政文化教育基地全警覆盖受教，铜仁公安陈列馆筹建启动。创作微电影5部，《“巅峰勇士”对决》获全国公安三微大赛三等奖。《铜仁公安》微信公众号获全国政府网站政务微信卓越奖、贵州最具影响力头条号和贵州最具影响力公安头条号。省厅“传承红军精神 寻找最美警察”主题讲述比赛分别荣获三等奖和获优秀奖。

【队伍素质形象】开展“两学一做”“三强三铁”“五抓五促”和“六个开刀”等活动，调整充实县级公安局班子主要负责人5名，7个区县公安局长、95名派出所长进同级党政领导班子，调整配备干部85名。建立民警维权联动机制，为民警维权5人次，申报民警风险救助金和特别抚恤金19万元。开发微课程11门，建立“一帮一”结对练兵制度，举办各类培训班187期9896人，外派培训26人。东西边5区县跨区域应急拉动演练和首次全市179名派出所所长集中培训效果明显。全市公安机关51个集体和500余名个人立功受奖，30余名民警负伤、40余名民警累倒病倒在岗位上。碧江分局禁毒大队、万山分局看守所、德江县合兴派出所、松桃自治县公安局特巡警大队被评为全省优秀公安基层单位；杨宗麟、崔冬冬、易天明、贺兵获铜仁市首届十大法治人物；贺兵获第五届贵州省“明礼知耻·崇德向善”道德模范；满延州、周涛、蒋志强、袁再军、张胜、田国强、张海、崔冬冬获全省优秀人民警察；龙靖、陈思思荣登中国好人榜。

（市公安局办公室）

交通安全管理

【概况】2016年，全市公安交警部门围绕“六个聚焦”“六个盯紧”，面对人车路快速增长局面，以“农村、高速、城市”三大板块为主战场，“强队伍、防事故、保畅通、优服务”，全市共发生道路运输交通事故147起，死亡122人，受伤117人；发生一次死亡3人以上较大道路运输事故4起，死亡13人；未发生重特大道路交通事故，道路交通安全形势总体平稳。启动简政放权、放管结合、转变职能、优化服务四项改革任务，将省级管理的公安交警编制、经费和高速公路等管理权限下放到市、县两级。开展“春运”、夏季道路交通综合整治、道路水上交通安全集中整治等15项专项行动，查处各类交通违法行为161.80万起，同比上升16.50%。其中查处酒驾3880起、无证驾驶6339起、客车超员388起、超速行驶350363起；行政拘留3041人，扣留机动车14878辆，扣留驾驶证14260本，吊销驾驶证366本。为创建平安铜仁营造了良好的道路交通环境。

【车驾管理服务】组建车管所互联网业务办理中心和警邮服务平台网点，建立面签服务窗口21个，注册备案网上体检信息医院23个，网上标注驾校、检测线、车管所78处，运用警邮合作系统平台处理交通违法35601起，递送驾驶证、行驶证11201起；运用“互联网+车管”综合服务平台、手机APP等渠道方便群众办牌办证，办理车驾管业务448251件；构建完善交警“大调解”体系，排查调处交通事故2579起，确保全市道路交通信访无积案、无到省赴京上访、无敏感时期重点信访人员失控事件，印江自治县构建“1234”道路交通矛盾纠纷社会化“大调解”体系经验得到省公安厅厅长郭瑞民的肯定并批示全省学习借鉴。

（市交警队办公室）

检　察

【概况】2016年，全市检察机关忠实履行法律职责，贯彻落实五大发展理念，围绕全市大扶贫、大生态等战略行动，开展民生资金保护、生态环境保护、提起公益诉讼试点等专项工作，深化司法体制改革，各项检察工作取得重大进展。忠实履行检察职能，深入推进平安铜仁建设。

依法打击刑事犯罪，推进全社会治安持续向好。打击影响社会和谐稳定、侵犯公民人身财产安全的各类犯罪，依法批准和决定逮捕1865人，提起公诉3170人；执行证据规则和落实宽严相济刑事政策，依法不批准逮捕676人，不起诉233人。依法维护弱势群体利益，体现司法人文关怀，发放司法救助金10余万元。

查办职务犯罪，营造良好的政治生态。共立案侦查职务犯罪案件128人（涉民生领域职务犯罪案件124人），挽回经济损失1150余万元，其中地厅级1人、县处级17人、科级48人、农村基层组织人员15人。所查办案件中，贪污贿赂案件大要案124人，重特大渎职案16人。

开展职务犯罪预防工作，注重从源头上防治腐败。年度预防报告得到党委、人大、政府领导批示肯定45次。思南、沿河两院分别建成集“声、光、影”于一体的警示教育基地。开展专项预防调查70次、案例分析49件、行贿犯罪档案查询4982件，预防工作介入民生工程38项，为国家82亿元项目资金安全提供司法保障，惠及群众204万人。

纠正执法司法不作为、乱作为。依法向行政机关发出履职检察建议528件；监督立案41件、撤案32件；纠正漏捕42人、漏诉77人；对侦查活动、审判活动违法提出纠正109件次；提出刑事抗诉21件31人、民事行政抗诉和再审检察建议10件；提出纠正减刑、假释、暂予监外执行不当检察建议84件；刑罚执行和监管活动违法意见134件，向办案单位发出变更强制措施检察建议92件。

【坚持法治引领助推铜仁发展】生态环保检察工作持续发力。继续推进生态·环境保护专项行动，对涉生态环境领域犯罪136人提起公诉，立案监督生态环境保护领域内案件41人，补植复绿7万余株。

公益诉讼试点工作取得突破。开展公益诉讼试点工作，召开4次公益诉讼工作推进会，办理公益诉讼诉前程序案件138件，呈报上级检察院批复提起公益诉讼10件，完成所有基层院均有案件进入诉讼程序的目标任务。

服务经济社会发展有新进展。制定出台《铜仁市人民检察院关于发挥检察职能服务保障非公有制经济发展的意见》，举办“两长（检察长、董事长）”座谈会22场。制定出台《关于服务和保障扶贫开发工作的实施意见》，市院15名干部包村，1名干警驻村帮扶，协调解决到位扶贫资金500余万元。

【深化检务公开，全面推进司法体制改革】自觉接受社会监督。推进检务公开改革，利用“贵州检察12309”平台实现网上网下“一站式”服务。组织人民监督员评议案件3件，发布重大案件信息60条，公开法律文书1653份，开展案件质量评查427件，1件被高检院评为扶贫领域典型案件，3件被市政法委评为精品案件。

推进司法改革试点工作。4月完成碧江区检察院首批员额制检察官遴选，8月推开司法体制改革试点工作，10月省检察院任命铜仁市检察机关第二批员额制检察官178名，完成办案组织配置和基层检察院内设机构改革，正式上线运行新的办案模式。

【强化基层基础建设，为公正司法提供保障】加强思想政治建设。落实党风廉政建设“两个责任”，开展“两学一做”学习教育和“三强三铁”主题教育，提高干警“四个意识”，严格教育、管理和监督。市检察院工作得到市委、人大、政府等领导批示肯定9次,全市45名干警、9个集体获各级各类表彰。

加强执法能力建设。全市10个基层院开展基层检察院“4+1”工程创建工作，均建成“示范院”或“模范院”。举办公诉人与辩护人辩论大赛，组织干警参加各类学校培训200余人次，进一步提升检察人员综合素养。

加强基础设施建设。大龙检察室正式挂牌办公，市检察院和万山、玉屏、思南、沿河四个基层院新建“两房”投入使用，办公办案环境得到很大改善。

（市检察院办公室）

法　院

【概况】2016年，铜仁市中级人民法院共受理各类案件3519件，审执结3346件，结案率95.10%，收结案同比上升19.80%和27%，结案率同比上升5.4个百分点。

【审判执行工作】刑事审判工作。受理刑事案件375件，审结360件，同比上升1.10%和5.30%。指导基层法院推进轻刑快审试点改革，实行轻微刑事案件快速办理机制，平均结案天数6.50天，当庭宣判率96%，服判息诉率100%。

民商事审判工作。受理民商事案件1818件，审结1691件，同比上升25.90%和36.60%。其中审结婚姻家庭类案件116件，人身损害、劳动争议、医患、消费等案件705件，合同、房地产开发、借贷、股权、破产、农村土地承包经营权流转等案件870件。加大调解力度，民事案件调撤率10.40%。指导推开家事审判改革，矛盾以柔性方式及时化解。

行政审判工作。受理行政案件217件，审结193件，同比上升23.30%和54.40%，结案率89%。判决行政机关败诉20件，败诉率17.90%，行政机关负责人出庭应诉率21.20%。与市法制办联合制定《行政复议与行政审判工作联系制度》。推进行政案件集中交叉管辖，碧江区、思南县法院管辖全市基层法院一审行政案件；铜仁、黔东南、黔南三地中级法院交叉管辖部分一审行政案件，助推法治政府建设。

执行工作。受理执行案件151件，执结145件，同比上升62.40%和66.70%，结案率96%。法院执行指挥中心、执行查控系统基本建成，形成快速反应的执行工作体系。市中级人民法院与贵阳、遵义等中级人民法院签订《跨区域执行协作协议》，形成执行合力。开展“猎赖行动”，将13名“老赖”纳入“黑名单”。铜仁市法院执行成效位居全省前列，执行信访率全省最低。

审判监督、涉诉信访工作。办理再审、民事等案件207件，审结201件，结案率为97.10%。依法规范减刑、假释、暂予监外执行工作，审结减刑、假释案件814件,结案率100%，全面实施“涉诉信访问题依法终结”“诉讼与信访分离”和“信访事项导入司法程序”三项改革，办结相关部门交办的涉诉信访案件30件，接待群众来访278人次，处理来信34件次，涉诉信访量同比减少52%，信访投诉率同比降低11%。

【司法体制改革】推进司法改革。实行法官员额制，推进法院人员分类管理。以案定员，在全市477名法官中遴选234名员额法官，让优秀的法官行使审判权。把法院干警分为员额法官、审判辅助人员、司法行政人员，实行分类管理和考核。推进审判组织改革，整合审判资源。打破庭室架构，将内设机构整合为审判执行团队、审判管理团队、综合保障团队，确保法院85%的人员在审判一线。将院庭长编入审判团队，发挥审判引领作用。全市法院院庭长入额177人，办案占员额法官办案数的60%。强化司法责任制，加强审判监督。下放审判权力，实行谁审理谁签发谁负责，将权责有机统一。实行办案责任终身制，确保放权不放任、有权必有责、用权受监督。加强司法保障，提升工作活力。建立法官依法履职不受追究制度，实施法官单独职务职级改革。根据办案数量、质量实行“以案定补”，推进省以下法院人财物统一管理，为依法公正履职提供保障。通过改革，全市法院上诉案件发回重审率为1.90%，优于全省平均值，试点法院平均审限只有法定审限的50%。

加强审判管理。狠抓案件流程管理，制定实施《审判流程节点管理实施细则》《裁判文书评查办法》《裁判文书评查标准》。狠抓裁判文书质量，3个精品案件受到市政法委表彰。狠抓裁判文书上网，修订实施《关于在互联网上传生效裁判文书的通知》，在“中国裁判文书网”上传裁判文书659份，指导辖区基层法院上传裁判文书3812份。全市法院的大部分审判质效指标位居全省法院前列，所有指标均呈良性态势；14个指标优于全省法院平均值，1个指标居于首位，6个指标居第2位。

【队伍建设】一是加强思想政治教育。深入学习贯彻党的十八大以来历次中央全会和习近平总书记系列重要讲话精神，落实《铜仁市基层法院领导班子考核方案》，强化对基层法院班子建设监督指导。制定《关于加强基层党支部建设和党员队伍建设的实施细则》，“三严三实”专题教育、“两学一做”学习教育、“三强三铁”主题教育活动，干警理想信念、法治理念、宗旨意识进一步强化。二是加强司法能力建设。实施“法律精英人才计划”，开展院校合作，加强教育培训，加快培养专家型法官和审判业务骨干，组织干警参加各类培训班60期260人次。大力开展优秀裁判文书评比、庭审示范观摩、司法警察岗位大练兵活动，司法能力得到提高。三是加强党风廉政建设。实施履行党风廉政建设主体责任和监督责任四个责任清单，细化责任落实。学习《关于新形势下党内政治生活的若干准则》《中国共产党党内监督条例》等党纪党规，党员干警规矩意识、纪律意识得到加强。开展廉洁司法教育、“向有理有据得不到公正结果开刀”等专项整治活动，司法作风得到改进。成立惩戒委员会，加大对队伍的管理和问责力度，查处违法违纪行为。在德江县、沿河自治县法院开展司法巡查、审务督察，提出整改意见19条。四是加强智慧法院建设。远程视频接访、网上申诉信访、看守所远程讯问（开庭）系统得到运用，公检法监狱系统互联共享平台不断推进，提高诉讼效率。法庭审理实现数字化，建成科技法庭4个，对案件庭审活动全程录音录像。办公管理实现智能化，高清视频会议系统、庭审直播系统、数字审委会系统、电子签章、电子卷宗等运用达到深度融合，信息化建设实现巨大飞跃。

（曾　华）

司法行政

【概况】2016年，全市司法行政机关共有政法专项编制489名（其中市局机关42名，区县司法局机关184名，基层司法所263名）；共有173个基层司法所；30家律师事务所（其中国资所10家，合伙所5家，个人所15家），208名执业律师（其中专职律师161名、兼职律师20名、法援律师7名、公职律师20名）；21家基层法律服务所，186名基层法律服务工作者；11个公证处，19名公证员；4个司法鉴定所（其中法医类3个，会计类1个），67名司法鉴定人员。

【开展普法依法治理，在深化法治铜仁建设上有新业绩】落实“谁执法、谁普法”工作责任制，将法治宣传教育纳入全市绩效目标考核，各行业、各部门共同协作，全社会共同参与的“大普法”工作格局基本形成。代市委起草《铜仁市第七个五年法治宣传教育规划（送审稿）》，经市一届人大常委会第三十七次会议审议通过后印发《铜仁市人民代表大会常务委员会关于开展第七个五年法治宣传教育的决议》。举办两期共计200人参加的“农村法律明白人”骨干培训班。联合市人大办组织开展公务员法治知识考试，全市共2403名公务员参考，通过以考促学，增强铜仁市公务员学法用法意识。全市工创建的

25个省级民主法治示范村全部通过省司法厅验收。

【狠抓矛盾纠纷排查化解，在推进平安铜仁建设上有新作为】健全完善人民调解组织网络和工作机制，医患、交通、物业等专业性、行业性调解组织日渐壮大，作用发挥更加突出，基本实现有人群的地方就有调解组织，有矛盾纠纷发生就有人民调解员做调解工作。全市共有人民调解组织3227个，其中专业性、行业性调解组织175个。截至11月底，全市各级人民调解组织共排查纠纷11026件，调解纠纷14107件，调解成功13402件，成功率95%，防止纠纷激化208件，防止群体性事件149件。其中：专业性、行业性人民调解委员会共调处各类纠纷396件。

【全面提升法律服务质量，在服务经济社会发展上有新突破】抓好公共法律服务中心建设，全市建成市级公共法律服务中心1个，区县级10个，乡镇级110个，村级189个，“农村一小时、城市半小时”法律服务圈基本形成。探索创新律师服务方式，结合精准脱贫和涉法涉诉信访工作要求，选派63名党员律师进驻贫困村开展帮扶工作，选派64名律师进驻市群众工作中心和市直政法部门服务窗口主动参与化解涉法涉诉信访案件。做好司法鉴定和公证服务工作，全年共办理各类司法鉴定检案998件，公证3265件（其中涉外公证520件）。狠抓律师和基层法律服务工作者执业监管，在全市国资律师事务所开展不符合规定律师专项清理行动，清理不符合规定的执业律师25名。全年全市律师共担任政府法律顾问209家，代理各类案件2901件，提供法律援助223次。全市基层法律服务工作者共为21家机关、企事业单位担任法律顾问，代理各类案件1118件。

【创新特殊人群管理服务，在维护社会和谐稳定上有新成效】强化日常监管。通过手机定位、明察暗访、突击抽查等方式，确保重要节假日、重大活动、重点时段铜仁市没有发生社区服刑人员、刑满释放人员组织参与影响社会稳定的事件。狠抓改革试点。积极向市委、市政府汇报，将试点建设社区矫正教育管理中心明确为2016年市委全面深化改革工作内容，并在碧江区和德江县开展试点建设工作。完善帮扶机制。把教育引导与帮扶解困结合，通过设立“阳光驿站”和阳光雨露”工程等，开展社区服刑人员和刑满释放人员心理矫正和帮扶解困工作。

【抓实做好法律援助，在增进困难群众幸福感上有新提升】拓展法律援助服务，开展法律援助大回访、进乡村、进社区等活动，在村（居）社区设立律援助工作站、联络点，为基层群众提供高效便捷的法律援助服务，基本实现应援尽援。全市共办理法律援助案件2596件，为群众挽回经济损失800余万元。

【开展其他各项工作，在服务保障水平上有新发展】全市共有798名考生报名参考，其中通过A证分数线19人，C证分数线45人。完成人民监督员选任工作。组织召开铜仁市第二次律师代表大会，选举产生了新一届律协领导班子。开展铜仁市首届“十大法治人物”评选工作。开展公务员平时考核试点工作。

发展管理与监督

发展和改革

【概况】2016年，市发改委把握“守底线、走新路、奔小康”工作总纲，坚持主基调、主战略，坚守发展和生态两条底线，以供给侧结构性改革为主线，扎实推进两大战略行动和四大跨越工程，统筹做好稳增长、促改革、调结构、惠民生、防风险各项工作，全力推动经济社会实现“十三五”良好开局。

【谋划发展】强化规划研究。争取到省级前期工作经费项目23个、1300万元，安排市级前期工作经费项目91个、8989万元。精心编制《铜仁市国民经济和社会发展第十三个五年规划纲要》，市人大一届五次会议予以高票通过，并被省发改委评为全省“十三五”规划编制突出贡献奖。与市直各部门密切配合，统筹编制了32个重点专项规划，其中29个专项规划已经市政府批复，3个专项规划完善规划环评。强化运行调度。围绕增比进位主要指标，下达年度计划，将主要经济指标、支撑指标细化分解到各级各部门，精准调度，全市地区生产总值完成856.97亿元，同比增长11.9%，继续保持高于全国、全省和武陵山区的良好发展势头。

【推动投资增长】一是努力扩大有效投资。完成固定资产投资873.89亿元，同比增长21.8%，新增入统亿元项目432个，比2015年多201个，投资对经济增长的贡献率达到81%。加快推进产业布局网、综合交通网、现代水利网、城镇建设网和能源通信网建设，完成产业投资295.1亿元、交通投资152.88亿元、水利投资23.59亿元、城建投资141.39亿元、能源通信投资34亿元。充分发挥中央预算内投资和专项建设基金拉动带动作用，全年争取中央预算内投资24.16亿元、专项建设基金88.14亿元，资金争取总量分别在全省排第四和第三。总募集规模500亿元的中国铜仁武陵山扶贫产业投资基金获国家发改委批复。二是全力推动项目建设。筹办4次重大项目集中开工活动和2次项目观摩会，446个重大项目完成投资770亿元，占年度计划投资的103.4%。六条高速公路、两条城市快速干道、“五馆四中心”等重大项目加快推进，万山九丰农业科技园、思南天成石材等121个重大产业项目建成投产。三是着力加强项目储备。依托重大建设项目库，做实做细三年滚动计划，谋划“三长三短”项目5816个，总投资1.73万亿元。发布大数据、大健康、大生态和大物流四大工程包项目1191个，总投资3668.15亿元。编制完成《铜仁市政府和社会资本合作（PPP）项目规划》，纳入全省PPP项目库项目203个，总投资1769.95亿元，拟引进社会资本1445.87亿元。

【大生态工程建设】一是牵头编制完成《铜仁市生态文明建设规划（2016—2025）》和《铜仁市应对气候变化规划（2016—2020）》，已经市人民政府印发实施。研究拟订《铜仁市大生态跨越工程的指导意见》，科学提出大生态跨越工程绩效考核指标，为统筹有序推进大生态建设做好谋划工作。二是组织申报2016年度污水垃圾、应对气候变化、资源节约循环利用、节能减排省级专项资金项目49个，争取落实中央和省级投资项目24个，其中资源节约循环利用、节能减排争取省级专项项目资金和个数均位列全省第一，污水垃圾项目争取项目资金和个数均位列全省第二。三是全面完成2015年节能降碳指标，被省里评为优秀，全省通报表扬。四是牵头相关部门向上争取将沿河自治县、印江自治县、思南县和松桃自治县成功列入《全国坡耕地水土流失综合治理“十三五”专项建设方案》；江口县车坝河水库工程和思南县花滩子水库工程成功被列入《全国水利改革发展规划》；松桃自治县、万山区被列入《全省耕地轮作休耕试点方案》，并纳入全国耕地轮作休耕制度试点。

【大健康工程建设】一是编制完成《铜仁市“十三五”大健康发展规划》和《关于促进新医药大健康产业发展的实施意见》，谋划大健康医药产业项目1375个，总投资3141亿元。二是深入区县调研，起草《铜仁市关于实施大健康跨越工程的指导意见》，并通过市政府审定。三是编制《梵净山大健康医药产业示范区方案》，通过省政府批复同意设立贵州梵净山大健康医药产业示范区。四是邀请新华社中国经济信息社赴铜仁市实地调研生态养生资源，编制《梵净山生态养生指数报告》并于7月9日在贵阳举办的生态文明国际论坛期间首次发布，该报告已成为指导全国生态养生产业发展量化的蓝本，为中国生态养生产业发展提供了一个可参考的量化标准，为引领国际生态养生产业的发展探索了新路径，对推动全市建成全国生态养生目的地和奋力创建绿色先行示范区具有战略性、前瞻性和指导性意义。五是7月组织汉方集团、同德药业、德江天麻、贵州苗药科技、农夫山泉等20家大健康医药产业企业200余个大健康产品参加全省绿色博览会·大健康医药博览会，展览展会期间包装了总投资99.5亿元、23个项目进行重点推介，成功签约铜仁高新区汉方大健康产业园项目、印江自治县人民医院和思南县乌江医院共3个项目，总投资20.1亿元，同时成功承办了水论坛。六是11月19日，在铜仁举办的2016年首届贵州（铜仁）国际天然饮用水博览会期间成功举办了天然饮用水高峰论坛，邀请国际和国内顶级饮用水开发专家介绍天然饮用水开发经验，拓展了视野，形成发布《2016年首届贵州（铜仁）国际天然饮用水高峰论坛·梵净山共识》，为高端开发铜仁优质天然水产业打开了窗口。争取到省政府办公厅批复2017年第三届贵州大健康医药产业发展大会由铜仁市承办。

【各项基础设施建设】一是注重交通建设。下大力抓好铁路项目进规及争取工作。争取到铜仁至吉首铁路、昭通至黔江铁路、涪陵至柳州铁路等项目进入《国家中长期铁路网规划（2016—2030）》，其中铜仁至吉首铁路被纳入国家“十三五”规划，开展勘察设计工作，力争2017年开工建设。通过协调对接，与黔东南州达成一致意见，共同向省争取建设铜玉铁路向南延伸经黎平至从江铁路。铜玉铁路全线施工进展顺利，计划2017年年底建成。渝怀铁路二线剩余标段施工单位于2016年8月份全部进场，施工工作进展顺利。铁路货场铜仁东站、松桃孟溪站纳入渝怀铁路二线建设内容并与之同步建设。二是注重水利建设。全市续建的13座中型水库及18座小型水库完成投资15亿元，5座中型水库（江口鱼粮、玉屏白岩河、德江长丰、万山小云南、思南过水湾）完成下闸蓄水验收。三是注重能源建设。全市电网建设在建重大电网项目两个——铜仁碧江（大兴）500千伏输变电工程、贵州诗乡（遵义东）至碧江（大兴）500千伏输电工程，分别投资4亿元和3.8亿元，基本建成。7个220千伏输变电工程（含技改扩能）在建，实现全市每个区县至少有一个220千伏变电站的历史性突破。率先在全省启动天然气管道“县县通”工程。凯里至铜仁（玉屏）天然气长输管道开工，遵义湄潭至铜仁（思南）天然气长输管道投入资金4亿元以上，管道敷设完成，具备通气条件。石阡大顶山风电场项目是全市建成的第一个新能源电力项目，实现铜仁风电发电的历史突破。全部机组于11月3日并网发电。落实电力体制改革措施，争配电业务试点。通过做细前期对接争取工作，11月底，国家发展改革委、国家能源局联合下发《规范开展增量配电业务改革试点的通知》，明确铜仁锰钡新材料聚集区增量配电业务试点项目为全国第一批试点项目。

【争取四块“国牌”助推产业转型发展】 一是2016年10月，国家发展改革委办公厅下发《关于支持各地开展产城融合示范区建设的通知》，将铜仁市碧江区产城融合示范区纳入国家首批产城融合示范区，迎来全市加快产业园区从单一的生产型园区经济向综合型城市经济转型的新机遇。二是2016年11月，国家发改委批复铜仁市为国家电子商务示范市，是全省除贵阳市以外的第二家，对推进铜仁经济转型发展具有重要意义。三是铜仁市被国家发改委、财政部、住建部确定为国家循环经济示范市，为推进铜仁循环经济产业发展搭建好了平台。四是2016年9月28日，国务院印发《关于同意新增部分县（市、区、旗）纳入国家重点生态功能区的批复》，将江口、石阡、印江、沿河自治县纳入国家重点生态功能区，对推动四县及至全市生态休闲旅游产业、特色优质农业为主的生态产业建设，将资源优势转化为经济优势和发展优势，推动产业转型升级，构建绿色生态产业体系，全面提升综合竞争力和经济实力具有十分重要的意义。

（市发改委办公室）

国土资源管理

【概况】 2016年，铜仁市国土资源系统紧扣“保发展、护生态、转方式、惠民生、促改革、严管理、强基础”工作部署，坚守发展和生态两条底线，以落实“2+7”国土资源战略行动为抓手，实现“两大战略成效凸显、资源保护水平明显提升、保障发展和民生不断强化、国土资源改革不断深化、三项建设更加扎实”的良好局面。

【两大战略成效凸显】一是突出抓好国土资源大扶贫。充分利用土地利用总体规划调整完善机遇，优化空间布局，统筹建设用地，优先保障扶贫开发、移民搬迁及贫困地区基础设施建设等项目用地；用好用活城乡建设用地增减挂钩政策，把扶贫生态移民搬迁与村民集中建房和新农村建设等纳入城乡建设用地增减挂钩范畴，积极支持贫困地区易地搬迁扶贫；认真落实为就地脱贫人口每人整治一亩优质耕地政策，贫困户得优质耕地888.04公顷。二是突出抓好国土资源大数据。“数字铜仁”地理空间框架于2016年10月通过省厅验收并正式投入使用，争取申报省级、乃至国家级优秀测绘工程奖，同时指导德江县启动“数字县城”的建设工作；构建国土资源云·铜仁精准扶贫作战图管理系统。系统建成后，多次在全省、全国相关会议上进行演示，特别是2016年8月22日和9月6日先后在全国异地扶贫现场会和全国地理信息精准扶贫应用现场会上作为典范进行汇报演示，受到好评。

【资源保护水平明显提升】全力抓好土地利用总体规划调整完善，组织完成方案审查、编报等各项工作；推进永久基本农田划定工作，划定耕地48.54万公顷（比省下达目标多179.26公顷）、基本农田39.19万公顷；做好“十三五”土地整治规划编制，做到将高标准农田建设与就地脱贫人口每人整治一亩优质耕地、新增耕地与耕地质量提质改造、增减挂钩与易地移民搬迁等有机结合；落实占补平衡措施，实现占优补优、占水田补水田，在保障全市新增用地占补平衡指标0.11公顷的同时，对外流转新增指标360.50公顷，为市财政创收5411.67万元。加大执法监察力度，发现并处理土地违法105宗、面积74.12公顷（耕地39.52公顷），违法占耕比为4.29%；发现并处理矿产违法6宗。全面清理各县（区）农业园区用地情况，切实加强农业园区用地监管。

【保障发展和维护民生不断强化】保障发展水平提升。向省厅争取到新增建设用地规划指标0.24万公顷、核减基本农田1.45万公顷、核减耕地面积1.26万公顷，在确保市“五馆三中心”、江口—大龙、石阡—玉屏等6条高速和省、市其他重点项目等近0.53万公顷用地需求的基础上，将剩余指标分解下达到各县（区），保证两年内各县（区）重点项目有地可用；加大土地供应力度，全年获批建设用地85批次2100.2公顷，盘活使用存量土地310公顷，出让土地1398.7公顷；开展农变未调查，鉴于2016年铜仁市遭受洪涝灾害较重、较多农田被冲毁的严重情况，开展了农变未调查，全市农用地变更为未利用地面积达350.01公顷，为用地打下了基础；实施生地变“熟”地，投资3.5亿元实施土地收储和基础设施建设。用矿保障上：规范市级发证采矿权审批管理，报请市政府出台《铜仁市采矿权审批登记管理工作实施意见》，从源头上规范采矿权的设置和出让，明确在办理采矿权延续手续时，对“占而不采”等行为进行严肃惩处。2016年挂牌成交4个地热、2个矿泉水、1个石英砂岩和1个水泥配料用砂岩采矿权，成交价款1850万元。

维护民生能力提升。核心是狠抓地质灾害防治。按照“六不放过”的原则，认真开展巡查排查、监测预警、群测群防和宣传教育，推进矿山地质灾害和地质环境监督管理，完成市、县两级突发性地质灾害应急预案的演练和1145处隐患点防灾预案的演练，对学校地质灾害开展了治理工作“回头看”。2016年争取到地质灾害防治项目24个，到位资金6200多万元。全年发生地质灾害46起（均非地灾隐患点），成功避让21起，避免1163人伤亡。

【国土资源改革不断深化】推动不动产统一登记。全市成立不动产登记中心，落实了办公场所，整合了职能职责，完成电子档案资料移交和人员划转工作，全面实现不动产登记颁证工作的“停旧发新”。二是狠抓国土资源“项目攻坚”。土地整治：在建项目开工率100%、竣工率83.5%；地灾治理：2012年以前的85个项目竣工验收82个，2013和2014年的54个项目中的40个已竣工验收。

探索创新旅游用地管理。成立旅游发展用地政策课题组，经广泛调研，起草《关于铜仁市全域旅游发展用地的建议意见》，被纳入《铜仁市全域旅游实施意见》，写入《国务院关于全民所有自然资源资产有偿使用制度改革的指导意见》。

开展优质资源调查。开展优质水资源调查，共发现优质水源点232个，其中饮用天然矿泉水水源21个、理疗天然矿泉水水源8个、水质达到饮用天然泉水的水源172个、水质达到I类地表水水源30个。开展旅游资源普查，共普查旅游资源点10640处，新发现旅游资源点6968处，其中14处入选全省90个优质旅游资源清单并在国际山地旅游大会上对外发布，超全省平均水平。旅游资源普查工作荣获2016年度全市全面深化改革创新二等奖。加强锰矿整装勘察，新发现世界级亿吨储量规模矿山4个，锰矿资源储量跃居亚洲第一。

【三项建设更加扎实】作风建设更加扎实。自2016年8月份起，在局机关深入开展了为期5个月的作风效能建设活动，将作风效能情况与评先选优、绩效考核等相挂钩，为持续改进机关作风、推动工作高效完成、维护良好部门形象夯实了基础。接受市委第一巡察组对市国土资源局的巡察，立即整改到位，局党组建立并完善民主决策、民主生活会、重大事项决策等制度，进一步筑牢制度的笼子。

队伍建设规范。全年选派79人参加部、省、市培训，选拔15人到市局挂职和跟班学习，完成局机关及县区局班子成员公务员调任审批19人，向系统外推荐提拔任职5人，系统内选拔提任9人、轮岗8人、职级晋升8人，全系统共引进研究生8名、招聘本科专业人才43名。

党风廉政建设深入。切实履行党风廉政建设主体责任，要求局班子成员到县（区）局检查指导时，坚持既听取业务工作汇报，又听取党风廉政建设汇报；切实加大约谈提醒力度，做到了约谈常态化、提醒谈话经常化；支持纪检组实现“三转”，聚焦监督执纪问责。2016年共约谈150人，全系统共查处34人。

（市国土局办公室）

统　计

【概况】 2016年，铜仁市统计局在“做好、做优、做实、做强”统计的“四轮驱动”理念引领下，全市各级统计部门有效跟踪和反映经济社会发展的新成效、新成果、新趋势，较好地完成了各项工作任务。

【统计调查有序推进】2016年，市统计局在完成各项常规统计工作外，还开展农业、畜禽监测、贫困乡镇监测、全市高效农业园区调查；“妇儿两纲”监测、企业用工调查工作、2016年1‰人口变动调查工作；协助市委组织部、宣传部做好人才资源和文化产业统计监测工作等。为了预防“数据腐败”，除了常规的交叉检查外，市局不定期实地明察暗访全市的投资和工业项目。全力推进第三次全国农业普查工作，按照“成立一个组织、建好两个平台、落实三个保障、做好四个结合、抓好五个关键、牢记六个不得”的总体要求，各项工作有力有序有效推进。

【统计服务有质有量】做好做优做精统计产品，2016年，市局及时发布《铜仁市2015年国民经济和社会发展统计公报》等；收集整理每季度武陵山片区各市州统计信息和每月全省各市州统计信息交换资料；编印2016年度《铜仁统计年鉴》《铜仁市领导干部工作手册》和每月1期的《铜仁市经济要情》；撰写了各个时期的全市经济运行分析材料等。高质量开展统计调研与分析，定期组织专业人员深入基层，开展调研分析，撰写《“十二五”时期铜仁与武陵山片区其他市州经济社会发展对比分析》《关于〈中华人民共和国统计法〉贯彻执行情况的调研报告》《关于铜仁市民营经济统计工作的调研报告》和《关于1—10月全市及区县增比进位情况汇报》等统计分析材料。创新搭建信息交流平台，组织专业技术人员编制“渝鄂湘黔边区统计信息交流平台”，实现平台互建、数据共享，促进了数据交流的信息化。

【法制宣传有声有色】加强统计法制宣传工作，开展“12·8”等宣传活动，发放资料500余份；组织117人参加统计专业技术资格考试，1320人参加“12·4”知识竞赛；为学习贯彻习近平总书记对统计造假、弄虚造假的批示精神，将统计工作列入人大、政协调研视察课题,将统计法律法规列入市委党校领导干部和公务员培训课程，加强对统计弄虚作假等行为的问责力度。推进统计执法检查工作， 2016年共检查单位109家，发现有违法行为12家，市县（区）统计局联合办案检查9家，县（区）统计局独立办案检查3家，全年共计立案12件，结案6件，行政警告处罚6件。

【组织建设有力有为】党支部活动丰富，参加征集活动、“学雷锋 清理锦江河”、党员志愿者植树和“手抄党章100天活动”，组织开展了参观周逸群纪念馆和“全民阅读·书香铜仁”读书月活动。2016年市局提拔6名年轻干部；协调局下属机构3人调入机关；分别通过招考和调动进入2名年轻干部；将铜仁市计算中心（局下属事业单位）设置了专业技术岗位，聘任高级统计师、中级统计师各1名；加强与院校合作，市局作为铜仁学院的实习基地，为统计人才提供实习锻炼的平台。助推脱贫攻坚，帮扶硬化村级公路7.23公里、修建人畜饮水池7个；帮扶3万元解决了村民入户水管和水表的安装费用；帮扶2万元维修了村委会，并赠送了一台电脑和打印机；开展“关爱留守儿童成长”和“七一”走访慰问了困难老党员活动。

【党风廉政有责有问】市局配齐纪检监察室主任，充实市纪委派驻统计局纪检组的力量。组织干部职工认真学习中央、省、市相关文件精神；研读《准则》和《条例》；观看警示录；开展廉政文化进机关和“廉政知识每日一读”活动；走进《廉政大家谈》栏目组；签订党风廉政建设责任书。严肃开展廉政谈话，全年开展提醒谈话80余次。

（市统计局办公室）

统计调查

【概况】 2016年国家统计局铜仁调查队围绕全面小康，大扶贫、大数据战略，大健康、大生态、大文化跨越工程，主导产业、特色新兴产业和民生等关键领域积极开展统计分析调研活动，全力做好统计预测分析工作，为打赢脱贫攻坚战、全面建成小康社会提供统计保障。

【完成各项调查任务】住户类调查工作。各项常规调查工作有序推进，完成了铜仁市及碧江区居民收支调查（国家样本和分市县样本）前季报、年报工作；完成了碧江区月度劳动力调查及补充样本框的摸底核实、小区图的绘制。调查资料显示：2016年铜仁市城镇常住居民人均可支配收入24651元，同比增长9.7%；农村常住居民人均可支配收入7631元，同比增长10.1%。价格调查工作。价格调查科严格按照国家调查方案制度，完成居民消费价格指数、生产者投资价格指数、固定资产投资价格指数的采集、审核、分析和上报各项调查数据工作。价格科进一步夯实价格调查基础工作，不断完善价格调查基础；深入开展数据分析研究，及时编写《铜仁价格通报》，做好数据服务工作。铜仁市的居民消费价格指数，1—12月的同期比为102.1，消费价格水平总体平稳，稳中有升。规模以下工业企业和服务业企业调查工作。按照国家调查制度方案要求，完成了规下工业和服务业企业调查季报、年报工作。同时，与市统计局联合召开“非四上”单位样本比对核查工作专题培训会；强化规模以下工业调查基础工作；三结合完成“三新”活动采集工作。四是开展统计执法专项检查工作。铜仁调查队于8月份在规模以下工业调查、服务业调查、固定资产投资价格及工业品价格调查的样本企业单位中随机抽选了15户接受统计执法专项检查。抽中企业行业类别涵盖建材、交通、水电、物流、医疗卫生、文化传媒等。

【开展专项整改工作】一是认真贯彻习近平总书记等中央领导同志重要批示精神，全面落实国家统计局坚决遏制统计造假弄虚作假部署，强化全队政治意识、责任意识，进一步巩固和提高专项整改措施的针对性和有效性，铜仁调查队多次召开专题会议，学习批示及宁吉喆局长系列重要讲话。二是深入贯彻党的十八届四中全会确立的全面推进依法治国方略，全面落实习近平总书记等中央领导同志关于提高基础数据质量、遏制“数字上的腐败”的重要指示精神，认真落实中央第八巡视组的反馈意见和要求，国家统计局决定组织全系统全面清理纠正违反统计法精神的文件和做法，根据贵州调查总队《关于转发〈国家统计局办公室关于认真配合做好巡视整改情况专项检查工作的通知〉的通知》要求，铜仁调查队党组对文件精神进行认真学习，扎实开展专项整改工作，并取得成效。

【落实“两个责任”，推进党风廉政建设】铜仁队始终坚持“一把手”亲自抓与一班人共同抓相结合，把党风廉政建设和反腐败工作融入党组和全队中心工作中去谋划，及时主动落实中央、国家统计局党组、贵州调查总队党组和铜仁市委、市纪委有关党风廉政建设和反腐败工作的部署和要求，做到人人有责任、有压力、有动力。一是制定本单位党风廉政建设工作要点和任务分解表，明确全年党风廉政建设工作总体要求和目标任务；二是组织全队干部职工签订党风廉政建设承诺书，班子成员向主要领导、科室负责人向分管领导进行层层承诺，做到目标明确，责任到人，使“一岗双责”工作任务落到实处；三是加强对辖区调查队纪检干部的联系和培训，安排部署全年纪检监察工作，督促铜仁调查队系统纪检监察干部履行好党风廉政建设监督责任。

（铜仁农调队办公室）

审　计

【概况】 2016年，铜仁市审计机关完成审计项目376个，查出主要问题金额1593799万元，其中违规金额312336万元、损失浪费金额575万元、管理不规范金额1280887万元；审计处理处罚金额333931万元，其中应上缴财政163237万元、应归还原渠道资金90500万元、应调账处理金额75414万元；审计促进整改落实有关问题金额128457万元，其中增收节支42977万元、已调账处理金额53229万元；审计促进拨付资金到位8311万元。移送司法机关、纪检监察机关和有关部门处理事项55件，涉及20人，金额89045万元。提交审计信息461篇,被采用234篇。

【开展稳增长促改革调结构惠民生防风险政策措施落实情况跟踪审计】 按照省厅统一部署，聚焦市委、市政府重大决策部署的落实，突出财政资金、易地扶贫搬迁、以工代赈资金等审计重点，按月实施、分季报告，揭示了部分项目未落实，部分项目建设程序不完善、建设进展缓慢等问题，促进了财政资金的保障到位和规范使用。

【深化财政预决算审计，促进财政管理水平与资金绩效提高】 完成审计项目106个，查出未按规定征收缴纳收入7973万元、违规改变项目计划和资金用途2906万元、虚列支出44535万元、决算草案编制不规范10192万元。对本级2015年度预算执行和其他财政收支情况的审计，查出铜仁市梵净山投资有限公司及子公司经营管理国有资产有关收入应缴未缴市级财政724.73万元；查出玉屏侗族自治县财政局非税收入未按规定缴存国库920万元、预算支出不实22,419.88万元,审计依法作出责成其全额上缴财政、限期将非税收入缴入国库和调账的处理。

【突出民生重点，加强专项资金审计】 完成审计项目43个，查出未落实收支两条线和专户管理规定5316万元、违规改变项目计划和资金用途2416万元、资金滞留闲置4317万元，审计依法作出了上缴财政专户和归还原渠道资金的处理。

【加强政府投资项目审计，促进投资管理规范和投资效益提高】 完成审计项目159个，审计项目投资总额481276万元，查出工程结算款不实多计81666万元，核减结决算投资额81666万元，总核减率为16.97%。德江县中等职业学校整体搬迁工程竣工决算审计，送审工程投资额22656.76万元，审定工程投资额19505.23万元，审计核减3151.53万元，核减率为13.91%；松桃苗族自治县工业园区标准厂房工程竣工结算审计，送审工程投资额15164.95万元，审定工程投资额13175.56万元，审计核减1989.39万元，核减率为13.12%,审计依法对上述问题作出了核减结决算工程款的处理。

【加强对权力的监督制约，深化领导干部经济责任审计】 完成审计项目65个，审计经济责任人87人,其中县处级11人、乡科级75人、国有企业1人。查出违规金额直接责任1227万元、主管责任26277万元、领导责任257300万元，管理不规范金额直接责任153万元、主管责任65766万元、领导责任196567万元。书记、县长经济责任同步审计，松桃苗族自治县国土局应收未收土地出让价款105460.26万元及违约金12741.58万元；石阡县投资促进局将财政资金3440.77万元违规出借给三家招商引资企业，用于缴纳土地出让金,审计依法作出了责成有关县政府督促相关部门对欠缴的土地出让价款、违约金限期清收到位和归还原渠道资金的处理。

【开展“民心党建”工程】 认真落实市委、市政府对精准扶贫包村工作和民心党建工作的统一部署，做到真扶贫、扶真贫。高度重视并把“民心党建”工程作为年度工作重点，明确分管领导、“第一书记”和驻村干部。为确保驻村干部能住下，抓工作，建立了驻村干部生活、工作、保险等工作机制，解决经费34000元；为确保帮扶工作取得实效，制定了帮扶计划，通过党建帮扶、综治帮扶、计生帮扶等平台，为沿河自治县沙子迴洞村筹集帮扶资金5万元，改善基础设施建设，得到群众好评。切实加强基层组织建设，2016年确定1名发展对象，发展了1名预备党员，1名预备按期转正。

（市审计局办公室）

质量技术监督

【概况】 2016年，铜仁市质量技术监督局突出问题导向，深入广泛开展研究问题破解难题竞赛活动，积极推进质监供给侧结构性改革，全面依法履职，主动服务全市经济社会发展质量和效益的提高，圆满完成各项工作任务。

【加强标准、计量、认证认可和检验检测工作，夯实质量基础和推进供给侧结构性改革】

全面深化标准化改革并取得成效，走在全省前列。一是推动出台《铜仁市深化标准化改革实施方案》，提出建设铜仁地方特色的“10大标准体系”，为全市贯彻落实国务院、省政府标准化改革决策部署奠定了坚实基础。二是积极牵头实施《铜仁市深化标准化改革实施方案》，注重发挥标准引领作用，帮助指导区县推进标准化改革，贵州大龙汇成新材料有限公司牵头制定了行业标准《电池用硫酸锰》（HG/T 4823-2015），万山区制定发布中国首个朱砂工艺品团体标准、贵州省首个工艺品团体标准——《朱砂工艺品通用技术条件》，沿河自治县制定发布实施了全省首个地理标志保护产品团体标准、首个水果类团体标准——《沙子空心李生产技术综合标准体系》，贵州远盛钾业科技有限公司发布实施《硫酸铵钾肥》和《活性二氧硅》企业标准等。三是组织开展了强制性地方标准整合精简工作，建议将《德江天麻》（DB52/566）由省级标准上升为国家强制性标准，将市级发布实施的无强制性条款的105个推荐性地方标准仍然保留为推荐性地方标准，提高制定标准的话语权。四是指导帮助沿河自治县实施的第八批国家沙子空心李种植综合标准化示范区项目高分通过验收，组织申报了2个第九批国家农业标准化示范项目，其中印江自治县300万棒层架式香菇栽培标准化示范项目获国家标准委批准。五是组织开展企业产品和服务标准自我声明公开及传统企业产品标准备案清理工作，全市75家企业124个标准进行了自我声明公开。六是组织开展了城市综合服务标准化学习考察，按市委、市政府主要领导批示精神和市政府办安排，报送了《铜仁市城市综合服务标准化实施方案（送审稿）》。

加强计量技术体系和服务保障能力建设。一是代拟《铜仁市贯彻实施计量发展规划2016年行动计划（送审稿）》。二是新建社会公用计量标准15项（其中市级13项、县级2项）。三是加强计量服务与保障能力建设。四是加强计量监督管理。围绕“计量惠民、共享发展”主题，检查加油站167个，加油机589台，住房小区36个，出租车计价器182台，民用水表14946个，燃气表5278个。加大制造计量器具和重点行业安全计量监管力度，督促计量器具制造企业落实计量安全主体责任。加强法定计量检定机构监督管理，对10家市、县级法定计量检定机构和授权建立的法定计量检定机构组织开展监督检查。强化定量包装商品净含量计量监督，开展了瓶装水等十七大类定量包装商品计量监督抽查，检查71家企业并抽取136个样品。进一步加大计量宣传力度，深入5家学校、10个社区、9个市场、7家医院开展计量宣传，开放计量实验室5个，展出计量宣传展板14块，发放宣传材料8380余份，接受投诉和咨询1612人次，免费检定计量器具77台，免收计量检定费860元，媒体报道12次。

加强认证工作，率先在全省推进有机产业发展。一是推动出台了全省首个市级政府层面的《加快推进有机产业发展的实施方案》，与印江自治县政府共同承办了全市有机产业发展现场推进会，助力全市推进供给侧结构性改革和经济发展提质增效。二是帮助德江县有序推进德江天麻国家有机产品认证示范区申报创建，印江自治县获批准成为铜仁市首个“国家有机产品认证示范创建区”。三是摸清了底数，建立电子管理档案并实施动态管理，推进强制性认证产品监管制度化、常态化。四是强化实验室资质认定管理，组织指导督促77家检验检测机构填报年度统计表，开展自查并按要求整改存在问题，确保持续符合检验检测基本规范、准则的要求；组织15家检验检测机构参加省质监局开展的水中挥发酚和苯系物，食品领域饮料中苯甲酸和山梨酸含量的测定比对；组织开展机动车安全机构基础数据收集。五是按“双随机，一公开”要求组织开展了对17家机构（15家检验检测机构和2家强制性认证企业）的监督抽查。

加强技术机构能力建设，着力打造检验检测公共服务平台。一是积极建议市委、市政府打造立足全市、服务武陵山片区、辐射周边省份的检验检测公共平台和检验检测认证服务集聚区，上报了《关于加强市直国有检验检测技术机构能力建设的实施意见（送审稿）》。二是继续举全局之力抓好铜仁市武陵山产品质量检验检测中心项目（一期）建设。三是认真抓好两个省检中心建设。铜仁市获批的首个省级产品质量监督检验机构——贵州省锰产品质量监督检验中心（铜仁）正式开展工作，将为锰系产品生产企业及全市锰产业发展提供强有力的技术支撑。贵州省石材产品质量监督检验中心（思南）筹建组于经省质监局批准延期验收。四是进一步加强对直属两所能力建设的指导和督促检查，两所技术支撑和技术保障能力得到提高。市特检所，检验各类特种设备6100台，重大安全隐患及时告知了使用单位并报告了监察机构，督促其及时整改消除隐患。市检测所，检验905批次产品，检定在用计量器具7280台/件，配合完成了10家食品生产企业和2家工业产品生产企业的生产许可证现场核查、2家机动车安全技术检验机构的资格许可评审及1家建材实验室、2家检测中心计量的授权现场考评等工作，举办了科技活动周暨实验室开放日等活动。五是加大了项目争取和申报力度。市特检所向国家质检总局申报了特种设备检验能力提升技改技装项目待批准后实施；市检测所申报的《医用数字摄影（CR、DR）系统X射线辐射源》已上报至国家质检总局；思南县申报的《多轴应力状态下大理石损伤演化规律研究》和《基于压电阻抗的大理石损伤监测技术研究》2个科技项目，已获批复同意立项。

开展质量基础工作落实情况督查调研。为夯实全市质量基础，推进质量发展，深化全市供给侧结构性改革，经市政府同意，市局对全市2区、8县和大龙开发区贯彻落实《铜仁市人民政府关于贯彻落实贵州省计量发展规划（2013—2020年）的实施意见》《铜仁市人民政府办公室关于印发铜仁市深化标准化改革实施方案的通知》《铜仁市人民政府办公室关于印发加快推进有机产业发展的实施方案的通知》情况进行专题督查调研，督查调研情况已由市政府（2016）第46期《督查通报》向全市进行了通报。该做法得到了省质量发展领导小组办公室的肯定，被作为工作亮点向国家政府质量工作考核组推荐。

【加强产品质量监管，推动质量发展和经济转型升级】 积极发挥牵头协调作用，强势推进质量兴市。一是牵头起草并上报了《铜仁市2015年度政府质量工作考核结果通报》《铜仁市质量发展工作情况报告》和《铜仁市贯彻落实〈铜仁市质量发展三年行动计划（2015-2017年）〉2016年度任务分工实施方案》三个文件。二是牵头组织了3次联席会议，圆满完成迎接国家2015—2016年度质量工作考核贵州实地核查任务，得到了国家考核组专家的好评、省质量发展领导小组的充分肯定和市政府领导的批示表扬。三是严密组织质量考核工作。牵头配合省政府质量工作考核组完成了对全市2015年度质量工作考核的实地核查工作并获B级好成绩。按照《铜仁市质量工作考核实施细则》和《铜仁市质量工作考核办法》要求，牵头组织并完成市政府对各区（县）政府质量工作的实地核查，市政府已通报考核结果并要求整改存在问题。四是根据市政府工作部署，牵头编制的《铜仁市“十三五”质量发展规划（2016—2020年）》获准印发。

强化质量管理工作，提高质量水平。一是加强品牌培育申报工作。7家企业8个产品被评为2016年省名牌产品。积极指导和帮扶德江天麻“贵州省知名品牌创建示范区”创建工作，各项工作进展顺利。开展了全市地理标志保护产品重点培育调查摸底工作，编撰上报了《铜仁市地理产品保护现状与分析》专题报告，江口藤茶、思南晏茶、松桃苗绣、沿河千年古茶、印江苕粉、玉屏箫笛6个产品和印江自治县梵净山翠峰茶地理标志产品保护示范区入选《贵州省“十三五”期间重点培育的地理标志产品和示范区遴选目录》,贵州省首家地理标志产品保护示范区——德江天麻省级地理标志产品保护示范区通过验收。积极帮扶6家企业开展卓越绩效评价管理体系，指导4家企业申报首届“贵州省省长质量奖”。二是开展质量状况分析，编写报送了4期质量状况分析报告。三是制定印发《铜仁市2016年重点工业产品质量提升活动实施方案》，对10类产品生产企业开展“质量提升”活动。四是圆满完成2015年质量技术监督年报工作。五是组织开展“质量月”活动。

加强产品质量监管，确保质量提升。一是组织开展工业产品质量监督抽查工作。对9大类产品140家生产企业生产的272批次工业产品(不包括食品)进行了抽查(其中国家级3批次、省级109批次、市级160批次)，综合判定合格262批次，产品抽样综合合格率96.32%，比2015年同期提高了2.47个百分点。针对监督抽查发现的问题，帮扶管相结合，督促基层监管部门依法开展好不合格产品后处理工作。二是深化证后监管工作改革，探索建立获证企业信息公示制度，确保企业质量安全主体责任落实，构建社会共治体系，全年组织46家企业开展获证信息公示和自我承诺工作。三是开展质量提升工作，制定下发《铜仁市2016年产品质量提升工作方案》，对8类质量问题突出产品的30家生产企业开展“质量提升”活动。四是进一步加强工业产品质量分类监管工作，将9类产品91家生产企业纳入分类监管范围。五是认真抓好食品相关产品监管工作，帮助5家食品相关产品生产企业依法取得了工业产品生产许可证，举办了1期食品相关产品监管工作业务骨干培训班，组织1家企业参加了全省餐具洗涤剂产品质量分析会，抽查食品相关产品14批次，全部合格。

加大执法打假力度，震慑质量违法分子。出动执法人员15668人次，检查单位5445家（次），查处756起（大案要案9件，移送公安机关1件），共查获涉案产品货值53366.85万元，未出现区域性、行业性、系统性的重大质量安全问题；上级部门累计交办8件(其中省级交办7件，市政府交办1件)，已全部办结并及时上报处理情况，转办62件，办结59件。一是组织开展汽车及其配件、汽柴油、农资、建材、儿童用品专项打假。二是组织开展特种设备、机动车安全技术检验机构、民生计量和能效标识专项执法检查等。

【抓好特种设备安全监管和危险化学品烟花爆竹隐患排查整治工作】 一是严格执行“党政同责、一岗双责”责任制，突出问题导向，完善工作制度措施，明确职责和分工。二是组织开展“安全生产月”和“安全生产铜仁行”等活动。三是组织开展节假日、重大活动期间及特殊时期的专项检查和隐患排查整治活动。四是组织召开全市特种设备安全例会4次。五是加强特种设备动态管理和电梯应急救援处置服务平台建设工作。六是持续推进工业锅炉节能改造工作，淘汰10蒸吨及以下燃煤小锅炉50台。七是部署开展危险化学品生产企业安全隐患大排查工作，检查企业10家，抽检产品10批次，全部合格；组织开展了烟花爆竹专项安全检查，检查烟花爆竹生产企业6家，抽查样品11批次，全部合格。全年开展现场检查947次，检查使用单位947家次、特种设备5098台次，重点监控设备检查率达100%，下达特种设备安全监察指令书书158份，复查整改124条，现场查封3起。

【依法行政，强调执行力】 一是梳理了本部门权力清单将梳理完毕的权责清单报市编办。同时将已取消的设备监理单位资格证书核发行政许可事项、计量检定员资格许可从本局行政许可事项公示中删除。二是加强规范性文件监督管理工作，举办一次规范性文件制定和管理相关知识的培训，开展了2013年至2015年度规范性文件清理工作。三是深化行政审批制度改革，建立《铜仁市质量技术监督局行政许可审批工作制度》，探索建立“双随机”抽查制度，进一步依法明确市、县两级质监（市场监督管理）部门行政许可审批权限。四是强化行政执法内部监督检查制度，组织开展了优秀行政执法卷宗评选活动和年度质量技术监督行政执法案卷评查工作。五是编制实施《铜仁市质量技术监督第十三个五年规划（2016–2020年）》和《铜仁市质监局法治宣传教育第七个五年规划（2016–2020年）》，组织全局职工（公务员）参加2016年度全市公务员法治知识考试。六是印发《铜仁市质监局治乱减负支持小微企业健康发展实施方案》等文件，按规定停征工业产品许可证审查费，免征小微企业社会公用计量标准证书费等费用，推动大众创业、万众创新，全面助推供给侧结构性改革。

【加强党建工作和党风廉政建设】一是扎实抓好“三严三实”专题教育整改活动，认真组织开展“两学一做”学习教育。二是抓好精准帮扶、党建扶贫、回访和综治帮扶工作，解决帮扶资金14.29万元，捐赠电脑2台和价值4000元工具图书。三是认真抓好党建工作。四是加强了精神文明建设，完成了小区帮联任务，开展8次道德讲堂和“全民阅读·书香铜仁”读书月活动及经典诵读、“明礼知耻·崇德向善”等活动。五是认真抓好党风廉政建设。推进廉政风险防控管理工作。按时公开三公经费等情况。积极推进廉政文化建设，发送廉政文章60余篇，组织观看警示教育片4次，市局主要领导和纪检组长分别上廉政党课各1次。开展党员干部经商办企业投资入股承揽工程等四个专项整治活动以及违规发放补贴奖金等专项清理工作。（市质监局办公室）

安全生产监督管理

【概况】2016年，全市安全生产工作强化安全生产目标管理和责任落实，持续开展重点行业和领域事故隐患排查治理及专项整治，全市安全生产形势持续稳定向好。完成“1个目标”实现“3个稳定”。

完成“1个目标”：按照新的统计口径，2016年全市共发生各类事故186起、死亡165人，较大事故7起、死亡24人，未发生重大以上生产安全事故。完成控制较大事故，杜绝重特大事故的年度目标。

实现“3个稳定”：重点行业领域安全生产形势基本稳定，煤矿、烟花爆竹、渔业船舶、城市燃气、水上交通等21个重点行业（领域）实现“零事故、零伤亡”。重要时段安全生产形势基本稳定，元旦、春节、“两会”“五一”“十一”“六中全会”等重要时段未发生较大生产安全事故。区（县）安全生产形势基本稳定，碧江、万山、江口、思南、石阡、德江、沿河、铜仁高新区等8个区县全年未发生较大生产安全事故。

【抓三个落实】抓党政领导责任落实。2016年初，市委办、市政府办印发《关于调整市安全生产委员会领导成员的通知》，调整充实了以市委副书记、市长陈晏为组长的安全生产委员会，强化了安全生产工作组织领导。2016年11月15日，市委书记、市委全面深化改革领导小组组长陈昌旭主持召开市委全面深化改革领导小组第二十六次会议，审议通过《铜仁市安全生产巡查工作制度》。12月9日，市委办出台《铜仁市安全生产巡查工作制度》，进一步强化各级的安全生产责任。

抓部门安全监管责任落实。明确细化责任。市安委会印发了《关于调整充实市安全生产委员会成员和各专业办公室成员的通知》，调整安委会成员，将原有的13个专业办公室充实为22个专业办公室；市政府完成了全市安全生产“十三五”规划的编制工作。按照“管行业必须管安全、管业务必须管安全、管生产经营必须管安全”的要求，市安监、公安、交警、消防、住建等29个重点行业（领域）主管部门均制定了2016年度安全生产监督检查计划，在本系统内实施分级分类安全生产安全检查。

抓企业主体责任落实。2016年铜仁市全面推行计划检查即“四清单一台账”工作制，即：监督检查任务清单（年度安全生产监督检查计划）、安全生产检查目录清单（生产安全事故隐患排查清单）、整改工作清单（生产安全事故隐患整改清单）、复查验收清单（生产安全事故隐患复查验收清单）和安全生产监督检查工作台账。全市各区（县）出台安全生产监督检查计划，明确制定年度检查计划，检查目录。解决了谁去查、查几次和怎样查、查什么的问题，形成分级分类安全检查，“全覆盖、零容忍、严执法、重实效”。落实企业风险防控闭环管理，提高安全生产监督检查的质量和效能，实现安全生产监督检查的规范化、科学化、精细化，有效督促企业落实安全生产主体责任。

【完善安全生产体系】一是完善目标考核体系。市委办、市政府办下发《关于分季度开展全市落实安全生产目标常态化检查考核工作的通知》文件，并制定考核细则，明确了对各区县和市直行业主管部门的安全生产工作分季度考核并纳入绩效考核内容，将安全生产工作与社会经济发展、社会治安综合治理、精神文明建设，干部评优评先、职务晋升奖励惩处挂钩，并严格实行“一票否决”。二是完善应急救援体系。各级各部门狠抓应急救援机制建设，加强应急值守值班制度的落实，及时修订完善应急预案、加强应急救援演练，提升应急救援处置能力。相继制定了尾矿库事故灾难应急预案、春运突发事件应急预案、水上交通事故应急预案等30余个应急预案。

【抓好安全生产“六个”重点】开展春节及全国“两会”期间安全生产专项行动。下发了《市政府办关于进一步加强春节和“两会”期间烟花爆竹等重点行业领域安全生产工作的紧急通知》。结合春节、“两会”期间的安全生产工作特点，强化安全管控和各项防范措施，严防生产安全事故的发生，让广大人民群众过上了一个和谐、安宁的春节，确保“两会”期间全市安全生产形势稳定。

开展十个重点行业领域专项行动。针对玉屏自治县“1·11”特种设备质量较大生产安全事故从传统重点行业领域向非传统领域蔓延的特点，市政府办下发《关于进一步加强安全生产工作全面深入开展隐患大排查大整治专项行动的通知》文件，重点深化煤矿、烟花爆竹及危化品、道路交通、建筑施工、特种设备、消防、城镇燃气、旅游安全、地质灾害和非传统领域（群众性活动、餐饮火锅店、邮政物流）等10个行业领域隐患大排查大整治工作，明确了主要牵头责任部门和专项行动的主要内容。

开展汛期安全生产专项行动。强化重点行业领域汛期安全工作，全面开展非煤矿山及尾矿库、危险化学品、烟花爆竹、民爆物品的汛前防汛安全检查，严防淹井、垮塌、滑坡、雷击等事故发生；加强水库防汛值班和巡查，强化汛期15个重点旅游景区安全管理，明确市政府领导包干负责制。

开展高温极端天气安全生产专项整治。2016年7至9月，全市持续高温，市政府办下发了《关于做好高温极端天气安全生产工作的紧急通知》文件，全面抓好持续高温极端天气的安全生产工作，切实加强对危险化学品重大危险源的监控以及危险化学品生产、储运设施的检查和对现场直接作业环节的安全监管。

开展事故隐患大排查大整治专项行动。从7月28日至12月31日，在全市范围内全面开展事故隐患大排查大整治专项行动。组织检查组2050个，参加执法检查人员10251人次，参加执法检查专家160人次，检查企事业单位和场所7993家次，发现隐患和问题15789条，整改15789条，整改率100%；组织开展跨地区、跨部门联合执法182次，依法打击非法违法行为1622起。

开展岁末年初安全生产大检查专项行动。在全市所有生产经营单位和人员密集场所全面开展持续到2月的岁末年初安全生产大检查。11月29日，市政府办下发了《关于立即开展岁末年初第二轮安全生产大检查和督查工作的紧急通知》成立了以市委副书记、市委市长陈晏为组长的安全生产大检查领导小组。

【安全生产工作取得新成效】安全文化建设取得成效。6月17日，以“强化安全发展观念，提升全民安全素质”为主题的贵州省暨铜仁市2016年“安全生产月”宣传咨询日在碧江区锦江广场举行，省安全监管局等省直20家单位，市和区有关单位共80多家共同举办安全宣传“咨询日”活动。市委副书记、市长陈晏致辞，省安委办主任、省安监局局长李尚宽作重要讲话，危险化学品生产经营企业和运输企业代表分别宣读《安全生产承诺书》。市咨询日主会场共发放各类宣传资料180余种，4万余份，展出宣传展板150块，悬挂挂图450副、横幅24条、出动消防及交通宣传车辆在现场播放警示教育片，在锦江广场和火车站大屏幕播放《痛思—典型事故案例解析》和《筑基—强化安全发展观念、提升全民安全素质》安全宣传光碟。主城区宾馆酒店、商场、商店和出租车辆的门头车顶LED显示屏全部滚动显示安全生产宣传标语。贵州卫视频道、铜仁电视台、《贵州日报》《铜仁日报》、铜仁网站等多家媒体进行专题报道。铜仁市安全监管局获国务院安全生产委员会办公室表彰为“2016年全国安全生产月活动先进单位”。

安全生产两分开两追究进一步向纵深推进。铜仁市在全省率先推行安全生产“两分开、两追究”(行政审批与日常监管分开，日常安全监管与行政处罚分开；落实企业隐患排查治理责任追究和生产安全责任事故政府及部门主体责任追究)。自运行以来，取得了很大的成效，安全生产年度检查计划向乡镇延伸，全市12个区县人民政府和28个乡镇（办事处）制定了监督检查计划和重点行业领域的检查目录。使安全监管真正实现精细化，解决监管检查“谁去查、检查谁、查几次、怎么查、查什么、查出问题怎么办”的问题，做到有效监管、有序监管、精细化监管。2016年1月6日，《中国安全生产报》以铜仁市安全监督管理局推行“两分开两追究”工作机制，“我们检查的效率更高，找的问题更准了!”为题进行深度报道。铜仁在1月21日的全省安全生产监管监察工作会上作先进工作经验进行交流发言。9月1日，《贵州改革工作动态》2016年第56期刊登了《铜仁市探索推行“两分开两追究”安全生产监管体制改革》。

安全生产与职业卫生一体化监管取得成效。结合职业健康工作实际，铜仁市建立职业健康与安全生产一体化监管模式，把职业健康工作与安全生产工作同部署、同推进、同考核。“安全生产与职业健康一体化”工作机制的实施，优化了工作流程，简化了审批程序，提高了监管效能、降低了执法成本、减轻了企业负担。2016年12月18日，职业健康与安全生产一体化监管写入《中共中央国务院关于推进安全生产领域改革发展的意见》，列为2017年安全生产领域发展改革事项。6月13日，铜仁市代表贵州省作为2016年国家总局职业病防治评估地区接受国家级评估。以国家安监总局统计司副巡视员徐国强为组长的职业病评估组查阅了50家企业资料，现场抽查15家企业，对全市职业病防治工作进行全面评估。职业病防治评估工作取得了优异的成绩，得到国家总局评估组的充分肯定和高度认可。2016年，铜仁市安全监管局获交通运输部、公安部、国家安全监管总局联合表彰为2015年道路运输平安年活动成绩突出单位。获交通运输部、公安部、国家安全监管总局、中华全国总工会、共青团中央联合表彰为2016年春运“情满旅途”活动成绩突出集体。

（市安监局办公室）

出入境检验检疫

【概况】2016年，铜仁办事处检验检疫进出口货物及其包装共计913批次、同比增加73.6%，货值4353.3万美元、同比增长71.1%，业务量在全省分支机构中排名第一，出口涉及打火机、硫酸锰、绿茶、糟辣椒、缬草油、硫酸催化剂等多种产品，其中，出口打火机及其包装共732批次、同比增长157.7%，货值3335万美元、同比增长155.3%；进口汽车登检共计1000台，同比增长24.5%；检出不合格货物32批次，货值190.4万美元。指导思南县成功创建“国家级出口食品农产品（茶叶）质量安全示范区”，指导贵州大龙汇成新材料有限公司成功创建成为贵州省首家“中国出口质量安全示范企业”，指导印江自治县成功创建“省级出口食品农产品（茶叶）质量安全示范区”。与株洲检验检疫局签署合作备忘录，就两地在出口打火机检验监管中的信息互通、监管协作、贸易便利、资源共享等多方面建立工作联系机制；与湖南湘西检验检疫局建立全面合作机制，助推该地区外向型经济发展；与宁波鄞州检验检疫局建立内地口岸分支机构合作机制，助推铜仁市茶叶扩大出口。积极参与并协调省局支持铜仁·凤凰机场航空口岸和大龙保税仓申建工作。

（出入境检验检疫局办公室）

工商行政管理

【概况】2016年，市工商和市场监管部门以商事制度改革为主线，扎实推进“放、管、服”工作。改革推进过程中，铜仁市工商注册窗口和松桃市场监管窗口工作人员得到国家工商总局表彰，改革成绩得到市长陈晏和省工商局局长王彬的肯定性批示。

【以全面深化改革为统领，商事制度改革取得新突破】全面实施“五证合一”“两证整合”改革措施，积极开展电子营业执照国家级试点和市场主体简易注销省级试点，在全省率先开展集群注册登记。截至2016年年底，向新办企业颁发“五证合一、一照一码”营业执照3380份，颁发“两证整合”个体工商户营业执照1537份。发放电子营业执照2777份，完成全年目标任务（2300份）的120.74%。办理简易注销登记企业67户。以改革试点为契机，探索工商注册网上预受理登记，累计办理网上注册登记346件。

【以信用体系建设为核心，完善事中事后监管机制】切实加强企业年报公示工作指导、调度和督查，加强对企业信息抽查，全面推行“双随机、一公开”监管机制和经营异常名录信息管理机制，信息共享和联合惩戒成效初显。截至2016年6月30日，全市应公示年报的企业数为26072户，实际公示的企业年报数为20295户，年报公示率达到77.84%，超额完成了省局规定的年报率77.05%的任务。对695户企业开展了即时信息抽查，下发责令限期履行公示义务通知书61户，列入经营异常名录7户。开展“双随机一公开”抽查，对摇号抽取的820户企业进行了实地检查，依法将134户企业列入经营异常名录。向20余家行政执法监管部门征询行政许可（审批）、行政处罚等信息200余条，开展司法协助56件。

【以行政执法为抓手，重点领域市场监管取得新成绩】加大重点领域市场监管执法力度，着力解决社会关注和群众关切的热点问题，努力维护公平竞争的市场秩序。全市共立案查处各类案件267件，其中移交公安机关3件，行政指导2件，查处224件，涉案总值405.293万元，罚没款总额171.15万元。

【以消费维权为突破口，改善消费环境】加大流通领域消费维权力度，加强消费维权网络体系建设和消费维权宣传教育。截至12月22日，12315投诉举报中心共接到来电2836件，为消费者挽回经济损失272.5万元。全年共抽检各类商品272个批次，对抽检不合格的96件商品经营者进行立案查处，共结案61件，案值21.1万元，罚款11.53万元。积极开展3·15消费维权宣传和消费维权“五进”活动，加大消费者保护体系建设，使广大消费者和维权理念进一步转变，维权意识增强。

【以改善民生为目标，市场主体发展壮大】加强市场主体培育和商标培育，继续扶持微型企业发展。全市市场主体突破19.97万户，注册资本2849.16亿元。全年新开业市场主体36453户，超额完成“民生十件实事”任务目标（2万户）的182.27%，市场主体户数增长速度达26.7%，增速在全省排名第一。全年扶持微型企业1600户，带动就业8904人，扶持创业2157人，实际投资8.57亿元。全年新培育商标589件，提前超额完成《政府工作报告》500件的任务目标，完成率117.8%。截至年底，全市已注册有效商标3486件，其中贵州省著名商标58件，驰名商标2件，地理标志11件。

（市工商局办公室）

财政·税收·商务

财　　政

【概况】 2016年，铜仁市各级财政面对经济下行和结构性减税压力，面对财政收支矛盾突出的实际困难，按照“稳增长、转方式、补短板、防风险”的目标任务，突出“理财向挖潜转、供给向短板转、结构向升级转、视角向市场转、责任向主体转”的要求，主动适应经济发展新常态，积极支持全市经济社会又好又快发展，取得可喜的成绩。

【财政收支迈上新台阶】全市财政总收入完成106.61亿元，比上年增长6.95%。其中：一般公共预算收入完成62.05亿元，同口径增长12.65%，高于全省平均增幅4.50个百分点。从整体情况看，全市财政收入稳中有进、稳中有升、稳中向好，收入质量有所提高。一般公共预算支出340.96亿元，增长13.16%，高于全省平均增幅5.26个百分点，财政支出结构不断优化，支出进度不断加快。收支增幅均位居全省第二。

【向上争取取得新突破】全年累计争取到中央、省各类上级转移支付资金240.73亿元，增长1.9%，其中市本级26.77亿元，增长9.85%；争取政府置换债券转贷资金268.05亿元，增加63.18亿元，增长30.84%，其中市本级增加12.54亿元，增长50.39%。同时，争取六项行动计划小康寨融资承贷资金4.36亿元。给予缓还当年市本级超调资金4亿元的支持。此外，会同相关部门还募集到武陵山扶贫投资发展基金和PPP财政引导基金298.5亿元，到位资金160.5亿元。

【民生保障水平有新提升】全市各级财政始终把保障和改善民生作为财政工作的出发点和落脚点，不断加大民生兜底政策向普惠、基本和弱势群体倾斜。全年累计投入9项民生支出278.44亿元，增长12.54%，民生支出占公共财政预算支出比重为81.66%。在确保工资（含增资）按时足额发放、机构正常运转的同时，重点保证了教育、卫生计生、社会保障、环境保护、脱贫攻坚等民生支出需要，百姓福祉明显改善。

【财政改革迈出新步伐】制定出台一批有特色、有影响、有效果的改革举措。尤其是四本预算编审执行、国资国企监管体系、政府性债务管理、中长期财政规划管理、财政专项资金资本化管理、结余结转资金清理机制和财政供给侧结构性改革等方面改革取得突破。着力创新财政筹融资方式，推广“黔微贷”“贵园信贷通”等融资产品和PPP融资模式；建立健全财政1+X内控制度和财政体制机制，使财政工作从政策应用到任务落实的各个节点环环相扣，对有效防范财政风险提供了遵循。在不断深化财税改革的同时，主动参与和紧跟上级部门在财税各领域的改革研究和方案制定工作。如全面推开“营改增”试点改革，积极推进财政预决算信息公开，建立机关事业单位基本养老和职业年金制度等。主动支持配合教育、医疗卫生、金融、农林水、公检法等领域的改革设计和方案落实，制定区（县）人民法院、人民检察院和市交警支队经费资产划转方案等一批紧贴基层实际、符合政策要求的制度和办法。

【党建工作取得新成绩】全市

各级财政干部始终秉承“依法理财、为民服务”宗旨，围绕全市经济社会发展大局，以全面从严治党为抓手，以实现财政管理科学化、精细化、规范化为目标，扎实开展“两学一做”学习教育，加强作风建设，严格规范党内政治生活。机关作风明显改进，党的建设全面加强，财政干部精神面貌焕然一新，履职尽责能力进一步提升。涌现出一批先进集体和先进个人。其中市局先后荣获“先进党组”“五好基层党组织”“贵州省国防动员工作先进单位”和“提案承办先进单位”等荣誉称号。

（市财政局办公室）

国　　税

【概况】 2016年，铜仁市国家税务局围绕贵州省国家税务局“两个同步”工作目标和“12345”的工作思路，聚焦税收主业，扎实推进税收改革，持续优化纳税服务，加强干部队伍和党风廉政建设，全速推进税收现代化，实现“十三五”平稳起步和良好开局。2016年，全市国税各项收入完成43.77亿元，同比增长30.66%，增收10.27亿元。其中：税收收入完成42.50亿元，同比增长32.48%，增收10.42亿元，占省国税局预期目标的128.40%；其他收入完成1.27亿元，同比下降10.37%，减收0.15亿元。政府考核收入完成43.74亿元，同比增长31.55%，增收10.49亿元，完成市政府年初预期目标的117.57%。全市国税部门组织的地方一般公共预算收入完成10.45亿元，同比增长89.98%，增收4.95亿元。全年减免退抵税8.69亿元，同比增长64.76%，减免额增加3.41亿元。

【依法治税深入推进】全面推行税收执法权责清单制度。按照要求认真清理市级及以下地方性法规、规章、自治条例、单行条例、规范性文件设定的税务行政处罚权力事项；开展税收规范性文件清理，废止4件，保留1件，并及时发布《铜仁市国家税务局关于公布全文失效废止和保留的税收规范性文件目录的公告》。

持续深化税务行政审批制度改革。贯彻落实《国家税务总局关于部分税务行政审批事项取消后有关管理问题的公告》，切实加强和规范事中事后管理，推进简政放权、放管结合、优化服务，全年共办理税务行政审批事项565户次，未发生延时办结的情况。

严厉打击涉税违法行为。强化国地税联合稽查，积极开展“雪豹2016”专项行动。联合市发改委、市地税局、市公安局等10余个部门出台《铜仁市重大税收违法案件当事人联合惩戒实施办法》，挂牌成立铜仁市公安局派驻铜仁市税务部门联络机制办公室。

【税收改革任务落地落实】全面推开营改增试点。成立全市营改增领导小组，召开试点推进大会；各区（县）政府通过为国地税联合办税厅招录事业编制、购买服务和直接投入设备等方式支持营改增试点工作；全市国税系统快节奏、高标准完成数据清查、纳税人身份界定、培训辅导、税负分析等工作任务，营改增专项督导持续跟进，新闻发布会、媒体开放日、专题文艺创作等特色宣传活动有效开展，强化舆情防控，积极回应关切，努力营造良好的宣传和舆论环境。截至2016年12月底，全市营改增试点四大行业正常经营纳税人增至11800户，比交接时净增1862户，四大行业营改增收入合计完成7.53亿元，较上年同期营业税收入下降41.12%，改革效应超出预期。

稳步推进税收征管体制改革。成立铜仁市国、地税深化征管体制改革领导小组，统一组织领导、部署推进征管体制改革工作。组织召开深化国税、地税征管体制改革研讨会和座谈会，起草《铜仁市深化国税 地税征管体制改革实施方案》（以下称《方案》），呈报市政府审议。强化对《方案》的学习和培训，深化干部职工对征管体制改革的认识，组织全市《方案》解读培训班，共培训业务骨干500余人次。

全面深化国地税合作。铜仁市国、地税局以“五合”——“齐心合力、严丝合缝、琴瑟合鸣、分进合击、同心合德”推进国、地税合作，合作层次不断深入、合作领域有序拓展、合作成效逐步显现，“五合”合作经验得到国家税务总局孙瑞标副局长的肯定性批示。铜仁市政府牵头召开推进大会，推动合作向纵深拓展。通过努力，铜仁市国、地税共计完成基本合作事项37项，除1项由省局负责外，其余全部落实，创新合作事项6项。3个县局联合共建办税服务厅，8个区（县）局共同进驻政府政务服务大厅，共用基层服务资源，全市全面实现“一窗一人一机单POS机双系统”办税。全市国税工作共获得地厅级以上领导肯定性批示17次，党的建设亮点突出，支部规范化建设做法得到省国税局、市直机关工委表扬，市局机关党委获得“全市先进基层党组织”荣誉称号。

【全面推开营改增试点】2016年5月1日起，国务院批准在全国范围内全面推开营业税改增值税试点。铜仁成立全市营改增领导小组，2016年4月11日，召开全市营改增工作会议，部署营改增工作；各区（县）政府通过为国地税联合办税厅招录事业编制、购买服务和直接投入设备等方式支持营改增试点工作；全市国税系统快节奏、高标准完成数据清查、纳税人身份界定、培训辅导、税负分析等工作任务，营改增专项督导持续跟进，新闻发布会、媒体开放日、专题文艺创作等特色宣传活动有效开展，强化舆情防控，积极回应关切，努力营造良好的宣传和舆论环境。截至2016年12月底，全市营改增试点四大行业正常经营纳税人增至11800户，比交接时净增1862户，四大行业营改增收入合计完成7.53亿元，较上年同期营业税收入下降41.12%，改革效应超出预期。

【深化国税、地税征管体制改革】2016年，按照国家税务总局、贵州省国家税务局关于做好深化国税、地税征管体制改革试点工作的通知，成立铜仁市国、地税深化征管体制改革领导小组，统一组织领导、部署推进征管体制改革工作。组织召开深化国税、地税征管体制改革研讨会和座谈会，起草《铜仁市深化国税 地税征管体制改革实施方案》（以下称《方案》），呈报市政府审议。强化对《方案》的学习和培训，深化干部职工对征管体制改革的认识，组织全市《方案》解读培训班，共培训业务骨干500余人次。

【全面成功上线运行“数字人事信息系统”】 数字人事是运用数据管理思维，以信息技术为依托，把各种人事制度量化为可计分的指标体系，通过对干部职工入职前职业基础信息、平时工作完成情况纪实、业务能力和领导胜任能力测试、组织和群众内部评价、服务对象和社会公众外部评价的量化计分，形成个人“德、能、勤、绩、廉”的综合分值，进而为党组和组织人事部门开展干部管理、使用和奖惩提供决策参考的信息管理系统。2016年12月12日，成功上线运行“数字人事信息系统”，上线首日，全市714名干部职工共推送和自拟工作任务1851条。贵州省国税局考核的任务反馈率、工作纪实率和日志展晒率“三率”均达100%目标。

（市国税局办公室）

地　税

【概况】 2016年，铜仁市地方税务局着力突出“内强素质、外树形象”这一重点，抓实依法组织收入这一中心和“两学一做”、征管体制改革两条主线，攻坚克难、埋头苦干，各项工作有序推进，“十三五”开局之年起步好于预期。截至12月29日，全市地税系统累计完成各项收入49亿元,较上年同期增收6亿元，增长13.9%。其中全市地税系统累计完成政府考核收入48.6亿元，比上年增收6.3亿元，为调整后计划的101.25%，增长14.9%；完成税收收入47.1亿元，增收6.3亿元，增长15.5%；完成不含营业税税收收入33.2亿元，比上年增长3.1%，占省调整后奋斗目标的110.6%，为助推地方经济社会发展承载更多担当。

【收好税，狠抓一个中心不放松】全市地税干部克服“速度情结”、消除“换挡焦虑”，坚持有税尽收、无税禁收，完成了组织税收收入任务。主要做法：一是政府支持增动力。市局积极向市委市政府专题汇报地税收入形势和税款入库情况，市委市政府领导高度重视，加大对各县区党委政府的督促指导和地税部门的关心支持力度，按周进行调度，多次作出必须确保完成“开门红”的重要批示，有效促进重点投资项目欠税顺利入库。同时，市局保持首季开门红的良好势头，紧抓组织收入这一中心任务不放松，紧盯时间、任务“双过半”这一目标不走神，严格按照省政府在全面推开“营改增”试点工作动员大会上的要求，进一步深入清理营业税，确保应收尽收。二是强化税源分析预测。全面实施“营改增”试点后，地税税源萎缩，税源结构发生根本性变化，市局继续深入开展税源摸底调研，摸清税源基数，客观分析“营改增”后对组织收入的影响，积极寻找新生税源，强化对项目税收跟踪管理力度，根据《市政府办公室关于在全市开展营业税专项清理的通知》的各项要求，对已清理但当时由于种种原因尚未入库的营业税，在“窗口期”前（年底前）清缴入库，争取组织收入的主动权，确保重点投资项目税收及时全额入库。三是加大税收征管力度。针对2016年税收政策的调整及税源萎缩等诸多不利因素，市局及时转变征管方式方法和工作重点，加大风险应对。规范重点税源企业数据报送，严把质量关，把“以地控税”作为地方税收管理的支撑点，加强与国土部门土地转让和出让的信息交换，建立健全房土两税数据库，对涉及“土地”开发利用行为的全过程监控，确保房土两税征收管理方式新突破，并加强企业所得税和个人所得税管理，特别是大力加强对个人所得税的征管，做到以点带面、点面结合。加大对土地增值税的清算清缴力度，强化对印花税的管理，对投资融资平台的欠税进行清缴，最大限度实现颗粒归仓。四是推进综合治税进程。市局及时积极向地方党委、政府汇报，进一步深入推进和完善综合治税平台体系，发挥综合治税保增长的积极作用，着力解决跑、冒、滴、漏等问题。畅通信息传递渠道，完善数据交换机制，确保“营改增”实施后，附征税种管理全面到位，不断增强堵漏增收能力，减少税款流失，挖掘税收增长潜力。

【抓改革，围绕一个方案下功夫】市地税系统各项改革工作紧随总局、省局的步伐推进。落实国办印发《深化国税、地税征管体制改革方案》的各项工作为“两学一做”学得到位、做得具体提供检验。一是领会《方案》。市局于1月20日邀请省局党组成员、总会计师任亚林到市局，通过视频会议形式在全市地税系统对《方案》内容进行宣讲解读；2月份市局拟定并省局批复《铜仁市地方税务局关于进一步深化税收征管改革工作的实施方案》，市局围绕这一具体实施方案开展了工作。二是落实《方案》。大力推动全市各级国、地税机关深层次、宽领域加强合作。与市国税局联合制定《铜仁市国税局 地税局合作事项任务分解表》对44个合作工作事项进行任务分解，制定出时间表、路线图，并对国、地税两家从纳税服务业务深度融合、统一执法尺度、共享信息成果等方面的合作工作事宜进行明确，并从软硬件配置、网络运行维护、窗口人员岗位技能培训、业务流程规范、内部监督考核、执法风险防范等方面进行全面梳理和总结，形成具有指导性和可操作性的“一窗通办”指南。充分发挥社会综合治税作用，形成税收管理合力，防止税收流失，壮大地方财力，促进全市经济社会又好又快发展。结合全市税收征管工作实际，与市国税局共同草拟了《铜仁市人民政府关于整合社会公共资源构建综合治税体系的实施意见》，已提请市政府审定。三是执行《方案》。加强对营业税改征增值税工作的领导、组织、推进和协调，根据人事变动，重新调整了铜仁市地方税务局营业税改征增值税工作领导小组成员。与市国税局联合制定了《全面推开营业税改征增值税改革试点纳税人信息交接及调查核实方案》，明确了工作目标，数据交接内容、交接方式，对营改增试点纳税人数据确认，共交接确认营改增试点纳税人9938户，其中原地税单管户9144户，国地税共管户794户。按照专人负责发票代开、代开与征收岗位分离的要求，市局于4月22日前完成12个代开发票征收大厅和24个窗口人员税控专用设备的配备安装工作（国税实际发放37套税控装置），并组织82名前台纳服人员于4月22日到市国税局进行了委托代征税款和代开发票业务的政策及操作培训。通过精心周密的部署，全市代征增值税代开增值税发票工作开展顺利。截至12月15日，全市地税系统12个代征代开点累计代征改征增值税共计603.5万元，其中，个人出租改征增值税120万，二手房交易改征增值税483.5万元。代开增值税发票3795份，其中普通发票3586份，专用发票209份，共计受理代开发票金额42,544万元（不含税）。

结合全市实际，对锰矿、石灰石和砂石等资源税费情况开展调研：对2012年至2015年锰矿、石灰石和砂石等矿产资源生产、销售和相关税费收入数据进行调查统计，填报相关统计表；按资源税品目对原矿、精矿的换算比进行了调查测算；对锰矿资源税从征收方式、征税对象、税率设计、纳税环节和计征办法等方面提出了改革建议。充分利用电子显示屏、微信、QQ群、办税服务厅等宣传资源，多形式地开展资源税改革政策宣传工作，让纳税人了解相关资源税改革的政策内容，通过广泛宣传，得到纳税人和社会各界人士的理解和支持，形成良好氛围，新的资源税申报表启用后，及时组织纳税人对资源税改革政策和新纳税申报表的填报进行辅导培训，指导纳税人正确试填、准确核算、规范申报，对重点纳税人，深入企业进行一对一的辅导，确保首月征期资源税纳税申报数据准确、逻辑正确、按时申报；对资源税改革首月申报期存在的问题进行通报，并限期自查整改，确保资源税改革工作顺利完成。

【抓执法，严守一个理念不动】落实税收优惠政策。结合本地区、本部门工作实际，全市地税系统不断强化税收征收管理，认真贯彻落实国家有关扩大消费需求、推进节能减排和环境保护、促进产业结构优化升级、促进小微企业发展、保障和改善民生等方面结构性减税政策。2016年，全市享受结构性减税政策纳税人共16031户（次），减免地方各税15673.15万元。

开展地税行政审批事项清理工作。依法规范管理税务行政审批，进一步提高审批质效。加强对取消审批事项与事中事后监管的无缝衔接，确保放得下、接得上、管得好，不断提升税务行政机关的治理能力和水平。坚决防止和纠正“上取消下不取消”以及“明取消暗不取消”等行为，及时向社会公告了市、县两级地税机关的权力清单和责任清单，主动接受社会监督，切实做到“地税权力进清单，清单之外无权力”。积极开展税收规范性文件清理和备案审查工作。对2011年至2015年自行制定或与其他部门联合发布的税收规范性文件进行了全面清理，共清理出税收规范性文件共24件。

加大对涉税违法案件的查处力度。开展了税务稽查抽查工作、开展了“雪豹行动”专项整治工作、打击发票违法犯罪活动，依法受理、查处税收违法举报、交办案件，做好违法案件曝光工作。2016年，全市共检查纳税户94件，查补入库地方各税（费）2602.70万元。其中安排纳税人自查76件，查补入库税费982.63万元；立案检查18件，本年结案19件(含9件遗案)，查补入库税费1620.07万元，其中滞纳金153.76万元，罚款286.71万元。充分发挥了税收稽查“以查促查、以查促管、以查促收、以查促规范”的职能作用。

推进税务案件“双随机，一公开”工作。建立了税务稽查对象重点税源库，非重点税源名录库，异常对象名录库和税务稽查执法人员分类名录库。从建立的名录库中随机抽选年度税源待查对象，开展稽查。在铜仁市国税局、市地税局监察室工作人员的监督下，率先在全省联合市国税局在各自建立的《重点税源名录库》中随机抽选2017—2019年度重点税源待查纳税人，确定了联合检查纳税人待查名单。

开展纳税评估工作。市局采取合理分配评估任务，下设两个风险应对小组，分组按月进行纳税评估。每季末“回头看”一次，查找风险评估中存在的问题，总结风险评估工作经验，提升纳税评估水平。评估企业72户，排除风险点426个，评估税款3816万元。

提升全市系统干部执法能力。全市地税系统2人通过全国司法考试取得合格证书，上报省局作为全省第一批办理单位公职律师执业资格证人员。5月，全市地税系统有42人参加省地税局、省法制办举办的执法资格考试，均取得合格证。玉屏自治县地税局被命名为全省第一批法治地税示范基地。万山区地方税务局作为全省第二批法治地税示范基地创建单位初步通过了省局专家评审组的评审验收。

做好公职律师推进工作。全市地税系统有2人通过全国司法考试取得合格证书，上报省局作为全省第一批办理单位公职律师执业资格证人员。上报全市地税系统11人参加省地税局、省司法厅组织的公职律师专业知识培训，作为后备公职律师。

【抓服务，坚持一个原则提效率】坚持“以纳税人为中心，坚持执法为民，加强国地税合作，以全面推进《纳税服务规范（2.3版）》《国地税合作工作规范》（3.0版）落地实施为契机，推进纳税服务标准化、专业化、信息化、集约化、规范化建设，为纳税人提供更加优质更加高效的服务，不断减轻纳税人办税负担，切实维护纳税人合法权益，让纳税人有更多的获得感。

倾注于纳税人需求，化解缴税不便的“难点”。国地税分管领导多次带领两局相关部门共同下县区开展调研、督导国地税合作事宜。3月初，两局组成考察组共赴重庆秀山县观摩学习国地税“一窗通办”业务，为全市国地税联合办税深度合作学习取经；在2015年国地联合办税取得初步成效的基础上，4月1日，碧江、大龙两个单位作为全市试点单位，正式启动国地税“一窗通办”业务，按照“一窗一人双机双系统”设置，实现国地税涉税业务“前台一家受理、后台分别处理、限时办结反馈、统一窗口出件”的服务模式；其他县区局结合本地实际均共同进驻行政服务中心，深度合作事宜得到有序推进。通过共建办税服务厅、共同进驻行政服务中心、互派窗口人员的方式，实现了国地联合办税“全覆盖”。解决纳税人“多头跑、多头找、重复排队、重复受理”等问题，实现“进一个厅、到一个窗、办两家事”，为纳税人节约了办税成本，纳税人满意度持续提升。铜仁市地税局牵头，与市国税局联合向铜仁市人民政府呈报《关于用事业编制招录国地税联合办税厅窗口工作人员的请示》得到市政府批示。全市12个区县，已有碧江、思南、石阡、沿河通过当地政府使用地方事业编制招录部分国地税办税一线窗口人员，并完成相关培训。

倾心于纳税人满意，打通缴税不快的“堵点”。督促各地宣传落实“二维码”一次性告知服务，实现纳税人基础办税流程、报送资料、办理时限等一次性电子化告知。通过“一口受理，统一办理”，与工商、质监、国税等部门统一办证流程，工作效率明显提高，继续与金融、国税部门共同开展“银税互动”，为小微企业提供信用融资服务。继续加强与国税的沟通联系，在税法宣传、纳税咨询、学堂建设、纳税人维权工作、信用评价管理、银税互动等方面开展深度合作。在第25个税收宣传月期间，市地税局联合市国税局围绕“聚焦营改增、助力供给侧”的主题开展了“逐梦税月”主题演讲比赛，征求“税宣金点子”等活动，联合对纳税人进行税法宣传共达80余次，赢得了纳税人对认可。市局联合国税局以“五合谋新篇、下好先手棋”联合专报，得到了国家税务总局孙瑞标副局长的认可和省地税局季可局长、省国税局卢自强局长的肯定，市委常委、市人民政府常务副市长皮贵怀十分重视，于7月21日，市政府组织召开全市深化国地税合作工作推进会，市国地税着重围绕全面贯彻落实总局孙瑞标副局长的重要批示精神，如何打造铜仁市深化国地税合作升级版，作了“一核、二轴、三带”工作安排（一核：以深化国税地税征管体制改革为核心；二轴：以“五合”为坐标轴；以“合作规范”为传动轴；

三带：以上带下，不断强化合作意识；以标带本，不断细化合作举措；以点带面，不断深化合作领域），正式开启合作新征程。在政府主导下，10月1日起市局与工商、质监、人社、统计部门共推企业“五证合一”“一照一码”，截至12月20日，全市共办理2,650户；12月1日起与工商部门共推个体工商户“两证整合”，深入推进商事制度改革，为纳税人提供便利化服务。

倾心于纳税人遵从，去除缴税不公的“痛点”。《方案》提出：要在全国范围内实现服务一个标准，征管一个流程，执法一把尺子。市局积极跟进落实，深入践行“五个绝不”，严厉打击吃拿卡要，慵懒慢浮贪等行为。4月，市局采取突然袭击的方式，重点对各县区地税局干部职工的考勤情况、着装情况、工作纪律、环境卫生、安全防范、“四风”问题以及其他情况等开展了明察暗访。12月，市局成立专项检查组，对碧江、沿河、石阡局的票证领发、保管、发售、代开、缴销核销、作废、销毁等各环节管理进行全面检查要求存在问题的单位及时整改，并按照管理制度或办法进行严肃处理，用实际行动树立了铜仁地税的形象。

【带好队，强化一个关键促发展】坚持以强化班子的决策引领为根本，提升班子的向心力，以强化团队的职业修养为关键，提升团队的凝聚力。

扎实开展“两学一做”专题教育。市局牵头制定了《全市地税系统“两学一做”学习教育方案》，拟定了学习教育的时间表、路线图，明确了学习内容、步骤、责任主体和工作要求。在“学”的方面：明确了以党员自学、支部集中学习讨论、上党课等为主，辅之以实地参观教育、观看专题片、撰写心得体会等方式，做到学习“月月有主题”，先后开展了“党章集中学习月”“守纪律讲规矩”集中学习和专题讨论、“不忘初心，爱党兴税”习总书记庆祝建党95周年重要讲话集中学习和专题讨论、“讲规矩有纪律”“讲道德有品行”集中学习和专题讨论、“讲奉献有作为”集中学习和专题讨论等主题月教育，原原本本地学习了《党章》《准则》《条例》《习近平谈治国理政》《习近平总书记系列重要讲话读本（2016年版）》等16种原著书籍及焦裕禄、孔繁森、杨善洲等先进典型。把毛泽东《党委会的工作方法》《政治纪律和政治规矩党员干部读本》等纳入党组中心组集中学习内容；要求领导干部以普通党员身份参加所在支部组织生活，与支部全体党员一起学习讨论，共同查摆和解决问题，接受教育。全局81名党员（其中在职74人，退休7人）共计撰写党章学习心得7.2万字，手抄党章37.5万字，局党组、机关党委专题学习各1次，局机关4个基层党支部召开“两学一做”党章专题集中学习讨论会各1次，集中学习讨论会发言78人次。在“做”的方面：设立了党员示范岗，对全体党员实行公开承诺、佩戴党徽、亮明身份模范履行岗位职责；结合党建帮扶、两个遍访、支部联建、综治帮扶等专项工作，组织党员深入基层开展帮、联、助等主题活动，切实帮助基层群众谋发展，奔小康；组织开展红色党员林主题植树、清明节祭奠先烈、党员个人到所在社区开展志愿服务、到福利院等机构关爱老人和留守儿童等专项工作，进一步强化宗旨教育，引导全体党员践行社会主义核心价值观。2016年6月，市局被铜仁市直机关工委确定为全市市直机关“两学一做”学习教育3个示范点之一。2016年11月，全市地税系统选派了两名干部参加省地税局组织的全省地税系统“做合格党员、为地税添彩”主题演讲比赛，分别荣获三等奖和优秀奖。

认真执行干部选拔任用和考核制度。把“有为才有位、有位更有为”作为选人用人的考量条件，让干部职工把心思用在“想干事”上，把能力体现在“会干事”上，把目标定位在“干成事”上。按照《党政领导干部选拔任用工作条例》和《党政领导干部任职试用期暂行规定》明确的原则和程序，1—2月，市局对全市地税系统2014年新任的八名副科级干部进行了转正考核，3月，对全市地税系统2015年新任的三名正科级干部进行了转正考核。7月，市局通过民主推举，新提任了四名正科级干部。同时，认真组织各单位开展2015年度公务员、事业人员考核工作，考核结果实行公示制与举报制，公开考核结果，接收监督。

加强机关文明创建工作。市局严格按照《全国文明单位测评体系》明确的16大类共计50项指标，认真组织开展全国文明创建各项专题活动，全年共计开展暖冬自愿行动、志愿植树等活动78次（项）。局机关党委、机关第二支部被命名为2015年度市直“五好”基层党组织。局机关第三支部、大龙地税局支部、思南地税局支部等被中共铜仁市委表彰为全市“先进基层党组织”。万山区一名驻村干部被评为“全省优秀驻村干部”。

开展“业务大比武、岗位大练兵”。按照总局、省局工作要求和部署，市局以提升素质和强化技能为抓手，按照“1+2+3”的思路全力备战“岗位大练兵、业务大比武”，在全系统掀起了“比学赶超”热潮。市局党组高度重视，市局及时成立了活动领导小组，先后组织召开多次专题会议研究部署全市地税系统“练兵比武”活动，并下发了《铜仁市地方税务局“岗位大练兵 业务大比武”活动实施方案》，明确了活动的主要内容和具体要求，形成了上下联动、层层落实的工作格局。全市地税干部坚持集中培训和自学两种方式相结合。按照“立足岗位、分类比武”的原则，分为行政管理、征管评估、税务稽查、纳税服务和信息技术五个岗位，将党的十八大理论、征管体制改革、纳税服务规范等重点工作和税务干部应知应会的业务知识作为比武的重点考查内容。利用专题党课、视频培训、邀请专家辅导等集中培训方式，鼓励干部养成“向书本学、向岗位学、向骨干学”的习惯，将学习作为提升自我的重要途径。切实提高干部在业务技能提升和重点工作全面推进中两不误、两促进。全市地税系统480名干部均参与练兵活动，除已提交退休申请书和年底将退休的职工外，其余干部均参加比武活动，覆盖面达到98%以上。突出监督问责，对业务大比武活动出题、考试、评分、奖惩实行重点监督，将“练兵比武”活动与各单位绩效挂钩，对于违规违纪人员，将坚决追究责任。经过两轮选拔，10人参加省局选拔考试，1人获得稽查类第一名，代表省局参加总局的考试，5人被省局选派到长沙培训。

组织开展绩效管理考核各项工作。完成总局绩效管理系统、市绩效考核组2015年的绩效考核工作，市地税局以98.633分的综合得分列中央、省驻铜单位第一名，获一等奖。3月，市局绩效办组织市、县两级机关对2016年国家税务总局绩效管理信息系统2.0版和市委市政府2016年度绩效管理考核业务指标进行了设计制定和操作培训，并按季度组织市局机关各相关科室在系统中做好指标填报工作。市政府绩效考核部门通过现场查阅资料、访谈、听取汇报等方式，分别于6月、11月和12月底对市局绩效进行了现场考评，对市地税局每个季度绩效目标完成情况给予了充分肯定。对于不填报的科室或个人，不按规定完成目标工作的不予兑现绩效，进一步发挥了绩效管理在激发干部干事热情的重要作用。

（市地税局办公室）

商　务

【概况】 2016年，全市商务系统推进商务领域供给侧结构性改革，完成了年初确定的各项目标任务，实现了“十三五”良好开局。消费水平稳中有升：全年完成限额以上企业培育110家，实现社会品消费零售总额187.1亿元，增速12.9%。对外经济增长势头强劲：面对全国、全省外贸增长步伐放缓和发展形势严峻的不利因素，全年新增备案外贸进出口企业46户，总计达263户，全市实现进出口总额2.5亿美元，为全省唯一完成目标任务的市（州），同比增长59.3%，增速列全省第一。全市实际利用外资0.2亿美元。电子商务发展方兴未艾：全市电子商务交易额突破28.1亿元，同比增长103.6%；网络零售交易额达9.2亿元，同比增长58.6%。开发区综合实力显著增强：全市10个开发区营业总收入完成1383.28亿元，工业总产值完成1079.02亿元，规模以上工业增加值完成208.92亿元，固定资产投资完成990.59亿元，财政总收入完成74.03亿元，入驻工业企业数达1554户，从业人员突破17万人,其中全市开发区异地扶贫搬迁贫困户涉及1448户，解决贫困户就业近2470人。

【内贸流通取得新进展】一是以“百千市场”工程建设项目为契机，完成30个农贸市场建设和2个示范专业市场、1个平价生鲜直销店、1个“百千市场工程”示范性冷库升级改造工作。二是把握市场经济规律，积极拉动内需，全年累计举办220场次促销活动，参加活动企业达3132家，实现交易额达15.42亿元。三是组织开展“铜仁老字号”保护认定工作，举办全市旅游美食大赛暨“我最喜爱的铜仁美食”网络评选活动，评出“铜仁市餐饮名店”20家、“铜仁市农家乐名店”27家、铜仁市名厨荣誉称号18个，“铜仁市优秀厨师技术能手荣誉称号”19个，评定名菜、名点、名小吃、特色火锅75个,进一步提升铜仁市餐饮文化和品牌。四是稳步推进中小商贸流通企业服务体系建设试点工作，探索“构建一套服务保障体系强管理、树立一项行动标识出特色、搭建一个信息平台聚资源、推行‘一站式’服务提效率、顺应一种发展趋势促转型”的“五个一”中小商贸流通企业服务体系“铜仁模式”，为铜仁市1390户中小商贸流通企业达成融资16.11亿元，切实解决中小商贸流通企业用人难、融资难、转型难问题，推动136家传统流通企业成功实现移动互联网+转型升级。五是第五批全国肉类蔬菜流通追溯体系试点项目建设有序推进，在主城区碧江区、万山区建设覆盖1个肉菜流通追溯体系城市管理平台和2个生猪屠宰场、3个农贸市场、5个大中型超市、1个蔬菜批发市场、20家团体消费单位（包括餐饮企业、机关食堂、学校食堂等）、3个“产销对接”企业的肉菜流通追溯体系，已完成项目中期评估节点改造及设备安装调试并顺利通过中期评估。

【对外经济取得新突破】一是铜仁·凤凰机场航空口岸纳入国家“十三五”口岸发展规划，铜仁·凤凰机场国际航站楼主体结构建设基本完工，“三关”联检单位工作生活配套区建设有序推进。二是铜仁纳入贵州省保税物流中心（B型）布局规划（2016—2020），省政府批复同意在大龙经开区设立保税物流中心（B型），大龙保税仓已完成所有基础建设待验收。三是成功争取全省外贸进出口工作会议在铜仁市召开，举办全市外贸外资企业培训会，进一步扩大外贸外资企业政策知晓率和提升工作人员服务效率和本领。四是争取省级开放型经济发展专项资金182.7万元，支持企业到境外开拓市场、推介产品，鼓励企业完善质量管理体系、提升产品质量。五是参与承办2016首届贵州（铜仁）国际天然饮用水博览会，先后组织17家企业参加第六届国际酒类博览会，20余家企业参加第27届哈洽会、第22届兰洽会、亚欧博览会、2016年中国（贵州）国际民间工艺品博览会暨第五届中国凯里银饰刺绣博览会等展会，鼓励企业充分利用各类展会平台推介产品、开拓市场。六是参与贵州检验检疫局铜仁办事处在思南成功创建国家级出口茶叶质量安全示范区，在印江、石阡启动创建省级出口茶叶质量安全示范区工作。

【电子商务发展取得新成果】全市建成10个电商营运（服务）中心，农村电商综合服务站1182个，其中农村淘宝村级服务站452个、其他服务站（邮乐购、京东帮、华商街、社区电商等）730个，贫困村电商扶贫站覆盖率达40%，农村网络购物销售平台得到极大改善。铜仁电商呈现蓬勃发展态势。一是在继2015年铜仁高新区获批国家级电子商务示范基地和德江、印江、石阡、获批国家级电子商务进农村综合示范县的基础上，2016年铜仁市获批国家级电子商务示范城市，新增江口县国家级电子商务进农村综合示范县和松桃、沿河、万山省级电子商务进农村示范县。二是万山的“3+”电商发展模式获省委副书记、省委政法委书记谌贻琴肯定性批示，印江的“421”电商发展模式得到市委书记陈昌旭充分肯定。三是发挥电商扶贫积极作用，采用“电子商务+精准扶贫”发展模式，实现农村就业5300余人，带动贫困户7250余户、3.2万余人，为贫困户节约生活成本开支3200万元，直接和间接带动就业达3.6万人。四是引进河马电商学院，挖掘一县一品，举办各类电商培训410多场次，培训人数达43000余人次。五是成立铜仁市电子商务协会，开通“铜仁电子商务”微信公众号，开展“铜仁十佳优秀网商评选”活动，为铜仁市电子商务发展营造良好氛围。六是加快推进现代物流业发展步伐，加大物流项目建设进度，逐步形成了“市区有中心、乡（镇）有门店、社区和村庄有网点”的物流配送网络。七是成功举办铜仁市第二届网商年货节，累计销售385万元，其中网线下销售249.8万元，线上134.7万元。

【开发区建设取得新成效】一是全力支持大龙开发区争创国家级经济技术开发区，加大大龙、碧江、松桃开发区千亿级、五百亿级、三百亿级培育力度，推动全市实现开发区提档升级。二是大龙开发区成功获批国家级循环改造示范试点园区，铜仁高新区成功创建3个国家级平台、2家省级众创空间及1个省级生产型服务业聚集区。三是投融资工作取得重大进展，全市开发区依托辖区融资平台公司累计融资75.39亿元，通过“贵园信贷通”政策争取放贷8.18亿元，有效地解决了全市229户中小企业融资难、融资贵等问题。四是继续深化开发区体制机制改革，市委、市政府出台《铜仁市深化改革体制机制的实施意见》和《区县省级经济开发区管理体制机制改革的指导意见的通知》，按照机构设置到位、班子配备到位、人员配备到位“三个到位”要求，加速推进各开发区体制机制改革。五是合作共建园区有序推进。抓住苏州对口帮扶机遇，在碧江开发区挂牌成立“铜仁·苏州”共建产业园，完成共建园区扩容至46平方公里的总体规划编制，进一步完善相关配套服务功能区，建成投产同德药业、铜仁福润、华力农化、彩印科技等4家苏州籍企业。

【市场流通环境得到新改善】一是牵头抓好打击侵犯知识产权和制售假冒伪劣商品工作，做好“12312”商务举报投诉咨询服务，全市“双打”成员部门积极开展“双打”工作，采取日常检查和专项整治相结合，共立案1106起，结案985起，涉案金额338.57万元，公开案件信息935件，案件公开率97.92%。二是提高行政审批服务效率，规范商务系统行政审批程序，简化流程，全年共受理行政审批服务事项207件，办结207件，按期办结率100%，平均办理时间为6个工作日，较规定办理时限15个工作日提前9个工作日完成，大幅提升了办事效率，受到服务对象一致好评。三是加强安全生产行业监管，深入重点领域、重点企业、重点单位开展安全生产督导检查34次，确保全市商务领域无重大安全事故发生。四是加强了典当、拍卖、融资租赁、特许经营、家政养老、餐饮住宿、会展、茧丝绸、再生资源、单用途商业预付卡、直销、汽车流通、成品油、商品现货交易市场等流通领域特殊行业监管。

（市商务局办公室）

中石化贵州铜仁石油分公司

【概况】中国石化销售有限公司贵州铜仁石油分公司于1967年经国家计委批准建立。1986年5月15日，从铜仁地区商业局划出。2000年，中国石化改组上市后，铜仁石油分公司系中国石油化工股份有限公司贵州石油分公司下属地市公司，所辖铜仁南、铜仁北、思南、德江、印江、石阡、沿河、江口、玉屏、松桃、锦屏、三穗、岑巩、天柱、秀山15个片区。按照属地管理原则，2009年，锦屏、三穗、天柱、岑巩四个片区划归黔东南石油分公司管辖，2013年，秀山片区划归重庆石油分公司管辖。

2016年，铜仁石油分公司设有综合管理部、政工部、人力资源部、物流数质量管理部、安全部、发展基建部、财务核算部、非油品业务部、零售管理部、商业客户部、灯塔油库11个部门；

下辖铜仁城区（万山、碧江、大兴高新区）、石阡、思南、德江、印江、沿河、玉屏、松桃、江口9个县（区）公司；在营加油站84座,在营油库1座，油库库容为1.2万立方米，年吞吐量58.3万吨；分公司现有职工共926人。

（中石化铜仁分公司办公室）

供销合作

【概况】 2016年，全市供销系统落实全市供销综合改革会议和有关文件精神，围绕“大扶贫”“大数据”两大战略，积极推进“三变”改革，创新开展了“三位一体”新型合作型试点建设，全面完成了各项工作目标任务。年度实现商品销售总额24.18亿元；利润总额2397万元；所有者权益15162万元；资产总额44586万元；农资供应量27.09万吨；年内新增农民专业合作社1967家；电子商务销售额15680万元；农村电商服务运营中心建设10个；农村电商服务站点建设1078个；农村电商销售额11721万元；培育“三位一体”新型合作社9个；资金互助额6018万元；新建农民专业合作社联合社10个；新领办农民专业合作社1967个；带动农户脱贫或实现小康158612户；新建庄稼医院19个；基层营业收入76039万元；基层社利润1377万元；基层社资产总额17949万元。

【做大做强农民专业合作社】 着力创新合作方式和机制，围绕“一村一品”，结合“三变”改革和精准扶贫，积极引导贫困农户将量化到户的扶贫资金和小额扶贫“特惠贷”入股农民专业合作，形成股份合作，并将土地流转给合作社，实现流转土地入社收租金、入社打工挣薪金、资金入股有股金的“三金”合作社。全市共有农民专业合作社7125个，注册资本达到204亿元，入社农户17.5万户，流转土地3.55万公顷，规模以上农民专业合作社联合社57个，已有全国农民专业合作社示范社15家，省级以上龙头企业11家。石阡县本庄镇凉山村马铃薯生产专业合作社2016年年底举行的首次分红仪式，41个社员分别领到了3000元至60000多元不等的红利。

【推进合作金融发展】 市供销社为破解农民发展缺资金问题，探索由基层供销合作社、农民专业合作社及其社员自愿共同出资，经政府同意，在工商部门注册登记，依法组建社员股金服务社。在全市共发展了9家农村合作金融机构，注册资本达到8831万元，入股人数达到12410人，政府投入1650万元，群众入股46219.76万元，发放调剂金52165万元。德江县社员股金服务社在银行不给予贷款支持的情况下，给予有培育潜力的德江铭人食品公司500万元的资金支持，扶持铭人食品发展红薯淀粉加工产业，带动德江1000多户农户发展红薯种植业。

【抓农村电子商务发展】 利用供销基层网络优势，与“供销e家”“贵农网”等网络平台，大力发展农村电子商务、现代物流等新兴产业，做大农产品电子商务平台，线上线下结合，推行网购网销，实现销售网络化。全市10个区（县）与贵农网签订战略合作协议，分别注册成立了由供销社参股或控股的电商公司，完成电子商务营运中心和站点建设。

（市供销社办公室）

烟草专卖

【概况】 铜仁市烟草专卖局、贵州省烟草公司铜仁市公司成立于1983年12月，下辖松桃、江口、思南、德江、印江、沿河、石阡7个县级烟草专卖局（分公司），碧江区、万山区、玉屏自治县3个县级烟草专卖局，以及思南县、德江县两个烟叶管理库。市局（公司）机关下设19个科级部门，其中16个综合职能部门，3个专业部门。2016年年底，全市烟草行业共有从业人员1773人；资产总额156980万元，所有者权益119926万元，资产负债率23.6%，同比下降13.29个百分点。

2016年，实现主营业务收入478316万元，实现税利149088万元，同比（2015年账面税利142019万元）增加7069万元，增长4.97%，其中利润总额68660万元，同比增加2339万元，增长3.52%；税金80428万元，同比增加4730万元，增长6.24%。2016年实际上缴税款99980万元，同比增长8.35%。

铜仁市烟草专卖局（公司）被省烟草专卖局（公司）评为2016年度全省烟草商业安全生产工作“优秀单位”；被铜仁市政府评为2016年度全市安全生产工作“先进单位”；局长马健调研的《地市级烟草公司党建工作的思路与对策》在农村与科技刊物上发表，在“科学发展与全面建设小康社会”学术研讨会上宣读交流，获“2015—2016年度（全国）经济建设与科学发展理论实践成果”特等奖。其他负责人调研的《关于落实全面从严治党要求，推进“三会一课”制度规范化、常态化研究》，获得了2016年铜仁市机关党建理论研究优秀论文的表彰。

【烟叶生产】2016年全市落实种烟主体6551户，种植面积1.29万公顷，户均种烟规模1.97公顷，收购烟叶46.68万担；国内计划上等烟比例33.66%，担均价1111元，实现烟叶税11409万元，同比减少4866万元，下降29.89%；烟农户均收入7.92万元（其中不含补贴收入7.75万元，新技术补贴2675万元，专分散收补贴2334万元）。

【现代烟草农业建设】大力推进职业烟农和专业化服务队伍“两个主体”建设，全市培育了940名职业烟农，户均规模达2.67公顷；培训专业化烘烤人员885名，587名烘烤师持证上岗。合作社示范社创建上，沿河益加益合作社、印江合水合作社分别被评为行业示范社和省级示范社；在专业化服务方面，着力推进专业化打孔和“1+N”专业化烘烤服务，累计实施专业化打孔1.02万公顷，分离式工序化移栽0.43万公顷；推广采烤一体化757.33公顷，全托式商品化烘烤453.33公顷，半托式作业0.45万公顷，其他形式0.72万公顷。继续推进烟叶生产基础信息管理系统拓展应用，提高烟叶生产信息化水平。

【援建水源工程建设】在建烟草行业援建水源工程项目2个，为石阡县獐子沟水库项目、沿河自治县邓家溪水库；申报项目1个，为德江县潮溪水库。

【卷烟营销工作】持续提升市场把握能力、品牌培育营销能力，持续推进现代零售终端建设，全面提升营销网络运行效率，稳步推行市场化取向改革，开展“消费者在哪里，我们就在哪里”活动，全力打牢营销管理基础。

2016年，全市销售卷烟12.24万箱，同比增加359箱，增长0.29%；销售“贵烟”系列品牌59751箱，同比增加5394箱，增长9.92%；单箱均价30372元，同比增加182元，增长0.60%；实现销售毛利9.478亿元（不含税），同比增加0.66亿元（不含税），增长1.83%，卷烟销售综合毛利率28.01%。

【卷烟电子商务】探索扁平化需求反馈及服务响应机制，构建线下拜访、线上互动、移动互联“三位一体”营销服务模式，建立铜仁烟草“微信公众平台”，为客户提供立体式、快响应的服务支持。截至2016年年底，全市网上订货户数为15614户，占总零售客户16084户的97.1%。

【专卖打假工作】2016年坚持“端窝点、打源头、断渠道、破网络、抓主犯”的专卖工作思路，加强与法院、检察院、公安的协作配合，全市所有县（区）局均完成了破获1起5万元以上大要案件的任务。全年共出动打假3809人次，查处各类案件292起，查扣各类真品卷烟362.6万支，查获假冒卷烟120.47万支，罚没款26.55万元。破获5万元以上案件28起，刑事拘留18人，提请批准逮捕15人。被人民法院判刑14人，其中：缓刑6人、有期徒刑3年以下5人，有期徒刑3—5年（含3年不含5年）3人。

【党建工作】“两学一做”学习教育，制定了“两学一做”学习教育工作实施方案，组织指导各级党组织认真开展学习教育。2016年，采取集中学习和个人自学等方式，市局党委中心组集中组织专题学习5次（15天），各级党组都按要求开展了集中学习37次（110天），发布学习资料52篇，市局网站发表党建信息、活动报道226篇，省局网站采用30篇。在“两学一做”学习教育中，以“四讲四有”开展专题学习，结合“五个能否”开展学习讨论。每一次学习研讨，党员都结合自身实际撰写发言提纲，谈学习体会，对照标准和要求查找自身问题，认真制定整改措施，使全体党员真正接受教育，思想受到洗礼。

基层党组织建设，市局（公司）设党委1个、党组10个、党总支7个、党支部37个，现有党员742人，其中：在职党员627人，离退休党员115人。2016年，全市有3个党总支被县委评选为县级“五好”基层党组织，5个党支部被县直机关工委评选命名“五好”基层党组织；2名党员被表彰为全省烟草商业优秀党务工作者，13名党务干部被县直机关工委表彰为“优秀党务工作者”，24名党员被表彰为“优秀共产党员”。

按照《中共贵州省烟草专卖局党组关于在“两学一做”学习教育中开展党费收缴工作专项检查的通知》精神，对2008年4月至2016年6月的党员党费进行了清算补交。清算补交党费工作分两次进行，全市2008年4月—2016年4月应收党费415.49万元，实收党费79.74万元，补交党费335.75万元，于2016年10月30日前全部交清，完成了党费收缴专项检查工作。

【公益活动】党建扶贫，2016年共投入帮扶资金55.4万元,用于帮助困难群众发展家庭式产业，增加贫困户收入，从而达到脱贫的目的，真正为老百姓办实事。

驻村帮扶，2016年全市具体负责帮扶22个村，选派第一书记12人。帮扶工作中，各级班子成员多次深入帮扶村，开展入户遍访工作，摸清贫困户基本情况，制定了帮扶方案，帮助贫困户积极发展规划产业。

（市烟草专卖局办公室）

金　融·保　险

人民银行

【概况】 2016年，人民银行铜仁市中心支行确立以“问题为导向、创新为动力、纪律为保障”的工作思路，开拓进取、务实创新，切实做好供给侧改革金融服务，深入抓好金融精准扶贫等重点工作，全力支持地方经济社会发展。

【贯彻执行好稳健的货币政策，做好供给侧改革金融服务工作】一是按照松紧适度、适时微调的政策基调，围绕“三去一降一补”要求，继续实施好稳健的货币政策。利用MAP调控工具，有效引导地方法人金融机构信贷合理、适度、平稳投放。完善定向调控措施，充分运用再贷款、再贴现等货币政策工具，引导金融机构支持经济社会发展重点领域与薄弱环节。2016年12月末，铜仁市金融机构人民币各项存款余额1280.15亿元，同比增加299.84亿元，增长30.59%；各项贷款余额817.66亿元，同比增加100.88亿元，同比增长14.07%。二是积极推动政策性银行精准对接地方政府规划，争取更多优惠信贷政策资金支持地方经济发展。2016年，国开行累计向铜仁市发放项目贷款52.24亿元，贷款余额131.19亿元，重点支持棚户区改造、农村基础设施交通扶贫等项目。农发行铜仁分行累计发放项目贷款27.73亿元，支持了辖内24个民生项目。三是密切关注并跟踪监测房地产新政对地方房地产市场发展的影响。组织召开房地产企业家座谈会，专题研究分析房地产运行及去库存情况，全市11家重点房开企业参加座谈会，达成金融如何支持房地产去库存好的初步意见，并以会议纪要方式下发各金融机构落实。

【推动全市金融改革创新，提高金融管理工作水平】一是切实做好投保机构风险评级工作，稳步推进存款保险差别费率管理工作的实施，督促投保机构进一步提高风险管理水平。二是做好地方金融市场培育发展。指导铜仁农商行、思南农商行申请加入“市场利率定价自律机制”，成为市场利率定价自律机制观察员，实现了铜仁市法人金融机构加入市场利率定价自律机制零的突破。三是认真贯彻落实全省金融工作会议精神，开辟绿色通道，提高开业管理服务效率，助推贵州、贵阳银行实现铜仁县域全覆盖。四是依法开展执法检查工作。按照法定程序与职责，全年组织开展反洗钱、人民币收付业务、银行卡等18项执法检查。五是做好金融机构日常管理工作，完成辖内54家金融机构2015年综合评价，对工行、农行、贵州银行开展重大事项情况核查。

【开展经济金融调查研究，提升调研信息工作水平】2016年，人行铜仁市中支撰写编辑上报《铜仁金融》《专报信息》《调研报告》等政务及调研信息共计350多期，其中《互联网房地产市场出现的问题值得关注》等政务及调研信息分别获得贵阳中支、成都分行、人总行采用，政务信息工作列全省第1位。一是围绕大数据、大扶贫等重点工作开展调查研究。根据上级行及地方党委政府工作要求，为深入推进抓好金融精准扶贫工作，中支党委成员分别深入对口帮扶村开展金融精准扶贫调研，并于10月28日组织武陵山集中连片特困地区（黔、湘、渝）毗邻地区中支围绕“金融精准扶贫工作”开展党委中心组联合学习交流，撰写上报《关于武陵山集中连片特困地区金融支持精准扶贫的调查与思考》等调研报告。二是围绕“三去一降一补”等难点工作开展调查研究。3月份，中支组织专题调研组深入房地产市场及市直相关部门，开展铜仁市房地产市场发展情况调研，撰写上报《对欠发达地区房地产去库存的调查与分析》《金融支持棚户区改造的问题与建议》等调研报告，获得市委、市政府肯定。三是围绕互联网金融、普惠金融等前沿热点工作开展调查研究。4月份，中支组织全辖青年行员开展政务信息写作培训，要求全辖青年干部职工立足岗位，服务全行，密切关注经济金融发展前沿热点、难点问题，深入开展调查分析研究。撰写上报的《建议进一步规范票据中介市场》《我国近场支付基本情况存在问题及对策建议》等政务信息分别获得人民银行总行副行长潘功胜、范一飞批示。

【推进金融精准扶贫】 一是助推市政府建立铜仁市金融扶贫联席会议制度，推动市政府争取并设立铜仁武陵山扶贫投资发展基金，基金总规模500亿元(到位资金280.5亿元)，推动市辖10区(县)设立“金扶贷”工程风险补偿基金(共计6483万元)，切实发挥人民银行金融精准扶贫牵头作用。二是联合市金融办、市扶贫办拟定《铜仁市金融助推脱贫攻坚主办银行制度》，明确各金融机构在助推脱贫攻坚中的主要任务和工作方向。政策性金融精准发力，2016年，农发行铜仁分行累计发放易地搬迁扶贫贷款34.5亿元，支持全市第一、二批共计98个安置点顺利推进，惠及贫困人口138711人。三是加强对“再贷款+”运作模式的规范管理，继续推广实施“精扶贷”工程。2016年以来，全市累计发放精扶贷贷款21.93亿元，支持特色产业发展带动脱贫，惠及贫困人口19.21万人。其中，运用扶贫再贷款发放的贷款余额28.54亿元，惠及农户44241户，企业276家，专业合作社29家。四是按照贵阳中支“百名”央行行长对村帮扶相关工作要求，落实对村帮扶工作任务，切实发挥好市、县两级人民银行领导班子成员在精准扶贫金融服务工作中的示范带头作用。

【推进绿色金融】 指导印江自治县支行积极参与贵阳中支2016年“绿色金融与金融扶贫”试点申报工作，印江自治县被列入全省开展绿色金融试点工作的2个县之一，并成为人总行和世界自然基金会“绿色金融与精准扶贫”项目研究地之一。6月份，中国金融学会、世界自然基金会北京代表处相关领导到印江自治县考察绿色发展与精准扶贫并召开项目研讨会，形成的《金融支持印江自治县绿色产业助推脱贫攻坚和生态保护的探索和实践》和《如何实现绿色脱贫》已在《中国金融》第18期《一线话题》刊载，并将翻译成英文通过世界自然基金会宣传印江自治县绿色发展与精准扶贫做法，争取国际金融组织支持。

【防范化解各类金融风险】一是提议组织召开全市社会信用体系建设工作会议，积极推动创建“农村金融信用市”工作，呈请市政府在全辖推动开展重点对公职人员不良贷款清收的专项行动，进一步优化全市金融生态环境。二是组织召开全市银行业金融机构金融风险排查会议，及时对各银行业金融机构开展风险提示，合力防范和处置各类金融风险。三是建立金融稳定形势分析制度，完成《铜仁市金融稳定形式分析报告》，通过金融稳定协调机制平台，及时向地方政府及相关部门做好风险提示。四是与市公安局、工商局积极搭建信息沟通平台，按照“公安工商提供案件素材、人民银行建立风险监测、选取机构进行针对性监测”的思路，建立了重点可疑交易报告发现模式，逐步形成“以风险为本”的监测模式，不断提升金融风险管控能力。五是落实“控流出、扩流入”，探索跨区域协作监管,与湖南省邵阳市中心支局合作建立《外汇业务跨区域协作监管机制》，推动共享经济信息数据监测指标，加强跨区域突发事件协作处理，按季交流关联企业贸易信息，共同提升对违规企业的打击和震慑力度。

（人民银行办公室）

银行业监督管理

【概况】 2016年，铜仁市经济总体运行平稳，稳中趋缓，稳中有好，初步实现“十三五”良好开局。2016年实现地方生产总值856.97亿元，按可比价格计算，比上年增长11.9%，其中，第一产业增加值202.73亿元，比上年增长5.8%；第二产业增加值243.41亿元，比上年增长13.1%；第三产业增加值410.83亿元，比上年增长14.2%。截至2016年年末，全市银行业资产总额达到1361亿元，同比增长25%；各项存款余额1250亿元，增长33%；各项贷款余额818亿元，增长14%；全年实现净利润21亿元，增长18%；不良贷款率2.09%；农村中小金融机构资本利润率13.3%；拨备覆盖率196%，资本充足率12%，各项重要指标总体处于稳健水平。

【围绕“三去一降一补”，支持供给侧结构性改革】一是引导银行业积极支持居民合理住房信贷需求，加大住房信贷投放力度，与住房公积金中心合作开展补息贷款等信贷产品创新，全年新增个人住房贷款19亿元，增长23%。二是对锰、汞、煤炭、水泥等、主要产能行业，分别采取增贷、稳贷、减贷、重组等措施，合理制定扶持或退出计划，防止“一刀切”和盲目抽贷，年末全市主要产能行业贷款余额6亿元，总体保持稳定。三是引导银行业金融机构开展投贷联动试点，采取“投资+贷款”的联动模式，支持地方基础设施建设，获批项目40个，计划融资29亿元。四是开展融资难融资贵专项现场检查，鼓励银行业减费让利，降低企业融资成本，年末全市银行业平均贷款利率较上年同期下降75个基点。引导银行业用好区内区外两类资金，全力支持重点领域重点项目建设，年末全市国家重大工程项目贷款余额107亿元，同比增长50%；“五个100”工程贷款余额94亿元，同比增长15%；交通基础设施贷款余额120亿元，同比增长22%；旅游、水、石材等地方特色产业贷款余额36亿元，同比增长45%。

【全面推进银行业精准扶贫】一是创新扶贫资金供给渠道，积极支持银行业参与发起设立中国铜仁武陵山扶贫投资发展基金，5家银行机构参与合作设立基金343亿元。二是持续加大扶贫领域信贷投入，全年共支持各类扶贫项目融资141亿元，其中交通、水利、扶贫搬迁等农村基础设施融资116亿元，对贫困户贷款达到16亿元，贷款户数达到3.6万户。三是支持全市农信系统深入开展“民心党建+信合+”助推精准扶贫工作，已累计向贫困农户发放“精扶贷”资金15.6亿元。

【深入推进普惠金融发展】一是扩大林权和土地承包经营权抵押贷款试点，年末两类贷款余额已达4.6亿元，增设、升级银行业金融机构农村营业网点，打造“村村通”升级版，提高农村金融服务的可获得性。二是加强监管引导，严格执行小微信贷计划，开展续贷、循环贷款等还款方式创新，深入推广“银税互动”等特色信贷产品，推动解决小微企业融资难问题。年末，全市小微企业贷款余额236亿元，较年初增加60亿元，增长35%，高于各项贷款增速20个百分点，实现“三个不低于”目标；全市涉农贷款余额533亿元，增加92亿元，增长21%。

【助推银行业改革纵深发展】一是进一步完善银行业服务体系。引导网点资源向县域、社区和农村等薄弱环节倾斜，全年批准开业商业银行县域支行18家，实现工、农、邮、贵州、贵阳五家商业银行县域全覆盖。二是稳步推进农村信用社改革。指导农村信用社积极创造条件改制组建为农村商业银行，对3家农信社改制农商行完成清产核资验收。三是持续推进“引银入铜”，推动茅台农商行在铜仁发起设立村镇银行，6家村镇银行获得贵州银监局筹建批复，1家村镇银行获得银监会备案同意。

【提升依法监管能力建设】一是持续提升非现场监管能力。成立分局非现场监管委员会，按季召开监管例会，建立完善岗位联动、信息分析、风险识别、跟踪评价四项机制，实现非现场监管全覆盖、全流程管理。二是强化现场检查效能。全年共开展各类现场检查13项，累计投入1210个工作日，发现问题408个，涉及违规金额18亿元。在检查手段上，全面推广EAST系统应用，共自创EAST模型16个，运用模型25个，有效提高了检查精准程度。重点围绕“两个加强、两个遏制”专项检查“回头看”工作，督促银行机构全面从严开展自查整改，分局检查组对辖内6家机构开展了回头看现场检查，发现法人治理、信贷管理、柜面操作等方面问题42个，涉及违规资金3.7亿元。三是强化司法监管协作。定期举办分局、法院、协会和银行机构四方会谈，集中解决银行业涉法、维权及法制教育等问题。全年以来共达成多渠道防范金融风险等六项书面共识，提升银行业法治意识和依法维权能力。

【强化重点领域风险管控，确保全市银行业的安全平稳运行】一是加强重点领域信用风险防范。对新增房开贷款实行报告制，妥善处置个别房地产企业引发的风险事件，化解信贷风险2.4亿元。指导债权银行密切关注平台贷款到期收回和债务置换情况，全年累计收回51亿元，其中，通过债券置换债务25.6亿元，年末全市名单内平台贷款余额146亿元，无不良贷款。针对锰、汞、煤炭等主要产能行业不良贷款占比过高问题（不良率21%），逐户落实化解措施，年末主要产能行业不良贷款余额1.28亿元，总体风险可控。二是强化重点机构重点风险管控。加强对流动性指标异常波动机构的风险监测和管理，指导村镇银行进一步完善与发起行的流动性救助机制，指导农村中小金融机构按季开展流动性风险压力测试，合理调整资产负债匹配结构。年末辖内农村中小金融机构统算流动性比例50%，其中农村合作金融机构48%，村镇银行183%，均高于25%监管要求。对邮政储蓄机构和农村中小金融机构内控合规、安全保卫等工作进行现场检查，持续保持案件防控高压态势。三是有效隔离外部风险传染。在全系统深入开展非法集资专项排查，组织银行业广泛开展宣传教育月活动，加强与地方金融办、工商、公安等有关部门的沟通联系，定期向银行业金融机构通报辖内立案查处的涉嫌非法集资案件进展情况，严防外部风险传导到银行业体系内。在市政府统筹下，与金融办共同推进辖内P2P网络借贷专项治理工作，对全市7家P2P网络借贷机构妥善进行分类整治。（银监局办公室）

建设银行

【概况】2016年，建设银行铜仁市分行围绕省分行党委提出的工作思路，增强转型发展的紧迫感、责任感，全面提升风险管控能力，实现经营和转型发展的新突破。截至2016年末，全口径存款时点余额119.5亿元，比年初增加24.1亿元；各项贷款余额82.6亿元，比年初增加2.4亿元。2016年全行财务运行平稳，全年实现中间业务净收入0.72亿元，比上年同期增加0.16亿元，实现账面净利润2.88亿元，比上年同期增加0.37亿元。

2016年，向江口至都格高速公路江口至瓮安段发放1.46亿元投放基建贷款、沪昆铁路客运专线贵州有限公司投放1.02亿元基建贷款；向贵州松桃永昌投资开发有限公司发放2亿元流动资金贷款、贵州茶花泉文化旅游传媒开发投资有限公司发放3.6亿元流动资金贷款、贵州华电大龙发电有限公司发放0.6亿元流动资金贷款；向印江土家族苗族自治县第一中学二期工程建设项目发放1亿元的融资租赁款、松桃苗族自治县中等职业学校新校区建设项目发放1亿元的融资租赁款、思南县中等职业学校新校区建设项目发放1亿元的融资租赁款、铜仁市妇幼保健院发放0.1亿元的流动资金贷款、铜仁市人民医院发放0.1亿元流动资金贷款、铜仁市水务投资有限公司发放0.25亿元污水处理项目贷款，有力地支持了国家重点项目和铜仁市重要领域、实体经济、民生领域建设。

切实履行全面从严治党、从

严治行主体责任，紧紧抓住全面从严治党关键在落实主体责任这条主线，以学习“一准则两条例”为重点，强化责任意识，把从严治党、党风廉政建设真正摆在突出位置，与业务工作同谋划、同部署、同安排、同检查，保证从严治党责任得以落实。以“两学一做”学习教育推动党建工作，制定落实《工作方案》，强化工作责任，推进“两学一做”学习教育常态化制度化，涌现出22名优秀党员、4名优秀党务工作者和3个先进基层党支部。

【支持小微企业发展】 2016年，建行铜仁市分行积极贯彻党中央、国务院关于促进小微企业发展的战略部署，落实省分行“以小为主，以微为重”小企业大数据信贷业务要求，积极推进小企业大数据产品，有力支持区域内小企业实体发展。开办小微企业大数据信贷产品善融贷、税易贷、POS贷、信用贷、薪金贷、善融E贷、创业贷、结算透（简称“七贷一透”），对小微企业促发展、降成本、控风险具有重要意义。2016年全年发放小微企业贷款29户，发放金额5430万元。

【开展党建扶贫】 建行铜仁市分行以“为社会承担全面的企业公民责任”为社会使命，认真落实党建扶贫工作，按照地方党委的安排，对扶贫点碧江区木弄村派驻驻村干部，帮助组建村级党建活动室，帮扶驻点村级小学，看望慰问留守儿童，走访慰问贫困户7户，送去建设银行的温暖。

【支持“智慧医院”建设】建行铜仁市分行主动参与铜仁市人民医院“移动支付”项目建设，通过HIS改造、自助机布放、微信及支付宝上线项目的实施，以先进的信息化理念、科学的流程设计、便捷的支付方式，建成示范性“智慧医院”，为下步全市各级医院“智慧医院”建设及居民健康卡发行打下基础。

【开展金融知识宣传】为进一步向社会公众宣传普及金融知识，维护金融消费者的合法权益，2016年，中国建设银行铜仁市分行开展“普及金融知识万里行”“金融知识进万家”、反洗钱、征信宣传、打击电信诈骗、反假币等活动，以多种方式加强银行业消费者权益保护与教育。

（建设银行办公室）

农业银行

【概况】中国农业银行股份有限公司铜仁分行辖12个县级支行，32个营业网点，在职员工644余人，大专以上文化人员占比80%以上，是当地服务领域最宽、机构人员最多、业务规模最大的国有商业银行。2016年12月15日，被铜仁市委、市政府表彰为“2015年铜仁国有就业10强企业”荣誉；12月21日，新成立农业银行铜仁万山支行正式开门营业。截至2016年12月31日，全行各项存款余额183.81亿元，较年初增加40.77亿元，同比多增18.81亿元。各项贷款余额114.69亿元，较年初增加6.59亿元，累计发放各项贷款（不含信用卡）31.67亿元。全行农户贷款余额2.51亿元，比年初增加0.27亿元，累计发放农户贷款2.4亿元。全年没有发生重大案件和安全生产事故，实现平安经营。

【支持社会经济发展】2016年，农业银行铜仁分行围绕铜仁社会经济发展，注入资金活水，重点支持铜仁地域内的“5个100工程”、城市基础设施、重点水利项目、供排水、城市污水、垃圾处理、学校、医院、水库等领域民生事业，促进社会发展。同时，加强工业园区、农业产业化龙头企业、文化旅游产业等项目信贷投入，关注招商引资和市内重点开发项目进展情况，做好配套的金融服务工作。2016年累计发放对公类贷款22.8亿元。

【服务城乡一体化】农业银行铜仁分行不断创金融品牌，全方位服务客户需求，积极强化金融知识宣传，增强市民金融理财意识。加大个人助业贷款、随薪贷、房抵贷、房联贷等个贷产品推广力度，积极助力地方个体经济繁荣发展和居民消费品质提升。加强掌上银行、网上银行、快e付等互联网金融服务和产品营销，加大对掌上银行功能的宣传推广力度，特别是掌上银行办理信用卡现金分期、无卡预约取款、理财、缴费等亮点功能，改善和提升客户线上体验。2016年，新增汽车专项分期贷款3.32亿元，助力数千中等收入家庭轻松购车，圆购车梦，提前成为有车一族，提高生活质量。

【促进产业结构调整】农业银行铜仁分行牢固树立创新、协调、绿色、开放、共享的发展理念，加大对传统产业技术改造和转型升级支持力度，深入推进农业供给侧结构性改革，开展“三去一降一补”，提升服务实体经济的效率。对长期亏损、失去清偿能力或落后产能企业，进行压缩与退出，已退、拟退出各3家企业。

【服务三农和精准扶贫】脱贫攻坚，促进农民增收，产业是核心，金融是后盾。2016年，农业银行铜仁分行坚持精准施策、创新服务、高效运作，全力推进服务“三农”和精准扶贫工作。一是建立新模式，支持建档立卡贫困户、农村青年和妇女创业就业。加强与政府相关职能部门的汇报沟通，学习借鉴系统内先进行的经验和模式，推进政府增信机制建立（全市除江口、德江外，已全部建立），切实解决农户抵押难、担保难、贷款难的问题，并有效通过“政府增信+农户”模式累计发放贷款9600余万元。二是通过基础设施建设和产业带动助力脱贫攻坚。累计投放4.4亿元支持全市生态移民项目建设，惠及近13.27万群众；累计投放近7亿元支持地方“四在农家美丽乡村”项目建设，惠及近38.21万村民；累计向农业产业化龙头企业发放贷款4.17亿元，积极推进产业精准扶贫，直接带动贫困人口3500人。三是创新惠农产品，扩宽服务渠道，支持农业农村农民发展。2016年，创新推出“乡村旅游贷款”“养老保险居民农户小额贷款”“美丽乡村惠农脱贫贷”等惠农信贷产品，累计搭建惠农通有效服务点2518个，行政村覆盖率达73.47%。

【亮化窗口，提供文明、优质服务】农业银行铜仁分行狠抓窗口金融服务能力提升工作，不断加强网点文明标准服务，打造标杆网点，增强网点服务功能，推动网点服务品质提升。从职业形象、服务行为、服务纪律、内外部环境、设施设备和客户投诉等方面进行了细化提升，规范服务行为，让广大居民切实享受到一流的环境和一流的服务。2016年，农业银行铜仁思南大桥支行大堂经理文凤鸣被中国银行业协会表彰为“2015年度中国银行业文明服务‘明星大堂经理’”荣誉称号。全年新增布放ATM机和存取款机15台，总数达到233台；新建立离行式自助银行5个（含2各银警亭）；在各网点新安装超级柜台18台，总量达到43台。

【加强宣传，落实普惠金融】为进一步普及金融知识，农业银行铜仁分行抽调骨干力量，组成蒲公英金融志愿服务队，深入铜仁市各县（区）社区、乡镇、企业、园区、市场、学校、政府机关，开展“多一份金融了解 多一份财富保障”的“金融知识进万家”宣传活动，通过图文并茂、深入浅出的宣传讲解和宣传安全用卡、反假币、金融IC卡、手机银行、网上银行及网络金融诈骗、银行卡非法买卖等金融知识，增强市民金融意识。据统计，开展宣传活动60余场次，共发送各类宣传资料50000余份，接受金融知识培训30000人次，接受群众业务咨询100000余人次。

（中国农业银行铜仁分行办公室　吴承军）

农业发展银行

【概况】 2016年，全行各项贷款余额83.97亿元；各项存款余额92.69亿元，同比增加19.79亿元，增幅27.15%；全年实现中间业务收入479.15万元,同比增长110.59万元，增幅30%；全年实现账面盈利2.99亿元，同比增盈1.43亿元，增幅91.67%。

【11.50亿元贷款支持大兴水利枢纽工程项目】 该项目建设地址位于松桃苗族自治县境内，沅

江水系锦江河二级支流大梁河中游河段，水库规模为中型，工程等别为Ⅲ级。水库总库容为4675万立方米；电站装机5兆瓦。该项目被列入国务院批准的《贵州省水利建设生态建设石漠化治理综合规划》，是贵州省骨干水源工程，项目的建设，可以保障铜仁市经济、城市发展的用水需求，解决松桃自治县正大乡和大兴镇生活、灌溉、工业用水的迫切需要，对促进当地农业发展，加快脱贫致富的步伐具有重要作用。

【3.70亿元贷款支持官舟高级中学建设】 本项目为该行支持沿河自治县的首笔教育扶贫贷款，项目建设地址位于官舟镇野鸡坑，项目校园占地面积80013平方米，建筑面积63344.9平方米，建成后能容纳在校生人数3000人。建设内容主要有：新建综合教学楼、图书实验楼、行政综合楼、食堂、学生宿舍、教师周转宿舍、体育馆、厕所、运动场及其他配套设施。项目实施可缓解沿河自治县学子就学难的问题，官舟中学建成后，直接涉及项目区及周边8个乡镇学生上学难问题，每年可容纳在校高中学生3000人。

【35000万元贷款支持玉屏油茶产业开发】 项目建设地址位于玉屏自治县新店、朱家场、田坪三个乡镇区域，项目建设主要是进行3293.33公顷油茶种植及改良。本项目的实施，能直接带动区域内建档立卡贫困人口1万人脱贫，预计在“十三五”期间能直接带来经济效益2859.67万元；到2018年玉屏自治县将增加林地面积1640公顷，增加森林覆盖率1.96个百分点，增加木材储备5万立方米左右。项目建设期间，共需要19.8万个工日，预计每年可解决733个劳动力就业；建成投产后，预计每年可解决1100个劳动力就业，将促进农村产业结构调整，加快山区农民脱贫致富进程。项目的实施能有效改变农村土地利用方式，优化土地利用结构，提高土地利用效率，改善农业生产条件，加快山区农民脱贫致富进程。

【党建帮扶】 岩门村位于德江县泉口镇，建档立卡贫困户230户，建档立卡贫困人口313人，贫困发生率高达41.62%，贫困程度极深，属于一类贫困村。该村为农发行铜仁市分行党建帮扶村，2016年，该行选派王雄到岩门村任“第一书记”并担任同步小康驻村工作组组长，开展党建扶贫工作，多方筹集资金7.5万元，用于该村部分通村道路硬化、幼儿园场地硬化、村办公楼装修等工程。千方百计为该村思发展、谋出路，预计该村2017年从贫困村中出列。

（农业发展银行办公室）

农村信用社

【概况】 全市农信社辖9家法人机构，其中：农商银行2家、县联社7家，从业人员2446人，大学本科及以上学历人员占比达96.52%，基层营业网点235个，覆盖全市所有乡镇、社区。2016年，在省联社和市委、市政府的正确领导下，在人行、银监等部门的大力指导帮助下，全市农信社认真贯彻落实市委、市政府决策部署及省联社工作要求，以深入开展“两学一做”“信用工程”“民心党建+信合+”助推精准脱贫为载体，以固本强基、改革创新、提质增效为重点，不忘初心，迎难而上、克难奋进，坚定不移抓管理抓落实抓执行，有力推动了全市农信社持续健康发展和地方经济社会发展。

2016年年末，各项存款余额406.44亿元，比年初增加69.44亿元，较上年多增14.4亿元，增长20.6%，完成全年任务的128.8%；各项贷款余额302.89亿元，比年初增加44.48亿元，较上年同期多增3.5亿元，增长17.22%,完成全年任务的100.2%。

【经营效益稳中有升】 全年实现各项收入30.38亿元，同比增收3.71亿元，完成确保计划数的103.4%，增长13.91%；实现净利润4.11亿元，盈利面100%。全年缴纳各类税金3.02亿元，同比多增0.94亿元。

【监管指标稳中向好】 全市农信社五级不良贷款9.24亿元，较年初增加1.79亿元,不良率3.05%；

资本充足率11.90%；拨备覆盖率193.32%，较年初提高6.32个百分点；贷款损失准备充足率185.19%，较年初提高15个百分点；拨贷比5.90%，较年初提高0.53个百分点；流动性比例48.26%，较年初提高2.81个百分点，主要监管指标保持在合理区间。

【改革创新持续推进】松桃、玉屏、印江、江口、石阡、沿河、德江7家联社分批次启动改制工作。玉屏启动了小微金融试点；石阡试点农户小额自助贷款，推行贷款网络审批，思南实施贷款利率浮动定价，印江试点农业产业链金融，德江试点“两权”抵押贷款均取得了实效。

【社会形象明显提升】2016年铜仁“民心党建+信合+”助推精准脱贫获2016年贵州十大群众工作新闻事件；在市委、市政府表彰全市2015年国有及国有控股企业纳税10强中排名第三；玉屏联社创新“产金互促541”被列为贵州省精准扶贫典型,被省联社评为“贵州农信金融精准扶贫先进单位”；德江、印江、石阡联社被人行贵阳中支和省扶贫办“贵州省金融精准扶贫先进单位”；思南农商银行扶贫事业部经理王连飞荣获中央金融团工委全国2015—2016年度“银团合作”优秀个人；全市农信社共有4人被市银行业协会评选为铜仁市银行业2016年“十佳银行行长”；有多名干部员工当选为县、市党代表、人大代表和政协委员，在全市党政大会、要会上传递了铜仁农信的好声音。

【服务实体经济情况】一是积极支持重点项目建设。主动参与省、市、县政银企合作洽谈及工业、大数据信息产业项目、服务业转型升级银企项目对接，与贵州好彩头、黔东物流、石阡城南温泉等41户重点企业签订了《银企战略合作协议》，落实放款项目28个、金额4.65亿元，积极支持地方经济社会发展。二是积极支持微型企业发展。全面推进小微企业建档、评级授信工作和企业信贷需求、风险控制评估工作，建立“3个15万元”微企项目库，并提供及时、全面、便捷、高效的服务，2016年全市农信社累计向2018户微型企业发放“黔微贷”3.53亿元。三是大力创建农村信用工程。召开农村金融信用市创建启动会，全年新创建信用组4391个、信用村451个、信用乡镇51个，累计创建分别达16811个、2069个和136个,石阡、沿河、德江、思南、江口、万山完成了信用区（县）创建申报工作。信用农户、小微企业及村集体经济授信总额达1156.28亿元，有效解决了“贷款难”“贷款贵”问题，农村信用环境不断改善。四是助力两大园区建设。助力“农业园区化、园区产业化”建设，全年累放贷款52.7亿元，其中，玉屏、石阡等联社积极探索银政府合作机制，发放“现代家园”农户创业置业贷款5.62亿元，助力地方建设。五是助力美丽乡村打造。累放“四在农家·美丽乡村”建设贷款78.6亿元，支持了梵净山、江口云舍、印江甘川等旅游景区、民俗文化村和新农村示范点建设。六是围绕资源优势，助力“五张名片”发展。依托石材、水、茶叶、药材、特色食品资源优势，主动对从事“五张名片”产业的个人和企业给予贷款优先、利率优惠支持。贷款79.55亿元支持打造石材园区3个、茶园10.73万公顷、中药材7.47万公顷、食用菌8000万棒、蔬菜110万公顷；发展规模以上水企业8户、医药企业15户、石材企业32户、茶叶企业56户、食品加工企业63户。2016年末，支持现代山地特色高效农业贷款余额45.71亿元。七是围绕“五大工程”，助力创业就业致富。累计贷款49.3亿元支持“3个15万”“妇惠家合”“雁归工程”“三个万元”和生态移民工程，促进约4万户、13.5万人搬出了山沟，住上了新房，找到了新业。思南农商行“妇惠家合妇女创业小额贷款”获银监会、银行业协会“最佳微型企业金融产品创新奖”。八是围绕小微企业，助力民营经济振兴。累放贷款207.8亿元支持1.62万户个体工商户、701户重点企业、192户龙头企业成为繁荣城乡的主力军。其中：累放“一高一特”贷款31.5亿元、“三权”抵押贷款3.72亿元、“贵园信贷通”贷款

2.85亿元，有效破解小微企业融资难题，带动就业创业。

【普惠金融服务】 全市农信社2016年新增发行信合卡46.63万张，新增ATM和CRS机具341台，新增网上银行用户、手机银行用户105677万户，“村村通”活跃率达100%，电子渠道替代率达69.12%以上，新设立离行式自助服务点52个，设立“助农脱贫流动服务站”6个，把金融服务带到老百姓身边，切实增强边远地区农村金融服务。

【金融扶贫工作】 成立扶贫事业部，制定《“精扶贷”评级授信指导意见》《全市农信社精准扶贫行动方案（2016–2020年）》，全年完成21.7万户建档立卡贫困户建档评级，向4.64万户贫困户发放“特惠贷”“精扶贷”22.62亿元，向145户扶贫龙头企业、小微企业、农民专业合作社发放贷款8.56亿元。

【创新探索“民心党建+信合+”助力精准脱贫】 与市委组织部共同研究，在全国首创“民心党建+信合+”助推精准脱贫模式，探索“民心党建+信合+村级集体经济”和“+协会组织、+百企帮扶”等10余种模式，帮助基层群众破解资金难题，打造致富“联合体”。全年成立2717个村级精准脱贫服务站，召开“金融夜校”8687场，组织67.8万人次学习农村金融知识及精准扶贫政策，拟定发展建议1426个，发展村集体经济246个，向168户扶贫龙头企业和村集体经济组织发放贷款10.6亿元，支持贫困群众和村集体经济创收5.68亿元。

【履行社会责任】 建立联系点制度，党工委书记陈洲联系玉屏自治县联社和石阡县国荣极贫乡，审计中心副主任王相坤联系印江自治县联社和德江县桶井极贫乡。党工委成员到基层调研次数均达到12次以上，听取群众意见及建议，撰写调研报告4篇。2016年7月，万山区、江口、印江遭受了严重洪灾，导致部分网点被淹，营业中断，洪灾发生后，审计中心及受灾行社班子、员工赶赴一线，帮助抗洪抢险，及时转移物资，协调各方力量，在最短的时间内恢复营业，并积极投入灾后调查及重建支持工作。捐资10余万元，支持碧江、印江等贫困村寨和社区基础设施建设，捐款5万元支持桐木坪乡九年一贯制学校灾后重建；全辖干部员工踊跃捐款15余万元，参加“扶贫日”捐赠活动；松桃、思南、德江等行社开展“走进大山深处，关爱留守儿童”慰问活动；党工委拟捐资16万元，资助江口县太平镇快场村灾后重建、铜仁职业技术学院贫困生助学、赞助铜仁市扶贫基金会、沿河自治县甘溪镇四堡村修建产业路，通过开展系列捐资捐赠活动，履行农信社的社会责任。

（省联社铜仁审计中心　杨再松）

人保财险工作

【概况】 中国人民财产保险股份有限公司铜仁分公司（简称：人保财险铜仁分公司），成立于1981年。2016年年底，全市共设有11个区（县）支公司、2个内设机构；员工共有223人。

2016年，人保财险铜仁分公司以车险业务分类为基础，实施车险业务分渠道过程管理，规范和加强销售渠道队伍建设，同时采取多种方式收集客户信息真实性，稳步提高车险续保率。同时，促进商业非车险业务结构优化。通过宣导培训，提升支公司对产品的管控能力、风险识别能力、业务定价能力，做到“既管控承保风险，又使业务规模发展”。此外，充分利用资源优势，与政府建立牢固的合作关系，在做好政策性农业保险的同时，加快推进地方特色农业保险发展。

2016年，人保财险铜仁分公司实现保费收入52057万元，同比增加8336万元，增幅19.07%；综合成本率85.88%，同比下降2.4个百分点；利润总额6641万元，增幅48.73%；场份额49.79%。铜仁分公司已连续三年获评全国人保财险系统“地市级分公司经营业绩50强”。

（人保财险办公室）

人寿保险

【概况】 2016年，全市人寿保险系统坚持“价值先导、规模适度、优化结构、注重创费”的经营思路，围绕“政策基本稳定、工作有所创新、发展更加明显”的总体要求，转变思想观念，努力创新工作方法，强化管理职能，积极推进班子思想政治建设、组织建设、能力建设和作风建设，在体制机制创新上取得新突破，在机构优化上取得了新成就，在新增领域上取得了新的进展，较好地完成年度各项工作和目标任务。

【努力拓展市场，主要经营指标创历史新高】全市系统紧紧围绕市公司党委、总经理室提出的“立足实际、自我加压、自求平衡；着眼市场、加快发展、领先同业”的指导思想，团结一心、砥砺前行，主要经营指标取得很好的成效。截至2016年12月31日，总保费实现5.2亿元，位列全省第四；其中首年新单保费2.13亿元，位列全省第七，完成省公司下达年度目标132%，同比增长46%；长险首年保费1.62亿元，位列全省第六，完成省公司下达年度目标162%，同比增长66%；首年标准保费4304万元，同比增长69%，位列全省第四；其中首年期交保费1.04亿元，完成省公司下达年度目标149%，同比增长89%。短险保费6135万元，位列全省第六，同比增长5%，完成省公司下达年度目标83%。健康险保费1.6亿元。

【加强班子建设，发挥组织堡垒作用】注重提高学习思维能力。坚持以邓小平理论和“三个代表”重要思想为指导，用科学的理论武装头脑，坚持立党为公、执政为民；坚持发扬党的优良传统，牢记“两个务必”，树立正确的权力观、道德观，价值观。同时，不断强化以总、省公司主要领导讲话精神、现代市场经济知识、现代管理知识和保险法及各类法律法规知识为主要内容的业务知识学习。

注重提高驾驭全局的能力。强化领导班子的大局意识、责任意识、宗旨意识，提高总揽全局的能力、科学判断形势的能力、应对市场竞争的对标能力，要求班子成员始终坚持正确的政治立场、政治方向，牢固树立授权法人观念，把本公司的工作同系统大局联系起来，通过有效的手段实施对工作、干部的科学管理和调控。

注重提高知人善任能力。严格贯彻执行《党政干部选拔任用工作条例》，坚持用好的作风选人，选作风好的人，分公司党委始终坚持德才兼备原则，把德、能、勤、绩、廉作为衡量和使用人才的主要标准。在深体改上，通过深化部门综合改革，梳理、建立了各部门工作职责，做到坚持原则不动摇，执行标准不走样，履行程序不变通，提高干部选拔的公开度和透明度，切实解决好知人、识人、用人的问题，把合适的人放到较合适的岗位，为想干事的人创造机会，为能干事的人提供舞台，努力做到有为与有位的统一。

注重提高协调运筹能力。分公司班子成员一般实行周一事先碰头，再召集助理以上部门负责人会议会制度，主要回顾各职能部门上周的具体工作，重点安排本周的工作要点。同时，注重加强与上级公司有关部室和市直部门的密切联络，全面开展各项工作。

以制度建设为保证，注重提高拒腐防变的能力。结合工作实际，制定出台相关制度，从学习教育、工作作风、规范管理、组织生活、监督检查等方面进行规范化、制度化管理，并将党员干部特别是领导干部的廉政情况纳入到个人年度考核之中，要求班子成员带头执行廉洁自律的各项规定，认真落实领导班子议事决策制度，对重大事项的决策、干部选拔任用等都要经过领导班子集体讨论决定。

【主动融入环境，各项工作取得成效】2016年，全市系统通过不断加强自身建设，在引领寿险市场秩序、营造发展环境、提升客户服务、促进交流合作等方面取得较好成效，为公司发展注入原动力。

自身建设稳步推进，发展迈

入规范健康轨道。一是公司体系逐步健全。实现了10个区县健康保险部全覆盖，分别与各区、县政务中心合署办公，服务城乡居民。二是相关组织架构逐步完善。完善党委会、总经理办公会、大宗物品采购、重特大案件协调等议事规则。三是健康保险部业务代表得到充实。全市10个经营单位专门从事全市城乡居民大病管理及专职业务代表、查勘工作人员达到38人，其中本科13人、大专18人、中专7人。内部工作制度和激励机制等基础管理工作不断健全，服务社会的能力不断增强。

工作领域不断拓宽，优化了发展环境。在总经理室的统一组织下,积极整合公司资源，组织开展一些利全局、利长远的工作。积极争取政策支持。公司通过主动沟通汇报工作，市、县党委和政府对国寿工作的关注度和支持力度明显提高，公司形象与日递增。大力开展保险宣传。主动协助卫计委（原卫生局)、社保局、行协和媒体建立合作关系，组织开展大病保险及传统保险宣传咨询活动，发放宣传三折页《2016年铜仁市新型农村合作医疗、城镇居民基本医疗及城乡居民大病保险相关政策告知书》50万份，积极宣传市政府大病保险市级统筹的相关政策,宣传保险业的正面形象，推动保险理念和知识普及。努力加强内外部交流。市县分别加强与银行(信用社)、安监、城建、教育、计生、合医办、社保局、民政局、扶贫办、移民局等相关行业的协调，到湖南长沙和娄底、福建晋江、重庆秀山、陕西银保等地方交流学习，市内部分单位间相互交流等，通过纵横联络，内外沟通桥梁纽带作用得到较好发挥。

实施分级分类考核，改革创新激发新活力。2016年，分公司在深化经营管理体系改革的基础上，创新驱动发展，推行差异化经营策略，根据县支公司经营状况差异性情况，在费用、薪酬上体现差异化，以保费贡献度、综合性创费等情况，激励员工实行“多劳多得”绩效，树立市场竞争意识和发展意识，充分体现企业经营法则。对全市综合性支公司及销售渠道按照分类分级进行管理，统一制订三个销售渠道万元保费绩效工资标准。各单位在分级分类的条件中找准公司和销售渠道升级、保级的定位，主动作为，奋力达标，以核心利益的改革创新激发了员工奋力拼搏的活力，内部竞争氛围初步形成，有效推动了公司发展，2016年度各项经营指标提前一个季度超额完成省公司下达的年度计划，预计综合考核创历史纪录达“AAA”单位。

强化内部管控，风险防范工作进一步加强。公司积极推进全市系统反洗钱工作，组织实施案件风险排查工作；开展关键岗位风险防控主题教育活动，切实加强对关键岗位风险的前置管控；开展综合治理销售误导工作，持续推进“诚信我为先”活动和保险营销员警示教育，做到警钟长鸣，切实增强营销员遵纪守法和合规经营意识；认真开展效能监察，对检查对象执行制度规定、履行职责、工作效率进行量化评审，发现隐患及时督促整改。内部管控力度得到不断加强，经营风险得到有效遏制。

廉政建设工作得到加强，“两学一做”学习活动取得成效。2016年，按照省公司党委统一工作部署，积极开展“两学一做”学习活动，要求全体党员务必：明白“学”基础。一要熟读熟记党章党规。要逐条逐句通读党章，全面理解党的纲领，牢记入党誓词，牢记党的宗旨，牢记党员义务和权利。认真学习《中国共产党廉洁自律准则》《中国共产党纪律处分条例》等党内法规。二要学深悟透系列讲话精神。坚持读原著、学原文、悟原理，在学深悟透中找方向、找方法，解决好自身存在的问题。真正用党的理论知识武装头脑、指导实践。掌握“立”是关键。要牢固树立四种意识：一要树立政治意识。就是要做政治上的明白人，坚决服从党中央的集中统一领导，坚决维护党中央的权威。二要树立大局意识。就是要树立大局观，始终站在党和国家的全局的立场上来想问题、做决策、看工作，自觉为维护大局、服从大局作贡献。三要树立核心意识。就是要坚持中国共产党的领导，坚决听从党中央的决策部署，坚持与以习近平为总书记的党中央保持高度一致。四要树立看齐意识。就是要坚决地、自觉地、主动地、经常地、全面地、具体地向党中央看齐，向习近平总书记看齐，确保省公司党委、市委、市政府的各项决策部署得到及时、有效落实。知晓“干”是根本。“两学一做”的落脚点在干事，在为人民群众办好更多的民生实事，让人民群众有更多的获得感。

（人寿保险办公室）

农业·气象·水务·扶贫

农业工作

【概况】2016年，全市以农业供给侧结构性改革为统领，以现代农业园区为平台，实施百亿元级主导产业、百万亩优势产业的“双百”工程，发展生态畜牧业、生态茶产业、中药材、果蔬菌等主导特色产业，并走出一条具有铜仁特色的现代山地高效农业发展新路，全市农业农村经济继续保持“转型加快、质量提升、效益提高、民生改善”的态势。全年全市完成粮食作物总播种面积352833.33公顷，总产138.70万吨，增长2.82%。实现一产增加值202.70亿元，同比增长5.80%；实现农村常住居民人均可支配收入农民人纯收入7632元，同比增长10.10%。

【主导产业发展迈上新台阶】畜牧规模养殖呈现井喷发展态势。按照“标准化、规模化、生态型”思路，通过温氏、特驱希望、铁骑力士等重点龙头企业带动，推行“龙头企业+代养户”发展模式，推进肉猪规模养殖快速发展。发展猪牛羊代养户1400余户，较2015年增加500户，增长55.60%；育肥出栏肉猪42.19万头，占全市生猪出栏总量的1/6，龙头企业带动规模养殖户的格局初步形成。省农委加快重点产业突破发展实施意见明确将铜仁市6个县纳入重点（全省28个重点县），项目数居全省第一。

梵净山茶成为全省最大的公共品牌。在全国率先提出围绕区域公共品牌制订全产业链的茶叶品牌综合标准体系，并出版全国首部茶叶区域公共品牌专著《梵净山茶品牌综合标准体系》。思南县被评为2016年国家级茶叶出口质量安全示范区；沿河自治县被授予“中国古茶树之乡”，思南县张家寨茶旅一体化景区被评为2016年全国茶乡之旅十大特色路线，这是全省至今唯一获“全国茶乡之旅特色路线”的县；贵茶集团、大红袍集团入驻铜仁相关工作取得实质性进展。全市打造“梵净山茶”“石阡苔茶”两大中国驰名商标，新建茶区13746.67公顷，茶叶面积达112666.67公顷，年产量7.28万吨，年产值达74.72亿元，茶农户均增收1.42万元、人均增收3550元。

一批区域性蔬果规模基地形成。重点发展品质优良、适销对路的果蔬产品，打造形成沿河空心李、石阡水蜜桃、江口猕猴桃、印江黑木耳等区域性地标性产品。全市蔬菜播种移栽面积134413.33公顷，完成任务的100.80%，完成新增水果种植面积5533.33公顷，完成任务的103.70%，采收水果面积23240公顷，完成任务的116.20%。争取到全省精品水果产业技术培训和现场观摩会在石阡县召开。以印江、万山为主，实施食用菌产业裂变发展，争取贵州省脱贫攻坚投资基金20亿元投入到铜仁市助力食用菌产业发展，资金量占全省1/4，居全省第一。

【农业园区建设取得新成效】铜仁市“农业园区化、园区景区化、农旅一体化”发展模式成为全省样板。共打造农业园区236个，其中省级39个、市级77个，在全省率先实现农业园区乡镇全覆盖。省级园区实现带动总产值184.28亿元，完成年度任务数的153.60%。2016年省级农业园区完成总投资107.70亿元，实现总产值141.60亿元，实现总销售收入130.30亿元，园区种植业基地达到

79333.33公顷。培育和引进企业551家，农民专业合作社658家，从业农民达到56.08万人，园区覆盖贫困对象26.40万人，园区年度脱贫人数3.90万人。农业园区招商引资签约项目60个，签约总资金105亿元，签约项目数和资金额均排名全省第一。有5个省级农业园区创建为国家AAA级景区；农业园区接待游客总人数560万人，旅游综合收入15.20亿元。

【农业产业化经营取得新进展】 年内新增省级龙头企业25家，占全省新增199家的13%，新增省级龙头企业居全省第三，省级龙头企业总数达73家。组织龙头企业参加展销会，在苏州举办2016中国·武陵山区（铜仁）第五届农产品交易会，与苏州黔净高原食品有限公司合作在苏州建设铜仁农产品体验中心。组织茶叶企业在青海西宁举办“丝绸之路·黔茶飘香·梵净山茶”推介活动、北京玉渊潭“赏樱花·品黔茶”、香山“观红叶·品黔茶”万人品茗活动，参加北京、广州、贵阳等茶博会，组织龙头企业参加贵阳农交会、贵阳年货节、贵州年货节暨贵州特色商品（北京）展示交易会等活动，同时与市商务局共同举办2016年农特产品网商“年货节”。休闲农业取得较大成效，新增市级休闲农业与乡村旅游示范点10个；江口县闵孝镇、印江自治县湄坨村、石阡县指甲坪村被评为第六批全国一村一品示范村镇；石阡县尧上村获得“中国美丽休闲乡村”。新认定市级家庭农场290个，总数达到640家，同比增82.86%。

【“八争”工作取得新突破】 全年争取农业项目36个2.87亿元，同比增长12%。其中，农业部2016年下达贵州省一二三产业融合发展项目11个，铜仁市获两个，项目数居全省第一；农业部下达贵州渔政码头建设项目2个，铜仁市获1个（乌江渔政码头建设项目800万元）；农业部下达2016年贵州省土地轮作休耕1333.33公顷，铜仁市获533.33公顷，占全省40%，每公顷每年补助15000元。省农委下达农业供给侧改革产业裂变发展重点县，玉屏、思南获畜牧业重点县，占全省的1/5，每个县每年补助500万；江口县获水产业发展重点县，每年补助300万元，全省仅此一个县，等等。省农委下达畜禽无害化处理项目2000万元，铜仁市获1000万元。

【深化农村改革激发新活力】 全面推进土地承包经营权确权登记颁证，全市171个乡（镇、街道）全部开展，完成权属调查162个乡镇2688个村80.06万户，完成实测面积385633.33公顷，占国土二调面积的83.88%。年内在各个区县开展“三变”改革试点，其中，德江县、思南县为省级试点，其余区县为市级试点。“三变”改革后农业适度规模经营得到促进，全年流转土地123273.33公顷，参与流转土地的农户47.55万户，共实现土地流转收入6.05亿元，实现打工收入18.91万元。

探索村集体经济股份量化改革。通过将集体资产折股量化到农户，实现集体资产的“共同所有”转变为“按份共有”，通过制度创新，实现农民变股东的转变。全市空壳村大量减少，有集体经济收入的村达1962个，占69.90%，其中集体经济收入在100万元以上的村有8个。市农委深化农村改革做法引起中央电视台、人民网、新华网、《贵州日报》等主流媒体关注。

【新农村建设取得新成绩】 完成对2015年新农村建设和党建扶贫工作14个市级示范村的评估验收。启动2015年度省级“四在农家·美丽乡村”新农村建设项目验收。编制23个新农村建设省级示范村项目并全部通过省农委批复，争取省级新农村建设资金420万元。到位市级新农村建设项目100个，资金6553.38万元。启动11个省级美丽乡村“百村大战”示范村建设，完成投资5.67亿元，完成项目建设160个。基本解决示范村“水、电、路、气、房、医、养、教、文、管”十大民生工程问题。

【农业监管得到加强】 全市检测样品1224个，合格1221个，合格率99.70%，超额完成省、市下达任务；农产品质量安全检测技能竞赛在全省获团体第三名；“三品一标”超额完成任务。无公害产地认证完成面积50753.33公顷，省下达任务28000公顷，超额22753.33公顷，完成率达148%。绿色食品认证，省农委下达任务是认证企业6家、产品10个，实际申报9家，产品10个。有机农产品认证，省农委下达任务数认证企业15家、产品20个，实际完成企业36家、产品36个，完成率达240%和180%。农产品地理标志保护产品，“梵净山茶”获得农业部的颁证，沿河白山羊完成产品的检验、材料的收集整理、产品的现场核查、品质鉴评，通过省农委初审后，报农业部待审批。

（铜仁市农业委员会办公室）

林　业

【概况】2016年，铜仁市林业工作坚守发展与生态两条底线，围绕绿色铜仁建设，坚持生态保护与产业发展并重，加快依法治林进程，扩大森林资源总量，提升森林质量和林业产值，发挥林业在改善生态和改善民生中的重要作用，全面完成各项工作任务。

【造林绿化】全市共争取各类林业项目112个，到位资金8.22亿元；完成去冬今春营造林任务70815.33公顷，完成2016年度营造林任务59826.67公顷，完成2016年度新一轮退耕还林人工造林31100公顷；完成义务植树450万株，四旁植树240万株。全市森林面积1042666.67公顷，森林蓄积量5358万立方米，森林覆盖率达57.92%。铜仁市林业局被全国绿化委员会、人社部、国家林业局联合授予“全国绿化先进集体”荣誉称号。

【林业改革】启动推进林业跨区域执法试点工作。制定下发《铜仁市推进林业跨区域执法试点方案》和《铜仁市森林公安工作末位约谈暂行办法》，探索建立大案制、片区制和辖区制的办案互补模式，整合全市森林公安、林政等林业执法力量，全市共立各类涉林案件748起，侦破（办结）721起，打击处理各类违法犯罪人员720人，其中累计抽调市、区（县）森林公安民警80余人次成立专案组，办理异地涉林案件80余件，侦办跨省区案件9起、跨市州案件10余起。

抓好完善集体林权制度改革和林业“三变”改革。制定出台《铜仁市完善集体林权制度改革实施意见》《铜仁市完善集体林权制度改革2016年工作方案》《铜仁市农村林权流转交易管理细则》。完成林地流转1047户、面积629.72公顷、收入439.91万元，林权抵押贷款26起、面积549.29公顷、贷款金额3614.30万元（含非林地抵押贷款14起、面积531.08公顷、贷款金额3410万元）；开展林业资源贷款项目6个、融资26.46亿元；调处林权纠纷93起，面积242.97公顷；落实森林政策性保险619986.67公顷，保费2789.94万元，发生森林火灾等自然灾害18起，受灾林地面积445.13公顷，保险公司理赔14起、理赔金额203.69万元。

探索启动碳汇林业建设试点工作。制定出台《铜仁市林业碳汇建设试点工作方案》，组织考察学习河北省张家口市崇礼区建设碳汇城市、北京市房山区碳汇造林项目开发与交易经验和做法，邀请国家林业局有关专家到铜仁市开展碳汇林业建设专题讲座和林业碳汇项目开发技术培训。江口县申报为全国第三个、西南片区首个“碳汇城市”，同时实施碳汇造林项目666.67公顷、总投资1496.88万元，完成碳监测工作并在中国自愿减排交易信息平台备案公示。

继续抓好国有林场改革。制定出台《铜仁市国有林场改革实施方案》，举办全市国有林场改革实施方案编制培训会，签订《国有林场改革目标责任书》，铜仁市11个林场改革实施方案获省林业厅、发改委、编委办、财政厅、人社厅联合批复。

【林业产业快速发展】印发实施《铜仁市林业产业发展实施方案（2016—2017年）》，创新制定《铜仁市生态林业产业发展实施意见》。全市新发展油茶5340.73公顷、竹子3335.53公顷，累计建设油茶产业基地52733.33公顷、生态竹产业基地35326.67公顷；新建花卉苗木基地1360.87公顷，累计达2666.67公顷，花卉苗木经营户达257家，从业人员达1500余人；新增林下经济发展面积204公顷，累计达12946.67公顷，建设林下经济专业村10个。各类林业企业达144家、林业专业合作社达373家。全市林业产业总产值达210.87亿元，林业产业结构调整优化为17.42：7.54：75.04，林业改善民生、助农增收的作用逐渐凸显。

【资源管护持续加强】开展森林保护“六个严禁”执法专项行动，查处各类涉林案件1362起，其中行政案件1019起，刑事案件343起。完成第四次森林资源普查工作。出台《铜仁市林业生态红线划定实施方案》。审核审批各类型项目使用林地222件，缴纳森林植被恢复费2.10亿余元。佛顶山省级自然保护区晋级为国家级自然保护区，印江洋溪、思南四野屯县级自然保护区升格为省级自然保护区。石阡鸳鸯湖国家湿地公园通过国家验收并授牌，玉屏舞阳河、印江车家河国家湿地公园总体规划通过省级专家组评审。新建沿河乌江、印江峨岭关、玉屏南门坡3个省级森林公园和德江煎茶县级森林公园。思南县、石阡县被授予“省级森林城市”。江口梵净山自然保护区、思南白鹭湖国家湿地公园获首批“全国森林康养基地试点建设单位”称号。全市森林火灾受害率为0.0024‰、林业有害生物成灾率为0。

【林业扶贫成效明显】在中央和省没有出台林业生态补偿相关指导意见和可借鉴经验做法的情况下，制定出台《铜仁市2016年林业生态补偿脱贫实施方案》，创新制作《铜仁市林业生态补偿脱贫工作路径流程图》，确定生态公益林效益补偿、退耕还林资金补助、营造林项目补贴、转为生态护林员获工资收入、林业碳汇交易收益、林业资源资产资金入股收益等6项林业生态补偿措施，以及林业特色、木竹原料、林产加工、林下经济、森林旅游等5项林业产业发展扶贫措施，实现林业生态补偿脱贫20553人。铜仁市凭借“林业生态补偿脱贫”典型案例荣获“中国扶贫·政府创新奖”，是全国仅有的2个，也是全省乃至武陵山片区唯一一个获奖市（州）级案例。

【铜仁市4人获全国绿化奖章，印江自治县获全国绿化模范单位称号】3月，全国绿化委员会印发《关于表彰全国绿化模范单位和颁发全国绿化奖章的决定》，对在国地绿化事业中作出突出成绩的城市（区）、县（市、区、旗）、单位和个人予以表彰。铜仁市印江土家族苗族自治县荣获全国绿化模范单位称号，是贵州省唯一一个获此殊荣的县。此外，铜仁市还有4人荣获全国绿化奖章，占全省获此殊荣人数的1/6。

【铜仁市出台林业生态红线划定实施方案】7月13日，铜仁市人民政府出台《铜仁市林业生态红线划定实施方案》，要求各地严格执行，拉紧生态保护“警戒线”，维护生态安全，促进生态文明建设和经济社会可持续发展。

《方案》明确铜仁市林业生态红线区域面积698788.93公顷，其中林地676075.67公顷、湿地22713.27公顷。一级管控区林地126630.60公顷、湿地22713.27公顷,区内严禁一切形式的开发建设活动；二级管控区林地549445.07公顷,严禁影响主导生态功能的开发建设活动。

【铜仁市林业局获“全国绿化先进集体”荣誉称号】9月，铜仁市林业局被全国绿化委员会、人力资源社会保障部和国家林业局授予“全国绿化先进集体”荣誉称号。

【铜仁两处被确定为“第一批全国森林康养基地试点”】9月，铜仁市推荐上报的江口梵净山和思南白鹭湖2处被确定为“第一批全国森林康养基地试点”，占全省获批总数（共4处）的50%，拔得森林康养产业发展的头筹。

【铜仁市荣获“中国扶贫·政府创新奖”】9月27日，铜仁市凭借“林业生态补偿脱贫”典型案例在首届中国扶贫论坛上获“中国扶贫·政府创新奖”，铜仁市人民政府市长助理张文聪代表铜仁市政府接受全国人大常委会副委员长周铁农颁奖授牌。

【铜仁市获批林业资源贷款26.46亿元】铜仁市2016年共获批林业资源贷款项目6个，贷款总金额达26.46亿元，其中：德江县白果坨湿地公园建设项目贷款4.50亿元、思南县白鹭湖国家级湿地公园开发与保护项目4.86亿元、松桃自治县经济林生产基地建设项目贷款4.80亿元，沿河自治县乌江森林公园旅游开发项目贷款4亿元，江口县国家森林公园建设项目4.80亿元，玉屏自治县油茶产业开发项目3.50亿元。

【江口成为全国第3个“碳汇城市”】12月19日，中国绿色碳汇基金会印发《关于授予江口县“碳汇城市”称号的决定》。继河北省张家口市崇礼县、浙江省温州市泰顺县之后，江口成为全国第三个、贵州省首个“碳汇城市”。

（铜仁市林业局办公室）

水利水务

【概况】2016年，全市水务工作在投资目标，项目前期工作，骨干水源工程建设，民生水利工程，防汛抗旱，生态文明建设，依法治水等方面开拓进取，锐意改革，完成各项年度目标任务。全市完成水利基础设施投资24.80亿元，其中，中央投资10.84亿元，地方投资13.96亿元，完成年度投资目标任务165%。争取水利融资贷款合同36个，融资金额47.70亿元。建设水利项目740个，其中，新建和续建中型水库14座、小型水库21座；完成病险水库除险加固工程竣工验收217座；新增、改善、恢复灌溉面积5373.33公顷；解决32万人农村居民饮水安全问题；新增污水处理能力9.91万吨/日；水土流失综合治理面积突破100平方千米。

【项目前期工作】完成《铜仁市“十三五”水利水务发展规划》《铜仁市农村饮水安全巩固提升工程“十三五”规划》等规划编制工作，配合省水利厅完成“十三五”全省大、中、小型水库、灾后薄弱环节项目的争取申报及德江桶井、石阡国荣两个极贫乡镇水利扶贫实施方案的项目谋划申报工作。

推进思南花滩子、江口车坝河、松桃太平、印江岩口4座大型水库前期工作，思南花滩子方案设计报告（可研）通过水规总院咨询，江口车坝河、松桃太平水库可研编制完成初稿，印江岩口水库完成流域规划。

完成玉屏青山冲、印江偏岩2座中型，松桃菜花坪、思南龙洞、思南双河口、碧江瓮南溪等7座小型水库前期工作。

【骨干水源工程建设】新开工2座中型、7座小型水库，续建12座中型、14座小型水库，江口鱼梁、德江长丰、万山小云南、思南过水湾、玉屏白岩河完成下闸蓄水验收，大兴水利枢纽完成截流验收，石阡木瓜溪、德江观音滩、碧江马岩、玉屏谢家桥、思南枹木寨、石阡杀牛冲、石阡獐子沟、松桃妙隘、德江大木尧、万山梅子溪、思南任家岭完成大坝封顶，松桃大水溪、思南沙坝、万山中洞实现截流并下河施工。

【民生水利工程】新建农村饮水安全巩固提升工程504处，解决32万农村居民饮水安全问题；实施7个中央农田水利重点县和思南山区现代水利试点三期项目，新增、改善、恢复灌溉面积5373.33公顷；实施9个水土保持工程，治理水土流失面积100平方千米；建成17座城镇污水处理工程，新增污水处理能力9.91万吨/日；启动实施中心城区白马洞供水工程和江口凉亭坡供水扩建工程，新建及改造管网工程60余处，建成可实现日供水能力2万吨；完成病险水库除险加固工程竣工验收217座；完成农村水电增效扩容改造项目11处；思南天生桥小水电代燃料项目完成80%；新开工中小河流治理项目8处，抗旱应急引调提工程14处，抗旱应急备用井125眼。

【防汛抗旱】市防汛办着重抓“工作部署、责任落实、隐患排查、运行管护、预案预警、应急值守、专项督查、抢险救灾”等关键环节，在“7·4”“7·19”等暴雨侵袭中，挽回经济损失2.54亿元。

【生态文明建设】起草《2015年度铜仁市实行最严格水资源管理制度考核工作自查报告》，实施涉水建设项目水资源论证，对取用水户用水总量进行专项核查，编制《铜仁市11个饮用水源地达标建设方案》，启动《铜仁市锦江河流域水资源保护利用规划》《铜仁市锦江河流域健康评估方案》《锦江河流域水资源调度分配方案》等规划编制前期工作，启动城市水资源监控能力建设第三期项目招投标。加强河道污染整治，加大涉河建设项目审批，惩治河道采砂、取石、乱倒乱建等违法行为。

【依法治水】加强河湖巡查整治。召开污水和油污处理协调会1次，开展河道日常巡查22次，开展重点河湖专项联合执法217次，检查河道92条4112千米，检查水库162座面积338平方千米，检查涉河湖活动98处，提出整改措施45处，拆除违章建筑883平方米，立案查处水事违法案件11件。开展水土保持生产建设项目、水资源管理、矿产资源开采等各类水行政综合执法工作。

强化水事宣传。“3·22——世界水日·中国水周”，市水务局牵头组织市水文局、市水投公司、市供水总公司和碧江、万山两区水务局通过各种方式开展宣传活动。

依法征收水行政规费。全年市级征收水利行政事业性规535万元，其中水资源费366万余元，水土保持补偿费111万元，水能资源有偿出让金26万余元，罚款32万元，完成市财政下达任务160%。

【深化改革】市水务局推进小型水利工程产权制度改革、基层水务服务体系改革等5项重点改革任务。小型水利工程产权制度改革，明晰产权，落实,责任主体，实现“谁投资、谁所有、谁受益”和“责、权、利”的统一；通过公开拍卖、承包、租赁、股份合作等多种改革形式，盘活小型水利的存量资产，走出一条“建设－拍卖－再建设”的滚动发展路子；所有工程均由县人民政府颁发产权证，提高产权人开发、利用、管理水利工程的热情。片区服务站建设改革。全市范围内撤销以乡镇为单元设置的水务站，集中组建由县水务局直接管理的派驻片区水务服务中心（分局），为全额拨款公益一类副科级事业单位。全市设基层水务站所（分局）112个，集中技术力量，落实管护责任，增强服务能力，基层水务服务能力不足问题得到解决。

（铜仁市水务局　孙小勇）

水文水资源

【概况】2016年，铜仁市水文局立足本职搞好服务，推进水文测验方式改革，实现“十三五”良好开局。

【站网测验】完成2015年全市水文资料整编、审查工作，其中印江、玉屏（崇滩）、松桃（三）3个基本站资料在全省被评为甲等资料。完成测站考证内业分析、站网基础信息核查工作及2015年水毁项目恢复工作。

【水情与水资源评价】完成防洪特征水位入库工作。全年向省内外25个单位，发送水情信息3200余份，差错率为0.50‰，低于控制范围3‰以内，编发《铜仁市水情信息简（旬）报》15期，《洪水预报》13期，完成《2015年铜仁市水资源水土保持公报》编制工作及铜仁市2016年雨、水情中长期趋势分析预测。

【水环境监测】开展水质应急监测演练，真实地模拟一起河流污染突发事故应急监测全过程，提升应急处理能力，为应急监测工作积累经验。完成2015年水质检测资料整编工作及常规、省界断面等各项水质监测及评价工作；通过省中心和流域机构下达的比对试验和盲样考核，全年完成618个水样（含19个全国重要水功能区和15个城镇供水水源地）的水质监测工作（常规监测467个，委托监测151个）。并同步完成分中心实验室改造竣工验收工作以及铜仁市55个水功能区设立标志牌（碑）建设工作。

【测验方式改革】1月1日按照省水文局审定批复意见启动实施

巡（遥）测试点工作，探索新形势下水文事业发展新路。从全年工作开展情况看，8个基本水文站及已建成的中小河流水文（位）站测报工作总体进展顺利。

【沿河水污染防治生态补偿考核断面监测专用站建设】编制完成《沿河水污染防治生态补偿考核断面监测专用站建设》并获省水利厅审查通过，已完成项目招投标工作，正进入施工建设准备阶段。

【财政及内控】出台《铜仁市水文水资源局财务管理暂行规定》，按制度办事，理顺财务管理相应环节，强化财务监督职能，做法得到省水利厅、省水文局财务处领导肯定。出台《内控管理手册》及相应内控规范，为单位实施内控管理提供制度支撑。

【对外服务】完成山洪灾害调查铜仁市7个区县分析评价报告的修改工作，《山坪电站水库防洪预案》编制工作，石阡县《山坪水库防洪应急预案》报告编制工作，玉屏侗族自治县水务局舞阳河防洪规划水文资料分析提供工作，《铜仁市梵净山旅游规划》水文资料分析工作，碧江区《城区防洪减灾规划》水文分析部分工作。参与市最严格水资源管理制度考核实地核查工作。

【三创三树】组织参加省直机关开展的“创文明单位、树奋进团队，创文明窗口（处室）、树服务品牌，创文明标兵、树奉献榜样”精神文明创建活动。其中市水文水资源局计划财务科获“2016年度省直机关文明科室”殊荣。

（市水文水资源局　张玲）

水务投资

【概况】铜仁市水务投资有限责任公司是直属市委、市政府管理的新型国有独资企业，内设5个部门，下辖铜仁市供水总公司、铜仁市城市污水综合治理有限公司、铜仁市供水安装公司、铜仁兴欣市政设施建设有限公司、万山区自来水公司，有干部职工450余人。

2016年，公司围绕“一体两翼”即以供排水为主体，以提升运营能力和融资能力为两翼战略构架，按照“发展水务、融资水务、高效水务、和谐水务”的总体要求，参与铜仁经济、政治、文化、社会、生态文明建设。

【融资投资】公司围绕国家出台的金融新政策开展多渠道融资，全年融资合作规模达50.88亿元，落实融资到位资金14.13亿元。累计拨付供排水项目资金5.14亿元。

【项目建设】实施供排水项目共20个，总投资100263万元，完成投资19120万元，累计完成投资77634万元。分别完成谢桥代门坡、枫木坪、川硐集镇、茅溪片区及桐达山韵至武陵山中药材大市场等供水工程建设；漩水湾污水处理扩建工程建设任务以及污水处理二期灯塔污水处理厂扫尾工作，两厂均按要求投入运行，处理后的水质达到国家一级B标准，另外，完成大江坪、客车站污水提升泵站扩容分流改造工程。

【供排水生产】通过拓展供水市场，推进新区供水工程建设以及做好生产和经营管理，全面完成城市供水任务。全年累计售水量2168.60万吨，累计售水产值7143万元。另外，拓宽供水安装业务，完成供水安装产值5024.94万元。

漩水湾污水处理厂及扩建工程、灯塔污水处理厂生产运行稳定，处理后的污水主要指标均达到国家一级B排放标准，全年处理污水量2468.56万吨，COD减排量6192吨，氨氮（NH3-N）减排量794.08吨，污泥处置量7149吨。

全年完成锦江河沿岸38个排污点的治理。对大江坪、客车站两个污水提升泵站进行扩容和分流改造，新建黄家、花果山、地区医院娃娃塘等污水提升泵站工程，完成熊家屯居民区、东太农贸市场及水果市场的雨、污分流改造等，铜仁主城区锦江流域水环境得到改善。

【安全生产】公司层层签订安全生产责任状。全年召开安全生产和消防专题工作安排会议10余次，不定期开展安全生产检，及时发现和消除项目建设、生产运行中存在的安全隐患，全年未发生安全事故；强化水质监测工作，增加水质检测设备投入，水质检测自检项目由22项增至42项，出厂水水质、水样经国家检测，106项指标全部合格，出厂水质符合国家生活饮用水卫生标准。

【企业文化和获得荣誉】组织开展各项企业文化建设活动。如举办职工趣味运动会、庆“三八”国际劳动妇女节“拔河”比赛、职工登山猜谜语比赛、参加全市“诵读经典、厚德仁义”比赛、足球联赛等。公司先后被省总工会授予“贵州省劳动和谐企业”、被市直机关工委授予“五好基层党组织”。

【铜仁市中心城区污水处理费执行新标准】根据贵州省发改委《关于调整铜仁市中心城区城市供水价格完善水价计价方式的通知》，铜仁市发改委、市财政局、市水务局《关于调整铜仁市中心城区污水处理费收费标准的通知》要求，铜仁市中心城区污水处理费用收费新标准从10月1日正式实施。

【铜仁市供水总公司开出全省第一份“营改增”电子发票】2016年“营改增”税制改革全面铺开，市水投公司将改革列入重点工作抓，通过努力，贵州省第一份“营改增”电子发票在铜仁市供水总公司开出。

【洪灾之后，市供水公司确保两城区供排水短时间内全面恢复】7月4日，铜仁市两城区遭遇特大洪水袭击，锦江河、木杉河河水暴涨，导致供排水设施损毁，经济损失约1370万元。灾情发生后，公司干部职工赶赴受灾一线投入抗洪抢险，在短时间内全面恢复洪灾损毁的城市供排水设施，城市供水和治污减排得到保障。

（市水务投资有限责任公司办公室）

水库和生态移民

【概况】2016年，铜仁市水库和生态移民局以“开局就是决战、起步就是冲刺”的决心，决战易地扶贫搬迁、全力推进水库移民及后期扶持工作，各项工作成效显著。

【易地扶贫搬迁工作成效卓著】项目争取历年最多。全市实施易地扶贫搬迁15436户63894人，占全省总规模的14.20%，规模为铜仁市历年最多。建安置点87个，其中建档立卡贫困人口14330户59184人、占搬迁任务的92.63%；整村整寨集中搬迁的随迁非贫困人口4710人，占7.37%。

争取投资历年最多。争取到中央及省投资347649万元，其中中央预算内投资47347.20万元、省统筹（含财政扶贫专项资金、专项基金、政策性贷款等）资金300301.80万元。全年争取到投资超过“十二五”总和，创历年最高。

工程实施快速推进。截至12月31日，第一批58个安置点建成住房9798套，占任务数的100%，进度位列全省第1位，搬迁入住5096户21317人。

规划编制扎实有力。省定铜仁市“十三五”易地扶贫搬迁规模为50974户211082人，其中：建档立卡贫困人口40795户168339人。铜仁市自加压力，“十三五”计划搬迁27.50万人，其中跨区域搬迁到主城区12.60万人，不论在总规模还是跨区域搬迁规模均居全省前列。组织国荣乡、桶井乡编制完成极贫乡镇易地扶贫搬迁实施方案，《方案》拟定2017至2018年，国荣乡实施搬迁3694人，其中：建档立卡贫困人口1803人；桶井乡拟实施搬迁2901人，其中：建档立卡贫困人口2109人。

信息建设稳步推进。加快贵州省易地扶贫搬迁工程管理信息系统搬迁对象数据录入工作，2016年第一批和第二批搬迁对象全部录入系统。利用大数据对移民搬迁对象进行动态管理，易地扶贫搬迁工作的精准度得到提高。

政策培训有序跟进。汇编中央和省易地扶贫搬迁工作政策作为局党组中心组集中学习的重点资料，并发放给每一位干部职工进行学习。组织全市移民系统干部举办“十三五”规划编制和政策培训班，确保全市移民系统干部职工人人知政策、个个懂业务。配合市委组织部、市扶贫办对全市脱贫攻坚重点乡镇分管领导、贫困村“第一书记”和村支两委主要负责人进行轮训，开设易地扶贫搬迁专题课程，确保攻坚战“一线人员”懂政策、能实战。

项目观摩屡获好评。8月22日，全国易地扶贫搬迁现场会观摩团到铜仁召开，国土资源部、广西、新疆、陕西省（区、部）政府分管领导，农发行、吉林、安徽、广西、陕西、新疆发改、扶贫等部门主要负责人或分管负责人、贵州省副省长黄家培及省直有关部门负责人在铜仁现场观摩，观摩团肯定铜仁市易地扶贫搬迁的做法。10月8日，以湖南省副省长戴道晋为组长的湖南省易地扶贫搬迁现场会考察组270余人到铜仁市松桃自治县九龙湖安置点考察，学习铜仁市的经验做法。11月22日，全省第三次项目建设观摩暨易地扶贫搬迁现场会第八组到铜，观摩组肯定铜仁的做法。此外，陕西、新疆、西藏等省区及所辖市州分别组织专题考察组到铜仁市考察学习易地扶贫搬迁的经验做法。

【水利水电工程移民稳步推进】三大电站移民安置收尾工作稳步推进。沙沱水电站、彭水水电站和思林水电站移民安置工作均取得成效，移民安置区秩序井然、移民安居乐业。完成项目资金清理和项目平衡报告，妥善解决电站移民遗留问题。

大兴水利枢纽工程建设取得突破。9月28日，大兴水利枢纽工程实现围堰截流，完成施工区及输配水区土地征用工作。

在建中型水库移民工作稳步推进。德江县观音滩、万山区小云南、碧江区马岩、印江自治县栗子园、沿河自治县甘溪水库移民安置工作均有条不紊开展。

水库移民资金管理规范到位。通过不断完善内控制度，把严源头关，全年开展4次移民资金内审工作，监督、指导各区县水库移民资金的规范使用和管理。

【水库移民后期扶持持续发力】将水库移民后期扶持工作与助推脱贫攻坚结合起来统筹推进。完成水库移民《“十三五”后期扶持规划》编制，建立贫困移民村和建档立卡贫困移民信息档案。争取项目和资金，全年争取资金1.82亿元，完成年度计划任务的206.81%。强化后期扶持项目资金管理，加强后期扶持项目资金的督促检查，开展后期扶持项目资金专项督促检查4次，通过督促加快推进后期扶持项目实施，提高资金使用效益。推进“整村推进”建设，下达铜仁市13个500人以上和41个200—500人省级移民示范小康村项目128个，资金6826.46万元，已全部完工。推进“避险解困”试点工作，完成沿河、玉屏第二批“避险解困”试点工作实施方案的编制及上报审批工作，两个安置点已完成场坪工程，部分房屋正在进行主体施工；争取全省第三批“避险解困”试点申报，松桃自治县虎度口水库1311人获批，到位中央资金2622万元。完成后期扶持移民素质提升机农机具购置补贴兑现、统计上报工作，全市受益人口809人，资金208.61万元；完成大中型水库移民后期扶持人口核增核减工作，新核定江口县鱼粮水库后期扶持人口611人，全市纳入后期扶持范围移民人口达59217人。完成全市后期扶持信息系统录入工作，后期扶持政策实施效果监测评估，开展移民劳动技能培训400人次。

（铜仁市水库和生态移民局办公室　肖坤勇）

气　　象

【概况】2016年，铜仁市年平均气温均高于常年，其中以江口偏高1.5℃为最；全市降水总量与常年相比平均偏多2成；全市年日照时数接近常年。2016年铜仁市先后遭受低温冷冻、风雹、暴雨洪涝、秋旱等气象灾害，其中暴雨洪涝灾害较为突出，但未发生全境区域性、持续性、连片性洪涝灾害；风雹、倒春寒、干旱持续时间短亦影响轻。从总体看，铜仁市全年气候异常，极端天气气候事件多，暴雨洪涝为贵州省的重灾区，全市10个区县出现不同程度城市内涝，气象灾害造成经济损失大，气候年景差。

【气候特点】各季气候特点为：冬季平均气温偏高，前冬降冬冷空气活跃，降温过程强劲，阴雨寡照天气重于常年，影响小春、蔬菜等在土作物光合生长，不利植株营养积累，小春长势一般；春季气温普遍偏高，回暖早，降温影响轻，全市3月上旬进入雨季，较常年偏早27—36天，居于历史第3偏早年；没有冬干春旱发生，区域性阴雨寡照；夏季平均气温偏高，初夏盛夏没有出现异常高温；降水量大部偏多，无夏伏旱出现，农业气象条件利大于弊；秋季平均气温偏高，气温月际分布起伏大，降水时空分布不均，前秋、中秋降水偏少出现秋旱，后秋普降中到大雨，局地暴雨，各地旱情解除，农业气候条件有利秋耕秋种。

【主要气候要素】气温。全市年平均气温在14.5℃（万山）—18.8℃（沿河）之间，万山在15℃以下，其余地区在16.8℃—18.8℃之间。与常年相比，德江、碧江正常，其余区县偏高0.8℃—1.5℃，其中以江口偏高1.5℃为最高。季平均气温分布 冬季（2015年12月—2016年2月），全市平均气温在4.1℃（万山）—8.7℃（沿河）之间，市西部沿河、思南、石阡等县在8℃以上，其余大部分区县在4℃—8℃之间；与常年同期相比，除德江接近常年，其余区县偏高0.6—1.4℃（江口）。春季（2016年3—5月），全市平均气温在14.4℃（万山）—18.6℃（沿河）之间，万山在15℃以下，其余区县在16.7℃—18.6℃之间；与常年同期相比，全市季平均气温均高于常年，其中松桃、石阡偏高1.4℃。夏季（2016年6—8月），全市平均气温在23.6℃（万山）—27.8℃（沿河）之间，碧江、思南、石阡、沿河在27℃以上；万山在24℃以下；其余区县在25℃—27℃之间；与常年同期相比，碧江、德江季平均气温正常，其余区县偏高0.5℃—1.4℃（江口）。秋季（2016年9—11月），全市平均气温在15.2℃（万山）—19.7℃（沿河）之间，石阡、思南、沿河在19℃以上，其余区县在15℃—19℃之间；与常年同期相比，除德江、万山、碧江正常外，其余区县偏高0.5℃—1.2℃（江口、石阡）。2016年12月，全市平均气温在6.1℃（万山）—9.8℃（沿河）之间，除江口、石阡、思南、沿河在9℃以上，万山在7℃以下，其余区县在7℃—9℃之间；与常年比较，平均气温均高于常年，其中江口偏高1.7℃。

降水量。年降水量的分布，全市年降水量分布不均，在1011.20毫米（石阡）—1775.60毫米（万山）之间，石阡、思南年降水量在1200毫米以下，其余区县在1200毫米以上，其中沿河、江口、碧江、万山在1500—1700毫米，以万山1775.60毫米为最。与常年相比较，除石阡略偏少8%外，碧江偏多38.60%、沿河偏多33.80%、万山偏多29%，其余区县偏多6%—18%。季降水量的分布 冬季（2015年12月—2016年2月），全市降水量在106.60毫米（德江）—198.10毫米（玉屏）之间，东部江口、碧江、万山、玉屏在150毫米以上，其余区县在100—150毫米之间；与常年同期相比较，沿河、德江、玉屏偏多51.70%—52.30%（玉屏），石阡、江口、碧江、思南、印江偏多34%—49.80%（印江），其余各县接近正常。春季（2016年3—5月），全市降水量在334.30毫米（石阡）—694.60毫米（万山）之间，碧江、松桃、玉屏、万山在500毫米以上，石阡在400毫米以下，其余区县在400—500毫米之间；与常年同期相比较，石阡、印江为正常，其余区县偏多30.30%—68.50%（万山）。夏季（2016年6—8月），全市降水量在411.50毫米（石阡）—809.80毫米(碧江)之间，沿河、碧江降水在700毫米以上，石阡、玉屏、思南降水在500毫米以下，其余区县在500—700毫米之间；与常年同期相比较，沿河、碧江偏多52.30%—55%（碧江）；其余各县降水接近常年。秋季（2016年9—11月），全市降水量在173.20毫米（思南）—280.50毫米（万山）之间，思南、石阡、印江在200毫米以下，其余各县在200毫米以上；

与常年同期相比较，西部德江、印江、石阡、思南偏少16.20%—27.50%（思南），其余各县接近常年。12月降水量，全市在17.10毫米（沿河）—66.20毫米（碧江）之间，与常年同期相比，除沿河偏少22%外，德江正常，印江、思南、万山、松桃、玉屏、石阡偏多18%（印江）—69%（石阡），江口偏多1.10倍，碧江偏多1.30倍。但降雨天气主要集中在中旬末至下旬中期，其余月内的大部时段以晴好天气为主。

日照时数。年日照时数在980.10小时（玉屏）—1246.10小时（沿河）之间，碧江、沿河在1100小时以上，玉屏、万山在1000小时以下，其余区县年日照时数在1000—1300小时之间。与常年同期相比，除玉屏、万山年日照时数偏少18.30%—21.20%，其余各县年日照时数基本正常。冬季（2015年12月—2016年2月），全市日照时数在92小时（万山）—157.50小时（碧江）之间，除万山在100小时以下，其余区县均在100小时以上；与常年相比，碧江、沿河偏多20.70%—23.10%，玉屏、万山偏少17.90%—49.30%（万山），其余地区基本正常，全市日照时数季平均偏少4.10%。春季（2016年3—5月），全市日照时数在167.70小时（玉屏）—242小时（沿河）之间，石阡、印江、思南、沿河在200小时以上，市北部德江及东部各县在200小时以下；与常年相比，玉屏、万山偏少36.40%—37.60%（万山），其余各县日照接近常年。夏季（2016年6—8月），全市日照时数在414.50小时（万山）—564.80小时（沿河）之间，各区县日照时数均在400小时以上，其中沿河在500小时以上；与常年相比，除沿河偏多26.10%外，其余各区县日照时数接近常年。秋季（2016年9—11月），全市日照时数在220.70小时（江口）—259.30小时（碧江）之间，各区县日照时数均在200小时以上；与常年相比，除江口、玉屏、万山偏少23.10%—25%（万山），其余地区基本正常。2016年12月日照时数，全市在33.70小时（德江）—83.20小时（万山）之间，较历年同期，碧江偏多19%，沿河偏多13%，松桃偏多4%，万山、思南正常，其余县偏少5—29%（德江）。

【主要气候事件及衍生灾害】据逐级统计上报，市减灾委、市民政局组织会商初步核定：全市10个区县不同程度受到多种自然灾害影响。

全市年内遭受的洪涝灾害较常年偏重，汛期暴雨洪涝灾害在全省属重灾市。进入汛期以后，共出现27次较大范围的暴雨天气过程，13次区域性暴雨，累计出现6县次特大暴雨、8县13次大暴雨、10县24次暴雨，其中7月4日单日雨量万山创历史极值（254.80毫米），碧江单日雨量222毫米，为次极值年，江口单日雨量215.10毫米，列历史第3。主汛期平均降雨量达602.80毫米，是铜仁市有气象记录以来的第3高位。持续强降雨造成全市多条河流超警戒水位，碧江、万山、玉屏、江口、思南、印江、沿河等8个区县发生内涝。全市70%左右洪涝灾害损失集中分布在碧江、万山、玉屏、江口、思南、印江、沿河等地，碧江区、万山区、江口县、沿河自治县等地重复受灾。全市洪涝灾害造成的直接经济损失高于近5年的平均值，暴雨洪涝灾害造成的直接经济损失占到总损失量的91%。因灾死亡（失踪）人口高于近5年平均值。

低温雨雪冰冻。冬季雪凝天气接近常年。其中1月20—24日，受入冬后最强冷空气影响，全市先后出现冻雨、雪、冰冻，万山、印江、德江、石阡、碧江、松桃等地出现持续冻雨和凝冻天气，大部分地区气温低于-1℃，其中万山、梵净山顶为-6.2℃和-6.7℃，最大电线结冰厚度为万山36毫米（含导线直径26.80毫米），大部分地区道路结冰厚度在2厘米左右；积雪深度在0—2厘米。

2月1—3日，全市出现低温雨雪冰冻天气，大部地方均出现降雪和积雪，万山最大雪深3厘米，并伴有道路结冰和电线结冰，万山电线结冰厚度28毫米（含导线直径26.80毫米）；中旬中期市内出现强降温天气，松桃、碧江、万山及地势较高处出现雨雪天气，但2次过程影响时间短，后期天气晴好，气温回升快。

霜冻。1月25—26日，2月6—8日，碧江、松桃、玉屏、德江、印江等区县先后出现霜冻。

风雹。4月2日傍晚到夜间，石阡县河坝场、聚凤、国荣、石固等乡镇在雷雨中夹降冰雹。

4月15日20时45—55分，思南县北部宽坪、鹦鹉溪、张家寨、东华、思唐、凉水井、亭子坝等乡镇在雷雨中夹降冰雹，直径约10毫米左右。

4月15日，德江县长堡、复兴等乡镇在雷雨中夹降冰雹。

4月15日21时6时—21时22分,印江自治县龙津街道、朗溪镇、中兴街道三个乡镇9个村民组遭受冰雹袭击，据印江站实测多数冰雹直径为10毫米左右，最大冰雹直径为24毫米。

4月15日21时01分，思南县兽王山公园出现瞬时大风，极大风速达25.60米/秒。

5月6日16时，松桃自治县太平乡遭大风袭击。

5月7日1时30分—9时40分，德江县龙泉、桶井等乡镇遭受大风袭击，据县气象部门监测，瞬风速度达25米/秒。

雾。2016年冬春各月均出现大雾天气。

暴雨洪涝。6月18日夜间至20日夜间，沿河自治县遭遇入汛以来最强的暴雨和大暴雨天气，县北部乡镇为暴雨，中部乡镇为大暴雨。因强降雨造成山洪暴发，农田被淹、城市内涝等灾害。6月18日夜间至20日夜间，德江县受暴雨天气。6月29日，铜仁市东部地区遭受今年入汛以来首场大暴雨袭击，3小时最大降雨量超过100毫米，造成主城区低洼地段出现积水和内涝，部分学校暂停上课，学校师生转移。6月28日8时至6月29日8时，思南县鹦鹉溪镇、凉水井镇、张家寨镇、许家坝镇、孙家坝镇、青杠坡镇、大坝场镇、塘头镇等11个乡镇普降暴雨，局地大暴雨。7月3日夜间至7月4日凌晨，碧江区遭受大暴雨袭击，强降雨造成13个乡（镇、街道）受灾，城区出现内涝，部分乡镇房屋、道路被冲毁。7月3日8时至7月4日6时，江口县普降大到特大暴雨，最大雨量达377毫米。7月3日夜间至4日凌晨，印江自治县地遭遇大暴雨袭击。7月3—4日，玉屏自治县普降中到大雨，其中亚鱼、田坪等乡镇出现暴雨。

寒潮。3月8—10日，受强冷空气影响，铜仁市出现寒潮天气，并伴有雷雨、大风、短时强降水等天气，其中8日普降中到大雨，有6个站点出现暴雨。这次过程各地24小时平均气温降幅达7.5℃（沿河）—10.1℃（万山），48小时平均气温降幅达11.4℃（松桃）—13.2℃（万山），9日夜间至10日早晨全市最低气温降至3℃以下，万山镇最低气温降至-2.5℃，大部分地方出现雨夹雪和雪，松桃、万山、沿河、德江等区县出现积雪，德江积雪深度达8厘米，万山镇出现电线结冰。

7.秋旱。9月至10月上半月铜仁市各地降雨量、雨日明显偏少，全市降雨量仅为11.40毫米（石阡）—64.40毫米（沿河），比历史同期偏少5成（沿河）—9成（石阡、江口、玉屏），全市平均偏少8成；各地平均气温为20.9℃（万山）—24.7℃（沿河），比历史同期偏高0.6℃（德江）—2.2℃（江口），全市平均偏高1.5℃。加上日照偏多，地面水分蒸发大，导致各地土壤失墒快，大部地区出现不同程度的气象干旱。至10月17日，已出现15—47天干旱日数，除沿河为轻旱外，其余各地达中等强度以上的干旱，石阡、玉屏、万山达重旱级别。据10月17日全市土壤墒情自动监测站显示：全市大部分区县10—50厘米平均土壤相对湿度均不足60%，印江、思南土壤相对湿度不足30%，土壤底墒较差。干旱导致全市秋种短暂受阻，油菜移栽推迟，直播油菜出苗率低，苗情差。

（铜仁市气象局　潘思宏）

扶贫开发

【概况】2016年，铜仁市扶贫办把脱贫攻坚作为发展第一抓手、民生第一工程，坚守发展和生态两条底线，以“四个切实”“五个一批”“六个精准”和“十四项行动”为精准脱贫工作主要路径，围绕“科学治贫、精准扶贫、有效脱贫”的核心目标，落实省委、省政府大扶贫战略、扶贫攻坚“33668”行动计划和“1＋10”部署，全面完成年度工作目标任务。

铜仁市扶贫开发工作获全省扶贫开发工作特等奖；被人力资源部、国务院扶贫办表彰为全国扶贫开发系统先进集体；精准扶贫“减量提标，两线合一”试点工作得到汪洋副总理肯定性批示；与新华社率先发布全国首个、唯一一个扶贫成效评价标准《中国·铜仁精准扶贫指数报告（2016）》；融资总额200亿元的市级脱贫攻坚基金“定点帮扶、因户施策、集中连片、整村推进”的“铜仁做法”得到省扶贫开发领导小组的肯定和省委副书记谌贻琴的批示，省扶贫领导小组办公室以《贵州扶贫开发要情》上报国务院在全国推广。

【精准扶贫增强贫困群众对扶贫攻坚的认同感】聚焦贫困人口识别“漏评率、错评率和信息准确率”，开展精准扶贫建档立卡识别工作。出台《关于开展精准扶贫建档立卡“回头看”工作的紧急通知》等系列文件，7次对扶贫对象识别进行复查和“回头看”，把不符合贫困标准的人员清退出精准扶贫信息平台，将系统外的贫困人口识别出来，做到村不漏户、户不漏人。聚焦贫困人口退出“漏退率、错退率和信息准确率”，夯实建档立卡贫困人口脱贫退出工作。按照年初拟定退出对象、年中全程帮扶、年底按“两公示一公告”程序退出的总体要求，和“村申请、乡审批、县核准、省市备案”退出程序，通过强化督导检查、开展再遍访和第三方评估，全年减少贫困人口152566人，其中易地扶贫搬迁脱贫32576人，产业帮扶脱贫78955人，社会保障兜底脱贫6343人，生态补偿脱贫9550人，教育帮扶脱贫25142人。贫困人口发生率由15.54%下降到11.47%，实现162个贫困村出列，125个贫困乡镇“减贫摘帽”成果得到巩固。

【产业扶贫增强脱贫攻坚“造血”功能】抓好产业扶贫。按照“户户有增收项目，人人有脱贫门路”的要求，市扶贫办在全省率先出台市级财政扶贫资金管理办法和市级产业扶贫实施方案，抓产业扶贫，壮大经济实体培育，确保村集体经济和贫困群众收入突破提升。全年全市投入产业发展资金41074.84万元，整合县级部门资金7.30亿元,完成中药材产业种植面积44666.67公顷，安排种植项目24个；安排精品水果项目64个，涉及资金4200万元，完成面积3200公顷；完成优质蔬菜1580公顷、马铃薯1137.33公顷、油茶1426.67公顷。参与产业扶贫专业合作社516个，龙头企业38个，带动贫困农户61608户241563人。争取到全省核桃产业暨电商产业扶贫大会在德江召开，展示铜仁市核桃产业发展的成果及经验做法。抓好经营主体建设。为探索金融扶贫创新支持经营主体工作，印发《铜仁市金融扶贫创新支持经营主体试点工作实施方案》，夯实村级经营主体发展基础，创建铜仁市金融扶贫创新支持经营主体试点37个。探索新模式。不断创新产业扶贫发展模式，做好“总结、提炼”工作，总结探索出激活农村“沉睡”资源的德江县高家湾“三金”模式：农民土地入市获租金、就业入企获薪金、资金入股分股金，实现土地资源向市场资本、传统农业向现代农业、农民身份向新型经营主体转变；实现整村推进的万山区中华山村“622”贫困户分红模式：村贷款成立合作社，投入扶贫资金作为贫困户股金与村集体经济结合，利润按贫困户、村集体经济、管理费6：2：2分成；精准带富的养猪玉屏自治县温氏“411”合作模式：互利共赢的万山区九丰“1+N”农业综合体：建立“公司+基地+农户”互惠共赢带动模式、“三金”带动模式、“党组织+”带动模式以及发展旅游带动模式的“1+N”扶贫模式，激发贫困户内生动力。

【定点帮扶增加贫困群众获得感】按照一、二、三类贫困村建档立卡贫困人口分别人均5万元、4万元、3万元和非贫困村贫困人口人均3万元的标准，全市融资200亿元扶贫基金开展以整村推进为重点的定点帮扶工作。选派1565名市、县两级县级以上领导干部作为包干责任人，与全市所有贫困村确定包干责任关系，实现贫困村、贫困人口“帮扶干部、脱贫基金”全覆盖。开展以“帮扶责任人逐户走访调研，收集贫困村、贫困户基本情况和发展意见”为主要内容的“大调研”行动；开展以“编制脱贫攻坚规划和实施方案”为主要内容的“大规划”行动。

【金融扶贫增强贫困户主动谋发展的参与感】创新金融扶贫模式。探索玉屏“温氏养殖”“产金互促541”等“信用工程+产业扶贫”金融扶贫新模式。获得全省第一支总额500亿元的扶贫投资发展基金——中国铜仁武陵山扶贫投资发展基金，分别与浦发银行等银行设立子基金343亿元，到位142.50亿元。创新实施“精扶贷”。通过采取“11412”的具体措施，探索出“3改变3形成3实现3发挥”的金融扶贫产业发展新模式。全市建档立卡贫困户评级授信18.71万户，授信面81.45%；累计为4.60万户贫困农户提供22.32亿元小额到户贴息贷款，惠及贫困人口16.76万人。创建信用县2个、信用乡镇86个、信用单位349个、信用村1661个，授信总额达850亿元。

【大扶贫格局营造攻“堡垒”的整体感】出台系列文件，明确脱贫攻坚的目标任务、政策措施及责任要求，层层签订脱贫攻坚责任状，强化各级党委、政府主体责任，利用大数据实行挂图倒计时作战。全面构建“五主五包”责任链、任务链。明确市委常委联系区县、市级领导包乡、县级领导包村责任，立下军令状，实现选派干部对贫困县、贫困乡、贫困村实行驻村工作和干部结对帮扶贫困户全覆盖。开展精准选派干部工作。全市选派“第一书记”1270人，各级各单位选派驻村干部8200余人，组建1681支驻村工作组。驻村干部走访群众145余万人次，培训党员干部5万余人次，开展调研座谈15000余次，协调项目3400余个、解决资金1.70亿元，办实事好事10万余件，解决矛盾纠纷8000余个。开展政策宣讲培训。为进提升基层扶贫干部精准脱贫工作政策水平和能力素质，发挥乡、村级基层组织在脱贫攻坚、同步小康中的带头和引领作用，对全市脱贫攻坚125个重点乡（镇）分管副乡（镇）长、扶贫工作站站长、1565个贫困村村负责人和“第一书记”开展脱贫攻坚业务培训，完成集中培训26期，3187人。开展对口帮扶工作。深化与苏州市、新华社、大连民族大学等的对口帮扶单位合作，出台《苏州对口帮扶铜仁五年规划（2016—2020年）》，推进铜仁·苏州产业园申报国家级产业转移合作示范园区工作，通过构筑“产业转移示范大平台”，引进、培育实力雄厚、技术先进的龙头企业，延伸产业链，推动铜仁工业经济产业结构调整和优化升级。同时推动百家旅行社走进铜仁活动，开展扶贫特色优势产业推介活动。开展“千企帮千村”行动。全市现有274家民营企业、21个商协会与199个贫困村形成结对帮扶，实施帮扶项目159个，投入资金8734.40万元，带动就业7381人。

【深化改革铸牢队伍的使命感和责任感】建立扶贫工作领导机制。建立市、县、乡（镇）党政主要领导为双组长的脱贫攻坚领导小组双组长机制，统筹推动扶贫开发工作。成立脱贫攻坚指挥中心。抽调50名干部成立市脱贫攻坚指挥中心，对全市脱贫攻坚工作进行议事协调，实现指挥协调、规划统筹、产业指导、政策宣传、督导反馈5大功能。建立扶贫成效考核评价机制。建立精准扶贫业绩考核办法、贫困退出实施办法、精准扶贫工作督查办法等考核评价机制，全面推行扶贫开发工作绩效与干部评先选优挂钩、与绩效考核挂钩、与干部任用挂钩的“三挂钩”制度。“4+2”扶贫体制机制改革。启动实施“扶贫云”大数据支撑大扶贫管理平台改革、贫困村村级集体经济发展模式改革、社会扶贫机制创新改革、金融扶贫机制创新改革、扶贫指数发布创新改革、农村技能培训模式改革。建立扶贫云平台。基本建成“铜仁精准扶贫云”，实现动态监控等“八大功能”，建立脱贫计划、帮扶措施、脱贫成效、工作台账，绘制县乡村户贫困现状分布图，“五个一批”“十项行动”脱贫路径图，“五主”“五包”帮扶主体责任图，项目资金监管图，县乡村户脱贫退出销号图，搭建基础数据支撑、脱贫指挥调度、项目资金管理、精准扶贫工作巡检、资金项目整合、绩效评估工作的精准脱贫指挥体系。

【《中国·铜仁精准扶贫指数报告（2016）》发布】 铜仁市扶贫办与新华社下属新华指数（北京）有限公司联合研发中国·铜仁精准扶贫指数，3月12日在北京新华社通讯社多功能厅对《中国·铜仁精准扶贫指数报告（2016）》进行发布，其为全国首个度量精准扶贫水平指数。国务院扶贫办副主任洪天云，贵州省政府副省长刘远坤，新华社秘书长刘正荣，铜仁市委书记夏庆丰，市委副书记、市长陈晏，市委副书记阳向东，市委常委、市委宣传部部长刘婕，副市长张珍强等出席发布会，发布会由中国经济信息社总裁徐玉长主持。报告从扶持对象精准、措施到户精准、因村派人精准、项目安排精准、资金使用精准、脱贫成效精准6个方面进行分析评价，客观展示铜仁的扶贫实践进程，以量化指数的形式评估铜仁市的扶贫工作。

（铜仁市扶贫办办公室）

工业·能源·供电

工业和信息化

【概况】2016年，铜仁市完成规模工业总产值797.80亿元，规模工业增加值197.10亿元，规模以上工业增加值增速11.70%，居全省第1位，为铜仁市工业发展史上最高成绩。

完成500万口径工业投资217.29亿元，同比增长14.30%，居全省第2位。新增入规企业74户，超出全省各市州平均入规企业10余户。

轻重工业比重调整为34.4：65.6，轻工业较2015年提升1.40个百分点。传统支柱行业占全市工业比重下降2.40个百分点，特色产业占全市业比重增加5.20个百分点。电子信息产业、装备制造业、水产业等新兴产业增速分别达到59.30%、28.80%、58.80%。

12个产业园区完成工业总产值694.96亿元，占全市工业总产值的87%；完成投资186.87亿元，占全市工业投资的86%。黔东工业聚集区完成工业产值占全市比重67.90%

民营经济场主体达23.80万户。规模工业上缴工业环节增值税11.24亿元，同比增长10.47%。实现主营业务收入526.73亿元，同比增长17.20%；实现利润20.45亿元，同比增长44.40%。

【稳定工业生产】强化工业运行监测分析。建立工业运行监测平台，完善“日监测、旬调度、月分析”工作机制，定期召开工业运行调度会和生产协调会，协调解决制约工业运行和企业生产面临的困难和问题。实施重点行业扶持。贯彻落实省政府支持工业发展的“37条”“23条”，出台《关于继续实施工业重点行业以奖代补推动工业经济稳增长的通知》，全市重点企业开工率从不到40%提升到85%以上，日均用电量从年初400万千瓦时提升到1100万千瓦时，减少电费成本4亿元，拉动工业增长4.50个百分点。协调铁路部门，帮助企业降低铁路货运成本约30%。通过展销会、博览会帮助企业开拓市场、稳产扩产。强化帮扶服务。开展“双服务”大行动，工业“百千万”工程和“民营企业服务年”等活动。市委、市政府领导带队帮助企业应对经济下行压力，共帮扶企业52次，收集问题155个，协调解决问题108个，主要涉及要素保障、产品推广、税费成本、市场准入等方面。

【扩大工业投资】实施“百企引进”工程。发挥职能职责，配合部门和区县引进新能源汽车产业园、智能终端触控显示产业园、中宇手机、德威模具等项目落地。实施“千企改造”工程。全市纳入年度“千企改造”工程计划的企业121户，涉及项目128个，总投资165.40亿元，完成技改投资39.44亿元。加快推进项目建设。武陵锰业、西南能矿等煤电锰一体化项目稳步推进。石阡武陵石材、大龙锂电产业园、新华高端机械装备制造、高新区汽摩产业园等项目如期建成投产，碧江区好彩头一期项目建成投产，食品、饮料生产线加快生产，铜仁市作为好彩头全国5大生产力布局之一地位得到巩固。累计新开工项目158个，新投产项目141个。

【加快园区建设】按照“产业园区化、园区城镇化、产城一体化”的发展思路和园区升级工程要求，统筹谋划产业园区和城市新区建设，把产业园区作为城市新区的主要拓展区。完善园区基础设施。全市产业园区新建道路70千米，输电线路122千米，供水管网75千米，排水管网72千米，新建标准化厂房63万平方米。建成玉屏田坪、思南关中坝二期、江口凯德、德江县城二期等污水处理厂。全市所有园区基本实现“七通一平”。强化园区功能配套。在园区建设廉租房、公租房配置给园区企业职工使用。加强园区工人技能培训，提升企业员工生产技能。引进园区配套产业，延长产业链，拓宽产业幅。围绕园区核心产业，扶持建设技术研发中心。加强园区管理考核。出台《铜仁市园区主导产业培育计划》，发展园区主导产业。完成2016年度全市产业园区考核评价工作。防范园区债务风险，截至年底，铜仁市产业园区资产负债率为47.05%，园区债务风险总体可控。

【加快产业发展】按照“传统产业生态化、特色产业规模化、新兴产业高端化”要求，实施工业产业提升工程。巩固提升传统产业。用信息化、绿色化、智能化、服务化思维，加快改造提升传统产业企业，以电力、冶金、矿产、建材、化工为主的传统支柱行业完成增加值117亿元，占全市规模工业增加值的比重60.20%，较2015年同期下降2.40个百分点。发展壮大特色产业。发挥生态资源优势，突出精深加工和延链加工，做大特色产业规模，以烟、酒、茶、药、食、水等为主的特色产业完成增加值55亿元，占全市规模工业增加值的28.30%，较2015年同期增加5.20个百分点。培育发展新兴产业。发展以大数据为核心的电子信息产业、新能源、新材料、大健康医药等新兴产业，以装备制造、电子信息及纺织制造等承接产业转移成效明显，完成增加值20.50亿元，占全市规模工业增加值的9.20%，提高4.30个百分点。

【推进大数据战略行动】市委、市政府印发《铜仁市关于实施大数据战略行动的意见》，编制完成《铜仁市大数据产业发展规划（2016—2020）暨“十三五”信息产业发展规划》，大数据战略行动的政策体系更加完善。强化基础设施支撑。把信息基础设施作为实施大数据战略行动的核心基础，实施信息基础设施会战，完成信息基础设施投资13.31亿元，全市城域网上链带宽达550G，光缆线路总长度达10.64万千米，新增3G、4G基站数共4310个，总数达到11345个。强化应用平台支撑。推进智慧城市云数据中心、城市基础数据库和城市公共信息平台建设。铜仁市大数据呼叫中心基本建成，呼叫中心拓展成都联通+腾讯视频包、天翼·绿网、广西4G、滴滴代驾招募（测试）等业务。强化产业发展支撑。围绕大数据“三大业态”持续发力。发展大数据核心业态，在全省率先开展智慧园区试点建设工作，碧江、万山、大龙、高新区智慧园区积极围绕企业服务、政务协同、应急管理、产业监测、生产调度等扎实推进试点建设。发展大数据关联业态，智能移动终端产品生产、日行光学3D视窗保护膜、万城智慧能源、倍易通移动智能终端产品生产、贵州镖客信息技术有限公司、智能终端触控及显示模组产业园等项目落地建设，支撑铜仁市大数据产业快速起步。创新发展大数据关联业态，在国内较早使用大数据思维和方法发布梵净山生态养生指数。精准扶贫云已完成125个贫困乡镇、1565个贫困村贫困农户的基本情况录入。民政保障云、智慧教育云得到推进。

【铜仁市探索售电侧改革】在省级只选取贵安、兴义作为全省电力体制改革的情况下，铜仁市对电侧改革进行探索。2016年，铜仁市成立市锦江售电公司，12月底售电公司通过省电力交易中心的检查验收并进行公告公示。配合电力直接交易政策的落实和售电侧改革的推进，全年可为企业减少用电成本4亿元。

（市工信委　姚建）

供　电

【概况】2016年，铜仁供电局树立“诚信、服务、和谐、创新”企业理念，把握“两精两优、国际一流”发展战略和“185611”的战略目标，完成各项工作。完成德江供电局接收和小水电划转工作。电网安全稳定运行，全年未发生人身、电力安全、设备事故，安全事件总数呈两位数下降；全面完成生产经营目标，完成售电量71.41亿千瓦时，同比增长10.74%；电费回收率99.99%，同比提升0.04%，创历史最好成绩；综合线损率6.45%，有损线损率12%，下降0.76%；客户平均停电时间27.37小时/户；资产总额63亿元。完成电网建设投资9.71亿元，同比增长41.8%。220千伏三家桥变电站获中国电力优质工程奖项。2016年，先后荣获南方电网公司劳动竞赛先进集体、模范职工之家，贵州省“安康杯”竞赛优胜单位，贵州电网公司工会帮扶示范单位、防范及识别A类违章技能竞赛“二等奖”、调度运行岗位技能竞赛“三等奖”、继电保护岗位技能竞赛“三等奖”、油务员岗位竞赛团体“三等奖”、篮球比赛团体“第二名”、游泳比赛团体“第五名”，铜仁市10强企业等荣誉。

【电网建设】完成“十三五”配电网规划修编，编制新一轮农村电网改造升级规划、小康电规划和电力扶贫规划。强化政企联动，成立全市电网工程建设工作领导小组，出台电网建设目标责任考核办法，明确500千伏诗碧线工程青苗赔偿标准。建成投产松桃长兴220千伏等重点输变电项目13个，完成220千伏松长线、110千伏青官线等项目。220千伏三家桥变电站获中国电力优质工程奖项。启动新一轮农村电网改造升级，按计划推进167个中心村和低电压整治项目的建设工作，实行项目“三级评审”100%覆盖；滑石中心村可研报告得到南方电网公司充分肯定。做好易地扶贫搬迁工程安置点电力配套项目建设，得到铜仁市人大的肯定。物资7天准时供货率100%，合同签约及时率99.26%，仓储物资周转率557.03%，超额完成清仓利库任务。

【供电服务】梳理制定11条保增长措施，挖掘区内市场潜力，配合政府对大工业用户实施“以奖代补”政策，稳定工业负荷；定期走访、精准服务企业，开展义诊服务56次，增供电量1.50亿千瓦时。推进电力直接交易，全年完成交易电量59.78亿千瓦时，增长161.85%，扭转售电量持续20个月下滑的局面。深化客户全方位服务，制定并落实客户满意度提升措施65项，推行业扩报装“三免”服务；非现金缴费比例76.65%；在公司系统内率先实现计量自动化终端全覆盖。客户停电时间减少。强化停电指标过程管控，试点开展设备运维差异化管理，推广使用移动作业平台，统筹规划检修、基建项目停电时间，推广带电作业、零点作业，全年客户年均停电时间27.37小时/户。

【企业创新】推进县局规范化建设。制定3年管理提升方案，完成作业标准体系在县局的本地化工作。规范设置客户服务中心，明确供电所工作界面。所辖96个供电所基本实现“三室两间一堂”。推进企业管理信息系统实用化，“6+1”信息系统全部按期单轨运行，系统实用化、数据质量水平分别达到100%、95%。加大“两个创新”力度，获科技类奖项18项，其中国家级1项、省部级5项、地市级12项，发表科技论文28篇，联合出版专著1本，发明专利16项，创历史新高；获管理类奖项3项，其中省部级1项、省电力行协2项。

【应急保供电】建成以1个总体应急预案为主线，15个专项应急预案和各专业处置方案为支撑的两层应急预案体系。累计投入人力11328人次、车辆3075辆次，投入应急发电车215台次、应急发电机179台次，完成水博会、旅发大会等保供电任务165次，完成“6.20”“6.25”“7·4”“7·20”四次特大暴雨袭击的供电保障，获铜仁市安委办通报表扬；市郊局、沿河局、印江局、思南局、万山局大坪供电所5个集体获所在区县“抢修救灾先进集体”，12名员工获所在区县“抢修救灾先进个人”。

（市供电局办公室）

贵州建工梵净山建筑工程有限公司

【概况】2016年，贵州梵净山建筑工程有限公司超额完成各项经济技术指标，获得“贵州省优秀施工企业”、铜仁市“守合同重信用企业”称号，通过国家ISO9000“三标一体化”质量管理体系认证。承建的碧江区2015年灯塔矮屯公租房建设工程一标段18#、19#、20#楼获得“2016年贵州省安全文明施工样板工地”和2016年度贵州省优质主体结构工程施工竞赛评审三等奖。

【经济效益有突破】与2015年相比，合同金额增长60%，完成24亿元。产值增长166%，完成5.50亿元。完成利润1000万元，上缴税费2000余万元，扭转2015年亏损的局面。

【与地方政府合作有拓展】继松桃文体公园项目之后，与石阡、玉屏自治县政府建立合作关系，承揽棚户区改造、异地扶贫搬迁等项目。

【施工管理水平有提升】以项目现场管理，塑造公司品牌作为拓展市场的抓手，实现“以现场促市场”。灯塔矮屯公租房项目，工程质量、进度、文明施工等得到贵州建工集团、铜仁市政府及碧江区相关部门肯定和认可，多次到建设工地举办现场观摩会。全面强制推行《工程项目安全文明施工、党建、企业文化标准化规范管理手册》，工程项目管理标准化、规范化、工具化、信息化程度大幅提升，项目一标段18#、19#、20#楼在贵州省住建厅专家组检查考评中受到肯定。

【企业改革工作有进展】为发挥各自优势，激发企业内生动力和活力，把公司打造成为铜仁市骨干企业和行业领军企业，做强做活实体经济，经市委、市政府与贵州建工集团协商，决定按照现代企业制度调整公司股权结构，改变公司组织架构和考核激励机制，实现双方股东和管理层及员工持股的三元混合所有制企业结构。

【人才队伍建设有加强】年内，除自己培养1名高级工程师和2名一级建造师外，还争取配备副总经理1名和总工程师1名，引进高级会计师1名、会计师1名、一级建造师2名和党群工作者2名，招录8名大中专毕业生。

【企业制度建设有突破】围绕岗位职责、工作制度、资产财务管理、行政效能管理、工程项目管理、人事劳资管理、安全生产管理等分类建立健全一系列制度和规定，初步建立较为严密的制度管控体系。

【企业文化建设有增强】开展“无偿献血，奉献爱心”“三八节”妇女拔河比赛，“书香企业”阅读活动，“明礼知耻·崇德向善”“在一起，更精彩”体验式培训，消防应急演练，为职工送慰问、送清凉，为灾区和帮扶村“献爱心”捐款，“安全知识竞赛”，亮点工程宣传，职工秋游和体检等活动，进一步增强公司的凝聚力，提升公司的对外形象。

【铜仁市举行2016年建设工程消防救援实战演练】7月5日上午，由市住建局、市安监局主办，碧江区住建局、贵州建工梵净山建筑工程有限公司承办，碧江区消防大队、市第一人民医院协办的“2016年建设工程消防演练”活动，在贵州建工梵净山建筑工程有限公司承建的碧江区灯塔矮屯公租房建设工程施工现场举行，市住建局、市安监局，各区（县）碧江经开区、铜仁高新区住建局有关负责人及市直施工单位代表共500余人观摩演练活动。

演练采取模拟实战的方法，重点检验施工单位与各部门的协同能力。从事故发生，到先期处置、事故报告、预案启动、队伍集结、救援展开、后期处置在30分钟内完成。通过演练，施工单位应急指挥、消防救援联动协作能力、施工单位应急救援能力得到全面提升，消防演练取得预期效果。

【贵州建工梵净山建筑工程有

限公司工会开展“夏季送清凉”慰问活动】 8月1—2日，公司党委副书记、总经理全昭立、公司党委委员、总会计师、工会主席杨秀文一行先后到松桃、矮屯、苏州楼等项目部，将藿香正气液、板蓝根、茶叶、风油精、人丹、毛巾等防暑降温物品送达在高温酷暑下坚持工作的一线工人手中。并叮嘱一线工人在高温作业时，增强自我防护意识，做到安全劳动，快乐生活。同时要求各项目部进行安全隐患仔细排查，合理安排工作时间，保障工人饮食和休息，做好夏季安全生产工作。“夏季送清凉”活动共慰问一线工人300余名，赠送价值1万余元的慰问物资。

（贵州建工梵净山建筑工程有限公司办公室）

能源投资公司

【概况】 铜仁市能源投资有限公司下辖铜仁市燃力煤炭运销公司、铜仁市乡镇企业经济技术开发公司，并参股贵州省武陵担保有限公司、铜仁中能天然气有限公司、铜仁市黔东汇能物流有限公司、铜仁市锦江售电有限责任公司。公司主要从事页岩气勘探开发、天然气主管网、大龙铁路专线及四个一体化、自备电厂、城市燃气加气站、煤炭调运、担保融资等相关产业和建设项目。

【突出工作重点，推进工程项目建设】 天然气利用相关项目。铜仁市天然气“县县通”管道燃气工程项目。天然气县县通工程项目涉及全市8县2区新建门站10座、高压燃气管道300千米、中压燃气管道1000千米，总投资15亿元，7月25日项目获省发改委、省能源局联合批复。铜仁市中心城区城市管道燃气工程项目。项目范围涵盖碧江区、万山区和铜仁高新区共45平方千米，主要建设内容有大兴卷烟厂储配综合站、大兴复烤厂门站、茶店门站和60千米高压管网及400千米中压管网等，总投资10.20亿元。

加油加气站建设项目。碧江区川硐照壁岩及清水塘两座油气站可研设计完成并获市商务局批复；玉屏油气站已办理规划及用地审批手续；德江县、石阡县、印江自治县加气站完成选址。市能投公司还与市公交公司合作共同建设公交加气站。

铜仁市新能源汽车“充租营”智能一体化示范项目。编制《铜仁市新能源汽车“充租营”智能一体化国家级示范项目》获省能源局核准并上报国家能源局，项目拟于2018年完成省政府下达的4500个充电桩目标任务，并购置2000台新能源车，建设一个大数据指挥中心，实现分时租赁、异地还车等一站式智能服务。

多能互补分布式能源项目。川硐教育园区多能互补分布式能源项目申报国家发改示范性项目；各区县多能互补分布式能源项目稳步推进。

页岩气勘探工作。公司中标的岑巩页岩气区块，总面积914.63平方千米，预测区块内牛蹄塘组页岩气资源总量860亿立方米，变马冲组资源总量400亿—600亿立方米，牛蹄塘组和变马冲组总的可采资源量为190亿立方米。岑巩天星1井每天产气400立方左右。

铜仁市地方配电网建设。市能投公司与铜仁市中小企业服务中心、大龙开发区汇源投资有限公司、松桃武陵山投资经营有限公司、贵州能矿锰业集团有限公司作为发起人，参股组建成立铜仁锦江售电有限责任公司。公司正式运营后，开展区域内35千伏工业企业用电设施升级改造，企业用电成本得到降低。

【发挥自身优势，加大投融资工作力度】 完成项目融资8亿元，项目贷款到位资金2亿元。年内开展的主要业务基本完成项目前期工作，推进铜仁清洁能源、新能源产业发展，带动、积聚下游用能工业和化工产业簇群，构建独具铜仁特色的新能源产业链，并以清洁能源、新能源为主，业务适度多元化，建设产融结合的新能源产业发展集团，使能源工业在铜仁的支柱产业培育中率先突破，为保护生态环境、改善人民生活，促进地方经济发展发挥作用。

【铜仁市天然气县县通工程获批准】 7月25日铜仁市天然气县县通工程获省发改委、省能源局联合批复，项目涉及全市8县2区，总投资近15亿元。

【铜仁市中心城区城市管道燃气工程获批准】中心城区城市管道燃气工程于10月获市发改委核准，项目涵盖碧江区、万山区和铜仁高新区，总投资近10亿元。

【铜仁市两气站建成供气】铜仁市人民医院临时气化站、碧江区好彩头临时气化站建成，均正式供气。

（市能源投资有限公司办公室）

九龙地矿公司

【概况】 2016年，九龙地矿公司以实现公司的快速发展为动力，公司各项工作取得良好成绩。

全年新增融资规模25.20亿元，为市委、市政府“两保一促”工作及重大项目建设统筹调配资金6.54亿元。加大土地收储力度，完成土地收储近67公顷；矿产开发工作中，实施地热井3口，完成地热物探点4个，完成投资2000万元；开展优质水源地调查工作，启动石阡泉都矿泉水公司的收购技改工作。同时协助市政府承办首届“中国贵州铜仁国际天然饮用水博览会”；在固体矿产资源勘察方面，推进石材、铅锌矿、铀矿的勘查工作，圈定一批新的资源区块。矿权申报工作取得进展，申报完成8个地热探矿权、1个矿泉水矿权和2个石材矿权。为公司“两水”产业及矿产资源开发提供资源保障；浅层地温能开发工作中，建成并投入使用的碧江新区行政中心地源热泵系统建设项目，成为铜仁市最大的浅层地温能建筑应用示范项目，获得国家节能补贴458.60万元；主城区能源站建设项目加快，推进三江公园能源站建设，项目总投资860万元；铜仁云数据中心、铜仁市健康管理职业技术学院等公共建筑地源热泵系统建设项目启动；在全市各区县推广浅层地温能利用，各区县基本实现示范项目全覆盖；编制完成《铜仁市中心城区冷、热源能源站站点布局专项规划》《铜仁市创建新能源示范城市发展规划》。棚户区改造工作中：黄家院子项目修建性详细规划通过城规委会评审，完成80%房屋征收工作，完成投资1亿元；熊家屯项目修建性详细规划通过城规委会评审，已完成投资1.65亿元；旱改水项目中：完成松桃自治县旱改水工程约533公顷土地开发项目的勘察、测量及设计工作，完成投资4000万元。

【脱贫攻坚】公司围绕“以脱贫攻坚统揽经济发展全局，确保与全国同步进入小康”的总目标，根据“政府主导，规划先行，项目支撑，公司参与”的工作思路，开展精准扶贫工作。落实遍访回访工作，了解思南县宽坪乡5个贫困村贫困户的基本情况，结合当地实情及公司实际，完成《公司“整村脱贫”工作帮扶方案》，确保各帮扶组每月进村入户一次工作落到实处。强化责任，确保精准脱贫见实效。按照因地制宜、因户施策的思路，采取产业带村、项目兴村、资金扶村，结对帮扶的办法，推进帮扶工作。

【公司内部管理和外部形象建设】为提高职工的业务能力和办事效率，在练内功塑形象上下功夫，抓内部管理工作。为打造职业化团队，建立科学的管理体制，公司以战略为导向，完善各项管理机制。完成《企业规范管理》，制定各部门工作目标及考核机制，修订《培训管理制度》和《岗位流程》，建立智能化办公系统，使得公司各项工作运转更加科学、规范、高效。

（铜仁市九龙地矿投资开发有限责任公司办公室）

规划·住建·城市管理

城乡规划管理

【概况】2016年，铜仁市城乡规划工作把握和遵循城市发展的规律，从“五个强化”开展工作，完成全年任务。

【强化规划统筹，推进山地特色新型城镇化】编制完成“十三五”新型城镇化发展规划、中心城区近期建设规划、思印同城化发展规划，启动江口县城总体规划的实施评估，开展玉屏经中心城区至松桃城际快速路的规划选线，基本完成镇总体规划、乡规划，完成第一、二、三批共74个传统村落保护规划、坝黄木弄等12个镇村联动规划、郝家湾等74个旅游扶贫村庄发展规划。指导玉屏自治县国家级新型城镇化综合改革试点和德江县省级新型城镇化综合改革试点工作。做好机场、高速公路、水库等重大基础设施的规划选址，确保项目顺利实施。以县为单位，开展常住人口城镇化率监测核算工作，2016年全市常住人口城镇化率增长3个百分点。

【强化规划编制，增强引领和服务发展的能力】健全和完善城市规划体系。中心城区道路命名、停车设施建设、综合管廊（管沟）、管线综合、绿地系统（生态屏障）、海绵城市、综合防灾等专项规划由市政府批复实施，其中中心城区道路命名规划被《贵州日报》以《彰显“仁义”之风——铜仁中心城区道路命名规划获批实施》进行专门报道，人民网等媒体相继转发。

推进重大项目规划。市城乡规划局邀请复旦规划院编制正大健康产业园(国宾馆)修规，项目正在装修。通过全国公开竞赛征集方案的方式确定规划设计团队，组织编制梵净山弥勒文化园、贵州健康管理学院、奥体中心体育综合体、五馆四中心、凉湾湿地公园等重大项目规划，健康学院、奥体中心、五馆四中心已开工建设，凉湾湿地公园规划深化设计工作已按市城规委会议精神移交碧江区政府进行。

推进省级城市综合体建设。自启动全省100个城市综合体建设以来，铜仁市8个省级城市综合体项目建成主导功能建筑74栋，投入运营38栋，完成总投资42.92亿元；城市综合体招商引资签约项目267个，签约资金6.55亿元，签约到位资金3.98亿元。全市省级城市综合体共完成总投资13.71亿元；招商引资签约项目118个，签约资金7210万元，签约到位资金3835万元，解决就业人数1273人。

【强化法治意识和规划督察，巩固新的执法模式】做好规范性文件制定与实施。拟定《铜仁市违法建筑查处办法》，并作为政府规章纳入市政府立法计划。拟定《铜仁市农村开发建设管理办法》，11月15日经市全面深化改革领导小组会议审议通过。经筛选并经省政府法制办研究同意，铜仁市城乡规划局成为省政府基层立法联系点，全省共13家，铜仁市仅1家。

建立规划执法新模式。针对中心城区违法违规建设行为，市城乡规划局堵住传统规划执法模式下企业违建获利的漏洞，按照《中华人民共和国城乡规划法》等有关法律法规查处，使违法违规建设行为不仅无利可图,甚至亏本。全年查处房开商和私人违法建设案件共10件，处罚违法建设面积达8535.78平方米，处罚金额共计138万余元。同时，保持规划执法的高压势态，加大巡查查处力度，全年开展日常巡查及执法巡查共200余次，查处违规建设项目8起。

开展城乡规划督察工作。在规划督察全覆盖的基础上启动新一轮城乡规划督察工作，4月、7月、10月、12月分别完成江口县、印江自治县、松桃自治县、沿河自治县的规划督察工作。

【强化规划改革创新，促进经济社会发展的活力】推进乡镇规划管理委员会实体化运行。《乡规委实体化运行的意见》经市委深化改革领导小组会议审定后由市人民政府印发实施。组织专业技术人员对思南县、松桃自治县乡镇规划管理人员进行业务知识培训。乡规委改革取得的成绩得到各级的肯定，乡规委实体化运行调研文章被《贵州政研》转发，并参选贵州省全面深化改革优秀案例评选，省委省政府领导谌贻琴、慕德贵给予肯定性批示。

中心城区控规单元规划管理成效明显。《中心城区控制性单元规划》已完成，《规划》通过对中心城区建设用地实行划单元地块进行控制，既解决控规重复、交叉和覆盖不全面的问题，又解决近期建设区域因来不及编控规、非近期建设区域在无控规指导的情况下重大项目建设落地问题。据不完全统计，在控规单元规划的指导下，全年中心城区20余个总计约200亿元的建设项目落地建设。

规划智能化管理取得成效。城乡规划数字化信息管理平台一期和地下管线数字化平台建设完成，规划数字化信息管理平台二期和数字三维地理空间系统建设已启动；中心城区地下管线普查工作完成，并建立地下管线数据基础平台，规划工作实现精细化管理。

【铜仁市乡规委实体化运行改革得到省委、省政府肯定】在实体化运行改革中，江口县太平、闵孝等地把乡镇规划管理委员会的规范运行纳入其纪委监督和问责内容，乡规委运行规范化程度达到县城规委的运行水平。思南、德江、碧江、万山、江口、玉屏等地，尝试将违法建设行为查处、砂石场的整治和关闭、破坏环境行为的查处等事宜纳入其工作范围，解决县直部门不能及时制止造成违法违规行为扩大化问题。其成绩得到各级肯定，实体化运行调研文章被《贵州政研》转发，并参选贵州省全面深化改革优秀案例评选。省委副书记、省政法委书记谌贻琴和省委常委、副省长慕德贵对铜仁市乡规委实体化运行作出肯定性批示，要求铜仁市“加大探索，深入总结，争取形成可复制、可推广经验”。

【铜仁市开出规划违法处罚最高罚单并生效执行】10月，贵阳市中级人民法院作出终审判决，维持铜仁市城乡规划局2014年对南都公司开发的南都·锦江国际项目总建设面积超“建设工程规划许可证”办证面积1000余平方米，依《中华人民共和国城乡规划法》及《贵州省城乡规划条例》相关规定,作出的没收增加建筑面积违法收入并处建设工程造价1%的罚款，共计罚没款4567408元的处罚决定。10月下旬，案件被贵州日报在以《456万余元！我省规划违法处罚最高罚单生效执行》公开报道，并被新华网、人民网、中国新闻网等媒体纷纷转载。

（市规划局办公室）

住房和城乡建设

【概况】2016年，铜仁市住房和城乡建设局以实施局重点工作“12345”工程为抓手，贯彻“五大发展新理念”，全面完成年初确定的目标任务。

【城镇基础设施建设】全市累计完成城市基础设施建设投资156亿元，占全年投资任务的120%，同比增长8.80%，完成中心城区清水大桥改扩建和梵净山大道改造工程，开工建设环东路改扩建工程，完成远信大道工程项目可研审查。推行PPP、EPC等融资多种方式，吸引更多社会资本进入市政基础设施建设领域，减轻地方财政投入负担，加快全市城镇化进程。出台《铜仁市城镇市政基础设施建设管理办法》，制定《铜仁市中心城区城区基础设施提质升级改造方案》。

【示范小城镇建设和镇村联动发展】全市16个示范小城镇实施（新建、续建）“8+X”项目250个、完工88个、完成投资53.30亿元；招商引资66个、签约资金51.70亿元、到位资金29.54亿元。玉屏自治县、石阡县被列入首批全省整县推进小城镇建设试点县。新增市定市级示范镇11个，全市示范小城镇增加到27个。制定铜仁市实施镇村联动推动城乡一体化发展工作方案，市级层面启动12个镇村联动试点工作。

【城镇保障性住房建设】推进棚户区改造货币化安置和政府购买棚改服务，加快城镇保障性安居工程建设。争取全市棚户改造项目开工建设任务40337户，开工率100%；保障性住房基本建成64065套、占任务数的176%，入住分配52206套（户）、占任务数的188.65%，均远超省定任务指标。保障性安居工程在全省绩效考核中获二等奖，获奖金3000万元（其中印江自治县1000万元）。

【农村危房改造和小康房建设】推进农村危房改造极贫危房户政府“兜底”保障机制，落实《2015—2017年度农村危房改造实施计划》。完成农村危房改造任务60044户，开工率、竣工率均达100%。按照省政府提出的小康房建设总任务和时间节点，全市开工建设小康房2500户，开工率、竣工率均为100%，累计完成投资4.64亿元,投资完成率231.95%。小康房带动农村集中建房，全市启动100个农村集中建房点10000户集中建房工程，累计完成建房投资14.63亿元；配建“六通八有”设施项目964个，配建设施完成投资13.79亿元。

【房地产业和建筑业发展】累计完成房地产开发投资146.06亿元，占全年任务比重的100.73%。全市商品房销售面积318.97万平方米，同比下降7.41%；销售金额123.92亿元，同比增长8.09%。《铜仁市物业管理办法》经市人民政府批复施行。全年实现建筑业产值169.41亿元，增加值56.53亿元，增加值占任务数的112.88%。以预制装配式混凝土结构，钢结构、预制构配件和部品部件、全装修等为重点，大兴高新区引进石家庄卓达集团建设5万平方米装配式住宅，大龙经开区胜利新村开工建设3000立方米装配式建筑。启动建筑勘察设计院改制工作。推动质量安全标准化建设，开展季度建筑工程质量安全监督执法检查和老楼危楼大排查大整治，全市在建项目年内未发生一起较大质量安全事故。

【智慧城市建设（建筑节能部分）】引进落户新型建筑节能墙材企业11家，实现年均产值1亿元以上。完成既有居住建筑节能改造面积17.50万平方米以上，新实施可再生能源建筑应用项目面积100万平方米以上，完成绿色建筑设计评价标识备案项目30万平方米以上。新实施国家级可再生能源建筑应用面积达17万余平方米，投资近10亿元在主城区锦江河、木杉河两岸规划建设8个分布式冷热源能源站，项目建成后服务面积近500万平方米，可满足20万居民供暖制冷服务需求。

【风景名胜区管理和传统村落保护镇村名录申报】指导启动以梵净山—太平河风景名胜区为主的省级风景名胜区详细规划编制工作。九龙洞风景名胜区总体规划通过国务院批复。推动九龙洞风景名胜区和以梵净山—太平河为主的省级风景名胜区基础设施建设。开工建设43个传统村落，启动建设项目481个，总投资0.97亿元，累计完成投资0.66亿元，新增25个村落入列中国传统村落名录，全市入列中国传统村落名录达99个，数量位列全省第二。

【铜仁市住建局加大培训力度】2016年，铜仁市住建局加大培训力度，全市先后参加各类建筑业务培训共计1055人；首次投入40万元对12个联系贫困村开展3期建筑工人技能培训，573人参加；为推动依法行政，首次举办2016年住房和城乡规划建设系统执法人员培训，144人参加培训。

【铜仁市住建局开展大兴调查研究之风开展研究问题破解难题竞赛活动】市建设局印发《铜仁市住房和城乡建设局大兴调查研究之风开展研究问题破解难题竞赛活动工作方案》。全年形成调研课题15个、优秀课题9个，经专家评审，评出一等奖1个、二等奖2个、三等奖3个、优秀奖3个。其中课题《如何抓好企业党建工作》被市直机关工委评为二等奖，《搞好风景名胜区规划、建设、管理，为铜仁全域旅游发挥载体作用》被铜仁论坛采用。

【铜仁市住建局争取资金近30亿元】2016年累计争取资金29.21亿元。其中，农村危房改造上级补助资金7.68亿元；保障性安居工程2016年中央预算内投资19.90亿元；示范小城镇省级专项补助资金0.59亿元；2016年省级传统村落保护发展扶持资金1.02亿元，水源热泵推广项目补助资金0.02亿元。

（市住房和城乡建设局　胡瑞峰）

城市管理

【概况】2016年,全市城市管理干部职工833人,其中市级131人、县级702人。铜仁市城市管理局内设3个科室，设机关党委1个;市纪委派驻纪检组，市监察局派驻监察室;有5个事业单位，其中4个为副县级1个为正科级；有1个直属企业，为铜仁市生活垃圾无害化处理有限公司。

【市容秩序管理】探索“管理有序、反应迅速、处置快速、运转协调、监督有效、常态优良”精细化管理机制，改善人居环境。继续巩固公司化管理成效，制定出台《铜仁市主城区建筑渣土处置及运输专项整治方案》，组建专门队伍督促、指导碧江区、万山区和铜仁高新区开展建筑渣土运输专项整治，召开专项整治协调会2次，实施建筑工地专项督查10处、限期整改5处。严格审批建筑渣土运输，规定渣土运输路线，办理建筑渣土和商砼运输“准运证”1200余份。按照《铜仁市户外广告设置规划》要求，规范户外广告设置审批，打击违法广告，拆除破旧广告，清除野广告，净化城市空间，共拆除破旧大型户外广告3000余平方米。按照禁增量、减存量、疏潜量的工作思路，发挥控违办牵头作用，配合属地政府开展违法建设查处工作，查处违法建筑1308起，占地面积和建筑面积分别为4.63、18.14万平方米。拆除违法建筑1294起，占地面积和建筑面积分别为4.53、18.04万平方米。

【市政设施建设维护】投入资金1315万元，实施城区主次干道破损沥青路面修补8万余平方米，完成主城区60组路灯远程管理系统终端安装和4600余根灯杆的编号登记录入工作，实施城区主次干道人行道、盲道修补、改造8000余万平方米，新设置道路物理隔离护栏1500米、修复3200米。按照十大功能提升工程和市政府工作报告任务分解要求，完成百花路一期整体改造工程、百花路二期鹭鸶岩至锦江加油站整体改造工程和木杉河湿地公园栈道及景观工程等；将东太大道人行道整体改造工程初步设计方案提交城规委审查，根据市政府关于结合地下综合管廊建设实施东太人行道整体改造的要求，已暂停实施；完成主城区路灯节能改造工程前期相关工作，按市政府要求，对路灯节能改造工程可行性进行论证，论证报告已提交市财政局。探索白天检查灯杆、线路，晚上调试灯泡的维修办法，对损坏路灯设施进行更换，确保路灯亮灯率在98%以上。引进冷补法，公路破损路面修补更加快捷，实行计量派工制，施工队伍工时结算更加准确，强化批管并举、跟踪督查，及时维修道路配套设施，路面完好率控制在95%以上。强化燃气专项检查，开展燃气安全应急演练和技能培训，确保零事故发生，隐患排查整改率和从业人员持证上岗率达100%。

【园林绿化建设维护】4月，与市水投公司合作建设集生态旅游和园艺观光为一体的坝黄苗圃基地，基地建设前期工程基本完成，栽植乐昌含笑100株、茶花150株、樱花100株、红枫100株。完成文笔峰山体公园损坏踏步石板的维修及更换工作和金滩桥头街头绿地建设，援助铜仁高新区管委会办公区域绿化布局改造工程，指导铜仁高新区完成工业园区绿化改造一期工程，重大节日期间摆放花卉造景植物30余万盆。按照政府工作报告任务分解要求，推进架梁山山体公园建设，前期工作基本完成，正在与设计中标公司洽谈初步设计方案。围绕建设山水园林城市总目标，坚持“以人为本、生态优先”，按照一街一风格、一地一景色的管理思路，着力增加城市绿化率，提高城市绿化档次，打造城市绿化精品，加大园林绿化修剪、除草、防虫、施肥、抗旱等常态化管理和案件查处力度，城市景观效应进一步突显，绿化管养水平进一步提升，实施绿化造型修剪7次、累计修剪21万余平方米，查处破坏绿化案件27起。沟通协调督促各创园责任单位按照《铜仁市创建国家园林城市工作方案》要求，细化目标任务，强化追究问责，推动创园工作有序开展。创建国家级园林城市7大类58小项指标，基本达到创园考评要求，10月9日至10日已进行初评。

【垃圾处理建设运营】由于铜仁市生活垃圾填埋场超负荷运行，垃圾堆场超出主坝近13米，存在安全隐患，市政府决定实施封场，自6月1日起，停止生活垃圾入场，正按计划逐步推进封场工程，主城区生活垃圾转运至万山填埋场临时填埋。餐厨垃圾和污泥资源化利用工程自年初市政府正式停止与中节能公司合作后，垃圾处理公司基本完成项目前期工作，环评获通过，可研、初步设计方案获省、市发改委批复，市政府批复同意建设方式。项目设计招标、勘察招标、三通一平、施工图、概算书及工程量清单编制工作等相继完成，规划设计方案、施工设计方案及施工图已送审，12月21日正式开工建设。为推进城乡生活垃圾一体化处理，协调各区、县加大生活垃圾收运设施的建设力度，全市70%的村民组建立垃圾收集池，乡镇基本实现统一运输，生活垃圾基本实现户投、村收、乡运、县处理目标。

【城市执法体制改革】根据中央和省城市工作会议精神以及市委、市政府推进城市执法体制改革要求，探索提高城市管理执法和服务水平路径，理顺城市管理执法体制机制，解决城管执法面临的突出矛盾和问题，补齐城市管理工作中的短板。构建权责明晰、服务为先、管理优化、执法规范、安全有序的城市管理体制，推动城市管理走向城市治理。谋划执法体制方案，在方案起草之初，与市政府法制办、市公安局组成考察组分赴宁夏银川、海南海口、湖南常德等省市调研，学习借鉴先进经验；在局内组建执法体制改革调研组，分赴各区县全面了解全市城市管理执法情况，为推进城市管理执法体制改革工作打下基础，形成《深入推进铜仁市城市执法体制改革改进城市管理工作的实施方案》，方案就城市管理执法体制改革后的职责权限、执法范围、机构设置、执法队伍等20个方面框定基本架构。为减少改革工作推进中的阻碍，方案形成后征求市直各部门和各区县意见，并根据意见对方案进行修改完善；5月12日，专门邀请部分人大代表、政协委员和工商业代表及社会各界人士召开城市管理工作座谈会，听取意见建议；8月19日，邀请省住建厅专家到铜仁指导执法体制改革。10月10日，市政府常务会议原则通过《深入推进铜仁市城市执法体制改革改进城市管理工作的实施方案》。

【环境秩序督查】制定出台《铜仁市城市综合执法和环境卫生管理联合执法及督查工作方案》等10余项督查考核文件，以保障城市综合执法和环卫管理督查有依据，推进有力度。联合市文明办、整治办对区（县）进行每月考评。将执法人员和环卫督查人员进行整合，组建执法环卫联合督查组，对主城区市容秩序和环境卫生实行“一周三查”，对各县每月开展1次专项检查，建立督查台账、实行销号管理、跟踪反馈和半月通报的督查模式，同时配合市整治办对各区、县实施暗访和督查。全年开展“一周三查”工作20余次，专项检查10次，暗访5次。按照政府工作报告任务分解要求，牵头督查砚台山公园建设、主城区垃圾无害化处理工程项目和新建改造一批农贸市场、社区用房、公共停车场、公交站台、公共厕所等服务设施。采取每月一询问、每季一督查的工作方式，建立督查台账、负面清单，通过督查，各项工作正按计划推进。砚台山公园初步设计方案通过专家咨询会审查；主城区垃圾治理及收运工程启动，实施专项督查3次；各区县均启动农贸市场、社区用房、公共停车场、公交站台、公共厕所等建设，在主城区农贸市场建设中，督查组多次对万山区谢桥农贸市场建设施工现场、川硐旧改新农贸市场的卫生保洁进行督促指导。

【百花路二期整体改造工程——鹭鸶岩大桥至锦江加油站段全面完工】百花路二期鹭鸶岩大桥至锦江加油站段，由原S305省道铜（仁）修（文）线中的一段改造而成，因其路面损坏程度严重，市民反映较为强烈，市委、市政府将其列入百花路整体改造工程一并建设。

整体改造工程由市城管局实施，工程全长450米、宽12米，按城市次干道标准进行维修，总投资180.32万元，1月开工建设，4月全面完工。

【城区沥青路面修补工程正式开工建设】经市政府批准同意，投入资金946.80万元，对主城区76700平方米破损路面进行修补，工程于9月公开招标，中标单位为四川省立新建设集团公司，建设工期120天。工程监理单位为铜仁市万通工程建设监理有限公司，中标合同价11.69万元。10月17日工程正式开工建设。

（铜仁市城管局　杨胜洪）

住房公积金管理

【概况】2016年，铜仁市住房公积金管理中心各项业务健康发展，主要业务指标按时完成。住房公积金覆盖面扩宽。全市住房公积金应缴单位5832个，应缴职工在岗人数156168人，实缴单位2844个143920人，覆盖率为92.16%。非公企业缴交公积金226个6566人，其中，新增非公企业62个1329人缴存住房公积金。住房公积金归集额大幅增长。归集住房公积金21.78亿元，同比增长44.72%，占全年任务数的125.97%；截至12月31日，全市住房公积金归集总额为86.75亿元，累计归集余额为59.19亿元。住房公积金使用效能增强。审批发放住房公积金贷款6593户、14.49亿元，贷款户数、金额同比分别增长4.47%、7.23%，占全年任务数的100.36%。开展补息贷款464户、8346.40万元。办理住房公积金提取业务44365笔8.74亿元，办理资金量同比增长36.13%。全年累计审批发放公积金贷款43731户、75.93亿元，帮助职工购建住房80.28万平方米，贷款余额为55.14亿元，个贷率为93.16%；累计为职工办理住房公积金提取业务138902笔27.57亿元。发放异地贷款70笔1635.90万元。至年底，发放异地贷款总额1946万元，异地贷款余额1835.60万元。发放公转商贴息贷款463笔8324.40万元，支持职工购建房4.72万平方米。当年贴息额65.17万元。累计发放公转商贴息贷款561笔9658.70万元，累计为缴存职工贴息65.23万元。住房公积金风险防范加强。收回公积金贷款51518.13万元，其中收回逾期贷款83.09万元，累计逾期贷款余额245.84万元，逾期率为0.45‰。住房公积金增值收益较快增长。住房公积金业务收入16591.08万元；业务支出7930.20万元，其中，住房公积金利息支出7019.70万元，实现增值收益为8660.92万元。

【服务效能提升】为更好地服务于缴存职工，适应工作需要，提高中心服务质量，加强对管理中心12329热线服务的监管，及时对政策咨询、余额查询、投诉建议等服务进行解答，不断提升公积金管理中心12329热线服务水平；重视公积金管理中心网站业务问答平台舆情工作。针对特殊行业职工、残疾职工等不便到管理部办理业务，开展上门服务、延时服务和预约服务，方便缴存职工，提高缴存职工满意度；优化服务流程，精减办事环节，提高工作效率；做好进驻市行政服务中心有关工作，加大贷款审批发放力度，发挥住房公积金使用效能。

【加强风险防控，住房公积金资金安全运行】组建内审组对各管理部各项业务工作进行内部审计，对存在的问题，提出整改建议，督促各管理部落实住房公积金管理法规，做好住房公积金管理工作，杜绝违规违法行为。加强逾期贷款催收管理，严格住房公积金提取审查工作，防止骗提、套取住房公积金等违规行为，全市住房公积金管理规范、安全运行。

【铜仁市推行公积金异地贷款“应贷尽贷”】为满足缴存职工异地购房需求，保障缴存职工合法权益，促进铜仁市房地产市场发展，加大房地产“去库存”力度，铜仁市开展公积金异地贷款业务，推行“应贷尽贷”政策。2016年，铜仁市住房公积金管理中心发放异地贷款74户、1741.70万元。

【优化服务，提升服务效能】针对特殊行业、残疾等不便到管理部办理业务的缴存职工，开展上门服务、延时服务和预约服务，方便缴存职工，提高满意度。2016年，铜仁市住房公积金管理中心各管理部开展上门服务31次、延时服务52次，预约服务24次。

【开展“做合格党员 做健康公积金人”演讲】为推进“两学一做”学习教育开展，教育引导中心全体党员和干部职工学党章党规，学习总书记系列讲话，进一步坚定理想信念，锤炼对党忠诚、心系群众的政治品质，增强真抓实干的务实作风，激发担当意识和奉献精神，培养良好道德情操，筑牢拒腐防变思想防线，使干部职工成为思想健康、身体健康、行为健康的“住房公积金人”，7月1日下午，铜仁市住房公积金管理中心举办“做合格党员·做健康公积金人”演讲比赛，来自全市各区（县）管理部和中心科室的17名选手参加比赛。

（铜仁市住房公积金管理中心　罗睿）

环 保·旅 游

环境保护

【概况】2016年，铜仁市环保系统以稳步提升环境质量为核心，以“治水、治气、治渣”三大任务为重点，坚持“治、建、改、管”四措并举，坚守发展和生态两条底线，确保环境质量保持稳定态势。

【持续发力治污】在开展大气污染防治工作中，推进建筑施工扬尘污染整治，加大工业挥发性有机物治理，加快落后产能淘汰，规范机动车尾气排放检验检测，淘汰黄标车老旧车3993辆，环境空气质量优良率96.50%，可吸入颗粒物（PM10）浓度同比上升5.20%，细颗粒物（PM2.5）浓度同比下降7.10%，二氧化硫浓度同比下降5.60%，二氧化氮浓度同比下降5.60%，全市城镇环境空气质量综合指数排名全省第二名。新增污水处理能力6.15万吨/日，主要河流15个省控断面优良水质率100%，同比上升9.10个百分点，纳入省“水十条”年度考核水质达标率90.90%，县城以上集中式饮用水源地水质达标率100%。推进土壤污染综合防治中，铜仁市被列为国家土壤污染综合防治先行区，争取土壤项目11个资金2亿元。推进万山区、松桃自治县重金属污染项目建设。中心城区医疗废物处置率实现100%。危废产生及处置企业达标率97%。强化核与辐射安全管理。环境保护目标责任考核名列全省前列。

【推进执法监管】出动执法人员7200余人次，检查企业2800余家次，立案查处140件，罚款508.84万元，责令停产整改企业45家次，查封扣押9家，关停取缔企业31家，联合挂牌督办企业24家，实施按日连续处罚1家，省环保厅将铜仁市“环保风暴”中两个案例上报环保部、省政府，陈吉宁部长批示“推广贵州做法，请环监、宣教做好报道”；陈敏尔书记批示“有成效，有必要”。开展“静音”执法行动。检查施工单位136家次，文化娱乐场所75家次，责令整改10家。2016年没有发生较大、重（特）大突发环境事件。全年征缴排污费1083万元。

【优化发展环境】以环评改革为契机，从微观管理转向空间管控，推进规划环评，全市工业园区完成规划环评，市级9项专项规划环评全面完成，全市审批办理建设项目1321个，完成建设项目环评文件技术审查80个；清理违法违规项目1196个，整改完成率99.41%。主要污染物减排目标任务全面完成。

【开展生态创建】加大创模力度，原则通过省级预评估验收。争取农村环保资金4780万元，获省级生态乡镇命名2个、生态村1个。石阡佛顶山获国务院批复升格为国家级自然保护区；思南四野屯、印江洋溪建成省级自然保护区。鹭鸶岩集中式饮用水源地上移搬迁获省政府同意。

【加强能力建设】推进环保设施项目建设，完成《铜仁市“十三五”环境保护规划》报批。向长期从事环保工作的同志颁发环保纪念章。县级空气质量自动监测全部实现监测数据和监控视频与省级管理平台实时传输、联网直传。

【推进改革工作】中共铜仁市委改革领导小组第26次会议审议通过《铜仁市环境保护第三方监督办法（试行）》《铜仁市环境保护第三方评估实施办法》《铜仁市环境污染举报奖励办法》。完成排污权交易金额6692万元；开展跨区域联动执法，与黔东南州签订联合执法协议，与湖南省怀化市签订跨界流域环境应急联动工作协议。开展乌江流域重点排污企业环境污染第三方治理工作企业5家。

（市环保局办公室）

旅游发展

【概况】2016年，铜仁旅游以全域旅游体制改革为着力点，以品牌创建为突破口、以资源优势配置为市场竞争力，在调结构、提品质、拓市场、增效益等方面进行尝试。全市共接待游客4455.13万人次，同比增长43.70%，旅游收入347.30亿元，同比增长44.60%。

【龙头带动，连点成线，大旅游格局正在逐步形成】全年投入资金1.50亿元，实施梵净山创建国家5A级景区配套服务设施建设，对梵净山景区莲花广场、旅游厕所、生态停车场进行提级改造；松桃自治县承办铜仁市第五届旅发大会，投入资金37.44亿元，实施45个重点项目，促进苗王城、潜龙洞、九龙湖等景区的提质升级；石阡夜郎古温泉景区完成三期扩建工程，促进游客接待量提升。朱砂古镇等14个重点旅游景区累计投入项目建设资金21.59亿元，完成全年投资计划的125.72%。全市逐步形成以环梵净山大旅游区为核心引领，以14个省级旅游景区为重点，以山地风光、民族风情、特色风物为内涵，以农业园区、乡村旅游等特色旅游为支撑，以高速公路、快速铁路、航空航线为纽带的总体发展格局。

【丰富业态，调优结构，旅游产品供给正在逐步改善】发展以石阡、思南、碧江温泉为代表的温泉休闲养生旅游产品；以梵净山文化旅游节为代表的节庆活动产品；以碧江中华传统龙舟大赛、梵净山登山大赛、环梵净山国际公路自行车大赛为代表的体育运动旅游产品。推动山地旅游与大健康、大文化、大生态等相关产业共生共荣。

【提升品质，强化监管，大旅游服务体系正在逐步健全】全市重点旅游景区、三星级以上旅游饭店实现WIFI全覆盖。完成新建和改造旅游厕所111座，再次被国家旅游局表彰为“全国厕所革命先进市”。新建和改造游客服务中心14个，新增停车位3000余个，床位5000余张，标识标牌2150块，自驾车营地3个。交通接驳进一步完善，铜仁凤凰机场、高铁铜仁南站、江口县城开通至梵净山直通车。开展“文明在行动、满意在旅游”创建活动，全市旅游行业开展“大培训、大竞赛、大排查”行动，提升旅游服务质量和安全管理水平，全市未发生旅游安全责任事故和重大旅游投诉事件，旅游市场健康有序运行。

【突出重点，多措并举，客源市场强势拓展】市委、市政府在央视黄金时段、纽约时代广场投放旅游形象宣传片，在高端平台打响“梵天净土、桃源铜仁”品牌形象。围绕传统客源市场和航线开通城市，加大宣传推介力度。先后在苏州、武汉、南京、成都等10余个重点客源城市举办旅游专场推介会，与浙江日报报业集团合作开展“看晚报·游贵州”活动，收到很好的市场反响。在成都、重庆机场，苏州市区投放铜仁旅游形象宣传广告。先后举办2016“美丽梵净山·铜仁过大年”主题系列活动，梵净山生态文明与佛教文化论坛，思南舞龙节，2016（中国·印江）书法文化艺术节，铜仁市第五届旅发大会，第四届旅游业融合与创新论坛（思南）峰会等活动，通过节庆赛事活动吸引人气提升名气聚集财气。加强境外市场宣传，先后组织人员赴中国台湾、香港地区及韩国等地参加国家旅游局、省旅发委主办的旅游推介活动，加强与境外旅行商的联系。

【破除瓶颈，释放活力，旅游体制改革谋定发力】为主动适应全域旅游发展新要求，破除制约旅游产业发展的体制机制障碍，按照市委、市政府工作安排，市委政研室、市旅发委3月中旬启动铜仁全域旅游体制改革方案制定工作。经过市委、市政府反复研究审议，8月9日，以“七改七全七铜仁”为主要内容的《铜仁市全域旅游改革发展工作实施方案》，作为市州唯一旅游改革方案提交省委深改会议审议并获通过，得到省委、省政府领导的好评和肯定。梵旅投公司完成佛教文化苑等景区资产和经营权收购，市公安局设立旅游警察大队，设立梵净山、九龙洞景区“旅游巡回法庭”，黑湾河旅游警察大队，旅游综合管理和执法体系改革得到推进。

【摸清家底，盘活资源，旅游资源大普查全省首创】3月，市政府与省地矿局签署战略合作协议，合作开展旅游资源大普查工作。此项工作得到省政府主要领导的高度认可，并在全省迅速复制和推广。4月19日,全省旅游资源大普查电视电话会议召开,8月18日，全省旅游资源普查现场推进会在铜仁市召开，旅游资源普查成为地地道道的“铜仁首创”“铜仁经验”。在普查中，共普查11612处资源，其中新发现7333处资源，全省公布的90个新发现重点旅游资源铜仁市有14个，其中位列前30位的有5个。

【前瞻思考，系统谋划，旅游品牌战略成效明显】梵净山申遗工作被国家推荐为2018年世界自然遗产申报项目。梵净山创建国家AAAAA级旅游景区工作启动铜仁世界地质公园申报，完成野外考查进入行业论证阶段。铜仁市被国家旅游局列为国家全域旅游示范区创建单位；梵净山—太平河、思南石林、石阡温泉3个景区被评定为省级旅游度假区，石阡佛顶山、万山夜郎谷等4个景区入选省级旅游度假区创建单位。

【围绕中心，服务大局，旅游扶贫取得实质进展】完成江口怒溪河口村、德江合兴朝阳村等8个国家级旅游扶贫重点村的规划编制工作。将全市423个适合发展乡村旅游的贫困村纳入国家旅游扶贫监管系统，申报省级旅游扶贫基金项目29个，争取省级乡村旅游补助资金530万元。梵净山景区入选全国“景区带村”旅游扶贫示范项目，寨沙侗寨“月上人家”入选全国“能人带动”旅游扶贫示范项目。全市共有乡村旅游经营户3000余户,乡村旅游直接从业人员4万人，20余万贫困群众在旅游产业发展中获益。

【铜仁市启动全域旅游改革】为主动适应全域旅游发展新要求，正视痛点，根除制约旅游产业发展的体制机制障碍，市委、市政府于3月中旬启动铜仁全域旅游体制改革工作。改革启动后，市委、市政府先后召开2次常委会、2次深改会、3次政府常务会专题研究全域旅游改革发展，市委、市政府分管领导多次召开部门会议专题讨论，市人大、市政协领导全程对方案修订进行悉心指导。

【《铜仁市全域旅游改革发展工作实施方案》获通过】 8月9日，《铜仁市全域旅游改革发展工作实施方案》在中共贵州省委深化改革领导小组第25次会议上得到审议通过。《铜仁市全域旅游发展改革工作实施方案》是市州唯一提交省委深改会研究并通过的方案，得到省委书记陈敏尔、省长孙志刚的好评。

【铜仁市完成旅游综合管理和执法体系改革】 梵旅投公司完成佛教文化苑等景区资产和经营权收购。设立梵净山、九龙洞景区“旅游巡回法庭”、黑湾河旅游警察大队。

【铜仁市首创旅游资源大普查】3月，在铜仁市旅发委的推动下，铜仁市人民政府与省地矿局签署战略合作协议，合作开展旅游资源大普查工作。旅游资源普查成为全省首创，并在全省复制和推广。

旅游资源普查工作中，铜仁市共普查11612处资源，其中新发现7333处资源，全省首批公布的90个新发现重点旅游资源铜仁市有14个，其中位列前30位的有5个。（市旅发委办公室）

梵净山保护区管理

【概况】2016年，贵州梵净山国家级自然保护区管理局围绕建设梵净山大生态、构建梵净山大保护格局主题，开展“两个示范保护区”建设，推进保护区可持续发展，维护保护区内的生态安全，在北京人民大会堂联合召开的国际生物多样性日暨中国自然保护区发展60周年大会上，获评全国自然保护区先进集体，受到环境保护部、国土资源部、水利部、农业部、国家林业局、中国科学院、国家海洋局等七部委通报表扬。

【依法加强保护与管理】坚持依法治区，强化林政执法。建立健全执法队伍内部监督约束机制，加大林政资源执法监管力度，开展森林保护“六个严禁”执法专项行动，做好林业行政案件侦破查处和统计报送，强化野外巡护监管，建立和完善常态化、长效化工作机制，打击破坏资源的违法行为。全年，发生林业行政案件9起，查处9起，查处率100%。涉及行政处罚人数11人。损失林木669.90立方米（森林火灾）。没收木材1.28立方米，没收林蛙137只、画眉鸟3只，对没收林蛙137只和3只画眉鸟已经放生。罚款0.71万元，年度补植补造杉木苗6.20万株。全面完成贵州省第四次森林资源规划设计调查工作。

森林公安队伍依法充分履责。加强森林公安队伍正规化建设，深化森林公安内部体制改革，推行信息化、网格化建设，强化区域综合治理，加强森林保安队伍建设力度，提高林区治安防范能力，围绕高发案件、隐案积案、区域整治开展执法办案工作，打击各类破坏资源的违法犯罪活动，维护生态安全和林区社会稳定。同时，强化队伍管理，从严贯彻执行“五条禁令”“十条警规”“三项纪律”，严格公务用枪和警车管理使用规定，以“枪、车、酒、赌”为重点，加强内部督查力度，强化监督手段，培养民警良好的职业风范，保障各项警务工作开展。保护区森林公安机关开展森林保护“六个严禁”执法、打击破坏自然资源和破坏野生动物资源违法犯罪以及缉枪治爆、禁毒等一系列专项整治行动，出动警车713车次，出动警力2155人次，受理各类案件17起，其中刑事案件9起，起诉4起，涉案人员6名；立林业行政案件7起，纠纷6起，交通事故11起，处置公民救助及其他类警情137起。罚金2.03万元，补种杉树27135株，没收木材36.83立方米。参加重要节假日和各种重要活动警卫任务的安全保卫任务17次，出动警车202台次，出动警力1164人次，完成节庆假日和各种重大警卫任务的安全保卫工作。

抓好森林防火工作。保护区管理局分别与江口、印江、松桃建立森林防火工作信息共享、部门联动的协作机制；与各总站、各公司签订森林防火目标责任书，各总站与下属各管理站签订森林防火目标责任书，明确责任范围和责任人，落实具体的森林防火工作任务。强化预警监测，严格火源管控。落实森林防火各项预防措施，加强开展防火宣传教育和野外巡护检查，加强值班调度、气象监测和物资贮备，保持信息畅通。突出重点时节、重点地段、重点时期火源的管理，根据不同气候条件适时发布森林防火通告及禁火令。在森林防火重点时段、清明节紧要期，开展隐患排查，查找薄弱环节，督促整改。加大火源管理力度及增加巡护工作任务，对重要路口路段，采取派人蹲点、守候等防范措施，在紧要期的重点时段，对重点地区、重点路口进行设点守候和防范，发现和制止燃放烟花爆竹、上坟烧纸、农事用火等行为。

【天然林保护工程和公益林建设稳步推进】保护区管理局贯彻执行国家、省有关天保工程政策精神，实施森林管护，组建护林组织，制定管理制度，聘请管护人员，加强林区森林资源和天保工程财政专项资金管理，确保天保工程建设质量和资金使用效果，保障梵净山国家级自然保护区管护工作及时有序展开。与保护区周边21个村建立村级社区共管组织，签订村级管护合同21份，年初聘请天保护林人员121

人，签订管护协议121份。年末有护林人员123名，管护梵净山自然保护区森林面积42136.27公顷，其中国有林31108.67公顷、集体林11027.60公顷。以护林站为单位，对当地的村级共管委员会，村支两委及聘用的护林人员，针对森林防火、森林资源保护、野生动物保护、矿产资源保护和巡护管理等5个方面召开工作会议8次。对护林站的日常工作安排以森林防火为重点，督促检查其森林防火宣传教育开展情况、森林防火预案和森林火灾扑救方案完善与制定情况。把村级共管委员会村、支两委列入森林管护组织，把以护林站为主要护林组织聘用的护林员、森林保安组成的防火专业、半专业化队伍，民兵应急分队等都作为森林管护组织进行管理，制定相应的措施和制度，配备森林防火设备设施。

组织实施和完成梵净山国家级自然保护区2014年公益林补偿基金兑现的核查以及2015年度公益林管护核查工作。组织实施保护区10978.98公顷集体林公益林补偿基金兑现，兑现生态效益补偿基金242.91万元，兑现率达99.95%，其中，5.93公顷因林权纠纷未能兑现，因栗子园水库和环线公路改线占用林地核减公益林面积41.75公顷。完成2016年度梵净山保护区42091.60公顷国家级重点公益林生态补偿资金的申报，申请森林生态效益补偿资金527.12万元。

【全方位开展交流合作，提升科研监测能力】为加强保护区科学研究能力建设，保护区管理局结合大专院校和各科研院所的人才优势，加大引智合作工作力度，组织力量联合开展多形式、多层次的科技交流与合作，继续加强与美国圣地亚哥动物园、美国圣地亚哥州立大学、英国伦敦动物协会等国际机构和中科院动物研究所、贵州大学、深圳仙湖植物园、铜仁学院等多家国内科研单位的联系与合作，全年接待来自美国圣地亚哥州立大学、圣地亚哥动物园、德国灵长类中心和英国伦敦动物协会的外宾12人次。继续开展二次本底的植被、苔藓地衣、湿地资源、鸟类、两栖爬行、小型兽类等各项调查和研究工作，完成《梵净山中草药》《梵净山鸟类》的出版，完成《梵净山地质》《梵净山小型兽类》《梵净山土壤》《梵净山两栖爬行动物》初稿，并提交出版社待出版。对梵净山黑湾河、盘溪河、牛尾河、乱石河、余家沟、肖家河、凯土河和大河的水质监测和两栖爬行动物开展监测调查。完成对试验场、狮子头、护国寺、棉絮岭和老金顶等区域的红外相机的安装和更换工作，拍摄照片约5000余张。协助圣地亚哥州立大学完成40台红外相机的数据收集，进一步加强对野生动物的监测。完成对山豆根野外调查和试验繁育工作，建立繁育基地0.07公顷。在黔东北珍稀植物调查工作中完成梵净山冷杉和刺叶冬青两个物种的挥发物质活性测定，派遣技术人员支持或参与完成对碧江区、沿河自治县、石阡县、德江县、松桃自治县和思南县部分区域、江口部分区域的珍稀植物调查。完成野生动物疫源疫病监测网络上报，全年未发生野生动物疫源疫病情况。

【加强安全生产，生态旅游有序健康发展】保护区管理局围绕“三个确保”目标，按照“全覆盖、零容忍、严执法、重实效”的总体要求，防范和遏制重特大事故发生，把集中开展大检查作为保护区安全生产工作的首要任务，开展安全生产大排查大整治，推进安全生产标准化建设，健全完善事故防范创新体系建设。年初对安全生产责任制进行修改完善，科学设置指标体系，加大对事故控制特别是较大以上事故控制的考核力度，突出对安全投入、创新创优、基层规范化建设、网格化监管等重点工作的目标考核。年中结合安全生产大排查大整治，组成3个督查组，对黑湾、闵孝、印江3个片区安全生产责任制执行情况进行督查，督促整改落实安全生产工作中存在的重点难点问题，7月中旬完成对梵净山东线旅游步道所有违规临时建筑的拆除工作。年末通过采取自评自改、核查核验、集中汇报、通报反馈等考核环节，提高责任制考核的针对性和有效性，推动安全生产工作的落实。同时，加大对安全生产责任制考核问责力度，通过每月通报事故控制进度、每季度进行安全生产工作汇报、安全生产警示、问责和告诫，发挥安全生产责任制考核激励督促作用。针对明察暗访中发现的问题，保护区管理局加大督查督办和“回头看”力度，发现整改安全隐患8处，均已落实整改。在法定节假日前、农历六月十九日等重点时段，协调市、县各级部门和相关职能单位开展安全生产专项检查2次，对检查出来的建议和意见以书面的形式发到各责任单位。累计培训企业负责人、安全管理人员、特种作业人员“三项岗位”100余人，培训农民工60人次，培训企业员工200人次。通过完善责任制考核指标体系、创新考核方式方法、强化考核结果运用，促进各部门履行安全生产工作职责，区内安全生产秩序持续好转。在铜仁市10强（佳）企业评选中，三特梵净山旅业发展有限公司荣获铜仁市民营企业就业10强称号，得到市委、市政府通报表扬。

【创建梵净山大生态建设高端平台迈上新台阶】创新合作平台，创建中国大生态保护建设高端平台。4月18—21日，由中国人与生物圈国家委员会主席、中科院院士许智宏带队的专家组对梵净山世界生物圈保护区进行10年评估，并围绕保护、发展、支撑主题展开讨论，对下一步工作提出意见和建议。4月21—25日在梵净山培训基地，举办中国保护区传播力培训班，由公共关系专家、危机管理与媒体沟通专家郑成武对中国33个世界生物圈保护区成员单位相关负责人开展关于公共关系、危机管理与媒体沟通的培训，发挥出中国人与生物圈国家委员会梵净山培训基地平台作用。为推动绿色发展，创建铜仁绿色发展先行示范区，推进梵净山生态旅游示范区建设，11月21—24日，由中国人与生物圈国家委员会秘书处和保护区管理局联合主办的中国MAB·2016梵净山“绿色发展·生态旅游”研讨会在梵净山基地召开，来自大陆和台湾地区生态旅游方面的专家学者及相关企业代表等30余人参加会议。会议围绕规范引导中国MAB生态旅游主题，讨论中国生物圈保护区生态旅游政策研究工作，安排和生态旅游标准化内容等事宜，并达成共识，形成备忘录。

拓展合作领域，创建国际大生态建设对外宣传高端平台。继续加强与国内外科研机构、大专院校建立合作，加大对梵净山大生态保护建设的宣传教育力度，在《当代贵州》《中国旅游报》等媒体载文，专题宣传梵净山保护区生态保护管理和生态旅游产业发展情况。继续发挥“小小绿卫兵”生态宣教品牌效应。分别于5月中旬、11月中旬与美国圣地亚哥动物园和铜仁学院合作，在保护区内的半坡台小学、桃花源小学、太平镇完小和铜仁学院，开展2016年度“小小绿卫兵”科普教育宣传和讲座教育活动。5月中旬在贵阳与贵州省环境宣传教育中心、贵州省野生动植物管理站、都灵大学、环球圣地亚哥动物园等联合主办2016世界濒危物种保护暨“小小绿卫兵”自然保护开放宣教活动。出版发行《梵净山黔金丝猴》《梵净山珍稀濒危动植物》《梵净山大型真菌和有毒真菌》《梵净山常见野生花卉》4本科普宣教书籍。此外，还加强与英国、意大利等科研机构、院校就生态环境保护交流合作。完成“构建梵净山野生动物保护主题宣教展览”合作协议。加强与台湾生态旅游协会交流合作。11月底邀请台湾生态旅游协会监事赖鹏智参加“绿色发展、生态旅游”研究会，作出“从台湾和国际案例谈如何打造梵净山为国际生态旅游示范景区”的专题讲座。加大与黄河科技学院生态文化研究中心合作。5月上旬，黄河科技学院董事长胡大白、生态文化研究中心主任鲁枢元一行到梵净山自然保护区开展生态考察，双方就加强生态文化研究，进一步加深彼此间交流合作力度达成共识。按照国家林业局印发的《关于大力推进森林体验和森林养生发展的通知》(林场发〔2016〕3号)要求，通过申报和争取，9月，梵净山被正式确定为“第一批全国森林康养基地试点”，12月上旬在北京由国家林业局授牌。保护区管理局与北京大唐和风国际文化传媒有限公司合作，于6月启动面向全球公开征集梵净山吉祥物（黔金丝猴）形象活动，征集到海内外参选选作品30余件，经网上评选和专家审定，评选出一、二、三等奖。完成市委、市政府和省林业厅安排的各项工作任务，重点配合协助做好申遗、创建AAAAA级景区等到工作。联合举办“2016中国梵净山黔金丝猴保护策略研讨会”。

加强科研监测，创建梵净山森林生态效益科研监测示范高端平台。以建设森林生态系统国家定位观测研究站项目为起点，推进贵州梵净山森林生态系统定位观测研究站建设，完成项目可研报告申报工作待批复。

【服务大局，促进林区协调发展】 保护区管理局在做好保护的同时，帮助群众利用当地竹资源，发展竹编产业。在国家林业局和省林业厅的支持下，9月上旬国际竹中心专门为保护区安排一个培训班，组织松桃自治县桃花源村20人到四川青神培训基地开展为期40天的竹艺竹编技术集中培训，11月中旬又组织桃花源村9人参加为期20天的高级班培训。目前桃花源村建成竹艺加工厂，有工人16人，其中贫困户8人。

保护区管理局多方争取协调采购400个蜂箱及其他各种养蜂用具，在保护区周边全面开展中蜂养殖项目。组织实施保护区2015年度安排的节材改灶项目，发放电磁灶223套，惠及保护区所涉2个镇3个行政村12个村民组223户社区群众878人，据测算可减少价值118余万元折合约3950立方米的森林资源消耗。完成保护区2016年度节材改灶项目社情调查、询价、购货协议签订等环节。支持保护区社区各种项目资金179074元，支持保护区外社区各项资金共153850元，用于“7·20”洪灾慰问、救助、道路修复等共275600元。同时，保护区管理局加大基础设施投入，筹集建设资金141.37万元，制作安装社区“示范基地”宣传牌5块，制作安装碑牌30块和界（标）桩250个，完成平定站433平方米新建站房建设和附属工程建设、黑湾总站站房、闵孝总站和龙门坳哨卡的房屋维修。

（梵净山管理局办公室）

交通·邮政·通信

交通运输

【概况】 2016年，铜仁交通完成公路水运投资130.68亿元，高速公路、国省干线、快速干道、农村交通基础设设施、站场和水运基础设施等工作全面推进。

【高速公路项目】项目争取。通过争取，铜仁市印江至秀山、石阡至玉屏（大龙）、江口至玉屏（大龙）、沿河经印江至松桃、湄潭至石阡、铜仁绕城、天柱至大龙共7条高速公路项目被列入《贵州省高速公路规划（加密规划）》，其中6个项目纳入全省高速公路攻坚决战项目库，共479千米。

项目建设。在建的德江至务川高速公路累计完成工程形象进度60%，铜仁至怀化高速公路项目铜仁段全面动工，工程形象进度达30%，安江高速龙塘坳互通建成投入使用，杭瑞高速朗溪互通完成形象进度70%。印江至秀山、石阡至玉屏（大龙）、江口至玉屏（大龙）、沿河经印江至松桃四条地方高速实现控制性工程开工。在全省集中开工的11个高速公路项目中，铜仁市占4个，是地方高速一次性开工最多的市州。

【国省干线提级改造】新开工建设普通国省干线公路项目8个275千米，建成58千米，续建的德江县城至共和港口和S304松桃孟溪至新民两个改造项目基本完工，G211印江至思南段（印思城市快速干道）工程建设项目实现控制性工程开工。

【快速干道建设】印江至思南城市快速干道实现控制性动土开工，启动规划建设玉铜松城市快速干道和碧江至江口快速干道；启动印江至德江，德江至思南城市快速干道前期工作。

【农村交通基础设施】实施农村公路3519千米，建成3329千米，新增通硬化路建制村326个、通客运建制村115个，建制村通畅率达88%，通客运率达91%，分别提高11.50和4个百分点。向商业银行贷款120亿元实施全市大自然村寨通公路项目，解决老百姓出行“最后一公里”问题。

【站场和水运基础设施】建成石阡、江口、德江3个县级客运站和20个乡镇客运站，铜仁客运南站、北站加快推进。铜仁境内乌江实现全线复航，四级航道达到246千米，占全省高等级航道的1/3强，实施乡镇渡口建设40道，渡改桥10座，完成锦江航运工程形象进度30%。

【铜仁市实现多项目集中开工建设】 铜仁市与省交通运输厅签订战略合作协议，建立市级联动机制，一年内完成印江至秀山、沿河经印江至松桃、石阡至玉屏、江口至玉屏4条地方高速百余项前置工作，实现多项目集中开工建设。

【铜仁市创新筹资融资模式，“3P”经验全省率先】铜仁市在全省地方高速公路建设中率先推行PPP模式，融资460亿元参与高速公路建设；启动PSL项目拟向农发行贷款220亿元用于农村公路建设。

（铜仁市交通运输局办公室）

公路·路政

【概况】 2016年，市公路处围绕建设群众满意公路，探索管理养护新模式，推进农村公路提质增效升级，促进行业软实力持续提升。年内获全省农村公路建设先进单位1个、先进个人2个，荣获全省农村公路管理养护工作先进单位2个、先进个人3个，获全省养护统计和电子地图更新先进单位2个、先进个人5个，所获奖项数量与各市州相比位居前列。《铜仁市农村公路管理养护发展方向与对策研究》报告，获市政府“2016年度铜仁市政府系统优秀调研成果二等奖”。

【工程建设再创历史新高】开工建设通村公路3519.20千米、总投资234176万元，建成3329千米，完成投资225938万元，超额完成省、市建成2800千米的目标，全市建制村通畅率达88%，比2015年提高11.50个百分点。完成油路大中修工程10个93.90千米、总投资3237万元，完成安防工程16条213.26千米、总投资3314万元。实施危桥改造项目12座、总投资1804万元，工程总体形象进度达88.60%，超额完成省下达的70%目标。

【路政管理激发动力活力】开展“路政宣传月”和“路政执法月”活动。印发宣传资料98000余份，在新闻媒体刊发宣传信息800余条。制止和拆除违法建筑3750平方米，查处路面损害25131平方米、路基损害19285立方米、边沟损害6891米、路面堆积物41929平方米、非公路标志标牌464块。超限率为2.50%，比省、市3%以内的指标下降0.50个百分点。

【养护管理水平不断提升】通过车辆智能检测（PQI）和人工检查（好路率），全市农村公路沥青（水泥）路面PQI中等路率县道达63.30%、乡道达60.10%，无铺装路面县、乡道和村道好路率达69.40%，比省、市指标提高3.30、4.10、3.40个百分点。创建全省“四好农村路”示范县2个（德江、石阡）、示范路473千米，新增创建文明示范乡镇7个、生态文明示范路312千米。

【公路脱贫实现良好开局】将未列入全省“十三五”规划的县乡公路项目纳入PSL融资贷款项目，向农业发展银行融资贷款220亿元实施。编制印发《铜仁市通大自然村寨公路实施方案》，方案拟分3年实施通大自然村寨公路6300个24000千米，覆盖大自然村寨8180个41万户村民。

（铜仁市公路处办公室）

邮　　政

【概况】2016年，市邮政局坚持“稳中求进”工作总基调，主动适应经济发展新常态，实施集团公司“一体两翼”经营发展战略，践行省分公司“用心经营、精心管理、细心服务”发展理念，以转型、升级、提质、增效为导向，全面超额完成各项任务目标。

【抓业务发展，增强企业实力】业务规模扩大。全市邮政累计完成业务收入25471.90万元，完成省公司下达年计划的106.10%，同比增长14.10%，增幅全省排名第4，收入绝对值增加3142万元，实现“106”目标。其中:邮务类板块收入7164万元，占总收入的28.10%，完成板块收入计划的107.10%，同比增长16.30%；代理金融类板块收入15756万元，占业务总收入的61.90%，完成板块收入计划的105.80%，同比增长10.80%；包裹快递类板块完成资费收入1906.60万元，占总收入的7.50%，完成板块收入计划的109%，同比增长40.40%；其他收入完成645.30万元，占总收入的2.50%，完成计划的97.90%，同比增长8.90%。

经营效益向好。全市邮政完成收支差额123.73万元，与上年同期基本持平，超省公司全年收支差额计划。有效业务收入完成17036.64万元，同比增长12.68%，增幅列全省第2位。资产负债率为58.07%，同比下降0.93%。国有资产保值增值率为105.20%，同比下降2.75个百分点。全市邮政办公费、会议费和业务招待费同比大幅下降

59.02%，成本费用控制严格。全年催缴各类欠款1692万元，现金管控能力增强。全员劳动生产率提升到27万元。员工年收入同比增长18.50%，是全省增幅最大的市州分公司。

专业发展争先。代理金融业务：举办联谊会970场，参与客户超过3万人。累计净增余额99463.90万元，新增余额绝对值全省排名第5，同比多增59443万元，新增市场占有率达14.25%，全省排名第1位。各区县分公司均超额完成市分公司下达的业务发展目标，松桃、万山、碧江3个区县分公司年新增余额过亿元。新增6个亿元所，4个两亿元所，点均新增余额达1047万元。代理储蓄余额规模整体达88.60亿元，规模市场占有率为15%，全省排名第1位。新增余额活期占比高达78%，拉动规模活期余额占比提高2.34个百分点，规模活期余额占比达52.15%。开展“金猴献瑞”“生命如意宝”等代理保险活动，全市新增保险13187万元，排名全省第3位，同比增长967.90%，绝对值增加11953万元，增收800余万元。在全省“赢定108”竞赛活动中，12月单月新增余额3.50亿元，囤单1.40亿元，提前超额完成任务。开年7天抢单大战中，铜仁始列前茅，抢单保费1.42亿元，绝对值及完成比例均列全省第2位，全市邮政所有区县分公司及网点全部完成“赢定108”任务。

包裹快递业务：通过强化协议客户开发，调动投递员揽收积极性，收入规模稳步增长。二代证项目增长到18万件，增幅57.64%，产生收入162万元，二代证快证占比达57.64%，同比增长56%，快证占比近50%，高于全省平均值17个百分点，完成省公司下达计划的104%，占比排名全省第1。加强社会揽收渠道建设，在全市建成300个邮政社会渠道代办点，每个区县分公司分别打造2—3个精品社会渠道网点。印江自治县分公司、松桃自治县分公司、揽投局在全市率先开发税票寄递项目。

增值业务：8月，将短信业务归口代理金融局管理，违规加办得到整治，实现收入2204.56万元，同比增长28.40%，增幅排名列全省第3位；抓邮保通高效业务发展，实现收入246.72万元，同比增长1478%，增幅全国排名第3；新建农村电商便民服务站点1308个，完成省分公司下达年建设计划的100.60%。建成电商服务站旗舰店160个，将8个旗舰店升级为精准脱贫服务站。扩建6个邮件转运中心，优化3条二干邮路，增设87条乡邮投递路线，增加投递里程1763千米，逐步解决电商发展的“最后一公里”和“最初一公里”难题。全市10个区县全部完成县运营馆基础搭建工作，上线农产品83个，销售1136件，销售金额3.82万元。运作印江梵净山紫薯、金香橘，德江核桃、木耳4个农产品上行销售爆款项目，实现销售2.53万件，6.625万公斤，金额31.33万元，带动包裹增量2.86万个，增收23.73万元，新增金融客户116户，余额增长226.40万元。依托邮政农村电商服务站平台，帮助400余名农村待业青年实现创业，实现农产品网上销售，为46户贫困户增收创收16.80万元。

传统业务：加快转型发展步伐。函件业务通过“上下联动、专业支撑”部分重点项目取得发展。“3·15”项目实现收入86.54万元，同比增长25%；以宣传手册、DM广告、安全生产环保袋等为载体，实现安全生产月项目收入30.50万元；把握毕业季时机，以定制型营销为主、销售型为辅的项目推进方式，实现毕业生纪念册收入22.50万元；抓消防安全主题，实现“11·9”项目开发89.80万元；汲取外省成功开发经验，实现新媒体项目收入13.50万元。松桃、思南、石阡、沿河、碧江等区县分公司均实现单个项目超10万元的新突破。

报刊业务：加大政策扶持，实现收入1290万元，同比增幅13.80%，增幅排名全省第3位。解决与铜仁日报社合作中的困难和问题，扭转《铜仁日报》年初要降低发行费率降低两个点的打算，挽回发行收入30万元，同时，在发行费率保持28%不变的利好政策下，2017年增量发行，由此新增报刊发行收入403万元，板块收入得到提升；抢抓全民阅读活动启动十周年契机，与政府沟通合作，围绕“惠民助学”“关爱留守儿童”、爱心图书精准帮扶等公益主题活动，打造邮政全民阅读活动品牌,实现销售107.10万元，拉动报刊零售业务收入增长。

集邮业务：把握“80猴票”原班人员设计这个亮点，做大生肖项目，实现收入367.40万元，完成计划的159.74%，收入绝对值同比增加212万元；举办纪念中国工农红军长征胜利八十周年集邮巡展主题活动，创收76.20万元，提升主题邮品发展空间；形象年册发展喜人，有9个经营单位实现成功开发，实现收入185.80万元。

县域经济后劲十足。全市10个区（县）分公司均超额完成市分公司下达的全年奋斗计划，发展最快的万山区分公司增幅高达54.50%。在全省县域争先进位分组竞赛活动中，4个分公司实现进位，分别是松桃自治县分公司在第2组实现进位，沿河自治县分公司在第3组实现进位，德江县分公司在第4组实现进位，万山区分公司在第5组实现进位。

【抓基础管理，加快改革创新步伐】 财务管理：以强化财务基础管理，规范财务核算为基础，以支撑业务发展为主线，以现金管控为重点，加强欠费管理工作。严肃财经纪律，细化各项指标，加强收支合法性管理，确保财务制度和财经纪律的权威性和严肃性。强化经营支撑，按照有保有压、保障经营的原则，抓好降本增效工作，加强对经营发展和能力建设的支撑保障。强化现金管控，加大对非生产性成本费用的管控和欠费管理力度。以ERP系统上线和省级集中核算为契机，修订完善财务管理内控制度，规范了报账工作流程，做到凡事有依据、讲规则，在降低企业财务风险的同时，为公司生产经营和跨越发展提供财务支撑。

人力资源管理：加强领导干部监管，签订领导干部合规领取薪酬承诺书和领导人员因私出国（境）证件集中保管承诺书，对选人用人工作实施“一报告两评议”。加大干部交流调整力度，调整充实基层经营单位领导班子队伍。优化人力资源配置，用工总量控制在省分公司核定范围内。开展教育培训，对全市所有营业员开展服务礼仪培训；通过开展“大培训、大练兵、大比武”活动，实现邮储营业、邮政营业、投递员、揽投员、分拣封发员、转运员全岗位大练兵，员工素质得到提升。选拔8名支部书记到井冈山干部学院接受党性教育，15名中层干部分两期到北大进行培训，2名中层干部到石家庄参加集团公司组织的县分公司“一把手”培训，干部管理能力得以增强。经过层层选拔，全市共有17人获聘贵州省邮政初级人才，获聘人数在全省排名第1，占全省获聘人数的19%。在职业技能鉴定技师考评中，万山区分公司刘洪丽、碧江区分公司尹蓉等4人获得技师职称，填补铜仁邮政在此领域的空白。

网运管理：围绕“时限提速、运行提效、质量提高”的目标，在高质量、高规格地组织完成邮件分拣、封发、转运和运输任务的基础上，将顶层设计与基层实践相结合，优化网路布局，再造生产流程，强化信息引领，发挥规章制度的规范、引导和保障作用，提升网运管理能力和水平。通过自办与委办运输相结合，组织全网生产各环节的无缝衔接，实现《贵州日报》在全市县级及以上城区当日见报。通过调整各条邮路运能运力，利用市内高速公路网，优化调整市内干线邮运网路，加快邮件在市内的传递，特别是沿河、石阡、德江等县区分公司邮件落地时间提前1—3小时，用户的用邮体验得到提升。推进县域邮政分拣、转运和投递“三合一”工程，实现邮件提速和运行提效。通过动态调度、科学组织，在简陋的生产设备、狭窄的生产环境中高质量高水平地完成“双十一”“双十二”和春节旺季巨大的生产任务，赢得用户的信任和省分公司的肯定。召开陆运网运行质量管控专题会议，组织培训、实时跟踪、及时考评运行情况，提升铜仁邮政生产作业质量，全市陆运网运行各项质量指标全面达标，其中大部分指标在全省名列前茅。

安防服务管理：在国庆、元旦和G20峰会、中共十八届六中全会、亚欧博览会等节假日和重大活动节点，落实24小时值班及领导带班制度，执行安全检查考核管理办法。对未达公安部枪弹库室三级防护标准的县区分公司督促整改。建成市级集中监控中心并试运行。在全市10个区县分公司全面开展防爆、防抢、防火演练，提高干部员工的安全防范意识。通过检查、考核、整改，推进“全市邮政安防服务大提升活动”，全市邮件及时投递率、城市当日妥投率、城市实时反馈率、农村实时反馈率等几项指标提升到全省中上水平；邮件接收及时率、代收货款匹配率和缴款率、网运作业计划执行率、县乡邮路准班率、ATM\CRS完好率等指标跃居全省前列。

机要通信：组织开展专项整治活动，落实双人封发装袋、双人开拆、双人驾押、绝密件双人投递的工作要求。完善机要从业人员资格审查工作，确保机要从业人员100%持证上岗、各生产环节之间持证交接。实现机要生产场地监控全覆盖，配齐机要专用保密柜、防爆、消防器材、干线邮路汽车机要保险箱等安防设施。开展2期机要通信业务及保密知识集中培训班，增强机要人员政治意识和保密观念。全年无机要通信服务事故，获得省邮政管理局年度综合测评第3名。

【抓能力建设，完善发展条件】营投建设力度加大。新增邮政营业网点机构7个，开通便民汇款业务普服网点29个，建设村邮站53个（其中一类村邮站33个，二类村邮站11个，三类村邮站9个），网点服务功能得到完善。全市147个乡镇均实现每周5次以上投递频次，2745个建制村达到村村直接通邮的普服要求。制定《铜仁邮政投递网建设实施方案》，推进投递网建设两个创新，即创新组网模式、创新投递方式；实现两个提升，即投递能力提升、服务品质提升；加强一个建设，即确保农村通邮目标。完成投递网建设投资618万元，改造投递环境34个，改造邮件处理生产场地5个，新增投递车辆39台（其中面包车24台、电动三轮车15台），全市所有城市投递部均实现普邮和包快分网投递。加大投递机构建设，新增55个投递机构，为161个投递部门设置644个关键监控点，在投递道段上设置3610个外勤监控点，为投递服务质量提升提供保障。

工程建设步伐加快。投入资金455万元，审减资金65.40万元，完成11个普服网点改造，完成省公司批复的“十三五”34个普服网点改造计划进度的33%，完成总投资额的34%。完成“十二五”12个遗留网点装修改造建设项目，投入资金875.42万元，审减资金88.70万元。江口县综合楼完成搬迁工作。沿河自治县河东支局及配送中心大楼开工建设，主体工程已完成，完成总工程量的80%。开展网点生产设备集中采购，集中采购16项，累计投资459.56万元。

内控管理更加有力。强化合规系统运用，实时调阅非现场预警信息、远程集中监控系统进行非现场检查，提高风险防范能力。推进集中授权，全市95个代理金融网点全部实现省分行集中授权管理，其中50个网点实现171支授权业务全部上收，解决网点人员配备不足、权限管理执行不到位的问题。新投放49台CRS，自助终端在网运行总体达168台；完成93个代理网点“双录系统”推广预演与上线；完成95个代理网点集中授权上线；10个支局新增理财业务功能，18个支局新增保险销售资格；增加石阡大河坝、石固、思南三道水3个助农取款服务点，全市助农取款服务点累计达31个；布放移动展业终端16台，邮政金融空白乡镇服务能力得到增强。

【抓和谐企业，员工面貌焕然一新】社会形象不断提升。加大业务宣传力度，印制业务宣传资料超百万份，在城市、乡村人群较为集中的醒目位置投放广告。新闻宣传力度空前，铜仁邮政改革发展的“好声音”不断见诸报端，企业形象得到提升，《中国邮政报》《贵州邮政》《贵州邮政信息》等内部新闻媒体，经常关注铜仁邮政经营管理的亮点，铜仁邮政的新闻宣传工作得到省公司的肯定，在全省邮政新闻宣传评比中，铜仁邮政获得全省第2名。

精神文明纵深推进。开展道德讲堂、“全员阅读·书香邮政”，让基层劳模、优秀党员、勤思好学员工分享他们坚守平凡岗位的不凡事迹、读书体会。举行“唱红歌、颂党恩”歌咏比赛，讴歌中国共产党的丰功伟绩。倡议“我是党员我先行”，不论烈日或雨雪，不管白天或黑夜，党员总是自告奋勇奋战在一线，在群众心中竖起鲜红的党旗。青年工作务实笃干，开展经典诵读大赛，培育青年员工的家国情怀；开展团支部书记竞聘活动，建立健全基层团组织；组织对身患重病员工的线上捐助，真情传递企业温暖；响应旺季生产，在组织需要时冲锋在一线，广大青年员工在团委的凝聚下找到“存在感”。市分公司被集团公司评为全国邮政用户满意企业。万山区分公司被省分公司推荐为全国邮政先进基层党组织。玉屏中华路支局、印江西环支行、石阡八一支局被评为省级“青年文明号”。机关一党支部荣获全市先进基层党组织。机关团支部获市级“五四红旗团支部”。松桃自治县分公司杨明星、玉屏自治县分公司姚茂贤分别获县级劳动模范称号。

员工幸福指数持续提升。落实“十件实事”，基层员工工资月均增资500元；增量补贴调增5%；43名优秀劳务工转招为合同工；落实干部职工带薪年休假制度；筹措资金，及时、足额发放“五一”、中秋、国庆、春节节日慰问费；建成并验收合格56个职工小家，基层员工的生产生活条件不断改善；开展困难职工帮扶、基层劳模慰问工作，全年发放各类慰问金23.42万元；组织员工体检；配置多种健身器材，恢复开办职工健身房；联合行业单位开展“邮电杯”篮球赛、足球赛，并举办铜仁邮政首届员工篮球赛；组织离退休老同志开展重阳节活动；按照每个网点每月1000元的标准核发旺季生活补助，解决一线员工旺季就餐难题；倾听职工意见，改善职工食堂。始终将员工的冷暖记在心上，落实在行动上，让员工共享发展红利。

（铜仁市邮政局办公室）

电信公司

【概况】2016年，中国电信铜仁分公司打造差异化竞争优势，提高企业发展质量和效益，促进企业价值、客户价值、员工价值共同成长。现铜仁电信共734名员工，其中合同制类员工500人，省实业外包234人。

【主要指标完成情况】移动业务。全年移动用户完成省公司目标的80.90%，完成省公司目标110.50%；移动产品通过4折、5.8折融合礼包贯穿全年，开展跨年营销、二季度营销、三季度营销、以旧换新、3G升4G等多项营销活动，推动移动规模发展。

宽带业务。宽带用户完成省公司目标的119.44%，完成省公司目标154.08%；宽带产品上在光改区域、宽带合作区域、宽带承包、普遍服务区域，开展以50M光宽融合套餐、20M光宽888元/包年政策营销，推动宽带业务发展。

3. 加大网络建设投资力度。全年完成总投资3.11亿元，其中4G建设投资1.46亿元，无线网络·满格铜仁3G建设投资0.43亿元、高速公路覆盖投资0.30亿元、行政村光纤到户建设投资0.69亿元、铜仁智慧城市建设投资0.12亿元、基础网建设投资0.11亿元。

4.网络运维管理。全年各专业网络和业务平台未出现较大及以上通信障碍；全年后端网络支撑综合评比在全省获得第二名，网络服务支撑能力和基础维护管理稳中有升；完成传统PSTN退网、宽带AD接入的退网、专项网络安全隐患整治工作，实现网络技术和能力打幅度改善和提升；在重大洪涝灾害中，保障通信网络的安全畅通。

客户服务。客户综合满意度高于全省平均水平，全省排名第二。全年无重大服务事件，客户服务重点指标全部达标。全省服务等级评定达到A级排名第一，同业测评排名第一。投诉处理班组荣获集团公司表彰2016年“我的班组我的家”优秀班组称号。

安全生产。全年无员工因公责任伤亡事故、无火灾责任事故、无重大通信责任事故、无交通安全责任事故、无资金安全责任事故、无重大工程质量责任事故、无信息安全责任事故发生。

【开展内控建设、提高公司内部管理水平】加强财务管理。优化资源配置方法，资源分配公开、透明。强化预算执行均衡性管控，按月核定成本费用，按季度优化预算配置。继续完善管理制度，严格审核报账规范性，不符合规定的开支或未产生的费用一律不能报账，从源头杜绝小金库的产生，对可能存在的小金库隐患进行整治，勤查勤监督，杜绝一切小金库行为发生。

强化企业领导人员管理。修订完善企业领导人管理办法，对企业领导人进行全方位考核，严格干部考核。加强分公司后备干部队伍建设、核心及骨干人才队伍建设。强化外包人员进入审批制度，控制外包人员总量和薪酬水平。根据省公司关于班组长管理的文件，开展班组长认定工作。

强化绩效管理。将KPI指标和绩效沟通、绩效辅导作为绩效管理的关键环节。加强绩效管理工作检查，强化绩效沟通执行，不定期开展对干部和部门绩效的沟通辅导工作，分公司主要负责人按季度与县级分公司和分公司部门开展绩效沟通和绩效辅导。

强化员工考勤管理。修订下发员工考勤管理实施细则，并定期通报考勤执行情况，促使考勤管理工作更加精密和客观。

开展安全生产管理。全年实现无因公伤亡责任事故、无火灾责任事故、无重大通信责任事故、无重大工程质量责任事故。

（铜仁电信分公司办公室）

移动公司

【概况】2016年，中国移动铜仁分公司以推动铜仁信息化建设、服务地方经济社会发展大局为主线，贯彻落实各级党委政府决策部署和上级公司工作要求，业务发展呈现良好态势、4G网络优势继续保持。

【市场发展】加强市场拓展力度，重视对潜在市场的和集团市场的挖掘。坚持以为集团客户创造价值为根本推动集团客户市场的维系和挖掘工作，致力于为客户提供优质、满意的服务，实现公司与客户的双赢。全年公司通信服务收入完成率102.10%，排名全省第4；通信和信息化收入完成年度指标任务的143%，排名全省第4；健康度：均超额完成目标值，完成率排名全省前列。

【网络建设】以市场需求为导向，加大网络建设力度，提升网络深度和广度覆盖。4G基站建设规模增加38%，行政村覆盖率达80.80%。为满足日益增长的宽带用户接入需求，公司对数据网带宽进行扩容、优化，扩容后县到市总带宽为240G。同时，提升项目管理水平，建立工程建设评价体系、协同物资管理部门制定工程物资精细化管理提升方案，解决工程建设只重进度，忽视质量、物资管理、任意变更设计等基础环节，做到问题闭环管理机制，为市场的发展和稳定打下基础。

【夯实基础管理、防范经营风险】立足关爱员工，通过开展“幸福1+1”活动、丰富员工业余文化生活，营造“快乐工作、幸福生活”的氛围。做到“思想上解惑、精神上解忧、生活上解难、文化上解渴、心理上解压”，通过“思想上开导、方法上引导、能力上指导”帮助员工实现自身成长、找到自身价值；培育员工兴趣爱好，通过搭建“和分享”展示平台，激发员工潜能，调动员工积极性、创造性，使员工更快乐的工作；依托“职工之家”“职工小家”“职工小小家”平台，围绕员工关心的热点、焦点和难点问题，为员工办实事、解难事。提升员工满意度和凝聚力，植厚员工成长沃土，锻造一支具有执行力、战斗力的员工队伍。同时，坚持正确选人用人导向。将“想干事、会干事、干成事、好共事、不出事”的干部选拔到领导岗位上来，做到“组织放心、群众满意、干部服气”，建立起“好干部得到重用、好干部受人尊敬、好干部群众拥护”的正面导向，做到以人为本，关心、信任、尊重员工，为员工解决好实际困难、赢得员工的信赖、激发员工的活动。通过开展司务公开、增强民主管理意识、保障员工的知情权、审议权、监督权。在做好内部管理与建设的同时，公司还重视协调内外各方关系，打造和谐企业，携手行业“友商”共同维护好和谐行业生态，助力地方经济更好、更快发展。

（中国移动铜仁分公司办公室）

联通公司

【概况】2016年，中国联通铜仁分公司解决客户、一线和市场反应强烈的突出问题，把握经济发展和行业竞争新常态，推进规模有效发展，保障公司经营发展持续增长，取得稳中有进、稳中向好的有利态势。全年主营收入同比增长4.5PP，移动业务同比增长18.12%，移动用户和宽带用户得到较好发展。

【围绕企业发展，认真抓好各项业务发展】坚持聚焦4G、宽带及融合，市场经营发展取得新成效。坚持4G引领移动业务发展，落实品牌经营理念，加强网络品牌形象和能力的宣传，提升客户感知，做好流量经营，强化渠道和终端管理。同时，全面启动4G业务发展，开展流量攻坚，组织营销竞赛，推进各项业务快速发展。公司围绕贯穿全年的营销竞赛拉动经营高速增长，促进业务发展和用户规模的增加。公司开展“流量风暴杯”“三严三实杯”等主题营销活动，推进各项主要业务实现快速规模增长，促进业务发展。

聚焦客户感知，落实服务工作举措，深化大服务机制提升工作，强化工作执行和监督考核力度。坚持以客户感知为引领，从客户口碑、触点体验、投诉解决等方面开展客户感知提升工作。聚焦4G、宽带等核心业务和窗口服务、网络质量等问题，推动客户感知提升。坚持问题导向，建立大服务工作体系，试行“重点问题挂牌摘牌”工作机制。开展服务创新争优活动，提高投诉预处理能力。通过完善监督考核，实施投诉闭环有效管理，建立投诉处理反馈机制，实现投诉全过程管控，进一步提升服务质量和服务水平。同时，持续开展“零容忍”行动和投诉能力整改工作，降低投诉量。加强全员对4G业务的销售意识、服务意识及学习意识，全面提升公司服务质量和品牌形象。

【强化网络支撑能力，加强建维基础管理工作】建设工作：新增4G基站187个、3G基站87个。新建光缆449.58千米，为移动基站、宽带开通，以及网络安全提供传输保障；为加快启动宽带预安排工程及乡镇宽带建设，新增宽带端口3.81万个。同时继续推进共建共享，与移动、电信共建共享协商。

运维工作：推进网络维护工作，以降低故障率和故障历时、加强固网修障工作为工作目标，完成移动网问题小区1596个站点优化工作，完成全市宽带带宽的扩容工作。满足市场发展需求，城域网出口带宽扩容40G，即由80G扩容至120G，解决了宽带资源不足的问题。公司2016年的主要运维指标逐步趋好，各项考核基本压缩在省分公司考核指标之内，网络运行质量得到进一步提高。

【加强基础管理工作，提升公司内部管理水平】推进企业基础管理，以改革促转型，实现财务上收集中。强化管理、财务分析工作，依托银行系统实现营业款实时归集，提高资金归集效率。同时，加强内控建设培训以及相关制度、流程的建立、完善和实施，提升经营管理水平，规范日常管理工作。

加强安全生产管理，重视安全生产和保密工作。组织开展全市安全生产大检查和保密自查工作，加大安全生产宣传，组织员工参加安全生产知识的学习，增强全员安全生产意识，全年未发生责任安全事故和失泄密事件。

3. 基础管理工作得到全面深化。转变工作作风，提升运营效率，推进企业基础管理，提升经营管理水平。同时，加大对闲置资产、库存物资的利用，提高闲置物资的利用效率。

（中国联通铜仁分公司办公室）

无线电管理

【概况】2016年，铜仁无线电管理分局以“立足创新”为目标，以“专项整治活动”为载体，以“提升业务能力”为抓手，围绕省局和市委、市政府重大工作部署和各项中心任务，推进各项工作。

【围绕“监测业务”，加强监测力度，提升监测业务水平】落实“无线电监测月报”工作。开启全区7个监测站进行监测、分析，积累、上传月报监测数据，累计监测1万余小时，上报各类月报报表。

推进“特殊监测任务”。在春节、两会、国庆、中秋期间执行24小时值班，对广播、电视、公安等重要频段进行不间断监测，累计监测768小时，没有发现异常情况；

开展“专项监测活动”。落实专项活动的组织部署和具体方案。对铜仁市目前所有的5家卫星地球站使用单位进行走访，采取实地核查和频谱监测的方法，核准5座卫星地球站的台站经纬度、所用空间电台、轨位、网络编号、发射功率、使用频率等数据，确保频率台站数据库的准确性。并按时向省局频台处上报《卫星地球站上报信息表》。对广播、民航、气象、防汛、人防、森防以及开路电视、公安等重要频段进行保护性监测，保证各项业务的正常开展。每季度到铜仁凤凰机场进行保护性监测，为机场飞行安全保驾护航。配合监督检查处开展“黑广播”监测，在辖区内没有监测到“黑广播”。

实施各类“无线电保障”工作。参加全国高考、公务员考试等各类考试13次，出动人员78人、车辆21次，技术设备73台（套），发现作弊频点1个，干扰1起，完成各类保障工作。

升级固定监测站建设和新设备。先后建设沿河小型站、德江小型站，扩大分局监测、监督覆盖面。加强技术力量升级改造，到成都将原有车辆改为监测车；添置设备，强大技术支撑。购置成都广电压制系统和科立讯警示系统设备2套，安排技术人员对设备进行验收。严格项目实施程序，对江口分站防雷设施项目（6.50万元）和伪基站侦测设备添置项目（7.50万元）进行招投标。

【围绕“频率台站管理”重点，严格审批、核查，提升执法能力】按照“三认真，一加强、两推进”的工作要求，做好频率台站管理工作。

规范无线电台（站）行政审批。对无线电台（站）网上审批流程进行重新优化，完善各项审批所需资料内容。全年行政审批件数5件，审批台站1388台。

加大台站年审收费工作力度。全年走访、年审设台单位27家，年审台站1672个，换发电台执照943个；完成收取频率占用费4.37万元。

民航广电频率台站核查工作。加强组织领导细化工作措施，制定分局民航和广电部门无线电频率台站清理核查工作方案，对铜仁凤凰机场、民航数据有限公司、西南空管贵州分局等15家设台单位进行走访，核查台站159个，统计频点120个。采取实地核查，监测比对等方式，对每一个台站实物进行拍照，形成电子图片与台站数据库进行核实比对。健全完善保护航空无线电专用频率工作长效机制，成立以分局和机场主要领导为组长，相关负责人为成员的频率保护工作组；定期为机场场区做电磁环境测试，并不定期对机场进行走访，了解其无线电设备运行情况，共同维护航空无线电台站的用频环境。累计出动人员16人次、车辆4台次、动用技术设备4台次，累计监测16小时。在监测过程中未发现有干扰民航用频信号。

加强业余无线电管理能力。做好铜仁市2016年业余无线电台操作技术能力（A类）考试考前、考中、考后各阶段工作，全市业余无线电爱好者报名人数共7名，实际参考7人，并全部颁发操作证书，办理业余电台执照7本。开展对业务无线电爱好者的无线电管理法律法规和规章制度的普法宣传工作。

推进4G建设工作。完成对移动通信基站的审批5件，按季度目标分别按照总数的1%进行抽验，总计抽验13个基站（移动8座,电信4座，联通1座）。

依法行政工作。细化完善工作流程，开展创新工作，绘制和修订5个流程图，理清监督检查及行政执法的工作思路和种类，提高干部职工的综合执法水平。加强法律法规学习，提高依法行政水平。每季度组织分局全体干部进行相关法律法规学习，发放相关材料50余册，重点学习《中华人民共和国无线电管理条例》《贵州省无线电管理办法》等法律法规和部门规章制度；组织干部2人参加在南京市举办的全省经信系统依法行政培训班。按照市委、市政府关于推进依法行政工作的战略部署，与市法制办、行政政务中心对接沟通，落实铜仁无线电管理分局行政审批业务进驻政务中心窗口的有关事项，协同各业务科室，按照法律法规按时受理、处理和办结各类行政事务，提高行政管理工作的政务公开度、透明度，提高分局内部管理的精细化和规范化水平。

【围绕“监督、检查”重点，开展专项整治，维护空中电波秩序】 贴近服务对象，加强日常监督。加强对公众移动通信基站、广播电台、民航、气象等重点用频单位的日常监督和规范化管理工作。会同频率台站科室对铜仁市移动公司、联通公司、电信公司、市文广局、市广电网络公司、万山区广电网络公司、万山公安局、铜仁凤凰机场、市气象局等重点用频单位走访调研96人次，核实台站2485个。加大对无线电发射设备销售市场的抽检力度，抽检无线电发射设备销售商18家，销售备案无线电发射设备99套，其中宝莱威、宝丰2批共11台对讲机设备为不合格或“三无”产品。

加大专项治理力度，净化空中电波秩序。制定频谱评估专项监测实施方案。监测人员完成无线电频谱评估使用专项活动。开展打击治理“黑广播”“伪基站”新型电信诈骗专项治理活动，保障群众财产安全。成立领导小组，制定实施方案。工作中，加大宣传力度，借助2·13无线电宣传日和9月份无线电宣传月等契机，在铜仁市主流媒体进行宣传，扩大社会影响力；工作中，加大监测力度，在专项活动治理阶段，铜仁分局监测站利用在用的小型固定监测站，加强对铜仁市87-108MHz广播频段的监测力度，累计监测326小时，监测到46个调频广播信号，经过与台站数据库对比，并与广电部门核实，几个小型监测站均未发现“黑广播”疑似信号。加强对伪基站信号的巡查力度。自专项活动开展以来，铜仁分局出动人员132人次、车辆44台次、伪基站侦测设备44套次，分别对碧江区、松桃等区县进行实地监测和查找，分别于9月、10月发现伪基站案例2起。开展“移动通信干扰器”专项治理活动，共建“无线生活·满格铜仁”。8月1—20日，在市工信委、市公安局、市保密局以及铜仁市三大运营商相互配合、相互协调下，抽调专人到各区县进行执法检查。累计出动人员80人次，走访设置使用移动通信干扰器相关单位28家，实地核查277台，累计清查1813台（其中教育系统1536台，监狱、看守所251台）。组织各使用单位填写《移动通信干扰器审核备案表》。为全面评估移动通信频谱使用和基站设置情况，直接从三大运营商网管中心调取在用基站数据，将实际监测数据与基础数据进行比对和分析。9月初完成监测数据分析统计，及时上报省局。强化工作效率，及时为用频单位排除干扰。全年受理4起干扰投诉，其中市移动公司2起、市联通公司1起，民航贵州空管分局1起，分局出动人员15人次、车辆4台次、动用技术设备8台次为用频单位排除干扰。经实地监测和排查，联通公司和民航贵州空管分局设备干扰均来自自身设备产生，更换设备或维修之后，干扰已消除。开展巡查，打击违规设台。在针对沿河自治县移动公司违规设台事件中，分局给予沿河自治县移动公司行政警告处分，责令铜仁市移动公司在全市范围内清理违规设置的GSM移频直放站。全市清理153套移频直放站，其中6套涉及1.5G频段，市移动公司已全部拆除处理并向铜仁分局提交整改报告。

（贵州省无线电管理局铜仁分局）

教　　育

教　　育

【概况】 2016年—2017学年度，全市共有各级各类学校2529所。其中：小学1567所（完全小学880所，教学点687个）、初级中学221所（普通初中188所、九年一贯制学校33所）、特殊教育学校6所、高（完）中40所（高级中学26所，完全中学12所，十二年一贯制学校2所）、中等职业学校17所（中等职业技术学校14所，附设中职班3所）、幼儿园674所、普通高等教育学校1所、职业高等教育学校2所（铜仁职业技术学院和贵州工程职业技术学院）、幼儿师范高等专科学校1所。

全市有各级各类在校（园）学生872349人。其中：幼儿园、学前班146522人，小学生330254人，初中生201604人，高中生117269人，中职学生39336人，高校学生35519人（铜仁学院10117人，其中：本科生7790人，专科生1044人，成人本科生988人，成人专科生295人；铜二职院14707人，其中：专科生14698人，成人专科生9人；铜仁幼儿师范高等专科学生7886人，其中专科生7323人，成人专科生563人；贵州工程职业技术学院2809人），特殊教育学生1845人（其中特殊教育学校学生798人，随班就读学生1047人）。

全市有各类教职工60889人，专任教师52094人。其中：幼儿园教职工11017人，专任教师6466人；小学教职工22207人，专任教师21074人；初中（含九年一贯制学校）教职工14859人，专任教师14041人；特殊教育学校教职工177人，专任教师161人；高（完）中教职工8504人，专任教师6965人；中职教职工1698人，专任教师1611人；高等院校教职工2427人，专任教师1776人（铜仁学院571人、铜仁职院666人、铜仁幼专335人、贵州工程职业技术学院204人）。

【教育脱贫攻坚精准有效】一是扎实抓好教育精准脱贫工作。出台《铜仁市教育精准扶贫工作方案（2016—2020年）》《铜仁市建档立卡贫困户学生兜底资助工作实施办法》；完成各级各类学校90余万人次学生资助，资金达14.4亿元；对2016年39052名建档立卡贫困户学生实施精准资助，发放资金1.15亿元；在铜仁一中、二中、八中各举办一个精准扶贫班，减免学生所有应缴费用；帮助20978名高校学生成功申请生源地贷款资金1.308亿元；为16个包村点解决160万元扶贫资金；争取社会捐资助学10万元资助市教育局“包干扶贫”责任村200名贫困户在校生。二是积极争取社会资助。全年累计接收社会捐助财物价值达11.598亿元。三是推进农村义务教育学生营养改善计划提质升级，全面实施学前教育儿童营养改善计划。完成39.1154万名学生营养改善计划工作，出台《铜仁市农村义务教育学生营养改善计划提质升级实施意见》，探索形成了“七化一保障”铜仁营养餐新模式。在全省2016年秋季学期营养改善计划工作视频会议上作交流发言。成功举办全省农村义务教育学生营养改善计划工作现场推进会。

【打造学前教育发展品牌】2016年年初，铜仁市被教育部列入国家级学前教育改革与发展实验区，学前教育发展工作列入市级“教育精品年”活动的重点品牌。出台《铜仁市落实国家级学前教育改革发展实验区工作实施方案（2016—2018年）》。一是学前资源得到扩大，入园率居全省首位。全年新建、改建幼儿园113所。完成100%的乡镇、街道办事处（社区）均有公办园目标。全市学前三年毛入园率增至93.3%。基本解决幼儿特别是农村幼儿入园难问题。二是超额完成省、市上级部门下达的学前教育发展任务。新增公办教师589人（其中特岗教师269人，超额8人）。完成招生任务55550人（超额11450人）。完成在园儿童数146522人（超额9117人）。启动山村幼儿园建设三年提质计划。制定《山村幼儿园提质升级办园标准》，逐步推动山村幼儿园向全日制村级幼儿园转型。2016年提质升级512所山村幼儿园（超额12所）。三是幼儿园管理机制逐渐理顺，办园水平逐步提高。市、区(县)均设立学前教育办公室，配备了管理人员，聘请兼职教研员，建立起铜仁市幼教管理网络和教研网络，管理水平得到提升。通过创建示范园，全面推进集团化办园工作等手段培养出一批优质幼儿园和幼儿园管理者，铜仁市学前教育水平整体得到提升。全市组建幼教集团从2015年的23个增至36个，创建省级示范园3所，市级示范幼儿园21所，县级示范幼儿园80所（其中民办26所）。全市城乡幼儿园办园水平趋于均衡发展。四是社会满意度明显提高。新建和扩建公办幼儿园，特别是在行政村建设山村幼儿园，增加幼儿园学位，方便幼儿就近入园，缓解入园难的问题。加大幼儿园监管力度，坚持科学保教，规范办园行为，赢得广大群众的好评。山村幼儿园建设工作继2014年得到习近平总书记、刘延东副总理及陈敏尔书记、陈鸣明副省长等领导作出肯定性批示、中央电视台《新闻调查》《中国新闻》报道后，2016年，央视《发现中国》《经济半小时》《新闻联播》先后进行了报道，市政府领导在第五届国际反贫困与儿童发展研讨会上进行经验介绍和推广。

【基础教育管理更加规范】一是抓好教育常规管理。实行常态化督查，并督促整改落实。扎实抓好中小学幼儿园招生入学管理，推行义务教育“就近、划片、免试”入学，落实双流（留）儿童少年入学政策。探索小学五年制办学体制，落实户籍制度改革教育配套措施。实施城区教育资源布局调整，积极化解城区学校“大班额”。进一步规范学校办学行为，严禁乱补课、乱收费，监督指导教材、教辅材料使用和征订。暑期组织开展中小学教材培训。开展省、市、县“减负提质示范校”“三生四爱五心五好”示范校等评选活动。二是强化教育统筹规划。制定《铜仁市“十三五”教育事业发展规划》《铜仁主城区基础教育提升五年行动计划》。三是落实国家户籍制度改革政策，抓好普通高中招生工作，出台《铜仁市2016年初中毕业生学业（升学）考试方案》《铜仁市2016年义务教育阶段招生入学实施办法》，全市普通高中招生40887人，完成率115.2%。四是提升学校内涵建设。启动中小学幼儿园章程建设，坚持依法治教、依法治校的原则，印发《关于推进中小学（幼儿园）章程建设的指导意见》《铜仁市中小学校幼儿园章程参考文本》，成立中小学幼儿章程核准委员会。扎实抓好校园文化建设，制定《铜仁市人民政府关于进一步加强校园文化建设促进学校内涵发展的意见》《关于加快普及校园足球的实施意见》。五是加强青少年学生心理健康教育，学校安全工作取得明显成效。培养积极向上的正能量，针对社会、家庭、学校等因素，抓好学生心理健康教育。建立学生心理咨询室，落实寄宿制学校辅导员制度。抓好国防教育和高中阶段学校学生军训工作。完成农村标准化留守儿童之家157所，完成率达108.28%。六是德育、体育等系列活动有序开展。深入开展“明礼知耻·崇德向善”系列主题教育活动，出台《关于普及校园足球的实施意见》，起草《铜仁市校园足球场地建设“十三五”规划》。举办全市阳光体育大会、全市校园足球三级联赛等大型赛事活动。组队参加全省第二届中学生运动会、全省校园足球四级联赛初中、高中总决赛，收获冠军6个，亚军3个，季军5个，居全省前茅。

【职业教育与成人教育取得新进展】一是加快推进职业教育改革与发展。市政府出台《关于加快发展现代职业教育的意见》，碧江区、德江县中职学校成功创建为省级示范性中职学校。二是继续实行中职免费教育，助推脱贫攻坚工程。全年完成中职招生35084人。中职毕业生就业率达97.08%。思南县中职校通过省级示范数字化校园项目、碧江区中职校通过省级精准扶贫基础项目评审。三是推进职业教育合作交流。铜仁市13所中职学校与苏州市职业院校签订了《职业学校结对帮扶工作框架协议》，开启苏铜两地职业教育合作新征程。四是推动职业教育内涵发展。修订中职学校《学籍管理制度》，开展学习签署践行《中等职业学校学生公约》、职教“宣传月”和“质量月”等活动。组织参加第九届全省中等职业学校“文明风采”竞赛，完成国家级示范校质量年度报告。

【教育教学质量进一步提高】把提高教育质量作为核心任务，认真实施《全面提升普通高中教育教学质量三年行动计划》，实现高考、中考成绩明显提升。一是强化师资培训。组织开展高三教师培训，特邀全国著名教师对2016年《考试大纲》作专题培训；组织开展湘教版初中数学教材培训，邀请苏州市地理名师发展共同体专家到铜开展高中地理教师培训等。二是搭建交流平台。加大校际交流，共同探讨如何提高课堂教学效率，下发《铜仁市高中攻坚薄弱学科暨省级示范性普通高中帮扶方案》，并签订帮扶协议书。组织开展市级学科校际交流活动。三是多形式开展教研活动。开展各学段学科优质课竞赛活动，“送教下县”“名师送教”名师教学经验交流现场会等多种形式的教研活动。四是高考取得较好成绩。一是进一步加大考风考纪治理力度。推行“四统一”，两次安检零报警，扎实开展“五项专项行动”，全面净化考场周边环境；严肃责任追究，层层分解，层层传递压力，做到招生考试责任纵到底、横到边，不漏项。二是高考取得较好成绩。全市高考报名37478人，实际参加高考34814人，比去年减少279人，600分以上考生692人，全省排名第三，比上年上升一位。按参考人数比例排名，铜仁市600分以上人数名列全省第二，仅次于贵阳市。一本上线5549人，比上年提高5.34%，名列全省第二名；二本上线10753人，比上年提高3.28%。全市高考录取率89.95%，比去年提高4.78个百分点，比全省平均录取率高2.72个百分点。考风考纪实现历史性好转，是十多年来最好的一年，实现了“零试卷泄密、零无线信号、零雷同卷、零安全责任事故、零投诉上访”的高考安全目标，做到“工作零差错、咨询零投诉、考生零上访”。

【办学条件更加完善】全年累计争取上级各类教育专项资金21.75亿元，超年初计划任务数35.94%。2016年教育工程建设共312个项目校数427个单体项目，投资9.6亿元。购置设施设备31万台/件/套/册。列入考核的30所农村公立幼儿园、20所中小学标准化建设已全部竣工。列入“十件民生实事”的20所学校41个单体项目全面完工。

【师资队伍建设明显增强】一是积极补充教师。印发《铜仁市2016年农村义务教育阶段学校教师特设岗位计划招聘办法》，共计招聘特岗1338人。二是加强教师教育培训。与苏州市教育局签订《2016—2020年苏州市教育局铜仁市教育局教育对口帮扶合作协议书》，选派329名各级骨干教师赴苏州培训。邀请苏州教育专家109人，对全市教育教学工作进行指导培训。组织对441名高中新教师、600多名特岗教师进行了培训，选送1549名教师、校长参加国培、“四有、三者”好老师专题培训、校长研修班等培训。完成中小学（幼儿园）教师继续教育培训121280人次，完成率达138.8%。完成“十二五”中小学继续教育工程验收工作。三是壮大名师队伍。25人荣获“省级乡村名师”、4人获“乡村教育家培养对象”、12人获“省级初中、小学、幼儿园名校长”荣誉称号，21人荣获省级特级教师称号。成立16个市级名师工作室，培养16

名市级名师工作室主持人，正式启动市级名师培养培训工作。完成省级骨干教师网上考核工作。四是开展教师资格认定工作。共认定高中和中职教师资格1168人。五是全面推进职称制度改革工作。首次完成职称改革人员过渡工作，首次开展全市正高级职称和民办高校初、中、高级职称申报推荐工作。组织开展全市中小学教师中、高级职称评审工作。六是完成全市中小学（幼儿园）校医配置全覆盖工作。七是建设教师信息化管理平台。首次创建全市教师信息管理系统，完成年度信息采集上报工作。八是落实乡村教师生活补助和国家三十年教龄、省二十五年教龄荣誉等级和证书发放工作。九是全力推进教育人事管理制度改革，指导万山区试行中小学校长职级制改革工作。

【校园安全稳定保障体系基本构建】一是校园安全工作影响力得到提升。铜仁市分别在贵州省第21个全国中小学生安全教育日启动现场会、全省2016年秋季学期营养改善计划工作视频会、全省贯彻落实教育部《中小学校岗位安全工作指南》暨校园及周边综合治理工作现场会等重要会议上作经验交流发言。二是校园安全事故（件）稳控持续双降。2016年全市涉校涉生事故（件）与同期相比减少14件，死亡人数减少2人。实现连续五年持续双降的目标。三是探索出一条符合铜仁校园安全发展实际的“铜仁经验”，“七强化七构建”形成校园安全治理体系核心要素，全省校园及周边综合治理暨中小学安全岗位职责指南现场会在铜仁召开。四是平安校园创新引领。2016年，申报“省级安全文明校园”20所，创建“食品、毒品、消防、交通”等安全示范校1460所，防溺水安全教育实现向“疏”“堵”结合转型；消防、食品、禁毒、交通等安全教育向“VR虚拟现实+消防体验”“安全教育体验中心”转型；学生被动教育向主动学习转型。参与全国第四届中小学网络知识竞赛，师生人数达54万人，排名位居全省第一；松桃自治县民族中学、沿河自治县中等职业学校、玉屏自治县民族中学等，被贵州省禁毒办确定为“校园禁毒图书角项目”执行学校。《倒计时》《一场回不去的旅行》《拒绝毒品从我做起》分别荣获全国禁毒征文比赛一、二等奖。五是各区县技防一体化安全指挥信息监控平台全面建成投入使用，实现校园安全信息化建设全覆盖。

【信息化发展速度明显加快】一是推进“宽带网络校校通”，新增宽带网络接入543所，4694个班级；“人人通”空间教师注册数达31522人，学生注册数达335858人。投入4046万元资金采购11616台计算机配置了316间计算机网络教室；投入2743.2万元资金实施“一师一机”工程，为6009位教师配备了办公计算机；投入4000多万元资金建设105间高清录播教室。启动中国西南教育大数据应用中心建设项目。二是利用国家、省级教育资源和教育管理公共服务平台，促进优质教育资源共建共享和教育管理过程数字化，依托云校智慧教育云平台推进智慧教育发展。开展教育信息化管理能力和教师信息化应用能力提升培训。深入开展“一师一优课、一课一名师”活动，促进信息技术在课堂教学深度融合应用。三是建成学校安全指挥中心信息化平台。全市1902所村级以上学校建成公安、教育、学校三家资源共享、信息互通技防监控平台，实现“网上网下”双重管理，全天候无缝对接校园安全网络化监控平台全覆盖。四是建成学生营养餐智慧云信息综合服务管理平台，实现“处处视频在监管，实时留痕可追溯”的铜仁营养午餐管理新模式。五是建成“互联网+幼教”信息综合服务管理平台。全市350所乡镇以上幼儿园建起了“互联网+幼教”智慧云管理平台，凭借“云卫士”安全刷卡等功能实现数字化、网络化管理。

【教育督导取得新成效】完成松桃、江口、石阡、印江、思南、德江、沿河等七个县“普十五”和“两项督导”市级复核，并指导迎接省人民政府督导评估考核。完成万山区、江口县、石阡县义务教育基本均衡发展市级复核，并通过省、国家的督导评估验收。对松桃自治县、沿河自治县义务教育初步均衡发展工作开展市级督导评估认定。全市10个区（县）均实现县域内义务教育初步均衡发展目标。指导铜仁一中申创省级一类示范性普通高中获得成功，铜仁市明德衡民中学成功创建成为铜仁市第14所省级示范性普通高中，指导玉屏民族中学、思南八中、沿河民族中学接受省教育厅的省级示范性普通高中复查评估；完成2016年学前教育、义务教育和高中阶段教育指标监测工作。

【行政审批服务得到加强】一是完善法律顾问制度，指导各区（县）教育局、市直学校聘请法律顾问。完成12所省级示范性普通高中、11所中职学校章程建设。二是进一步完善权力清单。制定《铜仁市教育局规范性文件制定和备案流程图》，加强规范性文件报备管理。制定《铜仁市教育局行政执法自由裁量权基准（试行）》，修订完善权责清单21项。三是加强政务服务工作。市教育局进驻市政务服务大厅行政审批和服务事项 6项 。窗口受理行政审批（公共服务）事项12327件，办结率100%。

【民办教育得到健康发展】一是民办教育已进入快速发展时期。从2011年出台《铜仁地区行政公署关于加快民办教育发展的决定》以来，各级各类民办学校进入发展的快车道。截至2016年年底，全市各级各类民办学校（园）359所，在校学生106693人，民办高中所数占全市高中总数的30%，民办幼儿园所数已超过公办幼儿园，在园学生人数已与公办园人数相当，多元化办学的民办教育已成为促进铜仁市教育事业发展不可或缺的重要力量。二是民办教育向健康稳定、优质特色发展。扎实开展无证民办学校（园）清理整顿工作，组织实施铜仁市民办幼儿园金、银、铜牌授牌评估，努力实现“以评促进、以评促改、以评促发展”的目标。全市民办学校有省级示范性高中1所，市级示范性高中1所，省级一类幼儿园2所，银牌幼儿园11所。2016年高考明德衡民中学的龙腾辉同学以701分的高分，获全省文科第三名。

【教育改革取得新突破】出台《铜仁市人民政府关于进一步加强校园文化建设促进学校内涵发展的意见》，印发《关于推进中小学（幼儿园）章程建设的指导意见》，《铜仁市落实国家级学前教育发展与改革工作实施方案》《铜仁市山村幼儿园提质升级三年行动计划（2016—2018年）》《山村幼儿园提质升级办园标准》，启动实施山村幼儿园提质升级三年行动计划，完成提质升级512所。成功举办全市阳光体育大会和全市校园足球三级联赛，在中小学学生中形成了人人热爱足球运动的良好氛围。出台《铜仁市农村义务教育学生营养改善计划提质升级实施意见》《铜仁市农村学前教育儿童营养改善计划实施方案》，农村中小学、幼儿园营养改善计划取得新成效，全省学生营养改善计划工作推进会在思南县举行，副省长陈鸣明出席并讲话，对铜仁市的做法给予充分肯定。

（铜仁市教育局办公室）

铜仁学院

【概况】 铜仁学院2016年增补为贵州省“十二五”硕士学位授予立项建设单位。学校占地面积60公顷，建筑面积33.9万平方米。实验实训中心5万平方米，教学科研仪器设备总值1.5亿元。馆藏纸质图书92万册，电子图书283.3万册。现有全日制本科生7841人，专科生1038人，预科生532人，留学生211人。学校有教职工929人，其中，专任教师数571人，具有博士学位95人、硕士学位364人，教授(含二级、三级教授)92人，副教授286人，“双师双能型”教师320人。教师中获国务院特殊津贴专家2人，千创人才1人，国家863计划首席专家1人，贵州省核心专家1人，省管专家1人，贵州省高校哲学社会科学学术带头人2人，贵州省优秀青年科技人才1人，贵州省十百千人才4人，省高校科研创新团队6个，铜仁市市管专家10人，省内外高校专、兼职硕士生导师52人。

学校设有10个专业学院，1个

研究生院，1个继续教育学院，1个特色学院（乌江学院）。现有本科专业46个，涵盖了经济学、法学、教育学、文学、历史学、理学、工学、农学、医学、管理学、艺术学11个学科门类，初步形成了以生物与农林工程类专业集群、新材料与化学工程类专业集群、创意服务与文化旅游类专业集群、现代教师教育类专业集群四大专业群和以梵净林业生态、梵净锰钾汞高效利用与治理、梵净文化生态、梵净高等教育与职业教育四大特色学科群相融互补的学科专业体系。

现有国家民委武陵山片区民族理论政策研究基地、教育部人文社科重点研究基地各1个，贵州省级哲学社会科学十大创新团队1个，省级2011协同创新中心1个，省级区域一流建设培育学科1个，省级重点学科4个，省级重点支持学科2个。省级特色专业2个，省级综合改革试点专业5个，院士工作站及分站2个，博士后科研工作站1个，省级科技孵化平台1个，省高校重点实验室3个，省级实验教学示范中心1个，省高校工程中心3个，省高校产学研基地5个，省高校科技创新团队6个，省人文社科基地1个，省民族传统体育训练基地1个。建有梵净民族文化研究院、梵净生态研究院、梵净高等教育与职业教育研究院等科研创新平台28个。学校教师承担国家级课题30项，省部级课题263项、委托课题124项，获得专利116项，出版专著104部，公开发表论文3063篇，获得科研经费5411.18万元。2016年，学校获9项国家级项目，资助总金额222万元，创历年新高。在2016年第五届全国教育科学研究优秀成果奖评选中，学校荣获三等奖1项，实现了学校在国家级奖项上零的突破。

学校与各区（县）政府以及经济开发区、铜仁市食品药品监督局、铜仁市水务局、梵净山自然保护区管理局、中国移动公司、东太集团、威顿化工、金丰锰业、梵净山经济植物基地等200余家行业、企业签署了产学研合作协议，形成“校政企协同、产学研一体”的新型利益共同体。

学校坚持开放办学发展思路，注重国际交流合作。先后与泰国斯巴顿大学、印度尼西亚玛琅穆哈默迪亚大学、老挝琅南塔省教育厅、台湾玄奘大学等50余所国（境）外大学和教育机构实施多元化合作交流。特别是与柬埔寨共建的“柬埔寨本科人才培养基地”，成为贵州省与柬埔寨国家教育部建立合作伙伴关系的唯一高校。2013年开始国际化办学，新增留学生人数居全省第一。先后选派300余名师生赴美国、印度尼西亚、马来西亚和中国台湾等地区高校交流学习，师生出国（境）研修访学日益常态化。

学校注重校园文化建设，将思想道德教育融入创新创业教育和各类活动中，组建各类学生社团60余个，形成了校园文化活动月、大学生社团文化节、廉政文化进校园、黔东作家进校园、一院一品牌等校园文化特色。近年来，学生在“挑战杯”等学科竞赛中获得国家级奖励30余项，省部级奖励300余项，获得大学生创新创业训练计划项目105项，涌现出荣获第三届全国道德模范称号和中国五四青年奖章的学生张蕾、国家红十字会“爱心大使”和贵州省“感动校园十大人物”称号的教师李怡净以及“全国优秀学生干部”王时江等一大批优秀师生。

【作为全省唯一高校在全省教育综合改革工作会议上作交流发言】以服务地方经济社会发展为目标，推动专业学院整合与学科专业结构优化调整。学校破除传统按学科设置二级学院的做法，以服务区域经济社会发展为导向，以学科为依托，以特色专业群为基础，将原有的16个教学单位调整为大数据学院、大健康学院、文学院、艺术学院等10个专业学院，“将拳头握了起来”，着力构建以学校为决策中心，专业学院为管理中心，系为质量中心的治理机制。创新推出的教师分类管理工作，学生“山”字形人才培养方案，专业预警与退出机制，学生自主学习学分制等工作引起全省高校的广泛关注。在全省教育综合改革工作会议上，作为全省唯一作交流发言的单位进行介绍铜仁学院教育综合改革经验。贵阳学院、贵州工程学院、贵州工业职业技术学院、四川广安职业技术学院等10余所高校到学校学习考察。

【成功申报全国100所高水平应用型高校建设单位，在全省高校率先成立产教融合联盟】 2016年编制完成《贵州省应用型高校转型发展试点学校铜仁学院“十三五”职业教育产教融合工程建设规划纲要》的编制工作，并依托产教融合工程项目，被省人民政府推荐为三所“十三五”应用型本科产教融合发展工程项目学校，项目经费1.5亿元。

成立铜仁学院产教融合创新发展联盟，强力推进产教融合、校企合作。先后与梵净山自然保护区管理局、贵州红星发展大龙锰业有限责任公司等56家行业、企业合作开展技术研发，努力打造融先进技术研究、积累、推广于一体的合作创新基地。

【科研工作取得历史性突破，多个方面在全省高校排名第一】 2016年学校获国家哲学社会科学一般项目立项1项、西部项目立项1项，省哲学社会科学规划项目立项4项，省领导指示、圈示课题1项。获中国博士后科学资助基金项目4项，立项数和经费数在全省本科高校排名第一。

在2016年度国家自然科学基金项目、社会科学基金项目等课题申报中，学校获9项国家级项目，资助总金额达222万元，资助总金额在全省地方高校排名第一。

2016年，《铜仁学院学报》在贵州省高校学报类期刊中总排名升至第8位，在地方高校中排名第一，并被贵州省新闻出版广电局指定作为贵州省唯一一家参加2016年中国（武汉）期刊交易博览会的高校学报。

由侯长林教授等人共同撰写的论文《应用型大学视域下新建本科院校办学定位选择》获全省教育科学研究优秀成果奖一等奖，第五届全国教育科学研究优秀成果奖三等奖，在全省地方高校排名第一。

【社会服务项目经费突破1000万元】 努力将学校的边界拓展到铜仁市的边界，与德江县、沿河自治县、铜仁高新区、万山经济开发区、思南县教育局等区县建立战略合作伙伴关系，设立特色学院。学校与德江县人民政府共建“乌江学院”，已有两届学生共1500人次进驻。在思南、石阡等区县设立学生“顶岗”实习基地，为学生就业铺平道路。

参与地方具体事务，与政府部门建立紧密的伙伴关系。与铜仁市食品药品检测所共建食品药品检测检验中心，与铜仁市环保局合作开展创建国家级环境保护模范城市，与铜仁市旅发委、水务局等合作进行专业建设等，不断加强与区域重点企业行业的深度合作，形成利益共同体，2016年社会服务项目经费突破1000万元。做到“黔东处处是校园”。

【留学生新增人数全省第一，毕业生年终就业率全省第一】 2016年共招收来自老挝、哈萨克斯坦、巴基斯坦、泰国等国家的留学生192名。其中，学历生43名，语言生149名。留学生新增人数居全省高校第一。

2016届毕业生人数为2212人，本科毕业生初次就业率94%，年终就业率97.24%，位居全省高校第一。

（铜仁学院办公室）

铜仁职业技术学院

【概况】 2016年，铜仁职业技术学院深入开展“工作精品年”活动，持续推进“高等职业教育创新发展行动计划”和“管理水平提升行动计划”，落实“省部共建”，内涵建设成果丰硕，办学实力继续提升，打好了“十三五”开局战，为实现创建“世界一流、中国特色、铜仁标志”的全国优质高职院校，申创武陵民族应用技术大学奠定基础。

在党的建设方面，深入贯彻落实党风廉政主体责任。扎实开展“两学一做”学习教育。基层组织和党员队伍建设持续推进，基层组织活力和凝聚力增强，工学院党总支被授予“先进基层党组织”称号，11个支部获评市直“五好”基层党组织。思想政治工作有声有色。人才工作成效显著，2016年共引进博士2人、硕士35人，1人入选“西部之光”访问学者，1人进入贵州省“百千万”人才预选。宣传、统战、学生亮点纷呈。党建扶贫工作收到良好社会效应，国家民委刊发文章《教育扶贫，铜仁职业技术学院这样做》，关注学院教育扶贫工作。

优质校创建工作成效初显，推动学院内涵提升。2016年贵州省人才培养质量提升工程捷报频传，学院在十大项目中均有斩获且成绩名列前茅，成为贵州省首批优质高职院校，为申创全国优质高职院校奠定基础。学院成功入选全国职业院校教学诊断与改进工作院校（全国共27所院校入选），各项工作正有序推进。实践教学硕果累累，技能竞赛如火如荼，全年师生获省级技能大赛奖24项，参加国家级技能竞赛4项，获国家二等奖1项；成功举办首届全国卫生职业院校“艾迪康杯”教师检验技能竞赛。铜仁NIIT大数据与软件服务外包实训基地顺利开班，并完成一期140名学员的培训工作，为铜仁市大数据产业发展做出贡献。招生就业形势喜人，2016年总录取人数7538人，计划完成率95.83%，到校高职学生6094人，到校率80.84%;生源质量明显提高。省内普通文科录取最低分超省控线179分，普通理科录取最低分超省控线98分。政府订单文科录取最低465分、理科录取最低365分，全部达到二本控制线以上。产教融合科研协同创新，学院服务地方能力强，在全国高职院校中位居前列。国际化办学迈上新台阶，彰显学院活力，来华留学生教育实现新突破，2016年招收留学生149人，生源国累计达到24个，在校留学生数达214人；国际化办学影响力持续提升。

“省部共建”持续发力，带动学院特色发展。“省部共建”以来，学院先后与国家民委直属高校大连民大、中南民大签署战略合作框架协议，在师资队伍建设、高层次人才、专业建设、产学研合作、服务地方项目、干部和骨干教师挂职锻炼、实训室和图书馆建设等方面开展广泛和深入合作。学院“省部共建铜仁职院，服务民族地区发展”项目荣获铜仁市改革创新二等奖。

【创新创业教育成绩喜人】10月12日，为期7天的铜仁职业技术学院2016年“大众创业 万众创新”活动周拉开帷幕。学院作为“2016年全国大众创业万众创新活动周”贵州铜仁分会的子分会场之一，将在活动期间开展创办企业主题班会、创新创业系列讲座、创新创业成果展、铜仁职业技术学院第一届大学生“创业之星”评选、铜仁职业技术学院2016年（下半年）“创新创业扶持基金项目申报”和“大学生SRT项目申报”启动仪式等五项创新创业活动。

【国际化办学成绩突出 助力“一路一带”国家战略】 2016年8月，铜仁职业技术学院应邀参加在贵阳生态会议中心举行“第九届中国—东盟教育交流周暨第二届中国—东盟教育部长圆桌会议”，党委书记杨春光作为全国三所高职院校代表之一对话缅甸教育部高教局、马来西亚教育部、老挝大使馆等官员，受到与会领导及国家媒体广泛关注。11月，党委书记杨春光参加由教育部职业技术教育中心研究所、新西兰怀卡托理工学院、青岛职业技术学院、天津轻工职业技术学院共同主办的“2016中国——新西兰高等职业教育研讨会”，与8所新西兰理工学院代表和43所中国高等职业教育院校代表共同探讨在学生能力培养、工学结合课程开发、教师能力开发、教学质量评估等方面的做法。

【获贵州省首批优质高职院校】 3月12日，以教育部高职高专院校人才培养水平评估委员会委员、同济大学高等技术学院原常务副院长、教授董大奎为组长的贵州省优质高职院校评审专家组到铜仁职业技术学院开展实地评审。铜仁市委常委、组织部部长陈代军，市政府副市长龙丽红，院党委书记杨春光，党委副书记、院长张景春及其他院领导班子成员、各二级学院、部处室负责人出席评审汇报会。学院通过质量提升工程，获贵州省首批优质高职院校，为学院下一步创建全国优质高职院校奠定了坚实基础。　（铜仁职院办公室）

铜仁幼儿师范高等专科学校

【概况】 2016年，铜仁幼儿师范高等专科学校有3226名大一新生到校报名注册，全校在校学生人数达到11286人，跻身“万人大学”行列。在校生数位列全国27所幼儿师范高等专科学校第一名，实现办学规模的新跨越。

【全国政协副主席王正伟到校视察】 5月4日，全国政协副主席王正伟率全国政协特邀常委视察团到铜仁幼儿师专调研指导工作，观看了学校第四届文化艺术节暨贵州省民族民间文化传承项目展演活动，认为学校立足山村师范教育，挖掘并传承地方民族文化资源，办学很有特色。

【5项目入选全省高职教育人才培养质量提升工程】 12月23日，贵州省教育厅办公室公布2016年贵州省高等职业教育人才培养质量提升工程项目评审结果。铜仁幼儿师专的学前教育专业成功入围省级骨干专业，黔东民族舞蹈教育团队成功入选省级优秀教学团队，学前教育系《幼儿教师礼仪》课程成功进入省级精品在线开放课程，“百囍文化”剪纸大师工作室成功名列省级大师工作室，学前教育系旷光彩、肖立红两位老师获得省级职教名师。

【获2016“省级平安校园”称号】 12月，铜仁幼儿师专被贵州省教育厅授予2016“省级平安校园”称号。学校以“平安校园”建设为主线，创新开展了“护航青春110工程”，以“树立一种理念，构建一套体系，确保安全责任零事故”为重要抓手，投入和改进安全设施建设，落实校园安全责任，全方位、立体式、网格化保障水平明显提升，维护了广大师生的生命财产安全和学校正常的教学科研秩序，确保学校安全稳定。

【学校文博馆建成开馆】 9月21日，铜仁幼儿师专文博馆正式开馆。文博馆整理收藏了学校发展过程中的图片、文字、音像和实物、校友捐赠等资料，全面展示学校沧桑巨变、桃李芬芳的百年历程，以及在人才培养、科学研究和社会服务等方面的贡献和成绩。

【学校获批成立“国家职业技能鉴定所”】 3月16日，经贵州省人力资源和社会保障厅批准，“贵州省第一七九国家职业技能鉴定所”在铜仁幼儿师专挂牌成立。该所是对公共营养师、育婴师等16个职业（工种）的技能型人才职业技术等级进行评价、鉴定和考核的法定机构，并由人力资源与社会保障部颁发相关的职业资格证书，是铜仁幼儿师专培养和造就地方经济社会发展需要的技能型人才的重要平台。

【铜仁幼专附属幼儿园正式开园】 3月1日，拥有一流教学环境和师资力量的铜仁幼儿师专附属幼儿园正式开园，满足了当地群众对优质学前教育的需求，解决川硐教育园区适龄儿童“入园难、入园远、入园贵”的问题。

【获1项2016年贵州省教育改革发展研究重大招标课题】 12月，铜仁幼儿师专学前教育系教务科副科长包兵兵老师担任首席专家申报的《适合贵州农村特点的学前教育专业服务机制研究》，经过现场答辩，成功中标2016年贵州省教育改革发展研究重大招标课题。

【2016年学前教育发展与改革研讨会（贵州·铜仁）在学校成功举行】 11月9日，铜仁幼儿师专倡议并举办2016年学前教育发展与改革研讨会(贵州·铜仁)。来自省教育厅和苏州幼专、贵阳幼专等8所省内外高校的50余名专家参加会议。与会专家就深化学前教育发展、大力开展区域学术研究、加强学前教育领域特色性研究、实现资源共建共享和推广应用等课题作了探讨发言，达成共同促进学前教育事业的大发展、大繁荣的共识。

【6个党支部被评为市直机关“五好”基层党组织】 铜仁幼儿师专围绕“领导班子好、党员队伍好、工作机制好、工作业绩好、群众反映好”五个方面内

容，扎实开展民心基层党建工作，增强基层党组织的创造力凝聚力战斗力，不断激发基层党组织战斗堡垒作用和党员先锋模范作用。12月16日，铜仁幼儿师专党群支部、行政支部、学前教育第一党支部、初等教育第二党支部、艺术与体育教育第二党支部、外语与旅游党支部6个支部党组织被中共铜仁市直机关工委表彰为2016年市直机关“五好”基层党组织。

（铜仁幼专办公室）

铜仁第一中学

【概况】 贵州省铜仁第一中学于2016年8月升为“省级一类示范性普通高中”。2016年，新校区工程基本完成，绿化面积达十万余平方米，校园内充满生机。设有104个班级，6000多名学生。图书馆、综合楼、天文馆、科技馆正式投入使用。学校校园文化建设、校园绿化完成。先后被评为“全国现代教育技术实验学校”“全国教育科研先进单位”“全国教育信息化创新应用先锋学校”、教育部“依法治校示范校”、国家人社部、教育部“全国先进集体”“贵州省依法治校先进学校”“贵州省五一劳动奖章先进集体”“普通高中课程改革实验先进学校”、贵州省中小学“校本研修示范学校”。

【获省级一类示范高中称号，综合实力跃上新台阶】2016年1月，学校接受省教育厅专家组的第一轮升类评估。6月，完成省教育厅专家组的第二轮评估。8月，省教育厅授予学校“省级一类示范性高中”称号。学校通过以评促建、以评促改、以评促发展，促进了学校内涵发展。

【一本升学率首次突破70%，教学成绩再创佳绩】2016年高考，600分以上262人，北大、清华各录取1人，国外大学录取3人。一本录取人数1289人、录取率73.45%；二本以上共录取人数1769人，录取率为98.75%，实现“稳中有升，顺势而上”的质量目标。学校被铜仁市委、市政府评为“教育系统先进集体”“全市高中教育目标考核及教育教学质量一类A校一等奖”。

【示范作用显著增强，充分彰显办学特色】以省级名校长汪濠工作室、四个省级名师工作室为平台，多次组织、参加省名校长名师工作室经验交流会。着力了解教育发展前沿，结合学校实际，建立和完善各项规章制度，规范教育教学管理，提高办学水平。2016年，被贵州省教育厅评为“贵州省‘十二五’中小学教师继续教育工程先进学校”，全市“毒品预防教育示范校”“食品安全示范学校”“文明交通安全学校”“消防安全教育示范学校”等荣誉称号。

【加强学校队伍建设，师资水平整体提高】2016年，学校党委向市委、市政府积极推荐2名校级干部；提拔科级干部15名，增设教师发展中心、国际交流中心2个内设机构，学校管理进一步精细化。全年学校在岗教师361人，其中引进硕士研究生和免费师范生34人，新增特级教师3人，正高级教师2人。学校现有各类各级名师71人，其中教育部语言文字研究所客座讲师1人，省管专家1人，市管专家2人，特级教师11人，正高级教师3人，省级中小学名师7人，省级培训专家库成员6人。

【迈开办学新步伐，引领教育国际化】学校与贵阳“美加”合作，创办2个国际班，招生100人。首次聘请2名外教为高一年级38个班进行英语口语教学。

【制定“十三五”规划，明确办学目标】起草制定学校“十三五”规划，明确近五年学校发展的目标。修订“铜仁一中奖励性绩效工资”和“铜仁一中高考质量奖发放办法”做到“公平、公开、公正、合理”，进一步提高教职工工作积极性。

【加强贫困资助力度，保障学生教育机会均等】2016年全校受资助学生3549人次，受助资金699.291万元。1. 国家项目有：国家助学金1526人次，每人2000元，共计305.2万元；教育精准扶贫891人，每人2660元，共计

237.006万元。2.社会捐赠共计336人，受助金额为1000元-3000元不等，共计：77.565万元。3.学校项目包括：奖学金47人，每人200元-15000元不等，共计4.65万元，助学金33人，每人900元-2000元不等，共计3.27万元，免学杂费716人，每人1000元，共计71.6万元。

（铜仁一中办公室）

铜仁市民族中学

【教学管理】一是加强常规管理。学校先后制定和完善《教学检查制度》《集体备课制度》《教学事故处理办法》《教师请假制度》等一系列的相关规定，同时试行《推门听课制度》《同课异构研讨制度》，全面保证课堂教学的规范进行。二是加强教研活动。全年与思南中学、石阡中学、沿河中学、松桃中学、铜仁一中等学校开展多次校际交流活动，激发教研活动的活力。三是注重科学研究。全年教师发表论文、教学设计130余篇，其中论文获省级奖81篇、市级奖20篇；校级课题结题20个、新立项18个，市级课题立项1个，省级课题5个参加评审；50多位教师在国家、省、市级优质课大赛中，获得一、二等奖。四是有序推进大班额化解工作。学校努力挖掘教育资源，克服重重困难，化解大班额工作平稳推进，奠定了教学质量提升的基础，2016年一本、二本上线1105人，首次突破千人大关，学校的社会影响力与日俱增。五是重视教师队伍建设。先后派出86名教师走出去寻宝取经，到清华大学等名校参加培训；请进来传经送宝，邀请湖北衡水中学等全国知名学校专家到校讲学。发展了首批34位校级各学科骨干教师；2016年，2名老师获省特级老师称号，1名教师获正高级资格。

【德育工作】一是全面开展德育工作，学风、校风焕然一新。建立健全年级“德育主任—班主任—学生会干部”三级德育工作队伍；定期开展德育工作论坛；加强学生励志教育；完善规章制；开展学生行为规范专项整治活动。通过系列扎实有效的教育活动，学风焕然一新。二是切实落实家庭经济困难学生的资助。2016年度受助学生6192人次，受助金额960.32万元，对家庭经济特别贫困的30名学生，学校还专门用10万元资金予以资助，确保每一名学生都能顺利完成学习任务，杜绝因贫辍学、因学返贫现象发生。

【特色优势】2016年4月，中国舞蹈家协会中小学舞蹈教育专业委员会授予铜仁市民族中学“全国中小学舞蹈教育传统校”称号。学校女篮战绩已进全国前八强，同时男子篮球队多次参加省地级各种比赛，夺金摘银，成绩骄人，在7月省第二届中学生运动会中，男女篮球队双双夺冠；在8月铜仁市第三届运动会上，男女篮球队又双双夺冠，共获得16金，9银，3铜的好成绩。2016年，学校荣获“贵州省体育工作先进单位”称号。自2016秋季学期开始，与铜仁学院国学院联合举办的“周末国学大讲堂”每周一讲，厚植了学生文化底蕴。在9月份贵州省民族中学高中校长专题培训班上，学校以《民族之花在黔东绽放》为题，把学校民族特色教育工作经验作了交流推广。

【平安校园】强化安全意识，加大管理力度。规范交通秩序；加强门卫室管理；明确专人具体抓食品卫生安全；2016年度进行隐患排查共计达20余次；利用班会、学校广播、黑板报等途径，对学生进行防溺水、防交通事故、防触电、防食物中毒、防病、防艾、防体育运动伤害、防火、防盗、防骗、防煤气中毒等安全知识和技能教育，师生安全意识得以很大提升，无一起安全事故发生。

【谋划学校发展蓝图，提升学校办学品味】科学制定“十三五”规划。校园改扩建工程持续进行。苏州楼主体工程完成，防洪堤开工建设，学生宿舍楼启动招标，推进拆迁工作，设计和实施数字化校园方案，公租房即将使用。

（铜仁市民族中学办公室）

科学技术

科技

【概况】 2016年，市科技局深入贯彻落实全国“科技三会”和全省科技创新大会精神，深化科技改革创新，实现跨越发展。突出体现在以下五个方面工作：

【抓创新平台建设、强自主研发实力】2016年，铜仁市获批国家火炬铜仁锰产业特色产业基地1个、国家级科技企业孵化器1个、国家级众创空间1个、省级工程技术研究中心2个、省级科技型企业孵化器2个、省级众创空间1个、大学科技园1个、省级农业科技示范园区3个、省级可持续发展试验区1个，为企业在技术咨询、产品开发、人才培训等方面提供大量的科技服务，为自主研发创新注入新的活力。同时铜仁市围绕国家知识产权试点城市建设，积极引导和鼓励园区、企业、高校和科研院所及爱好科技的民众申报专利，2016年完成专利申请1466件（其中申请发明专利731件），获得授权667件(其中发明专利授权86件)，分别超全年目标任务进度100%以上。

【抓创新体系建设、优科技发展环境】市局拟定《铜仁市促进科技成果转移转化改革方案》和《铜仁市关于发展众创空间推进大众创新创业的实施方案》，负责起草《中共铜仁市委铜仁市人民政府关于以绿色发展为统领加强科技创新工作的实施意见（送审稿）》和《铜仁市促进科技成果转移转化改革方案（送审稿）》并按程序上报。创新技术市场工作方式，将技术合同认定和创新券申报工作委托给贵州铜仁科技资源服务公司，取得良好效果。铜仁市技术合同登记数量60个，合同交易总金额2895.5万元，技术交易额2129万元，申请创新券504万元，创新券获批346万元，技术交易额和创新券申领分别是2015年的2倍和3.3倍。

【抓科技交流合作、促协同创新发展】组织赴上海、北京与华东理工大学国家盐湖资源综合利用工程技术研究中心、中国冶金地质总局、中国科学院过程工程研究所等对接科技合作工作，邀请苏州吉玛基因股份有限公司董事长，千人计划专家，苏州千人计划专家联合会理事长张佩琢及美国优利健（Unigen）公司首席科学家贾琦博士、华东理工大学原副校长于建国教授等专家到铜考察。促成市人民政府分别与华东理工大学国家盐湖资源综合利用工程技术研究中心、中国冶金地质总局正式签订战略合作协议，促成江口县政府与中国冶金地质总局正元地理信息有限公司签署农村污水处理协议。

【抓“双创”试点推广，让创新活力迸发】铜仁市高度重视“大众创业、万众创新”，把推动“双创”工作作为全面推进创新驱动发展战略、深入推动供给侧结构性改革的重要抓手。贵州山久长青智慧云科技有限公司智慧云农商综合平台互联网新型科技孵化器专注于农业领域的集合数据资源汇集，公司自主开发的“智慧社区购物便民服务中心综合服务管理平台”“机关企事业单位食堂智慧云综合管理服务平台”“农业生产主体可追溯数据库平台”等商业平台，创新孵化模式，建立标准化基地。从2015年平台运行开始的8家入孵企业，发展到2016年的54家入孵企业，带动社员1769户，解决就业3607人，平台总体交易达1.78亿元，对推动“大众创业，万众创新”及农业电子商务、农业大数据产业发展具有重要的现实意义。同时，铜仁市依托“三区人才”和科技特派员深入推进“双创”工作，选派200余名“三区人才”和科技特派员，建立8个科技特派员工作站，将科技服务基层由点向面延伸。

【抓党建帮扶、促脱贫致富】市科技局党组、机关党支部高度重视科技扶贫工作。拨付联系村科技培训经费10万元，干群众连心室经费2万元，争取产业路经费80万元，投入20万元发展黄桃产业，开展活动经费1万元。

（市科技局办公室）

科　协

【概况】2016年，铜仁市科协发挥联系广大科技工作者桥梁和纽带的作用，采取“上下联动、区（县）互动、横向合作、抱团取暖”的工作方式，深入农村、学校、社区、企业等基层一线，开展科普宣传、学术交流、科技咨询、青少年科技创新大赛、基层科普行动计划及科技扶贫项目的申报、科技培训和党建帮扶等各项工作，为推动地方经济社会发展，创建绿色发展先行示范区作出贡献。

【向上争取资金，助推农业转型和产业结构调整】一是加强科普基础设施建设，开工建设“五馆四中心”，其中科技馆建筑面积15000平方米，建成后能基本满足市民科普需求。二是基层科普行动计划实施成效显著。获中国科协、财政部组织的基层科普行动计划表彰奖励的农村专业技术协会5个、农村科普示范基地3个、农村科普带头人2个、科普示范社区1个，共获资金190万元。三是积极争取省级科普资金，获省级“科技致富‘二传手’培训工程”4个，科技扶贫项目4个，省科普中国贵州农村e站项目14个，省科技馆“农村中学科技馆”项目1个（思南县塘乔中学），共获帮扶资金62余万元。四是LCD科普显示屏建设稳步推进，由苏州对口帮扶和省、市科协共同在碧江、万山、印江、松桃江口建设了15个LCD科普显示屏建设。

【科普宣传工作】一是抓好自身品牌建设。打造“全国科普日活动”品牌建设，在万山区成功举办全市科普日活动，全市10个区（县）科普大篷车参加了进社区、园区、企业和校园等活动，提高科协在服务经济社会的影响面和号召力，得到中科协肯定，被中国科协评为“优秀组织奖”。二是积极参加“三下乡”“六进村”、全国科技活动周等各类公益宣传活动20余场。三是开展科学讲座、利用新闻媒体宣传科学知识，其中在铜仁职院开展的科学道德和学风建设宣讲教育专题报告。四是强化宣传推介，建立铜仁市科协官方微信公众平台，加强铜仁科协网站的建设管理。在中国科协、贵州省科协网站、《铜仁日报》、铜仁网站等新闻媒体发布相关科普信息50余篇，编辑铜仁科普信息45期，及时宣传铜仁科协工作情况。

【全民科学素质工作】铜仁市全民科学素质工作得到上级部门认可，石阡县科协被中国科协、中组部、中宣部等9部门评为《全民科学素质纲要》“十二五”实施工作先进集体，石阡县、万山区被中国科协命名首批2016年-2020年度全国科普示范县（市、区）。三是铜仁市代表队在贵州省第三届全民科学素质电视大赛中夺得冠军。

【整合科普资源，推动宣传工作】一是利用中国科协流动科技馆资源，市科协会同市教育局、市文广局等部门联合下文开展此项工作，确保流动科技馆在铜仁市顺利巡展，第一轮巡展结束，并在印江开展第二轮巡展，该项工作得到中国科协及省科协充分肯定。二是省、市科协共同打造大兴省级科普示范社区并投入使用，万山冲广坪社区整合资源、联合群团部门，共同打造省级科普示范社区，得到省科协充分肯定。三是2016年度科技信息服务企业暨企业（园区）科协工作总结会在铜仁召开，省科协领导、市领导和全省各市（州）科协负责人及110名企业科协负责人参加会议，并考察铜仁高新区企业。四是苏州对口帮扶对接工作显成效，苏州科协支助铜仁科协10万元科普经费，5个科普显示屏，启动苏州市百名教授专家铜仁行活动，搭建科技人才交流平台，实现扶贫先扶智，搞好智富行动。

【以实训助力脱贫攻坚】一是抓实训促发展。投入10万元科普专项经费，在沿河自治县板场镇举办果蔬培训，思南县塘头镇青杠坝村举办大蒜、辣椒的栽培加工培训，玉屏自治县新店乡森华农业生态种养殖基地举办了果蔬培训会，松桃自治县九江乡举办林下养鸡培训班，培训700余人次，通过各类不同技术的培训，一批“土专家”脱颖而出，扩大农村科普的覆盖面和影响力。二是以帮扶助脱贫。高度重视驻村第一书记选配，主要领导亲自到葛坪村检查驻村干部履职情况，并调研帮扶村的困难和问题，为帮扶村争取上级资金，修通通村公路，打通服务群众最后一公里，解决葛坪村办公经费10000元，科普专项培训经费10000元，综治帮扶经费5000元，组织企业到村发放3000元慰问金，送去棉被和衣服等慰问品，并开展支部联建暨“两学一做”活动和慰问老党员的送温暖活动，解决帮扶村的困难，为葛坪村群众送去了党的关怀。三是县级领导包村帮扶工作扎实开展，包村干部多次到松桃自治县地甲村、毛堰村、地安村开展调研走访工作，实地走访贫困村、贫困户，分别解决办公经费10000元，并帮助困难群众出谋划策，尽快实现脱贫致富，让群众得到实惠有获得感。四是结合“五城联创”解决帮联方圆小区1.3万元基础设施改造经费，配合抓好两城区示范科普场所20多处。

【抓反邪教维护社会稳定】一是为有效构筑反邪防邪阵地建设，成立铜仁市反邪教协会,并指导各区（县）成立反邪教协会。二是建立反邪教宣传平台，充分运用网络资源进行宣传，协助市委开通铜仁市反邪教微信公众平台。三是开展对邪教人员进行教育转化工作，为部分邪教人员开设专门的教育转化课。四是指导各区（县）开展反邪教警示教育进机关、进企业、进校园、进社区、进农村、进家庭为重点的“六进”警示教育宣传活动，广泛动员干部、群众自愿签订“家庭拒绝邪教承诺卡”，扩大“防邪知识进家庭”的辐射影响力。五是开展形式多样反邪教宣传活动，其中在万山区、玉屏自治县、印江自治县举办《热爱科学、远离邪教》为主题的专题科普报告会4场，邀请省反邪专家到铜仁开展反邪教科普报告会2场，发放宣传书籍5800册，宣传资料11300份，近30000余人参与反邪教宣传活动，取得良好的社会效果。

【抓学会和青辅工作，提升青少年科技素质】一是召开学会承接政府转移职能试点工作座谈会，对承接政府转移职能的主要内容进行学习研究。二是举办铜仁市第九届青少年科技创新大赛，组织学生和科技辅导员参加贵州省第31届青少年科技创新大赛。其中，铜仁市第五完小王钧立获全国青少年科技创新大赛一等奖和在贵州省第31届创新大赛中市一等奖、二等奖、三等奖共28项，万山区教育局和印江自治县科协获优秀组织奖。三是组织优秀高中学生参加2016年全国高校科学营活动，开展科学调查体验活动推广示范学校创建工作，完成科技辅导员培训工作，在碧江区、万山区、思南县开展了800余名科技辅导员培训。四是完成“第24届贵州省青少年科技辅导员论文征集活动”的论文收集与上报工作。分别获第24届全国青少年科技辅导员论文评比活动三等奖和省级一等奖、二等奖、三等奖共8篇。

【科协自身建设得到改善】一是抓组织保障，强班子建设。2016年得到市委市政府重视,配齐配强科协班子，形成组织保障。二是在编制总数不变的情况下，增设2个副科级领导职数，以解决干部晋升“中梗阻”问题，加强了干部队伍建设。三是指导铜仁学院成立高校科协组织。四是挖掘培育一批农村专业技术协会（简称农技协），共发展成立14家农技协，给予每个农技协3000元的资金补助及技术和政策上的帮扶。五是与大连民族大学沟通协调，举办为期5天的全市科协系统少数民族干部能力提升培训班，全市科协系统50名干部受训，科协干部综合能力得到提升。六是推选沿河自治县土地坳镇天麻协会会长熊文峰代表铜仁出席中国科协九大。七是积极举荐优秀科技工作者。推荐市科协万国海获全国科普工作先进个人表彰，推荐市教育局、市医学会等5家单位和市就业局甘馨方、市气象局徐大红等10人获全省第五届科普工作先进集体和先进个人表彰，市科协周银松被省科协评为信息工作先进个人，推荐铜仁科学院车崇洪获全省优秀科技工作者。

（市科协办公室）

社 会 科 学

讲师团（社科联）

【围绕党的中心工作，开展理论宣讲】一是紧紧围绕党的重大会议及重大战略部署开展宣讲。以习近平总书记在建党95周年重要讲话和党的十八届六中全会为重点，组织宣讲专家在全市范围认真开展“党的声音进万家·总书记话儿记心上”以及党的十八届六中全会精神大型集中宣讲，主题宣讲达85场次，直接受众人数达1.4万余人次。二是紧紧围绕党的基本理论深入开展理论武装工作。以开展“科学理论上讲堂”为抓手，深化日常理论宣讲。充分利用“宣传部长上讲堂”、县干班、中青班、入党积极分子培训班等系列理论宣讲、理论辅导工作载体，全力打造“科学理论上讲堂”宣讲活动精品。全年开展“科学理论上讲堂”活动达60余场次。三是围绕基层群众需求积极开展“送理论下基层”活动。以省、市“三下乡”活动为切入点，围绕群众关心的社会热点、难点问题，积极开展内容充实、形式活泼的“送理论下基层”活动。先后思南县、德江县开展以“守底线、走新路、奔小康”为主题的“惠民政策宣讲进村”活动，发放理论宣传资料500余份。

【着力干部素质提升，深化干部理论学习教育】一是抓干部教育培训。举办全市“两学一做”暨“宣传部长上讲堂”和“党的十八届六中全会精神基层宣讲骨干”两期主题培训班，参训人员246人。二是抓以考促学工作。组织编印《2016年形势与政策学习宣传资料》5000册，编印《2016年干部职工理论学习考试资料》70000册发放全市各区县和市直各部门，为干部群众提供学习参考。与市委宣传部、市委组织部于11月20日联合组织全市近7万多在职干部参加理论学习统一考试。三是开展理论征文活动。市委宣传部牵头，讲师团、社科联、扶贫办联合举办“铜仁大扶贫”征文活动。收集论文153余篇，经专家评审，评选出优秀论文50篇，其中一等奖3篇、二等奖6篇、三等奖10篇、优秀奖31篇。

【围绕发展热点问题，深入开展理论研究】一是完成市委重大课题。由讲师团课题组承担的全市重大调研课题《大龙开发区申创国家级经济开发区策略研究》，已经通过专家组评审结题。二是围绕“全省大扶贫”主题开展调研，完成调研报告4个，理论研究文章11篇。《精准扶贫中的“减量提标与双线合一”研究——以铜仁市为例》获得贵州省讲师团系统理论研讨会二等奖。三是聚焦热点开展研究。紧密结合全市“两学一做”教育学习和党的建设开展调研。撰写《“改”出来的效益与公平——铜仁市林业产业化经营机制改革的实践与突破》《理论与温饱》《全面从严治党新形势下机关党的建设现状及对策研究》等理论文章。《全面从严治党新形势下机关党的建设现状及对策研究》获得全市机关党建调研文章评比三等奖。

【坚持改革创新驱动，社科工作稳步推进】一是积极开展课题研究。组织全市广大社科工作者开展2016年“贵州省社科联理论创新课题”申报工作，市社科联申报的《易地扶贫搬迁助推统筹城乡发展问题研究》获得优秀社科理论创新课题，《以供给侧改革促进贵州省高职人才培养模式改革研究》《黔东地区农村大学生就业困境的形成机理与应对策略研究》等科研成果得到省社科联的自筹资金立项并结题。二是创新普及方式方法，社科宣传灵活多样。争取2016年贵州省暨铜仁市文化、科技、卫生“三下乡”集中示范活动暨启动仪式在铜仁市思南县举行，通过活动向群众发放《品味铜仁》《铜仁市哲学社会科学科研成果选》《形势与政策》等科普图书500余册。在印江自治县开展2016年度全省“社科理论进基层”活动，省专家在印江自治县开展“现代山地特色高效农业发展与扶贫攻坚”“一种反思——学习、教育与自我实现”专题报告会。同时，采取市、区（县）、乡镇三级联动，分级组织宣讲团陆续深入社区、乡村、企业、机关、学校开展宣讲普及社科活动，共举行29场宣讲报告会。三是加强平台载体建设，社科资政展示新气象。提升人文社科《铜仁论坛》办刊质量，重新定位、打造精品栏目，改变过去花哨形象，为全市广大社科理论工作者和各级党政干部提供学术交流、理论探讨、决策参考的阵地。加强学会、协会建设，充分发挥社科联的“联与合”的作用。组织市法学会、市党史研究会、土家学会、市方志协会等单位开展社会科学宣传普及活动。建立社科基层组织，完成各区（县）社科联挂牌工作，由宣传部长兼任社科联主席。在铜仁学院创建人文社科示范研究基地。

（铜仁市讲师团办公室）

文化·体育·广播电视

文化广电新闻出版

【概况】 2016年4月，铜仁市委、市政府决定单列市文体广电新闻出版局（版权局）的体育职责，设立市文化广电新闻出版局（版权局），为市人民政府工作部门。2016年，市文化广电新闻出版工作以创建现代公共文化服务体系为目标，以开展农村文化“种子工程”为抓手，以“春潮涌动、激情仲夏、金秋武陵、隆冬畅想”四季群众文化活动为载体，大力推进大文化跨越工程，呈现出“一上升、二创新、三突破、四巩固”的发展态势。

争取文化惠民资金持续上升。全年向上争取到位资金47045.57万元，同比增长151%，为加快城乡公共文化建设提供了经费保障。累计投入3.18亿元建成8780公里光缆干线，新增2004个行政村通多彩贵州“广电云”传输信号，实现辖区内行政村广电光缆干线通达率100%。全面完成9个高山无线发射台站基础设施建设。在建图书馆项目主体工程全面完工，“五馆三中心”等重大项目正式开工，城市文化地标日益彰显。“三馆一站”免费开放工作扎实推进，公共文化服务走进农村社区，基层群众享有基本的公共文化权利得到基本保障。

推动公共文化服务体系和多彩贵州“广电云”村村通“两项工作”创新发展。一是在总结玉屏、万山、江口、印江、思南五个试点工作经验的基础上，印发《关于全面实施“六个有”建设推进农村基层公共文化服务标准化均等化的实施意见》，全面启动了基层公共文化服务体系建设工作，实现每行政村每月放映一场公益电影、建有一个农书屋，推动全市基本公共文化服务标准化、均等化。第三批创建国家公共文化服务体系示范项目——农村文化“种子工程”取得阶段性成果，初步实现从“送文化”向“种文化、养文化”的转变，从“输血”向“造血”的转变，从“被动接受”到“主动参与”的转变，使农村文化“种子工程”更接地气，更有活力。二是举全市之力提前完成“广电云”村村通工程。新建广电光缆干线8780公里，开通2004个行政村通“广电云”传输信号，实现辖区内行政村广电光缆干线通达率100%。开通大龙经济开发区三级视频会议系统和碧江区小学远程教育，玉屏自治县“农特安”等60家电商平台上线运营，江口县周屯异地扶贫安置点建起精准扶贫+多彩贵州“广电云”展示平台等，实现电视从看到用的转变，全面提升农村广电公共服务和信息化水平，推动乡村经济社会的发展。此项工作获2016年度市委全面深化改革创新三等奖。

在文艺精品创作、文化市场监管、文物和非遗保护“三个方面”取得新的突破。一是认真贯彻落实全国文艺工作座谈会和陈敏尔书记在宣传思想文化工作座谈会上的讲话精神，聚焦中国梦、社会主义核心价值观、爱国主义和中华优秀传统文化，以开展“工作精品年”活动为契机，组织力量打造文艺精品，万山歌舞剧《丹砂恋》参加2016首届多彩贵州文化艺术节展演，思南花灯歌舞《幸福花儿朵朵开》亮相人民大会堂、《盐道》成功在中国地方戏演出中心（中国评剧大剧院）上演，进一步宣传“梵天净土·桃源铜仁”的文化品牌。二是认真落实简政放权、放管结合、优化服务的各项改革措施，完善文化市场行政审批流程图、服务手册和办事指南，鼓励条件成熟的上网服务场所转型升级。组织开展“两节”“两会”期间文化市场集中整治和“扫黄打非”五大专项行动，进一步规范文化市场秩序，确保全市文化信息安全和文化市场健康发展。全市共出动行政执法人员18100人次，检查文化市场经营单位5774家次，当场处罚11家次，立案调查21件，办结案件33件，责令整改86家次，警告24家次，责令停业整顿12家次，吊销许可证1家次，受理“12318”举报106件，办结106件。办理省级督办案12件，办理云盘传播淫秽色情信息案2件。全市文化市场综合执法部门办理的案件中，有1宗案卷获全省优秀案卷、2宗案卷获2016年全市行政执法案卷评比一等奖。三是在市内选聘十四名有资历有经验的文物工作者组建文博专家库。利用5·18国际博物馆日和第九个全国“文化遗产日”，组织开展“铜仁市第一次可移动文物成果展”和“红色黔东革命历史展”。完成贵州傩文化博物馆馆藏文物鉴定定级工作；完成碧江中南门、石阡楼上、松桃寨英文物修缮工程。成功申报5个省级非物质文化遗产生产性保护基地，“大美德江”非遗展示展演压轴2016首届多彩贵州文化艺术节·非遗展示篇周末聚活动，特别是石阡“说春”作为“二十四节气”扩展项目，入选人类非物质文化遗产代表作名录，提升铜仁非遗工作的影响力。

*群众文化活动、广播影视、新闻出版、党的建设和干部队伍建设“四个方面”得到巩固和提高。*一是组织开展“梵天净土·桃源铜仁”群众文化系列活动“春潮涌动”之“文化走基层·欢乐乡村行”文艺演出、“激情仲夏·大美德江”广场舞比赛、“金秋武陵”全市首届小戏小品展演、“隆冬畅想”之“苏州·铜仁两地艺术作品联展”等活动120余场次，邀请苏州市文化广电新闻出版局到铜开展“水乡缘·山乡情”文艺精品展演，为广大群众送上文化大餐。开展“墨韵茶香·福寿印江”省内外花灯小戏大赛、2016年“和平杯”中国京剧票友邀请赛铜仁赛区选拔赛，印江首届书法艺术节、第五届旅游产业发展大会暨2016贵州梵净山松桃苗族文化旅游节、“快乐铜仁”主题系列活动的成功举办，极大地丰富广大群众的文化生活。二是切实加强对广播电视新闻舆论宣传引导工作，牢牢把握正确的舆论导向，完成省、市安排的各项宣传工作任务。组织开展2015年度广播电视新闻节目奖推荐评选工作，获得全省新闻奖二等奖4件，三等奖7件。全年播出新闻稿件5000余条，被省级以上媒体采用300余条，采用率为6%。同时，加强对元旦、春节、“两会”等重要保障期的广播影视安全播出管理工作，全年未发生任何安全播出责任事故、事件。三是选择碧江区作为全市国产操作系统使用试点县，重点推进政府机关国产操作系统使用工作。组织开展“4·26”“全民阅读·书香铜仁”“绿书签”等系列宣传活动，广泛宣传新闻出版法律法规，教育和引导新闻出版单位业主诚实经营、守法经营，提高广大群众参与版权保护的意识。全年共组织各类法制宣传活动10余次，发放各类宣传单、“绿书签”、宣传画6000余张（册），集中销毁盗版图书、盗版音像制品2万余册（盘）。组织新华书店、邮政公司及民营书店为部队、中小学校、留守儿童捐赠正版图书，社会反映较好。四是认真落实党风廉政建设责任制，严格执行中央八项规定精神、省委和市委十项规定，把日常监管与开展自查自纠工作结合起来，持之以恒地纠正“四风”，单位风气明显好转。以开展“两学一做”学习教育为契机，组织局属各基层党支部认真收看、学习习近平总书记“七一”讲话、纪念红军长征胜利80周年讲话等系列重要讲话精神。深入推进党风廉政建设、党建扶贫、脱贫攻坚等中心工作。切实加强机关作风建设，教育和引导干部职工进一步增强政治意识、大局意识、核心意识和看齐意识，形成人人爱岗敬业、无私奉献、艰苦奋斗的良好氛围。

【多彩贵州“广电云”村村通工程】 多彩贵州“广电云”村村通工程是省政府2016年“十件民生实事”之一。全市共争取到项目建设资金3.18亿元，占全省总投资17.61亿元的18.06%，与其他市州平均投资1.96亿元相比，多投入1.22亿元。项目按照台账式推进、精细化落实、销号式管理的方式，倒排工期，挂图作战的方式推进，2016年9月28日，完成2004个村8780公里光缆干线建设任务，比省政府确定的12月31日前完成任务提前94天。玉屏自治县广电网络和农特安公司合作的线下体验店，为农村特色经济的发展注入活力，搭建一条黔货出山和农产品进城的信息高速公路，实现农产品全新销售模式，打破传统的销售格局，拓宽农产品销售渠道。大龙经济开发区通过“广电云”建起三级视频会议平台，把党和政府的惠民政策第一时间传递到千家万户。碧江区山村小学通过“广电云”开通了远程视频教学，让广大农村孩子享受到优质的教学资源。江口县凯德街道办事处明星村把“广电云”户户用与精准扶贫结合起来，探索文化扶贫的新路子，让搬迁群众享受与城市人一样的公共文化服务。

（市文化广电新闻出版局办公室）

广播电视台

【概况】 铜仁市广播电视台是铜仁市文化体育广播电影电视局所属财政全额预算管理的正县级事业单位，设采编、播出、技术、服务、经营五个序列18个正科级内设机构，编制人数125人，2016年年末实有在编人数88人。2016年，铜仁市广播电视台抓民声、抓聚焦、抓人才，努力推进广播电视宣传工作迈上新台阶，为全市经济社会跨越发展提供强大精神动力、思想保证和舆论支持。全年《铜仁新闻联播》共播发稿件5851条，其中电视3394条，广播2557条；《今晚6点半》节目播出时长达12000余分钟；《铜仁报道》发稿2900多条；《文化旅游报道》节目播出145期，发稿720条;铜仁微TV全年平台粉丝用户17937人，最高浏览量25816次，全年推送364次，共推送新闻10303条；铜仁广电传媒网首页全年开设专题专栏14个，共上载447篇宣传报道，新媒体活动部策划各类活动20余场。作为铜仁广播电视台推出的首档少儿专栏《非童小可》，节目从6月1日开始播出，2016年共播出节目31期。铜城购物共完成订单数：12025单，金额：2495966元，其中妥投单：10148单，妥投金额：2093962元。

按照“高端展示、受众对外”的外宣工作主基调，2016年，铜仁市广播电视台在央视各频道播出新闻11条次，在贵州广播电视台《贵州新闻联播》中播出稿件804条，为铜仁品牌形象的树立和推动经济社会发展起到较好的宣传推介作用。

在强化技术保障上，填补无广播直播车和电视转播车的空白，于5月中旬着手进行广播直播车的购置，仅用1个月的时间，完成车体改造和车载设备的搭建。充分利用铜仁市和苏州市结成对口帮扶城市的历史机遇，通过与苏州广播电视总台三年多来的战略合作，以及得到苏州总台的大力支持和帮助，苏州总台向铜仁广播电视台无偿赠送价值近1500万元的8讯道电视转播车一台，结束铜仁台建台20年来无电视转播车的历史。受益于设备硬件的提升，2016年完成全省项目建设现场观摩会、2016年全省旅游资源大普查现场推进会、铜仁市第五届旅游产业发展大会暨2016贵州梵净山苗族文化旅游节、2016首届书法文化艺术节（中国·印江）开幕式、铜仁市大扶贫战略行动推进大会、首届少儿新春晚会、铜仁市第二届党代会开幕式、苏州艺术家精品演出、首届铜仁电视春晚等20余场次大型活动的直录播工作，并成功实现铜仁广电传媒网、“铜仁微TV”微信平台同步现场直播。

铜仁市广播电视台在市级财政无任何投入情况下，创新春晚表现手法和录制方式，以市场化的运作方式，分设碧江区主会场和沿河自治县分会场进行晚会节目录制，推动铜仁多民族文化繁荣发展，丰富了广大群众的精神文化生活。成功举办“2017铜仁市首届少儿新春晚会”，开启了全市既有电视春晚，又有少儿新年晚会的先河。

开展“两学一做”学习教育，突出“学”与“做”相结合，重点落实党员到社区报到、直接联系服务群众制度，与所在辖区的市中办事处西门社区建立紧密共建关系，成立联合党支部，结合纪念建党95周年和红军长征胜利80周年，联合开展迎“七一”、纪念红军长征胜利80周年、“两送一亮三增”等系列活动。同时，台党总支和工、青、妇群策群力、密切协作，发挥党建带群建作用，先后组织参加宣传干部上讲堂、“迎七一”纪念建党95周年、红军长征胜利80周年、廉政警示教育等系列活动。通过活动的开展，既充分展示新时期广电人的良好形象，又涌现出许多先进代表，如总编室张卫2016年被评为贵州省第七届“德艺双馨”电视艺术工作者，团委书记向丽华荣获全市“优秀共青团干部”称号，团委副书记、交通旅游频率副总监母丹被授予铜仁市直机关“最美青年”荣誉称号。

打造文化品牌。牢固树立新闻立台主导意识，以《铜仁新闻联播》《今晚6点半》《铜仁报道》等新闻品牌栏目为主的核心新闻节目，同时拓展做好专题访谈类、城市生活类、少儿类节目与栏目，改进、拓展新的节目样式，探索鲜活、生动、群众喜爱并易于接受的传播方式，为广大群众生产、生活服务强化新闻传播的亲和力、感染力和穿透力，巩固铜仁广播电视台主流媒体地位，并积极与市纪委联办《廉政大家谈》广播直播节目。

打牢阵地品牌。2016年，实施“人才强台”发展战略，努力建设一支素质优良、结构合理的广播电视人才队伍。通过推进打造品牌栏目、打造知名主持、打造首席记者、打造金牌营销员等系列人才建设工程，不断完善内部用人制度、收入分配制度和社会保障制度等各项机制体制，逐步建立人尽其才、能上能下、充满活力的管理模式。

打响活动品牌。2016年，以办好一年一度的电视春晚和少儿新春晚会为主题，在市级财政无任何投入情况下，创新春晚表现手法和录制方式，以市场化的运作方式，分设碧江区主会场和沿河自治县分会场进行晚会节目录制，既推动铜仁多民族文化繁荣发展，又极大地丰富了广大群众的精神文化生活。“2017铜仁市首届少儿新春晚会”的成功举办，开启了全市既有电视春晚，又有少儿新年晚会的先河。同时，充分发挥自身网络和微平台作用，拓展推出活动冠名和“我最喜爱的节目评选”等系列活动，延长下游链的开发。既把铜仁多民族文化和文艺精品集中展示，又实现传统媒体的跨界发展。

打磨对外宣传新理念—“求精”“求实”。2016年，按照“高端展示、受众对外”的外宣工作主基调，围绕“武陵之都、仁义之城”的城市品牌，结合铜仁好声音、正能量、好故事，提高对外宣传的针对性、实效性和科学性，在确保主题策划向省级以上媒体推送的基础上，着重做好省级以上媒体的约稿采访任务，高质量完成一系列重点报道。其中，《印江团龙：土家人的“赶年节”》在央视新闻频道播出；《玉屏：精准扶贫 真扶贫 扶真贫》《电子商务助力当地农特产品》《铜仁：用清廉家风净化权力“后院”》等新闻在《贵州新闻联播》重要板块播出。

（铜仁广播电视台办公室）

铜仁网站

【概况】 2016年，铜仁网站坚持正确舆论导向、传播社会正能量、为提高铜仁知名度美誉度，扩大铜仁外宣发挥了积极作用。全年网站访问量约4000万次，日均访问量达到11万次，年内最高访问峰值达到20万次。8月，在中国地市新闻网联盟第九届年会上，铜仁网、微铜仁获得“十大最具价值品牌”“优秀微信公众号”称号并在联盟改选中继续担任副理事长单位。

【新闻宣传工作】发挥“主流媒体”引领作用，服务全市中心工作。一是围绕学习贯彻中共十八届三中、四中、五中、六中全会精神，学习贯彻认真做好习近平总书记视察贵州重要讲话精神及市委、市政府方针政策，开辟“2016铜仁市两会”“一届市纪委六次全会”“学习贯彻习近平总书记新闻舆论工作座谈会重要讲话精神”“两学一做”学习教育、“聚焦铜仁市县乡换届选举”“十八届六中全会”等专题，及时传递党委政府声音，动员和激励全市干部群众统一思想，振奋精神，为贯彻落实中央、省、市方针、政策鼓劲出力。二是围绕全市重点工作、重大事件、重要活动，深度提炼采写反映铜仁工业产业体系构建、社会管理创新、城乡生态优化提升等方面创新经验的稿件。其中《碧江区用综合生态观引领发展成效显著》《依托山地生态 激活全域旅游》《用改革创新赢得铜仁发展优势》《2016中国梵净山生态文明与佛教文化论坛隆重开幕》《科学发展下的铜仁五年之路》等新闻备受关注，向外界充分展示铜仁良好的投资环境，树立铜仁山青、水秀、人美的良好形象。三是围绕铜仁发展新定位，继续开辟“创建全国民族团结进步示范市”“脱贫攻坚我在实干”“五城联创”等专题，及时让群众知晓其重大意义，营造全市上下共谋新发展的良好氛围。2016年，铜仁网站共发布各类自主图、文新闻信息约2万条，转载全国各类正规渠道新闻信息共5000余条，策划制作专题50余个。

立足“为民”根本定位，提高新闻可读性。一是结合同仁社区网民反映问题，及时安排记者跟进采访、报道。截至年底，报道网民反映的问题稿件20余篇，其中《网民在假冒网站办从业资格受骗》《对不认真回复网民诉求进行追责》等稿件及时为网民答疑解惑、反映市民心声，有效促进社会和谐发展。二是结合铜仁民风民俗、自然风光等组织记者、通讯员开展新闻采风，以图组这种直观的形式，报道群众感兴趣、想了解的新闻趣事。全年组织记者、通讯员采风17次，形成图品专题40个。其中铜仁网承办的“我是某某，我在某某地方”的全域旅游主题摄影共15期，吸引上千网民参与。

【舆论引导工作】打造“互联网+信访”工作，网上舆论得到导控。论坛同仁社区，总发帖45余万条。《社情民意栏目》收到网民诉求和建议2000余条，依然成为群众网络信访的重要渠道。协调、处理和回复950件，回复率占83%。

策划、组织乡村旅游，传播传统文化。社区凝聚网友，策划、组织乡村旅游，积极传播正能量，开展扶贫济困。7月，铜仁遭遇特大暴雨，部分村寨受损严重，同仁社区组织爱心网友60余人，前往万山区大坪乡清塘村、碧江区坝黄镇竹田村和白果村姚家组，给受灾群众带去生活物资。捐赠粮、油、蔬菜、夏凉被等日常生活物资和现金（6.6万元）；9月，同仁社区组织爱心网友30余人走进石阡县龙塘镇春锋小学，开展主题为“助力精准扶贫·关爱留守儿童”爱心活动，为学校的孩子送去电脑、音响、书包、文具等爱心物资。全年网站开展关爱老人，关爱留守儿童、爱心助学等公益活动近10次，捐赠钱物折合人民币15多万元，参加人员近1000人，惠及碧江、松桃、万山、江口等困难群体1000余人。

【“微铜仁”公众号运行情况】2016年“微铜仁”共采编发布信息1300余条；总阅读数394万余人次，头条总阅读数103万余人次。一是提升原创信息阅读数。围绕市委、市政府中心工作，发布《铜仁这31个传统村落将获中央财政支持，有你家乡不》《铜仁，为何赢得外国访问团连赞"good!good！"》《铜仁首个“海绵宝宝”落户凉湾新区》等原创信息70余条，其中《“铜仁舰”将铜仁从此与大海相连》阅读量达8万余次，《小激动 铜仁又将增添五条高速公路》阅读量3.3万余次。二是策划系列主题活动报道。针对全市重要活动重点报道《全国30篇改革案例入中央选编，铜仁占2席》《国家民族团结创建验收组如何评价铜仁》《“两学一做”如何学如何做市委书记这样说》等稿件；发布相关2016梵净山生态文明与佛教文化论坛报道19篇、换届选举纪律宣传18篇、《全域旅游·乡村行》28篇、《水博会》17篇、《党代会》32篇。三是加强H5等新媒体技术应用。策划制作《全国政协副主席王正伟：铜仁发展超乎想象》《全省“宣传干部上讲堂”观摩团走进铜仁江口》《辉煌五年，铜仁发展回顾》等H5微场景页面。四是运用图解、微专题等多形式手段。策划制作《图说政府工作报告》《精准扶贫医疗救助保障对象认定流程图》《营改增图解》《一张图带您读懂中共铜仁市委一届十一次全会》等图解稿件；设计、开发《天下铜仁人》《梵净天下灵》《全域旅游·乡村行》《水博会》《党代会》等精品专题，有效扩大新闻信息的传播影响力。

【中国梵净山文化旅游官网运行情况】 网站全年发布新闻信息5500余条、重大活动专题15个、线上线下活动21个。网站在百度中的自然排名名列“梵净山”关键字网站搜索靠前。

【掌上铜仁（微官网）运行情况】 掌上铜仁全年共计发布新闻信息3000余条，总阅读量30万余次，及时报道围绕市委、市政府的中心重点工作。

【网址导航管理运行情况】 网址导航全年共计发布新闻信息2000余条，收录市内各级各部门的官方网址134个、国内优秀网站网址128个，加入百度搜索引擎，是铜仁唯一的官方网址导航。

【今日头条号管理运行情况】 4月9日，为进一步向主流媒体宣传平台靠拢，铜仁网注册账号名为“微铜仁”的今日头条账号，截至2016年12月31日，共发布信息1500余条，头条推荐量986万次。

（铜仁网站）

卫生·计生·食品药品管理·老龄

卫生和计划生育工作

【概况】2016年，市卫计委按照“保基本、强基层、建机制、补短板”的总要求，围绕推进医药卫生体制改革，稳妥有序实施全面两孩政策，扎实推进各项工作落实。贯彻党中央、国务院关于实施全面两孩政策改革完善计划生育服务管理的重大决策部署，严格执行新修订的《中华人民共和国人口与计划生育法》《贵州省人口与计划生育条例》，积极适应计划生育工作的新形势、新任务和新要求。根据省医改领导小组、人口计生领导小组考核通报，铜仁市年度人口出生率、自然增长率、符合政策生育率和政策外多孩率均好于全省平均水平。万山区、印江自治县成功创建新一轮全国计划生育优质服务先进单位。妇幼健康服务能力全面提升。全市住院分娩率、婴儿死亡率和5岁以下儿童死亡率分别为99.42%、7.53‰和11.05‰。全省妇幼健康服务体系建设现场推进会在德江县召开。深入开展关爱女孩行动，国家卫计委圆梦女孩志愿行动示范活动在思南县成功举办，产生良好的反响。

【深化医药卫生体制改革亮点纷呈】铜仁市被国家卫生计生委、财政部、国务院医改办明确为第四批公立医院综合改革联系试点城市，市人民医院及碧江区、万山区公立医院按照要求取消药品加成,并同步调整医疗服务价格，启动城市公立医院综合改革。同时，铜仁市被国家卫生计生委列入全国分级诊疗试点市，并在国家卫生计生委召开的全国分级诊疗片区工作会议上作交流发言。积极探索跨区域联合采购和药品采购“两票制”改革，与福建三明签订协议加入药品耗材联合限价采购三明联盟。

【医疗机构等级创建成效明显】市妇幼保健院成功创建三级乙等妇幼保健机构；德江县、思南县人民医院成功创建三级乙等综合医院，分别为全省第一、第二家成功创建三级乙等综合医院的县级医疗机构；德江县民族中医院三级医院认定得到省中医药管理局认可；万山区人民医院成功创建二级甲等综合医院，全市县级综合医院实现二级甲等全覆盖；江口、石阡、玉屏、松桃4县妇幼保健院成功创建二级甲等妇幼保健机构，全市县级妇幼保健机构中二级甲等妇幼保健机构达到5家，在全省所有市（州）中覆盖率最高。20所乡镇卫生院被国家卫生计生委授予“2015-2016年度群众满意乡镇卫生院”称号。

【援黔医疗行动有效推进】全年共争取到苏州市派驻铜仁市帮扶医护人员137人，开展手术1476例，开展新技术新业务188项，会诊疑难病例讨论1081人次、手术示教859次、学术讲座399次，业务培训2117人次，并推荐铜仁市122名医护人员到苏州各医疗机构学习。

【“五个全覆盖”取得阶段性成效】认真落实“五个全覆盖”部署，顺利完成39个乡镇卫生院标准化建设任务；派驻75名执业医师到34个无执业医师的乡镇卫生院（社区卫生服务中心）执业，达到每个卫生院至少有2名执业医师；为1793所农村中小学校配备1899名校医，实现校医全覆盖；全市20个县级以上远程医疗中心全面建成并投入使用，碧江、松桃等6区（县）118个乡镇卫生院远程医疗中心建设全面完成；共计统筹城乡居民医疗大病保险基金1.7亿元，建立了覆盖全市392.67万人的大病保险制度。

【全面完成疾病预防控制各项工作任务】全市无甲类传染病报告，报告发病率388.61/10万，低于全省平均发病率水平。通过国家消除疟疾寄生虫流行病学抽查采样和调查验收。免疫规划疫苗接种率以乡镇为单位达95%以上，全市继续保持无脊灰状态。消除麻风病危害工作有序开展。监测检验及实验室能力显著增强，为保障公共卫生安全提供重要的技术支撑。城乡环境卫生整治行动取得新成效，成功创建2个国家卫生县城、11个国家卫生乡镇、20个省级卫生乡镇、101个省级卫生村寨，玉屏、石阡两县病媒生物防制通过省级达标考核，完成全市农村环境卫生和饮用水卫生监测工作。

【基本公共卫生服务水平进一步提升】累计建立居民电子健康档案296.29万人份，电子建档率达到90%以上；完成65岁及以上老年人体格检查及实验室检查20.06万人，老年人健康管理率达到69.36%；管理高血压患者22.8万人，管理率40.68%；管理糖尿病患者7.57万人，糖尿病患者管理率35.05%；卫生监督协管服务实现了全覆盖。

【“十三五”规划编制和项目工作顺利推进】完成《铜仁市“十三五”卫生计生事业发展规划》《铜仁市医疗卫生服务体系规划（2016–2020年）》《铜仁市医疗机构设置规划（2016–2020年）》等规划文本的编制工作；有序推进638个、总投入资金40.1亿元、总建设规模达89万平方米的医疗卫生在建项目，全面完成年度建设任务。

【创新精准扶贫举措 健康扶贫推出典型经验】市委、市政府印发了《铜仁市提高农村贫困人口医疗救助保障水平促进精准扶贫工作实施方案》，实施“一资助、两提高、两降低、两兜底”（即：资助参合、提高重大疾病和基本医疗保险补偿水平、降低大病保险起付线和住院起付线、落实计生医疗扶助和民政医疗救助兜底）保障政策。全市完成新农合信息系统属性标识56.37万人，医疗健康扶贫工作实现全覆盖。共有6.5万名群众享受医疗健康扶贫政策，补偿资金2.5亿元。其中，玉屏自治县创新探索建立困难群众先看病、后付费的医疗保障“兜底化”、报销补偿“惠民化”、扶助对象“精准化”的医疗扶贫模式，共有232名精准扶贫对象享受到先看病后付费的优惠政策，该县人民医院先期垫付医药费174.8万元，全面减轻贫困人群的经济压力。探索推行的“普惠+特惠+精扶惠”医疗健康扶贫模式，在省委改革办的《贵州改革情况交流》、中央改革办《改革情况交流》《贵州日报》《人民日报》《新华每日电讯》等中央、省级简报和主流媒体上刊发，并入选2016中国改革年度候选案例。是贵州唯一入选案例。

【被列为国家级医养结合试点单位】 2016年6月12日，被国家卫生计生委、民政部确定为第一批医养结合试点单位。

【市级临床重点专科建设取得开创性成绩】 开展市级临床重点专科创建工作。市财政投入专项经费500万元用于扶持市级临床重点专科建设，全市授牌市级临床重点专科24个、市级临床重点建设专科26个，实现市级临床重点专科零的突破。新增省级中医临床重点专科3个，总数达到19个。

（铜仁市卫生和计划生育委员会办公室）

卫生监督

【概况】 2016年，铜仁市卫生监督局按照谋发展、促改革、强基础、惠民生、转作风的十五字工作方针，开拓创新，大力查处卫生违法案件，完成各类卫生监督工作。

【严厉查处卫生违法行为】全年共立案5684件，结案5670件，罚款总金额654.3903万元，其中：公共场所1910件（占

32.7%）；传染病防治1079（占19%）；医疗卫生1323件（占23.5%）；无证行医363（占6.6%）件；学校卫生668件（占11.8%）；生活饮用水64件（占1.4%）；消毒产品220件（占3.9%）；其他57件（占1.1%）；未发生行政复议及行政诉讼。

【开展专项行动】 一是集中开展对辖区内医疗卫生机构医疗废物和污水的专项检查，共检查医疗机构3167家。通过责令整改和罚款，进一步规范铜仁市医疗卫生机构141377千克医疗废物处置和8429吨污水的处理工作，建立健全长效管理机制，防止因医疗废物和污水导致传染病传播和环境污染事故发生。二是开展整顿美容市场秩序专项整治。检查医疗机构及生活美容馆500余户次，下达了卫生监督意见书400余份，立案300余件，罚款7万余元。三是以“四小”行业（小美容美发、小旅店、小歌厅、小浴室（足疗）为整治重点，集中开展公共场所卫生监督专项整治工作。强化对全市公共场所卫生许可，从业人员持证上岗，特别是公共用品、用具消毒的监管。

【防病救灾】 2016年汛期，全市卫生监督机构及时启动汛期饮用水及传染病防治卫生监督应急预案，对水源防护，沉淀、过滤、消毒水质净化设施和卫生检验设施运行情况进行重点监督，制作宣传展板30块，发放饮用水安全、传染病防治资料万余份，开展健康知识讲座15场，检查市政供水单位15家，乡镇集中式供水单位150余家，抽检出厂水和末梢水水样1000余份，指导农村散在式水井消毒220个，汛期全市无饮用水引起的传染病事故发生。

【饮用水卫生监督】 检查集中式供水单位148户，监督检查覆盖率100%。其中：市政供水14个，日供水千吨以上的乡镇集中式水厂24个，日供水百吨以上千吨以下的乡镇集中式水厂110个，其持有效卫生许可证率分别为100%、79.1%和68%；从业人员持健康证上岗率分别为100%、100%和82%。

【职业、放射卫生监督】 完成职业病防治监测项目，开展对辖区内医疗机构放射诊疗活动督查，放射工作人员个人剂量监测415人，监测率89.4%，放射工作人员职业健康检查421人，检查率90.7%。监督检查放射诊疗单位161户，下达责令限期改正的卫生监督意见书62份，立案57起，罚款26.4万元。

【学校卫生监督】 开展学校教学环境卫生监督检查468所、学校传染病与常见病防控及饮用水监督检查551所、卫生综合监督评价182所。完成学校卫生安全分类定级管理工作，全市共开展学校安全分类定级114所，A级7所、B级97所、C级有10所。

（铜仁市卫生监督局办公室）

计划生育协会

【概况】 2016年，全市计生协会紧紧围绕卫生计生中心工作，服务于科学发展、服务于社会和谐稳定、服务于计划生育群众，各项工作取得新的进展。

多措并举，深入学习贯彻习近平总书记李克强总理重要指示批示精神。先后召开全市计生协学习贯彻中国计生协“八代会”精神座谈会和“两学一做”专题研讨会，组织专题研讨。二是贯彻基本国策，积极服务全面两孩政策实施。各级制作宣传手册5万余份，宣传折页10万余张。通过督查评估，累计认定各区（县）创建达标合格村1467个，其中重点合格村133个。会员与群众结成帮带对子12万余对。联合团体会员单位实施“幸福助孕工程”，为194对不孕不育夫妇开展免费筛查。

围绕宣传和服务，积极参与卫生健康工作。深入推进“青春健康教育进校园活动”，建立“青春健康教育巡回讲座机制”，在铜仁学院按国家级标准启动创建“青春健康教育示范基地”。市级举办第三期青春健康师资培训班。联合市卫计委举办全市“医疗惠万家·民生故事会”先进典型讲述比赛活动，在全省“医疗惠万家·民生故事会”先进典型讲述比赛活动中，铜仁市推荐选手获得全省二等奖。联合举办以“我关注·我行动·我健康”为主题的“10·28铜仁市第七届男性健康日”宣传服务公益活动和迎新年“国学·胎教”音乐会等。

立足职责定位，扎实参与基层社会治理。新建计生协家庭服务中心39个，市、县投入资金442.7万元，争取到省卫计委家庭服务中心建设项目5个，投入资金250万元。新建会员之家100个，文艺宣传队113支，开展文艺会演527场次。建立“铜仁市计生协志愿者分队”和10个区（县）计生协志愿者小分队。通过“认亲戚、走亲戚”和“健康直航”等组织以“情系计生·共建幸福”为主题的关爱计生特殊家庭志愿服务活动。

实施“五大幸福计生行动”，助推同步小康建设。先后为198名计生家庭唇腭裂儿童落实免费整形修复手术。新建留守儿童乐园52个，选派10多名计生家庭留守儿童赴北京等地参加“留守儿童夏令营”活动。新增实施“幸福工程”项目6个，投入资金100万元，受益农户70户。抓好印江中国计生协“生育关怀携手行—计生困难家庭发展致富”项目建设。依托“人口福利·生育关怀基金”对计生特殊家庭实施关怀和救助行动，投入资金53.29万元。争取省人口福利基金会投入40万元为铜仁市9600余户计生两户家庭购买意外伤害保险。德江张前军家庭被评为全国首批100个“幸福家庭”。

加强市、县生育关怀基金建、管、用，大力实施各类公益项目。2016年6月举行贵州省人口福利基金会“铜仁市生育关怀基金”成立暨公益募捐慈善晚会，建立市级生育关怀基金，筹集到位基金593万元。推动10个区（县）落实生育关怀基金后续注入长效机制，2016年后续注入基金240.37元，县级基金总额累计达到2315.68万元。累计建立22个计生协产业发展合作社，其中2016年新建7个。各级计生协使用基金159.85万元实施各类公益项目，扶助计生家庭。

扎实抓好项目建设，努力服务计生家庭。实施中国计生协计生特殊困难家庭扶助项目和青春健康沟通之道家长培训项目。组织实施民生项目专项督查。

抢抓发展机遇，加强协会组织建设。3个区（县）新设生育关怀基金管理办公室；2个区（县）在卫生计生整合中将计生服务站事业编制整合到计生协中。铜仁学院建立市级首家高校计生协。联合市红十字会在大连民族大学举办干部能力提升培训班。开展“两学一做”学习教育，扎实开展精准扶贫，切实抓好全市计生协会系统党风廉政建设。

【全市计生协参与交流活动】江口县常务副会长游明静被推荐当选为中国计生协兼职理事。市计生协会分别在全省计生协专职副会长座谈会、全省“人口福利·生育关怀基金”工作推进会和全省计生协青春健康工作现场推进会上交流发言，德江、印江分别在全省计生基层群众自治工作现场会、省计生协四届八次理事（扩大）会议上作交流发言，印江自治县在全国生育关怀携手行—计生困难家庭发展致富项目经验交流会上作经验交流发言。

【全市计生协工作获表彰】全市计生协工作获得全省计生协绩效目标评估一等奖，建立市级生育关怀基金工作获全省计生协工作创新奖。市计生协会获全国计划生育协会地级先进单位称号、获全省计生协工作先进集体称号、获铜仁市创建全国民族团结进步市工作表现突出集体，全市还有5个集体、4名个人获中国计生协表彰；5个集体、11名个人获省人社厅和省计生协表彰。

【建立市级生育关怀基金】2016年6月举行贵州省人口福利基金会“铜仁市生育关怀基金”成立暨公益募捐慈善晚会，建立市级生育关怀基金。市委书记夏庆丰作批示，省计生协会、省人口福利基金会领导，市委、市政府、市人大、市政协分管联系领导出席活动。筹集到位生育关怀基金600多万元，其中省级项目经费120万元。

【深化计生协合格村创建工作】2016年，铜仁市计生协推动村级计生协真正开展实质性工作，将组织建设与业务建设有机结合，创新开展计生协“合格村”创建活动，获省计生协工作创新奖。合理安排“合格村”创建数量，科学编制“合格村”创建五年规划和“重点合格村”三年规划。根据“心中有全局，手中有典型”的工作方法，进一步规范铜仁市计生协合格村和重点合格村创建工作标准（主要包括加强组织建设、落实“六个抓手”、开展会员帮带三个方面的内容）。全年创建合格村182个，培育重点合格村68个。市计生协会认定各区（县）创建达标合格村1467个，其中重点合格村133个。

【实施计生特殊困难家庭扶助、青春健康沟通之道家长培训项目】市计生协争取到中国计生协计生特殊困难家庭扶助项目和青春健康沟通之道家长培训项目落户铜仁。计生特殊困难家庭扶助项目由国家、省、市、县投入项目资金127万元对全市491户失独家庭、109户伤残家庭在生产生活、医疗保障、精神慰藉等方面进行帮扶。年内已先后举办项目培训、志愿者培训班，项目实施顺利。青春健康沟通之道家长培训项目以碧江区为重点，以《沟通之道》为主教材，开展青少年家长培训，以《成长之道》为主教材，开展青少年PLA培训，以主题沙龙、座谈交流、活动体验等参与互动等形式，组织开展青少年家长大讲堂。碧江区卫计局、计生协联合教育、团委等部门，开展丰富多彩的项目活动。举办“理解青春·放飞梦想”为主题的青春健康“沟通之道”家长培训班。

（市计生协会办公室）

红十字会

【概况】 铜仁市红十字会为正县级单位，由市政府直接领导联系。综合科、备灾救灾中心二个职能科室。核定编制9人，实有9人。2016年全市红十字会以博爱品牌系列行动为载体，广泛调动各方人道资源有效服务于“大扶贫”，扎实推动红十字核心业务发展。

【以“博爱在铜仁”品牌项目为支撑加大宣传力度，增强红十字会公信力】加大宣传力度，提升红会影响力。一是加强与省内外高端媒体合作，扩大红会影响力。报送信息曾在《贵州日报》等多家媒体刊载，并在贵州电视台等新闻媒体滚动播放。二是加强与媒体合作，组建专用网络。主动加强与铜仁日报社、铜仁外宣中心的交流与合作，挤出经费，组建了铜仁市红十字会网站，建立铜仁市红十字会微信平台，着力宣传红十字运动基本知识及相关法律法规，宣传报道红十字会的特色活动、重点业务、品牌工作及在服务民生、构建和谐社会中的重要作用；三是每月主办内部刊物《铜仁红十字》，打造自身宣传阵地。全年共编辑《铜仁红十字》12期，采集信息63篇（条），在上级媒体和同级媒体宣传报道50余次，分发至市领导班子手中和理事成员单位。

筹资与宣传结合，拓展筹资渠道。以“博爱家园行动”“博爱在铜仁”等项目筹资为抓手，一是通过举办大型专场活动，在市区人员密集场所设置募捐箱开展现场募捐。二是借助有关媒体向机关、团体、企事业单位宣传，积极筹资，主动上门对接，得到爱心企业的大力支持，特别是贵州乌江水电开发有限责任公司和贵州中烟工业有限责任公司一次性捐款1400万元，全年共获爱心捐款1600余万元。用于贫困地区的基础设施建设和产业发展。三是充分发挥体制机制优势，参加印江首届书法文化艺术节之“梵天佛地·大爱无疆”中国名家书画作品公益拍卖活动，共筹集助学金40万元，用于救助贫困学生。四是开展特大洪灾的灾后重建。2016年，铜仁市连续发生极端灾害性天气，尤其是7月3日至4日，全市东部、南部普降暴雨，江口县、万山区、碧江区等地出现区域性特大暴雨，导致多地出现山体滑坡，房屋垮塌等险情，部分区域发生严重内涝，人民群众生命财产遭受重大损失。市红十字会及时启动自然灾害应急预案，第一时间将灾情向省红十字会上报，并向社会发起募捐倡议，争取社会各界的救灾款物，得到社会各界的支持，共筹资金

400余万元，有效支持灾区灾后重建工作。五是争取对口帮扶领导的支持，获得苏州市地税局爱心捐款105万元。

抓好对口帮扶工作，争取帮助与支持。主动加强与对口帮扶城市苏州市红十字会的交流与合作，拓展筹资渠道。一是在元旦、春节期间争取到苏州红会5万元的“红十字博爱送万家”慰问物资，用于贫困弱势群体的帮扶救助。二是抓好总会有关文件的贯彻落实，借助4月14日工作会议契机，将《中国红十字会总会关于对口支援西部地区红十字事业发展的指导意见（2016—2020年）》复印分发各区（县）红十字会，要求各区（县）主动对接落实。昆山市红十字会定向捐赠市五完小、铜仁市第一中学初中部价值26.5万元的电脑100台改善办学条件；2016年2月至5月，苏州市、昆山市多家爱心企业及爱心人士共捐赠碧江区55万元用于精准扶贫、留守儿童、部分学校基础建设、贫困群众因病因残等民生方面救助；昆山市红十字会与碧江区红十字会再次签订5年《捐资助学合作协议》用于开展贫困学生资助活动。市红十字会正积极与苏州市红十字会对接，经初步协商，苏州市红十字会计划于“十三五”期间帮助铜仁市实施“红十字救护培训基地”及“脱贫攻坚·博爱助学”两个项目，帮扶项目已达成协议。目前已到位资金50万元。

【整合资源，聚力和助力脱贫攻坚工作】扎实开展驻村帮扶工作。成立驻村帮扶工作领导小组，明确专人负责。结合实际与帮扶村的村支“两委”联系，共商该村发展大计，共同制定产业发展计划，并切实开展帮扶活动。一是为印江自治县中兴街道大田村协调争取项目2个，资金达830万元。其中：为联系村争取土地整治项目资金800万元；争取农业扶持项目，建设总投资30万元的茶叶、花椒基地。二是深入开展各类活动，丰富群众精神生活。5月27日，对联系村的15户贫困户进行慰问，发放大米15袋、食用油15桶、家庭包10个，为20名留守儿童每人发放慰问金200元，为联系村解决1万元工作经费。6月27日，联合印江自治县红十字会赴大田村，与村党支部开展支部联建活动。主要领导上专题党课，对5名困难老党员进行慰问，并到木黄会师纪念馆开展爱国主义教育活动。9月，为大田村解决电机维修费10000元。10月19日，赴大田村开展党的声音、道德讲堂暨脱贫攻坚培训进联系村活动，为5户计生困难户每户发放慰问金1000元。

精准扶贫稳步推进。一是巩固2015年扶贫效果。会主要领导多次深入2015年扶贫点—玉屏自治县朱家场镇甘龙村、桐木村，与村支两委座谈，对村里的基本情况、基础设施建设、产业发展及致贫原因作进一步了解。与市水利建设部门对接，争取到水利建设资金10万元。二是深入开展县级领导包贫困村贫困户工作。会领导班子先后五次深入石阡县中坝街道办事处河西社区、太平村、群家山村，与贫困群众面对面交谈，针对致贫原因，对症施策，发放慰问物资5000余元。帮助危房贫困户解决房屋租赁资金3000元。8月22日，市红十字会深入石阡县中坝街道河西村、太坪村、群家山村开展县级领导干部包贫困村工作，为每村捐赠扶贫资金10000元，并派出医务人员为130余名群众开展义诊和健康咨询。为石阡县中坝镇解决综治帮扶资金5000元。

与扶贫部门联合，整合资金，开展各种形式的精准扶贫工作。一是与印江自治县红十字会与扶贫办联合，筹集扶贫资金26万元，用于精准扶贫工作。二是向社会各国界筹资扶贫资金100余万元用于助学、助医、助残、助困等帮扶工作，有效地帮助弱势群体进行脱贫。

【加强红十字生命事业】广泛开展红十字应急救护知识进社区、进农村、进学校、进企业、进机关“五进”活动，举办各类公益培训普及宣传活动40期，公益培训人数达2.1万人次。新建梵净山和万山矿山公园2个景区红十字救护站。全年招募造血干细胞志愿者100人，有3名志愿者高配成功，成功捐献3人；加大《贵州省人体器官捐献条例》宣传力度，全市登记器官捐献志愿者

10人。

【加强基层组织建设】2016年新建基层红十字会10个，全市现有红十字会基层组织124个，志愿者2248人。

（铜仁市红十字会办公室）

食品药品监督管理

【概况】 2016年，市食品药品监督管理部门以确保人民群众饮食用药安全为目标，把深入开展食品药品安全专项整治与强化“四品一械”日常监管结合起来，把探索创新管理与确保食品药品安全结合起来，把推进党风廉政与加强警示教育结合起来，标本兼治，着力治本，大力净化食品药品市场秩序，较好地完成全年的各项工作任务。全市有食品生产单位1836家，其中获证企业253家、小作坊1583家；食品销售获证主体21409家；餐饮服务环节持证单位6926家；药品生产企业7家、药品批发企业18家、零售连锁药店10家、药品零售企业1148家；医疗器械生产企业2家、批发企业30家、零售企业114家。

【工作开展情况】加强食品药品安全宣传。一是充分利用各种宣传平台广泛开展食品安全宣传。利用“3·15消费者权益日”“5·12防灾减灾日”“科技宣传周”“农村食品药品安全电影放映”等开展食品安全宣传。二是精心组织开展2016年“食品安全宣传周”活动。6月13日，开展启动仪式。市政府、碧江区政府和万山区政府的食安委成员单位共计108人和碧江区、万山区行业企业代表200余人参加活动。市委常委、市政府副市长杜元虎出席启动仪式，并现场进行巡视。现场共展出展板30块，发放资料17类20700多份，现场展示假劣酸辣食品、糕点、饮料、酒类、过期药品等假劣食品药品16种共计1.4吨。市农委、省出入境检验检疫局铜仁办事处、市质监局、市工信委等14部门举办“部门主题日”活动。三是开展野生菌食物中毒防治宣传工作。召开专题视频会议，印制宣传画册；在铜仁电视台、《铜仁日报》等开辟食品安全宣传专栏；利用手机微信、张贴通告等形式宣传食品安全注意事项警示。四是利用12331投诉举报电话、12345民生热线等接受群众投诉咨询。受理投诉举报事项177件。其中：保健食品24件，食品生产环节18件，食品销售环节110件，餐饮服务环节25件。五是开展“放心农资下乡进村宣传周”活动。举办宣传活动46场次，印发各类宣传资料7.975万份，张贴标语和悬挂横幅88条，接受群众现场咨询2.07万人次。

做好抽样检验，严密监控食品药品质量。食品生产环节：全年国抽、省抽共333批次，不合格38批次，不合格率为11.4%。对监抽不合格的批次，严格按照监抽不合格后处理程序从严进行处理，坚决做到“四不放过”，该约谈的进行约谈，该罚款的坚决罚款。市级抽检共31批次，抽检合格数为27批次，4批次未出抽检结果。县级共抽检789批次，不合格24批次，对监抽不合格的批次，对应的县级监管部门已开展核查处置工作。食品流通环节：对群众消费热点的50余种食品进行检测，共抽取985批次，其中不合格16批次，不合格率为1.62%。通过开展食品检验检测工作，有效地提升食品监管效能，排除食品安全隐患，保障群众饮食安全。餐饮服务环节：完成监督抽样15大类17个品种250个批次，其中省局计划170批次，市级计划80批次。省级抽检任务完成检验149批次，剩余21批次省食品药品检验所仍在检验中；市级抽检80批次全面完成。在省、市所已完成检验的229批次全部合格。药品、化妆品和医疗器械监管环节：市级共抽检药品200批次和医疗器械40批次，区（县）级共抽检药品400批次。并要求扩大抽样监督覆盖面，药品抽样监督县乡覆盖率达到100%。年内共完成药品常规抽验600批次，不合格8批次，均为中药饮片，不合格率1.33%；完成医疗器械抽样40批次，均合格；完成化妆品抽样45批次，进入结果核实。不合格药品已立案查处。深入各区（县）及部分乡镇开展快检，检查药品经营企业28家，医疗机构11家，现场快速检测药品274批次，快速检测车辆运行抽样药品100批次。

食品安全综合协调工作。市食安委共召开例会4次，研究铜仁市一系列重大食品安全工作事项。在食品安全第二次例会上，市政府分管领导与各区（县）（含大龙经济开发区）分管领导签订了《铜仁市2016年食品药品安全目标责任状》，与市食安委成员单位签订了《2016年铜仁市食品安全目标责任状》。制定《2016年铜仁市食品药品安全工作督导考评的细则》，明确对各区（县）政府食品安全考核的具体内容和食安委各成员单位职责分工。起草《铜仁市人民政府食品安全事故应急预案》，落实各级各部门食品安全工作责任。推动食品药品安全应急体系建设，指导协调全市食品药品安全事故应急处置。铜仁市全年未发生一起较大及以上食品安全事故。

食品生产安全监管工作。全年共检查食品生产企业700余家次，检查食品生产加工小作坊3700余家次，达到每个食品生产单位一年至少巡查两次的要求。拟定全市食品安全风险问题清单，制定防范措施，确定专项检查重点食品生产企业名单，开展专项检查35余次。共受理食品生产许可共计73件，其中许可发证的68件（新办38件，变更2件，延续28件），不予许可的4件，企业申请注销1件。按照“三集中，三到位”要求，推行网上申报平台。依法公开8个行政审批事项，并按时在市食药监局网公布。开展各类项专项检查工作13次。开展对以禽类为原料生产加工食品的生产企业和小作坊开展专项监督检查，检查生产企业1家，小作坊37家。开展食用植物油塑化剂专项监督检查工作，共对12家食用植物油生产企业进行摸底并抽检，抽检结果均为合格，未发现安全风险隐患。开展肉制品兽药残留专项监督检查工作，共检查企业14家，共抽检8个样品数，检验结果待定，检查中发现1家问题企业，为铜仁市卢德腊味食品厂营养标签不合格，现已完成整改。开展端午节期间食品安全专项抽检，检查食品生产小作坊33家，检查2家糕点类生产企业。月饼专项监督检查共检查月饼生产企业2家，月饼生产加工小作坊152家，发现风险隐患信息（小作坊）9条，查处案件（小作坊）3件，查处货值0.334万元，查处生产单位3家，已整改问题12个，共出动检查人次505人次。豆制品专项共检查豆制品生产加工企业10家，检查小作坊67家，查处案件2件，已整改问题16个。标签标识专项检查食品生产企业239家，发现风险隐患信息35条,查处案件13件，查处货值10.5万元，已整改问题43个，查处生产企业13家。蜂蜜产品专项检查生产企业2家，发现风险隐患信息1条，整改问题1个，出动检查人11次。

食品流通安全监管工作。共出动执法人员13748人次，检查经营者50294户次、批发市场和集贸市场694个次，查处食品违法案件143件，案值80.2万元，罚没金额129.42万元，共查处不符合食品安全标准的食品25289.4公斤。严格依法核发食品流通许可证，强化食品经营主体经济户籍管理和信用分类监管，进一步完善食品流通许可审查程序，逐步规范行业准入门槛。开展水产品专项整治、蔬菜及其制品经营市场专项整治、保健食品市场专项整治、农村食品“扫雷”行动、食品台账专项整治等系列专项整治、校园周边食品专项整治等工作，对各区域深入开展检查，共出动执法人员8789人次，检查食品经营主体21948户次。

餐饮服务食品安全监管工作。加大2、3类食品经营许可证的换、发证工作。换证工作从2016年3月全面推开，各区（县）换发食品经营许可证8835家，其中：餐饮单位7152家，食堂1683家。全面落实学校食堂、大型以上餐馆和旅游景区宾馆、农家乐等餐饮服务单位量化等级公示。全市2、3类食品经营持证单位9196家，其中：新增2888家、注销267家。各区（县）餐饮服监管部门完成动态等级评定7452家（其中优秀173家、良好1510家、一般5661家、责令整改108家），动态等级评定率97.41%。完成年度量化评定等级6062家，（其中A级9家、B级693家、C级5360家、年度新办证单位2888家），年度量化分级等级评定率96.10%。大力开展餐饮服务食品安全示范工程创建。完成1个省级餐饮服务食品安全示范县、3个示范乡镇、6条示范街、1个示范景区的申报工作。完成重大活动保障任务160次。开展元旦、春节、五一、校园周边食品安全专项检查，“火锅店安全生产隐患排查专项行动”“旅游服务食品安全专项整治行动”，开展学校食堂、农村食品和节假日等餐饮服务食品安全专项整治工作。共出动执法人员2882人次，检查餐饮服务单位6161户次，查处无证无照食品户58家，立案9起，结案8起，罚款2.0万元。

药品化妆品监管工作。对投入生产的5家生产企业全年进行2次药品GMP跟踪检查以及安全生产监督检查，对GMP过程中存在严重缺项的企业依法进行了处罚。对全市医疗机构制剂进行了2次全面检查，责令铜仁市人民医院限期改正，并于2016年10月8日完成整改。对全市麻醉药品、精神药品生产、经营企业每季度进行一次专项监督检查，全年共检查4次，未发现违法行为。开展针对经营使用假劣中药饮片专项整治行动，共出动执法人员906人次，检查药品生产企业3家、药品经营企业480家、医疗机构808家。对存在问题的57家涉药单位下发了责令整改书。对质量可疑的4批（次）中药饮片进行了抽检；共立案27起，查处问题药品193批次，货值金额3.2万元，共罚款5.7万元，取缔1家无证经营药品的药店。全市整治“两非”专项行动共出动执法人员1238人次，检查药品经营企业657家，药品使用单位549家。发现违法销售（使用）终止妊娠药品行为10起，立案10件，结案8件，2件办理中，罚款金额4.5万元。查处无证经营药品案件1起（其中涉及终止妊娠药品），罚没款5万元。开展中药制剂生产专项监督检查工作，对全市中药饮片生产企业全部进行现场检查。全年共出动执法人员878人次，检查化妆品经营使用单位858家次，下发责令整改通知书48份，立案34起，结案25起，罚没款13.8万元。

医疗器械监管工作。年度共出动检查人员598人次，检查医疗器械经营企业363家次。检查第三类医疗器械批发经营企业35家，检查覆盖率达100%；检查第三类医疗器械零售经营企业202家，检查覆盖率达100%；检查医疗器械使用单位189家次，对检查中发现存在问题的企业均提出整改要求。完成体外诊断试剂类经营企业、无菌及植入类等经营企业的日常监督检查工作，检查覆盖率100%；对获得第二类医疗器械经营备案证的企业按100%进行检查。开展加强注射用透明质酸钠监督检查、医疗器械经营企业和使用单位冷链管理监督检查、集中排查定制式义齿质量安全隐患、过期医疗器械专项整治、医疗器械流通领域整治、无菌和植入类医疗器械监督检查、加强避孕套质量安全管理和严厉打击非法经营装饰性彩色平光隐形眼镜行为等专项整治工作。

药品化妆品医疗器械安全性监测工作。全市收集药品不良反应监测报告上报6069份，其中新的、严重的报告642份，新的、严重的比例占10.57%。医疗器械不良反应事件监测报告上报了1106份，药物滥用监测报告上报了1331份，化妆品不良反应监测报告210份，各项监测任务均超指标完成。

食品药品稽查工作。全市食品药品领域行政处罚共立案743件，结案606件，结案率为81.56%；罚没款共计492.84万元。其中，食品立案506件，结案402件，移送司法机关2件；保健食品立案18件，结案15件；药品立案99件，结案89件,移送司法机关5件；医疗器械立案44件，结案41件；化妆品立案76件，结案59件，责令停产停业2个。市局稽查局立案20件，结案15件，罚没款48.34万元。

【工作亮点】景区餐饮服务食品安全的江口县“寨沙寨”和石阡县的“尧上肴”模式被省政府推广。2016年9月20日，省人民政府食安委在江口县召开景区餐饮服务食品安全现场会，副省长何力亲自深入餐饮服务单位调研，并询问游客，了解实际情况。何力副省长在会上指出，“以往开现场会，是指定去看什么地方、规定了解哪些内容。这次现场会，是鼓励大家随机看、到处看，这就是真正的示范带头作用”。《中国医药报》《贵州日报》、省市电视台和网站均作了报道。

创建农村食品药品监管“三员制度”。印发《关于推进铜仁市农村食品药品安全监督员、协管员、信息员制度的指导意见》，在全省率先推出由各行政村（社区）支书、主任、会计分别担任农村食品药品安全监管监督员、协管员、信息员的“三员制度”。

全面推行农村集体聚餐备案管理制度。制定《铜仁市集体聚餐备案指导工作指南》，坚持县级监管部门指导，乡（镇）主要负责，村（社区）协助的工作原则，实行报告登记与现场指导相结合的管理模式。并将集体聚餐食品安全纳入村规民约，明确备案管理工作程序，按规模实行分级管理。

率先建立食品工业园区。针对食品生产加工小作坊“脏、乱、差、多、小、散”等问题，在碧江区创建食品工业园区，鼓励和引导小作坊入驻园区“抱团”发展。园区实行统一管理、统一标准、统一取证、统一品牌、统一检验、统一配送、统一供暖供气“七统一”模式。监管部门在园区成立驻园食品安全监管站，设立与加工能力相适应的实验室、检验室，配备专业检验人员。多家食品生产企业入驻园区。运转情况反映出园区示范集聚效应明显，具有较强的发展潜力和竞争优势。

武陵山现代医药物流园走出成功模式。武陵山现代医药物流园是集“贸易、加工、仓储物流配送、检验检测、商务配套”于一体的现代医药物流园区，可承接以中药材和中药饮片及现代医药研发、交易、仓储、配送等业务。园区全面投入运营后，年销售额达50亿元，可带动周边农户16余万户从事中药材产业。武陵山现代医药物流园作为2015年全省第二次项目建设现场观摩会的主要观摩点之一，得到省委主要领导的肯定。同时举办中国武陵山（铜仁）首届中药材暨新医药博览会。市委主要领导以全国人大代表身份向全国人大提出议案。

大案要案查处优势凸显。全市查处的食品领域违法案件中案值金额在10万元以上有6件，其中案值50万—100万元的有2件；20万—50万元的有1件；10万—20万元的有3件，即江口县晏远秀无证经营食品案（案值金额11.60万元）、江口县游氏熟食店无证经营冷冻肉制品案（案值金额13.87万元）、碧江区利群冷冻肉食品批发部经营标签不符合规定的食品案（案值金额13.26万元）、江口县袁刚、周娟夫妇无证经营冷冻肉制品案（案值金额20.05万元）、思南县乐洋无证经营高浓度酒精案（案值金额90万元）、周春海运输标签不符合食品安全法规定的冷冻牛肉案（案值金额100余万元）。

（食药品监管局办公室）

老　　龄

【概况】 2016年，铜仁市老龄工作坚持“党政主导、社会参与、全民关怀”的老龄工作方针，围绕全省老龄工作年度目标，以统筹推进城乡养老服务网络建设为重点，在规范基层老年组织管理、推进老龄宣传教育工作、开展老龄调研活动及加强老龄自身建设等方面，认真部署，扎实推进，较好地完成全年各项工作任务。

【抓好上级会议精神贯彻和任务部署】铜仁市以精神为指引，认真抓好传达部署工作。一是及时汇报，赢得多方支持。市老龄办拟定贯彻省老龄委第十五次全体会议及全省老龄办主任会议精神汇报提纲，积极向民政局党组，以及市委、市政府分管领导进行专题汇报，得到领导的大力支持。市委常委、组织部长、老龄委主任陈代军就如何贯彻落实好上级会议精神批示意见。由于各级党委政府的重视，市老龄办增加1名调研员编制，碧江区、玉屏自治县、印江自治县落实了1正2副的老龄干部建制，万山区调整调入人员，新增综合股和事业发展股2个股室，其他各县也基本调整新的年轻人到老龄工作岗位，全市的老龄干部队伍有了质的提升。二是召开会议，突出工作重点。铜仁市于5月9日在铜仁市召开了老龄委第五次全委扩大会议暨全市老龄工作会议，各区（县）分管领导、老龄办主任、市直24个成员单位等领导参加了会议。会议传达了全省老龄委第十四次全体会议及全省老龄办主任会议精神。市民政局局长、老龄办主任杨强作了全市老龄工作报告，对全年工作重点进行安排。杨同光副市长在会上作讲话，明确了将建成10个老年人日间照料中心和500个农村互助幸福院作为市政府本年的民生“十件实事”之一，并与各区（县）签订目标责任书，为铜仁市下步老龄工作的重点指明方向。三是抓好部署，明确工作目标。按照全省会议精神，结合铜仁市实际，印发《2016年全市老龄工作要点》，并从十个方面对全市老龄工作进行安排部署。印发《关于认真做好2016年老龄业务目标绩效管理工作的通知》，理清工作思路，明确工作重点，使各项工作有计划、有步骤地抓落实。

【完成“医养结合”示范市创建工作】市老龄办在继市政府印发《铜仁市养老与医疗机构推进医养结合实施方案》后，按照国家卫生计生委办公厅、民政部办公厅《关于遴选国家级医养结合试点单位的通知》精神，开展争创全国医养结合示范市创建工作。经过联合调研，代市政府起草《铜仁市人民政府关于创建国家医养结合试点示范市的实施意见》，经市政府审定呈报省政府，得到国家卫生计生委和民政部的认可，6月16日将铜仁市明确为第一批国家级医养结合试点单位，为铜仁市进一步抓好医养结合发展工作，提升全市的养老服务整体水平奠定扎实基础。

【推进城市养老服务设施建设】一是扎实推进日间照料中心项目建设。铜仁市把年内建成10个老年人日间照料中心项目作为政府的民生“十件实事”来落实，中央彩票公益金资助的6个日间照料中心项目基本完成，进入设施配置。万山区、玉屏自治县、德江县的项目完成装修工作，并向社会进行运营招标。沿河自治县将原居家养老服务站扩容整合为日间照料中心，完成改造并投入使用。松桃自治县、印江自治县、大龙镇老年人日间照料中心已完成主体工程，进入装修阶段。二是抓好城市居家养老服务质量提升。铜仁市针对各区（县）实际，对全市17个城市居家养老服务中心（站），提出了提升服务质量，探索社会化服务的要求，推行持证上岗机制，引导各区县的居家养老服务人员参加就业局举办的就业培训，进一步提高服务水平，促进城市居家养老服务的规范管理。三是积极推进社会化服务管理工作。铜仁市鼓励各区县积极探索养老服务社会化管理模式，将市老年公寓养护楼和万山区老年公寓养护楼承包给社会养老服务企业进行经营，联系铜仁市海都养老集团公司，建立以铜仁市区为中心点的城市居家养老网络，逐步向全市推进。四是大力加强社会办养老机构引导工作。铜仁市高度重视招商引资发展养老服务工作，在铜仁市梵净山建立的梵净山养老宾馆是一个及养老养生、健康科研、高端论坛等为一体的高端养老养生基地。思南县招商引进200张床位的城区老年公寓项目已建成投入使用，并开始第二期工程建设。松桃自治县打造1000张以上床位的万福养老服务中心已完成一期工作建设，碧江、玉屏、江口等新的高端型养老服务项目规划已落实项目用地，全市的社会化养老发展形势喜人。

【农村养老服务网络覆盖延伸】一是农村互助幸福院建设推进有力。完成中央和省彩票公益金资助的农村互助幸福院建设项目152个，启动建设152个，完成上级下达的项目建设任务。按照《铜仁市农村互助幸福院建设五年行动计划（2015—2019年）》，市政府纳入对各区（县）的年度考核工作，各区（县）工作推进有序，多数区县项目摸底工作完成，自建项目经费安排到位，并组织力量加快推进。二是开展项目申报工作。铜仁市各区（县）都积极申报中央彩票公益金资助的农村互助幸福院项目，全市共向上级申报152个农村互助幸福院项目。三是重视项目督促推进。为完成好全年的目标工作任务，根据《铜仁市人民政府办公室关于开展2016年农村互助幸福院和城市老年人日间照料中心等养老服务工作督查的通知》及《铜仁市农村互助幸福院建设五年行动计划（2015—2019）》的精神，由市民政局、市老龄办及市政府督查室联合组建三个督察组，9月11日至23日对全市10个区（县）的农村互助幸福院建设和城市老年人日间照料中心项目落实情况等涉老工作开展全面督促检查，并按照要求随机抽查60个农村互助幸福院项目落实情况，对全市的民政和老龄重点工作定期开展督察和调度通报工作。全年铜仁市建成农村幸福院建设项目1010个，共建立床位数5765个，乡镇覆盖率100%，初步搭建农村养老服务网络架构。4个区（县）完成项目建设任务。

【加强老龄宣传工作】一是认真做好年度宣教工作部署。铜仁市通过年度全市老龄工作要点，以及第五次老龄委全体扩大会议，紧紧围绕“五个老有”工作，对铜仁市在“敬老文明号”创建、“敬老月”活动安排、老龄宣传重点、老龄网站信息规范等方面工作进行安排部署。二是务实抓平台提升工作。铜仁市利用举办中国佛教论坛（铜仁分会场）的良好契机，与民政、卫计、民宗、铜仁学院等14家单位合作，投入10万余元，制作了《梵净山长寿文化画册——解密梵净山长寿密码》2200册，在论坛会议上向广大中外来宾发放宣传，为宣传铜仁养老文化，促进养老服务业的发展，起到很好的桥梁作用。三是规范老龄信息宣传工作。完成对铜仁市老龄网站的清理工作，完善网站项目内容，落实每日更新工作机制。对自办信息实行无纸化办公，年底，市老龄办共出简报22期。四是完成敬老文明号审核工作。市老龄办完成对全市申报的19个单位创建敬老文明号资料审核工作，并与人社等相关部门对接，完善相关申报资料。五是完成基层老龄先进单位及个人推荐工作。按照推荐工作程序，对相关推进单位进行公示，完善上报资料。六是务实抓老龄法规宣传。铜仁市把学习新修订的《中华人民共和国老年人权益保障法》作为年度重要工作来部署，要求各区（县）在宣传深度和广度上下功夫，将老龄法规宣传向基层延伸，完善对各区（县）新农村建设点的尊老敬老“文化墙”等建设。9月5日，市、碧江区民政局、老龄办、司法、卫生计生等部门在锦江广场开展法律咨询服务一条街宣传活动，发放宣传资料1100余份。各区（县）紧紧围绕“五个老有”宣传敬老、爱老、助老先进典型和模范事迹，开展尊老敬老表彰活动，不断扩大老龄工作的社会影响。

【推进村级老年协会规范管理】一是抓组织建设的面上推进。铜仁市致力于城市社区老年协会和农村基层老年协会的规范管理和基础设施建设，在实行“院会合一”等多种模式和争创“星级老年协会”创建等工作方面取得一定的成就。全市共有2748个行政村，2622个村建立老年协会，建会率达95.4%；140个社区成立老年协会，建会率达100%。二是抓好基层组织管理创新。铜仁市借助市政府推进全市农村幸福院网络建设的机会，采取对已建成农村老年协会的村优先布点的刺激措施，对村级老年协会进一步完善制度，全面推进“院”“会”合一的管理机制，尤其重视老年协会的日常台账管理，对协会的日常活动情况、调处纠纷情况、经费使用情况等加强了督促和指导工作，进一步增强凝聚力，提高管理水平。三是抓示范推进。铜仁市继续采取市和区（县）分级建示范点的方式，市级在每个区（县）抓1个示范点，各区（县）自己抓2个以上示范点的方法，加强对各区（县）的老年协会建设引导。四是抓经验总结。铜仁市按照省老龄办的要求，安排每个区（县）选择5个老年协会的工作经验向上汇报，全市共按时收集50篇老年协会管理经验材料报省老龄办。

【完善城市养老服务设施建设】一是规范城市居家养老服务管理。铜仁市按照市老龄委《关于加快推进和完善城市居家养老服务工作实施意见》，针对各区（县）实际，对发挥作用不明显的城市居家养老服务站、点进行清理，对全市正常运转的33个城市居家养老服务站，从工作机制、服务设施、服务人员、服务水平等方面，进一步进行规范。二是抓居家养老服务质量提升。倡导各区（县）学习碧江区委托海都集团管理城区居家养老服务的社会管理经验，农村居家养老服务开展正常活动的有59个，市老龄办还组织各区（县）到外地等地学习借鉴城市居家养老服务管理经验，使城市居家养老服务质量得到整体提升。三是加强养老服务重点项目建设。市老年公寓养护楼以公建民营租赁方式于9月29日和铜仁恒盛建材有限公司签定运营租赁合同，实现了社会化管理。万山区的老年公寓养护楼营运项目招商完成招标，开展项目装修工程。玉屏自治县老年公寓养护楼完成主体工程建设，进行营运招商谈判。

【加强老年维权规范管理工作】一是加强高龄老年人生活补贴发放工作。铜仁市的高龄老年人补贴发放工作已步入常态化管理，全市共有174472人高龄老年人享受老年人生活补贴，累计发放高龄补贴经费2891万元。二是持续开展家庭赡养协议书签订工作。铜仁市结合本年的精准扶贫包村包户工作，各区（县）将签订家庭赡养协议书进行配套落实，有效地督促子女对老人赡养义务的落实。三是规范老年证办证管理。全年全市共免费办理老年优待证3162个，没有出现不按规定乱收费、乱办证等违纪违规情况。四是完成百岁老年人信息统计工作。经过认真组织，入户调查登记，全市完善186名百岁以上老年人的统计资料，并对百岁老人基本情况建立个人信息电子档案，实行动态管理。五是认真开展节日走访慰问活动。市、区（县）在元旦、春节、老年节期间，均由党委、政府分管领导带队，组织民政、老龄办等相关部门负责人，开展对高龄、特困、失独、贫困等老年人进行走访慰问活动。全市、区（县）、乡三级在元旦、春节期间，共组织慰问活动126余次，发放慰问品、慰问金（含物资折价）120余万元。

【重视老龄调研工作】一是认真开展养老服务体系调研工作。铜仁市老龄办积极配合市政协，在全市开展养老服务体系建设抽样调研工作，并积极参加市政协牵头的养老服务建设外调工作。二是开展外出调查借鉴学习活动。为认真贯彻落实全市老龄委第五次全委扩大会议精神，扎实推进“十三五”期间铜仁市老龄事业的发展，改变铜仁市养老服务业发展滞后的问题，加强社区居家养老服务工作，借鉴学习外地先进经验、工作模式、服务方法，促进铜仁市居家养老服务水平不断提升，切实提高该项工作的针对性、实效性、加大全市居家养老服务工作的推进力度，经请示市政府同意，市老龄办组织区（县）25名民政、老龄工作干部，于2016年8月19日至26日赴赤峰市、南京市、重庆市三市进行考察学习，通过对赤峰市、南京市和重庆市三地实地的考察学习，结合铜仁市开展全国医养结合示范市创建工作和铜仁市在开展城市居家养老服务工作方面获取的经验，完成考察学习任务。三是重视系统调研工作。铜仁市按照年度工作计划，针对各区（县）的实际工作情况，下发《关于做好2016年专题调研工作的通知》文件，分别安排不同题材的调研课题，要求各区（县）在7月31日和10月31日前分2次上报2篇以上高质量和有参考价值的老龄调研工作报告。

【切实推进为老服务建章立制】一是推行医养结合。铜仁市老龄办联合民政、卫计部门在全市178家一级以上医疗机构开展增挂养老病床活动，全市共增挂养老病床4000余张。成功争创成为全国第一批医养结合示范市。二是推动关爱留守老人机制。按照省政府办公厅《关于进一步加强农村留守老人关爱服务工作的实施意见》，经市民政局与老龄办的共同努力，市政府出台《铜仁市农村留守老人关爱服务工作实施方案》，从十个方面为农村留守老人提供服务保障。三是推进困难老年人补贴机制。市老龄办会同市民政局、财政局、卫计委四家联合印发《关于建立经济困难的高龄失能老年人补贴制度的通知》，引导和鼓励各区（县）建立经济困难的高龄失能老年人补贴机制。

（铜仁市老龄办）

新型农村合作医疗

【概况】 2016年，全市参加新农村合作医疗人数362.44万人，参合率99.70%。当年筹集基金182974.83万元。共补偿643.94万人次，补偿基金168092.6万元。

继续深化新农合重大疾病商业保险。保费1.35亿元，新农合大病保险经保险公司补偿16205人次，大病保险补偿基金11432.62万元。个人最高补偿60.35万元。

启动新农合意外伤害商业保险试点。玉屏、石阡、思南、碧江等四个区（县）启动新农合意外伤害商业保险工作试点。保费1663.23万元，新农合意外伤害保险经保险公司补偿3776人次，补偿金额1600.16万元。个人最高补偿6.99万元。

深入开展医疗健康扶贫工作。全市探索建立"普惠+特惠+精惠"医疗救助模式，有效解决困难群众看病贵问题，完成建档立卡贫困人口新农合信息系统属性标识563756人，医疗健康扶贫覆盖了所有建档立卡贫困人口，通过实施大病医疗保险和"一资助、两提高、两降低、两兜底"政策以来，全市共有73118名住院群众享受了医疗健康扶贫政策，政策范围内住院费用为30885.42万元，补偿资金29051.58万元，政策范围内新农合实际补偿比为94.38%。

2016年，铜仁市"普惠+特惠+精惠"医疗健康扶贫相继被省委改革办《改革情况交流》、中央改革办《改革情况交流》、中央政研室《学习与研究》刊载。并被人民日报、新华社、半月谈、贵州日报等国内多家媒体宣传报道，并入选2016中国改革年度候选案例（贵州省唯一入选）。获铜仁市2016年度全面深化改革创新奖一等奖。

（市新型农村合作医疗管理办公室　刘徐蕊）

区·县概况

碧 江 区

【概况】 碧江区位于铜仁市的东南部,全区总面积1012平方千米，耕地面积7925公顷。地处贵州高原向湘西山地丘陵过渡的斜坡地带，地理坐标介于北纬27°32′ 18″ －27°52′ 40″ ，东经108°56′ 13″ －109°28′ 20″ 。辖川硐新区管委会、灯塔工业园区管委会、5个民族乡、3个镇、5个街道办事处，50个村民委员会、40个居民委员会。2016年，全区户籍总人口323663人，其中城镇人口209359人；乡村人口114304人。人口出生率8.15 ‰，死亡率为3.15 ‰，自然增长率5‰。人口较多的少数民族有土家、侗、苗族等。主要矿藏有汞、钾、磷、钼、钒、铅、锌、铁、锰、锑、铀、石灰石、石英砂等。森林覆盖率62.78%。

2016年，紧扣主基调、主战略，深入实施“四化同步”发展战略，把保总量、保速度、保位次作为首要任务，强化运行调度和精准服务，全区经济社会发展呈现出平稳增长的良好态势，主要经济指标任务顺利完成。

【综合实力】全区地方生产总值完成142.71亿元，增长13.2%，增速全市第二；财政总收入完成32.77亿元，增长5.8%，其中一般公共财政预算支出11.98亿元，同比增长5.7%；固定资产投资完成286亿元，增长25%；规模以上工业增加值完成33.6亿元，增长13%，增速全市第一；社会消费品零售总额完成46.19亿元，增长13.2%，增速全市第一；城镇、农村居民人均可支配收入分别达到26786元、10413元，分别增长9.7%、10.7%；存、贷款余额分别达到415.52亿元、221.22亿元，增长32.2%和2.8%。

【脱贫攻坚】 将大扶贫战略行动作为第一民生工程来抓，开展“54321”帮扶机制，所有贫困村实现干部定点帮扶全覆盖，实现10个贫困村摘帽、1139人脱贫。易地扶贫搬迁工程加快实施，建成安置区3个，完成新一轮易地扶贫搬迁444户1907人；加强扶贫资金调度，设立500万元脱贫攻坚贷款担保基金；推进“精扶贷”工程，为贫困户发放小额信贷1157万元，贴息185.31万元；扶持创业贫困户278户，扶持龙头企业、农村合作经营组织、能人大户等市场经济主体94家。

【项目建设】 2016年，全区102个省、市、区级重点项目和重大工程顺利推进，500万以上固定资产投资完成142.89亿元，增长21.8 %。中心城区城市功能“十大提升工程”稳步推进，粮食直库、桐梓坳、枇杷湾等棚户区改造全面推进，城区建成面积扩大到40平方公里，城镇化率达到67.2%。开工建设瓦屋龙塘至灯塔、漾头电站至恶滩、谢桥至桐木坪至大坪县乡道路网提级改造项目，完成新滩大桥、高简桥及小江口二号桥等桥梁工程，完成交通投资17亿元。瓮南溪水库、龙塘水库、烂泥山水库、瓮坑中型水库等水库工程加快推进，完成马岩水库大坝主体工程，实施水利项目25个，建设农村饮水安全巩固提升工程6处，解决7902人饮水安全问题，完成水利投资3.5亿元。

【产业结构】三次产业结构由去年的9.1 ：38.1 ：52.8 调整为9.2：38.1：52.7。现代农业发展迈上新台阶，和平、坝黄、瓦屋3个省级现代高效农业园区基础设施建设快速推进，完成灯塔、桐木坪、云场坪3个市级园区提级申报工作，新增云场坪、滑石2个市级园区，建成农业示范园区12个。新增农民专业合作社90家、农民专业合作社示范社40家，区级以上农业龙头企业11家、家庭农场118家，完成生猪代养100户，流转土地1333公顷。实现农林牧渔业总产值22.56亿元，增长5.6%。新型工业化发展迈上新台阶，铜仁·苏州共建产业园区总体规划方案已通过市级评审，规划面积达到46平方千米，基础设施实现“七通一平”，初步形成“一心三品”产业格局。规模以上工业企业达58户，新开工产业项目20个，新增入规企业10家。农夫山泉、天翔棉纺、好彩头等新建生产线相继投产达产，石材加工、重型卡车及武陵山国际汽车城项目进展顺利，武陵山物流大数据一期、食品产业园投入营运，全区规模以上工业总产值达到120.4亿元，增长15%，产业园区工业总产值占全区工业总产值达95%以上，集聚效益明显增强。实施“互联网+旅游”行动计划，全区AAA以上旅游景区、三星以上酒店、城市游客集散场所实现免费WIFI全覆盖。全年接待游客815.78万人次，同比增长41.1%，实现旅游总收入80.06亿元，同比增长48.1%。民营经济发展迅猛，新增民营企业2533户、个体工商户6222户，民营经济增加值占全区生产总值的比重达到50.6%。武陵山现代医药物流园、万丰国际商贸物流园、笑哈哈商贸物流园等基本建成，荣获“中国西部绿色物流基地”“全省现代服务业发展基地”等称号。电子商务快速发展，建成区级电商运营中心1个，农村电商服务站100个和母亲电商社区服务站16家，培育电商平台15家，电商交易额达3.5亿元，完成信息基础设施建设投资2亿元。

【生态环境】2016年，碧江区通过在乡村实施天然林保护、退耕还林、石漠化治理、湿地保护等重点生态工程，在城区实施“撤墙改绿、增绿添彩”工程，累计完成营造林1.78万公顷，森林覆盖率达60.5%，城镇绿化率达到35%，3个乡镇被评为省级生态乡镇、6个村被评为省级生态村，碧江绿色发展和平经验得到央视《焦点访谈》播出。开工建设坝黄镇、漾头镇污水处理厂项目，完成1000人以上集中式饮用水水源保护区划分工作，千人以上集中式饮用水源地水质达标率100%，全区出入境断面水质达标率100%。深入推进锦江河综合整治工作，锦江水质常年保持Ⅱ类标准，中心城区和城镇居民用水全部达到饮水安全标准。加强农村环境综合治理，创建精品卫生村寨3个，卫生文明村寨50个，完成5个农村环境综合治理和城镇生活垃圾无害化处理项目，农村环境得到有效改善。

【改革发展】改革工作纵深推进，关爱留守儿童“1234”工作法被中央主流媒体广泛报道，入选中央《改革案例选编》。深化农村产权制度改革，启动农村土地所有权、承包权、经营权“三权分置”改革试点，推进农村宅基地使用权和房屋产权“二证合一”颁证工作，完成全区农村产权制度改革省级验收工作，成功获批成为全省第六轮农村改革试验试点项目。累计完成专利239件，综合科技进步水平指数达到85.6%。对外开放成效显著，铜仁·苏州共建产业园建设顺利推进，全年促成银企对接项目42个；加大招商引资工作力度，新引进项目72个，投资总额166.85亿元，到位资金124.7亿元；大力推行PPP模式，引导社会资本参与公共基础设施项目建设，全年累计融资77.8亿元，实际到位资金52.3亿元。

【社会事业】2016年，就业创业稳步提升，新增“雁归人员”回乡就业创业4891人，新增城镇就业13007人，失业人员就业3162人，转移农村劳动力就业5282人，城镇登记失业率控制在3.94%以内。社保体系日趋完善，城乡居民养老保险、新型农村合作医疗实现全覆盖，城乡低保稳步提升，社会保险覆盖率达到98%以上；完成农村危房改造2600户，开工建设棚户区改造住房3700套，新建城市公共租赁住房1000套。教育事业加快提升，实施38

所山村幼儿园提质升级改造工程，迁建第十小学已投入使用，新建桐木坪九年一贯制学校综合楼、和平中学综合楼、第二小学教学楼、格落坡小学，启动木秀坪、坞坭小学等教育项目建设；深入推进“新两基”工作，建成8所留守儿童之家。卫计事业健康发展，艾滋病医院、妇幼保健院、漾头镇计划生育服务站及川硐等5个卫生院标准化建设加快推进，新改扩建村级卫生室16个，社区卫生服务中心、卫生服务站覆盖率达到100%。实现乡镇执业医师、远程医疗服务体系、大病商保、农村中小学校医配置全覆盖。文体事业全面发展，中南门古城、东山古建筑群、周逸群故居等文化项目加快推进。碧江新区体育馆及室外篮球场已投入使用，实施“农体工程”4个，“路径工程”5个，建设多功能运动场及其他体育场地29个，新增体育场地面积1.3万平方米，体育场地占有率人均已达到1平方米以上。社会大局持续稳定，依法治区深入推进，“7+3”治安整治和平安碧江建设“五项行动”成效明显，法制建设稳步推进，法律顾问制度实现政府部门全覆盖。安全生产形势持续保持稳定，群众依法表达诉求、维护合法权益的渠道更加畅通，社会大局持续稳定。

（碧江区地方志办）

铜仁高新区

【概况】 贵州铜仁高新技术产业开发区，是铜仁市城市总体规划中的人口集聚区，也是黔东工业聚集区的重要组成部分和贵州面向东部、融入东部的桥头堡。位于铜仁市主城区北部，北接重庆、东临湖南，区内有铜仁凤凰机场,邻近铜仁火车站，杭瑞高速、松从高速在园区交汇，铜兴大道、铜兴二道穿境而过，是西南地区集铁路、航空、高速公路于一体的重要立体交通枢纽。毗邻铜仁高等教育园区，对高新区引进和利用外资、兴办高新产业、发展外向型经济、扩大出口创汇等具有强大的教育文化和人力资源支撑能力。

铜仁高新区规划总面积119平方千米，辖大兴镇和碧江区川硐镇、滑石乡的一部分，2013年6月，按照市委、市政府的总体战略部署，高新区顺利托管大兴镇。

大兴镇辖3个社区和6个行政村、88个村民组、66个自然寨、5117户；年末总人口21620人，其中少数民族人口占总人口的92%以上，人口出生率为6.36‰，自然增长率为4.9‰；人口较多的少数民族主要是苗族，森林覆盖率为65.4%以上。

【经济概况】 工业生产完成情况。完成规模以上工业产值17.44亿元，同比增长61.79%，占年度任务的116.25%；完成增加值3.22亿元，占年度目标任务数的100.63%；新增规模以上工业企业9户，占年度目标任务数的180%；完成500万元口径固定资产投资26.86亿元，占年度目标任务数的153.49%；新增入库5000万元以上项目17个，其中亿元项目13个，占年度目标任务数的108.33%。

工业投资完成情况。完成工业投资24.19亿元，占年度目标任务数的161.27%；其中技改投资6.73亿元，占年度目标任务数的224.33%；新开工项目30个，占年度目标任务数的375%；新投产项目26个，占年度目标任务数的520%。

财政收入及投融资完成情况。完成财政预算收入1521万元，占全年预算114.51%；争取到项目补助资金2867.3万元、大兴水利枢纽工程资金2550万元、大兴机场改扩建项目资金3000万元；完成2015年保障房上级补助资金2402万元并及时拨付到位；完成西部证券3亿元非公开债权发行工作；完成双创基金0.7亿元、贵州银行0.5亿元、铜仁市城市PPP金砖基金2.32亿元的融资工作;通过中泰信托和广西水电以融代建50亿元，第一笔信托资金0.7亿元已全部到位；通过“贵园信贷通”为园区企业融资8100万元。

民营经济完成情况。完成民营经济增加值26.77亿元，占年度目标任务数的106.23%；市场主体0.9982万户，占年度目标任务数的110.91%；注册资本23.61亿元，占年度目标任务数的131.17%；民间投资23.06亿元，占年度目标任务数的104.82%；新增就业0.37万人，占年度目标任务数的112.12%。

小微企业评审情况。完成扶持微型企业20户工作目标任务，兑现扶持微型企业财政补助资金20户90万元。

【基础设施】2016年完成基础设施建设项目33个，累计完成投资10.5亿元，完成2014年廉租房、2015年公租房建设任务；实施科技孵化园、一期二期装备产业园、电商园一至三期建设、一期提质人行道绿化亮化改造任务，启动铜兴大道、马耳塘桥等15个项目的场平、路网、文化墙、平改坡及公厕项目建设。启动大兴水利枢纽工程建设、201省道改扩建、玉铜松城市快速干道、高新大道、新龙大道、牛堰大道等项目前期征地拆迁工作，启动铜仁凤凰机场航站楼及机场大道工程项目建设。

【产业发展】围绕东部地区电子信息产业转移的大趋势，进一步调整战略思路，明晰招商引资重点，重新谋划产业布局，集中优势资源，瞄准重点区域，开展精准招商，成功实现国家农技云平台、泛建筑业大数据平台、农学谷商学院、西南教育大数据应用中心、镖客信息技术、金砖城市财政金融中心、企业信用大数据平台、大数据创新应用展示中心、智慧城市指挥中心、大数据备份中心、城市呼叫中心、党建红云平台、精准扶贫云展示中心等一批大数据产业项目的相继落地；成功实现中宇智能通讯生产、德威精密模具制造、日行光学3D视察保护膜、倍易通移动智能终端产品生产、智能终端触控及显示模组产业园、深圳加来众科智能移动终端产品生产、新能源锂离子动力电池、贵州万城智慧能源等一批电子信息产业及其衍生产业相继落地；实现大数据、电子信息产业快速集聚和优先发展的强劲势头，为实现铜仁高新区战略性新兴产业、高新区技术产业的集群化、规模化、产业化发展奠定了坚实基础。

【招商引资】新增招商引资项目29个，签约资金93.32亿元（其中省外3000万元以上项目20个，签约资金73.75亿元），分别完成年度目标任务数的100%和266.63%；新、续建项目到位资金63.78亿元，完成年度目标任务数的106.30%（其中省外3000万元以上项目到位资金46.78亿元，完成年度目标任务数的103.96%）；开工项目29个，开工率99.39%；投产项目14个，投产率52.73%；新编制项目31个，编制项目总投资187.86亿元，分别完成年度目标任务数的103.33%和234.83%。

【以中宇智能通讯生产为首的电子信息产业园建成投产】2016年以来。铜仁高新区重点围绕手机整机、平板电脑及关联部件、智能通讯终端产品生产研发和销售进行招商。引进中宇智能通讯生产、德威精密模具制造、日行光学3D视察保护膜、倍易通移动智能终端产品生产、智能终端触控及显示模组产业园、深圳加来众科智能移动终端产品生产、新能源锂离子动力电池、贵州镖客信息技术等一批电子信息产业及其衍生产业，聚集了电子产品模具、手机主板（贴片）、手机屏和触控屏、手机电池、音频产品、贴膜、手机和平板电脑整机生产等手机及电子信息产业链中关键环节的重点项目，初步形成电子信息产业集群，集群效应逐渐显现。

（铜仁高新区党政办）

万山区

【概况】万山区隶属于贵州省铜仁市，曾是中国最大的汞工业生产基地，因汞储量名列亚洲第一、世界第三，被誉为“丹砂王国”。1966年2月经国务院批准正式设立万山特区，隶属铜仁地区。2011年11月，国务院批复同意撤销铜仁地区设立地级铜仁市，设立万山区。现辖区面积842平方千米，辖3个街道、1个镇、6个乡。户籍人口17万人，常住人口27万人，辖10个乡（镇、街道）、85个行政村（居）。

万山是贵州省唯一享受国家资源枯竭型城市政策扶持的地

区，被国务院列为武陵山片区区域发展与扶贫攻坚规划（2011—2020年）中心城市，享受国家连片特困地区特定的扶贫开发政策。年平均降水量1200—1400毫米，年平均气温15℃左右，无霜期为270天左右。雾、雪、凉爽是万山独具的自然景观和气候特色，是避暑休闲的理想之地。初步探明的矿种有汞、钾、锰、钒、钼、铜、锌、大理石、磷、重晶石等20多种，其中汞的开采已有630余年的历史，钾矿石远景储量50亿吨，磷矿储量700万吨，锰矿储量1500万吨以上，重晶石储量218.8万吨。国民经济持续快速发展，生产总值、人均生产总值、税收收入、旅游总收入、金融机构存贷款余额等增速位居全省前列。在2016年上半年全省47个非经济强县综合测评中，万山排名全省第10、全市第1。同步小康创建工作顺利通过省级达标验收。

【经济社会发展】 2016年，全区实现生产总值45亿元，是2011年的2.7倍，年均增长16.2%；财政总收入6.4亿元，是2011年的4.3倍，年均增长33.5%；完成全社会固定资产投资90亿元，是2011年的8.1倍，年均增长51.6%；规模以上工业增加值14.9亿元，是2011年的2.6倍，年均增长15.1%；社会消费品零售总额达到11.5亿元，是2011年的4.6倍，年均增长31.5%；实现城乡居民可支配收入2.64万元和8200元，是2011年的2.1倍和2.2倍；金融机构存贷款余额分别达到41.5亿元、22.3亿元，分别是2011年的3.1倍和6.4倍。

【园区建设】 以总投资5亿元的九丰农业博览园为核心，建成4个省级农业示范园区，入驻农业龙头企业67家，发展农民专业合作社340个。投入29亿元，建成7平方公里的工业园区和朱砂工艺品产业园，入驻规模以上工业企业51家、朱砂工艺品企业28家。

【大数据产业】 积极探索农村电商发展"3+"模式，引进淘宝大学人才服务商—河马电商学院，组建电商产业园区管委会，打造省级电商产业孵化基地和示范园区，入驻企业21家。建立"大众创业·万众创新"产业园和大学生创业孵化园区，入驻金融、法律、创客等企业60家。全省首个大数据人才培训与应用综合基地落户万山，为海尔、苹果、移动等知名企业提供呼叫座席500个。建成"网货下乡、农货进城"农村电商服务站63家，实现乡镇（街道）全覆盖。

【农业产业】 在稳定粮食生产的基础上，把农业产业结构调整、武陵山片区区域发展与扶贫攻坚工作实施整体推进，发展油料作物1.25万公顷、蔬菜基地0.3公顷、油茶基地0.29万公顷、生态竹0.16万公顷、山地生态刺葡萄0.07万公顷、食用菌5000万棒、花卉苗木253公顷，出栏生猪48.6万头、牛3万头、羊4.5万只、家禽162.5万羽。预计2016年实现农林牧渔业总产值14.8亿元，是2011年的6.7倍。

【工业经济】 淘汰落后产能4.22万吨，汞化工、铁合金两大行业产值占比由2011年的95%下降至49%，实现传统行业由资源型向技术型转变。大力培育投资20亿元的万仁新能源电动汽车项目，填补了万山工业龙头企业的空白，转型支撑初具雏形。成功引进东奇电气、净山酒业、腾晖建材等企业，大力培育新兴工业实体，形成多行业齐头并进的良好格局。

【旅游业】 引进江西吉阳集团投资20亿元，将国家AAAA级景区和省级"100个旅游景区"的万山国家矿山公园升级为全国第一个矿山怀旧休闲小镇——朱砂古镇，夯实湘黔边境旅游精品关键节点，形成东有凤凰古城、西有朱砂古镇的格局。彩虹海、江南水乡·滨河公园、中华山·相思湖、黄腊洞等旅游项目加快推进，九丰农业博览园顺利通过4A级景区验收达标。旅游业发展正步入"井喷式"增长时代。2016年，共接待游客223万人次，旅游收入增速全市第一。

【城建工作】 顺利完成区行政中心搬迁，万山正式跨入城市时代。投资102亿元，建设的"四横四纵”城市路网、体育馆、游泳馆、朱砂大酒店、音乐喷泉、风筝放飞基地等功能服务设施相继投入使用。西南国际商贸城、铜仁购·义乌城、汽贸城、亿通汽配城等商贸综合体正式营业。成功引进太平洋商业广场、万和星城、名家汇国际广场、金鳞半岛等高档次精品楼盘11个。黔东首家巨幕数字影院落成并投入使用。按照“见缝插绿”的思路，完成冲广坪社区休闲公园、提级改造梵净山大道的绿化。木杉河湿地公园全面建成，茶店驾校经济城考试中心投入使用。新城处处生机盎然。

老城景区化进程加快。依托朱砂古镇，将老城景区化进程引向深入。投入21亿元，大力实施路网提级改造、垃圾填埋场、污水处理厂等基础设施建设。以侗家民俗风情街为依托，改扩建中心广场、麻音塘广场，完成老城区主干道“白改黑”、万山红大道提级改造和城市风貌改造（一期），硬化社区联户路23公里，安装通组路灯1200盏，实现矿区向景区的华丽转身。

【民生工作】 农民集中建房1815户，实施农村保障性安居工程1.2万套，着力改善城乡居民的住房条件。投入12亿元，大力实施“四在农家·美丽乡村”六项小康行动计划，农村水、电、路、讯、房等基础设施进一步完善，村民生活品质得到极大提升，集镇规模明显扩大。

【水利设施】 投入6.93亿元，相继开工小云南、丹砂湖、相思湖、中洞4座水利骨干枢纽，缓解主城区和工业园区工程性缺水问题。投入2.47亿元，整治河道6条，加固病险水库25座。开辟乡镇（街道）第二抗旱应急水源点6个，开发地下水机井47口，建成农村人饮工程128处，维修山塘22座，新建取水堰55座、提灌站23座，铺设灌溉管网80千米，新增有效灌溉面积0.28万公顷，农业缺水得到根治。

【电力设施】 投入3.85亿元，新建老山口220千伏变电站、鱼塘110千伏变电站。完成投资900万元“小康电”建设任务，建成高压线路82千米，中低压线路526千米。全面改造10千伏及以下配电网，实施线路迁改、农电网升级等项目84个，农村电网实现全面升级换代。

【交通建设】 大力实施乡村道路提级改造，率先在全省实现县、乡、村100%通油（水泥）路，公路总里程首次突破一千公里。铜玉高速公路万山段建成通车，铜玉城际铁路万山段即将建成，机场、高铁、公路实现无缝衔接。

【通信设施】 积极响应国家“宽带战略”和4G网络建设，投入信息基础设施建设资金1.9亿元，圆满完成光纤宽带提速改造和谢桥新区城域网络工程，实现信息网络村级全覆盖、数字电视户户通。 （万山区　吴天忠）

松桃苗族自治县

【概况】全县总面积3400平方千米，耕地面积2.67万公顷;辖17个镇、6个乡、5个街道办事处、13个社区、15个居委会、496个行政村。2016年总人口72.66万余人，其中少数民族人口占68%，非农业人口61.63万人，全县人口出生率达10.56‰，人口自然增长率6.15‰。人口较多的少数民族有苗族、侗族、土家族。主要矿藏有锰矿、铅锌矿、汞矿、磷矿、石灰石、大理石、页岩气等。森林覆盖率达60%。

综合实力强劲。2016年实现地方生产总值114.5亿元，是2011年的2.3倍，年均增速18.3%。完成财政总收入11.7亿元，是2011年的1.9倍，年均增速14.2%；完成全社会固定资产投资191.3亿元，是2011年的4.5倍，年均增速35.3%；社会消费品零售总额达24.1亿元，是2011年的2.1倍，年均增速15.4%；金融机构存贷款余额分别达133亿元、92.2亿元，是2011年的2.4倍、3.5倍，年均增长19.1%、29.1%；城镇、农村居民人均可支配收入分别达23835元、7288元，是2011年的2倍、2.1倍，年均增长12.4%、16%。深化投融资改革，推进武投公司实体化运行，武投公司资产规模达195亿元，完成融资72亿元。实施

“引银入松”战略，金融机构数量和服务质量实现双提升，银行业金融机构达10家。坚持以大项目引领大投入，以大投资带动大发展，争取到中央、省级预算内投资和专项建设基金项目96个，到位资金8.79亿元；被列入省市重点项目36个，总投资233.47亿元，完成投资78.08亿元；新签约项目62个，到位资金124亿元。加大招商引资力度，五年累计招引项目333个，到位资金392.58亿元，是“十一五”时期的10.8倍。

经济结构优化。三次产业结构比由2011年的31：32.7：36.3调整为25.4：32.5：42.1。现代农业发展壮大，申报的5个省级园区进入评审，新增市级园区4个，省级高效农业示范园区数量位居全省前列。期间，获农业部“全国粮（油）产量大县”“国家级水产种质资源保护区”“全国农牧渔业丰收一等奖”等称号，年内财政部奖励资金802万元。农业经营主体培育成效明显，成功引进铁骑力士、海尚等龙头企业，全县农业龙头企业83家、农民专业合作社1122家，建成家庭农场200个，建立电商服务站91个，建成“苗家购”运营中心，电子商务销售额突破1.5亿元，成功创建省级电子商务进农村综合示范县。农业增加值实现30.6亿元，增长5.3%，形成了以生态畜牧业、茶叶、精品水果为主导，中药材、油茶、烤烟、果蔬、特种养殖等为特色的产业发展格局。工业经济发展提速，建成贵州松桃经济开发区，搭建“一区四园”产业发展平台，完成规模以上工业总产值124.07亿元，是2011年的3.8倍，年均增速30.6%；规模以上工业增加值完成31.79亿元，是2011年的4.6倍，年均增速35.8%。全县工业企业216家，其中，规模以上工业企业58家，民营经济实体户达2.25万户。文化旅游发展提质，精心打造九龙湖、苗王城、潜龙洞、桃花源等景区景点，培育响水洞、大湾苗寨等民族文化乡村旅游示范点，全域旅游格局形成。全年接待游客452.23万人次，旅游总收入达37.37亿元，同比增长52.6%，是2011年的4倍，文化旅游实现“井喷式”发展。

基础设施完备。“十二五”期间，完成交通投资92.9亿元，建成大思高速、松铜高速，铜仁·凤凰机场改扩建工程竣工，渝怀铁路二线工程加速推进，国道326线坝芒至关子门、省道304线孟溪至新民改扩建工程完工。二级路通车里程突破200千米，覆盖率达75%，居全市第一位，行政村通畅率达90%，综合立体交通网络升级。完成水利投资37.6亿元，建成菜花坪水库,加速推进妙隘水库、大水溪水库等重大骨干工程建设；完成40座病险水库除险加固，建成449处饮水安全工程，解决40.5万农村人口饮水安全问题；实施水土保持工程4处、中小河流治理工程13处，启动总投资6.17亿元的松江河综合治理工程。完成电力投资14.3亿元，新建110千伏变电站3座、35千伏以上变电站22座。完成多彩贵州“广电云”通村光缆建设1525千米，惠及431个行政村。建成通信基站1261座，网络覆盖率达98.9%。

城乡环境改善。实施“城镇化带动”战略，着力打造山水县城、特色小镇、美丽乡村。全年完成城镇建设投资44.9亿元，城镇化率达43.5%。县城建成区面积达16.5平方千米，新增城市主次干道达49.5千米，城区绿化覆盖率达38.4%，形成以松江河为中轴，以梵净山大道、花鼓大道为两翼，以城南、城中、城北为重点区域的“一轴两翼三区”城市格局。完成老城区房屋立面改造、世昌广场提级改造、县城以及乡镇（街道）美化绿化亮化等工程，城乡面貌焕然一新，人居环境得到明显改善。加快小城镇建设，全年完成投资4.1亿元，长兴、盘信升级为省级示范小城镇，乡镇（街道）总规修编率达100%，完成13个集中建房点规划、69个小康村（寨）规划，“双星三规四特五村”发展体系基本形成。稳步推进“四在农家·美丽乡村”基础设施建设六项行动，完成28个“美丽乡村”示范点、13个农村集中建房点建设和96个村庄环境综合整治。孟溪、长兴成功创建国家卫生乡镇，盘石、甘龙成功创建省级卫生乡镇，“多彩贵州文明行动”工作考核获全省第二名，城镇品位显著提升。全年累计完成营造林6113.33公顷，石漠化综合治理946.67公顷，全县森林覆盖率达58.8%。加强饮用水源保护及周边污染源整治，出境断面水质达到国家地面水Ⅲ类标准。城镇饮用水源水质达标率100%。建成县城空气自动监测站，空气质量稳定在国家Ⅱ类标准以内。加大土地执法监察力度，确保了111.5万亩耕地保有量不降低、89.2万亩基本农田保护面积不减少。建成省级生态乡镇3个、生态村6个。该县率先获全市环保“大数据”建设试点县，锰污染治理模式被《贵州新闻联播》宣传推广，全县生态系统持续改善。

社会事业不断发展。深入实施“33668”脱贫攻坚行动计划，减少贫困人口17.67万人、实现23个乡镇“减贫摘帽”，贫困发生率由2011年的37.7%下降到14.2%。投入40.3亿元，建成松中、五中、六中等教育工程600多个。实施各类科技项目36项，申请专利360件。实施城镇保障性安居工程27256套,改造农村危房30179户。实施农民体育健身工程、全民健身路径工程、综合文化站、农家书屋实现乡镇全覆盖。投入4557万元完成民政福利园区主体工程建设，敬老院实现乡镇全覆盖。发放各类救助资金23.4亿元，救助95.1万人次。医疗卫生提质升级，县人民医院成功创建三级综合医院，县中医院成功创建二级甲等医院。全县新农合参保率达99.6%。安全生产形势保持稳定。全面推进依法治县，积极创建“无毒害松桃”，社会治安综合治理持续向好，获“全国平安建设先进县”和“全国民族团结进步示范县”称号。

【渝怀铁路增建第二线工程（松桃段）征拆工作动员会召开】 2月23日，松桃自治县召开渝怀铁路增建第二线工程（松桃段）征拆工作动员会，拉开了渝怀复线工程建设的序幕。渝怀铁路二线是国家中长期铁路网规划和国家铁路十二五发展规划的重要建设项目，承担着武陵山区区域发展与扶贫攻坚的重任。渝怀铁路第二线以货运为主，客货混线。该线路起于渝黔省界，经松桃自治县的牛郎、沙坝、寨英、普觉、大路等5个乡镇，终至怀化南客站，全长169千米，铜仁境内全长95千米，其中：松桃境内40余千米，时速120千米/小时，项目总投资53亿元，建设工期3.5年。

【松桃4名驻村干部获省委表彰】 4月18日，全省同步小康驻村工作2015年总结表彰暨2016年动员部署电视电话会议在贵阳召开，表彰“2015年度全省同步小康驻村工作先进集体”30个，“优秀第一书记”100名，“优秀同步小康驻村干部”200名。县委宣传部吴云飞、省卫生计生委机关服务中心副主任,县盘石镇响水洞村驻村干部吴仕亮、县教育局龙文、县合医局吴洪洲等4位第一书记和驻村干部榜上有名。

【曾华国彭云田必仙荣获联合国儿童基金会表彰】 4月21日至22日，中国——联合国儿童基金会贫困片区儿童早期综合发展试点项目2016年工作会议在贵阳召开。长坪乡构皮村党支部书记曾华国、志愿者彭云、盘石镇黄连村村医田必仙表现突出，被联合国儿童基金会驻华办事处评为示范个人。自2014年7月正式启动该项目以来，依托流动服务车，每两个月为村志愿者、妇干和村医进行一次专业化指导，每个中心每周开展两次以上亲子活动。累计开放1559天，开展亲子活动699次和宣传活动454次，进行家访724次，借阅图书4247次。服务儿童和看护人分别为3986人次和4013人次。

【全国易地扶贫搬迁现场会第四调研组走进松桃】 8月22日，由广西壮族自治区政府副主席黄世勇、陕西省政府副省长庄长兴、新疆维吾尔自治区政府副主席钱智、国土资源部副部长赵龙组成的全国易地扶贫搬迁现场会第四调研组到松桃观摩考察。调研组一行先后考察调研九江乡易地扶贫搬迁安置点、县城易地扶贫搬迁安置小区，实地了解易地扶贫搬迁工作推进情况。调研组认为，县委、县政府高度重视易地扶贫搬迁工作，定位精准，选址合理，措施有力，保障到位，让贫困群众真脱贫，生活显著改善，推动了易地扶贫搬迁工作有效开展，创造出一些好经验、好做法，很受启发，值得学习借鉴。调研组表示，将把好经验和好做法融入本地易地扶贫搬迁工作中，用足用好用活经验，推动易地扶贫搬迁工作取得更好成效，为全面建成小康社会作出更大贡献。

【松桃发展成就展览馆全面建成】 松桃发展成就展览馆位于县档案馆内，4月启动建设，10月中旬竣工开馆，通过音频、视频、图文等方式展示松桃自治县60年来的历史变迁、辉煌成就、民俗风情、民族文化等，视频和图文精彩夺目，场景创意栩栩如生。

松桃发展成就展览馆使用面积2300平方米，为县档案馆一楼和二楼两个部分，一楼主要以历史、政治展示为主；二楼主要以实物、书画展示为主，辅以音频、视频。一楼分为4个展厅，第一个是序言厅；第二个是鎏金岁月厅，由领导关怀、历任领导、岁月印记、荣誉殿堂4个部分组成，展示党和国家领导人、省市领导关心和支持松桃发展、松桃历任领导班子、60年发展历程印记等；第三个是辉煌成就厅，展示松桃60年来在经济、政治、文化、社会、生态文明建设方面取得的辉煌成就和实践创新的松桃经验，共7个单元；第四个未来展望厅，通过采用封闭的高速动车造型设计，内置多种现代高科技设备，展示松桃未来发展的前景。二楼分为5个展厅，一是方志地情厅。主要展示松桃历代地图、历史沿革、地方特产、乡镇概况、历史人物、资政堂等。二是综合实物厅。主要包括红色文化、红色实物及场景实物、党政实物、民族文化场景实物等，采用硅胶精心制作，栩栩如生地再现了红军在松桃的场景，并逼真的制作了苗族绝技绝活、打花鼓、苗歌对唱、苗族刺绣、舞花灯等民族民间文化和艺术场景，人物仿真度极高，如真人真境，生动形象。三是书画艺术作品厅。重点展示清代一等果勇侯杨芳、县内著名书画家刘宗久等书画家的作品。四是摄影艺术作品展厅。展示了松桃自然风光、民族文化、风土人情、城镇建设等为主的摄影作品。五是演播展示厅。主要采用高端界面音频视频播放宣传片《万古苗疆》，通过多媒体加三维特效影片形式，浓缩松桃的繁衍生息、历史变迁、发展变化、民俗风情、自然风光、发展巨变等，以高科技的手段展现“神奇苗乡，美丽松桃”的风采。展览馆以“迎县庆、办旅发”为契机，力求打造一流的展览厅，共征集到图片2000余张，展出图片1800余张；征集到实物1000余件，展出实物800余件；利用硅胶制作大场景4处、小场景18处；制作浮雕4幅等。

【铜仁市第五届旅游产业发展大会在松桃举行】 10月16日至17日，以“生态、绿色、和谐、发展”为主题的铜仁市第五届旅游产业发展大会暨2016贵州梵净山松桃苗族文化旅游节在松桃自治县隆重举行。贵州省政协党组副书记、政协副主席陈海峰,省政协副主席、民建贵州省委主委、省工商联主席李汉宇，贵州省人大常委会党组大街小巷副书记、副主任禄智明，中国社会科学院旅游研究中心主任戴学，江苏省苏州市文旅集团公司董事长王金兴，贵州省教育厅厅长王凤友，贵州省档案局局长田洪，贵州省文联主席欧阳黔森，贵州省武警总队副司令员郭游文，贵州省民宗委巡视员刘晖，贵州省发展研究中心原主任王礼全，全国政协首席摄影师、博鳌亚洲论坛首席摄影张建设等领导及嘉宾出席活动；中央和省、市33家新闻媒体，重庆、怀化、贵阳、遵义、黔东南等地的85家客源地旅行社，以及铜仁市14个重点旅游景区、四星级以上酒店负责人参加活动。

活动期间，在九龙湖景区苗人古城接龙广场举办了一场精彩的文艺晚会，晚会由央视著名主持人任鲁豫、杜悦主持，展示松桃苗族人民勤劳朴实、热情奔放的性格特点和苗乡人民富裕殷实的美好生活，参会人员参观松桃九龙湖景区、苗王城景区、潜龙洞景区、正大生态养生健康产业园、正大现代高效生态茶叶示范区和松桃城市建设，还举办了全市全域旅游改革发展工作会议、“神奇苗乡·美丽松桃贵州省诗词楹联书法、摄影作品展览”、2016中国松桃·边地之光旅游高峰论坛、“多彩贵州·桃源铜仁·神奇松桃”旅游文创产品设计大赛、松桃梵净山旅游商品展销会以及松桃发展成就展览馆、中国（松桃）苗族文化陈列馆揭牌等活动。铜仁市在活动期间开展了招商引资活动，签约旅游项目24个，签约总资金52.66亿元。

【松桃苗族自治县成立60周年庆祝大会召开】11月9日，松桃苗族自治县成立60周年庆祝大会在县文体公园隆重召开，60支6000余人的游行队伍从世昌广场出发，沿大十字—东风路—南门桥—松江大桥—七星大道—希望城—希望大桥到达县文体公园（县庆主会场），城区街头巷尾处处鲜花簇拥，张灯结彩，呈现一派喜庆祥和的新气象。全国人大民委、国家民委发来贺电，原国务委员戴秉国，致公党中央常委、江苏省委主委、省政协副主席麻建国发来贺信。副省长陈鸣明，国家民委文宣司副司长李志伟，省人大常委会原副主任、省苗学会会长杨光林，省民宗委党组书记向红琼，市长陈晏，市人大常委会主任陈达新，市政协主席陈康，以及云南省屏边苗族自治县等全国另外4个苗族自治县祝贺团的领导及来宾、松桃籍在外工作和曾在松桃生活工作过的领导和来宾等出席庆祝大会。大会追溯松桃苗族自治县60年的发展历程，充分证明党的民族理论政策的英明正确，充分展示民族区域自治制度的巨大优越性，充分体现松桃各族人民勇于开拓、锐意进取的优良品质和精神风貌。庆祝大会举行了《风华六秩·苗乡蝶变》大型主题文艺演出，全面展示建县60年来，松桃苗族自治县各族儿女沐浴着党的民族政策阳光雨露，沿着民族区域自治的正确道路，艰苦奋斗、开拓进取的壮丽篇章。

【松秀高速正式通行】12月23日，松秀高速（松桃至重庆秀山）重庆段正式通车，与松铜高速连接，标志着贵州再增一条出省快速通道。松秀高速重庆段于2014年10月开工建设，项目全长30.6千米，采用双向四车道高速公路标准，设计速度80千米/小时。起于重庆秀山县官庄东G65包茂高速公路新设秀山东互通，途经秀山自治县官庄镇、中和街道、平凯街道、梅江镇，连接松桃自治县九江乡、大路镇、黄板镇、太平营街道，止于松桃北互通。

【铜仁市普觉隐伏超大型锰矿床通过国家详查备案】2016年12月30日，铜仁市松桃苗族自治县境内的普觉隐伏超大型锰矿床通过国家详查备案，备案资源量（332）+（333）19217.39万吨，其中（332）资源量3540.78万吨，（333）资源量15676.61万吨，居中国首位，亚洲第一。加上2013年发现的松桃自治县道坨锰矿，铜仁已有3处超亿吨的锰矿，铜仁拥有的锰矿资源总量居中国第一，进入世界前列。

（松桃地方志办　黄豪俊）

玉屏侗族自治县

【概况】　玉屏侗族自治县位于北纬27°28′—27°31′，东经108°34′—109°09′。地处贵州省东北边缘，铜仁市东南部，东临湖南新晃县，西连镇远和岑巩县，北与碧江区、万山区接壤。距铜仁市68千米。土地面积517平方千米，耕地面积5787.5公顷，人口密度232人/平方千米。辖4个镇，1个乡,2个街道，84个村委会、9个居委会，854个村民小组、53个居民小组。2016年末户籍人口156884人，常住人口173002人，常住人口出生率11.55‰，人口自然增长率5.54‰。

2016年，玉屏侗族自治县经济社会发展呈现出速度较快、结构趋优、效益提升、民生改善的良好态势。全县地区生产总值达72亿元，同比增长13.5%；全社会消费品零售总额达10.14亿元，同比增长13.0%；规模以上工业增加值达38.6亿元，同比增长13.1%；全社会固定资产投资达171亿元，同比增长23.9%；一般公共预算收入（县本级）达4.48亿元，同比增长14.6%；金融机构存贷款余额分别达88.5亿元、71.4亿元，分别同比增长87.2%、36.7%；城镇、农村居民人均可支配收入分别达到25699元、9562元，分别同比增长10.4%、9.8%。人均GDP达56830元，比上年增加4690元。获得“全国循环经济示范城市”“全省平安创建先进县”“省级文明县城”“贵州省同步小康创建最佳示范县”等荣誉称号。

改革创新情况。一是供给侧结构性改革稳步推进。积极落实扶持企业政策和兑现补贴资金，共兑现冶金企业电补资金5611万元。实施易地扶贫搬迁去存量保障性住房1104套。探索建立“民心党建”订单服务，受理“群众诉求订单”800余份，下达资金3000余万元。实施注册资本“认缴登记制”、和小微企业帮扶政策，实现市场准入制度“零门槛”。

二是行政管理体制优化。对全县27个行政执法部门公开权责清单、抽查事项清单、执法人员名录、检查对象清单，使政府执法权透明化、公开化。2016年，县、乡、村及各政务服务分厅共计接收群众事务72126件，办结72126件，办结率100%，群众满意率98.9%，办件量在全市排第一。

三是农村综合改革和户籍制度改革进一步完善。全面启动农村土地承包经营权确权登记颁证工作，培育农村新型经营主体，建立和完善国家、企业、农户利益联结机制，完成全县土地、房产、林权等不动产所有权登记职能的整合。建立城乡统一的户口登记制度，促进非城镇户籍人口落户城市和中心镇，保障农民工与城镇居民同工同酬，扩大城镇常住人口规模，配套出台创业、经商、就业、培训、就医等服务新措施。

产业结构调整情况。三次产业结构由2015年的10.75：55.28：33.97调整为2016年的11.88：53.54：4.58，呈现出一产总量增加、二产质量提升、三产发展快速的良好局面：

一是山地高效农业突破发展。全县高效农业示范园区达到9个，其中省级3个、市级4个、县级2个；全县油茶、中药材、蔬果种植面积分别达到20.2万亩、2.89万亩、8.1万亩，创建“万元田”3万亩、“万元山”3万亩。县级以上农业产业化重点龙头企业56家，农民专业合作社268家。

二是工业经济稳步增长。2016年，全县规模以上工业企业（2000万元以上口径）达到82户，完成总产值217.3亿元，同比增长3.5%，实现规模以上工业增加值38.6亿元，同比增长13.1%，年度各项指标均超额完成。

三是现代服务业蓬勃发展。建成农村淘宝服务站45个，邮乐购服务站9个，母亲电商站1个，苏宁易购站1个，贵农网农村电商服务站89个，实现农村电商服务站全覆盖，物流、快递、配套服务体系基本形成，全年电子商务交易额达2.1亿元。四是金融支撑力度增强。全年共申报融资项目43个，申报资金34.84亿元，到位资金20.83亿元。融资成本较上年下降1个百分点。

基础设施建设。获得中央预算内项目22个，中央预算内资金2.06亿元。获批国家专项建设基金项目16个，获得专项基金7.4亿元。完成320国道提级改造、201省道玉屏至板凳寨工程主干线建设，铜玉城际铁路进入快速建设阶段，建制村100%通水泥路，全县公路通车旅程达792千米。城区面积扩大到8.06平方千米，城镇化率达51.9%。实施26座病险水库除险加固和208处农村饮水安全工程，解决农村5.9万人畜饮水安全，改善恢复灌溉面积0.18万公顷。城市宽带覆盖率100%，用户达3万户；城市有线电视网络双向化改造覆盖率100%；农村家庭数字电视延伸覆盖率达95%。

生态建设。实施天然林保护、城镇绿化和农村环境综合整整治等工作,积极推进城乡污水与生活垃圾无害化处理和舞阳河流域综合治理。深入实施“绿色贵州建设三年行动计划”完成人工造林、退耕还林1.61万公顷，治理石漠化0.66万公顷。全县森林覆盖率达51.64%集中饮用水水源地水质达标率100%。建成以茶花泉、铁柱山、火焰冲、百花谷为代表的绿色产业园区，带动生态养殖、生态种植及乡村旅游的迅猛发展。

社会事业。一是扶贫攻坚精准有效。实施结对帮扶、产业发展、教育培训、危房改造、生态移民、社会保障精准扶贫六个到村到户，完成小康路、小康水、小康房、小康电、小康讯、小康寨六项基础设施建设任务。着力实施“五个一批”（发展生产脱贫一批、易地搬迁脱贫一批、生态补偿脱贫一批、发展教育脱贫一批、社会保障兜底一批）扶贫工程,全年减少贫困人口340户1128人,完成5个贫困村出列，贫困发生率从2015年的12.68%下降到11.84%。）

二是基本公共卫生服务网络健全。全县各级各类卫生机构119个，各级各类卫生（技术）人员841人，村级卫生人员160人，开放床位545张。

三是教育事业发展全面提升。新增2所公办幼儿园、改选11个山村幼教点，实现县、乡、村三级全覆盖，玉屏民族中学整体搬迁项目获国家专项建设基金4500万元，教师教学生活极大改善。

四是就业创业稳步推进。扶持解决高校毕业生就业创业230人,深入实施“雁归工程”,完成雁归人员返乡创业就业3650人。

五是社会保障体系日趋完善。2016年社会保险参保率达90.0%，各项社会保险参保人数10.7万人，基金征缴1.2亿元。6.科技创新效果明显，成功创建省级可持续发展实验区和省级农业科技园区。

社会治理。进一步强化社会综合管理。完成依法行政示范县创建,深入推进平安玉屏建设“六项行动”即背街小巷亮化、天网地网延伸、零发案小区创建、吸毒人员收戒管控、平安建设大宣传、平安细胞深化行动，强化社会治安防控体系建设，应急处置和公共安全监管，加大矛盾纠纷化解力度，推广“12349”（一个机构：要建设好群众信访工作机构，确保适应新形势下群众信访工作的需要。两项职能：群众信访工作机构既要履行协调各职能部门做信访人群众工作的职能，又要履行协调各职能部门做非信访人群众工作的职能。三大制度：创建实施阳光信访工作制度、责任信访工作制度、法治信访工作制度。四个平台：建设好县党政主要领导群众直通交流台、县级群众来访联合接访平台、上下联动视频接访平台、人民建议征集平台。九项机制：建立健全领导干部密切联系群众工作机制、科学民主决策机制、矛盾纠纷信访问题排查化解机制、县级领导干部公开接访工作机制、县级领导干部包案化解工作机制、信访事项办理“三级调处”机制、涉京“四访”依法治理工作机制、信访代理代办工作机制、信访信息收集研判处置机制。）县城信访管理模式营造平安和谐环境；狠抓安全生产管理，积极开展安全生产大检查。坚持打防并举，组织开展“严打整治”“打黑除恶”等专项行动，“天网工程”覆盖县内各重要场所，全县社会治安大局稳定。

【玉屏启动“先看病、后付费”医疗服务】1月1日，玉屏自治县启动特殊困难人群“先看病、后付费”诚信医疗服务助推精准扶贫工作，县人民医院作为全县的试点医院，对全县一、二类低保户、残疾人，享受抚恤补助优抚对象，计生两户家庭成员等特殊困难人群完善相关手续后，住院治疗可享受“先看病、后付费”医疗服务。此次“先看病、后付费”诚信医疗助推精准扶贫工作，采取先试点，后逐步推开的方式，主要针对住院治疗的本县一、二类低保户、残疾人、享受抚恤补助的优抚对象；20世纪60年代初精简退职老职工；“计生两户”家庭成员；建档立卡贫困人口中的大病患者；重症精神病患者；因病情治疗预算费用较高，自付费用较多导致家庭无力承担，有“因病致贫、因病返贫”风险的患者以及非上述情况，但因病情严重，需采取紧急医疗措施救治的患者。因交通事故、打架斗殴、雇佣致伤、未参加医保、新农合以及自杀自残等原因住院治疗的不能享受该服务。

【党建金融联手构建精准脱贫新模式】 2016年，玉屏侗族自治县在推动实体党建的实践中，继续探索建立金融扶贫新机制，运用“民心党建+信合+”的模式，使用“精扶贷”资金拓展金融服务精准脱贫空间，实现农户、集体、企业三方共赢。年底，兑现分红资金469万元，解决1000余个就业岗位，938户贫困户如期脱贫，22个村增加集体经济收入93.8万元。

【玉屏自治县召开2016年保障性住房分配现场会】 4月15

日，玉屏城区2016年保障性住房分配现场会在县康年酒店六楼会议室隆重举行，151户保障对象家庭进行了廉租房公开抓阄分房。城南大道玉华小区建成1号、2号、3号楼，共有234套，玉屏侗族自治县2013年火车站片区职中门口高层廉房建成1号、2号、3号楼，共有360套。此次参与分配的户数共151户，用于分配的房源共198套保障性住房（其中，玉华小区2号楼60套、玉华小区1号楼二单元18套；火车站片区职中门口3号楼120套）。经严格进行资格审查，并对申请住房户型进行核对，此次符合购房条件的申请户共151户。为确保分配做到公平、公正、公开，分配以现场抓阄的方式进行，此次分配首先对30余户高龄与残疾及重病保障对象进行定向低层房优先分配。经抓阄抽到房号的保障户可以先看房，住建局完善好后续工作后，即可将钥匙交到保障户的手中，确保保障户如期住入新房。

【玉屏自治县第二人民医院主体建设工程基本完工】 12月7日，位于田坪镇杨柳新区的玉屏自治县第二人民医院项目建设施工现场机械轰鸣，塔吊耸立。施工队伍正紧锣密鼓地抓紧施工，人民医院的基本框架主体已经建设完工，确保项目如期投入使用。玉屏自治县将第二人民医院项目选址田坪镇杨柳新区。该项目用地面积16600平方米，总建筑面积15300平方米，容积率达0.92，绿化率为38.7%。设计床位120个。2016年1月开工建设。

【玉屏打造健康一条街和健康步道】 11月20日，经过县健教办（疾控中心）多日精心打造，玉屏自治县城健康步道和健康一条街同时与市民见面。健康步道位于舞阳河两岸，以河滨小区牌坊为起点，行政中心对面河堤小广场为终点。起、终点均立有黄色的健康步道指示牌和示意图，健康步道上标注有黄色简图健康步道标识指向及距离，沿途有“日行一万步，吃动两平衡，健康一辈子”等健康提示小牌。健康一条街位于人民路，起于玉屏民族中学门口，止于德利超市，全长450米。在路段两旁花池中设有宣传栏20块，树干宣传挂牌30块，主要宣传中国公民健康素养66条、健康宝塔、合理膳食、戒烟限酒、高血压知识、糖尿病知识、恶性肿瘤、除害防病、爱护环境等相关内容，倡导全民健康生活，文明出行。

【9个5000万元至亿元以上投资项目入库获批】 玉屏自治县委县政府调整投资结构，切实加强固定资产投资调度，强化部门联动，有力推进5000万元至亿元以上项目建设入库统计工作。2016年5月，全县共有9个5000万元至亿元以上投资项目申请入库统计，获得上级统计部门审核批准，计划总投资约8.1亿元。5000万元至亿元项目入库通过率均排在全市第一位。通过入库审批项目分别是：年产瓦楞纸箱120万平方米建设项目、冶炼原料烧结还原系统建设项目、年产1万吨高锰酸钾1万吨氯酸钠及50万吨蓝宝石项目、贵州大龙经济开发区高铁新城三号路工程项目、贵州大龙经济开发区高铁新城一号路工程项目、贵州大龙经济开发区2016年胜利棚户区改造项目、年产2万吨优质大米生产线技改扩建项目、年产3000吨甲硫基乙醛肟项目、宏森13200千伏安矿热炉技改建设项目。

【田坪镇700余群众分到易地扶贫搬迁新房】 6月14日，在玉屏自治县2016年易地扶贫搬迁工程田坪安置区搬迁对象公开选房大会上，田坪镇179户贫困户776名群众高高兴兴地选上了满意的搬迁安置房。前来选房的群众在公正、公平、公开的选房环境下，如愿选到自己满意的新房。当日共179套安置房供大家参选，其中60平方米的户型40套，120平方米的户型139套，按照规定，对于家庭人口数3人以下住户，安排选住房60平方米户型；对于家庭人口数3人以上住户，安排选住房120平方米户型。

【玉屏出台适度普惠型儿童福利制度】 8月19日，玉屏在铜仁市率先出台《玉屏侗族自治县探索建立适度普惠型儿童福利制度工作实施方案（试行）》，按照“分层推进、分类立标、分标施保”的原则和要求，对孤儿、自身困境儿童、家庭困境儿童、监护困境儿童等四类困境儿童实施救助，符合条件的儿童每人每年将获得600元—12000元的基本生活资助。玉屏除分类保障困境儿童的基本生活外，还将逐步扩大儿童保障范围，实施困境儿童医疗保障制度、困境儿童家庭住房保障制度、困境儿童家庭临时生活及助学救助制度、散居孤儿就读高中阶段以上临时生活救助制度等，为困境儿童编织起一张实施动态管理的服务网络。玉屏民政部门以每个困境儿童的真实信息在邮政储蓄银行开户，由乡镇工作人员亲手把存折转交给各困境儿童家庭。年底，全县514名城乡困境儿童已获得基本生活补助21.17万元。

（县档案局　姚茂成）

江　口　县

【概况】 江口县总面积1869平方千米，耕地面积1.09万公顷，森林覆盖率69.46%，辖2个民族乡，6个镇、2个街道办事处，140个村民委员会，16个社区居民委员会。2016年年末人口24.66万人，其中少数民族13.81万人，占总人口数55.99%。人口出生率10.78‰，自然增长率5.54‰。符合人口生育率规定要求，人口中少数民族以土家族、苗族、侗族为主，主要矿藏有：金、磷、钒、钼、锑、铜、钨、玉带石、国画石、石英砂等。

【社会经济增长】2016年，全县生产总值49.05亿元，比上年增长11.9%，农、林、牧、渔业总产值23.18亿元，增长5.8%，工业增加值5.48亿元，同比增长10.2%，财政收入3.74亿元，其中公共财政预算增加1.853亿元，增长3.2%，社会消费零售总额9.37亿元，城镇居民人均可支配收入2.45万元，同比增长9.9%，农民人均可支配收入0.75万元，同比增长10.5%。

全社会固定资产投资完成135.37亿元，签约招商引资项目41个，签约资金186.53亿元。大旅游、大数据、大生态、大健康“四大工程包”项目275个，总投资106.97亿元；纳入国家、省级PPP项目库的政府和社会资本合作项目15个，总投资71.68亿元。全年争取到国家投资17亿余元，其中中央预算内投资、专项建设基金分别为2.05亿元、6.19亿元，居全市前列；全县签约招商引资项目41个，到位资金64.22亿元。金融机构各项存、贷款余额分别为62.64亿元、51.92亿元，分别比上年增长16.4%、16.2%。实现通车里程1856.62公里，机动车保有量41298辆，全县实现邮电业务总量1.32亿元，较上年增长24.6%。城区规划面积拓展到24.25平方公里，县城建成区达到8.1平方公里6.2万人，城镇化率达到45.3%，城镇绿化覆盖率36.7%。

【产业结构】全县完成粮食作物播种面积16119公顷，全年实现粮食产量6.68万吨，中药材种植面积2045公顷，增长0.24%。现有茶园8810公顷、新增茶园111公顷，增长1.26%；以打造“茶海”为目标，共调运各种茶苗7360.8万株，集中打造3个茶叶专业村，3个万亩茶叶乡镇。全县经济作物种植面积56.08万亩，粮经比调整为30.1：69.9。全县新增省级以上龙头企业3家，完成全年目标任务数1个的300%；新增农产品加工企业2家，新增市级休闲农业与乡村旅游示范点1个，新增市级家庭农场20家，完成目标任务数18家的111.1%。

【工业经济】工业固定资产投资4.9亿元，完成工业增加值5.48亿元，同比增长10.2%，全年工业销售收入21亿元，同比增长10.5%，产品产销率达92.2%，2016年全县规模以上工业企业共38户（其中500万—2000万元的企业8户，2000万—5000万元的企业30户），全县2016年新增入规企业目标任务4户，全年累计完成4户，占年度目标任务的100%。

【基础设施建设】完成梵净山北路二期，北门大道、环城西路二期，小磨王道路工程，沿江大道等市政道路建设，建成江口规划展示馆，坝上路江南路等市政道路建设，,建成江口县综合市场，县城亮化工程，开工建设江口县第二（凯德新区）污水处理厂，江口凉亭坡水厂，太平河岸景观工程，全县城镇绿化率达到42%，城镇经济GDP比重达78%，县城区达到18.1平方公里6.2万人，城市化率达到45.3%，绿化率达到36.7%，城市规划面积拓展到24.45平方公里，2016年完成1180户平改坡立面工程，完成任务96.64%。2016年拥有铁路里程14.03公里，投资1.7亿元建设云都、漕湾两条隧道和云都河大桥工程，国省干道通车里程119.45公里，新增305省道28.9公里，县道5条141.88公里，乡道12条136.26公里，村道202条1154.8公里，公路道里程1566.42公里，公路密度68.2公里/百平方公里。

【文化旅游产业实现跨越式发展】2016年年接待游客779.02万人次、同比增长44.2%，实现旅游收入54.82亿元，同比增长48%，接待境外游客16216人次，同比增长18.4%，投入资金3000万元，完成梵净山门弥勒广场改造工程，投入资金2000万完成亚木沟景区复线工程进度50%，启动梵净山营养大健康产业园建设项目、云舍二期人居环境改造工程、弥勒文化园建设项目。投入2亿元对弥勒文化园进收购，江口旅游风情小镇完成投资8210万元，占五年行动计划5%，占年度行动计划90.2%，梵净山生态文化度假旅游综合体，完成投资4.25亿元，占年度行动计划163.4%，占5年行动计划的24.13%。旅游直接从业人员1.55万人，增加2100人。梵净山景区入选茶园“景区带村”旅游扶贫示范项目名单。

【扶贫攻坚取得成效】2016年江口县实现产业和就业扶贫户0.32万户，1.28万人，新建异地扶贫搬迁安置点7个，移民安置房1191套，完成移民搬迁1191户，4515人，建档立卡聘请生态护林员274名，农村“两无”贫困人口8821名，全部纳入民政保障范围，统筹整合涉农资金2.2亿元，完善贫困地区一批水利、交通、电力、通讯等基础设施、改造农村危房6083户，完成74个行政小康寨建设项目351个。全县贫困村从2015年末的80个减少到2016年年末的65个，贫困人口从2015年年末的27180人减少到2016年年末的17979人，贫困发生率从2015年年末的12.68%下降到2016年年末的8.39%，农村居民人均可支配收入达到7602元，同比增长12%。

【教育事业稳步提升】深入开展改薄固强，励推教育现代化工作，新增教职员工100人，政策收接转2013年特岗教师74人，接纳教师志愿者20名、全年落实国家惠民资金6764万元，惠及学生120491人次，争取社会各界资助项目32个，惠及学校157所，惠及学生10816人。2016年全县共实施全面改薄、学前教育、校舍长效机制、校园文化建设项目87个，建设面积66134平方米，累计完成投资13650万元，全县高考一、二本人数664人，上线率46.3%，中考600分以上3人，500分以上2347人，总均分437.68，比上年提升5.7分，全市排名第一，3223战略措施实施，促进教育质量大提升。

【社会保障持续完善】全县城镇居民基本医疗保险参保100867人，参加城镇企业养老保险人数6637人，同比增长23%，机关事业单位参加养老保险人数7159人，比上年增长9.7%，参加农村合作医疗人数19.8万人，参合率达100%，全县享受最低生活保障人数34776人。社会福利和社会救助健康发展。全县共有各类社会福利院、敬老院10个，床位850张，收养689人，同比增长11.3%。2016年农村集中建房任务数为800户，项目覆盖8个乡镇（街道），计划总投资8578万元；小康房任务数为220户，计划总投资1760万元，项目覆盖三个乡镇，其中在贫困村中优先实施70户。小康房累计开工220户，开工率100%，累计完成投资3719.5万元，投资完成率211.3%；已竣工206余户，竣工率93.6%。

【余粮中型水库主体完工】投资4.24亿元的鱼粮溪中型水库主体完工，总容量1500万立方米，并向县城开始供水，填补全县无骨干水渠工程的空白，保障了县城区的饮水安全。

【江口县城小魔王隧道（左幅）工程正式开工】江口县城小

魔王隧道（左幅）工程于2016年4月开工，拟于2017年10月完工，经县人民政府决定，由交通局作为该工程业主，由江苏瑞沃建设集团有限公司作为投资方建设该项目，隧道总长1.21千米，总造价1.79亿元（含征地拆迁），已完成工程量的58%，共投资10445万元。

【农村群众饮水安全有保障】江口县水务局2016年投资1464万元，实施农村安全饮水24处，抗旱应急饮水工程1处，开采地下水井及配套设施21口，解决42个行政村，3.02万人的饮水安全问题，使农村群众基本上喝上卫生水，放心水。

【生猪产业发展实现新突破】江口县实施精准扶贫为重点，全面推行生猪规模养殖场（代养户）建设，2016年，与铁骑力士等养殖企业合作，充分利用管理、技术、养殖、销售等方面的优势，结合国家预算内资金，财政扶贫预算在民和、怒溪、闵孝、德旺、坝盘等乡镇建设年出栏600以上的生猪规模养殖场（代养户）52个、其中标准代养殖场2个，改矿建标准化圈养3万平方米，生猪存栏2.5万头。

（彭兴成）

石阡县

【概况】石阡位于贵州省东北部，铜仁地区西部，地跨东经107°44′55″—108°33′47″北纬27°17′5″—27°42′50″。地处湘西丘陵向云贵高原过渡的梯级大斜坡地带。属中亚热带湿润季风气候区，年平均气温18.2℃，年内最高气温为39.1℃，最低气温为-0.7℃；年总降水量1026.1毫米，最大日降水量为67.4毫米，日照时数为1107.2小时。县域东临江口、岑巩县、南接镇远，施秉县，西边凤冈、余庆县，北靠印江、思南县。全县总面积2172.4平方千米，耕地面积2.30万公顷。辖10个乡（其中9个民族乡），6个镇、3个街道办事处、302个行政村，8个居民委员会。年末总人口41.47万人，其中非农业人口8.99万人。常住人口出生率11.67‰，自然增长率4.92‰，符合政策生育率92.97％，人口较多的少数民族有仡佬、侗族。主要矿藏有煤、铁、重晶石、黑滑石、大理石、石灰石、硫铁矿、电碳岩、汞、铅锌、铜、锰等，森林覆盖率61.49％。

【经济快速增长】全年实现地区生产总值66.92亿元，按可比价格计算，比上年增长12.3%，其中：第一产业实现增加值23.72亿元，增长6.2%；第二产业实现增加值9.31亿元，增长13.9%；第三产业实现增加值33.89亿元，增长16.1%。全县人均地区生产总值21841元（以常住人口计算），净增2294元，按可比价计算，比上年增长11.7%。

【产业结构优化】全县第一产业增加值占全县生产总值的比重为35.4%，第二产业增加值比重为13.9%，第三产业增加值比重为50.6%。与2015年相比，第一产业比重下降0.4百分点，第二产业比重提高2.4个百分点，第三产业比重下降1.3个百分点。

【农村经济发展】全年实现农林牧渔业总产值41.83亿元，按可比价计算，比上年增长6.3%，其中：农业产值25.99亿元，增长6.9%；林业产值1.55亿元，增长8.6%；牧业产值11.05亿元，增长4.1%；渔业产值1.59亿元，增长10.5%；农林牧渔服务业产值1.65亿元，增长5.6%。

【主要农作物】全年粮食作物播种面积47276公顷，同比增长1.9%；油料作物播种面积13838公顷，增长0.46%；蔬菜播种面积14035公顷，增长2.79%。年末实有茶园面积24160公顷，增长1.34%；果园面积7144公顷，增长5.28%。

【主要农产品产量稳步增长】全年实现粮食总产量14.15万吨，比上年增长3.68%，其中稻谷产量4.63万吨，增长3.18；油料产量2.50万吨，下降0.28%；茶叶产量0.89万吨，增长7.23%；水果产量3.3万吨，增长11.46%。

【畜牧业、渔业】全年肉类产量23530吨，比上年下降4.19%，水产品产量5683吨，比上年增长22.53%。

【工业经济发展较快】全县新增2000万元以上规模企业6户，实现工业增加值8.24亿元，按可比价计算，比上年增长12.3%。

【主要工业产品产量】全年石材产量8.42万吨，比上年下降4.5%；发电量927.12万千瓦小时，比上年增长28.0%；精制茶1602.3吨，比上年增长24.3%；白酒12.84万升，比上年增长1.7%。

【工业效益】全县规模以上工业企业（2000万元以上口径）资产总额12.32亿元，比上年增长10.67%，实现营业收入23.82亿元，比上年增长33.09%，实现利润总额1.86亿元，比上年增长30.5%，实现税金总额0.64亿元，比上年增长3.26%。

【建筑业】全县资质以上建筑企业实现产值1.92亿元，比上年增长68.2%，竣工面积7.86万平方米，比上年增长47.2%。

【固定资产投资】全县完成全社会固定资产投资78.6亿元，比上年增长28.5%。从500万元以上口径（含跨区）固定资产投资建设性质来看，新建项目完成投资67.1亿元，同比增长36.9%；扩建项目完成投资4.9亿元，同比增长939.6%；改建和技术改造项目完成投资2.5亿元，同比下降65.3%。按投资构成划分，建筑工程完成投资66.5亿元，同比增长46.6%；安装工程完成投资4.5亿元，增长101.4%；设备工器具购置完成投资2.1亿元，同比下降64.9%；其他费用完成投资1.5亿元，同比下降66.6%。房地产开发投资完成4.17亿元，同比下降6.6%。从固定资产投资资金来源看，上年结余资金2.4亿元，同比下降63.5；本年到位资金63.6亿元，同比增长13%，其中：国家预算内资金23.6亿元，同比增长76.5%；国内贷款5.7亿元，增长31342.2%；自筹资金33.2亿元，同比下降12.3%。

【交通运输和邮电通信业】全年交通运输、仓储和邮政业实现增加值1.88亿元，按可比价计算，比上年下降10.9%。全县公路通车里程2957.6公里，其中高速公路里程119公里，实现全县9个乡镇（街道）通高速；机动车保有量69549辆，比上年增长13.0%，其中:汽车保有量7017辆，增长95.0%;摩托车保有量62532辆，增长8.0%。全年实现公路营运性旅客运输量27.38万人，营运性旅客周转量18.75万人公里，营运性货物运输量5.36万吨，营运性货物周转量7.62万吨公里。全年实现邮电业务收入4741.7万元，其中：电信业务收入2534.4万元，增长18.4%；邮政业务收入2207.3万元，增长3.4%。年末固定电话用户11181户，移动电话用户36721户，宽带用户14262户。

【消费品市场平稳增长】全年实现社会消费品零售总额10.76亿元，同比增长12.7%。按分行业看：批发业32.86亿元，同比增长14.0%；零售业20.35亿元，同比增长18.1%；住宿业0.36亿元，同比增长17.6%；餐饮业1.39亿元，同比增长19.1%。

【旅游业快速发展】全年共接待旅游人数420.61万人次，比上年增长50.0%；实现旅游总收入35.55亿元，比上年增长50.3%。

【财政收入快速增长】全年实现财政总收入6.9亿元,比上年增长10.31%，其中公共财政预算收入3.45亿元，增长 14.18%。

【各项税收完成较好】全年实现税收总额5.93亿元,比上年增长7.18%，其中:实现国家税收收入1.99亿元，增长66.5%；实现地方税收收入3.94亿元，下降9.2%。地方税收收入占公共财政预算收入的比重达75.55%。

【金融机构运行良好】年末，全部金融机构存款余额89.26亿元,比年初增长22.5%，其中个人存款余额48.56亿元,比年初增长14.37%。全部金融机构贷款余额62.15亿元,比年初增长16.6%。

【教育事业全面发展】全年各级财政对教育事业的投入达7.23

亿元，比上年增长9.69%。全县有中等职业学校2所，招生960人，在校生1921人，毕业生1257人。有高中教育学校4所，其中：教育部门办高中3所，招生3649人，在校生10280人，毕业生2857人；社会力量办高中1所，招生313人，在校生748人，毕业生105。有初中教育学校23所，其中：教育部门办初中21所，招生4471人,在校生14901人,毕业生5912人；社会力量办初中2所，招生1207人，在校生3552人，毕业生766人。有小学教育学校115所，其中：教育部门办小学113所，招生3934人,在校生24583人,毕业生5574人；社会力量办小学2所，招生145人,在校生1482人,毕业生408人。有幼儿园115所，其中：教育部门办幼儿园37所，在园6136人；社会力量办幼儿园78所，在园5712人。

【文化事业】全县有文化馆、艺术馆1个、图书馆1个；农家书屋302个，数字农家书屋21个；新建村级农民体育健身工程117个，乡镇农民体育健身工程13个。广播电视台1个，广播综合人口覆盖率为91.23%，比上年提升0.22个百分点，电视综合人口覆盖率为98.60%，比上年提升0.09个百分点，广播电视农村直播卫星用户33894户。

【卫生事业】全县有卫生机构340个（含私营和村卫生室）,其中：综合医院6个，乡镇卫生院16个，社区卫生服务机构3个，村卫生室298个，妇幼保健院（所、站）1个，疾病预防控制中心（防疫站）1个。卫生技术人员1972人，其中：执业（助理）医师497人，注册护士700人。卫生机构实有床位数1976张。参加新型农村合作医疗人数36.47万人，参合率达98.97%，比上年下降1个百分点。

【就业形势稳定】完成城镇新增就业4510人，比上年增长4.28 %，城镇登记失业率为3.3%。全县完成职业技能培训1505人，比上年下降23.57 %；转移农业劳动力8696人，比上年增长15.72%。

【社会保障加强】全县参加基本养老保险累计人数222916人(不含中央及省驻阡单位和行政事业单位)。参加失业保险累计人数10295人，比上年增加212人；参加基本医疗保险累计人数33050人，比上年增加527人；参加工伤保险累计人数11493人，比上年增加 350人；参加10375人，比上年增加413人。全县城乡居民社会养老保险累计参保人数达204470人，比上年增加3954人。全县城乡享受最低生活保障31072万户，共计73774万人，其中：城市最低生活保障2764户，共计4938人；农村最低生活保障28308户，共计68836人。

【社会福利和社会救助】全县有福利（敬老）院17个，床位1400张，集中供养人数1191人。

【人民生活水平】全县城镇居民人均可支配收入23797元，比上年增长9.4%，其中：工资性收入16446.55元，增长11.7%；经营净收入2670.46元，增长11.2%；财产和转移净收入4680.1元，增长1.1%。人均消费性支出19237.98元，比上年增长10.6%，其中：食品消费支出3042.03元，下降3.1%，城镇家庭恩格尔系数为15.81%；衣着消费支出1434.25元，增长6.7%；居住消费支出5580.56元，增长5.9%；生活用品及服务消费支出1228.85元，增长37.0%；医疗保健消费支出780.6元，增长38.2%；交通和通信消费支出2860.23元，增长27.0%；教育文化和娱乐服务消费支出1866.62元，增长30.5%；其他商品及服务消费支出386.35元，下降3.2%。全县农村居民人均可支配收入7452元,比上年增长9.1%，其中：工资性收入3676.57元，增长58.3%；经营净收入2764.54元，下降27.2%；财产和转移净收入1011.06元，增长41.8%。人均生活消费支出6921.4元，增长6.0%，其中：食品消费支出1997.62元，下降2.7%，农村家庭恩格尔系数为21.8%；衣着消费支出424.36元，增长36.9%；生活用品及服务消费支出824.49元，增长40.5%；医疗保健消费支出427.81元，增长47.0%；交通和通讯消费支出898.48元,增长40.8%；

教育文化和娱乐消费支出1068.18元,增长11.3%;居住消费支出1233.86元,增长29.0%;其他消费支出46.61元,下降0.8%。

【环境综合治理】全年各级财政用于节能与环境保护的财政预算支出为1.08亿元。全县生活垃圾无害化处理率为87.45%,比上年提高了5.45个百分点。全县污水处理厂处理能力为40立方米/日,全年处理污水14600立方米,处理率达98%。化学需氧量排放量36.04吨,氨氮化物排放量6.07吨,二氧化硫排放量74.87吨,氮氧化物排放量6.45吨,各项指标均有不同程度的下降。

【石阡县撤镇设街道】1月,石阡县撤汤山镇设汤山街道和泉都街道,撤中坝镇设中坝街道,撤河坝场乡设河坝镇。汤山、泉都、中坝等3街道和河坝镇挂牌成立,标志着18个乡镇的历史结束,取而代之的是19个乡镇街道,辖3个街道、6个镇、1个乡、9个民族乡。

汤山街道辖3个社区和8个村。即原汤山镇温泉社区、万寿社区、城北社区、北塔村、坪兴村、城关村、洋溪村、吴家湾村、金庄村、溪口村、石坪村,街道办事处驻万寿社区,具体办公地点为原档案局。

泉都街道辖3社区和10村。即原汤山镇大关社区、临江社区、文笔社区、雷屯村、新场村、荆坪村、来潮村、鲜花村、银丰村、亚兴村、高楼村、高寨村、挂榜山村、龙凤村,街道办事处驻文笔社区,具体办公地点为原茶叶管理局。

中坝街道辖原中坝镇行政区域,街道办事处驻中魁村。

河坝镇撤乡设镇后行政区域和政府驻地不变。

【石阡鸳鸯湖国家湿地公园授牌】8月23日—24日,全国湿地保护管理工作会议在哈尔滨召开。会上公布了66个试点国家湿地公园通过验收,其中石阡鸳鸯湖试点国家湿地公园正式成为国家湿地公园,并予授牌。这是铜仁市首个国家湿地公园,是贵州省第3个通过国家验收的湿地公园。

【石阡4个村拍档脱颖而出】6月6日—6月21日,开展全省邮政农村淘宝村拍档"6·18"活动。在全省564个村淘点中,石阡县甘溪乡坪望村拍档便民服务站、龙塘镇老计生办村拍档便民服务站、龙塘镇村拍档便民服务站、白沙镇村拍档便民服务站分别获第18名、35名、50名,56名的好成绩。活动是邮政携手阿里巴巴共同策划推出的年中大促方案,旨在通过村拍档的电商渠道服务到村,推动全省各村淘点带动线上线下销售,转变传统的销售方式,扩大村淘点知晓率,服务于民,成为老百姓身边实实在在的线下体验店。

【石阡苔茶推介会】8月3日–5日,"丝绸之路·黔茶飘香"从梵净山到青海湖贵州石阡苔茶推介会在西宁市青海湖畔举行。市委常委、常务副市长、县委书记皮贵怀,县人大常委会主任周胜龙,县委副书记周迪、沈乾坤,副县长张静霞、王一盛出席推介会,县农牧科技局、招商引资局、茶叶局、茶协及祥华、芊指岭、爽珍等茶业公司参加推介会。"丝绸之路·黔茶飘香"活动由贵州省农业委员会、省工商联合会主办,贵州省茶文化研究会、省茶协、省绿茶品牌发展促进会、省茶叶学会承办。

【中粮集团(中茶公司)贵州基地挂牌启动仪式】6月1日,中粮集团(中茶公司)贵州基地挂牌启动仪式,在龙塘镇祥华生态农业发展有限公司落地,标志着石阡苔茶迎来了强强合作、组团发展的良好机遇。中粮集团专家、副县长张静霞、县政协副主席卢仁富出席仪式,县农牧科技局、茶叶局及龙塘镇相关主要领导、园区部分企业代表等共计60余人参加,启动仪式由卢仁富主持。

【首家农村金融服务站在枫香乡成立】12月,石阡首家农村金融服务站在枫香乡枫香村开业,标志着贵州农经网联合贵阳银行普惠金融精准扶贫项目在石阡正式实施,即日累计开卡260余张。贵州农经网联合贵阳银行"农村金融服务站”是面向全省广大农户推出的具有金融服务功能的代理服务点。贵阳银行分两期在全县建设200多个村级农村金融服务站，每个站点投资4.2万元设备，全年完成一期建设32个站点。

【中国·贵州·石阡“仡佬毛龙节”】2月18日，石阡县举办2016年“美丽梵净山·铜仁过大年”中国·贵州·石阡“仡佬毛龙节”，包括全县19乡镇（街道）87支毛龙表演队及各非遗队伍，县委常委、宣传部部长杨芳权主持开幕式。开幕式上，举行了毛龙点睛、万人齐和“龙福式”及颁奖等仪式，贵州省游泳运动管理中心主任向恩友授予石阡县“贵州省游泳冬训基地”匾牌。活动以“传承民族文化、弘扬体育精神”为主题，由贵州省体育局、铜仁市人民政府主办，中共铜仁市委宣传部、铜仁市旅游发展委员会、铜仁市文体广电新局、中共石阡县委、石阡县人民政府承办。活动评出编扎奖10名，最佳表演奖50名。中央、省、市18家新闻媒体记者对活动进行了采访报道。

【石阡农民自办书院】7月26日，国荣乡楼上古寨举办养正书院国学班开班仪式，北京戏曲评论学会会长、著名学者靳飞，中国著名书法家徐玉良等应邀出席开班仪式。养正书院开设国学班、书法班和绘画班，还修建了阅览室，共90多名学生，以本村籍铜仁学院书画系教授周政文及艺术院校的志愿者义务教学。最初以周银昌、周其勇、周其祥等村民自筹资金创办，后借助新华社、新华网的宣传优势，经332次爱心捐款共募集到3.5万元现金和一些书法家的书帖及墨宝。市教育局捐助7万元，修葺小学旧校舍。

【石阡民俗博物馆】石阡民间民俗博物馆，是杨秀勇（汤山镇人）在县城杨家巷王家大院租房创办的，占地不足80平方米。现有约5000件藏品，包括从明清时期至“文化大革命”时期的各种生产资料和生活用品。主要有石阡地方藏品、民俗用具、红军遗物、文化大革命时期藏品，茶文化用具等。

【石阡古温泉投入使用】7月，石阡古温泉投入使用。新增水上乐园（漂流河、儿童乐园、大喇叭、标准游泳池，七彩滑，造浪池）及森林、石林泡池区138个泡池。项目总投资1.96亿元，占地面积64100平方米，有游客接待中心和大型停车场、儿童游乐区、室外健身区、游泳区、室外泡池区、别墅区、河滨景观道等，景区绿化率达53.4%，占地面积为64100平方米，同时可以接待6000人在区域内娱乐，每天可以接待游客20000人次。7月至10月分别举办第三届中国·石阡温泉文化旅游节系列活动。

【石阡举办全国山地自行车邀请赛】9月11日，在佛顶山景区举办2016“夜郎千户仡寨杯”中国·石阡首届全国自行车邀请赛，来自全国各地的500余名骑行爱好者参赛。比赛分为男子精英组、男子中年组、女子组、本地男子组、本地女子组、机关体验组，赛段绕坪洋寨（起点）—尧上—景区入口—大坪—小塘—尧上停车场—坪洋寨（终点）环行一圈，整个赛道包含下坡段、平缓路、起伏路段、爬坡段，总计20公里。重庆潼南的1046号运动员张杰获得男子精英组第一名，MISSILE中国车队队员陈小南获得女子组第一名，王斌获得本地男子组第一名。

【石阡走进多彩贵州文化创意园“晒”非遗】9月3—4日，“2016首届多彩贵州文化艺术节非遗展示篇—温泉之城·长寿石阡周末聚”在多彩贵州文化创意园举行，展出石阡仡佬毛龙、石阡木偶戏，石阡说春3项国家级非遗、石阡茶灯等9项省级非物质文化遗产，石阡苔茶等特色商品。共有50余家旅行社，40余家新闻媒体参与活动，其中与多彩贵州文化产业集团、贵阳市旅发委，贵阳市旅游协会达成旅游合作协议，与12家旅行社现场签约。

【“二十四节气”申遗成功，石阡说春列入扩展名录】11月30日，中国“二十四节气”正式列入联合国教科文组织人类非物质文化遗产名录。2011年，石阡说春列入“二十四节气”扩展名录。

【大顶山风力发电场】 7月28日，大顶山风力发电场首批5台机组并网发电，是首个落户石阡的风能发电项目，责任者为贵州粤电集团石阡风能有限公司。场区地面高程1300米至1520米，风电场场址范围面积为15.4平方千米，总装机容量为48兆瓦，安装24台单机容量为2.0兆瓦的风力发电机组，配套建设一座110千伏的升压站，项目总投资45590万元，单位千瓦静态投资9273元，年等效满负荷小时数2059小时。

【多彩贵州“广电云”村村通工程】 11月，完成全县19乡（镇、街道）多彩贵州“广电云”村村通工程，涉及全县231个行政村，共组织20多支施工队伍，投资3665.8万元，光缆敷设1095公里。多彩贵州“广电云”村村通工程是2016年省政府十件民生实事工程之一，是加快城乡现代化公共文化服务体系建设的重要工程。

【石阡县获全国防范和处理邪教工作先进集体】 1月，石阡获人社部、国务院防范和处理邪教问题办公室联合表彰为“全国防范处理邪教工作先进集体”，系全省唯一获此殊荣的县。中央、省委防范办曾2次到石阡专题调研指导反邪教工作，对县“无邪教创建示范工程”给予高度评价。

【石阡县人民医院成为贵州省首家智慧医疗示范基地】 8月9日，县人民医院与贵州勤邦讴开智慧医疗器械公司举行“智慧医疗示范基地”项目签约仪式，成为贵州省首家智慧医疗项目示范基地。智慧医疗项目旨在让人民群众享受更加便捷、方便的服务，发展智慧医疗、远程医疗、“互联网+医疗”，以大数据促进医药医疗产业发展。

【石阡成立首个农村信合“助农脱贫流动服务站”】 12月26日，石阡县首个农村信合“助农脱贫流动服务站”在龙塘镇川岩坝村成立，解决了川岩坝村群众金融服务需求。“助农脱贫流动服务站”是根据省联社助农脱贫文件精神，利用路由器和多功能终端设备，在村里就可以帮助群众进行开户、转账、电汇、贷款、手机银行、网上银行等服务，把金融服务送到村寨，进一步降低基层群众金融服务成本，满足农村群众金融服务需求。

【全国文明家庭代表—肖飞】 12月12日，第一届全国文明家庭表彰大会在京举行，石阡县河坝镇普兴村肖飞家庭获中央精神文明建设指导委员会“全国文明家庭”称号（贵州省共8户、全国300户）。同日上午，在北京京西宾馆会议楼前厅，党和国家领导人习近平、刘云山等会见第一届全国文明家庭代表，并发表重要讲话。

【抗战老兵滕树发】 滕树发（1908.3.22—2016.12.9），男，侗族，石阡县龙塘镇核桃湾村金木寨人。2016年12月9日，因病医治无效去世，享年109岁。曾参加过湖南长沙、常德、雪峰山等抗日战斗，是贵州最长寿的抗战老兵之一。

民国27年（1938年），在湖南桃源编入国军74军58师172团第3营第7连，当机枪手，辗转湖南桃源、慈利、衡阳、邵阳、武冈、常德、长沙（第三次和第四次）等抗日战场。民国33年（1944年）下半年，随部队辗转桂柳战场，在全州与日作战时，其右脸被日军弹片划伤，受到部队嘉奖，获得2400元关金券奖金。民国34年（1945年），抗战胜利后，滕树发带着抗日留下的伤疤回到老家务农，曾当过生产队长。2009年10月，获贵州省老龄委办公室“贵州长寿老人证书”。2015年9月，获中共中央、国务院和中央军委联合颁发的“抗日战争胜利70周年”纪念章1枚。

（石阡县地方志办　徐大勤）

印江土家族苗族自治县

【概况】 印江位于贵州东北部，铜仁西部，地处梵净山西麓。全县辖区面积1969平方公里，辖17个乡镇（街道）374个行政村（居、社区），总人口45万人，其中土家族、苗族占总人口的71.15%。印江历史上建县较早，唐武德三年建“思王县”，唐开元四年（716年）建“思邛县”，明弘治七年（1494年）改设“印江县”。1987年经国务院批准设立印江土家族苗族自治县，1992年被国务院列为内陆对外开放县，1998年被省委、省政府划定为革命老区。印江生态环境良好，文化底蕴厚重，民族文化多姿多彩，红色文化璀璨夺目，有“中国书法之乡、中国名茶之乡、中国长寿之乡”等美誉，是全国生态保护与建设示范区、中国最美文化生态旅游名县、贵州十佳最美风景县。

2016年全县完成生产总值90.53亿元，同比增长13.0%。财政总收入5.45亿元，增长6.6%，公共财政预算收入2.72亿元。工业总产值39.5亿元，增长30.5%。限额以上固定资产投资78.04亿元，增长22.1%。社会消费品零售总额13.59亿元，增长13.0%。金融机构存款余额102.76亿元、贷款余额79.53亿元，分别同比增长28.7%、19.2%。城镇和农村居民人均可支配收入分别达23971元、7352元，分别同比增长10.2%、10.6%。经济发展增比进位综合测评在全省县域第三方阵15个甲类县中排名第7位、全市3个同类县中排名第1位。

【脱贫攻坚成效明显】围绕“六个精准”要求，精准实施产业就业扶贫、教育医疗扶贫等11项专项行动。把易地扶贫搬迁作为脱贫攻坚的“当头炮”和“关键一仗”，对“一方水土养不起一方人”的1006户、4090人实施搬迁。争取到中央和省财政专项扶贫资金8991万元，烟草新村专项扶贫资金1000万元，对口帮扶资金490万元，县财政预算投入2000万元，整合涉农资金15亿元投入产业扶贫和公共基础设施建设，加快推进61个贫困村发展，减少农村贫困人口1.782万人，完成18个贫困村出列，“减贫摘帽”成果进一步巩固。

【基础条件明显改善】2016年共争取各类专项资金、行业资金和融资到位资金18.94亿元，有力保障重大工程和重点项目建设的资金需求。江瓮高速洋溪互通项目建成通车，304省道印江自治县城至木黄新民提级改造项目基本完成，启动印江至秀山高速、沿河经木黄至松桃高速、印江至思南城市快速干道、杭瑞高速印江东互通和G211沿河黑獭至印江自治县城公路改扩建工程建设。全县公路通车总里程达3262公里，实现了乡乡通油路、村村通公路。栗子园中型水库即将竣工，偏岩中型水库顺利开工，绿荫塘、山岔2座小（一）型水库建设快速推进。加快推进电力、通信建设，4G通信网络覆盖率95%，城镇光纤网络实现全覆盖。

【主导产业加快发展】大力发展实体经济，加快建设农特产品精深加工、轻工产品加工和电子商务3个产业集群，实现工业总产值和增加值“双增”目标。加快推进3个省级农业园区，全县生态茶园面积达37万亩，食用菌规模达8000万棒；有机产品生产企业、有机产品认证证书数量均列全市第一，成功创建“国家农产品质量安全县”“国家有机产品认证示范创建区”，现代农业提质增效明显。加快推进亚盘林和木黄凤仪、紫薇团龙等重要旅游节点建设，成功举办铜仁市第三届体育运动会、2016首届书法文化艺术节，“书法之乡·养生印江”旅游形象有力彰显。

【城镇建设强势推进】实施南环路、富康路等一批市政干道，建成“四馆合一”项目，建成书法文化广场、城市农业公园、观音沟湿地公园、东郊河滨公园等六大公园，城市配套设施日益完善，城市品位大为提升，县城建成区面积达11.2平方公里，城镇化率达46.4%。以“五城同创”为载体，加快推进城市经营管理，成功创建“国家卫生县城”，市容市貌明显改善。加快推进镇村联动就地城镇化，促进城镇人口与产业集聚发展，建成木黄省级示范小城镇，紫薇、天堂、杨柳、刀坝等小城镇建设加快推进。深入实施“四在农家·美丽乡村”六项行动计划、“一事一议”财政奖补项目，农村生产生活条件明显改善。

【生态建设力度加大】大力推

进“绿色印江建设三年行动计划”和城周森林屏障、印江河流域生态保护和石漠化综合治理工程建设，累计完成营造林40万亩，森林覆盖率达61.4%，洋溪省级自然保护区和峨岭关省级森林公园获得批复，被国家绿化委授予“全国绿化模范单位”。加快车家河国家级湿地公园建设。加强江河源头、水库、重点水源地保护，启动农村生活垃圾无害化处理工作，抓好重污染河流治理，全县城乡生活垃圾集中处理率达87.0%，城镇污水处理率达86.8%。县城空气质量优良天数达标率达98.0%，城乡集中式饮用水源达标率达100%。

【民生保障不断加强】在全市率先实现中小学校“班班通”全覆盖，建成山村幼儿园285所，完成62所山村幼儿园提质升级任务，“基本普十五”暨“两项督导”工作顺利通过省级督导评估考核验收。启动县人民医院整体搬迁工程，县级公立医院综合改革全面推开，全县新农合参合率达99.2%。实施棚户区改造项目4200户，建成保障性住房3492套，分配入住6672套，完成农村危房改造6941户。城镇登记失业率控制在3.8%以内。平安建设成效显著，安全生产不断加强，社会和谐稳定。

（印江自治县地方志办）

思南县

【概况】思南县位于贵州东北部，铜仁市西部，北纬27°32′～28°10′，东经107°52′～108°28′，地处武陵山腹地，乌江流域的中心地带，东临国家级自然保护区梵净山，西与历史名城遵义共界，辖3个街道办事处17个镇、8个民族乡、489个行政村、37个社区，地域面积2230.5平方千米，杂居着汉、土家、苗、满、蒙古等18个民族，总人口68.01万人。

思南矿产资源富集。已探明有煤、铁、硫铁、大理石、石灰石等矿产资源，以大理石为主的装饰石材资源远景储量10亿立方米，潜在经济价值达4.2万亿元以上。县内有出露面积近5平方千米的连片喀斯特石林，被国土资源部命名为“国土资源科普示范基地”“思南乌江喀斯特国家地质公园”。全县有11个地热泉点，日出水量1.2万吨，被中国矿业联合会命名为西南片区第一家“全国温泉开发利用示范区”。县境内气候温和，适宜多种作物种植和蚕桑、中药材、果蔬等特色农业发展。现已形成生态畜牧业、生态茶、优质烤烟、特色经果林、无公害蔬菜、中药材六大特色产业。诞生过“贵州科举之父”田秋、明朝理学家李渭、红军高级将领旷继勋等著名人物。思南土家花灯传承1000多年，被列入第一批国家级非物质文化遗产名录，思南县被文化部命名为“中国民间艺术之乡”。府文庙、万寿宫、周家盐号等古建筑群被列为国家重点文物保护单位。

2016年，全年完成生产总值116.6亿元，增长15.02%；完成固定资产投资114.23亿元，增长22.1%；实现财政总收入10.01亿元，增长5.59%；一般公共预算收入5.1亿元，增长3.9%；完成农林牧渔业总产值55.21亿元，增长30.52%；完成规模工业总产值85.62亿元，增长13.15%；完成规模工业增加值22.8亿元，增长14.69%；接待游客415万人，增长45.1%；完成旅游收入32.82亿元，增长50.2%；完成社会消费品零售总额25.75亿元，增长15%；金融机构存、贷款余额分别达129.7亿元、112.61亿元，增长11.6%、23.96%；完成招商引资到位资金100.45亿元，增长36.26%；城镇、农村居民人均可支配收入分别达24186、7418元，增长10.78%、11.09%；城镇化率达46.63%，森林覆盖率达52%，城乡生活垃圾无害化处理率达72.22%，县城环境空气质量达标率达99.7%，城镇污水处理率达90%，集中式饮用水源地水质达标率达100%。

【精准扶贫】投入扶贫专项资金30多亿元，帮助13个贫困村如期出列、26709贫困人口精准脱贫。其中，发展产业和就业脱贫10313人，易地搬迁脱贫2485人，生态补偿脱贫3185人，教育医疗脱贫5379人，社会保障兜底5347人。贫困发生率从2015年的16.35%下降到11.35%，下降了5个百分点。完成“四在农家·美丽乡村”六项行动计划投资2.61亿元，农村基础设施进一步改善。创新金融扶贫模式,组建县级扶贫开发投资公司，全面启动“特惠贷”项目，共发放贴息贷款10466户5.01亿元。争取到国开行融资10亿元助力脱贫攻坚，融资工作进展顺利。

【项目建设】 全年完成固定资产投资114.23亿元。分别完成交通投资13亿元、水利投资5.1亿元、通讯投资2.86亿元、城镇基础设施投资15.2亿元、房地产开发投资13.2亿元。灯油坝至塘头、大岩关至汪家沟等国省干道改扩建工程全面完工。过水湾、沙坝等重点水源工程快速推进。争取到农发行融资4.86亿元，用于白鹭湖国家湿地公园保护及开发。争取国开行融资10亿元，其中2亿元实施农村贫困人口饮水安全工程，8亿元实施279个贫困村通组公路。新增通水泥路建制村104个、通客运行政村60个，新开通农村客运线路12条，行政村农村公路通畅率达97.2%、通客运率达91%，实现“国道全面提级改造、省道改造加速推进”。抢抓国家扩大内需的政策机遇，率团北赴北京等地招商，新签约招商项目59个，实际到位资金100.45亿元，其中投资20亿元《中国·思南两江口国际山地影视基地》、投资5亿元的花样年等一批重点项目前期工作有序推进。新增省外3000万元以上项目投资73.17亿元。成功引进500强民营企业广东温氏食品集团入驻。积极推进企业债券和PPP融资模式，新增融资贷款66.18亿元。

【实体经济 产业融合】 全年新增规模工业企业3家，县属规模工业企业达83家。思南经济开发区引进项目8个，入驻企业增加到116家。新增市场主体3407个，注册资本37.92亿元。新增限额以上商贸零售企业12家，累计37家，社会消费品零售额增速全市第一。新增电子商务服务站点103个，交易总额2.4亿元。新建省级农业园区1个、市级农业园区11个，入驻农业园区企业78家、专业合作社162户、家庭农场40个。新建蔬菜基地4.72万亩、果园+种养基地1万亩、中药材基地1.2万亩。完成了283个村寨、707个旅游资源单体普查。编制全县旅游策划方案和郝家湾景区规划，启动全域旅游、白鹭湖景区、思南古城景区等8个专项规划。郝家湾景区、石林景区、张家寨茶旅一体化景区等提级改造工程稳步推进。

【生态环境 建设】 抢抓“绿色贵州”三年行动计划和新一轮退耕还林工程实施的机遇，实施营造林0.57万公顷、新一轮退耕还林还草0.23万公顷，森林覆盖率达52%，成功创建省级森林城市。新增生态茶0.32万公顷、油茶0.09万公顷、竹子266.67万公顷，红心柚、蜂糖李等经果林381.87万公顷，楠木、杉木、柏木等生态林0.10公顷。凉水井镇、邵家桥镇等6座集镇污水处理厂成功试运行，塘头镇、许家坝镇2座集镇污水处理厂运行成效明显，城镇污水处理率达90%，集中式饮用水源地水质达标率达100%。大力推进城乡人居环境综合整治工作，城乡生活垃圾无害化处理率达72.22%。县城环境空气质量达标率达99.7%,达到国家Ⅱ级标准。

【社会事业】 完成16所乡镇中小学校标准化建设，基本建成思南中学新校区、县职校分校区。基本普及十五年教育、“两项督导”和八中“申示”复评工作顺利通过省政府评估验收。学前教育入园率达88.41%，九年义务教育巩固率达85.5%，高中阶段毛入学率达92.5%。县人民医院成功创建三级乙等医院。成功创建市级以上卫生乡镇7个、省级卫生村寨10个，创建群众满意乡镇卫生院6所、一级甲等卫生院2所、一级乙等卫生院4所。完成城市棚户区改造4000户，农村危房改造5765户，实施农村集中建房示范点13个720户，建成小康房示范户280户。完成城镇新增就业6073人，转移就业15270人，城镇登记失业率控制在4.2%以内。发放各项社会保险2.16亿元，待遇发放率100%。发放创业小额担保贷款

359户2504万元。完成农村互助幸福院93所、农村敬老院4所、日间照料中心1所。发放城乡低保金1.48亿元，实施医疗救助3592人1200万元、临时急难救助2104人300万元。新农合参合61.4万人，缴纳保险金2820.2万元，参合率达90.36%。“平安思南”。“法治思南”建设深入推进，群众安全感、满意度分别达97.43%、97.24%。

【2016创新“互联网+全域旅游”暨第四届旅游业融合与创新（中国·思南）论坛活动在思南举行】 2016年10月29日至30日，由新华网、贵州省旅发委、铜仁市人民政府主办的2016创新“互联网+全域旅游”暨第四届旅游业融合与创新（中国.思南）论坛活动在思南乌江大酒店举行。国家旅游局原党组成员、副局长吴文学，新华网党组成员、常务副总裁魏紫川参加论坛活动。本届论坛由“第四届旅游业融合与创新论坛”开幕式、2016旅游业融合与创新峰会、2016最美中国榜发布盛典组成。以“全域化、新融合、大数据”为主题，秉承创新旅游新格局、书写旅游新篇章为己任，各专家、文化学者从“新常态下的旅游产业经济、旅游多元融合与创新、传媒与推广、构建服务型政府培育、保护消费市场与权益”等方面发表主题演讲，分享创新“互联网+全域旅游”的深意与内涵，多方面、多层次提出具战略性、时代性、操作性强的建设性意见。本届论坛颁布入围“2016年最美中国榜”的25个地级目的地、47个县级目的地、30个景区目的地、25个首批最具影响力特色节庆名单并分别分享相关VCR。 晚会现场，表演了思南特色的花灯歌舞《欢迎朋友四方来》、民俗歌舞《土家薅草锣鼓》《扎鼓棚》等，演绎了思南“黔中首郡·乌江明珠”的风采。

【思南县获第五届“中国名茶之乡”荣誉称号】 2016年10月8日，根据《中国名茶之乡评选办法》，中国名茶之乡评选委员会评选办公室对福建、贵州、河南等11个省的重点产茶县（镇）的申报材料进行严格审查，对审查合格的重点产茶县（镇）进行评选。根据公开、公平、公正原则和《中国名茶之乡评选指标》，评选出14个重点产茶县（镇）为第五届“中国名茶之乡”。思南县获得第五届“中国名茶之乡”荣誉称号。

【思南温氏生猪一体化养殖】 思南温氏生猪一体化养殖项目，系2016年2月县人民政府与广东温氏食品集团股份有限公司签订的招商引资项目，总投资约4.8亿元，项目建成投产后将新增出栏生猪40万头，带动600多户合作农户增收，合作农户年收益8000万元以上，年产值达8亿元以上。该场于2016年7月中旬开始动工建设，11月初全面建成，养殖场占地面积10余亩，圈舍面积1000平方米（540头标准场1个），是思南县第一家按照温氏标准设计建设。安装有自动刮粪器、固液分离机、水地暖、自动饮水器、自动料槽、温控系统等标准化的现代化猪舍，共投资70万元。12月26日，思南县温氏首个家庭农场（代养户）在长坝镇太平村顺利投放猪苗，标志着思南县温氏一体化养殖项目“公司+家庭农场（代养户）”工作进入实质性养殖阶段。此次投放猪苗540头，重6954斤，聘请该村4个贫困人口进行饲养，畜牧发展中心、思南温氏公司提供技术指导，饲养155天后，思南温氏公司将按平均利润200元—250元/头进行保底回收，一年饲养两批可获利20万元以上。

【思林水电站500吨级通航设施试航成功】 11月30日，贵州思林水电站500吨级通航设施顺利通过实船通航实验，标志着思林水电站最后一个建设项目建成并开始发挥功能，为客货轮和特种船舶提供快速过坝通道；遵义构皮滩库区经思林库区至沿河沙坨库区到重庆涪陵恢复通航，省海事航务管理局党委书记陈英姿率专家评估组到场指导。本次试航船舶由500吨级货船“铜仁航电1号”担任。试航开始，位于大坝下游的试航船“铜仁航电1号”搭载专家组启航，在通航管理处调度人员的指挥下，缓缓驶向通航建筑物下游引航道，按照规范通航程序开始通过船闸、中间渠道和升船机系统，完成通航下行流程。随后，“铜仁航电1号”进入升船机，通过升船机提升与中间明渠对接，试航船顺利到达上游，驶入库区航道，完成整个流程。整个通航试验过程历时2小时30分钟，通航信号指示明确无误，系统运转正常，船舶进、出升船机对接顺利。

乌江思林水电站500吨级通航建筑物总投资7.6亿元，位于思林电站大坝左端，由上游引航道、过坝中间通航道、升船机塔楼段、下游引航道四部分组成，全线总长951.80米，升船机采用钢绳卷扬机平衡重式垂直升船机方案设计，升船机最大提升高度为76.7米，通航建筑物设计标准船型吨位为500吨级机动单驳，船型尺寸为：55米×10.8米×1.6米（总长×型宽×设计吃水深），单项年通过坝船舶总载341.25万吨，单项年过坝客、货运重量200万吨。

【全国网络大V走进思南看绿色发展】 7月5日至6日，由国家互联网信息办公室组织、省委宣传部主办、多彩贵州网承办的全国网络大V“绿色发展看贵州”采风活动走进思南。活动由国家互联网信息办公室网络评论工作局干部张凯率队，共有来自全国各地的30多位网络名人参与，此次采风活动以“同饮长江水，共话中国梦”为主题，旨在全面体现贵州在长江经济带中的战略地位，展示贵州开展生态文明建设的努力与成效。在思南期间，网络大V们先后到城区兽王山公园、九天温泉城、周家盐号、永祥寺、王爷庙，大河坝镇黑鹅溪，塘头镇两江口、现代农业园区，以及思林电站了解思南县历史文化、城市建设、旅游发展、农业园区建设、生态保护等有关情况。

【黔中首郡–乌江明珠（中国·思南）旅游推介会在北京饭店举行】 7月15日，由新华网、铜仁市人民政府共同主办的“第四届旅游业融合与创新论坛启动仪式暨黔中首郡–乌江明珠（中国·思南）旅游推介会”在北京饭店举行。活动由“第四届旅游业融合与创新论坛启动仪式、黔中首郡—乌江明珠（中国·思南）旅游推介会、旅游发展主题演讲”三部分组成。国家旅游局亚洲旅游交流中心副主任张坚钟，国务院政府特殊津贴专家、北京交通大学旅游系主任张辉，中国旅游改革发展咨询委员会副秘书长、北京第二外国语学院旅游管理学院院长厉新建，中国创意研究院院长陈放，国家旅游标准委员会委员李庚教授，中共铜仁市委常委、副市长牛建国，铜仁市旅发委主任周慈，中共思南县委副书记、思南县人民政府代理县长席龙海，思南县人民政府副县长黄仕军等出席启动仪式。推介会围绕全域旅游、文化旅游、产品开发、乡村旅游发展、旅游扶贫、景区开发方面作主题发言，并就思南县旅游融合发展现场交流，给予建设性意见。活动现场，代表思南特色的民俗歌舞《打开财门迎嘉宾》《思南姑娘大脚板》《嫲草锣鼓》完美演绎了思南“黔中首郡–乌江明珠”的风采。推介会上，思南县获得“2016最美中国魅力休闲之城”称号。

（思南县地方志办）

德　江　县

【概况】 德江地处贵州省东北部，铜仁市西部，娄山山系与武陵山山系交会处。东与印江土家族苗族自治县接壤，东北与沿河土家族自治县毗邻，南与思南县为邻，西南接凤冈县，西依务川仡佬族苗族自治县，北部插入沿河土家族自治县、务川仡佬族苗族自治县之间。总面积2072平方千米。境内属中亚热带季风性湿润气候，季风气候明显，其特点是气候温和，热量资源丰富，降雨量充沛，水热同季，冬无严寒，夏无酷暑。主要河流有乌江、马蹄河、川岩河、冷水河、马儿河。主要矿种有：煤、铁、硫铁、铅、锌、锑、汞、萤石、重晶石、电石灰岩、石灰岩、白云岩、硅石、大理石、方解石、黏土、陶土、高岭土等，各类矿床（点）100余处，以煤、铁、硫等为大宗。粮食作物以水稻、玉米、小麦、红薯、马铃薯等为主，畜牧业以饲养羊、牛、猪、鸡为主。全县辖街道2个（青龙、玉水）、镇11个（煎茶、潮砥、枫香溪、稳坪、合兴、复兴、共和、平原、长堡、高山、泉口)、土家族乡8个(堰塘、龙泉、钱家、沙溪、楠杆、桶井、荆角、长丰),344个村(社区),2926个村(居)民小组。年末总人口55.06万人。

2016年,全县人民牢固树立新发展理念,突出抓好大扶贫、大数据两大战略行动,大生态、大健康、大文化三大跨越工程,大交通、大产业、大教育、大环境四大支撑工程,全县经济社会保持快速持续健康发展的良好势头。全年实现地方生产总值93.13亿元,比上年增长13.1%;其中,一、二、三产分别比上年增长5.8%、13.6%、16.5%;GDP增速在全市10个区县中居第3位,增速高于全市1.1个百分点、全省2.6个百分点;三次产业结构由2015年27.8∶20.3∶51.9调整为:25.2∶20.5∶54.3;实现工业增加值11.64亿元,增长13.1%;实现500万元以上固定资产投资67.2亿元,增长22.5%,增速在全市排第1位;实现财政总收入10亿元,增长8.4%,一般公共预算收入5.21亿元,增长8%;实现社会消费品零售总额17.8亿元,增长13%;实现城镇居民人均可支配收入23972元,增长9.7%;实现农村居民人均可支配收入7283元,增长10.4%。

抓大扶贫,决战脱贫攻坚取得突破。2016年争取到项目资金1.01亿元,实施财政扶贫项目1180个,实现农村贫困人口16696人脱贫,占市下达任务的100.6%,贫困发生率下降4.4个百分点,实现16个贫困村出列,全面小康实现程度达88.5%。开展“脱贫攻坚·驻村帮扶”工作,安排950名干部组成344个驻村工作组蹲点帮扶,选派150名干部到贫困村担任第一书记,成立344个脱贫攻坚作战队,开展定点帮扶工作,发展壮大核桃、茶叶、蔬菜、水果等山地特色产业,解决农村基础设施及生产生活等方面困难计3659件,加快农村经济社会发展,促进农村社会和谐稳定。

抓项目建设,扩大投资拉动经济增长取得突破。一是精心谋划项目,增强有效投资发展后劲。2016年编制PPP规划项目31个,项目总投资167.68亿元;录入国家重大项目储备库项目528个,项目总投资839.83亿元;专项建设基金三年滚动计划项目库项目49个,项目总投资184.48亿元,其中拟申报专项建设基金51.4亿元。二是把握国家政策投向争取项目,弥补经济社会发展短板。2016年,围绕国家投资政策,在编制申报中央预算内投资计划的同时,精心谋划项目,争取国家专项建设基金支持。年内争取到保障性安居工程、易地扶贫搬迁工程、国家服务业发展引导资金等中央预算内投资项目38个,本年度投资计划2.38亿元,其中中央预算内投资2.07亿元。争取观音滩水库、大木尧水库、城镇棚改等专项建设基金项目5个,总投资14.99亿元,其中专项建设基金1.8亿元。全县500万元以上口径在建项目237个,项目总投资288.47亿元,已累计完成投资67.2亿元,同比增长22.5%,占市下达全年目标任务的98.8%。2016年全县重大工程和重点项目37个,其中省级16个市级21个,总投资178.51亿元,2016年投资目标任务53.16亿元,完成投资58.04亿元,占任务数的109.19%。

抓产业发展,经济转型取得突破。一是特色主导产业集聚壮大,高效农业示范园区建设快速推进。2016年完成新建茶园3.008万亩,种植蔬菜27.7万亩,新增水果种植面积1万亩;完成中药材种植面积4.12万亩,其中新增栽培天麻15.96万平方米。完成“万元田”6万亩,完成“万元山”6万亩,实现“三个万元”工程建设圆满收官。强势推进农业园区建设,农业园区已入驻企业63家,其中省级重点龙头企业5家,市级龙头企业12家,园区建立合作社50家。二是工业发展后劲显著增强。以省级经济开发区建设为契机,重点推进城北工业园区建设,启动关口片区、煎茶农特产品加工园区、乌江共和港口物流园区配套基础设施建设,建成城北工业园区核心示范区5.3平方公里,完成“八通一平”、园区主干道硬化和配套设施建设,建成标准厂房26万平方米,入驻企业60家,建成投产52家。培育发展洋山河生物科技、鸿泰茶业等农特产品加工业和迪蒙科技、韫韬科技、宏源科技等新型工业。三是电子商务快速发展。全县成功成为国家电子商务进农村综合示范县，电子商务建设取得快速发展，建成3万平方米的电子商务产业园，引进入驻阿里巴巴农村淘宝、云智科贸、傩城电商、为米科技等15家电商企业，建成农村电商服务网点275个，快递物流29家。引导邮政、顺丰、邦德等快递公司以整体入驻或设立代办点方式入驻电商产业园快递物流区。四是旅游业稳步推进。初步建成洋山河、扶阳古城、高家湾现代农业观光园、煎茶水乡、泉口万亩草场石林、枫香溪会议会址等旅游景点。

抓城镇化带动，建设区域性中心城市取得突破。城市建成区面积扩展到20平方公里，城区人口达20万人，城镇化率达45.1%。建成德江体育馆、伟才学校，完成城北城市主干道与德务高速德江枢纽站互通工程，完成武陵大道二期工程和伟才学校周边主次干道工程，完成大犀山山体公园景观塔装修工程，完成城南玉溪河二期景观带建设。开工建设迎宾路至马鹿岩、关口至德江南互通大道，启动五馆两中心、职中外环线至烂泥湾、武陵大道三期、井堡池至龙泉、思源学校至周家湾等项目规划建设。

抓生态建设，大美德江建设取得突破。围绕生态优先推动绿色发展，完成营造林任务8.8万亩，全县森林覆盖率达53.9%；全面完成2015年度石漠化综合治理项目及巩固退耕还林成果专项资金建设项目；开工建设国家水土保持重点建设工程德江县复兴镇小流域综合治理项目，潮砥镇小溪河道治理续建项目，玉溪河沿岸污水收集管网维修项目；切实改善人居环境，加快推进城镇污水处理、城乡生活垃圾无害化处理，有效治理PM2.5大气污染，全县空气环境质量保持在国家二级标准。

抓民生改善，构建满意德江取得突破。一是民生得到切实改善。2016年，完成新增就业5680人、新增“雁归人员”创业就业3650人、新增“雁归人员”创办企业和个体工商户565户。城市低保标准从2015年的每人每月440元提高至484元，增幅为10%；农村低保标准从2015年的每人每年2580元提高至3060元，增幅达到18.6%。二是教育事业优先发展。“两项教育督导”和“普十五”工作顺利通过省评估验收。全县九年义务教育巩固率94.4%，学前三年毛入园率92.15%，“三残”儿童少年入学率91.61%，高中阶段毛入学率91.67%。全县累计发放各类资助金1.07亿元，惠及师生180787人次。建成县第七小学、县第四幼儿园，有效化解城区大班额现象。三是公共卫生事业加快发展。县人民医院创建“三级乙等”综合医院成功通过省卫计委评审，成为全省首家县级三级乙等综合医院；县中医院创建“三级乙等”中医院通过省中医药管理局初评；新建9个乡镇卫生院中医馆建设，创建4个“一级甲等”乡镇卫生院和8个“一级乙等”乡镇卫生院建设，全面完成31个村卫生室标准化建设。四是文化事业稳步发展。成功申报土家舞龙炸龙国家级特色文化产品，成功举办首届乌江石文化节、德江土家摆手舞大型赛事活动，德江被文化部命名为中国民间文化艺术之乡；电影《喋血神兵》全景县内拍摄并在央视上演。

【围绕“六绿”工程改善生态环境】 2016年，德江县坚持发展和生态两条底线，谋划实施绿城、绿廊、绿水、绿村、绿园、绿景等“六绿”工程，在全县实施重点区域造林绿化工程，按照生态优先、注重实效，政府主导、全员联动，统筹规划、分步实施，因地制宜、适地适树，无绿植绿、有绿添彩，造改并举、建管并重等原则，坚持与生态建设、产业发展、脱贫攻坚等工作结合起来，因地制宜发展防护林、用材林、经济林等，同时采取“点、线、面”相结合的绿化思路，对城区周边山体、城区水域、园区景区等重点区域进行添绿补绿。加大退耕还林工程造林、天然林资源保护造林、石漠化综合治理林业造林、植被恢复造林和竹产业发展造林等，着力改善生态环境。2016年，完成人工造林4580.40公顷、封山育林619.93公顷、林地保有量增至10.18万公顷，森林覆盖率53.49%。全面实施生态补助政策，根据实际森林管护面积，重点选择“两无”户且身体条件较好的人员成为管护人员，增加贫困群众收入。全县公益林生态效益补偿脱贫人员406人，退耕还林补助1144人；公益林生态林保护人员工资收入298人，保护人员308人，森林管护面积增至10.19万公顷。依托天然自然生态资源，坚持造林与造景相结合，绿化与美化同步，着力打造点上绿色成景、线上绿色成荫、面上绿色成片的生态旅游新景观，不断扩大生态环境社会经济效益。按照“严格执法、标本兼治”原则，以打击整治“六黑”为重点，开展环保执法“风暴”行动，全面排查整改各类污染环境、破坏生态和环境隐患问题。

【加大产业扶贫助力精准脱贫】 2016年，德江县按照“五个产业带”规划建设要求，围绕天麻、茶叶、核桃、精品水果、生态畜牧重点产业，按地区发展优势，在全县分片区集中发展扶贫产业，促进产业快速发展，加快贫困农户增收致富。围绕产业扶贫创典型，探索“三金”发展模式。在堰塘乡高家湾村组建三金农民专业合作社，采取“园区+公司+土地流转合作社+农户”的方式，创建农民增收的“三金”模式，即农民通过土地流转收租金、入社经营收股金、入企打工挣薪金，村民由传统粮农变成新型农业产业工人，收入渠道大大拓宽。2016年，高家湾村实现农民人均纯收入12782元，率先实现脱贫致富目标，“三金”经验在全省得到广泛推广，也为产业扶贫开创一条新路。围绕产业扶贫树先进，组建劳务专业合作社。一是贫困村的基础设施建设直接由劳务专业合作社实施，减少中间环节，保障工程质量，增加利益收入。二是合作社的效益一部分作为村级集体经济收益，增强村级集体经济实力。三是合作社社员就近打工，增加收入，改变贫困状况。四是凡是入社社员，到年终都参与劳务专业合作社分红，增加收益途经。五是社员通过专业合作社理事长的培训和入社务工，提高劳动技能。六是社员通过就近务工、年终分红，增强劳动积极性，主动参与脱贫攻坚的意识加强。劳务专业合作社的壮大，拓宽产业扶贫广度。

紧抓产业扶贫机遇，打通“三条黄金管道”。一是抓住“特惠贷”政策，千方百计为贫困户创收。对有自主创业意愿和能力的贫困户，将贷款发放给他们发展产业，增加收入；对无发展能力的贫困户，将其贷款入股到扶贫投资公司，按年保底分红。贫困户入股扶贫投资公司分红2838笔14190万元；发放给贫困户3311户自主创业贷款11910.39万元，发展肉牛、生猪、猕猴桃等特色水果。二是融资扶持产业壮大升级。全县向国开行贵州省分行争取发放茶叶、天麻、肉牛等主导产业发展贷款21241万元，支持农业企业16家、专业合作社4家、贫困户600余户，茶叶、天麻、肉牛等主导产业得以快速发展。三是融资解决基础设施瓶颈问题。组建县扶投公司，向国开行申请交通扶贫工程项目贷款10亿元，用于新建、改扩建21个乡镇、街道的通村通组及产业路等，该项目建设覆盖全县240个村，其中贫困村133个；覆盖人口550342人次，贫困人口93780人次。金融扶贫，解决全县各乡镇交通“最后一公里”问题。2016年，全县21个乡镇、街道建成通村路、通组路及产业路219千米，为产业扶贫打下坚实基础。

2016年，在50个贫困村实施“三变”改革，推动天麻、畜牧、茶叶等优势产业园区建设，培育核桃、精品水果等特色产业，创建两条省级核桃产业示范带，发展核桃1.09万公顷，发展天麻累计达120万平米，以泉口镇、煎茶镇、复兴镇为试点，发展生态畜牧业，出栏肉猪21.32万头、肉牛2.18万头、肉羊18.56万只、家禽56.78万羽，实现畜牧业产值9.74亿元。

【贵州黔北（德江）机场预可研报告通过专家组评估】 12月8日至9日，以设计师蒋作舟为组长的评估专家组一行到德江，开展贵州黔北（德江）机场预可研报告评估。认为贵州黔北（德江）机场项目预可研报告符合《全国民用机场布局规划》，宣布该项目预可研报告通过专家组评估。德江机场性质为民用支线机场，目标年旅客吞吐量为45万人次、货邮吞吐量1350吨、飞机起降4762

架次；拟建德江机场露青场址位于德江县东南偏南部，距离德江县城直线距离约16千米、公路距离约32千米，综合条件相对较好，可作为建设场址；本期主要建设内容包括：1条2800米×45米的跑道，1条垂直联络道、6个机位的站坪、6000平方米的航站楼、6000平方米的停车场；建设货运区、消防救援、辅助生产及生活设施、各类公用配套设施；项目计划建设工期为3年，拟申请建设用地3316.18亩。会上，建设单位贵州黔北（德江）机场有限公司作黔北（德江）机场情况说明；中国民航机场集团公司西南分公司、成都西南民航空管工程建设有限责任公司、中国民航科学技术研究院依次汇报预可研报告；部分参会单位代表作发言等。期间，专家组前往堰塘乡露青村罗汉山，实地踏勘机场场址。现场听取设计单位介绍机场场址有关情况。中国民航局、中国民航工程咨询公司、民航西南地区管理局、民航贵州监管局、民航贵州空管分局、贵州省机场集团有限公司、贵州省机场建设投资有限公司、中国航空油料公司、湖南省生电力设计院、中国民航机场建设集团西南分公司、中国民航科学技术研究院、民航西南空管局空管工程公司，以及省、市、县相关部门负责人参会并随同踏勘。省发改委交通处处长卓毓淼，铜仁市副市长邱祯国参加评估会并讲话，县委副书记、县长秦智坤致辞，县人大常委会主任何先美，县政协主席陈健等县领导参加评估会。

（德江县地方志办　李飞）

沿河土家族自治县

【概况】2016年，沿河土家族自治县认真贯彻中央、省、市决策部署，坚持五大发展理念，坚守发展和生态两条底线，以脱贫攻坚统揽经济社会发展全局，着力稳当前、谋长远、打基础、促改革、惠民生，全县经济发展呈现稳中有进、后劲增强、蓄势突破的良好态势，实现“十三五”良好开局。

【预期目标基本实现】坚持一手抓发展、一手抓调度，统筹推进“五位一体”建设，促进全县经济社会健康快速发展。地方生产总值完成92.81亿元，增长12.6%；财政总收入完成8.52亿元，增长11.5%，其中，一般公共预算收入完成4.18亿元，增长7.7%；规模以上工业增加值完成12.1亿元，增长12.6%；社会消费品零售总额完成18.93亿元，增长12.8%；税收收入完成7.33亿元，增长6.8%；城镇、农村常住居民人均可支配收入分别达到23711元、7310元，增长9%、10.1%；金融机构存贷款余额分别达到127.55亿元、67.61亿元，增长44.1%、39.8%；贫困发生率下降4.46%；全面小康实现程度达到87%。

【脱贫攻坚成效】落实“六个精准”，深入实施“五个一批”，打好脱贫攻坚战，全县20个贫困村顺利出列、2.66万贫困人口精准退出。扎实开展“4321”结对帮扶工作和“百企帮百村”活动，全县近万名干部、50多个民营企业，与全县250个贫困村、3.3万户贫困户结成帮扶“对子”。累计争取财政扶贫项目资金、集团帮扶资金1.3亿元。用足用好“5433”扶贫政策，全面推广精扶贷“533”模式，累计发放精扶贷3.7亿元，覆盖贫困户7712户。全力推进易地扶贫搬迁工程建设，第一批4个安置点838户4130人陆续搬迁入住，第二批及提前启动8个安置点开工建设房屋775栋（套），组织贫困群众1000人搬往碧江区。

【产业转型】大力推进农业供给侧结构性改革，烤烟、粮食、蔬菜、山羊等传统产业不断巩固，生态茶、精品水果、中药材等特色产业不断壮大，被授予“中国古茶树之乡”“中国空心李之乡”称号。新型工业提质增效，规模工业增加值同比增长12.6%，增速高于全市平均水平0.7个百分点。大力发展全域旅游，以文化旅游为代表的第三产业快速发展，乌江游、李花游、乡村游、休闲游实现“井喷式”发展，全年共接待游客474.15万人次，旅游总收入39.24亿元，第三产业对经济增长的贡献率提高至52.4%。加快建设“智慧县城”，电子商务初具规模，累计完成电商交易3亿元。

【城乡建设】坚持项目带动、投资拉动，完成“十三五”储备项目1417个，总投资5324亿元；超前谋划“两会一节”系列活动，60个重大项目全面启动，累计完成固定资产投资112亿元，增长24.44%。坚持新区开发与旧城改造同步，完成城镇基础设施投资15.1亿元、房地产投资13.7亿元，完成棚户区改造2150套，新增城镇人口2.7万人，常住人口城镇化率达到43.9%。坚持城镇与乡村建设并重，稳步推动示范小城镇、镇村联动试点和传统村落建设工作，编制农村环境综合整治村庄规划71个，完成市级农村集中建房点13个、农村危房改造9356户。坚持基础设施建设，完成交通投资18亿元、水利投资2.1亿元、信息投资15.9亿元。坚持改善生态环境，新增退耕还林还草、绿化修复4.8万亩，森林覆盖率达到55.65%。

【改革创新】大力推进“10项精品改革、10个先行试点、10个重点领域”共80项改革任务，重点改革事项取得阶段性成果。深入推进“三去一降一补”，供给侧结构性改革初见成效，完成商品房去库存750套，清理“僵尸企业”7家。深入开展大众创业、万众创新，新增限额以上企业12家、市场主体3719户、农民专业合作社387家，申报商标89件。扎实推进金融信用县创建工作，创建信用乡镇19个，建档评级授信10.93万户，授信金额48.14亿元。加大精准招商、定点招商力度，全年招商引资签约项目74个，其中3000万元以上项目30个，到位资金97.93亿元。大力开展向上争资和金融融资，累计争取中央预算内投资和专项基金5.8亿元，争取融资资金20.75亿元；与贵州银行、贵阳银行深度合作，建立民生基金10亿元、扶贫基金28亿元。

【民生事业】坚持教育优先，沿河第三中学顺利搬迁，提质升级山村幼儿园89所，招聘特岗教师191人，拨付教育扶贫、民生资金1.3亿元，高考、中考取得历史最好成绩。加快推进县人民医院三期工程和乡镇卫生院标准化建设，积极谋划民族中医院和妇幼保健院项目建设，切实解决看病难、看病贵和床位少的问题。深入实施“雁归工程”，新增城镇就业6816人，农村劳动力转移就业14435人，职业技能培训2240人。全面开展农民工工资清理工作，累计追讨工资601.29万元。城市低保和农村低保保障标准提升为484元/月、3060元/年。大力推进“平安沿河”建设，健全社会治安立体防控网格管理体系，全力防范社会治安、安全生产、食品药品等领域的各类风险，社会大局和谐稳定。

【沿河自治县邓家溪水库工程开工建设】邓家溪水库工程位于沿河自治县后坪乡后坪村境内,该项目于2012年经铜仁市人民政府批准列入《贵州省烟草行业“十二五”期间援建水源工程建设规划》项目。工程属小(一)型水库，由邓家溪、黄石溪两个水库组成，以邓家溪水库为龙头水源，黄石溪水库作为补充水源，灌溉烟田为主兼顾灌区内农村人畜饮水的联合供水水源工程。该工程审定概算总投资1.2亿元，总库容170.6万立方米(其中：邓家溪水库155万立方米、黄石溪水库15.6万立方米)，拟建C15砼砌石双曲拱坝两座，其中邓家溪坝高44米、坝顶长183.7米、坝顶高程875米，黄石溪坝高40.5米、坝顶高程863米；输供水管道总长16.78千米，其中隧洞两座总长2860米。邓家溪水库工程建成后，全年可供水量319.5万立方米(其中：邓家溪水库262.4万立方米、黄石溪水库57.1万立方米)，保证灌溉耕地1020公顷（水田206.67公顷、烟叶生产基地813.33公顷），同时可解决12255人的饮水安全问题和防洪,保护水库下游溪沟两岸470亩农田以及12户58人的生命财产安全，工程力争2018年年底全面完工投入使用。

【沿德高速建成通车】沿德高速（沿河至德江高速公路）是贵州省“678”规划网的重要组成部分，也是包茂高速公路（渝湘段）和杭瑞高速（思遵段）及沿榕高速公路（S25）连接通道，是黔东北地区北上重庆市的重要交通要道。沿德高速公路起于沿河自治县沙子街道纸坊坪西侧，终点位于德江县合兴镇，全长104.5公里，总投资106.7亿元，全线有桥梁102座，隧道19座，管理中心1处，服务区1处，停车区2处，收费站7处。该高速不仅是贵州省县县通高速的实施路段，而且是两条国家高速公路——包茂高速和杭瑞高速的连接通道，建成通车后，将是贵州东北地区通往重庆、湖北、湖南等省份最为便捷的出省通道。

该高速经过中交一公局沿德高速公路建设指挥部2年多的艰辛努力，于2016年建成通车并在沿河自治县举行开通仪式。自此，沿河至德江只需40多分钟，实现3个半小时到贵阳，这不仅方便全县群众快捷出行，更为全县经济社会发展带来机遇，也为全省实现县县通高速画上圆满句号。

【沿河自治县打响易地扶贫搬迁“当头炮”】 2016年,沿河自治县抢抓国家、省、市易地扶贫搬迁政策机遇，扎实开展各项工作，取得显著成效。

在搬迁对象上，沿河自治县聚焦“一方水土养不起一方人”地方的建档立卡贫困人口，全面动员整寨整组搬迁，2016年完成第一批4个安置点共计搬迁838户4130人，第二批六个安置点计划安置953户4218人。其中，向碧江区响塘龙安置点搬迁109户507人，向碧江区灯塔安置点搬迁分房76户465人。

在搬迁过程中，沿河自治县坚持“搬迁是手段、脱贫是目标”理念，全力推动产业发展、精扶贷、就业创业、低保兜底“四个全覆盖”。产业覆盖方面，结合各安置点区位及资源优势，利用扶贫资金进行产业布局，建立利益分配机制，如，和平联桥安置点结合淇滩古镇旅游开发，进行餐饮一条街规划；官舟安置点按物流园区标准进行设计，一层门面由业主委员会经营；夹石石灰安置点规划种植猕猴桃、黄金梨1000亩。“精扶贷”覆盖方面，按照“533”模式，将县内搬迁群众全部纳入“精扶贷”覆盖范围，资金交由县平台公司统筹，搬迁群众按期分红，县平台公司与中建四局合作，所获得的20%利润将用于扶持搬迁群众。就业创业覆盖方面，结合搬迁群众就业创业需求和意愿，认真测算，点对点开展实用技术和职业技能培训，出台就业创业优惠政策，加大劳务输出，确保每个搬迁家庭至少有1人以上就业。低保兜底覆盖方面，衔接做好低保、医保、养老保险“三类保障”，确保搬迁群众生活水平不下降并实现稳步提升。

【沿河土家族自治县第三高级中学成立】 9月10日，沿河土家族自治县第三高级中学正式成立，县人民政府举行授牌仪式。

沿河第三高级中学原属沿河官舟中学。2016年，沿河自治县为进一步提升全县高中教育整体水平，实现高中教育新突破，将沿河官舟中学高中部剥离出来成立新校区。沿河第三高级中学按60个教学班，3000人学生规模设计，占地面积82467平方米，其中运动场面积16715平方米，绿化面积9026平方米；校舍建筑面积54117平方米，总投资4.7亿元，教学设备按照《贵州省普通高中学校建设规范指导手册（试行）》标准配置。按省级二类示范性普通高中兴建。学校现有教师172人，宿管、保安共25人。有教学班47个，学生2813人，其中住校生2706人。

【沿河自治县喜获“中国空心李之乡”】 7月16日，由中国果品流通协会、沿河自治县委、县政府共同主办的中国沿河“沙子空心李”品牌推介会暨“中国空心李之乡”授牌仪式在沿河土家族自治县中界镇孙家村举行。

沿河沙子空心李因其成熟时果核与果肉自然分裂而得名，因其果肉脆嫩、汁多爽口、清香浓甜，先后被国家质量技术监督管理总局认定为国家地理标志保护产品、贵州省农业厅和国家农业部认定为无公害农产品、中国园艺学会李杏分会授予“中国优质李金奖”。

沿河自治县已建成沙子空心李基地7.35万亩，其中投产果园4.8万亩。覆盖沙子、中界、团结、和平、晓景、板场、黑水镇等11个乡镇（街道）189个行政村，沙子空心李已成为沿河带动农民致富增收的特色农业支柱产业之一，全县经营沙子空心李的企业及农民专业合作社21家，从业人员6万以上。2016年沙子空心李为当地果农创造了近5亿元的收入。

在授牌仪式上，中国果品流通协会副秘书长莫清风、省农委经作处处长、研究员龙明树授牌沿河“中国空心李之乡”。沿河自治县委副书记、县长何支刚接牌。

【沿河自治县建成努比亚山羊良种繁育中心】 1月，沿河自治县与贵州省努比亚牧业发展有限公司签订了投资2亿元的山羊良种繁育中心建设项目合同，并于同年底完成建设并投入使用。

该繁育中心采取“10+1”和“两扶两带”养殖模式。“10+1”即分给每户贫困户饲养10头母羊，1只公羊，政府发放一定补贴，助力贫困户增收致富;“两扶两带”即“产业扶贫+金融扶贫，企业带动+合作社带动”，充分发挥产业扶贫与金融扶贫的攻坚力量，大力发掘企业与合作社的带动作用，开辟沿河自治县脱贫致富新道路。

该模式的成功实践，一是实现贫困户自身增产。贫困户自购努比亚山羊，政府按每只母羊1000元和每只公羊2000元的补助形式，直接发放给贫困养殖户;贫困户还可采取申请加入合作社或“精扶贷”3万元至5万元入股农民专业合作社，由合作社购买种羊饲养，贫困户根据投资比例进行分红或实行包干制，首年分红不低于投资额5%的利润，实现了贫困户自身增产。二是推动微型企业转型升级。贫困户充分利用精扶贷资金和土地入股企业或合作社，补全微型企业(专业合作社)的资金缺口，为发展提供资金保障，为实体经济组织也提供良好的转型发展机遇。三是推广沿河品牌名声。通过努比亚山羊“10+1”和“两扶两带”养殖模式，在全县新建了10余个专业合作社，带动2000户以上贫困户发展养殖，预计实现年出栏种羊和商品羊15万只，产值2.7亿元，极大地助推了“沿河山羊”地理标志品牌为主的生态养殖业，使“沿河山羊”地理标志品牌名声大噪。

【沿河自治县举办“金秋十月·魅力土家”系列活动】 10月30日，沿河土家族自治县成功举办“金秋十月·魅力土家”系列活动。活动由沿河自治县委、县人民政府主办，内容包括贵州省土家学研究会2016年学术年会、2016年贵州省古茶树保护与利用研讨会暨贵州古茶树保护与利用专委会成立、思州古茶文化研究会成立、《古茶风韵—沿河古茶探秘》纪录片开机仪式、“印象沿河”土家族原生态歌舞演出暨“十佳”人物颁奖、第二届中国武陵山土家美食文化节暨“十佳土家风味美食”颁奖和书画展等。活动邀请省市相关领导，省内外土家学专家学者，茶叶研究专家学者，文学、书画、摄影界知名人士和新闻媒体记者参加。

【沿河自治县成功申报国家重点生态功能区】 10月21日，国务院公布新增纳入国家重点生态功能县(市、区、旗)名单，沿河自治县名列其中。

2016年，沿河自治县完成13万亩退耕还林任务，森林覆盖率达55.65%，年均增长2.3%。

【沿河自治县成为核电站优先选址地】 自2013年中广核集团将沿河自治县板场镇柏杨坨列为铜仁市核电大堆项目的4个普选厂址之一后，沿河自治县委、县政府全力支持配合省能源局和中广核集团开展核电项目前期工作。2016年来，成立由县人民政府县长为组长的支持核电发展工作推进领导小组，并成立厂址保护巡查工作组，全面启动厂址保护工作；出台《沿河核电厂址保护暂行办法》指导厂址保护工作，先后3次组织部分部门、乡镇街道主要负责人、村干部和厂址原线部分居民组成考察团，赴广东省深圳市大亚湾核电站基地参观考察，现场感受大亚湾核电站建设对周边地区经济社会发展所带来的巨大变化，对核电站的基本常识有了客观认识。柏杨坨厂址位于乌江东岸沙坨电站上游，距沙坨电站19千米，厂址南面临乌江，东、北、西三面环山的山间盆地，天然形成自然隔离屏障，厂址地质条件好，远离地震带，核电用水可从库区取水，供水保障有余；有较好的交通条件，贵州省最大的乌江河流经全境132公里，在沿河境实际通航运能力可达500—1000吨，沿德高速顺利通车、326国道改造完成；区内村寨分布稀、人口少、无大集镇，无军用设施；是较为理想的核电厂址。厂址占地200公顷，拟建4台容量125万千瓦改进型压水堆核电机组，项目投资估算850亿元。

【沿印松高速公路开工建设】沿河经印江(木黄)至松桃高速公路属于地方高速公路项目,已纳国家“十三五”规划。起点在沿河自治县沙子街道境内接沿德高速，经沿河自治县中界、晓景、谯家3个乡镇进入印江境内。项目路线全长116公里，采用双向四车道、设计速度80公里/小时、路基宽度24.5米的技术标准。该项目是贵州省铜仁市规划自建的一条加密路网、连接重点景区、矿产地以及重要乡镇，推进区域经济协调发展的快捷通道，是对贵州省黔东北地区高速公路网有益补充和完善，是构建黔东和湘西地区黄金旅游通道，项目实施为促进武陵山区扶贫开发创造良好的条件。2016年，沿河自治县委、县政府全力支持中交一公局在沿河境内开展路线勘测和外业初设工作，成立了由县人大常委会副主任担任指挥长的高速公路项目建设指挥部，协调解决公路建设有关问题，为中交一公局完成外业初评工作创造有利条件。

（沿河自治县地方志办）

大龙经济开发区

【概况】 2016年，大龙开发区以“创建国家级开发区、打造黔东工业经济中心、建设生态文明工业新城”为总目标，打好招商引资和项目建设、基础设施建设和环境保护、产业链延伸和产业聚集“新三大攻坚战”，园区建设和经济社会发展继续取得新成效。

工业经济。完成规模以上工业总产值140.39亿元，同比增长12.37%，规模以上工业增加值28.27亿元，同比增长15.91%；进出口总额22500万美元，同比增长12.3%；500万元以上固定资产投资60.2亿元，财政总收入43656万元，公共预算收入23905万元，新增规模以上工业企业8家；主要经济指标均完成和超额完成年初下达的目标任务。

脱贫攻坚。脱贫攻坚年度任务全面完成，建档立卡贫困户22户65人脱贫，1个贫困村出列。工业化精准扶贫继续推进，“产金互促541”金融扶贫覆盖19个行政村964户贫困户，累计发放金融扶贫贷款4820万元，贫困户分红229.6万元、村集体分红57.4万元。启动与玉屏自治县合作实施“产金互促541”金融扶贫，玉屏自治县首批建档立卡贫困户770户实现村集体实现分红77万元，贫困户分红308万元。

转型升级。信息基础设施建设有效推进，实施了政务服务中心等重点公共区域WIFI网络建设、园区信息基础设施建设，完成大数据机房建设和智慧政务应用平台一期工程，智慧政务·办公系统和智慧国土投入试运行，建成创客楼、武陵·聚宝盆等创业创新平台，传统产业提级改造稳步推进。与新华网股份有限公司联合主办《论道·大龙互联网+智慧园区》主题沙龙取得良好反响。

基础配套。在建基础设施项目共28个，总投资79亿元，完成投资30.6亿元。其中，1号主干道、5号主干道建成通车，沪昆高铁铜仁南站站前广场、龙新110千伏变电站加紧推进，污水处理厂（一期）建成投入试用；3号主干道、6号主干道、玉铜松城市快速干道、综合管廊开工建设；园区基础配套更加完善。

招商引资。全年外出招商引资38次，参加省市平台推介活动9次，全年累计接待客商3100人次，招商引资签约项目55个，签约资金144亿元，到位资金113亿元。其中，10000吨/年负极材料生产项目、贵师大附中大龙分校等一批大项目、好项目陆续落户，超额完成市级下达工作目标任务。

项目建设。新开工项目55个，新增入库亿元项目19个，列入省市重大工程和重点项目15个，总投资119.7亿元，完成投资30.1亿元。其中锂电产业园（二期）、东亿电气（三期）完成主体建设，海鑫纺织试产，50000吨/年钢结构项目建成投产。

城镇建设。小城镇建设完成投资24.35亿元，其中“8+X”项目完成投资12.35亿元，其他项目完成投资12亿元。“8+X”在建项目38个，达标项目25个，累计实施项目70余个。其中公园1个，完成投资3800万元；老年人日间照料中心与敬老院扩建1个，完成投资1080万元；体育场1个，完成投资200万元。

民生事业。实施棚户区改造400户，其中综合整治完成200户，货币化安置完成200户；完成农村集中建房投资3200万元，农村危房改造100户；实施“一事一议”财政奖补项目20个，完成投资222.46万元，“美丽乡村·四在农家”示范村寨项目5个，完成投资2150万元。镇村联动等项目建设有序推进；大朱公路提级改造全面完成。

2016年，大龙开发区园区继续推进循环经济、清洁生产；保税仓建成待验收，保税物流中心（B型）获省政府批复，贵州东部无水港项目启动，开发区总体规划获省政府批复；绿色发展、开放平台建设取得新突破。同时，有力推进申报国家级开发区工作、法治建设、综治维稳、安全生产、社会事业、精神文明建设等各项工作。

【全省2016年第一次项目建设现场观摩会走进大龙】 2016年4月7日，省委常委、省委宣传部部长张广智率全省2016年第一次项目建设现场观摩会观摩组（第五组）走进大龙开发区。大龙开发区贵州大龙东亿电气科技有限公司、中国·西部新能源产业园2个项目接受观摩，获得好评。市政府党组成员、大龙开发区党工委书记、管委会主任吴东来参加观摩。

【2016年全省第一批重大项目集中开工仪式（铜仁分会场）暨2016年全市第一批重大项目集中开工仪式在大龙举行】 2016年2月29日，2016年贵州省第一批重大项目集中开工仪式（铜仁分会场）暨2016年全市第一批重大项目集中开工仪式在大龙开发区年产1.5万吨动力型锂离子电池正极材料生产基地项目现场召开。市政府副市长夏虹出席仪式并宣布开工，市政府党组成员、大龙开发区党工委书记、管委会主任吴东来发言。市、区有关部门负责人及全市第一批集中开工项目业主代表参加活动。此次集中开工重大项目30个，总投资148.7亿元。大龙开发区中伟锂电产业园年产15000吨耐用动力型锂离子电池正极材料生产基地、综合管廊（一期）、东亿打火机生产基地（三期）等4个项目参加集中开工，总投资39.6亿元。

【大龙开发区2名企业家荣获铜仁市2014—2015年度经济人物及提名奖】 2016年10月13日，由中共铜仁市委宣传部主办、铜仁日报社承办的2014—2015铜仁年度经济人物颁奖典礼在铜仁举行。大龙开发区贵州中伟投资集团有限公司董事长兼总经理、省人大代表、市纪委特约监督员邓正明，贵州大龙银星汞业有限责任公司董事长赵应黔分别获“2014—2015年度十大经济人物”“2014—2015年度十大经济人物”提名奖。

【大龙开发区7家企业入围铜仁10强（佳）企业评选】 2016年7月29日，铜仁10强（佳）企业评选入选名单公示，大龙开发区贵州华电大龙发电有限公司、贵州红星发展大龙锰业有限责任公司、贵州大龙银星汞业有限责任公司、贵州建强锰业有限公司、贵州大龙东亿电气科技有限公司、贵州中伟正源新材料、贵州大龙汇成新材料有限公司等7家企业入围。其中，贵州华电大龙发电有限公司入围铜仁市国有及国有控股企业纳税10强，贵州大龙银星汞业有限责任公司入围铜仁市民营企业纳税10强，贵州红星发展大龙锰业有限责任公司入围铜仁市国有企业就业10强，贵州东亿电气科技有限公司、贵州建强锰业有限公司入围铜仁市民营企业就业10强，贵州大龙银星汞业有限责任公司、贵州中伟正源新材料有限公司、贵州大龙汇成新材料有限公司、贵州红星发展大龙锰业有限责任公司入围铜仁市10佳创新企业。

【大龙开发区“产金互促541”金融扶贫取得明显成效】 2016年，大龙开发区将金融扶贫政策、企业融资需求、建档立卡贫困户脱贫、村级集体经济发展有效衔接，创新探索“产金互促541”金融扶贫模式。这一模式的具体做法是，结合国家“精扶贷”政策，依托开发区产业发展优势，由开发区平台公司提供担保，建档立卡贫困户将5万元“精扶贷”贷款入股龙头企业，3年期满后由企业负责偿还本金。通过该模式，贫困户每户每年保底分红4000元，村集体根据入股户数，每户每年保底分红1000元。2016年，大龙开发区“产金互促541”金融扶贫覆盖19个行政村964户贫困户，累计发放金融扶贫贷款4820万元，贫困户分红229.6万元、村集体分红57.4万元。

（大龙经济开发区党政办）

附　　录

铜仁市地方立法条例

（2016年1月15日铜仁市第一届人民代表大会第五次会议通过，2016年3月31日贵州省第十二届人民代表大会常务委员会第二十一次会议批准。）

第一章　总　则

第一条　为了规范地方立法活动，提高立法质量，发挥立法的引领和推动作用，全面推进依法治市，根据《中华人民共和国地方各级人民代表大会和地方各级人民政府组织法》《中华人民共和国立法法》和《贵州省地方立法条例》的有关规定，结合本市实际，制定本条例。

第二条　市人民代表大会及其常务委员会制定、修改、废止和解释地方性法规，市人民政府制定的规章的备案审查,以及其他相关立法活动，适用本条例。

第三条　地方立法应当遵循《中华人民共和国立法法》和《贵州省地方立法条例》规定的基本原则，在不同宪法、法律、行政法规、省人民代表大会及其常务委员会制定的地方性法规相抵触的前提下，从本市具体情况和实际需要出发，突出地方特色，具有可操作性。

第四条　市人民代表大会及其常务委员会依法可以对城乡建设与管理、环境保护、历史文化保护等方面的事项制定地方性法规。

法律对市人民代表大会及其常务委员会制定地方性法规的事项另有规定的，从其规定。

第五条　法律、行政法规、省人民代表大会及其常务委员会制定的地方性法规规定由市人民代表大会制定地方性法规的事项、市人民代表大会常务委员会（以下简称常务委员会）认为属于本市特别重大事项，应当由市人民代表大会制定地方性法规。

在市人民代表大会闭会期间，常务委员会可以对市人民代表大会制定的地方性法规进行部分补充和修改，但不得同该地方性法规的基本原则相抵触。

第六条　市人民代表大会及其常务委员会加强对立法工作的组织协调，发挥在地方立法工作中的主导作用。

市人民代表大会法制委员会（以下简称法制委员会）负责法规草案的统一审议工作。

第二章　立法准备

第七条　常务委员会加强对立法工作的统筹安排，根据本市经济社会发展的实际需要，编制立法规划和立法计划。

第八条　本市国家机关、政党、社会团体、企业事业组织、公民可以向常务委员会书面提出制定地方性法规的建议。

提出制定地方性法规的建议应当以立法建议书的形式，并附立法依据和主要内容。

第九条　常务委员会法制工作委员会（以下简称

法工委）根据市人民代表大会有关专门委员会（以下简称有关专门委员会）和有关方面的立法建议，统一研究、协调论证，提出立法规划和立法计划草案，征求有关专门委员会意见后，提请常务委员会主任会议（以下简称主任会议）决定，及时向社会公布。

第十条 列入立法规划和立法计划的立法项目，根据情况变化和实际需要进行调整的，由法工委提出调整意见，提请主任会议决定。

第十一条 列入立法计划的立法项目，应当确定法规案的提案人和提请审议时间，提案人应当按时提请审议。不能按时提请审议的，应当向主任会议提出书面说明。

第十二条 向市人民代表大会或者常务委员会提出法规案，由提案人组织起草。法规起草单位应当成立起草小组。

有关专门委员会、法工委应当提前参与有关方面的法规起草工作，及时收集有关资料，掌握起草情况，参与调查研究和论证，提出意见和建议。

专业性较强的法规草案，可以邀请相关领域的专家参与起草工作，或者委托有关专家、教学科研单位、社会组织起草。

提案人、法规起草单位针对法规案拟调整规范的问题，应当深入调查研究,广泛听取各方面意见，科学论证评估。

第十三条 主任会议、市人民政府、市人民代表大会各专门委员会（以下简称各专门委员会）提出的法规案，应当分别经主任会议、市人民政府常务会议、各专门委员会会议讨论通过。

第十四条 提出法规案，同时应当提出法规草案文本和说明，并提供必要的资料。修改法规的，还应当提交修改前后的对照文本。

法规草案的说明应当包括制定或者修改法规的必要性、可行性和主要内容，以及起草过程中对重大分歧意见的协调处理情况。

第十五条 法规案在常务委员会会议召开的45日前，提案人应当向常务委员会和有关专门委员会报送法规案文本。逾期提交的，不列入该次常务委员会会议议程。

第三章 市人民代表大会立法程序

第十六条 市人民代表大会主席团(以下简称主席团）可以向市人民代表大会提出法规案，由市人民代表大会会议审议。

常务委员会、市人民政府、各专门委员会可以向市人民代表大会提出法规案，由主席团决定列入会议议程。

第十七条 1个代表团或者10名以上的代表联名，可以向市人民代表大会提出法规案，由主席团决定是否列入会议议程，或者先交有关专门委员会审议、提出是否列入会议议程的意见，再决定是否列入会议议程。

专门委员会审议法规案时，可以邀请提案人列席会议，发表意见。

第十八条 向市人民代表大会提出的法规案，在市人民代表大会闭会期间，可以先向常务委员会提出，经常务委员会会议依照本条例第四章规定的有关程序审议后，决定提请 市人民代表大会审议，由常务委员会或者提案人向大会全体会议作说明。

常务委员会依照前款规定审议法规案，应当通过多种形式征求市人民代表大会代表的意见，并将有关情况予以反馈。专门委员会和法工委进行立法调研，可以邀请有关的市人民代表大会代表参加。

第十九条 常务委员会决定提请市人民代表大会会议审议的法规案，应当在会议举行的30日前将法规草案发给代表。

第二十条 列入市人民代表大会会议议程的法规案，大会全体会议听取提案人的说明后,由各代表团进行审议。

各代表团审议法规案时，提案人应当派人听取意见，回答询问。

各代表团审议法规案时，根据代表团的要求，有关机关、组织应当派人介绍情况。

第二十一条 列入市人民代表大会会议议程的法规案，由有关专门委员会进行审议,向主席团提出审议意见，并印发会议。

有关专门委员会审议法规案时，可以邀请提案人列席会议，发表意见；涉及专业性问题，可以邀请有关方面的市人民代表大会代表和专家列席会议，发表意见。

第二十二条 法制委员会根据各代表团和有关专门委员会的审议意见，对法规案进行统一审议，向主席团提出审议结果报告和法规草案修改稿，对重要的不同意见应当在审议结果报告中予以说明，经主席团审议通过后，印发会议。

第二十三条 法规案在审议中有重大问题需要进一步研究的，经主席团提出，由大会全体会议决定，可以授权常务委员会根据代表的意见进行审议、作出决定，经常务委员会全体会议表决，报市人民代表大会下次会议备案；也可以授权常务委员会根据代表的意见进一步审议，提出修改方案，提请市人民代表大会下次会议审议决定。

第二十四条 法规案在交付表决前，提案人要求撤回的，应当说明理由，经主席团同意，并向大会报告，对该法规案的审议即行终止。

第二十五条 法规草案修改稿经各代表团审议，由法制委员会根据各代表团的审议意见进行修改，提出法规草案表决稿，由主席团提请大会全体会议表决，由全体代表的过半数通过。

第四章 市人民代表大会常务委员会立法程序

第二十六条 主任会议可以向常务委员会提出法规案，由常务委员会会议审议。

市人民政府、各专门委员会可以向常务委员会提出法规案，由主任会议决定列入常务委员会会议议程，或者先交有关专门委员会审议、提出报告，再决定列入常务委员会会议议程。

第二十七条 常务委员会组成人员5人以上联名，可以向常务委员会提出法规案，由主任会议决定是否列入会议议程，或者先交有关专门委员会审议、提出是否列入常务委员会会议议程的意见，再决定是否列入常务委员会会议议程。不列入常务委员会会议议程的，应当向常务委员会会议报告或者向提案人说明。

专门委员会审议法规案时，可以邀请提案人列席会议，发表意见。

第二十八条 交有关专门委员会审议的法规案，有关专门委员会应当对其必要性、可行性和主要内容进行审议，提出审议意见。

有关专门委员会认为有重大问题需要进一步研究的，应当向主任会议报告，由主任会议决定是否列入常务委员会会议议程，或者交提案人修改后再交有关专门委员会审议。

有关专门委员会审议时，应当邀请其他有关专门委员会和法工委的人员列席会议，发表意见。

第二十九条 列入常务委员会会议议程的法规案，除特殊情况外，应当在会议举行的7日前将法规草案发给常务委员会组成人员。

常务委员会会议审议法规案时，应当邀请有关的市人民代表大会代表列席会议。

第三十条 列入常务委员会会议议程的法规案，一般应当经三次常务委员会会议审议后再交付表决。

常务委员会会议第一次审议法规案，在全体会议上听取提案人的说明、有关专门委员会的审议意见，由会议进行审议。

常务委员会会议第二次审议法规案，在全体会议上听取法制委员会关于法规草案修改情况的说明，由会议进行审议。

常务委员会会议第三次审议法规案，在全体会议上听取法制委员会关于法规草案的审议结果报告，由会议进行审议。

第三十一条 列入常务委员会会议议程，各方面意见比较一致的法规案，可以经两次常务委员会会议审议后交付表决；调整事项较为单一或者部分修改的法规案，各方面意见比较一致的，也可以经一次常务委员会会议审议后交付表决。

第三十二条 常务委员会会议审议法规案时，可以采取分组会议、联组会议、全体会议的形式进行。会议期间，常务委员会应当安排必要的时间，保证常务委员会组成人员充分发表意见。提案人应当派有关负责人介绍情况，听取意见，回答询问。

第三十三条 列入常务委员会会议议程的法规案，由法制委员会根据常务委员会组成人员、有关专门委员会的审议意见和各方面提出的意见，对法规案进行统一审议，提出修改情况的说明或者审议结果报告和法规草案修改稿，对重要的不同意见应当在修改情况的说明或者审议结果报告中予以说明。对有关专门委员会的重要审议意见没有采纳的，应当予以反馈。

法制委员会审议法规案时，应当邀请有关专门委员会的成员列席会议，发表意见；根据需要，可以要求有关机关、组织派人到会说明情况。

第三十四条 专门委员会审议法规案时，应当召开全体会议。根据需要，可以要求有关机关、组织派有关负责人到会说明情况。

第三十五条 专门委员会之间对法规草案的重要问题意见不一致的，应当提请主任会议决定。

第三十六条 列入常务委员会会议议程的法规案，有关专门委员会和法工委应当采取座谈会、论证会、听证会等多种形式听取各方面的意见。

法规案有关问题专业性较强，需要进行可行性评价的，应当召开论证会，听取有关专家、部门和市人民代表大会代表等方面的意见。论证情况应当向常务委员会报告。

法规案有关问题存在重大意见分歧或者涉及利益关系重大调整，需要进行听证的，应当召开听证会，听取有关基层和群体代表、部门、人民团体、专家、市人民代表大会代表和社会有关方面的意见。听证情况应当向常务委员会报告。

法工委应当将法规草案发送相关领域的市人民代表大会代表、县级人民代表大会常务委员会以及有关部门、组织、专家征求意见。

法工委应当收集整理会议审议的意见和各方面提出的意见以及有关资料，分送法制委员会和有关专门委员会，并根据需要，印发常务委员会会议。

第三十七条 列入常务委员会会议议程的法规案，应当在常务委员会会议后将法规草案及其起草、修改的说明等向社会公布，征求意见，但是经主任会议决定不公布的除外。向社会公布征求意见的时间一般不少于30日。征求意见的情况应当向社会通报。

第三十八条 拟提请常务委员会会议审议通过的法规案，在法制委员会提出审议结果报告前，法工委可以对法规草案中主要制度规范的可行性、法规出台时机、法规实施的社会效果和可能出现的问题等进行评估。评估情况由法制委员会在审议结果报告中予以说明。

第三十九条 列入常务委员会会议议程的法规案，在交付表决前，提案人要求撤回的，应当说明理由，经主任会议同意，并向常务委员会报告，对该地方性法规案的审议即行终止。

第四十条 法规草案修改稿和审议结果的报告经常务委员会会议审议后，法制委员会根据常务委员会组成人员的审议意见提出法规草案表决稿，经主任会议决定，提请常务委员会会议表决。

法规草案表决稿交付常务委员会会议表决前，主任会议根据常务委员会会议审议的情况，可以决定将个别意见分歧较大的重要条款提请常务委员会会议单独表决。

单独表决的条款经常务委员会会议表决后，主任会议根据单独表决的情况，可以决定将法规草案表决稿交付表决，也可以决定暂不付表决，交法制委员会和有关专门委员会进一步审议。

提请常务委员会全体会议表决的法规草案，由常务委员会全体组成人员的过半数通过。

第四十一条 常务委员会审议法规修正案，应当围绕法规修正案内容进行。常务委员会组成人员在审议中认为法规修正案之外的重要内容需要修改或者增加的，可以针对该部分内容另行提出修改法规的议案，由主任会议决定提请常务委员会审议。

对多部法规中涉及同类事项的个别条款进行修改，一并提出法规案的，经主任会议决定，可以合并表决，也可以分别表决。

第四十二条 列入常务委员会会议审议的法规案有重大问题需要作进一步研究的，由主任会议决定，可以暂不付表决，或者交法制委员会和有关专门委员会进一步审议后，再提请主任会议决定。主任会议决定不提请常务委员会会议审议的，或者因暂不付表决经过2年没有再次列入常务委员会会议审议的，由主任会议向常务委员会报告，该法规案终止审议。

第五章 地方性法规的解释

第四十三条 市人民代表大会及其常务委员会制定的地方性法规，需要进一步明确具体含义或者制定后出现新的情况，需要明确适用依据的，由常务委员会负责解释。

地方性法规解释与地方性法规具有同等效力。

第四十四条 市人民政府、市中级人民法院、市人民检察院、各专门委员会以及县级人民代表大会常务委员会可以向常务委员会提出地方性法规解释要求。

第四十五条 法工委会同有关专门委员会根据具体情况，研究拟订地方性法规解释草案，由主任会议决定列入常务委员会会议议程。

第四十六条 地方性法规解释草案经常务委员会会议审议，由法制委员会根据常务委员会组成人员的审议意见进行修改，提出地方性法规解释草案表决稿。

地方性法规解释草案表决稿由常务委员会全体组成人员的过半数通过。

第四十七条 对法规有关具体问题的询问，由法制委员会会同有关专门委员会进行研究，予以答复；涉及重大问题的，报主任会议决定后，予以答复，并报常务委员会备案。

第六章 其他规定

第四十八条 市人民代表大会及其常务委员会制定的地方性法规通过之后报请省人民代表大会常务委员会批准。

地方性法规解释应当自公布之日起30日内报省人民代表大会常务委员会备案。

地方性法规和地方性法规解释由常务委员会发布公告予以公布后，及时在常务委员会公报和铜仁人大信息网以及《铜仁日报》上刊载。在常务委员会公报上刊登的地方性法规文本为标准文本。

第四十九条 地方性法规被修改的，应当同时公布新的法规文本。

地方性法规被废止的，除由其他法规规定废止该法规的以外，由常务委员会发布公告予以公布。

第五十条 地方性法规的公告应当载明该法规的制定机关、批准机关，通过、批准和施行日期。

经过修改的地方性法规，应当依次载明修改机关、修改日期。

第五十一条 应当制定地方性法规但条件尚不成熟的，因行政管理迫切需要，市人民政府依法可以在城乡建设与管理、环境保护、历史文化保护等方面先制定规章。规章实施 满2年需要继续实施规章所规定的行政措施的，市人民政府应当提请市人民代表大会或者其常务委员会制定地方性法规。

第五十二条 地方性法规明确要求市人民政府对专门事项作出配套的具体规定的，市人民政府应当自法规实施之日起1年内作出规定，地方性法规对配套的具体规定制定期限另有规定的，从其规定。市人民政府未能在期限内作出配套的具体规定的，应当向常务委员会说明情况。

第五十三条 有关专门委员会、法工委可以组织对有关地方性法规或者地方性法规中有关规定进行立法后评估。评估情况应当向常务委员会报告。

第七章 市人民政府规章的备案审查

第五十四条 市人民政府制定的规章，应当于公布后30日内报常务委员会备案。报送备案的规章包括备案报告、规章文本和说明。

第五十五条 国家机关、社会团体、企业事业组织以及公民认为市人民政府制定的规章同宪法、法律、行政法规、省和本市地方性法规相抵触的，可以向常务委员会书面提出进行审查的建议，由法工委进行研究，必要时送有关的专门委员会进行审查、提出意见。

有关的专门委员会和法工委可以对报送备案的规章进行主动审查。

第五十六条 有关专门委员会、法工委经审查认为市人民政府制定的规章同宪法、法律、行政法规、省和本市地方性法规相抵触的，可以向市人民政府提出书面审查意见；也可以由法制委员会与有关专门委员会、法工委召开联合审查会议，要求市人民政府到会说明情况，再向市人民政府提出书面审查意见。市人民政府应当在2个月内将是否修改的意见向法制委员会和有关专门委员会或者法工委反馈。

法制委员会、有关专门委员会、法工委根据前款规定，向市人民政府提出审查意见，市人民政府按照所提意见对规章进行修改或者废止的，审查终止。

法制委员会、有关专门委员会、法工委经审查认为市人民政府制定的规章同宪法、法律、行政法规、省和本市地方性法规相抵触而市人民政府不予修改的，应当向主任会议提出予以撤销的议案、建议，由主任会议决定提请常务委员会会议审议决定。

第五十七条 有关专门委员会和法工委应当按照规定要求，将审查情况向提出审查建议的国家机关、社会团体、企业事业组织以及公民反馈，并可以向社会公开。

第八章 附 则

第五十八条 本条例自公布之日起施行。

国民经济社会统计表

2016年铜仁市行政区划统计表

单位：个

	乡、镇、办事处					村委会	社　区 居委会
	合计	乡	其中：民族乡	镇	办事处		
总计	175	49	38	95	31	2561	395
碧江	13	5	5	3	5	50	40
江口	10	2	2	6	2	140	16
玉屏	7	1		4	2	82	11
石阡	19	10	9	6	3	302	8
思南	28	8	8	17	3	489	37
印江	17	1		13	3	363	11
德江	21	8	8	11	2	290	54
沿河	22	2		17	3	429	20
松桃	28	6		17	5	342	177
万山	10	6	6	1	3	74	21

2016年铜仁市各区、县年末总人口统计表

单位：万人

	年末总人口（常住人口）	年末总人口（户籍人口）	人口出生率		年末总人口（常住人口）	年末总人口（户籍人口）	人口出生率
铜仁市	314.07	440.60	13.00	思南县	50.23	68.42	13.18
碧江区	31.58	32.37	11.30	印江县	28.58	45.22	12.47
万山区	11.65	16.71	11.60	德江县	37.26	55.06	12.84
江口县	17.44	24.66	12.86	沿河县	45.30	68.34	12.90
玉屏县	12.14	15.69	13.14	松桃县	49.25	72.66	12.98
石阡县	30.64	41.47	11.96	—	—	—	—

2016年铜仁市分区、县生产总值统计表

（按当年价格计算）

单位:亿元

	生产总值		第一产业	第二产业	第三产业
	绝对数	增长%			
铜仁市	856.97	11.90	202.73	243.41	410.83
碧江区	142.71	13.20	13.12	54.38	75.21
万山区	41.93	13.50	9.52	17.48	14.93
江口县	49.05	11.90	14.00	12.41	22.64
玉屏县	68.31	12.60	7.08	38.09	23.14
石阡县	66.92	12.30	23.72	9.31	33.89
思南县	115.95	12.60	31.10	27.04	57.81
印江县	90.53	13.00	25.44	16.41	48.68
德江县	93.13	13.10	23.49	19.04	50.60
沿河县	92.81	12.60	26.15	17.18	49.48
松桃县	114.53	13.00	29.08	37.27	48.18

2016年铜仁市分区、县农林牧渔业总产值统计表

单位：万元

	农林牧渔业总产值	农业产值	林业产值	牧业产值	渔业产值	农林牧渔服务业产值
铜仁市	3501000	2063381	124947	980034	147116	185522
碧江区	225599	147363	7737	48655	9534	12310
万山区	161365	96793	12880	39974	4018	7700
江口县	244363	151240	9755	62119	8719	12530
玉屏县	136140	73683	4333	40838	6745	10541
石阡县	418308	259873	15540	110513	15912	16470
思南县	552117	306986	17661	170755	27504	29211
印江县	411514	246001	12790	116979	18304	17440
德江县	398979	230854	19240	109076	15604	24250
沿河县	446985	256666	13220	127970	22484	26645
松桃县	505630	293922	11791	153155	18292	28470

2016年铜仁市各区、县农作物播种面积和产量统计表

	粮食作物合计		
	农作物播种面积（公顷）	粮食播种面（公顷）	总产量（吨）
铜仁市	614541	353864	1368346
碧江区	37058	17548	84322
万山区	26376	12006	47466
江口县	33914	16119	66861
玉屏县	22018	9052	41345
石阡县	86010	47276	141543
思南县	99294	60210	232396
印江县	64471	37833	144816
德江县	85104	49209	177705
沿河县	83950	54071	189698
松桃县	76346	50540	242194

2016年铜仁市各区、县畜牧业主要畜产品生产情况统计表

单位：头/只

	牛存栏	猪存栏	羊存栏	肉类总产量				
				肉类总产量	猪肉产量	②牛肉产量	③羊肉产量	④禽肉产量
铜仁市	589571	1970082	786766	241640	188405	19581	15410	15096
碧江区	24881	117023	18250	12764	10030	667	323	1462
万山区	28591	83150	12552	11518	9493	895	173	865
江口县	27557	100840	20402	14520	12579	662	293	67
玉屏县	19395	71773	11091	10534	8658	1014	243	560
石阡县	64036	179579	70563	23530	18250	1885	1393	1547
思南县	84771	383261	79947	43052	35564	2956	1665	2605
印江县	50501	170730	66070	28950	22280	2512	1350	2299
德江县	69182	188165	190294	27591	20105	2799	3595	914
沿河县	131831	323286	218553	32507	22823	3314	4222	1637
松桃县	88826	352275	99044	36674	28623	2877	2153	2580

2016年铜仁市规模以上工业企业总产值统计表

单位：万元

	总计	碧江区	万山区	江口县	玉屏县	石阡县	思南县	印江县	德江县	沿河县	松桃县
总　　计	6887420	708373	671626	251012	2015463	244401	732320	305645	587341	156731	1214508
内资企业	6817692	704458	671626	251012	2015463	244401	732320	305645	587341	156731	1148694
国有企业	306459	33600	17468	12312	55059	16034	29846	20769	30790	21397	69185
地方企业	306459	33600	17468	12312	55059	16034	29846	20769	30790	21397	69185
集体企业	35272										35272
股份合作企业	24440		24440								
联营企业	2654					2654					
国有与集体联营企业	2654					2654					
有限责任公司	2380076	336976	277764	65884	449253	31911	262040	192346	61978	61283	440642
国有独资公司	222409	36410			107370		45825	22415	10389		
其他有限责任公司	2157667	300566	477764	65884	341884	31911	216214	169932	51589	61283	440642
股份有限公司	140464	17590		64915			6030		3001	4532	41396
私营企业	3847967	316292	151955	107901	1511151	181058	378735	92530	482775	69521	556049
私营独资企业	118623	8242					23117	6788	45322	15403	19751
私营合伙企业	59851						5365		6748	2671	45067
私营有限责任公司	3157239	299866	151955	107901	1284970	181058	316487	85743	246196	40610	442454
私营股份有限公司	512255	8185			226181		33766		184509	10837	48778
其他企业	80361					12744	52669		8798		6150
港、澳、台商投资企业	69728	3915									65813
合资经营企业(港或澳、台资)	41682										41682
合作经营企业(港或澳、台资)	28046	3915									24132

注：铜仁卷烟厂、铜仁供电局、梵净山烟叶复烤有限责任公司、思林发电厂、沙沱发电厂不是独立的法人单位，故本表不含其数据。

2016年铜仁市规模以上工业增加值统计表

单位:万元

	总计	碧江区	万山区	江口县	玉屏县	石阡县	思南县	印江县	德江县	沿河县	松桃县
工业增加值	1971043	365904	145354	65346	416973	82418	233463	80054	141935	121717	317880
在总计中:轻工业	678509	201234	32809	53197	74058	50803	66637	45915	80636	29967	43603
重工业	1292535	164671	112545	12149	342916	31616	166826	34140	61299	91750	274278
在总计中:国有企业	324895	233318	3165	2319	10300	3075	52479	3946	7190	3920	11135
集体企业	40764										39435
股份合作企业											
股份制企业	1484525	130171	142189	59856	393665	75442	156924	76108	111985	106380	227171
外商及港澳台商投资企业	14922	871									13601
其他经济类型企业	105937	1545		3171	13008	3902	24060		22760	11411	26539
在总计中:国有控股企业	522663	229833	5067	5791	64771	6987	76619	12942	8494	86067	24413
在总计中:私营企业	914203	71916	21786	26628	308346	65295	126012	24085	110822	24318	136437
在总计中:非公有工业	1372561	132546	129338	58998	348384	68483	155125	66530	130932	35733	247751
在总计中:大中型工业企业	562358	219599	14399	2342	121985	2988	56294	11380	5096	77170	51107
其中:国有企业	290494	209114		2311	10568	2981	40944	3952	5006	4035	11583

注:铜仁卷烟厂、铜仁供电局、梵净山烟叶复烤有限责任公司、思林发电厂、沙沱发电厂不是独立的法人单位,故本表不含其数据。

2016年铜仁市主要工业产品产量统计表

指标名称	计量单位	本年	比去年%	指标名称	计量单位	本年	比去年%
锰矿石原矿	万吨	765.83	24.10	化学试剂	吨	38914.60	15.10
大米	万吨	18.25	-2.40	硅酸盐水泥熟料	万吨	589.50	14.50
饲料	万吨	5.97	100.30	水泥	万吨	758.30	13.70
混合饲料	万吨	5.95	99.70	其中：强度等级42.5水泥（含R型）	万吨	97.13	32.00
精制食用植物油	万吨	2.39	23.80	强度等级52.5水泥（含R型）	万吨	39.28	70.60
鲜、冷藏肉	万吨	4.16	-6.70	商品混凝土	万立方米	998.30	15.30
饮料酒	千升	203178.50	9.10	砖	亿块	9.24	1.70
其中：白酒（折65度，商品量）	千升	4624.50	-0.70	铁合金	万吨	89.54	2.80
啤酒	千升	198248.00	9.30	电解锰	万吨	46.70	-2.60
软饮料	吨	696934.00	84.90	十种有色金属	万吨	549.70	-28.60
包装饮用水	吨	696934.00	84.90	锑品	吨	3115.60	-47.40
精制茶	吨	17904.80	14.40	汞（金属汞）	吨	2377.10	-47.40
卷烟	亿支	66.50	-3.60	摩托车整车	辆	91882.00	-7.90
人造板	万立方米	22.70	5.20	灯具及照明装置	万套（台、个）	100.84	-35.50
其中：胶合板	万立方米	22.14	3.70	发电量	万千瓦小时	1286785.70	10.60
家具	万件	46.50	26.60	其中：火力发电量	万千瓦小时	342734.10	48.70
其中：木质家具	万件	45.96	25.00	水力发电量	万千瓦小时	944051.60	1.10
硫酸（折100%）	吨	110448.80	-5.10	自来水生产量	万立方米	4516.60	8.00
农用氮、磷、钾化学肥料总计（折纯）	吨	765.83	24.10				
钾肥（折氯化钾100%）	吨	23296.60	9.30				

2016年铜仁市全社会固定资产投资完成额统计表

计量单位:万元

	合　计	其　中		
		固定资产投资	房地产	限额以下
铜仁市	16500106	14210432	1107030	1182644
碧江区	2908466	2504866	204837	198763
万山区	919507	791910	81620	45977
江口县	1353686	1194268	35170	124248
玉屏县	1497324	1225141	51455	220728
石阡县	921866	831752	41699	48445
思南县	2351456	2116403	151278	83775
印江县	1482767	1211784	78973	192010
德江县	1262232	1068136	145055	49041
沿河县	1889864	1782687	63398	43779
松桃县	1912938	1514492	253575	144871

2016年铜仁市全社会客货运输量统计表

指标名称	计量单位	总计	公路运输	水路运输	航空运输
客运量	万人	10656	9864	734	57.76
旅客周转量	万人千米	951359	929499	21860	-
货运量	万吨	4569	4562	7.47	0
货物周转量	万吨千米	843347	843059	287.74	-

2015年铜仁市公路通车里程统计表

计量单位：千米

	总计	高速公路	国道	省道	县道	乡道	村道
总计	24807.34	595.52	1123.93	1811.06	4784.30	6588.51	9904.03
碧江区	988.83	45.53	43.23	66.78	249.99	244.20	339.10
万山区	1047.38	21.71	56.04	101.38	177.74	265.59	424.94
江口县	1365.59	75.78	75.19	177.31	231.83	265.59	539.90
玉屏县	838.42	57.99	40.60	41.04	150.62	216.30	331.88
石阡县	3244.84	105.25	172.10	132.14	620.41	882.11	1332.84
思南县	3588.38	75.10	63.30	373.88	725.49	1024.71	1592.90

续表

	总计	高速公路	国道	省道	县道	乡道	村道
印江县	3011.31	25.00	155.69	240.56	571.21	806.68	1212.17
德江县	3244.79	73.17	162.49	163.65	672.29	1000.98	1172.21
沿河县	3601.94	58.40	130.12	285.17	681.53	970.42	1476.30
松桃县	3608.85	57.60	225.16	229.16	703.20	911.93	1481.80

2016年铜仁市民用车辆拥有量统计表

计量单位：辆

指标名称	总　计	营　运	非营运
总　计	514878	37076	471630
一、汽车	217272	20486	196614
1、载客汽车	178963	6481	172310
2、载货汽车	33146	10265	22881
3、其他	5163	3740	1423
二、摩托车	297505	16496	16414
三、挂车	101	94	7
四、拖拉机	0	0	0

2015年旅游收入统计表

	接待人数（万人次）	同比增长(%)	旅游收入（亿元）	同比增长(%)	入境游客（人次）	同比增长(%)	外汇收入（万美元）	同比增长(%)
铜仁市	4455.13	43.70	347.30	44.60	93939	17.30	2014.47	18.70
碧江区	815.78	41.10	80.06	48.10	38783	16.80	817.38	18.40
万山区	73.25	58.20	4.62	71.70	433	16.80	16.13	101.40
江口县	779.02	44.20	54.82	48.00	16216	18.40	404.17	9.10
玉屏县	367.83	41.40	23.98	55.80	6311	20.10	114.15	28.10
石阡县	420.61	50.00	35.55	50.30	5369	19.20	109.00	31.30
思南县	415.31	45.10	32.82	50.20	5756	18.70	126.21	14.70
印江县	465.23	43.00	38.19	49.00	11220	19.10	221.03	10.50
德江县	223.51	45.00	10.45	50.10	1646	17.90	34.32	41.10
沿河县	442.36	42.50	32.00	48.10	4925	18.20	102.34	45.20
松桃县	452.23	41.90	37.37	52.60	3673	17.40	69.74	35.50

2016年分区、县社会消费品零售总额统计表

计量单位:万元、%

	2016年	比上年±%
总 计	1870908.20	12.90
碧江区	460891.60	13.20
万山区	110382.10	12.80
江口县	93741.50	12.90
玉屏县	100898.00	12.50
石阡县	107606.30	12.70
思南县	253184.60	13.10
印江县	135921.80	13.00
德江县	177766.70	12.80
沿河县	189074.30	12.60
松桃县	241441.20	12.90

2016年铜仁市文化艺术及广播电视业统计表

	计量单位	2016年
一、文化艺术		
剧团	个	1
文化馆	个	11
图书馆	个	11
艺术馆	个	11
二、广播		
有线广播站	个	10
其中：乡	个	89.70
广播覆盖率	%	
三、电视		631365
广播电视农村直播卫星用户	户	97.40
电视覆盖率	%	1

2016年铜仁市卫生机构统计表

	计量单位	合计	为上年%
总 计	个	512	100.60
一、综合医院	个	101	100.00
二、乡镇卫生院	个	159	100.00
三、社区卫生服务中心	个	17	94.40
四、采供血机构	个	6	100.00
五、妇幼保健院（所、站）	个	11	100.00
六、诊所、卫生所、医务室	个	192	102.70
七、疾病预防控制中心（防疫站）	个	11	100.00
八、卫生监督所	个	11	100.00
九、医学在职培训机构	个	2	100.00
十、其他卫生机构	个	5	83.30

2016年铜仁市学校基本情况统计表

	学校数	在校生数（人）	招生人数（人）	毕业人数（人）	教职工人数	
					合计	其中:专职教师
一、高等学校	4	35519	12865	6940	2427	1776
其中:铜仁学院	1	10117	3019	2345	928	571
铜仁职院	1	14707	4154	3636	819	666
幼儿师专	1	7886	3648	959	419	335
贵州工程学院	1	2809	2044	0	261	204
二、中等职业学校	17	39336	15315	14076	1698	1611
三、普通中学	261	318873	105935	104132	23363	21006
其中:初中	221	201604	64832	71366	14859	14041
高中	40	117269	41103	32766	8504	6965
四、小学	880	330254	55460	63909	22207	21074
五、特殊教育	6	798	193	66	177	161
六、幼儿教育	674	146522	—	—	11017	6466

2016年铜仁市分县、区财政总收入统计表

单位:万元

	2016年	比上年±%
合　计	1066099	8.80
碧江区	327714	5.80
万山区	64843	28.10
江口县	37434	5.40
玉屏县	82754	4.10
石阡县	69018	10.30
思南县	99535	5.00
印江县	54476	6.60
德江县	100023	8.40
沿河县	83732	9.60
松桃县	116878	14.10

2016年铜仁市分区(县)主要经济指标及位次(一)

	年末常住总人口(万人)	年平均常住人口(万人)	生产总值(亿元)	位次	人均生产总值(元)	位次
铜仁市	312.16	438.71	856.97	—	27366	—
碧江区	31.37	31.82	142.71	1	45493	2
万山区	11.58	16.40	41.93	10	36209	3
江口县	17.41	24.66	49.05	9	28182	5
玉屏县	12.09	15.72	68.31	7	56525	1
石阡县	30.58	41.43	66.92	8	21887	9
思南县	50.12	68.22	115.95	2	23134	8
印江县	28.53	45.10	90.53	6	31732	4
德江县	37.19	54.82	93.13	4	25045	6
沿河县	45.19	68.00	92.81	5	20538	10
松桃县	49.12	72.55	114.53	3	23319	7

2016年铜仁市分区(县)主要经济指标及位次(二)

	农林牧渔业总产值(万元)	位次	人均农林牧渔产值(元)	位次	粮食总产量(吨)	位次	人均粮食产量(公斤)	位次
铜仁市	3501000	—	11180	—	1368346	—	437.00	—
碧江区	225599	8	7192	10	84322	7	268.80	10
万山区	161365	9	13935	3	47466	9	409.90	7
江口县	244363	7	14040	2	66861	8	384.10	8
玉屏县	136140	10	11265	5	41345	10	342.10	9
石阡县	418308	4	13681	4	141543	6	462.90	5
思南县	552117	1	11016	6	232396	2	463.70	4
印江县	411514	5	14424	1	144816	5	507.60	1
德江县	398979	6	10730	7	177705	4	477.90	3
沿河县	446958	3	9891	9	189698	3	419.80	7
松桃县	505630	2	10295	8	242194	1	493.10	2

2016年铜仁市分区(县)主要经济指标及位次(三)

	烤烟产量(吨)	位次	人均烤烟产量(公斤)	位次	肉类总产量(吨)	位次	人均肉类产量(公斤)	位次
铜仁市	23340	—	7.50	—	241640	—	77.20	—
碧江区	—	—	—	—	12764	8	40.70	10
万山区	—	—	—	—	11518	9	99.50	2
江口县	1530	7	8.80	4	14520	7	83.40	5
玉屏县	—	—	—	—	10534	10	87.20	3
石阡县	3760	4	12.30	2	23530	6	77.00	6
思南县	3975	3	7.90	5	43052	1	85.90	4
印江县	1960	5	6.90	6	28950	4	101.50	1
德江县	5335	1	14.30	1	27591	5	74.20	8
沿河县	4920	2	10.90	3	32507	3	71.90	9
松桃县	1860	6	3.80	7	36674	2	74.70	7

2016年铜仁市分区(县)主要经济指标及位次(四)

	规模以上工业产值(万元)	位次	人均规模以上产值(元)	位次	500万以上固定资产投资(万元)	位次	人均固定资产投资(元)	位次
铜仁市	7977952	—	25476	—	8738948	—	27906	—
碧江区	1367288	2	43586	3	1428891	1	45550	3
万山区	657278	5	56760	2	606554	9	52379	2
江口县	253673	10	14575	7	712493	7	40936	4
玉屏县	2103577	1	174065	1	752904	6	62301	1
石阡县	283907	9	9286	9	574079	10	18776	9
思南县	852717	4	17014	5	1144189	2	28829	7
印江县	305645	8	10713	8	780417	5	27354	5
德江县	583728	6	15698	6	671998	8	18072	10
沿河县	329435	7	7290	10	1097130	3	24278	6
松桃县	1240704	3	25261	4	969393	4	19737	8

2016年铜仁市分区(县)主要经济指标及位次(五)

	社会消费品零售额(万元)	位次	人均消费品零售额(元)	位次	财政总收入(万元)	位次	人均财政总收入(元)	位次
铜仁市	1870908	—	5974	—	1066099	—	3404.40	—
碧江区	460892	1	14692	1	327714	1	10446.70	1
万山区	110382	7	9532	2	64843	8	5599.60	3
江口县	93742	10	5386	4	37434	10	2150.80	7
玉屏县	100898	9	8349	3	82754	6	6847.70	2
石阡县	107606	8	3519	10	69018	7	2257.30	6
思南县	253185	2	5052	5	99535	4	1985.90	8
印江县	135922	6	4764	8	54476	9	1909.40	9
德江县	177767	5	4781	7	100023	3	2689.90	4
沿河县	189074	4	4184	9	83732	5	1852.90	10
松桃县	241441	3	4916	6	116878	2	2379.70	5

2016年铜仁市分区(县)主要经济指标及位次(六)

	公共财政预算收入(万元)	位次	人均公共财政预算收入(元)	位次	公共财政预算支出(万元)	位次	人均公共财政预算支出(元)	位次
铜仁市	620490	—	1981.40	—	3409639	—	10888.00	—
碧江区	119787	1	3818.50	1	278719	7	8884.90	7
万山区	29594	8	2555.60	3	172260	10	14875.60	2
江口县	18530	10	1064.60	7	203773	8	11707.70	3
玉屏县	44509	5	3683.00	2	190341	9	15750.20	1
石阡县	34518	7	1129.00	6	324884	5	10625.80	5
思南县	51040	4	1018.40	8	420226	1	8384.40	9
印江县	27229	9	954.40	9	306010	6	10725.90	4
德江县	52110	3	1401.40	5	364300	4	9797.00	6
沿河县	41830	6	925.60	10	401165	2	8877.30	8
松桃县	70496	2	1435.30	4	376003	3	7655.60	10
市本级	130848	—	—	—	371958	—	—	—

2016年铜仁市分区(县)主要经济指标及位次(七)

	金融机构存款余额(万元)	位次	人均存款余额(元)	位次	金融机构贷款余额(万元)	位次	人均存款余额(元)	位次
铜仁市	12801514	—	5908455	—	8176527	—	18868	—
碧江区	4155233	1	1304723	1	221292	1	41591	1
万山区	453919	10	225506	10	196366	10	19474	3
江口县	626381	9	324139	8	51922	9	18623	5
玉屏县	842937	8	306188	9	570920	8	25336	2
石阡县	892634	7	485596	7	621491	7	15882	6
思南县	1220406	4	791473	2	971014	2	15792	7
印江县	1027642	5	549319	5	795284	4	19254	4
德江县	977136	6	513230	6	691789	5	13802	10
沿河县	1275500	3	676017	4	676075	6	14959	8
松桃县	1329726	2	732265	3	922178	3	14909	9

2016年铜仁市分区(县)主要经济指标及位次(八)

	城镇居民人均可支配收入(元)	位次	农村居民人均可支配收入(元)	位次
铜仁市	24651	—	7631	—
碧江区	26631	1	10365	1
万山区	25404	3	7719	3
江口县	24489	4	7497	4
玉屏县	25550	2	9498	2
石阡县	23797	9	7452	5
思南县	23916	6	7328	6
印江县	23860	7	7319	7
德江县	23972	5	7283	9
沿河县	23592	10	7274	8
松桃县	23835	8	7288	10

索　　引

G

H

J

K

L

M

N

P

Q

R

S

SH

W

Z

ZH